부산언론사 연구

부산언론사 연구

초판 1쇄 펴낸날 2012년 8월 1일

지은이 채백
펴낸이 강수걸
펴낸곳 산지니
편집 권경옥, 김아라, 양아름, 손수경, 윤은미
디자인 권문경
등록 2005년 2월 7일 제14-49호
주소 부산광역시 연제구 거제1동 1498-2 위너스빌딩 203호
전화 051-504-7070 | 팩스 051-507-7543
sanzini@sanzinibook.com
www.sanzinibook.com

ISBN 978-89-6545-183-9 94300
      978-89-92235-90-7(세트)

* 책값은 뒤표지에 있습니다.
* 이 도서의 국립중앙도서관 출판시도서목록(CIP)은 e-CIP 홈페이지
  (http://www.nl.go.kr/ecip)에서 이용하실 수 있습니다.
  (CIP제어번호: CIP2012003324)
* 이 저서는 2008년 정부(교육과학기술부)의 재원으로 한국연구재단의 지원을
  받아 수행된 연구임(KRF-2008-812-B00073)

로컬문화총서 03

부산언론사 연구

| 채백 지음 |

산지니

이 책은 부산 언론의 역사를 개화기부터 최근에 이르기까지 통사적으로 정리한 것이다. 이 책의 구체적 목표를 세우고 자료를 수집하기 시작하여 원고를 끝내기까지는 3년 반이 걸렸지만 사실 부산 언론의 역사를 정리해 보겠다는 생각을 가지기 시작한 것은 그보다 훨씬 이전이다.

올해로 내가 부산에 온 지 만 20년이 되었다. 부산은 나에게 객지였다. 그 이전에는 부산 하면 학창 시절 수학여행이나 가끔씩 친구들과 놀러 왔던 기억이 전부였다. 당시 나에게 부산은 그저 '바다가 있는 제2의 항구도시'였을 뿐이다. 나에게 부산은 기차 타고 역에 내리면 바람결에 묻어오는 강한 갯내음으로 상징되었다.

1992년 부산대에 부임하고부터 부산은 나에게 새로운 의미로 다가왔다. 우선 내가 앞으로 살아가야 할 이른바 '제2의 고향'이면서도 서울에서는 느끼지 못한 여러 가지 측면들이 생경하고 이상하면서 때로는 분노를 자아내게도 하였다.

서울에서 30년 넘게 살아오면서 아무렇지도 않게 보아 오던 어느 TV 방송에서 일기예보 진행자가 항상 마무리로 하던 말, "내일 아침 서울 지방 해 뜨는 시각은 몇 시 몇 분입니다"라는 말이 부산에 오니까 달리 들리기 시작했던 것이다. 부산에 사는 사람은 부산 지방 해 뜨는 시각을 알아야 하는데 왜 서울의 해 뜨는 시각만을 알려주는지……

살아 보니 그것만이 아니었다. 아침 출근 시간이면 TV에서 교통 상황을 전하면서 '지금 서울 올림픽대로가 막히고 있다'는 내용이 부산에도 매일 아침 방송되었다. 이는 요즘에도 마찬가지이다. 신문을 보아도 주말의 가족 나들이 코스로 경춘가도 언저리가 제격이니 한번 가보라고 권하는 기사들은 부산에 사는 사람에게는 전혀 현실성 없는 정보였다.

이러한 이야기를 주변 사람들에게 해 보면 대개 '아직 온 지 얼마 안 돼서 그래, 이제 살다 보면 익숙해질 거야'라는 반응이 돌아왔다. 그러나 살아 보아도 익숙해지지 않았다. 오히려 더 화가 나는 상황들이 더욱 자주 눈에 띄었다. 예컨 대 다른 직종도 비슷하겠지만 언론 분야 종사자들이 지방으로 발령받으면 '귀양' 간다는 표현을 사용한다. 때로는 언론계에 파업 등의 이슈가 등장할 때면 이러한 표현이 공식 매체에서까지 사용된다. 지방 근무를 싫어하는 심정이야 십분 이해 하지만 그렇다고 '귀양'이라니……. 그러면 수도권을 제외하고 지방에 사는, 우 리나라 인구의 절반 넘는 사람들은 모두 귀양살이하고 있다는 말인가? 아니면 지방에는 원래 그렇게 '귀양처럼' 살도록 되어 있는 사람들만 살아야 한다는 말인가?

이러한 제반 측면은 주지하는 바와 같이 우리 사회의 과도한 중앙집중화로 빚어지는 부작용들이다. 지난 노무현 정부 시절 한때 이 문제가 '지방분권', '균형 발전'이라는 틀로 사회적 이슈가 되면서 중앙집중화를 극복하려는 여러 가지 시도들이 이루어진 바 있다. 하지만 이마저도 정권이 바뀌면서 언제 그런 적이 있었느냐 싶게 유야무야되고 말았다.

나는 이러한 상황들을 보면서 부산의 언론 시민단체에도 참여하여 몇 년간 팔자에 없는 대표까지 하기도 하였다. 현실의 사회 변화는 언제나 서서히 점진적 으로 이루어진다는 생각을 평소에 가지고 있기에 시민운동으로 단기간 내에 가시적인 성과를 기대하기 어렵다고 생각하고는 있었다. 하지만 번번이 부딪치 게 되는 현실의 벽은 예상보다 훨씬 높았다.

도대체 어디서부터 문제가 시작되었는지, 왜 이렇게 될 수밖에 없었는지를 알아보겠다는 문제의식이 생기기 시작하였다. 이러한 문제의식은 내 전공분야가 언론사이다 보니 자연 부산의 언론 역사를 정리해 보자는 생각으로 연결되었다.

부산 언론의 역사에 대해서는 일찍이 김대상 선생님이 1981년에 『부산경남 언론사연구』라는 제목으로 책을 출판하신 바 있다. 이 책은 부산·경남 지역의 언론사를 다룬 저술로서 최초일 뿐 아니라 지역의 언론사를 다룬 저술로도 국내 최초였다. 그야말로 전인미답의 불모지에서 만들어 낸 소중한 성과였다. 하지만 그뿐이었다. 그 이후 20여 년이 지나도록 김대상 선생님의 저술을 보완하는 작업이 누구에 의해서도 이루어지지 않다가 2004년에 김대상 선생님께서 다시 『부산언론사의 재조명』이라는 제목으로 해방 이후 부산 언론의 역사를 정리 하셨다. 아무도 나서지 않는 영역을 선생님께서 외롭게 맡아서 해내고 계셨던 것이다.

이러한 상황에서 내가 나서서 김대상 선생님의 작업을 좀 더 발전시켜 부산의 언론사를 다시 한 번 정리해 보고픈 욕심을 가지게 되었다. 부산에서 언론사를 공부하는 사람으로서 내가 해야만 할 일이라는 어찌 보면 주제넘은 생각도 하게 되었다.

하지만 생각뿐, 엄두를 내지 못했다. 이 작업을 위해서 필요한 일의 양과 시간, 노력이 커다란 부담으로 다가왔기 때문이다. 좀 더 연륜을 쌓은 뒤에 해야지 하고 막연히 미루고만 있었다.

그러던 차에 한국연구재단이 인문학 진흥을 위한 사업을 새로이 시작하면서 인문·사회과학 분야의 연구서 저술을 지원하는 인문저술지원사업이라는 것이 생겼다. 2008년에 이 사업에 신청, 선정됨으로써 이 책을 쓰기 위한 작업을 시작 하게 된 것이다.

당초에는 300페이지 정도 분량의 책을 목표로 하였다. 왜냐하면 자료도 많지 않을 것으로 생각했고 그동안 축적된 연구 성과도 많지 않기 때문이다. 하지만 실제 원고의 양은 당초 예상보다 훨씬 많아졌다. 최종 원고의 양이 이처럼 늘어 나게 된 것은 가능한 범위 내에서 부산의 언론과 관련된 자료들을 최대한 집대성 하였기 때문이다. 또한 최근 IT기술의 발달과 함께 이용 가능한 자료의 양이 대폭 늘어났기 때문이다. 현재 각종 귀중한 문헌과 기록들이 디지털 자료화되어 온라인으로 서비스되고 있다. 이처럼 많은 자료들을 손쉽게 이용할 수 있게 된 환경의 변화로 인해 그동안 묻혀 있던 부산 언론의 역사와 관련된 많은 사실 들을 발굴·분석할 수 있었다.

당초 예상보다 많은 자료와 정보를 모을 수 있기는 했지만 아직도 여전히 남아 있는 공백은 많다. 여러모로 부족한 작품이지만 그동안 제대로 연구되지 못했던 지역 언론사 분야에 새로이 도전하는 심정으로 책을 내고자 한다. 부산 언론의 역사를 통해 현재의 문제를 더 잘 이해할 수 있고 앞으로의 전망과 해결책을 가늠하는 데 조금이나마 보탬이 된다면, 그리고 앞으로 지역 언론사 연구를 좀 더 활성화하는 밑거름이 될 수 있다면 더 이상 바랄 것이 없다.

이 책을 내기까지 많은 사람들의 도움을 받았다. 먼저 자료의 부족을 만회하기 위한 방법의 일환으로 원로 언론인 몇 분에 대한 인터뷰를 시도하였다. 이분들은 번거롭고 귀찮은 일임에도 불구하고 선뜻 응해 주시면서 상세히 답변해 주시고 격려해 주셨다. 그중에는 그 사이 고인이 되신 분들도 계시다. 그분들의 존함을 여기에 일일이 밝히지는 않겠지만 이 자리를 빌려 깊은 감사의 말씀을 드린다.

척박한 부산의 출판 현실 속에서도 인문·사회과학 분야의 출판을 뚝심 있게 밀고 나가시면서 이 책이 상업성이 없는 저술임에도 불구하고 흔쾌히 출판을 수락해 주신 산지니 출판사 강수걸 사장님께도 진심으로 감사드린다. 부산의 언론 역사를 다룬 책이기에 서울의 출판사들보다 부산의 출판사에서 내고 싶었다. 부산에 관한 책도 부산에서 내지 못한다면 이는 부산의 자존심 문제라고 생각했다. 하지만 요즘 출판사들의 어려운 사정을 모르는 바도 아니라서 조심스럽게 부탁을 드렸는데 오히려 반갑게 받아 주셨다. 정성 들여 책을 만들어 주신 편집진에게도 감사드린다.

이 책의 자료를 모으고 집필하는 과정에서 부산대 신문방송학과의 최창식 조교와 박사과정 김정아 양의 도움도 빼놓을 수 없다. 자료 수집과 사진을 비롯한 이미지 자료의 편집에 많은 도움을 받았다. 박사과정 강승화 양과 박현옥 양도 번거로운 교정 작업을 맡아 도움을 주었다.

올해는 돌아가신 아버님의 20주기, 어머님의 3주기가 되는 해이다. 살아생전 언제나 못 미치는 자식 때문에 항상 마음 졸이시게 해놓고도 돌아가신 후에도 자식으로서 부모님을 기리는 일은 아무것도 하지 못했다. 하지만 내 마음속에서 부모님은 언제나 등대와도 같은 버팀목이 되어 주셨다. 이 작은 책을 두 분 부모님의 영전에 삼가 바친다.

2012년 6월

저자 씀

차례

머리말

제3부 일제기의 부산 언론

제1장 일제기 부산 언론의 현황 ·· 101

제4부 현대의 부산 언론

제1장 미군정기 부산 언론 ·································· 244

제1절 미군정기 한국 언론의 개관 ····················· 244

제2절 부산 지역 신문의 발전 과정 ····················· 247

제1부

서론

제1절 문제의 제기

> "길을 잃으면 먼저 내가 어디 있는가를 묻지 말고 남들이 어디 있는가를
> 물어라."

　이 말은 역사의 효용을 설명한 말이다(박성수, 1977, 2쪽). 우리가 역사를 왜 탐구해야 하고 무엇을 배울 것인가를 잘 집약해서 보여주고 있다. 우리가 역사를 탐구하는 이유는 대부분의 역사 개론서들도 언급하는 바와 같이 과거를 통해 현재를 비추어 보고 이로써 현재의 문제 해결을 위한 혜안과 미래의 전망에 대한 안목을 구하기 위함이다.

　지역 언론의 위기를 우려하는 여기저기의 목소리가 심상치 않다. 위기를 극복하기 위한 방안을 모색하기 위해 학계와 언론계의 세미나도 연이어 벌어지고 여러 보고서도 나오고 있다. 하지만 이러한 위기는 비단 어제오늘의 일만은 아니다. 아래에 인용한 내용에 귀 기울여 보자.

> 최근 발달되기만 하는 통신망과 교통망 또 각가지 과학 이기들의 생활화에 따라 중앙지의 지방 독자 획득은 더욱 용이해졌을 뿐만 아니라 지방판을 마련하여 지방지의 특색인 지방민과의 친근성마저 앗음으로써 바야흐로 지방지는(특히 수도 서울과 근접한 곳일수록) 그 존폐의 위기에 섰다고 해도 과언이 아니다.

　언론 문제에 관심이 있는 사람이라면 낯설지 않은 이야기일 것이다. 최근의 지역 신문 위기를 진단하고 우려하는 말처럼 보인다. 하지만 이 내용은 「신문과 방송」 1964년 8월호(12쪽)에 실린 당시 「전북일보」 사장 박용상의 글이다. 지금으로부터 48년 전, 거의 반세기 가까운 과거부터 이러한 현실과 이에 대한 인식이 존재해 왔다는 말이 된다. 물론 이러한 진단은 지금에도 여전히 유효할 뿐만 아니라 더욱 악화되어 가고 있다. 이후로는 급속한 산업화가 진행되면서 중앙집

중화도 더욱 심화되어 지방 언론의 입지는 더욱 좁아만 가면서 문을 닫아야 했던 언론들도 여럿 있지만 살아남은 언론들도 생존의 위협을 심각하게 느껴야 하는 상황이 지속되고 있다.

이러한 위기의식이 싹트면서 지역의 학계와 언론계에서 지방 언론의 활로를 모색하려는 논의들은 꾸준히 반복적으로 이루어졌다. '지역 신문과 방송의 활성화'를 주제로 하는 학술 행사들이 거의 해마다 여러 차례씩 주제의 표현만 조금씩 바꾸어 가면서 반복적으로 이루어졌다. 그 내용들도 대부분 지방 언론의 위기를 진단하고 극복 방안을 당위적이고 규범적인 차원에서 논의하는 내용들이 대동소이하게 반복되었다. 하지만 이러한 논의들도 현실의 변화를 가져오기에는 역부족이었다. 끊임없는 문제 제기에도 불구하고 현실에서의 변화는 요원한 것으로만 보인다.

위기를 극복하기 위해서는 위기에 대한 분석, 진단과 처방이 필수적이다. 하지만 당면하고 있는 위기가 비단 최근의 일이 아니고 오래전부터 존재해 온 것이라면 이에 대한 진단과 처방은 달라져야 할 것이다. 만성적인 질환에 단기 처방만으로는 근원적인 해결을 기대하기 어렵다.

이처럼 지역 언론의 위기를 제대로 진단하고 처방하기 위해서는 그 위기의 근원부터 찾아가는 노력이 필수적이다. 다시 말해 지방 언론의 위기를 극복하고 활성화 방안을 모색하기 위해서는 지방 언론의 역사를 차분히 돌아보고 성찰하는 자세가 필수적으로 요구된다고 할 것이다. 당위적이고 규범적인 논의만을 반복하기보다는 좀 더 근본적인 접근이 요구된다는 말이다. 이를 위해서는 눈앞의 현안에 대한 단기적 처방에만 매달리지 말고 눈을 돌려 지역 언론의 역사를 되돌아보면서 위기의 근원을 찾아가는 노력이 필요한 때이다.

이 책은 이러한 문제의식에서 출발하였다. 다시 말해 부산 지역의 언론이 역사적으로 변화, 발전해 온 과정을 통사적으로 정리하였다. 19세기 말의 개항 직후부터 최근에 이르기까지 130년에 걸친 부산 언론의 역사에서 주요한 사건들 중심으로 시간적 순서대로 고찰하였다.

부산은 국내 다른 어떤 지역보다도 먼저 매스 미디어를 경험한 지역이다. 1876년 일본에 의해 강화도조약을 맺은 조선은 제일 먼저 부산을 개항하여 부산에는 일본인들이 이주하기 시작하였다. 이들 이주 일본 상인들에 의해 1881년 「조선신보」라는 신문이 부산에서 창간되었다. 이는 한국 최초의 근대신문으로 평가되는 「한성순보」보다 1년 10개월 가량 앞선 것이다. 물론 그 이전에도 청나라를 통해서, 그리고 연안에 출몰했던 서구의 이양선들을 통해 신문이라는 새로운 문명의 이기가 조선에도 알려지기는 했었다. 하지만 직접 이 땅에서 신문이 만들어진 것은 부산에서 일본인이 만든 「조선신보」가 최초였던 것이다.

이후에도 부산은 언론의 발전 과정에서 다른 지역보다 앞서는 선도적인 역할을 많이 하였다. 뒤에 가서 상술하겠지만 이는 부산이 국내 최고의 항구 도시로서 무역의 중심지로 부상하면서 서울에 이은 제2의 도시로 성장하는 배경 속에서 가능했다. 물론 여기에는 일본과 가장 가까운 지역인 탓에 일본인들이 가장 많이 거주한 지역이며 일본의 영향을 가장 먼저 받아들인 지역이었다는 요인도 중요하게 작용하였다.

특히 1950년의 한국전쟁 기간 중에는 수도까지 부산으로 이전해 오면서 부산이 대한민국의 중심이 되었다. 이와 함께 언론 부문에서도 서울의 각 언론사들이 부산으로 피난 와서 전시판을 발행하면서 부산이 언론 부문에서도 전국의 중심지가 되었다.

그러나 그 이후 부산의 언론은 내리막길을 걷게 되었다. 이는 우선 한국 사회의 전반적인 산업화 과정 속에서 정치, 경제, 문화 등 모든 부문에서 중앙 집중이 심화되면서 나타난 결과이다. 하지만 이와 함께 역대 정부의 언론 정책도 지방 언론의 활기를 약화시키는 조치들이 적지 않았다. 이러한 역사적 과정을 거치면서 최근 부산 언론의 이러한 역사적 중요성과 위상은 점차 퇴색해 가고 있다.

이러한 지역 언론의 위기는 최근 언론 환경의 급격한 변화와 함께 더욱 가속화되고 있다. 갖가지 뉴미디어들이 새로이 등장하여 다매체다채널 시대로 접어들면서 매체 간, 채널 간에 치열한 경쟁 시대를 맞이하고 있는 것이다. CATV와 위성방송, 최근의 종합편성채널까지 등장하였으며 컴퓨터의 발달과 보급 확대로 인터넷 매체가 보편화되면서 전통적 매체중심의 언론 환경이 빠른 속도로 바뀌어 가고 있다. 이처럼 변화되는 매체 환경 속에서 지역 언론의 위상은 더욱 위축되면서 위기를 겪고 있다.

이 책은 이러한 맥락에서 부산 지역 언론의 역사적 발전과정을 되돌아보고 이를 바탕으로 현황을 진단하면서 앞으로의 가능성을 모색해 보려는 것이다. 이 책에서는 부산 지역 부산 언론의 역사적 발전과정을 시기별로 고찰하면서 각 시기에 나타난 주요 사건과 계기, 그리고 특징을 중심으로 정리해 보려고 한다. 이러한 역사에 대한 고찰을 바탕으로 해서 앞으로의 발전 가능성을 전망해 보려는 것이 이 저술의 목적이다.

제2절 부산 언론사 연구의 현황

최근 학계에서 지방 언론의 역사에 대한 관심이 서서히 높아지면서 새로운 학문적 시도들이 이루어지고 있다. 그럼에도 불구하고 부산의 언론사에 대한 체계적인 연구는 매우 부족한 실정이다. 우선적으로 들 수 있는 것은 부산 지역의 신문사나 방송사가 편찬한 사사류이다. 「부산일보」가 1985년과 1996년, 2006년 세 번에 걸쳐 발행한 바 있으며 「국제신문」이 1997년 창간 50주년을 맞아 사사를 편찬, 발행하였다. 또한 부산문화방송이 1979년과 1991년, 그리고 2009년에 각기 사사를 발행하였다. 그러나 대부분의 사사류가 그렇듯이 이 저술들도 회사의 창간 혹은 창립 몇십 주년을 맞이하여 자사의 전통과 업적을 홍보하려는 목적에서 저술된 것들이긴 하지만 지역 언론사 연구를 위해서는 소중한 자료가 된다.

사사류를 제외하고 부산 지역의 언론사를 정리한 저술로는 김대상의 저술 2종(1981, 2004)이 있을 뿐이다. 김대상의 첫 번째 저술(1981)은 이 부산경남 지역의 언론 역사를 포괄적으로 정리한 첫 번째 저술이라는 점에서 적지 않은 의의를 지닌다고 할 수 있다. 주로 2차 자료에 의존하였다는 한계는 있지만 상당히 많은 자료를 수집하여 정리를 시도하였다. 이 저술이 주로 일제기까지의 시대를 중심으로 하였다면 2004년에 나온 두 번째 저술은 해방 이후 부산 언론의 발전 과정을 개괄적으로 정리하고 있다. 이 저술들은 제한된 자료이지만 부산 지역의 언론사를 체계적으로 저술한 선구적 업적이라는 점에서 그 의의를 높게 평가할 수 있겠다.

학계의 연구 성과로는 먼저 지방신문 전체를 대상으로 한 연구들이 있다. 박정규의 연구(1987, 1997)와 정진석의 연구(1992)를 대표적인 것으로 꼽을 수 있다. 하지만 이 논문들은 지방 신문 전체의 역사를 대상으로 하다 보니 개괄적으로 접근할 수밖에 없는 한계를 지닌다. 박용규의 연구(1998, 2006)는 각기 개화기와 일제기만을 대상으로 한 것이기는 하지만 당시 총독부를 비롯한 일본 측의 자료를 세밀히 검토하여 체계적인 분석을 시도한 연구로서 의의를 지닌다.

부산 지역의 언론사를 다룬 학술적 연구로는 채백의 연구(1996, 1997b)와 김민남 외(2002)가 있다. 채백의 연구들은 부산 지역 언론의 역사적 발전과정을 개괄적으로 서술하려 시도했다는 점에서 의의를 지니겠지만 제한된 지면에 깊이 있게 논의되기 어렵다는 한계를 지닌다. 김민남 외의 연구는 자료의 제한으로 더욱 접근이 어려운 방송사를 다루었다는 점에서 그 학술적 가치를 높이 평가해야 하겠지만 부산문화방송의 개국 당시를 집중적으로 다루었다는 특징을 지닌다.

다른 지역의 언론 역사를 정리한 저술들도 일부 이루어지고 있다. 예를 들면 대구 지역의 역사를 다룬 김진화(1978)와 김영재(2003)의 저술이 있고 광주 지역 언론의 역사 관련 자료를 모은 광주언론인동우회(1991)가 있으며 경남 지역을 다룬 이광석(1997)과 제주 지역 언론의 역사를 정리한 이문교(1997)의 저술이 있다. 이 저술들은 대부분 자료와 체계 면에서 한계를 지니고는 있지만 모두 각 지역의 언론사를 정리한 독보적인 저술로서 중요한 의의를 지닌다.

특정 지역의 언론사를 체계적으로 분석한 연구들도 있다. 유종원·김송희의 연구(2005)는 광주 지역을 대상으로 당시 미군정청의 언론 정책을 분석하고 3개 지방지의 경영 주체와 지면 분석을 토대로 하여 광주 지역 언론의 이념적 동향을 분석하였다. 이 연구는 미군정기의 지역 언론 동향을 구체적으로 규명하였다는 점에서 높게 평가할 수 있을 것이다. 박창원의 논문(2011)은 일제기 대구 지방에서 발간된 한글 신문을 분석한 논문이다. 일제기 대구에서 발간되었던 「남선경제일보」를 비롯하여 「경북공론」, 「관문과 경북」, 「독고」 등을 대상으로 제한된 자료이지만 이를 통해 그 성격과 특성을 파악하려 한 시도로서 중요한 의미를 지닌다. 채백의 연구(2009, 2011)도 각기 부산 지역의 일제기와 미군정기를 대상으로 언론인과 신문의 이념 성향을 분석한 연구로서 의의를 지닌다.

이와 같은 연구의 현황을 고려할 때 부산 지역 언론의 역사를 고찰하고 체계적으로 분석, 정리할 연구의 필요성은 매우 크다고 할 수 있다. 이러한 작업을 통해 우리는 부산 지역 언론의 현황을 좀 더 체계적으로 파악할 수 있으며 이를 바탕으로 언론뿐만 아니라 지역 사회 전체의 향후 발전 방향도 가늠해 볼 수 있을 것이다.

제3절 이 책의 구성과 연구 방법

이 책은 크게 4부 14개 장으로 구성되었다. 제1부 서론을 비롯하여 시간적인 순서대로 개화기와 일제기, 그리고 해방 이후부터 최근까지를 별개의 부로 다루었다. 각 부는 그 시기에 벌어진 언론사의 주요 사건과 계기들을 매체별로 그리고 시간적 순서대로 정리하였다. 각 부와 장에서 시기별로 한국 언론 전반의 상황을 개괄적으로 정리하고, 당시 부산의 사회적 배경, 특히 인구와 경제적 조건을 간략히 고찰하였다. 이는 부산의 언론사는 전체 한국 언론사의 부문사로서 그 틀 내에서 이루어지는 것이며 부산이라는 사회적 배경 속에서 가능했던 것이기 때문이다.

매체별로는 신문과 잡지, 그리고 방송매체를 중심으로 하였다. 그러나 주지하는 바와 같이 개화기와 일제기는 부산 지역에서 한국인에 의해 창간되고 운영된 신문이 존재하지 않았다. 일본인들이 발행하는 신문만이 존재하였으며 한국인이 발행하는 신문으로는 개화기와 일제 초기 진주에서 발행된 「경남일보」만이 지방에서 발행되고 있었다.

하지만 이 책에서는 이 시기도 논의하였다. 커뮤니케이션 현상에서 커뮤니케이터의 역할이 1차적이고 중요하기는 하지만 그것이 전부는 아니다. 독자와 수용자가 없이는 커뮤니케이션이 성립될 수 없는 것이다. 수용자들이 매체를 어떻게, 얼마나 수용했으며 그 사회에서 어떠한 위상과 역할을 차지했는지도 언론사 연구의 중요한 부문이 아닐 수 없다. 이 책에서 개화기와 일제기의 부산 언론사는 서울에서 발행되는 신문들, 그리고 부산에서 일본인들이 발행하던 신문들이 부산 지역에 어떻게 보급, 수용되었는가에 초점을 맞추어 서술하였다.

지역적으로는 부산에 한정하였다. 부산에서 각종 언론매체가 생겨나고 수용되는 과정을 중심으로 정리하였다. 하지만 개화기의 「경남일보」는 부산이 아니라 진주에서 창간, 발행된 신문이었으나 한국 최초의 지방 신문이었고, 부산 인근 지역에서 발행되어 부산에도 보급되었으며 부산의 인사들도 주역으로 참여하였던 신문이기에 논의에 포함시켰다. 그 이후로는 경남 지역은 논의에서 제외하였다.

이 책에서는 현재 가능한 모든 자료를 모아서 분석, 정리하여 역사를 서술하는 데 초점을 맞추었다. 당시의 신문들은 가장 1차적인 자료가 되었으며 그 밖의 여러 문헌 자료 중 부산의 언론과 관련된 문헌과 자료들을 가능한 집대성해 보려 최선을 다했다. 이러한 작업이 가능했던 것은 최근의 테크놀로지 발달에 의해 각종 고문헌과 간행물 등 귀중한 자료들이 데이터베이스화되어 온라인으로 접근할 수 있으며 검색도 할 수 있게 되었기 때문이다. 연구 과정에서 참고한 자료들의 목록은 맨 뒤에 제시하였다.

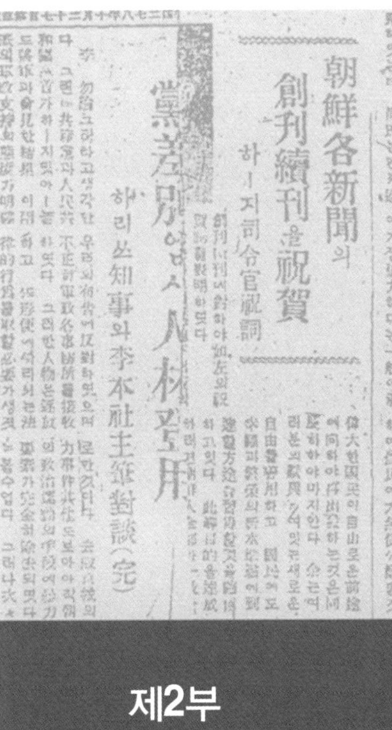

제2부

개화기의 부산 언론

제1장 한국 근대신문의 부산 지역 보급

제1절 개화기 한국 근대 신문의 개관

널리 알려진 바와 같이 1883년 「한성순보」가 창간됨으로써 한국사회에도 근대신문의 시대가 막을 열게 되었다. 이때에 근대신문이라는 매체가 새로이 등장하게 된 것은 당시 사회의 여러 조건들 속에서 가능했던 것이다. 개항 이후 역사적 대사건들이 연이어 발생하고 급격한 사회변동이 이루어지는 당시의 시대적 상황은 전통적 커뮤니케이션 매체로는 정보에 대한 사회적 욕구를 충족시킬 수 없었다. 보다 강력한 새로운 매체가 탄생할 조건이 마련되어 있었던 것이다.

당시 조선 사회는 안으로는 조선 봉건지배체제가 와해되어 가고 밖으로는 제국주의 세력의 침략이 닥쳐오는 이중적 위기에 대응하기 위해 근대적 개혁을 통해 이 위기를 극복하려 시도했던 개화사상이 싹트게 되었다. 이 개화파들이 자신들의 정치적 입지를 강화하기 위해 일본과 연합을 시도하는 과정에서 근대 신문의 도입이 이루어지게 되었다. 1882년 박영효를 수반으로 하는 제3차 수신사 일행의 도일 이후 일본의 기술적 도움을 받아 1883년 「한성순보」가 창간된 것이다.

순 한문의 「한성순보」는 한국 최초의 근대신문으로서 매스 미디어의 시대를 열었다는 의의를 지니지만 당시 사회의 보수적 분위기와 제반 여건의 미성숙으로 한계를 지닐 수밖에 없었다. 그리하여 1884년 갑신정변의 실패와 함께 폐간되고 말았다. 1886년 「한성순보」의 뒤를 이어 속간되는 형태로 창간된 것이 「한성주보」이다. 이 신문은 발행 간격을 주 단위로 줄였으며 사용 언어도 국한문 혼용과 한글을 일부 도입함으로써 진일보한 면을 보여 주었다.

근대신문이 본격적으로 정착, 발전하게 되는 것은 청일전쟁 이후인 1896년

4월 7일 「독립신문」이 순 한글로 창간된 것이 중요한 계기가 되었다. 「독립신문」
은 신문매체의 중요성을 조선사회에 널리 인식시키는 데 커다란 기여를 했다.
그리하여 1898년 이후부터 「매일신문」(1898년 4월 9일 창간), 「제국신문」(1898
년 8월 10일 창간), 「황성신문」(1898년 9월 5일 창간) 등의 여러 신문이 창간되는
간접적인 계기가 되었다. 이 민간지들은 신문을 통해 제국주의 열강의 이권
침탈 등 침략상을 폭로함으로써 여론의 힘으로 침략을 저지하려는 논조를 보여
주었다(한국사회언론연구회, 1996, 54-55쪽).

노일전쟁을 계기로 일제는 한국 언론에 대한 직접적인 탄압에 나섰다. 이러한
상황에서 영국인 베델이 운영하는 「대한매일신보」(1904년 7월 18일 창간)가
항일언론의 전면에 부상하게 되었다. 이에 일본은 「대한매일신보」를 통제하기
위해 여러 가지 수단을 동원하여 1908년 마침내 베델을 추방하고 말았다.

일제의 언론탄압은 이를 제도화하려는 시도로까지 나아갔다. 1907년 7월 유
명한 광무신문지법이 공포된 것이다. 이 법을 근거로 하여 일제는 신문의 발행
허가에서부터 처벌에 이르기까지 언론통제를 보다 근본적이고 체계적으로 하기
시작하였다. 이 법은 베델이 발행하는 「대한매일신보」와 해외의 교포신문에
대한 규제장치를 마련하기 위하여 1908년 4월 개정되었다.

이와 같이 언론 활동이 일제에 의해 철저하게 억압당하자 잡지를 비롯한 각종
의 출판활동이 활기를 띠었다. 당시의 민족운동은 일제의 침략에 직접 대항하기
보다는 국민계몽에 주력하였다. 그리하여 민족의식과 자주의식을 높이기 위해
위인전기와 외국의 역사와 독립운동에 관한 책들이 많이 출판되었으며, 잡지를
통한 문화계몽운동도 활발하게 전개되었다. 그러자 일제는 1909년 2월 출판법을
공포하여 출판활동까지 통제하기 시작하였다(한국사회언론연구회, 1996, 57쪽).

제2절 한국 근대신문의 부산 지역 보급

1. 「한성순보」와 「한성주보」의 보급

1883년 「한성순보」가 창간된 당시 부산 지역에는 이 새로운 매체가 어떻게 보급되었는지를 살펴보기로 하자. 통리아문의 박문국에서 창간된 「한성순보」와 「한성주보」는 당시 우편제도나 다른 통신제도도 제대로 갖추어지지 않은 상황이어서 행정조직을 통해서 전국에 배포되었다. 「한성순보」 창간호의 제일 뒷면에 실린 「본국고백(本局告白)」[1]란을 보면 다음과 같이 언급되어 있다(관훈클럽신영연구기금편, 1983, 12쪽).[2]

> 혹 시무(時務)에 관심을 두어 꼭 구독하시고자 하면 서울에 계시는 분은 저동에 있는 박문국으로 오셔서 말씀하시고, 지방에 계시는 분은 서울로 연락하시면 본국에서는 힘껏 주선하되 부치는 송료는 본국에서 부담합니다.

위의 내용으로부터 우리는 「한성순보」가 창간 당시부터 보급망은 갖추어지지 않았지만 전국적인 배포를 시도하였음을 알 수 있다. 「한성순보」는 창간 직후부터 정부의 명에 의해 전국의 8도와 4개 경기도 내 도시(광주, 수원, 개성, 강화)의 관청에 배포되었다. 주된 독자층은 지방의 관리들이었다(정진석, 1990, 90-91쪽). 즉 행정조직을 통해 각 지방 관청에 배포함으로써 지방의 관리들이 읽도록 하였던 것이다.

조선시대 서울과 지방의 연락 기관으로는 각 군현에 경저(京邸)가 설치되어 있었고 이 경저의 운영을 담당했던 경주인들이 있었다. 이 경주인들은 서울과 지방의 문서 연락과 지방의 세공(稅貢)의 납부 업무를 맡고 있었다. 「한성순보」

---

1) 요즘의 사고(社告)에 해당된다.
2) 이 내용은 창간호뿐만 아니라 3호, 4호, 6호에도 실려 있다.

의 지방 배포와 구독료 수납도 이 경주인들을 통해 이루어졌다(이광린, 1969, 82쪽). 「한성순보」가 갑신정변의 실패와 함께 폐간되었다가 1886년 「한성주보」로 속간된 이후에도 이러한 상황은 그대로 유지되었다.

당시 부산 경남 지역의 신문 배포 상황을 알 수 있게 해주는 자료는 현재까지 밝혀지지 않고 있다. 다만 평안도나 충청도, 전라도, 함경도 지방의 신문 배포 현황을 알 수 있게 해주는 자료들이 통리교섭통상사무아문의 일지인 「통서일기(統署日記)」에서 발견되고 있다. 이 자료들에 의하면 각 도마다 매호 적게는 100여 부에서 많게는 500부가 넘게 배포되었음을 알 수 있다(정진석, 1990, 90-98쪽).

이러한 사실로부터 우리는 당시 부산 지역에도 「한성순보」와 「한성주보」가 배포되었던 것으로 추정할 수 있다. 그 독자층은 지방의 관리들을 중심으로 한문을 해독할 수 있는 지식인 계층에 한정되었겠지만 지방에도 함께 신문의 시대가 열렸다는 점을 주목할 필요가 있는 것이다.

2. 청일전쟁 이후 민간지들의 지방 배포

1) 분국을 통한 배포

1888년 「한성주보」가 폐간된 이후 한동안 무(無)신문기를 맞이하였으며 이 시기에는 개항장에서 일본인들이 발행하던 신문들만 유지되었다. 그러나 청일전쟁을 거치면서 동학혁명과 갑오개혁, 명성황후 시해 사건 등 역사적인 대사건들이 줄을 잇자 사회 전반적인 정보 욕구도 높아지면서 '우리의 신문'이 필요하다는 인식도 고양되었다. 이러한 맥락에서 창간된 신문이 바로 「독립신문」이다. 이 「독립신문」은 이와 같은 사회적 기반 위에서 순 한글로 창간되어 사회적으로 적지 않은 반향을 불러일으키면서 신문이라는 새로운 매체가 문화적, 사회적 제도로 정착하는 데 중요한 계기가 되었던 것으로 평가되고 있다(채백, 2006). 이렇게 창간된 「독립신문」은 지방 보급면에서도 더욱 적극적이었다. 창간호부터 1면의 제호 바로 아래 '광고'란을 통해 신문의 창간 취지를 알리면서 구독 방법을 소개하고 있다. 관련 내용은 다음과 같다.

독닙신문이 본국와 외국 ᄉ정을 자셰이 긔록ᄒ터이요 정부속과 민간 소문을 다보고 ᄒ터이라 정시샹 일과 농ᄉ 쟝ᄉ 의술샹 일을 얼만콤식 이신문샹 미일 긔록홈 갑슨 일년에 일원삼십젼 ᄒ들에 십이젼 ᄒ쟝에 동젼 ᄒ푼 독닙 신문 분국이 졔물포 원산 부산 파주 숑도 평양 슈원 강화 등지에 잇더라 (후략)

「독립신문」은 창간과 함께 국내외에 지국을 설치하였음을 알 수 있다. 이때에 부산에도 지국이 설치되었다. 당시 설치된 국내의 지국은 부산 외에 제물포, 원산, 파주, 송도, 평양, 수원, 강화 등지였다. 당시 지국 현황은 주로 경기도 지역에 집중되어 있으며 서울에서 먼 지방으로는 원산, 부산, 평양의 세 군데에 지국이 설치되었다.

그러나 이처럼 지국을 통한 보급망은 제대로 정착되기에는 어려웠던 것으로 보인다. 「독립신문」도 창간 직후를 제외하고는 지분국에 대한 기록을 찾아보기 힘들며 그 이후의 민간지들, 「매일신문」이나 「황성신문」, 「제국신문」 등도 분국 을 설치하였다는 사실은 아직 밝혀지지 않고 있다. 이러한 점으로 미루어 볼 때, 「독립신문」이 분국을 통한 보급을 시도는 하였지만 제대로 정착되기는 어려 웠던 것으로 추정할 수 있다(채백, 2006, 304쪽).

지국을 통한 배포는 을사늑약 이후의 신문들에서 찾아볼 수 있다. 「대한매일 신보」는 전국 각지에 지사를 두고 판매와 배달뿐만 아니라 수금까지 담당케 하였다. 「대한매일신보」 지면을 보면 각 지방의 지사들을 광고하곤 하였다. 1907 년 5월경만 해도 서울을 제외한 지방에 지사가 17곳 있었지만 11월에는 31곳으 로 늘어났다. 당시 「대한매일신보」의 지국이 설치된 지역은 평양, 인천, 선천, 의주, 부산, 삼화, 함흥, 개성, 대구, 재령, 철산, 원산, 해주, 정주, 창성, 곽산, 안악, 박천, 안주, 철원, 고원, 제주성, 정읍, 태인, 부안, 비현, 장연, 은율, 고부, 군산, 용천 등 31곳이었다. 부산 지역의 지사는 부산 좌천의 '셔약국'이라고 기재되어 있다(「대한매일신보」 1907. 11. 7. 광고란).

1908년에는 「대한매일신보」의 보급이 더욱 확대되면서 지사 숫자가 더 늘어났다. 「대한매일신보」 1908년 8월 11일자 '광고'란을 통해 소개된 지방의 지사 현황을 보면, 42곳으로 늘었음을 알 수 있다. 이때의 광고에서도 부산, 경남 지역에서는 새로 지사가 설치된 곳은 없는 것으로 기록되어 있다. 부산 지역의 지사를 여기서는 '부산항 좌천 략국 셔셕듀'라고 표기하고 있다. 지사 운영자의 이름이 1908년 11월 4일자부터는 '서셕쥬'로 바뀌었다. 아마도 서석주라는 사람이 부산 지역 내 좌천에서 약국을 운영하면서 「대한매일신보」 지사를 함께 운영했던 것으로 볼 수 있겠다.

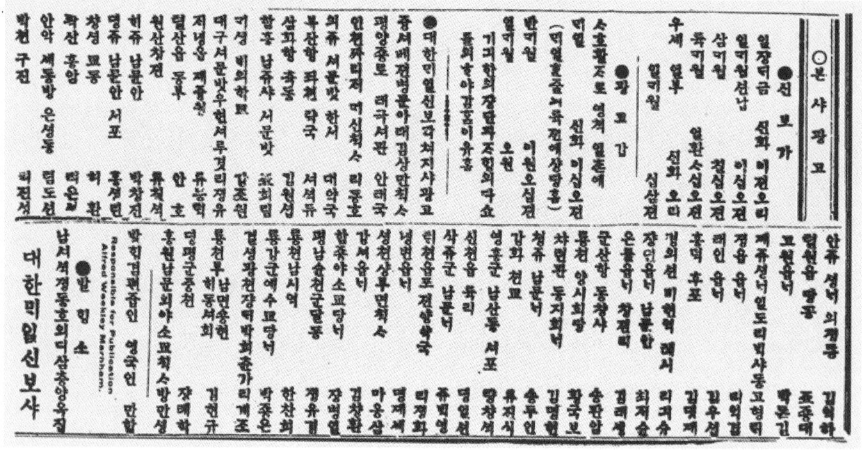

〈사진2-1〉 각지의 지사를 알려주는 「대한매일신보」(1908. 08. 11. 4면)의 광고. 부산의 지사도 소개되고 있다.
* 출처 : 언론진흥재단

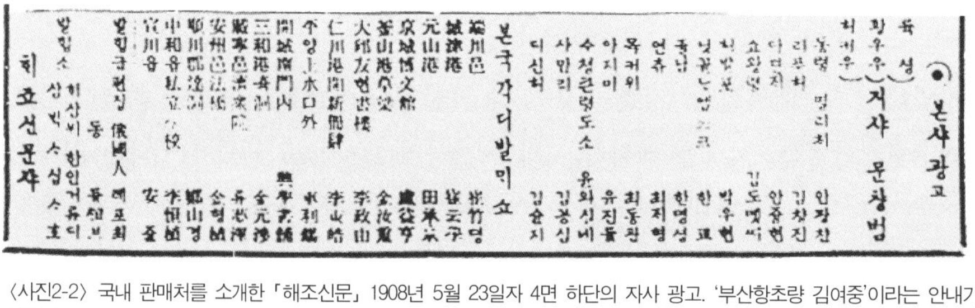

〈사진2-2〉 국내 판매처를 소개한 「해조신문」 1908년 5월 23일자 4면 하단의 지사 광고. '부산항초량 김여중'이라는 안내가 보인다.
* 출처 : '원문정보' 「한국독립운동사 정보시스템」(https://search.i815.or.kr/OrgData/OrgList.jsp?tid=ns 2009. 6. 15.)

또한 이 시기의 교포 신문들도 국내 여러 지역에 지국을 설치하여 국내 배포를 시도하였다. 연해주에서 발행되던 「해조신문」은 1908년 5월경 인근 지역의 지사를 운영하는 외에 국내 16곳에 '발매소'라는 명칭의 판매망을 설치, 운영하였다. 부산에도 초량의 김여중(金汝重)이라는 사람이 「해조신문」의 발매소를 운영하였다는 사실이 1908년 5월 23일자 지면의 '본사광고'란에 게재되어 있다.

한편 미국 샌프란시스코에서 안창호가 주도하던 공립협회에서 발행된 「공립신보」(최기영, 1991, 196쪽)도 1908년 2월경 국내 서울에 4곳, 지방에 26곳의 발매소를 운영하였다. 부산, 경남 지역에는 절영도의 전경녀(田景汝)라는 사람이 발매소를 운영하였으며 김해 지역에 2곳 즉 배영회(裵永會)와 배병민(裵秉民)이라는 사람이 발매소를 운영하였다(「공립신보」 1908. 2. 19. 4면 '특별사고'). 1908년 3월경에 「공립신보」의 대리인 김필순이 「대한매일신보」에 게재한 광고 (1908. 3. 24)에는 부산의 발매소가 초량의 윤상수로 되어 있다.

당시 이들 교포신문도 국내 반입량이 상당히 많았던 것 같다. 「공립신보」의 경우를 보면 1908년 3월경에 국내에 반입되는 부수가 3천여 장에 이르렀다고 한다. 이 신문 1908년 3월 18일자를 보면 '희망포와재류동포'라는 제목의 논설에서 「공립신보」의 배포 현황을 "지금 본보ㄱ 창간흔지 두회가 넘어 닉디에 발송ㅎ는 수효ㄱ 삼천여댱이오 미쥬에 구람ㅎ는 수효ㄱ 오백여댱인디 하와이에 발송ㅎ는 수가 불과 백여댱이라"고 언급하면서 하와이 교포들에게 더욱더 신문을 애독해 줄 것을 당부하고 있다. 하와이나 미국 현지보다도 5배 정도에 이르는 부수가 국내에 배포되었다는 것이다.

이처럼 해외 교포들이 발행하던 신문이 국내에 적지 않은 부수를 배포할 수 있었던 것은 당시의 언론 상황과 연관 지어 해석할 수 있다. 노일전쟁기부터 일제는 한국 언론에 대해 직접적인 통제를 가하기 시작하였다. 1904년 2월 일제는 한일의정서를 강요하여 이를 토대로 군대를 주둔시키면서 그해 7월 20일 '군사경찰훈령'을 반포하여 한국 언론에도 사전검열을 받게 하는 등 직접적인 탄압을 가하기 시작하였다. 이에 한국 언론은 유명한 「황성신문」의 '시일야방성대곡' 사건 등으로 저항의 의지를 표출하기도 하였지만 일제의 직접적인 탄압에 직면하면서 항일의 필봉은 무디어질 수밖에 없었다. 이러한 상황에서 국내 언론

중에는 영국인 베델(Ernest Thomas Bethell, 한국명 裵說)이 사장으로 있어 일본의 통제권이 직접 미칠 수 없었던 「대한매일신보」가 항일 언론의 선봉으로 부상하게 되었으며 해외의 교포 신문들도 국내에 반입되어 그 공백의 일부를 담당하게 되었던 것으로 해석할 수 있다(채백, 2003, 69-80쪽). 이와 같은 맥락에서 해외의 교포 신문들이 국내에 반포되면서 지방에도, 그리고 부산에도 배포되었던 것이다.

2) 지방 관청과 공공기관의 구독

요즘에도 각 공공기관이나 기업체 등의 신문 구독은 전체 발행부수 중에서 적지 않은 부분을 차지한다. 이 기관들이 구독하는 신문은 기관 내의 사람들이나 내방객들이 보게 됨으로써 여러 사람들이 돌려 읽게 되는 효과를 자연스레 가져온다. 이러한 공공기관의 구독은 한국 근대신문의 초창기부터 이루어졌다. 개화기 한국사회에서 공공기관들이 이렇듯 신문을 구독하게 된 것은 무엇보다도 지방 관리들을 우선적으로 계몽하는 것이 필요했기 때문일 것이다.

앞서 지적한 바와 같이 지방 관청의 신문 구독은 한국 최초의 근대신문인 「한성순보」 발간 시절부터 시작되어 「독립신문」 이후에도 계속해서 시행되었다. 「독립신문」 발행 당시 정부는 학부를 통해서는 각급 학교에 신문을 구독하라는 지시를 내렸으며 내부를 통해서는 각 지방관청에 신문을 구독하라는 명령을 내렸다(이광린, 1975, 88쪽).

1898년 이후 창간된 민간지들의 경우 정부는 신문 발간에 협조하면서 지방 관리들을 교육한다는 차원에서 지방 관청으로 하여금 신문 구독을 계속하게 하였다. 이들 민간지의 보급에 대해서 정부가 협조한 것은 이 민간지들의 요구에 의해서였던 것 같다. 「매일신문」 1898년 7월 7일자 지면을 보면 「샤즁고빅」이라는 제목으로 신문사 내의 경영상 어려움과 내부의 분규에 대해 언급하면서 다음과 같은 대목이 보인다.

(전략) 만일 몃빅자리가 늘지안코 보면 신문을 폐지ᄒ게 되여 전국에 슈치를

씨칠 터인즉 아모됴록 힘써 쥬션ᄒ라ᄒ야 崔씨가 응락ᄒ고 닉부에 가 ᄉ실을 말ᄒᆫ즉 박대신의 고명ᄒᆫ 쥬견으로 아모됴록 신문을 전국에 광포ᄒ여 인민을 기명케 ᄒ라 ᄒ옵시고 <u>십삼도에 공찰을 제츌ᄒ시민 신문이 쳔여장이 느러</u> 희가 과히되지 않케되ᄂᆫ 것을 보고 (후략) (강조는 인용자)

경영이 어려워 기재원 최정식을 내부에 보내 사정 이야기를 하자 내부대신[3] 이 전국 13도에 공한을 보냈으며 이로 말미암아 구독 부수가 천 부 이상이 늘어 났다는 것이다. 「제국신문」도 창간 초기 이종일(李鍾一) 등 주역들이 정부의 고위 관리들을 만나 신문사업에 협조를 구하였던 것으로 알려지고 있다. 이종일 이 남긴 일기인 「옥파비망록(沃坡備忘錄)」 중 「제국신문」 창간일인 1898년 8월 8일조를 보면 신문이 창간된 사실과 함께 법부대신과 농상공부대신, 학부대신, 내부대신 등 고위 관리를 두루 찾아보고 협조와 후원을 부탁하였으며 대신들도 흔쾌히 응해주었다는 사실을 기록하고 있다. 협조와 후원의 구체적인 내용은 언급되지 않았으나 아마도 지방관청이나 학교의 신문 구독, 그리고 우편료 문제 등이었던 것으로 추정된다.

한편 「황성신문」도 창간 초기부터 지방관청에 의무 배포하였다.[4] 「황성신 문」 1906년 5월 14일 논설란을 보면 '論大興郡守辛成默氏新聞反還'이라는 제목 으로 충남의 대흥군수가 그동안 8부씩 받아 오던 신문을 일본인 재무관의 조언 에 의해 재정상 부담이 된다며 그해 5월부터 각 향장들이 돌려 읽을 1부만 보고 나머지는 구독 중단한다는 편지가 온 것을 소개하면서 다음과 같이 언급하는 대목이 나온다.

---

3) 이때의 내부 박대신이라 함은 박정양(朴定陽)을 말한다(『고종시대사』 광무 2년 6월 25일조 참조).

4) 이 신문들 외에 「시사총보」도 내부를 통해 지방관청에 배포된 것이 지면을 통해 확인된다. 이 신문 1899년 6월 24일자를 보면 「본사고백」이라는 난에 밀린 신문 대금의 납부를 독촉하면 서 "各府郡에셔나 各坊曲에셔 左開價金에 依ᄒ야"라는 표현이 등장하고 있다. 이로 미루어 이 「시사총보」도 지방의 각 부군에서 구독하였음을 알 수 있다.

發刊之初에 <u>自內部로 委託本社호야 發送于各府郡케홈</u>은 使各地方官吏로 一
體廣聞見發知識호며 懲貪墨勵廉恥호야 毋至自陷於不法野蠻之料케홈이니
本社에셔 豈有勒付之理哉아(강조는 인용자)

「황성신문」은 발간 초부터 내부의 위탁으로 각 부군에 발송하여 지방 관리들
로 하여금 읽도록 하였다는 사실을 알 수 있다. 지방관들로 하여금 신문을 읽게
함으로써 문견과 지식을 넓히고 탐욕을 멀리하며 염치에 힘써 불법야만에 빠지
는 것을 막도록 하기 위한 것이니 억지로 할 이치는 없다는 점을 밝히고 있다.5)
「황성신문」 1907년 2월 22일자에 실린 '특고(特告)십삼도관찰사'라는 제목의
사고는 이 신문이 전국의 13도에 배포되었음을 말해 주고 있다. 각 도별로 신문
구독료 납부가 많이 밀려서 경영에 어려움이 많다면서 이를 3월 30일까지 완납
해 줄 것을 요청하고 있다. 이 기사에 제시된 도별 미납 구독료 현황을 도표화한
것이 다음의 표이다.

<표2-1> 「황성신문」 미납 구독료 현황 (1907년 2월)

도별	미납액	도별	미납액
경기도	400원 92전 9리	평안남도	478원 59전 7리
충청남도	772원 98전 3리	평안북도	257원 28전
충청북도	489원 51전 5리	황해도	411원 72전
전라남도	274원 33전 8리	강원도	571원 91전 7리
전라북도	384원 55전 8리	함경남도	222원 2전 2리
경상남도	416원 10전 4리	함경북도	330원 78전 3리
경상북도	623원 73전 5리		

---

5) 당시 이와 같이 관청을 통한 의무적 신문 구독이 부작용을 일으키기도 하였던 것 같다. 「제국신
문」 1898년 9월 17일자 잡보란을 보면 관찰사와 군수에게 신문을 보내 백성들에게 구독을
요청하지만 각 고을에서는 백성들이 보지 않는 것을 억지로 보게 할 수 없다고 반송하였다는
사례도 소개되고 있다. 이 밖에도 각 지방에서 신문을 반송하는 사례는 「제국신문」 1907년
4월 13일자 논설, 「황성신문」 1906년 2월 20일 등 여러 차례 지면에 소개되고 있다. 이러한
반송 사례들은 신문사와 정부가 협조하여 신문 구독을 확장시키려 한 것에 대해 지방의 관리나
백성들이 저항한 것으로서 새로운 문화에 적응해 가는 과정에서 나타나게 된 부작용이라고
볼 수 있겠다.

　1907년 당시 「황성신문」 구독료는 월 35전이며 3개월 선납의 경우는 1원, 6개월 선납은 2원, 1년 선금은 3원 90전이었다. 물론 위의 금액이 어느 정도의 기간 동안 연체되었는지, 그리고 관청 구독의 경우도 이러한 일반 구독료가 그대로 적용되었는지, 우송료는 각 지역별로 어떻게 적용되었는지가 확실치 않기 때문에 위의 금액으로 부수를 추정하기는 어렵다. 그러나 3개월 구독료가 1원임을 감안해 볼 때, 각 도별로 적지 않은 부수가 배포되었다는 정도는 추정할 수 있다.

　한편 정확한 수치는 아니지만 당시 각 도를 통해서 전국에 배포된 신문의 총 수가 1,000부는 넘었던 것으로 추정된다. 앞서 인용한 「매일신문」 1898년 7월 7일자의 「샤즁고빅」에서도 내부를 통해 지방관청에 배포함으로써 천여 부 이상이 늘었다고 하였다. 그 밖에 「시사총보」 1899년 6월 24일자를 보면 「제국신문」이 내부를 통해 각 도 관찰사에게 구독료 납부에 협조를 구했다는 사실을 보도하면서 "13도 각 부군에 신문지 분송ᄒ오미 매일 수천 장인디"라는 언급이 보이고 있다. 수천 장이라고는 하였지만 정확한 숫자를 알 수는 없다. 다만 천 부를 넘는 단위의 숫자였던 것만은 확실한 것 같다.

　앞에서도 잠깐 언급하였지만 지방 관청 외에 학교에서도 신문을 구독하였다. 「독립신문」이나 「제국신문」 등에 대해 학부가 협조했다는 내용이 바로 학교에서의 신문 구독이었던 것으로 추정된다. 이러한 사실은 「대한민보」에 실린 기사를 통해 확인할 수 있다. 「대한민보」 1910년 2월 15일자 2면에 실린 '신문잡지거절'이라는 제목의 기사를 인용해 보면 다음과 같다.

　　사범학교에셔 각 신문과 잡지등 서류를 구람ᄒ더니 일인(日人) 교사가 언(言)ᄒ기를 학도가 정치계문자를 열람ᄒ는 것이 불가ᄒ다ᄒ야 잡지 등은 압수하고 신문은 거절ᄒ얏다더라

　사범학교에서 신문과 잡지 등을 구독하였으나 일본인 교사가 학생들로 하여금 읽지 못하도록 하기 위해 이를 거절하였다는 것이다. 이로부터 우리는 그 이전에 학교들이 신문과 잡지를 정기구독하였음을 알 수 있다.

이상에서 살펴본 바와 같이 개화기의 한국 신문들은 정부의 협조를 얻어 각 지방관청과 각급 학교에 배포하였으며 그 배포 부수는 천 부를 넘는 양으로서 전체 발행 부수에 적지 않은 비중을 차지했다는 사실을 알 수 있다. 이 신문들이 지방의 관리와 학생들을 비롯하여 많은 사람들에게 읽혔을 것이다. 이러한 맥락 속에서 부산 지역에서 각종 근대신문들이 관청과 학교 등을 통해 상당수 배포되었을 것으로 볼 수 있다.

3) 우편 배포

「독립신문」 발행기부터 지방에 대한 신문의 배포는 주로 우편망을 이용했다 (채백, 1994, 57쪽). 당시의 우편 제도 도입 현황을 살펴보면 갑신정변의 실패로 중단되었던 근대 우편사업이 1895년 6월부터 본격적으로 재개되어 1896년 6월 까지는 경부선과 경의선, 경원선, 그리고 호남선을 잇는 기간 선로가 완성되었으며 1898년 4월과 6월 사이에는 전국적인 우편망이 일단락되어 우편 사업이 전국으로 확대되었다(체신부 편, 1984, 95-108쪽). 「독립신문」은 1898년 8월 26일자 광고란에 실린 자사 광고를 통해 다음과 같이 공지하고 있다.

> 이제는 십삼도 각군에 림시 우테가 다 설시 되어 비록 먼 시골 산협 동리에 사는 사롬들의게라도 신문이 나려 가게 되엿스니 누구던지 독립신문을 사셔 보고져 흐는 이들은 각기 그 거디 셩명을 자셰히 긔별 흐고 신문 갑은 흔둘에 우표갑 병 흐야 엽젼 흔냥 일곱돈식이니 션급으로 보뉘되 돈으로 붓치기 여렵거던 우표를 사셔 편지에 너어 셔울 졍동 독립신문샤에 보뉘시면 신문을 늘마다 우편으로 신실히 보뉘리다-독립신문사

전국적인 우체망이 완비되어 전국 어디라도 우편을 통해 배달할 수 있게 되었음을 알리면서 앞으로 신문 배포는 이 우편 제도를 이용하겠다는 내용이다. 이는 분국 등의 배달 체계가 제대로 갖추어지지 않은 현실에서 신문 보급에 어려움을 겪다가 우편 제도가 완비되니 신문의 배포를 이에 의존하려 했던

것이다.

  부산 지역의 우편 제도 도입 과정을 살펴보면 1895년 10월 9일에 충주, 안동, 대구를 거쳐 동래에 이르는 우편망이 설치되어 10월 21일부터 업무를 개시하였다. 당시의 우편 운영 현황을 보면, 한성과 동래의 양측에서 매일 1회 발착하며 소요 일수는 11일이었다고 한다. 즉 한성에서 충주까지 3일, 충주부터 안동까지 3일, 안동에서 대구가 2일, 대구부터 동래까지 3일이 각각 소요되었다. 당시 우편물을 수송, 배달하던 사람을 전신부(傳信夫)라 하였는데, 한성과 동래 간에 총 22인의 전신부가 있었으며, 충주와 안동, 대구 우체국에서 전용하는 전신부가 6명 있었다고 한다. 각 우체사에서는 매일 우편물을 수집해 가는 집신(集信)과 배달하는 분전(分傳)이 각 2회씩이었다(『고종시대사 4』, 1026-1027쪽).

  그 이후 지방의 우편망은 지속적으로 확대되어 1896년 7월 25일 진주 우체사가 개국하였으며 1898년 6월 1일에는 경남도와 전라도, 함경도, 평안도 지역에 임시우체사를 설치하였다. 임시우체사란 우체사 소재지로부터 20리 밖의 우체구외(區外) 지역을 포괄하기 위해 설치한 기관이다. 여기에는 따로 관리를 파견하지 않고 그 지역 향장(鄕長)이 1달간 교육을 받고 우편 업무를 맡도록 하였다. 향장은 1896년 8월 지방관리직제 개혁 때 신설된 것으로 해당 지역에 7년 이상 거주한 전 향리나 유지 중에서 군수가 군민의 동의를 얻어 임명하여 군수의 업무를 보조하던 관리이다(체신부, 1984, 105-108쪽). 이로써 전국을 망라하는 우편망이 만들어졌던 것이다. 이를 계기로 앞서 인용한 바와 같이 「독립신문」이 전국 배포에 우편을 이용하겠다고 공지하기에 이르렀던 것이다.

  한편 1905년에는 경부선 철도가 개통되었으며 1908년 2월부터 우편차를 운영하여 우편 수송에 철도를 이용하게 됨(체신부, 1984, 772쪽)으로써 보다 신속하고 원활한 우편물 소통이 가능해졌다.

4) 지방의 구독료 징수 방법

  「독립신문」이 발행되던 당시 구독료의 징수도 지방에서는 각 관청이나 개인 구독자가 직접 혹은 인편으로 구독료를 납부하거나 그렇지 않으면 우편으로

송금하는 형식을 취했다. 지방의 독자들에게는 구독료 외에 우송료를 추가 부담
시켰다. 지방의 독자들은 현금을 전하기 어려우므로 현금 대신 우편으로 우표를
보내는 방법으로 구독료를 징수했던 것이다. 「독립신문」 1899년 3월 3일자 광고
란을 보면 다음과 같이 공지하고 있다.

> 외방에셔 본샤 신문 보시는 쳠군즈는 신문 갑을 둘둘이 신젼ᄒ시요 만일
> 길이 멀던지 신편이 업셔 젼 ᄒ기가 어렵거던 우표로 딕신 보닉시되 우톄샤
> 에셔 十분에 一을 감 ᄒ고 사ᄂ것이 우톄쟝뎡 뎨 四十六됴에 잇스니 의례히
> 十분에 一을 더 보닉시요

이러한 내용은 「독립신문」뿐만 아니라 당시에 발행되던 다른 민간지들, 즉
「제국신문」과 「황성신문」의 지면에도 동일한 문구의 광고가 이 시기에 게재되
고 있다. 즉 「제국신문」은 1899년 3월 23일부터 동년 5월 1일자까지(4월 17,
18 제외) 광고란에 실렸으며 「황성신문」도 1899년 3월 15일자 특별 광고란에
같은 내용을 한문체로 바꾸어서 실었다.

위의 내용을 보면 지방에서 신문을 구독하는 사람들의 구독료를 우표로 대신
해서 수납할 수 있도록 하였다. 대신 그 경우에는 10%를 할증하여 금액을 계산
했던 것이다. 이 할증의 근거로는 우체장정 제46조를 들고 있는데 이는 1897년
3월 16일 칙령 제16호로 전면 개정된 "국내 우체 규칙"을 말하는 것으로 보인다.
그 제46조를 보면 "우표를 매수(賣受)한 자가 매환(買還)을 청하는 시(時)에는
우체사에서 원가의 십 분의 일을 감하고 매환하되 십 매 이상이 연속한 자만
매환한다"(『고종시대사 4』, 351쪽)고 규정하고 있다. 규정 자체만으로는 우표
가 화폐의 대용으로 유통될 수 있도록 한 것은 아니다. 단지 우표의 현금 반환을
허용하면서 그 대신 10%의 할증을 규정하고 있는 것이다. 이 규정에 의해 우표
가 신문의 구독료로 납부되면 신문사에서는 이를 우체사에 반환하여 현금화했
던 것이다(채백, 1995, 188-189쪽).

5) 지방의 독자 현황

현재로서는 당시 부산을 비롯한 지방에 「독립신문」이 얼마나 보급되었는지를 알 수는 없다. 다만 「독립신문」의 지면을 보면 지방의 독자들 숫자가 오히려 서울보다 많았음을 짐작케 해주는 기사가 등장하고 있다. 「독립신문」 1899년 11월 27일자 논설을 보면 북촌 사는 사람이 신문사에 신문을 사러 와서 한 말을 전하고 있다. 그가 경상도 벽지의 어느 집에 하루를 묵게 되어 그 주인과 대화하면서 그 주인이 요즘 세상 돌아가는 형편을 물었다는 것이다. 그 서울 사람이 딱히 해 줄 말이 없어 곤란을 느끼다가 서울에 외국 공사관들이 들어와 있다는 말을 하였더니 주인이 다음과 같이 말하였다고 한다.

> 내가 비록 하향 궁촌에 잇고 셔울은 다니지 ᄋᆞ니하얏스나 그런것은 약간
> ᄋᆞ논바―라 더 드를것 업거니와 다만 지금 셔울 손님을 맛나셔 원 하는 것은
> 텬하 대셰와 태셔 각국 형편이 엇더케 되야 가며 동양에 한 일 쳥 삼국의
> 근일 졍형을 듯고져 하노라 하ᄂᆞᆫ듸 ᄯᅩ 싱각 ᄒᆞᆫ즉 그 디경에 이르러셔는 항을
> 그릴수 밧게 업ᄂᆞᆫ것이 싱판 무식 ᄒᆞᆫ즉 엇더케 ᄋᆞ논체 홀수 업ᄂᆞᆫ 고로 이에
> 간신이 대답 하기를 나ᄂᆞᆫ ᄋᆞ모리 셔울 사ᄅᆞᆷ이나 여간 호구 하기에 여가이
> 업셔 날곳 시면 동셔로 분쥬 하ᄂᆞᆫ 고로 그런 일은 과연 ᄋᆞᆫ것이 업노라
> 하니ᄭᅡ 쥬인이 우스며 굴ᄋᆞ대 나ᄂᆞᆫ 시골 룽민이라 그대ᄂᆞᆫ 고명ᄒᆞᆫ 식견으로
> 족히 나와 홈ᄭᅴ 말 홀것이 업스니까 그로 하지 엇지 그럿케 젼연 부지 하리오
> (중략)
> 가만이 안져 듯다가 긔가 막히여 물으되 이러케 물하면 쥬인이 혹 로홀듯
> 하나 이러ᄒᆞᆫ 벽항 궁촌에셔 텬하 대셰를 엇지 그리 쇼샹이 아나뇨 실로 희한
> ᄒᆞᆫ 일이로다 한즉 니 쥬인이 곳 샹ᄌᆞ를 열고 각쳐 신문을 내노코 하ᄂᆞᆫ 물이
> 이속에 다 잇ᄂᆞᆫ 물이라 내의 쳔견으로 언론 홈이 아니로다 그대ᄂᆞᆫ 신문지도
> 보지 ᄋᆞ니 하ᄂᆞ뇨 하거놀 (후략)

서울 사람과 시골 사람이 만나 세상 돌아가는 물정에 관해 대화를 나누는데,

신문을 보는 시골 사람이 신문을 보지 않는 서울 사람보다 더 풍부한 지식과 소견을 보였다는 말이다. 이 이야기를 전하면서 「독립신문」은 "본샤 신문으로 물 할지라도 대한 경향간에 보니는 것을 비교하여 보면 시골셔 보는이가 서울보다 몇 빅비가 더 되니 엇지 하야 시골 사룸이 더 기명코져 하는지 서울 사룸은 가위 둥하 불명이라 극히 붓그러울듯"이라고 끝을 맺고 있다. 이를 보면 몇 백배라는 것은 다소 과장일 가능성이 크지만 당시 독자가 서울보다 지방에 훨씬 많았다는 사실을 알 수 있다.

「대한매일신보」의 경우는 지방의 독자 현황을 알 수 있는 자료가 남아 있다. 아래의 표는 1908년 5월경 이 신문 구독자의 서울과 지방 및 외국의 분포를 보여 주고 있다. 여기서도 보면 한글판을 제외하고는 서울보다 지방의 구독자 수가 더 많았다.

<표2-2> 「대한매일신보」의 구독자 분포

판별	서울	지방	외국	합계
국한문	3,900	4,243	–	8,143
한글	2,580	2,070	–	4,650
영문	120	280	63	463
계	6,600	6,593	63	13,256

* 자료 : 계훈모 편 『한국언론연표 I』 128쪽

한편 「독립신문」의 지면을 보면, 부산의 한 독자를 소개하는 기사도 등장하여 눈길을 끈다. 1898년 9월 26일자를 보면, 3면의 잡보란에 '고씨 기명'이라는 제목으로 다음과 같은 내용의 기사가 게재되었다.

부산 츄량리 사는 고학곤씨가 독립신문 오륙장식을 모아 가지고 부산 쟝늘마다 촌려에 어리석은 사룸들을 대호야 닑어 들이며 시셰에 당연훈 말노 연셜을 호는 낀둙에 그곳 인민들은 초초 기명진보가 된다고들 호니 고씨 깃흔이는 동포 형데를 참스랑 호는이로다

부산의 초량리에 사는 고학곤이라는 사람이 「독립신문」을 5~6장씩 모아 가

지고 일반 백성을 상대로 장날마다 읽어 주기도 하고 연설도 하면서 보급에 애썼다면서 '동포 형제를 참사랑하는 이'라고 찬양하고 있다. 이처럼 부산에도 「독립신문」의 열성 독자들이 존재하였으며, 이들이 신문 내용을 가지고 주위의 일반 백성을 상대로 개인적인 계몽활동을 벌였음을 보여 주고 있다.

　이와 같이 한국 근대신문의 초창기부터 한성에서 발행되는 신문들이 지방에도 보급됨으로써 전국적으로 신문이라는 새로운 매체를 이용하는 커뮤니케이션 형태가 형성되기 시작했다고 하겠다.

제2장 지방지의 탄생

제1절 지방의 신문 창간 시도

1. 대구의 신문 창간 시도

한국 근대신문이 정착 단계로 접어들면서 지방에서도 신문을 창간하려는 시도들이 이루어졌다. 이와 같은 시도는 대구와 평안남도에서 먼저 있었다(박정규, 1987, 22쪽). 가장 먼저 시도가 이루어진 곳은 대구로서 1906년 6월에 대구 광문사(廣文社)가 농상공부로부터 신문 발간 허가를 받은 바 있다. 그러나 이 계획은 성사되지는 못했다. 1907년 6월경에는 관서지방 출신의 일본 유학생들이 중심이 되어 평양에 신문사 설립을 시도하여 자본금 2,000환을 모금한 사실이 있었다. 그러나 이 계획도 실현되지는 못했다(최기영, 1991, 151-153쪽).

1908년 10월에도 대구에서 신문 창간 시도가 있었다. 「황성신문」 1908년 10월 4일자 잡보란을 보면 '박관찰신문(朴觀察新聞)'이라는 제목으로 다음과 같은 기사가 게재되어 있다.

대구 관찰사 박중양(朴重陽)씨는 당지(當地)의 유지자(有志者)와 협의하여 자본금을 모집ᄒᆞ고 우(又) 정부에 보조를 청구ᄒᆞ야 신문사를 설립하고 관하 각군 인민에게 강제로 구람(購覽)케 ᄒᆞ야 민지(民智)를 개발ᄒᆞ며 관민 상하의 의견을 소통하기로 방금 계획중이라더라

기사의 내용을 보면 대구 관찰사 박중양이 중심이 되어 지역 유지들과 상당히 구체적인 단계의 계획까지 이루어지고 있었다. 당시 이 계획은 실제 신문의 창간으로 이어졌던 것으로 보인다. 이러한 사실은 나중에 창간되는 「경남일보」

의 지면을 통해서 확인된다. 이 신문 1910년 3월 10일자 지면을 보면 '경북관찰사에 대ᄒᆞ야 신사에게 권고홈'이라는 제목의 사설에서 경상북도 관찰사 박중양이 중심이 되어 신문 창간을 시도한 사실을 매우 긍정적으로 보도하면서 '年前에 慶北의 報館이 창립(刱立)되얏다가 幾号에 僅至ᄒᆞ야 遂히 궐폐(蹶斃)됨애'라는 내용이 뒤를 잇고 있다. 이 기사로 미루어 볼 때 대구의 신문 창간 시도가 성사되어 신문이 발행되기는 하였지만 오래가지는 못했음을 알 수 있다.

그러나 이 신문이 창간되었다 하더라도 그 시기가 후술할 「경남일보」보다 앞섰던 것은 아니다. 「대한매일신보」는 1909년 11월 26일자의 '경남일보를 보고 ᄒᆞᆫ번 감동홈이 잇노라'라는 제목의 논설에서 "디방신문이라ᄒᆞᄂᆞᆫ거슨 다만 이 경남일보 ᄒᆞᆫ개쑨 처음으로 낫도다"라면서 그 창간의 의미를 높이 사고 있다. 「경남일보」가 지방에서는 처음으로 창간된 신문이라고 언급하고 있는 것으로 보아 대구의 신문이 창간된 것은 그 이후였음을 알 수 있다.

2. 평안도의 신문 창간 시도

또한 1910년 6월에는 평안남도에서도 신문 창간 시도가 있었다. 「대한매일신보」 1910년 6월 5일자 잡보란을 보면 '관찰의 신문'이라는 제하에 "평안남도 관찰ᄉᆞ 리진호씨는 그 도에셔 신문을 발간홀 계획으로 일전 닉부에 쳥원ᄒᆞ야 인허를 맛헛다더라"고 보도하고 있다. 이 사례도 보도에 따르면 정부의 인허가 까지 받은 상태였으나 곧이어 1910년 8월에 일본에 의한 강제 병합이 이루어지면서 이 계획은 실현되지는 못했던 것으로 보인다.

이와 같이 신문이 영향력 있는 사회 제도로 정착되면서 지방에서도 신문을 창간하려는 움직임들이 이루어졌던 것이다.

제2절 「경남일보」의 창간과 운용

1. 「경남일보」의 창간

1) 창간의 배경과 과정

한국의 지방신문이 실제로 가장 먼저 발행되었던 것은 바로 경남지역이었다. 1909년 10월 15일 진주에서 창간된 「경남일보」가 바로 지방에서 한국인의 손에 의해 창간된 최초의 신문이었다.

「경남일보」의 창간은 1909년 상반기부터 논의되었다. 가장 먼저 표면화된 것은 「황성신문」의 보도를 통해서였다. 1909년 2월 17일자 2면의 잡보란을 보면 '大韓又一報'라는 제목으로 "慶尙南道 有志諸氏가 慶南日報社를 設立ᄒ기로 發起ᄒ얏다더라"고 보도하였다. 이어 2월 21일자 2면의 잡보란에는 '嶺南曙光'이라는 제목으로 「경남일보」의 창립 발기문을 입수하여 보도하였다. 이를 보면 영남이 기후가 온화하고 물산이 풍부하여 문명 발전의 좋은 조건을 갖추고 있음에도 불구하고 아직 경종이 울리지 않아 미몽을 벗어나지 못하고 있으나 관찰사 황철의 노력으로 좋은 계기가 마련되었으니 백성들은 먼저 주식 모집에 적극 참여해 달라는 취지를 밝히고 있다.

미국 샌프란시스코에서 발행되던 「신한민보」 1909년 3월 24일자를 보면 '경남일보'라는 제목의 기사에서 경남에서 신문이 곧 창간될 것임을 보도하고 있다. 기사는 "경샹남도 유지인사들이 발긔ᄒ야 신문을 발간ᄒ기로 방금 준비ᄒ 눈더 희보 명칭은 경남일보라 ᄒ다더라"고 보도하고 있다. 이때는 신문 창간 주체가 구성이 되어 준비가 상당히 진척되어 제호까지 확정한 상태였음을 알 수 있다.

「황성신문」은 경남일보 창간 준비가 진행된다는 소식을 접하자 1909년 2월 23일자 논설에서 '對慶南日報創立에 忠告홈'이라는 제목으로 간곡한 당부의 말을 전하였다. 이 사설은 「황성신문」이 수도에서 창간되어 운영하는 신문임에도 여러 가지 어려움을 겪어 몇 차례 휴간하지 않을 수 없었던 상황을 이야기하면서 하물며 지방에서 신문을 운영하기란 더 큰 어려움이 따를 것이라며 이러한 어려움이나 실패에도 굴하지 말고 꿋꿋하게 목표를 향해 정진해 주기를 바란다는 요지를 피력하고 있다. 이러한 뜻을 전달하기 위해 여러 번의 실패를 거듭하면서도 끝내 위대한 성과를 이루어 낸 프랑스의 도예가 베르나르 팔리(Bernard Palissy, 巴律西)와 역시 여러 번의 실패를 거듭하면서도 1866년 마침내 대서양 해저 케이블 설치에 성공한 사이러스 필드(Cyrus West Field, 維爾德)의 사례를 소개하고 있다. 이들을 본받아서 어떠한 어려움이 닥치더라도 꿋꿋하게 극복하여 마침내 목표를 달성하기 바란다고 강조하였다.

「경남일보」 1909년 12월 29일자 제18호는 '본사의 내력'이라는 제목의 사설을 통해 창간 과정의 개요를 설명하고 있다. 관련 부분은 다음과 같다.

> 本日報社는 元來 本地方紳士의 熱心으로 株股을 募集ᄒ야 株式會社로 成立된 바이라 每株에 50원으로 六百株를 定ᄒ고 第一會株金 25원式 排當ᄒ야 合壹萬五千圓으로 預筭ᄒᆫ바이라 本年8月19日에 內部認可를 得ᄒ고 同年10月15日에 第1號를 發刊ᄒᆫ바 本社草創의 初에 諸般設備의 不完全홈이 多홈으로 遂히 休刊ᄒ고 仝10月22日에 第3種郵便物의 認可를 得ᄒᆫ 後 仝11月5日에 第2號를 繼刊ᄒ엿다가 未幾에 又機械等의 損傷을 被ᄒ야 又暫時休刊ᄒ얏고 仝月16日에 至ᄒ야 第5號를 又刊ᄒ얏더니 第17號에 至ᄒ야 本社財政의 困難홈을 因ᄒ야 又爲停刊ᄒ얏다가 本日에 至ᄒ야 烎히 續刊ᄒ니

이 사설은 1909년 11월 30일에 제17호를 발행하였다가 경영난으로 한 달 가량 휴간한 후 12월 29일에 속간하면서 창간 준비에서부터 발행하는 과정에서의 재정적 어려움을 토로하는 과정에서 창간 초기의 발행 상황을 상세하게 설명하고 있다. 주식회사를 설립하여 그 자본금을 주식을 공모함으로써 조달하려 했던 것이다. 주당 50원씩 6,000주를 발행하고 1회분으로 25원씩 합계 1만 5천 원의 자본금으로 출범하려 하여 1909년 8월 19일에 내부 인가를 얻고 10월 15일에 창간호를 발행했던 것이다.

〈사진2-3〉「경남일보」창간호(1909. 10. 15.)의 1면부터 4면. 2면 사설은 '발간취지'를 밝히고 있으며 3면에는 각계의 축사를 싣고 있다.

2) 창간의 주역들

이 창간 준비 작업에는 경남 지역의 유지들이 참여하였다. 신문발행 허가 청원에 편집 겸 발행인으로 되어 있던 울산 지주 출신의 김홍조(金弘祚)를 중심 으로 홍천과 안성군수, 경흥부윤 등을 역임한 김영진(金榮鎭)과 임시 사무소장 을 맡았던('金氏義務', 「황성신문」 1909. 4. 6. 잡보) 김기태(金琪邰) 등이 중심이 되었으며 관찰사 황철도 적극적으로 참여하였다.

창간 당시 사장을 맡았던 김홍조는 울산의 대지주로서 재정적인 면에서 중심 역할을 하였다. 그는 오래 일본에 체류하면서 국사범으로 망명 중이던 김옥균과 박영효를 지원하였으며 1907년 7월에는 교남(嶠南)교육회6)의 발기인으로도 참 여하였던 인물이다. 한일병합 후에도 경남은행장을 역임하였고 「동아일보」의 창간 발기인으로 참여하였던 인물이다. 김홍조는 자산가이면서 일본에서부터 였을 것으로 추측되는 황철과의 교분과 언론 및 교육에 대한 관심으로 창간에 주도적으로 참여하였던 것으로 보인다(김남석, 2008, 39쪽).

김영진은 인쇄 시설 구입 과정에서 중요한 역할을 하였다. 「경남일보」의 인쇄 시설은 서울 교동(校洞)에 있던 우문관(右文館)이라는 인쇄소의 시설을 인수한 것으로 알려졌는데(최기영, 1991, 145-146쪽) 그 과정에서 주도적인 역할을 하 였던 인물이 김영진이다. 그는 일본어를 비롯한 신학문에 상당한 조예가 있었던 인물로 평가되고 있다(김남석, 2008, 39쪽). 또한 김영진은 당시의 대표적 친일단 체였던 일진회에도 참여하였다. 「대한매일신보」 1910년 3월 13일자 2면 잡보란 의 '쌰족혼 수가 잇나'라는 제목의 기사를 보면 「경남일보」가 일진회 회원인 김영진이 주관함에도 불구하고 일진회에 관한 보도에서 송병준, 이용구 등의 성을 빼고 이름만을 쓰며7) 매번 비판적인 논조를 보여서 일진회 내부에서 대책

---

6) 서울에 있던 경상도 출신 인사들이 중심이 되어 조직한 애국계몽운동단체로서 출범한 것은 1908년이었다(「두산백과사전」 http://www.encyber.com/index.html).

7) 이러한 예는 이용구에 관한 「경남일보」 1910년 3월 6일자 3면 잡보란의 '용구하왕(容九何往)' 이라는 기사에서 찾아볼 수 있다. 기사는 "一進會頭領容九는 去一日에 該會總務員等을 招호야 何等事를 密議하고 翌日上午에 成歡에 往호다호고 日人岡本外會員二名을 帶同出發호얏는디

을 논의하고 있다고 보도하였다.

김기태는 경남 지역의 재산가로서 1920년대 보성전문학교에 15만 원을 기부하기도 하였으며 후에 경남은행 취체역으로 활동한 것으로 알려지고 있다(최기영, 1991, 160-161쪽). 관찰사 황철은 원래 명성황후 시해사건에 연루되어 일본에서 10여 년 망명생활을 하다가 1907년 귀국하여 농상공부 협판과 강원도 관찰사를 거쳐 경남 관찰사로 재직 중이던 인물이었다(김남석, 2008, 38쪽). 일본에서의 체류 경력 등을 통해 개화에 대한 의지가 남달랐던 인물로서 창간 과정에서 도내 각 군수들에게 협조를 요청하는 등 커다란 역할을 하였다('餞別黃遞觀察使', 「경남일보」 1910. 10. 11. 사설).

초대 주필로는 '시일야방성대곡'으로 유명한 언론인 장지연을 초빙하였다. 장지연은 1908년 해삼위(海蔘威)에서 발행되던 「해조신문」의 주필을 맡았다가 신문이 폐간되자 귀국하여 대한협회와 교남교육회에 관여하면서 1909년 7월에는 서울에서 야학교를 개설하여 지리와 한문을 가르치고 있었다. 그가 「경남일보」에 참여하게 된 것은 김영진과의 교분 때문인 것으로 보인다(최기영, 1991, 147-148쪽).

창간 당시의 간부진은 사장에 김홍조, 대판(代辦)사장 정홍석(鄭鴻錫), 부사장 강위수(姜渭秀), 총무 조민승(曺旼承), 대판총무 서진욱(徐珍旭), 정희협(鄭禧協), 회계 감사 김기태, 회계 강주식(姜周湜), 이사장 최인훈(崔寅薰) 등이었다. 1910년 4월 12일에 열린 제1회 주주총회에서는 임원진을 축소하는 방향으로 개편되어 사장에 강위수, 부사장에 김기태, 총무 겸 회계 정희협, 회계감사장 강주식, 이사장 서진욱이 임명되었다('본사주주 제1회 정기총회 순서'「경남일보」 1910. 4. 14. 사설).

一說은 日本으로 渡去ᄒ다는 說이 有ᄒ고 一說은 同日下午에 入還ᄒ얏다더라"고 되어 있다. 「대한매일신보」가 보도한 대로 이용구의 행적에 관해 보도하면서 그의 성은 빼고 이름만을 보도하고 있다. 제목에서 이름만 쓴 것은 글자 수를 줄이기 위한 것이라고 볼 수도 있겠지만 본문에서도 그렇게 사용한 것은 의도적이라 할 만하다.

3) 창간의 목적과 취지

「경남일보」는 창간호 2면의 사설란을 통해 '本報發刊之趣旨'라는 제목으로
창간의 기본 취지와 목적을 밝혔다. 그 내용은 다음과 같다.

大抵報館이라ᄒᆞ난 者는 文明을 開導ᄒᆞ고 福利를 增進케ᄒᆞᄂᆞᆫ 機器라 故로
國內에 報館이 日興ᄒᆞᆯ사록 社會의 文化를 日闢ᄒᆞ며 人民의 幸福을 日增케ᄒᆞ
나니 報館의 盛衰存廢로써 其國의 汚隆과 其民의 文野를 ○ᄒᆞᆯ지라 現世界列
强諸邦을 觀ᄒᆞ건ᄃᆡ 其國의 富强홈이 燄燄히 火識와 如ᄒᆞ며 芸芸히 草長과
如ᄒᆞ야 蒸蒸日上의 勢가 有홈은 無他라 其實業을 鼓吹ᄒᆞ며 學術을 爐備ᄒᆞ야
四民으로 ᄒᆞ야곰 各其智識을 勉勵케홈으로 文化가 大闢ᄒᆞ고 産業이 繁殖ᄒᆞ
야 各種農作物工藝物等이 足히 他邦에 普及ᄒᆞ야 其商業과 共히 伴進홈으로
써 國富民足ᄒᆞ야 强盛의 域에 能臻ᄒᆞ나니 是ᄂᆞᆫ 其機關이 專혀 報館의 利用에
在ᄒᆞ다홀지로다 大槪報館의 效力이 如斯히 轟大혼 故로 列强의 諸國은 自其
王京大都로 以至州縣港市까지 凡衝要都會之地에ᄂᆞᆫ 各般報館이 鱗設林立ᄒᆞ
야 家家競讀ᄒᆞ며 人人爭閱ᄒᆞᄂᆞᆫ지라 如彼强盛홈이 其所由가 豈無ᄒᆞ리오 我
國은 惟京城에 略干報館이 僅有홀ᄲᅮᆫ이오 其他地方은 外人의 報館이 或有ᄒᆞ
나 本國人에 至ᄒᆞ야ᄂᆞᆫ 迨히 寥寥春夢과 如ᄒᆞ니 實로 志士의 慨歎을 不堪ᄒᆞᄂᆞᆫ
바라 惟我慶南은 物衆地大ᄒᆞ고 天府沃壤이라 其山河靈淑혼 精英으로 但人
傑에 鍾出홀ᄲᅮᆫ아니라 農産諸物도 國內에 優等이오 且商業貿易도 海陸의 交
通이 其便利를 最占ᄒᆞ얏스니 若使此土居人으로 奮發의 力을 稍加ᄒᆞ야 實業
의 學을 勤究ᄒᆞ면 我國富强의 基礎가 其惟嶺南에 專在ᄒᆞ다ᄒᆞ야도 實로 過言
이라 不謂홀지로다 昔에 新羅ᄂᆞᆫ 辰韓一小國에 不過ᄒᆞ나 能히 海宇를 一統ᄒᆞ
고 震維의 霸業을 獨占ᄒᆞ얏거든 況今競爭의 劇烈혼 時代를 際ᄒᆞ야 累百年痼
習을 解脫ᄒᆞ고 新風潮의 實力을 養成ᄒᆞ야 嶺以南五百萬同族의 幸福을 增進
케홀 機會가 今日吾人에 在ᄒᆞ다홀지로다 故로 吾儕가 釀資合金ᄒᆞ야 本報館
을 刱設ᄒᆞ고 <u>日報를 發行홈은 其主旨가 專혀 新知識新思想을 鼓勵ᄒᆞ야 農工
商實業을 發達케함에 在ᄒᆞ노니</u> 惟願同志諸君은 互相贊成ᄒᆞ며 各自愛讀ᄒᆞ야

使本報로 日加擴張ㅎ며 月加興隆ㅎ면 非但諸君의 幸福이라 抑亦全嶺의 幸
福이오 亦不但全嶺의 幸福이라 抑又全國의 幸福이니 若其以慶南으로 名稱
ㅎ者ᄂ 其主眼의 地点이 在此ㅎ 所以오 非必區域으로써 限界ㅎ者니 南北을
何分이며 京鄕을 何論ㅎ리오 惟我同志ᄂ 交相勗在ㅎ며 交相勉在다어(강조
는 인용자)

　서양 열강이 산업과 문화면에서 앞서게 된 것은 신문이라는 문명의 이기를
잘 활용한 덕분이라면서 오로서 신지식과 신사상을 고취하여 산업을 발달케
함에 그 창간 목적이 있다고 밝히고 있다. 또한 영남 지역이 그 지정학적 중요성
때문에 국가 부흥과 발전에 중요한 축이 될 것이라면서 「경남일보」가 발전하면
국가 발전으로 이어질 것이므로 남북, 경향을 구분하지 말고 신문에 힘을 모아줄
것을 당부하고 있다. 여기서 특기할 만한 것은 「경남일보」가 경남의 신문에
그치는 것이 아니라 국가의 발전을 지향하고 이에 이바지하겠다는 목표를 설정
하였다는 점이다.
　이러한 목적에 입각하여 이 사설은 뒤이어 신문 편집의 기본 방침을 네 가지로
제시하고 있다. 그 네 가지는 ①법률행정의 관계 ②실업의 지식 ③교육의 발달
④삼강(三綱)의 일사(逸史)이다. 이는 지면의 내용에서 역점을 둘 방향이라고
해석할 수 있겠다. 여기서 법률행정의 관계란 현행의 법령과 도나 군의 각종
공지 등을 각 지역에 알림으로써 행정 기관의 편리를 도모함과 동시에 일반
백성들에게 법률 사상을 고취하고 현행 법령을 이해토록 한다는 것이다. 실업의
지식이란 농공상업 관련 지식을 전파하여 경남 지역의 풍부한 자원을 산업 발전
으로 이어질 수 있도록 백성을 계몽하겠다는 것이다. 세 번째 교육의 발달은
현재 뒤처지고 있는 교육 현실을 비판함으로써 그 개선을 도모한다는 것이며
삼강일사는 도내의 충신과 효자, 열녀, 절사(節士)의 사례를 널리 알리겠다는
것이다. 전통적인 도덕관에 기초하면서도 개화를 통해 부국강병의 길에 이바지
할 바를 모색한다는 것이다.

4) 각계의 반응

「경남일보」가 창간되자 각계의 환영이 줄을 이었다. 창간호 지면에도 박영효와 당시 총리대신 이완용을 비롯하여 중앙의 대신과 지방의 고위 관리들 일본 측 인사들의 창간 축하 메시지가 게재되었다. 창간 축사는 2호부터 8호까지도 게재되었다.

언론계도 「경남일보」의 창간을 환영하고 나섰다. 「대한매일신보」는 1909년 11월 26일자 1면에 실린 논설을 통해 '경남일보를 보고 혼번 감동홈이 잇노라'라는 제목으로 「경남일보」의 창간을 매우 환영한다는 요지의 입장을 밝혔다. 다소 길지만 그 전문을 보기로 하자.

광치가 찬란혼 혼쟝 됴회가 디방동포의 쇼식을 구득히 싯고 남녁하늘노 눌여 오거눌 련망히 쌍손으로 밧드러 두눈에 빗쵀여보니 이눈 곳 경남일보—로다

이 경남일보를 보미 혼번 감동홈이 스스로 나니

슯흐다 한국 십삼도에 웅쥬거읍이 혼둘이 아니로디 소위 디방신문이라ㅎ눈 거슨 다만 이 경남일보 혼개쓴 처음으로 낫도다

대뎌 한국의 묵고썩은 이전 습관을 타파ㅎ고 문명의 풍죠를 환영코져홀진디 경샹북도에도 몃개 경남일보가 잇고 전라남도에도 몃개 경남일보가 잇스며 전라북도에도 몃개 경남일보가 잇고 황희도 강원도 츙남 츙북 평남 평북 함남 함북 각도에도 반드시 몃개 경남일보가 잇셔야 가ㅎ거눌 이제 비로소 경남일보 혼개가 처음으로 경샹남도에셔 낫스니 이신문을 보는 동포는 무옴에 엇더ㅎ며

뎌 문명혼 각국으로 말홀진디 쳔여호 내지 몃백호되는 적은 촌에도 반드시 신문샤가 잇스며 대도회에눈 몃쳔빅죵의 신문이 잇고 젹은 도회에눈 몃빅십죵의 신문이 잇셔셔 그나라의 신문지가 몃만몃쳔 죵류에 지나며 그나라 인민들은 밥을 혼째 궐홀지언뎡 신문은 ㅎ로를 궐ㅎ지 아니ㅎ며 옷은 잠시 헐벗을지연뎡 신문은 조곰도 궐ㅎ지 못혼다ㅎ거눌 이제 한국은 전국 십삼도 삼빅 여군에 이 경남일보 혼개가 비로소 잇스니 이 신문을 보는 동포는 무옴에

엇더ᄒᆞ며

ᄯᅩ 뎌한국안에 거류ᄒᆞᄂᆞᆫ 일본ㅅ사ᄅᆞᆷ들은 타국에와 잇ᄂᆞᆫ 긱죵으로도 수십명 수ᄇᆡᆨ명만 모히면 반ᄃᆞ시 신문샤 ᄒᆞ나ㅅ식 셜시ᄒᆞ여 그 긔믹을 통ᄒᆞ며 그 리익을 인도ᄒᆞ거ᄂᆞᆯ 이제 한국동포ᄂᆞᆫ 몃만호 몃쳔호되ᄂᆞᆫ 큰디방에도 일개 신문샤가 업다가 이 경남일보가 처음으로 낫스니 이 신문을 보ᄂᆞᆫ 동포ᄂᆞᆫ ᄯᅩᄒᆞᆫ 무ᄋᆞᆷ에 엇더ᄒᆞᇿ

우리ᄂᆞᆫ 이 신문을 보고 감동ᄒᆞᆫ 무ᄋᆞᆷ으로 동포에게 고ᄒᆞ노니 다ᄒᆡᆼ히 동포들은 분발ᄒᆞᆯ지어다

그러나 신문이라 ᄒᆞᄂᆞᆫ거슨 인민의 ᄒᆡᆼ복과 리익을 쟝려ᄒᆞᄂᆞᆫ쟈―며 국가의 문명과 부강을 돕ᄂᆞᆫ쟈―니 그 칙임이 엇더케 즁대ᄒᆞ다ᄒᆞ리오 이ᄀᆞᆺ치 즁대ᄒᆞᆫ 칙임을 져ᄇᆞ리면 ᄯᅩ 엇지 그 국민의 죄인됨을 면ᄒᆞ리오

오호―라 경남일보―여 분발ᄒᆞ며 진보ᄒᆞ여 인민의 ᄒᆡᆼ복과 리익을 쟝려ᄒᆞ며 국가의 문명과 부강을 도와셔 그 칙임을 쾌히 담임ᄒᆞ지어다 우리ᄂᆞᆫ 붓을 잡고 그디의 젼도를 츅원ᄒᆞ노라

그동안 한성을 제외하고는 전국 십삼도 각 군에 신문이 하나도 없다가 「경남일보」가 처음으로 창간되자 상당히 흥분된 어조로 환영의 뜻을 밝히고 있다. 아울러 언론 본연의 책임을 다해 줄 것을 당부하고 있다. 이보다 앞서 「황성신문」도 1909년 10월 24일자 논설에서 '讀慶南日報'라는 제목으로 창간을 축하하며 앞으로의 기대를 표명하였다. 이처럼 「경남일보」는 최초의 지방 신문으로서 국민 계몽에 커다란 역할을 하리라는 각계의 기대와 환영 속에 창간되었던 것이다.

2. 「경남일보」의 운영

1) 발행부수와 구독료 징수

진주시 성내(城內)동에서 창간된 「경남일보」는 타블로이드판 4면으로 6단 36행 1행 13자의 국한문 혼용 체제를 취하였다(김대상, 1981, 12-13쪽). 10월 15일에 창간호를 내기는 하였지만 준비가 좀 미흡했던 것 같다. 창간호를 낸 뒤 휴간에 들어가 제2호가 발행된 것은 11월 5일이었다. 이때에 준비가 덜 된 상태에서도 창간호를 낼 수밖에 없었던 이유는 신문지법 조항 때문인 것으로 분석된다. 당시 신문지법 제9조는 2개월 이상 신문을 발행치 않으면 허가가 소멸된다는 내용을 규정하고 있었다. 8월 19일에 인가를 받았으므로 그로부터 2달 이내에는 신문을 내야 인가의 효력을 유지할 수 있었다. 이에 맞추기 위해 창간호를 내고는 바로 휴간에 들어갔던 것이다.

2호 이후 일간 형태를 취하기도 하였지만 재정상 문제 때문에 제대로 발행이 어려울 정도였다. 창간 이후 1909년 연말까지 2개월 보름 정도 기간에 18개 호밖에 간행하지 못할 정도였다(경남일보90년사편찬위원회, 1999, 73쪽). 이처럼 초창기부터 경영난을 겪을 수밖에 없었던 이유는 약정했던 주식 대금이 제대로 납부되지 못했기 때문이다. 이에 경남일보사 측은 11월 30일자의 사설과 칼럼 '여묵촌적(餘墨寸滴)'란을 통해 어려운 사정을 호소하였고 같은 지면의 광고란을 통해 12월 14일에 임시주주총회를 소집한다고 공지하였다.

이러한 상황 속에서 「경남일보」는 1910년부터는 격일간제로 전환하였다. 1910년 1월 1일자 '본사고백'을 통하여 "本月 5日 爲始ᄒ야 更히 發刊式例를 改定ᄒ야 隔日 發刊ᄒ기로" 한다고 공지하였다. 1월 1일자 이후 3일간 휴간하였다가 5일자부터 격일간 체제가 정착되었다.

「경남일보」는 창간 초 8천여 부를 발행했던 것으로 보인다. 이러한 사실은 「대한매일신보」 1909년 11월 24일자 잡보란의 '신보확장'이라는 기사를 통해 확인할 수 있다. 기사의 내용은 "경남일보샤에셔는 경샹남도 관하각군 동리를 됴사ᄒ여 미동에 신문 ᄒ쟝식을 분젼ᄒ기로 계약ᄒ여 지금 그신문의 분젼ᄒ는 거시 팔쳔여쟝이 되는디 그 신문샤는 삼만원 주본으로 설시혼것이라더라”고 보도하였다.8) 이 8천 부라는 숫자는 당시로서는 매우 많은 것이었다. 통감부 자료에 의하면 당시 「제국신문」이 2,500부, 「황성신문」이 3,000부, 「대한매일신보」가 국문판과 국한문판을 합쳐 8,000부 발행했다고 한다(경남일보90년사편찬위원회, 1999, 75쪽).

「경남일보」가 창간 초 이처럼 많은 부수를 발행했던 것은 나름대로 배포 계획을 가지고 있었기 때문이다. 1910년 2월 20일자의 ‘各洞宜設新聞聽覽所’라는 제목의 사설을 보면 도내 인구 현황을 바탕으로 시장 분석을 하고 있다. 도내 2부(府), 27개 군, 459개 면, 5,550여 개의 동리가 있고, 인구가 127만 258명인데, 이중 남자가 절반으로 63만 정도 잡고, 문자해독률을 1%로 잡으면 6,300명 정도가 되니 각 동리마다 1~2명 정도는 문자를 읽을 수 있다고 본 것이다. 따라서 각 5,500개 동리마다 신문청람소9)를 설치하여 신문을 구독하면서 그 동리 주민들에게 읽어 주고, 구독료는 형편이 되는 사람이 내거나 아니면 힘을 합쳐 내는 등 여러 방법으로 가능하다고 본 것이다.

실제 「경남일보」는 창간 초기 각 동리마다 1부씩 신문을 발송했던 것으로 보인다. 그러나 수치상으로는 불가능할 것이 없어 보이지만 현실성이 부족한 계획이었기에 각 동리에서 제대로 수용되지는 못했던 것 같다. 여러 가지 이유를 들어 구독을 거절하는 사례가 많았다고 한다. 더구나 신문의 정시 발행도 제대로 이루어지지 못하고 휴간이 거듭되면서 배포에 어려움도 가중될 수밖에 없었을 것이다. 그리하여 1910년 3월부터는 각면에 2부씩 발송하는 방식으로 바꾸었다 (1910. 3. 16. 사설 참조).

1910년도 「조선총독부통계연보」에 의하면 「경남일보」의 1일 평균 발행부수

---

8) 「대한매일신보」는 그 다음날인 1909년 11월 25일자의 ‘시스평론’란을 통해서도 “경샹도 산쳔에 문명운수가 도라오니까 경남일보는 창간혼지 얼마 안되여 팔쳔여쟝을 발힝혼다지 우리는 총요즁에 그 신보 창간혼 츅슈도 못지어보내셔 지금것 결연혼 무음이 잇더니 지금 그 발젼되여 가는 쇼식을 드르미 깃분 무음이 비홀곳 업네”라고 보도하였다.

9) 이 청람소는 개화기 여러 지역에 존재했던 신문종람소(縱覽所)를 말한다. 신문종람소에 관해서는 채백(1997a)을 참조하기 바람

는 2,689부이며 1달간 총 발행부수는 29,580부로 기록되어 있다. 이 가운데 일본에 30부, 중국에 15부, 경남 지역 외 타지역에 2,100부가 배포되었다고 한다(『조선총독부통계연보 명치43년』, 657쪽). 이 부수만 하더라도 전술한 바와 같이 당시 한성에서 발행되던 신문들에 비해서도 적은 부수는 아니었다.

하지만 그나마 구독료 징수가 제대로 되지 않아 경영난이 가중되었다. 구독료 징수가 제대로 되지 않았던 것은 개화기 신문들의 공통적인 문제였다(채백, 2000).「경남일보」는 1910년 3월 8일자 3면 첫머리에 '특별사고'를 통해 구독료 징수가 잘 되지 않아 어려운 사정을 다음과 같이 호소하였다.

> 本報를 發刊ᄒ지 임의 六個月이 되얏스니 愛讀ᄒᆞᆷ君子의 盛意ᄂᆞᆫ 感謝ᄒᆞ오나 但代價의 收入이 零星ᄒᆞ야 浩大ᄒᆞᆫ 經用을 支撥키 末由ᄒᆞᆫ즉 本社ᄂᆞᆫ 何策으로 發行을 繼續ᄒᆞ깃슴닛가 本報를 愛讀ᄒᆞ신 僉君子ᄂᆞᆫ 本報代金을 卽速送交ᄒᆞ심을 敬盼

신문 구독료가 제대로 징수되지 않아 비용을 충당하기도 어려운 형편이니 무슨 방책으로 신문을 계속 발행하겠느냐면서 속히 납부해 주기를 당부하고 있다. 이때부터 지면에는 거의 매일 구독료 납부를 당부하는 사고를 싣거나 그렇지 않으면 '문명록(文明錄)'이라는 코너를 신설하여 구독료를 납부한 사람들의 명단을 게재하였다. 이 문명록이 실리지 않는 날에는 '특별사고'를 통해 기간별 구독료를 공지하면서 속히 납부해 줄 것을 당부하였다.

문명록에 실린 명단과 그 지역을 보면 당시 「경남일보」 구독자의 지역 분포의 단면을 추정할 수 있다. 대부분 진주를 중심으로 한 당시 경남 지역 주민들이 중심이 되었지만 서울, 황해도, 개성, 평안남도 삼화, 함경북도 경성, 부녕, 경상북도 대구, 상주, 안동, 충청남도 비인, 전라남도 순천, 제주에 이르기까지 전국적으로 분포되어 있다(경남일보90년사편찬위원회, 1999, 78쪽). 타 지역의 보급 확대를 위해 경성 북부 대안동(大安洞)에 거주하는 장지순(張志淳)의 집을 경성 판매취차소(取次所)로 지정하고 장지순을 주무로 발령하여 임무를 맡겼다(「경남일보」 1911. 4. 23. 3면).

2) 광고란의 운영

개화기의 여타 신문들과 마찬가지로 「경남일보」도 광고란을 두고 운영하였다. 창간 초기부터 4면 최하단, 발행인과 편집인 표기란 바로 앞에 광고 요금에 관한 안내를 싣고 있다. 그 내용을 보면 "一行料 4號 七錢 但行數의 多小와 期限의 長短으로 加減이 有ᄒ오며 其他特別關係가 有ᄒ 時ᄂ 特別定算이 有ᄒ오니 本社의 來議ᄒ시오"라고 공지하고 있다. 4호 활자 1행에 7전이지만 행수와 기간에 따라 융통성이 있다는 말이다. 이 요금 체계는 상당 기간 그대로 유지되다가 1912년 1월 6일부터 4호 활자 1줄에 10전으로 인상하였다.

그러나 당시 산업의 여건이 제대로 갖추어지지도 않은 가운데 광고가 활성화될 수가 없었다. 「경남일보」의 광고도 활발하지는 못했다. 초창기에는 자사 광고가 오히려 더 많은 부분을 차지하다가 차츰 외부 광고가 늘기 시작하였다. 업종별로 보면 서적 광고와 약품 광고가 가장 빈번하게 지면에 등장하였으며 그 외에도 기계류, 염료, 인쇄, 치과의원, 학생 모집, 잡화, 정미소, 포목 등의 광고가 게재되었다. 지역별로 보면 한성의 광고가 가장 많았으며, 인천, 대구, 부산, 마산, 통영을 비롯하여 평양, 진남포, 경성 등 전국적인 분포를 보였다(경남일보90년사편찬위원회, 1999, 83-84쪽). 이렇게 전국 각지의 광고가 들어오자 더욱 적극적으로 경성 지역의 광고를 유치하기 위해 경성 판매인이던 장지순을 경성 광고취급인으로 지정하기도 하였다(「경남일보」 1912. 2. 5. 3면 '특별사고').

개화기의 대부분 신문들과 마찬가지로 4면을 발행했던 「경남일보」는 4면의 맨 뒤부터 광고를 배치하기 시작하고 그 양에 따라 기사량을 조정했던 것으로 보인다. 4면의 1단에는 '관보'나 '잡보'가 배치되었고 뒤를 이어 4면의 제2단이나 3단부터 광고가 게재되었다. 강제 병합 이후로 오면 광고의 수주가 늘어서 거의 매일 3면 하단부터 광고가 게재되었다.

3) 후원금과 부대 사업

창간 초기부터 여러모로 경영난이 가중되는 가운데 독자들과 각계로부터 들어오는 후원금은 적지 않은 도움이 되었다. 개화기의 신문들이 경영난을 겪는 가운데 독자들이 나서서 후원금을 보내는 사례는「황성신문」과「제국신문」등 여러 사례에서도 찾아볼 수 있다. 이는 당시 신문들이 어려운 가운데서도 사회적으로 의미 있고 중요한 역할을 한다는 인식이 바탕이 되어서 가능했던 것이다(채백, 2005).

「경남일보」에 대한 후원금 사례가 처음 보도된 것은 창간 1달여 뒤인 1909년 11월 26일자였다. 잡보란의 '감사의연(感謝義捐)'이라는 기사를 통해 동래부의 정정(貞靜)여학교에서 의연금 30원을, 동래 초량 영주동의 노동야학교가 10환을 보냈다는 것이다. 이어 1910년 2월에는 당시「경남일보」부사장이던 김기태의 조모 김씨가 금화 60원을 기부하였고(「경남일보」1910. 2. 6.) 뒤이어 박영효도 금화 50원을 기부하였다. 박영효는 당시 발행인 김홍조가 일본에 체류하던 시절 측근으로 가깝게 지냈던 사이로 창간호에 축사도 실었는데, 기부금까지 보내 주자 1910년 2월 16일자 사설로써 감사의 마음을 표하였다. '謹謝錦陵尉閣下寄附金盛意'라는 제목의 사설에서 "百拜感謝홈을 不已홀쑨아니라 一般社員이 并皆專心專力을 注ᄒ야 本報의 興旺發展을 計圖ᄒ 然後에 方히 同閣下의 盛意를 不負홈인즉"이라고 전심전력을 다해 신문을 발전시키는 것만이 그 성의에 보답하는 길이라고 감사의 마음을 표하였다. 이어 경남 지역의 신사(紳士)들 한사람이 50환씩 100명만 출연하여도 5천 환이 되어 신문 유지 발전에 무궁한 도움이 될 터인데 그렇지 못한 현실을 안타까워하면서 분발을 촉구하기도 하였다.

이 사설의 이후에도 도내 각지에서 기부금이 꾸준히 들어왔다(경남일보90년사편찬위원회, 1999, 85-86쪽). 이러한 독자들의 후원은 실질적인 재정적 도움이 되기도 하지만 당시 언론인들에게 용기를 북돋워 주는 심리적 효과도 매우 컸을 것이다.

개화기의 신문들은 대부분 경영난을 극복하기 위하여 부대 사업들을 실시하였다(채백, 2000). 그중 가장 많았던 사업 형태는 바로 인쇄 시설을 이용한 부대 사업이었다.「경남일보」도 인쇄 시설을 이용한 부대 사업으로 먼저 서적 발행을 시도하였다. 제2호인 1909년 11월 5일자부터 4면의 광고란에 보면 다음과 같은 광고가 실려 있다.

> 本社에셔 古代書籍을 多數發刊홀터이오니 左開古書籍中에 可히 發刊홀만흔
> 書籍이 有ᄒ시거든 本社로 來議ᄒ시오
> 一 遺文逸簡의 未入梓者
> 一 古書籍에 已爲刊行흔 者라도 其板本이 年久遺夫脫落ᄒ야 世界에 廣布치
>   못흔 者
>
> 慶南日報社 告白

고래의 서적을 인쇄해서 발행하려 시도했음을 알 수 있다. 이 광고는 이후로도 28호인 1월 21일자까지 계속 광고면에 실렸다. 그러나 경남일보사가 실제로 서적을 출판했는지는 현재 확인되지 않는다. 아마도 출판이 되었다면 광고란을 통해 알렸을 텐데 현존하는 지면의 광고란에서는 다른 출판사 서적 광고는 많이 실렸지만 경남일보사 발간의 서적 광고는 찾아볼 수 없다.

창간 직후부터 「경남일보」는 서적 판매에도 나섰다. 1909년 11월 21일자 4면 광고란을 보면 『孔夫子의 眞像』이라는 제목의 책을 광고하면서 "奉閱或購奉 코져 ᄒ시거든 本社로 來臨問議ᄒ시오"라고 알리고 있다. 책을 읽고 싶거나 사고 싶으면 본사로 찾아오라는 말이다. 이를 통해 「경남일보」가 창간 직후부터 서적 판매를 시작했던 것으로 볼 수 있겠다. 이 광고는 1911년 1월 18일경까지 매일은 아니지만 자주 광고란에 게재되었다. 아마도 광고와 기사의 양에 따라 좌우된 것으로 보인다.

이어 다른 형태의 인쇄도 시도하였다. 먼저 시작한 것은 명함 인쇄였다. 1910년 2월 22일자 4면 광고란의 '特別社告'를 통해 "本社에셔 男女의 各種名啣紙를 具備케 準備ᄒ고 特別廉價로 迅速히 酬應ᄒ오니 僉君子는 照亮ᄒ시와 陸續請 求ᄒ시옵"이라고 광고하였다. 명함 용지를 구비하여 염가로 해 줄 테니 많은 이용 바란다는 내용이다. 이 광고도 이후 지면에 자주 등장하였다. 인쇄 사업은 이후 명함뿐만 아니라 각급 관공서의 인쇄물까지 더욱 확대하려 시도하였다. 같은 해 3월 16일자부터 광고란에 다음과 같은 내용의 자사 광고가 게재되었다.

　　本社에셔 各 官廳及面里長의 公用ᄒᆞᄂᆞᆫ 各種印刷物과 名啣等屬을 精美善良
　　히 印刷ᄒᆞᄂᆞᆫ바 價格도 他印刷所보다 折半廉歇ᄒᆞ오니 內外國僉君子ᄂᆞᆫ 何道
　　何郡을 勿論ᄒᆞ고 郵便으로 式樣만 通知ᄒᆞ시면 依樣印送홀터이오니 照亮ᄒᆞ
　　심을 敬要

　각급 관청의 공용 인쇄물을 시중보다 절반 정도 저렴한 가격으로 제공하며
우편으로도 접수하면 인쇄해서 보내 준다는 내용이다.
　이처럼 「경남일보」는 개화기의 다른 신문들처럼 인쇄를 중심으로 출판 등
부대 사업을 다양하게 시도하였음을 알 수 있다. 하지만 실제 이 부대 사업들이
얼마나 경영에 도움이 되었는지는 확인할 수가 없다.

3. 「경남일보」의 논조

1) 편집의 기본 방향과 주요 내용

　「경남일보」는 창간하면서 편집의 주요 방향을 민지(民智)개발과 실업장려에
두었다. 1910년 3월 16일자 사설을 보면 "本報 發刊의 趣旨는 政治의 意味에
不在ᄒᆞ고 但히 民智開發 實業獎勵 八字로 爲主홈이라"고 천명하고 있다. 다시
말해 정치색은 벗고 백성 계몽과 실업 장려를 지향한다는 것이다. 물론 「경남일
보」가 창간되고 발행되던 당시는 일본의 강제병합을 눈앞에 두고 있는 때로서
일제가 신문지법과 출판법 등을 앞세워 한국 언론에 대해서도 직접적인 탄압을
가하던 때이다. 이러한 상황에서 정치적인 성격을 지면에 담아내기가 쉽지 않았
을 것이다.
　이와 같은 성격 때문인지 「경남일보」 지면에서 사설은 그다지 중요한 비중을
차지하지 못했다. 초창기에는 사설이 매호마다 실렸지만 1910년 3월 하순경부터
는 사설이 정기적으로 실리지 않고 가끔씩 게재되었다. 아마도 특별히 다룰

만한 소재가 있을 때만 게재한 것으로 보인다.

이후 1910년 10월에 후술할 정간 조치를 당한 이후로는 사설이 지면에서 거의 사라지다시피 하고 말았다. 이후의 지면에서 사설이 게재된 것은 1911년 1월 28일자에 실린 '舊曆歲末의 景況'과 1913년 8월 9일자의 '夏期休暇學生에게 勸告'의 두 편이 있을 뿐이다. 이러한 점을 종합할 때 「경남일보」는 당시 정치 현실에 대해서는 거의 논의하지 않음으로써 저널리즘의 기능보다는 국민계몽의 기능에 충실하였다고 할 수 있다(김남석, 2008, 50쪽). 「경남일보」가 병합 후인 1910년 11월 14일부터 부설 야학교를 개설하여 한문과 일어 교육을 실시(「경남일보」 1910. 11. 9. 3면)한 것도 이러한 창간 이념과 깊은 관련이 있는 것으로 볼 수 있겠다.

「경남일보」의 지면은 총 4개 면으로 이루어졌다. 당시의 신문들과 마찬가지로 4면의 맨 뒤쪽부터 광고가 배치되었으며 그 외에는 면별로 고정된 주제 영역의 기사가 배치되지는 않고 그날그날의 기사량에 따라 배치되었다. 창간 초기에는 1면에는 외보, 2면과 3면에는 잡보, 4면에는 관보가 게재되었다.

「경남일보」는 전술한 대로 정치적 성향보다는 국민계몽과 실업 장려에 중점을 둔 창간 이념이 지면 구성에도 반영되었다. 그리하여 다른 신문에서는 찾아보기 힘든 기사 코너들이 있었다. '현행법령'란은 주로 1면에 배치되었는데, 새로 제정되거나 국민이 알 필요가 있는 여러 법안들은 소개하였다. '삼강(三綱)의 일사(逸史)'란도 대개 1면에 게재되어 경남 지역의 충신이나 열사, 열녀 등 전통적으로 모범이 되는 일화들을 소개함으로써 백성들에게 교육적인 효과를 기대하였다.

실업의 장려를 위해서는 주로 3면에 '농업계', '공업계', '상업계' 등의 고정란을 통해 업계 정보를 제공하였다. 그 외에도 지방 신문이라는 성격 때문에 지역의 정보에 중점을 두기는 하였지만 '중앙정계', '경성통신' 등을 통해 중앙의 동향에 관한 내용도 게재하였으며 '수문쇄록(隨聞瑣錄)'이나 잡보란 등을 통해서도 여러 지역의 다양한 소식을 전하였다.

2) 일제의 탄압

「경남일보」는 정치성을 지양한다는 방침을 가지고 있었음에도 불구하고 여러 차례 기사가 문제가 되어 일제 당국으로부터 압수와 정간 등 탄압을 받았다. 병합 직후인 1910년 9월 초에는 기사가 문제되어 압수 조치를 당했다. 「한성신문」[10] 1910년 9월 17일자를 보면 '慶報被押'이라는 제목으로 "慶南日報第一百三十二號는 現內閣諸大官을 攻擊ᄒ 論說로 治安妨害라ᄒ야 當日押收를 被ᄒ얏다더라"고 보도하였다. 132호[11]의 논설이 내각 대관들을 공격하였다는 이유로 압수 조치를 당했다는 내용이다.

이어 10월 14일에는 정간 조치를 당하였다. 10월 11일자 148호가 치안을 방해하였다고 신문지법 제21조에 의거하여 발매반포를 금지하고 압수하며 정간 조치를 당했다(「관보」 1910. 10. 19.). 이때 문제가 된 기사는 '詞藻'란에 매천 황현의 절명시를 게재한 것이었다고 한다(경남일보90년사편찬위원회, 1999, 97-99쪽). 정간 조치는 10월 25일부로 해제되었다(「관보」 1910. 10. 28.). 이때의 정간은 10월 14일부로 결정되어 경남일보사에 통보된 것은 15일 이후였던 것 같다. 10월 15일자 150호까지 발행되고 그 이후 151호가 10월 27일자로 발행되었다.

이 밖에 기사가 삭제된 것도 여러 차례 있었다. 당시의 이른바 벽돌신문[12]을 「경남일보」 지면에서도 어렵지 않게 찾아볼 수 있다. 가장 먼저 삭제된 기사는 1910년 1월 30일자의 사설이었다. '告大韓人各新聞社'라는 제목의 이 사설은 부제인 것으로 보이는 2줄 즉 '慶南日報記者拜告我大韓人各新聞社記者諸君座下'라는 2줄만 남기고 본문은 전부 활자가 뒤집혀 인쇄되었다. 제목으로 보건대 경남일보 기자 일동이 국내 각 신문사 기자들에게 올리는 글인 것으로 보이는데

---

10) 「황성신문」이 강제 병합과 함께 「한성신문」으로 제호를 바꾸어 9월 14일까지 발행하고는 폐간되었다.

11) 이 132호가 현재 남아 있지 않아 내용을 확인할 수는 없다

12) 벽돌신문이란 당시 일제의 사전 검열에서 문제가 있다고 지적되면 이를 다른 기사로 대체하는 것이 아니라 그 기사 활자를 뒤집어서 인쇄함으로써 지면에 네모가 연이어 인쇄됨으로써 생겨난 명칭이다.

그 내용이 문제시되어 삭제되어 있는 것이다. 이후에도 「경남일보」 지면에는 여러 차례 기사 활자가 뒤집힌 벽돌신문이 발견된다(경남일보90년사편찬위원회, 1999, 91-94쪽).

3) 「경남일보」의 역할과 기능

전국 최초이면서 개화에 뒤처져 있던 경남 지역에서 창간된 「경남일보」는 어려운 여건 속에서도 경남 지역의 개명 진보에 적지 않은 공헌을 한 것으로 평가할 수 있겠다. 「황성신문」 1910년 6월 17일자 잡보란을 보면 '신문의 효력'이라는 제목으로 다음과 같이 보도하고 있다.

> 晉州郡은 素來 慶南의 大都會인 故로 人物이 復雜ᄒ야 酒肆娼樓가 所在相望ᄒ야 浮華豪蕩ᄒ 靑年子弟들이 沈淫放佚로 家産을 殘敗ᄒᄂ 獘가 比比有之ᄒᆯ뿐더러 來駐ᄒ 憲巡이 間或行悖ᄒ야 民怨을 致ᄒ더니 一自慶南日報社가 刱立ᄒ 以後에 直筆婉詞로 且勸且警ᄒ야 大히 感念을 與ᄒ얏ᄂ 故로 以上의 習染이 梢梢變遷ᄒ다고 當地觀光人의 傳說이 藉藉ᄒ더라

「경남일보」의 창간 이후 지역 내 좋지 못한 풍습이나 관리들의 부정적 행태가 점차 줄어들고 있다는 이야기를 전하고 있다. 신문이 창간된 이후 사회적 관행에서 긍정적인 변화가 이루어지고 있다는 평가이다. 특히 「경남일보」가 지역 내 관공서의 주요 정보나 관리들의 행적에 대해 상당히 큰 비중을 두고 지면에 반영하였기 때문에 지역 내 관리들의 비행과 부조리를 견제하는 장치로서 상당한 역할을 했던 것으로 볼 수 있겠다.

4) 역사적 의의

잘 알려진 바와 같이 1910년 8월에 일제는 한국을 강제 병합하면서 언론에 대해서도 강제로 통폐합을 실시하였다. 그 결과 한국인이 발행하는 신문은 「대

한매일신보」가「매일신보」로 개제하여 총독부 기관지로 발행되었으며「황성신문」도「한성신문」으로 개제하여 한동안 발행하다가 9월 14일자로 폐간되었다. 이 통폐합 과정에서「경남일보」는 살아남았다. 그 이유는 명확히 밝혀지지 않고 있다. 다만 당시 일제 당국이 한국인이 발행하는 비정치적 신문 하나 정도는 남겨 두는 것이 대외적 명분상에도 도움이 된다고 판단했으리라고 추정하는 정도이다(최기영, 1991, 186-187쪽).

병합 뒤에도「경남일보」는 격일간으로 계속 발행하였다. 1912년 1월 27일에는 1910년 12월에 제정, 공포된 회사령에 의해 주식회사 설립 인허가를 다시 받았다(「관보」1912. 1. 31.). 1912년에는 사장에 정홍석이 취임하고 주필 등 내부 간부진 개편도 있었지만 1915년 초에 한 호를 발행하고는 지령 제887호로 폐간(최기영, 1991, 189쪽)되었던 것으로 알려지고 있다.

이「경남일보」의 성격에 대해서는 친일적 성향을 지닌다는 논의가 적지 않았다. 이러한 평가가 나오게 된 이유는 몇 가지로 요약할 수 있겠다. 첫째는 창간 주체 중에 친일 성향을 지닌 인사들이 있었다는 점이다. 김홍조와 김기태, 관찰사 황철 등이 친일적 성향을 지니고 있었으며(최기영, 1991, 155-166쪽) 김영진은 친일단체 일진회의 회원이었다('쌰족흔 수가 잇나',「대한매일신보」1910. 3. 13. 2면). 창간호부터 축하 메시지를 실었던 사람들 중 상당수가 친일 인사들이었다는 점도 이러한 평가의 한 바탕이 되고 있다(김남석, 2008, 52-53쪽). 또한 창간부터 주필을 맡았던 장지연에 대해서도 친일 논란이 제기된 바 있다. 두 번째는 강제 병합 후 한국인이 발행하는 다른 신문들은 모두 일제에 의해 강제 폐간 혹은 인수되었는데 유독「경남일보」만이 살아남았다는 점이다. 이러한 배경에서「경남일보」의 성격과 관련한 논란이 있었다.

그럼에도 불구하고「경남일보」가 한국 최초로 지방 신문의 시대를 열었다는 점은 매우 중요한 역사적 의의를 지닌다. 전술한 바대로 당시 다른 지역에서 몇 차례 시도는 있었지만 실제 창간으로 이어진 것은「경남일보」가 최초였으며 당시 지방에는 일본인들이 발행하던 신문만이 존재하던 상황에서 한국인에 의한 신문이 진주에서 처음으로 창간된 것은 역사적으로 커다란 의미를 지니는 것이라고 평가할 수 있다.

제3장 일본인들의 신문 발행

제1절 「조선신보」의 창간

1. 「조선신보」의 창간 배경

한성에서 발행되는 신문이 지방에 배포되기 이전에 부산에서는 이미 신문이 일본인들에 의해 발행되고 있었다. 다시 말해 부산은 한국 역사상 근대 신문이 가장 먼저 출현했던 지역인 것이다. 한국 최초의 근대 신문 「한성순보」가 1883년 10월에 창간되기 이전인 1881년 12월 부산에서는 「조선신보」라는 신문이 일본인들에 의해 창간되었던 것이다. 일본인들이 발행한 신문이어서 우리 언론 역사에 포함시킬 수는 없겠지만 부산 지역의 주민들이 다른 지역보다도 앞서서 근대 신문을 접했다는 사실은 부인할 수 없다.

이 「조선신보」는 부산 지역에 진출한 일본 상인들의 단체인 부산상법회의소가 자신들의 상업적 이익을 보호하고 확대하기 위해 만든 신문이었다. 1876년 2월 27일 강화도조약이 체결되어 일본은 부산 등 3개 항구의 개항권과 거주 및 통상권을 확보하였다. 뒤이어 8월 24일 병자수호조규(丙子修好條規) 부록이 조인되어 일본은 거류지의 설치와 운영에 관한 모든 기초를 확립하였을 뿐 아니라 일본화폐의 자유통용권과 조선화폐의 반출권, 조선인의 일본상품 자유사용권 등 그들이 조선에서 상업활동을 벌이는 데에 필요한 기본적인 사항들을 확보할 수 있었다(손정목, 1982, 91-92쪽).

이와 함께 일본 국내에서는 같은 해 10월 14일 태정관포고(太政官布告) 제28호로서 <일본인 부산도항제한해제령>과 함께 제29호로 <일본인 조선무역공허(公許)포고>가 발포되었다. 이에 의해 누구나 한국에 별다른 제한 없이 극히 간단한 수속절차로 도항할 수 있게 되었다(김석희 · 박용숙, 1976, 329쪽).

이로써 일본인의 부산 도항과 이민사업이 본궤도에 올라 본격적인 이주가 시작되었다. 개항 직전 조선 내에 54명에 불과하던 일본인의 수가 그 이듬해인 1877년에는 345명으로 급증하게 되었다. 개항 이후부터 청일전쟁 이전까지 조선 내 일본인 수의 변화를 표로 정리한 것이 다음의 <표2-3>이다. 개항과 함께 급격한 신장세를 보이기 시작하여 1880년과 1881년에는 1년 사이에 각 4.9배와 4.1배로 증가하는 폭증세를 기록하였다.

<표2-3> 조선 내 일본인의 거주상황

연도	사람수	연도	사람수
1876	54	1881	3,417
1877	345	1882	3,622
1878	117	1883	4,003
1879	169	1884	4,356
1880	835	1885	4,521

* 자료 : 조선총독부조사자료 제22집 '朝鮮の人口現象' 103-106쪽(이현종, 1975, 175쪽에서 해당기간의 자료만을 뽑아서 만든 표임)

조선으로 건너온 일본인들 중 특히 부산에는 대마도 출신들이 다수를 점하고 있었던 것으로 알려지고 있다. 「조선신보」 1882년 3월 15일자 기사에 따르면 부산항에 재류하고 있는 일본인의 수는 약 2천여 명인데 그중 과반수는 대마도 인으로서 이들은 자신들의 향우회격인 '대주(對州)대친목회'도 조직하였다고 한다. 이들은 대개 아무런 자본이나 기술도 없이 일본에서는 살기 힘들어서 새로운 삶의 기회를 찾아 건너온 사람들이었다(김석희·박용숙, 1976, 335 쪽). 이들 일본인들의 행패와 거친 행동이 갈수록 심해지면서 개항장 내에서 의 반일감정도 매우 높아져 그들의 상업활동에까지 지장을 초래할 지경에 이르렀다.

이러한 반일감정은 개항장 중에서도 일본인이 가장 많으며 상대적으로 하층 계급이 주종을 이루고 있던 부산이 가장 심했다. 일본 농상무성의 「상황(商況) 연보」(明治13年 第4項)를 보면 부산이 개항한 후에도 그 무역이 별로 늘지 않은 사실을 지적하면서 그 원인으로 저질의 대마도상인들이 벌이는 갖가지 악행과 그에 따라 조선인들의 반일감정이 점차 팽배해 가는 사실을 들면서 "이래가지고

야 무역이 늘 까닭이 없다"고 개탄하고 있다. 이 보고서는 이에 대한 대응책으로 '우리의 정당한 상인들이 이것을 걱정하여 백방으로 조심하고 그런 악폐를 소탕하기 위하여 상법회의소를 설립'한 사실을 지적하고 있다(야마베 겐따로, 1982, 32-33쪽).

이와 같은 배경에서 1879년 8월13) 부산의 상법회의소가 설립된 것이다. 이 상법회의소가 심화된 반일감정을 다스리고 자신들의 상업적 이익을 유지, 강화하기 위해 기관지로 「조선신보」를 창간하였던 것이다.

2. 「조선신보」의 창간

「조선신보」가 창간된 것은 1881년 12월 10일의 일이다. 창간호가 남아 있지는 않지만 그 창간 소식은 「동경일일신문」 기사를 통해 확인할 수 있다. 이 신문 1882년 3월 3일자 잡보란에 실린 '조선신보'라는 제목의 기사는 다음과 같이 보도하였다(蛯原 八郞, 1936, 262쪽).

조선국 부산 본정(本町)14) 2정목 20번지의 조선신문사에서 오오이시 도꾸오(大石德夫)씨가 간사 겸 편집인쇄인으로 발행하였다. 신보의 제1호는 일본 명치14년 12월 10일부로서 조선력 신사년 십월 십구일이라 기록하고 있다. 그 제1호는 1매접(摺)이며 2호부터는 피국지(彼國紙)로 반지판의 철본(綴本)이 되었다. 이는 금년 2월 5일 발행으로서 조선의 12월 17일이다.

---

13) 설립시기에 대해서는 기록에 따라 다소 차이를 보이고 있다. 부산상공회의소가 편한 「부산상의사」와 일제시대 조선공로자명감(銘鑑)간행회가 펴낸 「조선공로자명감」(1935)에는 1879년 8월로 되어 있으나 부산시가 편한 「부산의 역사」(1978)에는 1880년 8월로, 그리고 앞에서도 인용한 바 있는 일본 농상무성의 「상황연보」에는 1880년 12월로 나와 있다. 이는 앞으로 확인되어야 할 문제이다.
14) 현재의 부산광역시 중구 동광동을 말한다(부산대 한국민족문화연구소 편, 1998, 161쪽).

이 기록에 의하면 「조선신보」의 창간은 「한성순보」의 창간보다 1년 10개월 정도 앞선 것으로서 일본에 의한 것이지만 국내에서 발행된 최초의 신문이라고 보아야 할 것이다. 창간호는 1장을 접은 형태로 발행되었으며 2호부터는 제본이 된 상태로 발행되었다. 이 신문은 창간사를 매호마다 표지 뒤의 첫 페이지에 예언(例言)이라고 하여 빠짐없이 게재하고 있는데 그 전문은 아래와 같다.

本所新報刊行之旨趣在專敍述經濟論說. 以供日鮮兩國博雅之采覽. 而如其發露 中外之奇事異聞. 亦要收拾不遺也. 因希四方諸君子能諒此意. 高論新說必不吝投寄. 而其文務用漢文則記者之幸以何加之敢望望望.

창간의 취지는 오로지 한일 양국의 식자들을 대상으로 경제논설을 서술한 데 있다고 하면서 동시에 사회의 기사이문(奇事異聞)을 널리 내외에 알리겠다고 밝히고 있다. 또한 고론신설(高論新說)을 한문으로 아낌없이 투고해 줄 것을 당부하고 있다. 이 창간사로부터 이 신문이 경제지적인 성격을 위주로 하고 있음을 알 수 있다. 창간 배경이나 발행 주체가 상인들이라는 점에서 자연스러운 것이라고 하겠다. 그러면서도 오늘날 사회면 기사에 해당하는 기사이문, 즉 기이한 일이나 소문들을 널리 취재, 보도하고 독자 투고도 게재하겠다는 취지를 밝혀 근대적인 일반종합지의 성격을 지향했다고 할 수 있다.

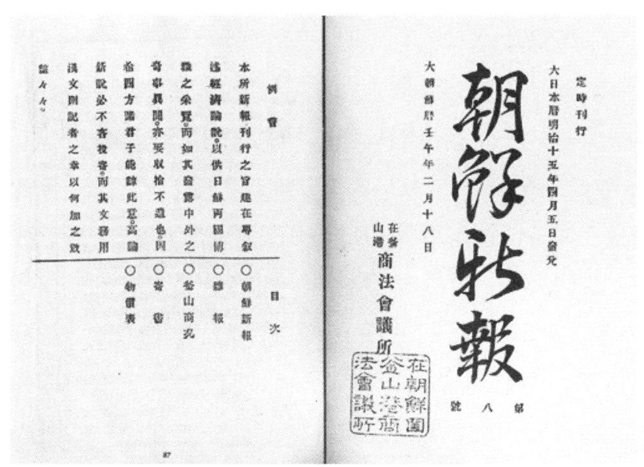

〈사진2-4〉 「조선신보」 제8호 (1882. 4. 5.)의 표지(우)와 목차, '예언'란

3. 창간 주체

술한 바와 같이 「조선신보」는 부산 지역 일본 상인들의 이익단체인 부산 상법 회의소가 창간한 신문이다. 일본 상인들의 상업적 이익을 보호하고 확대하기 위해 설립된 상법회의소가 그 목적을 실현하기 위한 적극적인 수단의 일환으로 창간한 것이다. 이 신문의 편집인 및 인쇄인은 오오이시 도꾸오이며 판매 책임을 맡고 있는 사람은 스즈키 다다요시(鈴木忠義)로 되어 있다. 이 인물들에 대해서는 당시의 인명 사전 등의 자료에도 전혀 언급이 되지 않아 현재로서는 어떤 인물인지 알 수 없다. 다만 상법회의소 관계자라는 정도의 추정만 가능할 것이다. 후술할 신문의 편집이나 기획, 운영 면 등을 고려할 때 신문에 대해 상당히 전문적인 식견과 경험을 갖춘 사람들이 편집에 참여했던 것으로 볼 수 있겠다.

제2절 「조선신보」의 성격과 주요 내용

1. 편집 체제

「조선신보」 창간호는 1장짜리였으나 두 달 후에 나온 제2호는 뉴스북의 형태로 바뀌었다. 2호부터는 발행간격이 순간으로 정착되었다(채백, 1991, 358쪽). 현존하는 5호 이후를 보면 표지에는 「조선신보」라는 제호가 나오고 그 우측에는 일본의 명치 연호가, 좌측에는 조선력이, 그리고 그 밑에는 발행호수가 표기되어 있다. 그리고 맨 좌측에는 '재부산항 상법회의소'라는 발행소의 명칭이 직인과 함께 기재되어 있다.

「조선신보」의 사용문자는 한문과 일어 그리고 극히 제한된 범위 내에서 한글이 사용되었다. 이렇게 복합적인 언어를 사용한 것은 이 신문의 주된 독자층이 일본상인들뿐만 아니라 조선의 관리를 비롯한 식자층을 동시에 대상으로 하고 있기 때문인 것으로 보인다. 알트만(Altman)은 이 언어들은 기사 내용에 따라 각기 밀접한 관련이 있다고 생각되는 독자층에 적합한 언어로 표기하였다고 분석하고 있다(Altman, 1984, 694쪽). 사용 언어면에서 보면 「조선신보」는 일본인만을 위한 신문이 아니라 조선의 독자들도 의식한 신문이었다고 할 수 있다.

지면의 편집은 기사를 항목별로 분류하여 게재하는 편집방식을 사용하고 있다. 기사의 분류체계를 게재 순서대로 보면 영사관의 공지사항 등을 다루는 '영사관녹사', 오늘날의 사설에 해당하는 '조선신보', 그리고 사회면에 해당하는 '잡보'와 부산의 경제동향을 다루는 '부산상황(商況)', 당시의 또 다른 개항장 원산의 소식을 다루는 '원산통신', 오늘날의 독자투고에 해당하는 '기서(寄書)', 물가를 알려주는 '물가표', 그리고 '광고'와 '본국(本局)광고'로 구성되어 있다. 이러한 기사의 지면량은 고정된 것이 아니라 그때그때의 기사량에 따라 다소 차이를 보이고 있다. 기사의 대분류는 제목을 달아 구분하고 있으나 세부적인 기사의 제목은 사용되지 않았으며 단지 간단한 부호로써 기사의 구분이 이루어지고 있다.

2. 주요 내용과 성격

주요 내용을 보면 상인들이 발행한 이 신문은 기본적으로 경제지적인 성격을 지니고 있었다. 물가 시세나 시장 정보 등이 주종을 이루었으며 일본인들의 문화적 욕구에 부응하는 내용들도 실렸다. 뿐만 아니라 조선의 엘리트 계층을 대상으로 개화의 필요성과 중요성을 강조하는 기사들도 지면에 실렸다. 오늘날의 사설에 해당되는 '조선신보'란은 현존하는 5호부터 12호까지를 보면 모두 한문을 사용하여 조선의 개화의 필요성을 역설하고 있다. 이는 이 신문의 주된 독자층이 일본 상인들뿐만 아니라 조선의 관리를 비롯한 지식인층을 독자로 생각하고 작성한 것으로 볼 수 있다.

1) 영사관녹사와 조선신보란

　현존하는 제5호(1882. 3. 5.)부터 제7호(1882. 3. 25.)까지의 '영사관녹사'란을 보면 당시 영사가 1882년 1월 14일에 공포한 내용이 실려 있다. 그 내용을 보면 "다음의 제건(諸件)을 범하는 자는 1일 이상 10일 이하의 구류 혹은 5전 이상 1원 50전 이하의 과료에 처한다"고 공포하고 21개항에 걸쳐 풍기문란이나 상거래질서 위반, 소란 행위 등 오늘날의 경범죄에 해당하는 죄목들이 3회에 걸쳐 게재되었다. 이를 보면 우리는 당시의 부산 거주 일본인들이 음주가무, 고성방가, 노상방뇨 등의 비행이 많았다는 사실을 알 수 있다. 7호에는 조선인들에게 빌려준 빚을 독촉하고자 동래부에 최촉원(催促願)을 낼 때 필요한 서류 양식을 제시해 주며 이 양식에 맞추어 서류를 작성하도록 하고 있다. 이를 통해 우리는 당시 일본 상인들 사이에 성행하고 있던 조선인 상대의 고리대금업을 영사관이 뒷받침하고 있었다는 사실을 알 수 있다.

　오늘날 신문의 사설에 해당하는 '조선신보'란은 글자 그대로 조선에 새로운 것을 알려준다는 의도로 작성된 것으로 보인다. 현존하는 5호부터 12호까지의 내용을 보면 모두 한문을 사용하여 개화의 필요성을 역설하고 있다. 한문을 사용한 것으로 볼 때 이 난은 조선의 지식인층을 주된 독자층으로 설정하고 작성된 것으로 볼 수 있겠다. 이처럼 「조선신보」가 조선의 개화에 대해서 역설한 것은 일본 상인들의 활동 기반을 확대하려는 의도였던 것으로 볼 수 있다. 조선이 개화되어야 그들의 상업활동도 더욱 활성화될 수 있기 때문이다(채백, 1991, 362-363쪽).

2) 잡보란과 연재소설

　오늘날의 사회면에 해당하는 잡보란에는 주로 일어 기사가 많았는데, 경제나 조선의 개화 소식, 지역 소식 등이 중심을 이루고 있다. 이중 주목할 만한 기사는 7호에서 조선 내 완고당 즉 보수 세력의 동향을 기사화하면서 이를 한글로 번역하여 같이 싣고 있다는 점이다. 기사의 전문을 원문의 표기대로 옮겨 보면 "근리

죠선 완고당은 다시 셰력을 어더 압셔 일본과 화친ᄒ던 약됴를 거절홀만 ᄀᆺ치 못ᄒ다ᄒ고 대단히 요란홀 모양이나 출아리 속히 큰 사홈을 시작ᄒ면 더러혀 긔화도 ᄒ고 ᄯᅩ 량국교의도 녜날보담 후히 될가 싱각ᄒ노라"라고 되어 있다. 이중에서 한자로 표기가 가능한 말들은 전부 한자표기를 병기하고 있다.

한글기사가 왜 갑자기 등장하였는지에 대해서는 현재로서는 알 길이 없으나 상당히 급진적이고 선동적인 이 기사를 통하여 우리는 「조선신보」의 성격의 한 단면을 읽을 수 있을 것 같다. 당시 일본정부는 서구 열강과의 불평등조약 개정이 보다 큰 과제로서 조선에 대해 정치적 및 군사적 차원에서는 불간섭주의를 취하고 있었다. 조선에 대한 노골적인 침략 주장은 1874년도의 유명한 정한론논쟁에서의 패배를 계기로 정계에서 물러난 자유민권파들을 중심으로 전개되었으며(강동진, 1985, 66-75쪽) 당시 일본의 신문들도 이 자유민권파들이 주축이었다(岡滿男, 1969, 20-40쪽). 따라서 우리는 조선에 대한 노골적인 침략을 주장하는 이 기사로부터 당시 「조선신보」의 발행자들도 일본의 자유민권운동 세력들이 주장하는 바와 같이 조선에 대한 전면적인 침략의사를 노골적으로

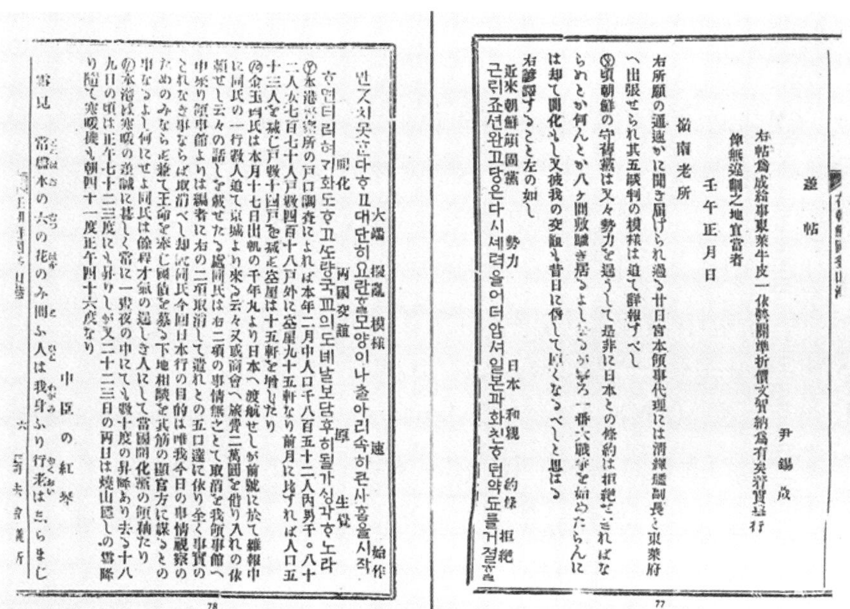

〈사진2-5〉 한글 기사가 실린 제7호(1882. 3. 25.)의 잡보란 지면

가지고 있던 인물들이었다는 사실을 알 수 있다.

잡보란에서 특기할 만한 사실은 제8호부터 연재소설이 등장하고 있다는 점이다. 현존하는 12호까지 10호만 빼고는 모두 금화산인(金華山人) 원작의 '임경업전(林慶業傳)'이 노송헌주인(鷺松軒主人)의 번역으로 일어로 연재되고 있다. 한자어에는 하나하나 일본음을 옆에 새겨 주어 일본인 독자들이 큰 어려움 없이 읽을 수 있게 배려하고 있다. 현존하는 마지막 호인 12호에 보면 다음 호에 계속될 것임을 밝히고 있어 이 연재가 어느 정도 계속되었는지 현재로서는 알 수 없으나 상당한 기간 동안 연재된 것은 분명한 것 같다.

일본에서 신문의 연재소설이 최초로 도입된 것은 1875년이었다(春原昭彦, 1969, 32-33쪽). 따라서 당시의 신문 편집진이 일본 국내의 신문에서 사용되던 연재소설형식을 모방하여 시작하였던 것 같다. 이와 같이 조선의 소설을 연재하고 있는 것은 조선의 문화를 일본인들에게 알려주어 현지적응을 돕자는 문화적인 측면과 연재라는 형식을 통해 계속적인 독자를 확보하기 위한 상업적인 측면을 동시에 가지고 있었다.

3) 부산상황과 원산통신, 기서

「조선신보」 지면의 '부산상황'란은 글자 그대로 부산의 경제동향을 보도하는 난이다. 부산 경제계의 전반적인 동향과 경기 소식, 무역 정보, 상품과 업계 정보 등이 실렸다. '원산통신'은 원산의 경제동향이 주로 다루어지던 난이다. 원산은 부산에 이어 1879년에 개항된 도시로서 이 난은 부산의 상인들에게도 중요한 정보가 되었지만 원산의 상인들을 독자로 의식한 난이라고 볼 수 있다. 부산상황과 원산통신 두 난은 모두 일어로만 작성되었다.

'기서'는 오늘날의 독자투고에 해당된다. 앞서 소개한 창간 취지 '예언'에서도 독자투고는 한문을 사용하되 적극적으로 해 달라고 당부하고 있었다. 실제 투고자들은 부산을 중심으로 조선 내 거주하는 일본인들이 대부분이었다.

4) 광고와 신문 배포

광고는 초반에는 없다가 1882년 4월 15일의 제9호부터 천금단(千金丹)이라는 약광고가 실렸다. 현존하는 제5호부터 본국광고란을 보면 광고의 양에 따른 요금표가 공시되고 있으며 대금은 선불로 한다는 사실을 알리고 있다. 따라서 아마도 창간 초부터 광고를 실을 의도였으나 광고주가 없어서 못 싣다가 9호부터 싣고 있는 것으로 보인다. 본국광고란에는 신문의 가격이 제시되고 있다. 1부 정가는 금4전으로 되어 있다. 특기할 만한 것은 10부 선금에 대해서는 그 1할을 할인해 주는 방식을 채택하고 있는 점이다. 이는 아마도 당시의 일본인들이 일본에서의 신문판매 방식을 도입한 것으로 보인다.15)

또한 부산 외의 지역에 대해서는 10부 이상에 대해 1할을 할인하는 것과는 별도로 우편요금을 받는다고 명시하고 있다. 이로부터 우리는 두 가지의 중요한 사실을 추정할 수 있다. 그 첫째는 이 신문이 부산 외의 지역에도 배포를 시도하였다는 점이다. 「조선신보」의 발행 당시는 부산과 원산만이 개항된 상태였으므로 여기서 외지란 주로 원산이 해당될 것으로 보인다. 이는 실제 기사에서도 '원산통신'이라는 고정란이 매호 실렸던 사실로도 뒷받침된다.

둘째, 이들이 우편제도에 의한 신문배포 방식을 시도했다는 점이다. 당시 조선의 우편제도는 제대로 갖추어지지 못한 상태이나 강화도조약 직후 일본은 부산에 1876년 11월 22일 우체국을 설치하였고 본국과의 우편물 교환을 위해 우편선도 취항시켰으며(손정목, 1982, 102쪽) 뒤이어 각 개항지마다 일본의 우체국이 설립되었다.

이처럼 「조선신보」는 일본 상인들이 중심이 되어 개항지 부산에서 창간한 신문으로서 한국 최초의 근대신문으로 평가되는 「한성순보」보다도 앞섰으며 편집과 내용 면에서도 일본 신문의 제작 기술을 담고 있었던 것으로 평가할 수 있겠다. 이 신문이 언제까지 발행되다가 폐간되었는지는 현재 밝혀지지 않고 있다.

---

15) 이러한 판매방식이 한국 신문에서는 「독립신문」부터 도입된다.

제3절 「조선시보」(朝鮮時報)와 「부산일보」(釜山日報)

1. 청일전쟁 이전 일본 신문의 발행 현황

「조선신보」를 필두로 하여 조선에 거주하던 일본인들은 개항장을 중심으로 여러 종류의 신문을 창간하여 활발한 언론 활동을 벌였다. 개항장에서 일본인들이 발행한 이들 신문들은 「한성주보」가 1888년에 들어서면서 폐간된 이후 한국인에 의해 발행되는 신문은 하나도 없는 상태에서 이 땅의 공개적인 언론기관으로 존재해 온 것이 사실이다. 먼저 청일전쟁 이전의 시기에 각 개항장에서 일본인들이 발행한 신문들의 현황을 살펴보기로 하자.

1) 「인천경성격주상보」(仁川京城隔週商報)

「조선신보」 이후 가장 먼저 창간된 신문은 1890년 인천에서 창간된 「인천경성격주상보」(장신, 2007, 292쪽)16)로 알려지고 있다. 후술하겠지만 이 신문은 그 뒤 「조선순보」(朝鮮旬報)라고 개제했다가 다시 「조선신보」(朝鮮新報)로 제호를 바꾸어 발행하였다.

「인천경성격주상보」가 창간되던 당시의 인천의 상황부터 살펴보기로 하자.

---

16) 이 신문의 창간일자에 대해서는 기록에 따라 차이를 보이고 있다. 1933년에 인천부에서 펴낸 『인천부사』 1379-1380쪽을 보면 당시 인천에서 활약한 언론인 아오야마(靑山好惠)의 책 『인천사정』(仁川事情)을 인용하면서 이 신문은 1890년 1월 28일 창간되었다고 기록하고 있으며 에비하라(蛯原八郞, 1936)의 책 264쪽에는 1889-1890년경에 창간된 것으로 나와 있다. 1917년 조선공론사에서 펴낸 『재조선내지인신사명감』(在朝鮮內地人紳士名鑑)을 보면 1888년 3월에 창간된 것으로 되어 있으며 앞의 『조선공로자명감』 498쪽에는 1888년 4월로 그리고 1901년에 나온 시노부(信夫淳平)의 『韓半島』 132쪽에는 1888년으로 되어 있다. 여기서는 일단 1888년설을 따르기로 한다. 그 이유는 『인천부사』 1389쪽에 보면 이 신문은 1891년 8월 15일 제44호를 끝으로 휴간에 들어갔다고 되어 있는데 격주로 발행된 이 신문이 44호를 발행하려면 결호가 없는 것으로 가정해도 1년 8개월 정도가 걸린다. 따라서 적어도 1890년 초 이전에 창간되었어야 논리적으로 맞기 때문이다.

창간 당시 인천의 일본인 수는 1,361명으로서 무역액은 연간 229만 원 정도였다. 이러한 상황에서 신문이 수지를 맞춘다는 것은 거의 불가능한 상황이었으나 사노(佐野誠之)란 자가 설립한 제물상보사(濟物商報社)라는 독립 기업에서 나온 이 신문은 그 창간의 취지를 다음과 같이 밝히고 있다(인천부편, 1933, 1389쪽).

> 상보 발행의 취지는 어두운 조선 무역 상에 한줄기 빛을 던지고자 하는 데 있다. 따라서 주로 인천, 경성의 상황(商況) 및 무역을 보도하고 나아가 조선의 국세민정(國勢民情)에까지 미쳐 감히 신문지의 본래의 기능을 다할 것을 기하고자 한다.

여기서 보면 상업적 필요에 기능하는 성격을 기본으로 하면서도 나아가 조선의 정치와 사회에 대한 보도기능도 함께 시도하고 있음을 알 수 있다. 그리하여 이 신문은 본사를 인천에 두고 경성에 지국까지 설치하였다(조선공론사, 1917, 85쪽).

한편 이 신문은 제호에서도 드러나는 바와 같이 격주간이었다. 격주의 발행간격을 택하게 된 것은 일본의 우편선이 월 2회 취항하고 있었기 때문이라고 한다. 전신, 전화 등이 미비된 당시로서는 뉴스의 공급을 대부분 우편선에 의존할 수밖에 없었던 것이다(인천부편, 1933, 1389쪽). 이 사실로 미루어 볼 때 당시 이 신문은 일본인들에게 본국소식을 전해 주는 것도 상당한 비중을 차지했던 것으로 볼 수 있다.

이 신문은 당시 일어만을 사용했던 것으로 추정된다. 이러한 사실은 이 신문의 후신인 「조선신보」가 청일전쟁 후 "일한정책 상 그리고 신문경영 상 한글판의 발행을 시도하였으나 실현되지 못했다"는 『인천부사』의 기록(1386쪽)으로부터 알 수 있다. 그러나 이 기록으로부터 이 신문의 창간은 일본상인들의 손으로 이루어졌으나 그 후의 운영과정에서 일본의 대한정책에 기여하려는 의도가 없지 않았음을 짐작할 수 있다.

당시의 어려운 상황에도 불구하고 이 신문의 간행이 가능했던 것은 당시 인천에서 일본인 9명이 공동으로 '인천활판소'라는 인쇄소를 세웠던 것도 하나의 중요한 요인이 되었다고 평가되고 있다(인천부편, 1933, 1380쪽).

이 신문은 1891년 8월 15일 제44호를 끝으로 휴간되며 곧이어 9월 1일부터는 「조선순보」라 개제하여 순간의 형태로 전환하였다. 이 「조선순보」는 22호를 발행하고는 이듬해 4월 5일에는 다시 「조선신보」라 개제하여 발행하다가 청일전쟁의 개전과 함께 휴간에 들어갔다(인천부편, 1933, 1390쪽). 청일전쟁 후 1895년부터는 「오사카아사히신문」(大阪朝日新聞)의 통신원으로 활약하던 아오야마(靑山好惠)가 이를 다시 재건하며(葛生能久, 1936, 596쪽) 그가 1896년 병사한 후 나카무라(中村忠吉)라는 자가 이를 이어받아 경영합리화를 통해 많은 발전을 이루게 되어(인천부편, 1933, 1386쪽) 그후 일제 시대까지 일본인의 대표적인 언론기관의 역할을 하게 되었다.

2) 부산상황(釜山商況)

한편 부산에서는 1892년 12월 5일에 「부산상황」이 창간되었다(「일본신문연감」 소화7년판, 1931, 102쪽). 창간 당시 사무실은 판천정(辦天町)17) 3정목 2번지에 일본 낭인들과 대륙을 지향하는 잡다한 사람들이 모여 있던 '양산박'에서 창간하여 후에 대청정 2정목 33번지로 이전한 것으로 알려지고 있다(이상철, 2009, 91쪽). 이 신문은 제호에서도 드러나는 바와 같이 경제 정보를 보도할 목적으로 창간된 부정기신문이었다. 후에 「동아무역신문」(東亞貿易新聞)으로 개제하였으나 경영이 여의치 않아 휴간에 들어갔다(『신문총람』 1926년판, 504쪽).

1894년 7월에 새로운 전기를 맞이하게 되었다. 당시 청일전쟁 취재를 위해 조선을 방문했던 아타치겐조(安達謙藏)는 부산에서 부산 주재 일본 영사 무로다(室田義文)를 만났다. 무로다는 신문을 잘 이해하고 있던 외교관으로서 이미 한성의 이노우에 공사에게도 신문 발간의 중요성을 청원한 바 있었으며 아타치

---

17) 지금의 부산 광복동을 말한다.

에게도 신문 창간을 권유하였다. 무로다는 아타치에게 부산상업회의소 대표인 사카키바라(榊原茂夫)를 소개하여 합자회사를 설립하였다. 아타치는 새로 신문을 창간하지 않고「동아무역신문」을 인수하여 제호를「조선시보」라 개제하여 1894년 11월 21일 재창간하였다.「동아무역신문」의 지령을 계승하고 일어뿐만 아니라 한글 기사도 포함하는 6면의 일간지였다. 아타치가 서울로 떠난 후「조선시보」의 사장에는 다카키(高木末熊)가 취임하였다. 그 후 1910년까지「조선시보」의 경영은 안정된 기조를 유지할 수 있었다(이상철, 2009, 91쪽).

이 신문의 특징은 사쿠라이(櫻井義之)에 의하면 일본의 쿠마모토(熊本)에 있던「큐슈일일신보」(九州日日新報)의 지부로 출발하여 후에 독립하였으나 밀접한 관계를 계속 유지하였다고 한다. 또한 기자로 출발하여 주필을 거쳐 사장까지 역임하는 다카키를 비롯하여 사원 거의 모두가 쿠마모토현 출신으로 구성되었으며 타지역 사람은 주필 등 간부가 될 수 없었다고 한다(櫻井義之, 1941, 11쪽).

사쿠라이의 회고대로 당시「조선시보」는 일본 쿠마모토현 사람들이 결성한 쿠마모도 국권당(國權黨)이 중심이 되어 발행한 신문이었다. 쿠마모도 국권당은 일본의 국위신장, 국권확장을 내건 국수주의적 단체였다. 쿠마모도 국권당이 운영하던 동심학교에서는 1881년부터 중국어와 조선어를 교과과정에 포함시켜 이 학교 졸업생 가운데 조선과 중국 침략에 첨병이 된 인물이 많이 나왔다고 한다.「조선시보」창간의 계기를 만든 아타치 겐조도 이 국권당의 중심 인물이었다. 국권당의 기관지「큐슈일일신문」의 종군 특파원으로 청일전쟁을 취재한 후 일본에 돌아갔다가 돌아오는 길에 부산에 들러 부산 총영사 등과 신문 발간을 상의했던 것이다(정진석, 2005, 27-28쪽).

「조선시보」는 출판 사업도 벌였던 것으로 보인다. 현재 확인되는 것은 1897년 『도한자필휴』(渡韓者必携)라는 제목의 책을 발행한 기록이 발견된다. 이 책은 제목에서도 알 수 있는 바와 같이 조선에 체류하는 일본인들이 사업을 벌이고 정착하기 위해 필수적으로 알아야 할 각종 법령, 국제 조약 등의 내용을 소개하는 책으로서 후에 사장을 맡게 되는 다카키(高木末熊)가 편자로 되어 있다(부산시민도서관 근대한일외교자료DB http://siminlib.koreanhistory.or.kr/dirservi

ce/listSMLArticle.do?searchValue=sml_ms_019*&set_id=-1&totalCount=0&
currentPage=1¤tMass=1&ID=sml_ms_019&CLASS_ID=sml_ms_019
&listQueryCode=S020 2010. 1. 26.)

2. 청일전쟁 이후

청일전쟁에서 승리한 일본은 조선에 대한 침략을 본격화하였다. 이와 더불어
조선으로 건너오는 일본인 수도 급격히 늘어났고, 각지에서 발행하는 일본인
신문들의 숫자도 대폭 늘어나게 되었다. 「대한매일신보」 1910년 5월 22일자
잡보란 '일인의 신문 수효'라는 제목의 기사를 보면 전국에서 40종의 일본인
신문이 발행되고 있었다고 한다. 이 기사의 내용은 다음과 같다.

> 한국 안에셔 일인이 발힝ᄒᄂ는 신문지ᄂ는 합 수십종이나 되ᄂ는데 한성에 십칠이
> 오 인천에 한나이오 군산에 둘이오 마산에 한나이오 목포에 둘이오 부산에
> 둘이오 대구에 둘이오 원산에 너히오 성진에 둘이오 청진에 한나이오 신의주
> 에 둘이라더라

서울에 17종으로 전체의 42.5% 정도가 발행되고 있었고, 그 외에도 인천, 군
산, 마산, 목포, 부산, 대구, 원산, 성진, 청진, 신의주 등 전국 각지에서 신문이
발행되고 있었음을 알 수 있다. 다음의 표는 청일전쟁 이후부터 1905년까지
창간, 발행되고 있던 일본인 신문의 현황을 정리한 것이다.

부산에는 앞 절에서 소개한 「조선시보」가 계속 발행되고 있었으며 1905년에
새로운 신문이 등장하였다. 이 신문은 원래 1905년 2월에 「조선일보」라는 제호
로 창간되었으나 창간 후 얼마 안 되어 제호를 「조선시사신보」라고 바꾸었다가
1907년 10월부터는 「부산일보」라 개제하였다(이해창, 1977, 283-4쪽). 이 신문
사도 당시 변천정에 소재하였던 것으로 알려지고 있다(『신문총람』 1915년판,
671쪽).

〈표2-4〉 일본인 경영신문의 현황(1894년부터 1905년까지)

간행물명	창간일	발행지	주요내용
鴨綠時報	1896.12.1.	－	
元山時報	1897.7.	원산	등사판인쇄
木浦新報	1899.8.	목포	山本岩吉이 순간 창간, 후에 주간, 격일간, 일간
兩字新聞	1900.10.	목포	목포지방신문
達成週報	1901.6.	대구	대구일본인회가 발행한 등사판신문
元山時事	1903.1.	원산	8면의 일간신문
仁川商報	1903.11.29.	인천	
群山新報	1903.	군산	
京城新報	1903.3.	경성	순간
朝鮮日日新聞	1903.10.	인천	仁科三也가 창간
韓南日報	1903.12.	군산	등사판
釜山日報	1905.2.	부산	일간 芥川正이 창간
朝鮮民報	1904.3.16.	대구	일간으로 창간
全南新聞	1904.4.	목포	국판 12면 격일간
全州新報	1904.12.25.	전주	등사판, 일간
全北日報	1904.12.25.	전주	4면 일간
大邱實業新聞	1905.3.26.	대구	격일간 村松祐之 창간 (대구신문, 조선민보라 개제)
平壤時報	1905.7.	평양	격일간

* 자료 : 이연(2002, 67쪽, 내용 일부를 수정하였음)

「부산일보」로 개제하면서 아쿠타가와 타다시(芥川正)가 사장을 맡게 되었다. 아쿠타가와는 1865년 일본의 쿠마모토현 출생(국사편찬위원회 한국사데이터베이스 '한국근현대인물자료' http://db.history.go.kr/url.jsp?ID=im_215_20135 2010. 1. 28.) 지주 출신으로서 원래 「토쿄일일신문」의 특파원으로 갑신정변 때 한국에 나왔다가 필화 사건에 휘말려 본국에 송환당하기도 했던 인물로서 「큐슈일일신보」의 기자가 되었다가 1905년 부산으로 와서 「조선시사신보」의 주필을 맡았던 인물로서 적극적인 대륙침략론자로 알려져 있다(부산직할시사편찬위원회, 1991, 524쪽).

다음의 표는 1908년경 부산 경찰서장 이이다(飯田章)가 총독부 경무국장에게 보낸 문서에 포함된 내용으로서 당시 부산 지역 신문의 보급 상황을 보여 주고 있다. 대개 신문의 발행부수를 말할 때는 1일 평균 발행부수를 말하지만 이 자료는 1일 발행부수로서는 현실성이 없다고 할 만큼 굉장히 큰 숫자이다. 아마도 1달간의 발행부수를 말하는 것으로 보인다. 이렇게 추정할 수 있는 이유는 후술할 『조선총독부통계연보』 1910년도(명치43년)의 자료를 보면 1달치와 1일 평균 발행부수를 제시하고 있는데, 이와 근사한 통계가 나와 있다.

이를 보면 먼저 창간된 「조선시보」가 55,425부로서 35,381부의 「부산일보」보다 2만 부 가량 더 많이 발행한 것으로 되어 있다. 한국이나 일본에는 모두 「조선시보」가 더 많이 배포되지만, 청에는 「부산일보」가 더 많이 배포된 것을 알 수 있다.18)

<표2-5> 1908년경 부산 지역 신문의 보급 상황

신문	일본	한국	청	기타	합계
조선시보	12,190	42,550	295	390	55,425
부산일보	3,232	30,525	1,624	–	35,381

* 자료 : '釜山 1908年 4月分 警務月報 別紙 및 進達' 「隆熙2年 1~6月 暴徒騷擾時의 被害狀況綴」(국가보훈처 공훈전자사료관, http://e-gonghun.mpva.go.kr 2010. 1. 27.)

조선총독부가 편찬한 『조선총독부통계연보』 1910년판은 보다 자세한 자료를 보여주고 있다. 이 자료에 나타난 부산 지역 신문의 배포 현황은 다음과 같다.

<표2-6> 1910년도 부산 지역 신문의 월 발행부수 현황

신문명	발행지	기타 조선 내	일본	대만	청	합계	1일 평균
부산일보	33,073	22,561	4,356	25	773	60,788	2,400
조선시보	32,414	11,250	16,571	778	98	61,111	2,412

* 자료 : 『조선총독부통계연보』 1910년판, 656쪽

1910년에도 「조선시보」가 「부산일보」보다 약간 많은 발행부수를 보였다. 하

---

18) 이 자료에는 「부산상황」이라는 제호의 신문이 일본에 1천 부, 한국에 2천 800부, 청에 300부, 기타 55부 합계 4,155부를 발행하고 있는 것으로 나와 있다. 다른 자료들에는 「부산상황」이 「조선시보」의 전신이라고 알려져 있는데, 이 자료에는 별개의 신문으로 서술된 것에 대해서는 현재로서는 확인할 수 없으며 앞으로 규명이 필요할 것으로 본다. 또한 이 자료에는 「한국실업신문」(韓國實業新聞)이 당시 휴간 중인 것으로 언급되어 있다.

지만 앞의 1908년도 자료와 비교하면 그 격차는 대폭 줄어들어 하루에 12부 정도만 차이가 날 뿐 거의 비슷한 수준까지 육박하였음을 알 수 있다. 특히 일본에 배포되는 부수는 「조선시보」가 큰 차이로 앞섰지만 한국 내의 배포는 「부산일보」가 「조선시보」보다 더 많은 것으로 나와 있다. 후발주자인 「부산일보」가 급성장을 하였음을 잘 보여주는 자료이다. 이러한 발행부수는 당시 한국 신문들과 대체로 비슷한 수준이었다고 할 수 있다. 당시 대부분의 한국 신문들은 2~3천 부 정도의 수준이었으며 「대한매일신보」만이 국한문판과 한글판, 영문판을 합쳐 1908년경 13,256부 정도였던 것으로 알려지고 있다(김영희, 2009, 49-50쪽).

참고로 1910년경 부산과 경남 지역의 인구 현황을 살펴보면 다음의 표와 같다. 표에서 나타난 바와 같이 당시 부산의 일본인 비중은 상당히 높아서 약 25.9% 정도의 비중을 차지하였다. 앞의 표에 나타난 자료를 토대로 1달에 25일 발행을 기준으로 했을 때 부산 지역 일본인 언론의 일평균 발행부수는 「부산일보」가 1,323부, 「조선시보」가 1,297부 정도인 것으로 분석된다. 이는 부산 지역 일본인 가구 수가 6,461가구라는 점과 비교했을 때 대략 5분의 1정도가 구독했던 것으로 볼 수 있겠다.

<표2-7> 1910년경 부산 지역의 인구 현황

	전국		경남		부산	
	가구수	인구	가구수	인구	가구수	인구
조선인	2,749,956	13,128,780	293,521	1,400,106	13,973	71,114
일본인	50,992	171,543	11,258	41,692	6,461	24,936
외국인	3,155	12,694	102	514	58	378
합계	2,804,103	13,313,017	304,881	1,442,312	20,492	96,428

* 자료 : 『조선총독부통계연보』 1910년판, 59, 68쪽

이렇게 해서 통감부 치하에서 2개의 일본인 신문이 발행되면서 상호 경쟁 체제를 일제기까지 유지하게 되었다. 병합 이전에 이 신문들의 조선 내 각지 지사 현황은 구체적인 자료는 없지만 앞의 표에서 발행지 외 조선 지역 배포가 「부산일보」가 22,561부, 「조선시보」가 11,250부인 점으로 볼 때 이때부터 부산뿐만 아니라 전국 주요 도시에 지사를 설치하고 전국적으로 배포를 시도하였다

는 사실을 알 수 있다.

이 시기 부산에서는 잡지도 2종이 발행되었다. 「滿韓ノ實業」이라는 월간 잡지가 1905년 4월에 부산 변천정(辨天町)에서 창간되었다(『조선총독부통계연보』 명치42년판, 240쪽). 제호로 보아 만주와 한국의 산업에 관한 내용을 중심으로 하는 업계 전문지인 것으로 보인다. 앞에서 인용한 사쿠라이의 문헌(1941, 13쪽)에 의하면 1905년 당시 「朝鮮の實業」이라는 월간지가 부산에서 발행되고 있었으며 다케우치(竹內)가 주간을 맡고 있었던 것으로 나온다. 아마도 제호가 잘못 기록되었을 뿐 이 잡지를 말하는 것이 아닐까 생각된다. 사쿠라이는 이 잡지에 대해 언급하면서 당시 조선에서 잡지가 성공한 것을 한 번도 보지 못했다면서 이 잡지의 장래에 대해서도 불안감을 표명하면서도 분발하기 바란다고 덧붙이고 있다.

이 잡지는 총 5,042부가 발행된 것으로 알려지고 있다. 그중 부산에 920부, 기타 지역에 2,150부, 일본에 962부, 대만 3부, 청 872부, 러시아에 134부가 배포된 것으로 기록되어 있다(『조선총독부통계연보』 명치43년판, 656쪽). 이 잡지는 강제 병합 후에 경성으로 본거지를 옮긴 것으로 보인다. 『조선총독부통계연보』 명치44년판 이후로는 이 잡지가 경성에서 발행되는 것으로 나와 있다.

1906년 7월에는 「부산수산조합보」(釜山水産組合報)라는 제호의 부정기 잡지가 창간되었다. 제호로 보아 수산업계의 전문잡지인 것으로 보이는 이 잡지는 연 3~4회 정도를 발행한 것으로 기록되어 있다(『조선총독부통계연보』 1914-1918년도판). 아마도 정기 발행보다는 이슈가 있을 때에만 발행했던 것으로 보인다.

제3부

일제기의 부산 언론

제1장 일제기 부산 언론의 현황

제1절 시대적 배경

1. 일제기 한국 언론 개관

1910년 8월 29일 강제로 병합조약을 체결한 일제는 한국을 그들의 완전한 식민지로 만들어 철저히 수탈하기 위해 무단통치를 펼쳐 나갔다. 언론 부문에서 일제는 그들의 제국주의적 이익을 일방적으로 대변하는 기관지들만을 남기고 한국인들이 발행하는 언론들은 진주의 「경남일보」만을 제외하고 모두 강제로 폐간시켰다. 조선총독부의 기관지 중 「매일신보」는 통감부 치하의 초기에 반일 언론의 선봉에 섰던 「대한매일신보」를 총독부가 인수하여 제호를 바꾸어 한글로 발행하였다. 일어로 발행된 「경성일보」는 청일전쟁기부터 일본 정부의 기관지 역할을 하였던 「한성신보」와 일본인 발행의 「대동일보」를 매수, 통합하여 1906년 통감부 기관지로 만들었던 것이다. *The Seoul Press*는 1907년에 통감부 기관지로서 창간된 영자지로서 합방 후에도 총독부의 기관지 역할을 했던 신문이다.

그러나 이와 같은 탄압 일변도의 정책은 1919년 3·1운동이라는 거족적인 저항에 직면할 수밖에 없었다. 3·1운동으로 우리 민족의 항일 및 독립에 대한 의지를 확인한 일제는 탄압 일변도의 식민정책을 수정하지 않을 수 없게 되었다. 한민족의 저항의지를 억압만 하지 않고 유화정책을 통해 통제하는 것이 보다 효과적이라고 판단했던 것이다. 이러한 배경에서 나타난 것이 소위 '문화정치'이다.

이런 기류 속에서 일제는 한국인 발행의 신문을 일절 허용치 않던 종래의 방침을 바꾸어 1920년 신문지법에 의해 「조선일보」와 「동아일보」, 「시사신문」

의 3개 일간지 창간을 허용하였다. 그러나 이 민간지의 허용은 민족의 이익을 대변할 수 있는 언론을 허용한 것이라기보다는 유화정책의 일환으로서 민심의 동향을 파악하려는 일제의 정책적 의도가 반영된 것이었다(한국사회언론연구회, 1996, 57-60쪽).

식민지의 합법적 공간 내에서 창간, 발행된 이 민간지들은 민족의 이익을 대변하여 식민 지배에 저항하기에는 여러 가지 한계를 지닐 수밖에 없었다. 더욱이 1930년대 들어서면서 만주사변을 일으킨 일제는 한국 언론에 대한 탄압을 더욱 강화하였다. 이러한 상황에서 민간지들은 상업적 경쟁에 치중하여 기업적 성장에만 치중하였다.

1937년 중일전쟁을 일으킨 일제는 1938년 5월에는 국가총동원법을 공포하고 이어 1939년부터는 이 법에 의해 언론을 통제하기 시작하였다. 이에 의해 1940년 8월 11일 「동아일보」와 「조선일보」는 친일논조를 통해 총독부에 협력하는 태도를 보여 왔음에도 불구하고 총독부의 자진폐간 권유를 받아들여 '국책에 순응'한 다는 명분하에 자진폐간의 형식으로 폐간하였다. 이로써 일제하 민간언론의 시대는 막을 내리게 되었다(한국사회언론연구회, 1996, 64쪽).

2. 일제기 부산 사회의 변화와 발전

1) 행정 개편과 도시화

개항과 함께 일본인들의 이주가 본격적으로 시작된 부산은 강점 이후 일본의 영향 속에서 도시화가 진전되었다. 통감부 시절인 1905년에 설치된 부산이사청이 1910년에는 폐지되고 부산부로 변경되었으며 1914년 4월에는 기존 군면을 통폐합하는 전면적인 행정구역 개편이 이루어졌다. 1925년에는 진주에 있던 경남도청도 부산으로 이전하였다.

이러한 행정기구 정비 작업과 함께 도시 기반 시설의 도입과 확충도 이루어졌다. 항만시설을 대대적으로 축조하였고, 도로와 전차 궤도 건설 등 교통망 정비,

상하수도 시설 등이 이루어졌다. 도시 기반이 정비되면서 인구도 계속 증가하였다. 부산은 일본과의 교류에서 관문이 되며 공업화의 진전에 따른 공장 노동과 항만 노동의 수요가 높다는 사실이 인구 유입의 주요 배경이 되었다(부산대 한국민족문화연구소 편, 1998, 148-155쪽).

이와 같은 도시화와 이에 따른 인구 증가는 신문 등 매스 미디어가 발전하는 데 중요한 밑거름이 된다. 부산의 지역적 특성으로 일본 문화가 유입되는 통로 역할을 하고, 일본인들의 거주가 많았으며 개항 이후 도시화 및 이에 따른 인구 증가 등으로 부산의 매스 미디어의 발전이 이루어질 수 있는 제반 조건이 조성되고 있었다.

2) 경남 지역 인구 현황

아래의 표는 조선총독부의 자료를 바탕으로 하여 각 도별 인구 분포를 도표화

〈표3-1〉 일제기 도별 인구 현황

도별	1920년			1930년			1940년		
	인구	순위	비율(%)	인구	순위	비율(%)	인구	순위	비율(%)
전국	17,264,119			20,256,563			23,709,057		
경기	1,778,185	4	10.3	2,041,408	4	10.1	2,834,404	1	11.9
충북	781,442	12	4.5	875,708	12	4.3	898,872	13	3.8
충남	1,142,269	10	6.6	1,352,082	10	6.7	1,535,519	11	6.5
전북	1,229,556	6	7.1	1,455,946	8	7.2	1,557,190	10	6.5
전남	1,957,807	2	11.3	2,239,556	2	11.0	2,558,903	2	10.6
경북	2,103,460	1	12.2	2,333,577	1	11.5	2,413,501	3	10.0
경남	1,798,677	3	10.4	2,059,705	3	10.2	2,222,456	4	9.3
황해	1,287,007	5	7.5	1,491,602	6	7.4	1,769,383	6	7.8
평남	1,064,970	11	6.2	1,298,180	11	6.4	1,598,221	9	7.0
평북	1,198,010	8	6.9	1,496,799	5	7.4	1,719,636	7	7.3
강원	1,177,138	9	6.8	1,411,174	9	7.0	1,703,220	8	7.2
함남	1,227,060	7	7.1	1,484,910	7	7.3	1,833,075	5	7.8
함북	518,538	13	3.0	715,916	13	3.5	1,064,677	12	4.3

*자료 : 「조선총독부통계연보」를 바탕으로 순위와 비율 산출 (「국가통계포털」 http://kosis.kr/ 2010. 8. 4.)

한 것이다. 부산의 인구는 경남에 포함되었다. 일제 통치 기간 중 한국 언론이
허용되었던 1920년부터 10년 단위의 자료만을 발췌하였다. 경남의 인구는 1920
년도에는 약 180만 명, 1930년도에는 약 206만 명으로 도별 순위는 3위이며
1940년도에는 222만여 명으로 4위를 차지하고 있다. 비율로는 전국 인구의 10%
내외를 차지하고 있다. 인구의 변동 상황을 보면 서울이 포함된 경기도가 줄곧
전국 4위를 유지하다가 일제기 후반인 1940년에 와서 1위가 되었다. 반면 1위를
차지하던 경북은 3위로 처졌다. 전남은 2위를 유지했지만 구성비는 약간씩 감소
하였다. 이러한 자료는 이 시기에도 두드러지지는 않지만 인구의 서울 집중이
시작되었음을 말해 준다.

3) 부산의 인구 현황

일제기 부산은 전국에서 일본인의 숫자가 가장 많았던 도시였다. 다음의 표는
「조선총독부 통계연보」 각 연도판의 자료를 바탕으로 일제기 부산부의 전체
인구와 일본인 호구 및 인구 현황을 정리한 것이다.

〈표3-2〉 부산부 총인구 및 일본인 호구수의 연도별 현황 (단위: 명, 호, %)

	총인구	일본인 호구/인구		일본인 비율
		호수	인구수	
1910	71,353	6,171	23,900	33.5
1911	99,833	6,528	24,794	24.8
1912	103,737	6,826	26,586	25.6
1913	111,356	6,956	27,610	24.8
1914	55,094	7,115	28,254	51.3
1915	60,804	7,369	29,890	49.2
1916	61,047	6,869	28,012	45.9
1917	61,506	7,177	27,726	45.1
1918	62,567	6,993	27,895	43.9
1919	74,138	7,575	30,499	41.1
1920	73,885	7,689	33,085	44.8

1921	76,126	7,897	33,979	44.7
1922	78,161	8,111	34,915	44.7
1923	79,552	8,281	35,360	44.5
1924	82,393	8,902	35,926	43.6
1925	103,522	9,364	39,756	38.4
1926	106,323	9,584	40,803	38.4
1927	113,092	9,533	41,144	36.4
1928	116,207	9,822	42,246	36.4
1929	119,655	9,931	42,642	35.6
1930	130,397	10,347	44,273	34.0
1931	139,538	10,836	45,502	32.6
1932	148,156	11,531	47,836	32.3
1933	156,429	12,358	51,031	32.6
1934	163,814	12,699	53,338	32.6
1935	202,068	13,142	56,512	31.4
1936	206,386	14,026	59,014	28.6
1937	213,142	14,048	59,231	27.8
1938	213,744	13,352	55,767	26.1
1939	222,690	12,060	51,802	23.3
1940	240,033	12,464	54,266	22.6
1941	281,160	12,787	57,688	20.5
1942	334,318	14,064	61,436	18.4
1944	329,215		61,081	18.6

* 자료 : 홍순권(2004, 45쪽)에서 부분 발췌

1920년의 7만 3천여 명의 인구가 1944년에는 32만이 넘는 인구로 4.5배 정도로 늘었다. 이는 일제기 전체 인구 증가율이 연평균 2.67%였다는 사실(홍순권, 2004, 47쪽)과 비교하면 부산의 인구는 그야말로 폭증세였다고 할 수 있겠다. 같은 기간 부산 내 일본인도 3만 3천여 명에서 6만 1천 명으로 1.8배 정도의 증가를 보였다. 일본인보다도 내국인의 증가가 더 컸던 것이다. 이는 일본인의 비율이 44.8%에서 18.6%로 줄었다는 사실에서도 확인할 수 있다. 부산상업회의소 자료에 의하면 1912년 부산 지역 내 일본인들의 직업 구성에서 신문기자나 통신원에 종사하는 사람이 13명으로 나와 있으며 1916년에는 38명으로 늘어난 것으로 기록되어 있다(홍순권, 2004, 57-58쪽).

4) 부산 지역의 산업 발전

일제의 식민 지배하에서 부산은 가장 먼저 개항되었고 일본과 가장 인접한 지역이라는 특성 때문에 조선 최대의 무역의 중심지로 성장하였으며 상공업 면에서도 타 지역보다 활성화되는 양상을 보여 주었다. 먼저 일제의 식민 지배 기간을 통하여 부산항을 통한 수출입의 현황을 정리한 것이 아래의 <표3-3> 이다.

<표3-3> 부산항의 수출입 추이(1910-1944)　　　(단위: 원)

연도	전국		부산	
	수출	수입	수출	수입
1910	19,913,843	39,782,756	6,049,834	9,836,178
1915	49,492,325	59,199,357	17,899,157	14,355,834
1920	197,020,094	249,586,544	75,024,536	54,672,487
1925	341,630,533	340,011,781	124,040,334	103,572,291
1930	266,547,178	367,048,758	82,255,228	108,441,964
1935	550,796,131	659,403,342	120,105,460	205,179,620
1940	919,602,734	1,536,367,810	271,671,989	525,240,153
1944	947,809,291	955,895,000	436,050,077	415,987,998

* 자료 : 부산상공회의소 부산경제연구원(1989, 496쪽, 583쪽, 682쪽에서 발췌)

식민지 시기의 무역이란 것이 주지하는 바와 같이 식민지 수탈을 위한 것으로서 주로 원료를 수출하고 완제품을 수입하는 형태이기는 하지만 위의 표에 나타난 대로 부산항을 통한 수출입은 절대량뿐만 아니라 전국 비중 면에서도 꾸준히 증가하였다. 1910년의 무역량을 기준으로 볼 때 1944년의 전국의 수출은 47.6배, 수입은 24.0배로 증가하였다. 동기간 중 부산의 수출은 72.1배, 수입은 42.3배로 증가율도 전국 평균을 상회하는 비율을 보였다. 부산항의 무역이 전국 무역에서 차지하는 비중을 볼 때에도 1910년에는 수출은 30.4%, 수입이 24.7%를 차지한 반면 1944년은 46.0%, 수입은 43.5%를 차지하였다. 전국 무역에서 차지하는 비중도 1.5배에서 2배 가까이 증가하였음을 알 수 있다.

다음으로 부산의 제조업 현황을 살펴보면 관련 통계가 정비된 1928년도부터 1943년도까지 전국과 부산의 제조업체 수와 종사자 현황을 정리한 것이 다음의 〈표3-4〉이다.

<표3-4〉 일제기 부산의 제조업 현황

연도	전국		부산	
	공장수	종사자수	공장수	종사자수
1928	4,010	92,566	388	7,388
1931	4,613	106,781	333	7,611
1934	5,126	138,809	347	10,199
1937	6,298	207,002	395	15,179
1940	7,142	294,971	581	20,301
1943	13,293	362,953	850	26,210

* 자료 : 박영구(2005, 129쪽에서 발췌)

부산에는 1928년에는 400개가 채 안 되는 정도의 제조업체가 존재했지만 1943년에는 850개로 2.2배 정도로 증가하였으며 종사자 수는 3.5배 정도로 늘어났다. 하지만 제조업 분야에서는 전국에서 차지하는 비중이 무역에서의 비중에는 못 미쳤다. 위의 표에서 보면 1928년에는 제조업체 수에서는 전국의 9.7%, 종업원 수에서는 8.0%를 부산이 차지하였다. 일제 말기인 1943년에는 이 수치는 공장수는 6.4%, 종업원 수는 7.2% 규모로 축소하였다. 이러한 자료는 부산이 제조업 분야에서 차지하는 비중은 전국의 6~7% 정도로 무역에서 차지하는 비중에는 못 미쳤다는 사실을 말해 준다. 다시 말해 부산은 제조업 생산 분야보다는 무역을 기반으로 한 상업이 중심이었다는 것을 말해 준다.

제조업 분야 중에서 언론과 가장 밀접한 관련이 있는 인쇄업 분야를 보면 1915년에는 부산에 3개의 인쇄업체에 57명이 종사하고 있었으며 1923년에 오면 업체 수도 7개로 늘어나며 종업원 수도 168명으로 증가한 것으로 나타나고 있다(박영구, 2005, 21쪽, 84쪽). 업체 수도 2배 이상 늘었지만 종업원 수는 3배 가까이로 증가하였다는 것이다. 이는 인쇄 분야가 활발해지면서 회사 규모도 조금씩 커졌다는 것을 말해 준다. 부산의 인쇄업체 수는 1929년에는 13개로 늘어났으며 1936년과 1939년에는 다시 19개로 늘어났다. 그 종사자 수는 1937년 기준으로 19개 업체에 468명인 것으로 나타났다(박영구, 2005, 330-342쪽). 업체당 평균

25명 가량이 근무했었다는 말이 된다. 이는 일제기를 통해 부산의 인쇄업이 꾸준히 발전해 왔다는 사실을 말해 준다.

제2절 부산의 언론 매체 발행

1. 무단통치기의 부산 언론계

전술한 대로 1910년 8월의 강제병합을 계기로 일제는 언론통폐합을 단행하였다. 한국인들이 발행하는 신문들뿐만 아니라 일본인들이 발행하는 신문까지 포함하여 1도 1사의 원칙을 적용시킨 이 통폐합에 의해 한국인들이 발행하는 신문은 「경남일보」를 제외하고는 모두 강제 폐간당했다. 이른바 한국 언론의 암흑기가 전개된 것이다.

1910년대의 부산 지역은 앞서 논한 진주의 「경남일보」가 강제 병합 후에도 한동안 발행되었으므로 이 신문이 부산에 배포되었을 것이다. 또한 강제 병합 전부터 발행되던 일본인 발행의 두 신문 「부산일보」와 「조선시보」가 계속 발행되어 1945년 8월 광복이 이루어질 때까지 지속되었다. 한편 경성에서 총독부의 기관지로 창간된 일문의 「경성일보」와 국한문판 「매일신보」 그리고 영문판 *The Seoul Press*도 부산 지역에 보급되었을 것이다.

이 시기에 부산 지역에서는 몇 개의 일본인 잡지가 창간되었다. 가장 먼저는 강제병합 직전인 1910년 7월에 「부산상업회의소월보」(釜山商業會議所月報)가 월간으로 창간되었다(『조선총독부통계연보』 1914년판, 728쪽). 이 잡지는 부산의 개항 직후 일본 상인들의 이익을 도모하기 위하여 출범하였으며 「조선신보」를 발행하기도 하였던 부산상법회의소가 발행한 월간의 정보지 성격인 것으로 보인다.

뒤를 이어 「대도」(大道)라는 제호의 일본인 경영 월간지가 1910년 10월에 창간되었으나(『조선총독부통계연보』 1911년판, 841쪽) 오래 지속되지는 못했다. 『조선총독부통계연보』 1913년판의 신문잡지 현황에서는 이 잡지가 소개되지 않고 있다. 그 밖에 몇 가지 업계 정보지 성격의 잡지들이 발행되었다. 『조선총독부통계연보』 1914년판(728쪽)을 보면 부산 지역에 「대양」(大洋)이라는 연간 잡지가 1912년 11월부터 발행되고 있었으며 「부산상업회의소월보」(월간, 1910. 7. 창간), 「조선성공회보」(월간, 1912. 10. 창간), 「조선곡물상황」(朝鮮穀物商況, 월 3회간, 1913. 12. 창간) 등과 부정기 간행물 「조선수산조합보」(1906년 7월 창간)가 발행되고 있었다. 1915년 4월에는 「애급우」(愛乃友)라는 월간잡지가 창간되었으나 얼마 못 가 자취를 감추었다(『조선총독부통계연보』 1915년판, 785쪽).

1910년대 탄압 일변도였던 일제의 무단통치는 1919년 3·1운동이라는 거족적 저항을 불러일으키고 말았다. 이를 계기로 총독부의 정책도 바뀌어 한국인에 의한 민간지 발행을 허가하게 되었다. 그리하여 1920년 3월과 4월에 「동아일보」, 「조선일보」, 「시사신문」의 세 신문이 창간되면서 일제기 민간지의 시대가 열린 것이다. 이에 따라 부산 지역의 언론계도 보다 활기를 띠게 되었다.

2. 부산의 언론검열과 통제

1) 언론 통제의 근거와 담당 부서

일제기 언론 통제의 중심은 물론 경성에 있던 총독부 경찰 당국이었다. 부산의 경찰에도 언론을 검열하고 통제하는 역할은 있었다. 그 대상은 지역에서 발행되던 일본인 발행의 매체들과 부산항을 통해 수입되는 일본과 기타 외국의 매체들이었다. 이 역할을 맡았던 기관은 부산에 있던 경상남도 경찰부의 검열계였다(「동아일보」 1933. 7. 11. 2면).

조선 내에서 발행되던 일본인 신문의 규제는 신문지법이 아니라 신문지규칙에 의거하였다. 이 신문지규칙은 1908년 4월 30일 통감부령 제12호로 공포된 것으로서 한국 신문들에 적용되던 신문지법보다 규제가 훨씬 완화된 것이었다. 신문지법에서는 신문의 발행을 허가제로 규정하고 있었지만 이 신문지규칙에서는 발행일 7일 전까지 신문 발행과 관련된 기본 사항을 관할 관청에 신고하고 보증금을 납부만 하면 되도록 규정되었다. 당시 부산은 경성, 인천과 함께 신문 발행의 보증금이 가장 비싼 1천 원이었다. 그 외 이사청 소재지는 500원, 기타 지역은 300원이었다.

여기서도 한일 양국의 황실을 모독하는 내용이나 치안방해 및 풍속 괴란 등의 명분으로 규제를 가할 수 있도록 하였다. 이를 바탕으로 일본인 발행의 신문에 대해서도 압수나 정간 등의 행정 처분을 하였다. 실제로 일제기의 「조선출판경찰개요」 등을 보면 부산의 「부산일보」와 「조선시보」도 행정 처분을 받은 사례들이 나와 있다.

1933년 8월부터는 언론 통제를 담당하던 경남 경찰부 검열계를 도서과로 승격시켜 통제 업무 강화를 시도하였다. 통제 강화의 명분은 국가 정책을 무시하는 내용이나 사회주의 사상의 출판물을 더욱 엄중히 통제하기 위한 것이라는 것이다(「동아일보」 1933. 7. 11. 2면). 당시 검열계에서 통제 업무는 경찰 한 사람이 담당했던 것으로 보인다. 혼자서 감당하기에는 부산으로 수입되는 출판물도 늘어 업무량이 과중했기에(「동아일보」 1933. 12. 2. 3면) 부서를 확충했던 것으로 볼 수 있다.

1936년 4월부터는 부산의 경남 경찰부가 일본 시모노세키에 언론 검열을 위한 출장소를 설치하였다(「동아일보」 1936. 3. 27.). 이는 출판물 수입량이 늘어나면서 부산의 업무량이 많아지자 아예 선적하기 전에 검열하려는 시도로 볼 수 있겠다.

2) 전시 체제하의 언론 통제

1937년 7월 일제는 중일전쟁을 일으켜 전시체제로 돌입하였다. 이와 함께 언론에 대한 통제는 더욱 강화되었다. 7월 6일 부산에서는 경상남북도 '출판검열사무협의회'가 열렸고, 7월 13일에는 경무국 도서과가 경성에서 발행되는 각 신문사 대표와 일본 내 발행 신문 지국장 등 50여 명을 소집해 '지나사변에 대한 방침과 시국의 중대성'을 강조하고 언론의 적극 협조를 요청했다.

이어 1938년 4월에는 전국의 각 일간지, 통신, 잡지의 편집 책임자 40여 명과 경기, 경남북, 평남북의 5도 검열 주임을 소집해 '시국에 따른 신문지·출판물 검열기준'과 기타 요구사항을 시달했다. 이어 동년 10월에는 다시 전국의 언론사 편집 책임자 70여 명을 모아 놓고 시국에 관한 신문 기사의 특별 취급 요령, 한구(漢口) 작전에 수반한 선전 및 선전 실시상의 주의사항, 조선군사령부와 헌병사령부의 희망사항 등을 시달했다. 1939년 6월에는 다시 '편집에 관한 주의사항'을 시달하여 신문은 물론 모든 출판물에서도 민족적인 것은 일절 배제하도록 강요하였다. 이어 같은 해 7월에는 남한 지방의 신문, 잡지, 통신 편집 책임자와 일본 내 유력지의 편집자를 부산에 소집하여 중일전쟁에 대한 총독부의 대책과 기사 취급방법, 대외선전 요령 등을 다시 시달하였다(부산직할시사편찬위원회, 1991, 539-540쪽). 총독부의 이러한 일련의 조치들은 당시 일제의 총동원체제하에서 언론도 전쟁 수행의 한 수단으로 동원하기 위한 것이었다고 볼 수있겠다.

3. 부산 지역의 신문 창간 시도

1) 백산 안희제의 신문 창간 시도 및 「동아일보」 참여

1919년 사이또 총독이 부임하여 문화정치를 표방하면서 민간지 창간을 허용할 방침임을 밝히자 10여 건의 창간 신청이 총독부에 접수되었다(김민환, 1996, 212쪽). 당시 부산의 대표적인 민족 인사였던 안희제 등도 부산을 중심으로 신문을 창간할 생각을 가지고 있었다. 일제기에 발행된 잡지 「비판」에 실린 글에서 채필렬(蔡必烈, 1933, 52쪽)은 김성수를 중심으로 한 인사들이 「동아일보」 창간을 준비하는 과정에서 자금 모집에 어려움을 겪었던 과정을 이야기하면서 다음과 같이 언급하고 있다.

안씨 등도 齊藤文治主義의 충동을 받아 부산을 중심하고 신문발행을 목적하고 50만원대의 자금모집을 준비하던 중 지방신문은 허가하지 안는다는 당국의 방침을 알게 되었다. 그리하야 안씨 등도 중앙 진출을 도(圖)하게 되자 김씨 일파와 악수하게 되었으니 이로부터 일약 일백만원의 주식회사를 양파 합동으로 발기하게 되었다.

이를 보면 안희제가 중심이 되어 부산 지역에서 신문 창간을 준비하면서 자금 모집까지 했던 것을 알 수 있다. 그러다가 지방에는 허가 안 한다는 총독부의 방침을 확인하고는 포기하고 대신 「동아일보」의 창간에 참여해서 중요한 역할을 했던 것 같다. 즉 김성수는 경성을 중심으로 자금을 모집하고 안희제는 영남을 중심으로 자금을 모집하는 식으로 역할분담을 했다는 것이다.

「동아일보」의 창간 허가 직후인 1920년 1월 14일의 발기인 총회에는 78명의 발기인들이 참석했는데, 그중에 안희제가 포함되어 있다(동아일보사사편찬위원회, 1975, 89쪽). 당시 발기인 78명 중에는 안희제가 중심이 되어 1914년 설립한 백산상회의 중역들이 다수 참여하고 있다. 최준(崔浚)과 이종화(李鍾和), 정재원(鄭載源), 김시구(金時龜), 윤병호(尹炳浩), 윤상은(尹相殷), 문상우(文尚宇), 허걸(許杰), 윤현태(尹顯泰), 문영빈(文永斌) 등이 그들이며(이동언, 1994) 「경남일보」 창간 주역의 한 사람이며 창간 당시 사장을 맡기도 했던 김홍조의 이름도 포함되어 있다.1)

〈사진3-1〉 백산 안희제의 초상화
* 출처 : 「독립운동사정보시스템」, 독립기념관
https://search.i815.or.kr/

---

1) 이때에 안희제를 중심으로 한 영남 지역의 인사들이 동래에서 따로 동아일보사 창립총회를 개최했다는 주장도 있다(김의환, 1975, 94쪽).

2) 「동아일보」 창간과 영남 인사 배제

이처럼 「동아일보」 창간에 중요한 역할을 하였음에도 불구하고 안희제를 중심으로 한 영남 지역의 인사들은 준비 과정에서 대부분 배제되었다. 대신 김성수가 중심이 되어 경영과 편집 진용을 구성하였다. 앞에서도 인용한 채필렬(1933, 52쪽)은 이 점에 대해 다음과 같이 서술하고 있다.

간부의 조직에 있어서 사장 박영효, 주필 장덕수, 편집감독 유근(柳瑾), 양기탁, 편집국장 이상협, 서무국장 이운(李雲), 영업국장 임면순(任冕淳), 경리국장 장덕준 등으로 조직하게 되니 영남을 중심으로 한 안씨 일파는 몰락을 보게 되었다. 그러므로 안씨 일파는 자금만 모집하야다가 김씨파에 제공한 턱밖에 되지 못하였다. 주의 약 반수를 모집한 안씨 일파는 무슨 이유로 몰락을 시켰는가? 김씨 등이 경성을 중심으로 호남에 손을 버치여 모집한 주는 (김씨 약 4천주 인수) 김씨의 인친족당(姻親族黨)이거나 그러치 안하면 아모 계열이 없는 분산주이고 안씨 일파가 모집한 주는 계열로 보든지 인물로 보아서 자연 김씨파와 대립될 기우(杞憂)가 많음으로 안씨파만 제거하면 김씨파가 좌향우향을 마음대로 부를 정세이므로써이다
그리고 동아일보 운전에 있어서 재정에 대한 주비(籌備)의 역(役)은 김씨가 전책임을 부(負)하고 편집에 대한 주의와 주장은 장덕수 등이 맞게 되엿으니 영남파만 제거하면 자파의 야망은 아모런 지장을 받지 않고 성장을 볼 것이다.

안희제 등이 전체 주식의 절반 가량을 모집하였음에도 불구하고 내부의 주도권 다툼에서 밀려 전적으로 배제되었다는 말이다. 하지만 10여 명의 인사들이 발기인으로 참여하고 있었고 자금 면에서도 상당한 비중을 차지했던 안희제 중심의 세력이 구체적으로 어떻게 배제되었는지는 언급되지 않고 있다.

「동아일보」 창간과 안희제 등 영남 세력의 관계가 어떠했는지에 대해서는 앞으로 관련 자료의 발굴을 통해 후속 연구들이 이루어져야 할 문제일 것이다. 다만 현재로서는 안희제가 부산에서 신문 창간을 시도했고, 그것이 실패로 돌아

가자 「동아일보」 창간에 참여했으나 김성수 등에 의해 배제됨으로써 주도적인 역할을 하지는 못했던 것으로 볼 수 있을 것이다.

4. 「중외일보」에의 참여

1) 주식회사 중외일보사의 설립

1924년부터 최남선과 진학문이 중심이 되어 발행하던 「시대일보」가 1926년 8월 재정난으로 문을 닫자 1926년 9월 18일 이상협이 그 발행권을 인수하여 그해 11월 15일부터 제호를 「중외일보」로 바꾸어 발행하였다. 전북의 대지주 백인기가 출자하였으나 그 규모가 작아 이 신문은 창간 직후부터 재정난을 겪게 되었다(박용규, 1996, 111-124쪽).

이러한 상황에서 경남 의령의 대지주로 안희제가 설립한 백산무역주식회사에도 참여했던 이우식과 안희제 등이 「중외일보」를 인수하는 작업에 나서게 되었다. 이들은 1928년 6월부터 24명의 발기인들이 모여 준비해 오다가 그해 11월 23일 경성 시내에서 주식회사 중외일보사 창립총회를 개최하였다. 당시 중외일보사는 전체 자본금 15만 원을 목표로 주식을 3천 주 발행하려 하였다. 이 「중외일보」의 주식 중에서 2천 400주를 발기인 24명이 분담하고 나머지는 일반인들을 대상으로 공모하기로 하였다. 이 주식회사 중외일보사의 주주로서 이우식을 비롯하여 경남 지역의 인사들이 대거 참여하였다. 이때에 주주 중에서 경남 지역 출신의 인사들은 다음과 같다('주식회사 중외일보사 창립총회의 건').

<표3-5> 주식회사중외일보사 주주 중 경남지역 인사 명단

성명	거주지	주식수	성명	거주지	주식수
안희제	경성	13	金相範	창원	5
許治九	진주	250	李時稷	의령	110
許萬正	진주	10	安鉉	의령	10
河泳珍	진주	5	權載默	의령	10

朴在杓	진주	2	李雲永	의령	20
鄭載華	진주	20	安○	의령	1
金琪郃	진주	20	孫洪○	의령	5
李鉉德	진주	12	安炅日	의령	3
李殷煥	진주	2	田炳準	의령	6
河鎔植	진주	2	尹炳圭	의령	5
李源嶠	하동	?**	朴鍾萬	의령	5
李恩雨	하동	5	李亮載	의령	50
李輔衡	하동	10	朴熙尙	의령	5
余琮燁	하동	10	吳成煥	동래	120
余璟燁	하동	5	崔翊甲	동래	5
鄭泰璋	하동	6	池榮璉	양산	20
鄭傑鎬	하동	1	裵永復	양산	2
具之祐	하동	50	柳○衡	양산	5
宋正宅	통영	50	鄭舜謨	양산	2
金錫載	통영	3	黃尙奎	밀양	5
李讚根	통영	5	金錫汶	남해	50
金永台	통영	5	姜世鉉	합천	10
金永八	통영	6	李鍾淵	합천	3
金德璿	통영	1	李景祥	합천	5
盧俊泳	함양	30	鄭鎭○	사천	1
林有棟	거창	100	千性泰	사천	3
鄭泰均	거창	10	黃原淵	사천	10
愼宗三	거창	10	姜源秀	사천	5
鄭來均	거창	5	崔演武	사천	2
愼義淑	거창	5	朴鍾大	사천	1
愼恩潭	거창	2	張應相	사천	5
李瀅宰	마산	3	文台東	사천	1
李佑植	마산	290	權瀚	산청	2
具芝書	마산	100	李鎭萬	고성	225
具聖傳	마산	2	李判秀	고성	108
玉麟煥	마산	10	崔載顥	고성	50
尹炳瑢	마산	10	李九俊	고성	5
합계		1,070			880

* 자료 : '주식회사 중외일보사 창립총회의 건' 중 경남 지역 인사만을 발췌

** 이 부분은 원문에 공백으로 나와 있음

위의 표에서 보는 바와 같이 전체 106명의 주주 중 74명이 경남 지역 인사로서 약 70% 정도를 차지하였다. 그 밖의 지역은 경성과 대구, 평양, 그리고 나머지는

경북 지역의 인사들이 대부분이었다.[2] 소유 주식은 적게는 1주부터 많게는 이우식의 290주까지 고른 분포를 보였다. 주식 수로도 당초 예정이던 3,000주가 제대로 모였다고 하더라도 65% 정도를 차지하는 비중이다.

창립총회에서는 이상협과 이우식 등을 포함하여 9명의 취체역을 선임하고 그중에서 이우식을 대표로 선출하였다. 그러나 창립총회 이후 실제 주식 납입금의 불입도 예정대로 되지 않았다. 더구나 주주들 내부에서도 최대 주주 이우식을 중심으로 한 마산 출신들과 2대 주주 허치구를 중심으로 한 진주 출신들 간에 알력이 발생하였다('주식회사 중외일보의 상황에 관한 건'). 그리하여 신문을 인수하는 작업이 지연되고 급기야는 1929년 4월 11일의 중역회의에서 대표 이우식이 사임하고 후임을 정기총회에서 선출하기로 결정하였다('중외일보사 신사장 사임에 관한 건').

이와 같은 우여곡절 끝에 1929년 9월 1일부터 안희제가 대표를 맡은 주식회사 중외일보사가 「중외일보」를 인수하여 발행하기 시작하였다. 이상협이 부사장을 맡았으며 상무 겸 편집감독에 임유동, 편집국장 민태원, 조사부장 이시목, 영업국장 최윤동의 체제로 출범하였다(서경학인, 1931, 6쪽).

2) 「중외일보」의 운영

「중외일보」를 창간한 이후 이상협은 '조선의 신문왕'이라는 명성(만담자, 1932, 64쪽)에 걸맞게 여러 가지 혁신적 시도를 하였다. 당시 다른 신문들이 조석간 6면 발행에 월 구독료 1원이었던 데 반해 「중외일보」는 4면 발행에 60전을 받으면서 '最良最廉', 즉 가장 값싸고 가장 좋은 신문을 표방하고 나섰다. 지면에도 박보, 기보, 만화 등을 비롯하여 여러 가지 흥미 있는 읽을거리를 제공하려 시도하였다.

---

2) 앞의 표에서 안희제의 경우에서 알 수 있는 바와 같이 이 자료는 출신지가 아니라 현 주소지를 기준으로 한 것이기에 경성 지역에 있는 다른 인사 중에도 경남 지방 출신이 또 있을 수 있는 것이다.

임금도 타 신문사보다 높게 책정하는 등 의기롭게 출발하였지만 이러한 시도가 시장의 후발 주자로서 뜻대로 먹혀들지는 못했다. 그리하여 바로 재정난을 겪게 되어 창간 4개월이 지난 뒤부터는 임금을 제대로 지불하지 못할 지경에 이르렀다(박용규, 1996, 122-123쪽).

안희제가 사장이 된 이후에도 8면으로 증면하는 혁신을 단행하였다. 하지만 이러한 시도에도 「중외일보」의 발행부수가 늘지는 않고 재정난은 더욱 심화되어 갔다. 이러한 재정난 속에 1928년에는 두 번의 필화를 겪으면서 그해 12월

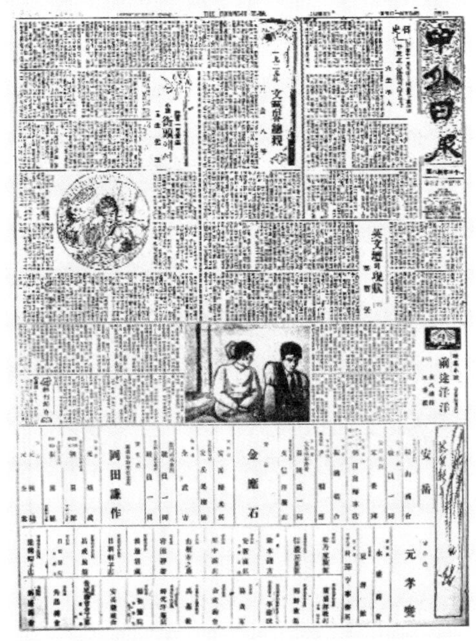

〈사진3-2〉「중외일보」 1930년 1월 5일자 1면. 1면에 소설을 싣는 등 파격적인 편집을 시도하였다.
* 출처 : 「한국사데이터베이스」, 국사편찬위원회 http://db.history.go.kr

무기정간까지 당하게 되어 어려움은 더욱 가중되었다.

당시 「중외일보」에 대해서 한 평자는 "외면으로는 영남 몰로주의가 발휘되고 내면으로는 영남재벌의 응원이 박약하야 주식회사는 형식으로는 조직이 되엿스나 자금이 충실치 못한 중 돌연히 이상협씨의 계획으로 8면 발행극을 나타내어 조선신문 경영 상에 큰 파동을 이르킬 뿐이고는 결국 자체가 파멸을 當케 되엿다"고 평하였다(벽상생, 1932, 30쪽). 영남 인사들이 중심이 되어 외부에는 그렇게 비쳤지만 실제 자금 투자는 제대로 되지 않은 가운데 혁신적 시도들이 결국 족쇄가 되어 문을 닫게 되었다는 말이다.

결국 「중외일보」는 재정난을 극복하지 못하고 휴간과 속간을 거듭하다가 5~6만 원 정도의 부채만 남긴 채 1931년 9월 2일에 주식회사 중외일보사를 해산하고 말았다(박용규, 1996, 124-125쪽). 비록 단명에 그치긴 하였지만 부산과 경남의 인사들이 경성에서 발행되던 전국지를 인수하여 발행하였다는 역사적 의의

는 평가되어야 할 것이다.

5. 부산의 잡지 발행 시도와 창간

일제의 지배 기간 동안 부산 지역에서 한국인들에 의해 잡지를 창간하려는 시도들이 여러 차례 이루어졌다. 이러한 사실들은 당시 신문 지면의 기사를 통하여 확인할 수 있다. 그 내용들을 살펴보기로 하자. 대부분 계획 단계에서 일제 당국의 불허나 기타 사유로 실제 발행되지 않은 사례도 많으며 실제 발행 여부를 확인하기 어려운 경우가 대부분이지만 이와 같은 시도들이 여러 차례 이루어졌다는 것은 그 역사적 의의를 평가할 수 있을 것이다.

1)「경제운동」의 창간 시도

1927년 초에는 안희제 등이 중심이 되어「경제운동」이라는 경제 분야의 월간 전문잡지 창간을 시도하였다.「동아일보」1927년 1월 31일자 4면에 실린 '「經濟運動」社 조직'이라는 제목의 기사는 다음과 같이 보도하고 있다.

> 경제적으로 파멸을 당하는 조선 현금에 잇서서 차(此) 대책의 기관이 무(無)함을 유감으로 생각하는 부산 유지 안희제 최태욱(崔泰旭)씨외 다수의 발기로「경제운동」이라는 월간잡지사를 조직하고 당국에 허가원을 제출하엿다는데 차 소식을 들은 부산 인사들은 만히 기대한다더라(부산)

안희제와 최태욱을 중심으로 부산 지역의 뜻있는 인사들의 발기가 이루어져 잡지사를 설립하고 당국에 허가원을 제출하였다는 것이다. 잡지의 성격이나 발간 목적은 경제 분야의 전문 잡지를 지향하여 식민지 조선의 몰락해 가는 경제에 무언가 활로를 모색해 보려고 시도했던 것으로 보인다.

여기서 안희제는 전술한 바 있듯이 부산 지역의 독립운동에서 중추적인 역할을 했던 사람으로서 「동아일보」 창간에 발기인으로 참여하였으며 창간 후에는 초대 부산 지국장을 맡는 등 언론의 중요성에 대해 일찌감치부터 잘 인식하고 이를 다양한 방법으로 실천하려 강구했던 인물이다.

최태욱은 1892년 경북 청도 출생으로서(「공훈전자사료관」 참조) 원래 부산에서 공태상회(共泰商會)를 운영하던 무역상이었다. 안희제의 백산상회 설립에 주주로 참여하여 1920년 9월의 임원 개선에서 전무취체역에 취임하여 활약했던 인물이다. 1919년에는 안희제가 중심이 되어 청년 인재를 발굴, 육성할 목적으로 조직한 기미육영회에도 간사로 참여하였으며(이동언, 1994) 1924년에는 「시대일보」에도 발기인으로 참여한 경력이 있다(‘주식회사 시대일보사 발기인회 상황에 관한 건’ 참조).

이 잡지와 관련된 자료는 현재 「동아일보」의 이 기사밖에 없다. 따라서 이 잡지가 실제로 창간되었는지 여부나 좀 더 자세한 맥락, 내용 등을 전혀 알 수가 없다.

2) 「노우」(勞友) 창간 시도

1927년 연초를 전후하여 부산의 노동단체 노우회는 「노우」라는 제호의 잡지 창간을 시도하였다. 하지만 일제 당국의 불허로 이 잡지는 빛을 보지 못하고 말았다. 「동아일보」 1927년 2월 3일자 4면을 보면 ‘노우창간호 압수’라는 제목의 1단 기사가 게재되어 있다. 그 내용을 소개하면 다음과 같다.

> 부산부 본정 4정목 6번지 노우회에서는 문학사업을 보급키 위하야 그 회 간부 유동준(兪東濬)은 노우라는 잡지 창간호 수집에 수월전부터 노력한 결과 내외국간 사회단체 급(及) 개인으로 다수의 축사까지 어더 당국에 접수하고 나날이 기대(企待)한 바 그 1월 18일부로 출판을 허가치 못한다는 지령이 왔다더라

노우회라는 단체의 간부 유동준이 「노우」라는 제호의 잡지를 창간하려 하였

으나 당국으로부터 1월 18일부로 출판 불허의 통지를 받았다는 것이다. 위 기사의 제목에 의하면 창간호 인쇄까지 마쳤다가 압수된 것으로 보이나 기사 본문에서는 그러한 언급이 나오지는 않고 있다.

노우회는 1924년 9월경에 발족한 노동자들의 단체이다.「시대일보」1924년 9월 29일자 4면을 보면 '부산, 노우회 조직'이라는 제목으로 단체의 목적과 성격에 대해 상당히 자세하게 소개하고 있다. 그 전문은 다음과 같다.

> 부산에는 과거부터 노동단체가 만히 잇섯스나 그 이면에는 약간의 유식자가 잇서서 노동자를 구제하느니 혹은 지도하느니 하다가 종말에는 진실한 노동운동의 이상에 배치되는 일이 적지 아니하든바 금반에 부산노우회가 발기되엇는데 회원은 순전한 노동자로서 자기네의 자각에서 자발적으로 조직된 것이라 대개는 정차장, 운송점, 회조부(回漕部), 하차(荷車), 선창(船艙), 연락선, 우차의 인부인 실제 노동자로 현금 회원이 200여명이요 입회 지원자가 일익(日益) 증가되는 중인데 해(該)회의 최대 목적은 부모, 처자, 기신(己身)의 출생, 혼취(婚娶), 질병, 사망 시에 호상간 구조 등이라 하며 그 비용은 매3)인매월 20전식(式)의 호비로 지당(支當)하고 백제의원에서는 동회 회원에 한하여 특별히 실비 반액으로 치료하야 준다하며 동회에서는 진실한 노동자 외에 유식자는 절대로 입회를 거절한다고

순수 노동자들의 친목과 상호부조, 복지를 위해서 만든 단체임을 알 수 있다. 특히 지식인 위주의 노동운동을 넘어서서 순수 노동자들만의 단체였다는 점이 주목할 만하다. 이는 당시 여러 민족운동 단체, 특히 노동운동 단체들도 지식인들 중심으로 구성되면서 이념 및 노선 갈등을 많이 야기했던 경험에 대한 반작용으로 이러한 단체를 조직한 것으로 볼 수 있겠다.

잡지 창간을 주도했던 유동준은 이 단체의 조직도 주도적으로 했다. 그는 부산의 환공(丸共)운송점 주인으로서 평소 노동자들의 열악한 상태를 눈여겨

---

3) 원문은 업신여긴다는 의미의 侮자로 되어 있는데 아마도 오식인 것으로 보인다.

보던 중 이런 일에 나서게 되었는데, 그 의도가 알려지면서 회원도 점차 증가했다고 한다(「동아일보」 1924. 12. 21. 2면). 이 노우회는 1925년 6월경 회원 수는 500여 명으로 증가했지만 재정이 부족하여 곤란을 겪으면서도 부산의 도항 및 귀국하는 자들을 위해 부산역 앞에 무료 숙박소를 운영하면서 안내자까지 두었으며, 이들을 대상으로 사기 치는 사람들이 늘자 노우회가 직접 나서서 배 표 구입 등을 도와주는 사업도 벌였다(「동아일보」 1925. 6. 24. 3면).

노우회는 그 이후로도 지속적으로 노동자들의 보호 빈민 구제 활동을 벌이다가 1929년 4월 30일에 열린 제8회 정기대회에서 단체의 명칭을 부산합동노동조합으로 바꾸기로 결정하고 위원장 이순화(李順和)를 비롯한 신임 집행부를 선출하였다(「동아일보」 1929. 5. 4. 4면).

이러한 단체에서 1927년에 잡지 창간을 시도했다는 것은 당시의 사업 목적 내에서 위의 기사대로 문학을 중심으로 노동자들의 교양을 위한 잡지를 만들려고 했던 것으로 추정해 볼 수 있겠다. 그러나 당시 노동자들의 동향에 촉각을 곤두세우고 있던 일제 당국이 불허4)함으로써 잡지는 빛을 보지 못하고 말았던 것이다.

3) 문예잡지 「낙동강」 창간

1927년 하반기에는 문예잡지의 창간이 시도되었다. 「중외일보」 1927년 11월 10일자 4면을 보면 '문예잡지/「낙동강」 발행/부산에서'라는 제목의 1단 기사가 다음과 같은 내용을 보도하였다.

현금 조선에서 출판하는 문예잡지는 경향을 물론하고 그 수가 극히 적다기보다 전무한 상태에 잇슴은 조선문단 발전상으로 보아서 크게 유감되는 일인바 근자 부산에서도 조선문단을 위한 운동이 경(更)히 고무되어 오든 차 부산

---

4) 당시 경찰은 노우회의 모임 현장에 배석하여 축전이나 축사 등의 내용이 문제가 있다고 판단되면 금지시키거나(「동아일보」 1928. 8. 31., 1929. 5. 4.) 대회 자체를 금지시키기도 하였다(「동아일보」 1928. 10. 25.).

인쇄계의 권위를 좌우하는 경남인쇄주식회사 취체역 겸 지배인 이병희(李秉熙)씨와 조선문단에 명성이 놉흔 조명희(趙明熙)씨외 수씨의 노력으로「낙동강」이란 문예잡지를 출판키 위하야 기간(其間) 허가에 대한 수속과 원고모집을 하는 일방 편집에 관한 준비도 하야 오든 중 최근 모든 수속이 필(必)하고 원고가 전부 수합되엇슴으로 느저도 12월에는 창간호를 발행할 터이라는 바 특히 경남인쇄회사에서는 경남을 중심하야 금후로는 출판사업에 봉사코저 출판부를 내는 동시에 수만원의 자금으로 백악인서관(白嶽印書館)을 설치하고 경남인쇄의 출판부와 연락을 취하야 더욱 조선문예운동에 힘쓸 터이라는데 일반 사회에서는 금반「낙동강」출판과 경남인쇄회사의 봉사적 사업에 대하야 만흔 희망을 가지고 잇다더라(부산)

경남인쇄주식회사가 중심이 되고 시인이자 소설가 조명희를 중심으로 한 문인들이 힘을 합쳐 문예잡지의 창간을 시도하였다. 조명희는 부산이 아닌 충북 진천 출신인데 카프계열의 대표적 문인 중의 한 사람으로서 1925년 전후해서는「시대일보」의 학예부 기자로 근무하였다(노상래, 1992). 바로 그해인 1927년 7월에 잡지「조선지광」에 '낙동강'이라는 제목의 단편소설을 발표하여 문단 내부뿐만 아니라 사회적으로도 큰 화제를 불러일으켰다고 한다. 이 작품은 한국 현대소설로서는 최초로 계급투쟁을 주제로 삼은 작품으로서 프롤레타리아 문학의 대표적인 작품으로 꼽힌다(정광수, 2006). 이러한 배경 속에서 부산에서 창간되는 잡지에 초빙되었으며, 잡지의 제호도 이와 관련 있는 것으로 볼 수 있겠다.

위 기사에 의하면 창간 준비도 매우 구체적으로 진행되어 12월 중에 창간을 목표로 했었다는 것이다. 부산의 대표적인 인쇄회사였던 경남인쇄주식회사가 출판 사업에 뛰어들어 그 첫 사업으로 문예지를 창간하려 했다는 사실도 주목할 만하다. 이병희는 이 회사에 영업과장으로 다년간 근무하다가 1921년 7월 24일의 주주총회에서 지배인으로 선임된 인물이다(「동아일보」 1921. 8. 7. 4면). 당시는 1910년대 후반부터「태서문예신보」와「창조」등의 문예지들이 창간되기 시작하여 3·1운동 이후 1920년대 초반에는「폐허」,「장미촌」,「백조」등 여러 종류의 문예지들이 창간되면서 활기를 띠었으나 오래 가지는 못했던 상태였다

(한국잡지협회, 1995, 15쪽). 이런 상황 속에서 당시 화제의 작가 조명희를 초빙함으로써 문예잡지의 상업적 가능성도 없지 않다고 보았겠지만 기업이 문예활동 지원을 시도했다는 사실은 중요한 역사적 의의를 지닐 것이다.

이처럼 경성에서도 문예지가 침체를 못 벗어나고 있던 당시 부산에서 문예잡지의 창간을 시도했다는 것은 언론사뿐만 아니라 국문학사의 관점에서도 매우 중요한 의미를 지닌다고 하겠다. 위의 기사를 보면 잡지 발행의 허가도 받은 것으로 나오나 실제 이 잡지가 발행되었는지를 확인할 수 있는 자료는 현재로서는 없다. 그러나 아마도 예정대로 발행되지는 못했던 것으로 보인다. 주도했던 조명희가 얼마 뒤인 1928년에 소련의 연해주 지역으로 망명했다는 사실(정광수, 2006, 32쪽)도 이러한 추정의 한 근거가 될 것이다.

4) 「보건조선」의 창간과 발행

1932년에는 「보건조선」이라는 건강 관련 전문 잡지가 부산에서 창간되었다. 이 잡지는 서유준(徐有駿)과 문영준(文榮準) 두 사람이 지역 유지들의 도움을 받아 1932년 10월경에 창간한 잡지다. 「동아일보」 1932년 8월 31일자 3면의 '보건조선간행'이라는 제목의 기사는 다음과 같이 보도하고 있다.

> 부산 영정(榮町)5) 서유준 문영준 량씨의 발긔로 보건조선사를 얼마전에 창립하고 각계 유지들의 만흔 도움을 바더 지난 27일에 창간호 원고를 당국에 제출하얏다는데 느저도 10월초에는 창간호가 나리라하며 (후략)

예정대로 10월 초에 창간이 되었는지는 확인할 수 없지만 「동아일보」 1933년 1월 29일자 조간 4면에 제3호가 발행되었다는 사실이 '신간 안내'에 소개되어 있는 것을 보면 예정대로 1932년 10월이나 아니면 늦어도 11월에는 창간되었음을 알 수 있다. 조선총독부 경무국의 자료집 『조선문계속발행출판물일람표』

---

5) 지금의 대창동을 말한다(부산대 한국민족문화연구소 편, 1998, 161쪽).

를 보면 1933년 5월 현재 이 「보건조선」은 부정기 간행물로 기록되어 있다.

잡지를 주도했던 서유준은 1931년 1월부터 5월초까지 「동아일보」 서면분국의 총무 겸 기자로 일했던 인물로서(「동아일보」 1931. 1. 11, 1931. 5. 6.) 후술하겠지만 1933년에 부산 기자단의 혁신 총회에서 잡지계를 대표하여 상무위원으로 선출되는 등 활발한 언론 활동을 전개했던 인물이다.

잡지의 창간을 알린 앞의 기사에 의하면 보건조선사는 당시 문둥병이 창궐하여 많은 사람들이 고통받는 것을 구제하기 위하여 회사 내에 연구부서를 설치하였다고 한다. 이를 보면 「보건조선」은 그 제호에서도 알 수 있지만 질병의 예방과 관리를 위해 건강과 질병에 관한 정보를 중심으로 하는 전문 잡지로 창간되었던 것으로 분석할 수 있겠다.

5) 「실업시보」의 발행

1930년대 초반부터 부산에서는 「실업시보」라는 잡지가 창간, 발행되었다. 이 잡지의 창간이 언제였는지는 현재 확인이 안 된다. 앞의 1933년 조선총독부 경무국 자료 「조선문계속발행출판물일람표」에 의하면 당시 이 잡지가 부산에서 월 2회 간행으로 발행되고 있었으며 발행인은 곽경종(郭慶鍾)으로 되어 있다. 제호로 보아 경제 관련 잡지로 볼 수 있겠다. 「조선출판경찰월보」 1936년 9월호를 보면 9월호 제62호로 허가 갱신된 것으로 기록되어 있다. 이 잡지가 월간이고 결호 없이 발행되었다면 1931년 8월경에 창간된 것으로 추정해 볼 수 있겠다.

이 잡지는 창간 이래 1930년대 상당 기간 지속적으로 발행되었던 것으로 보인다. 「동아일보」 지면을 보면 이 잡지의 발행 소식이 '신간 소개' 코너에 가끔씩 게재되었다. 가장 먼저는 1932년 2월 27일자 4면으로 발행처는 부산부 좌천정 669 '실업시보사'로 되어 있으며 정가는 10전이라고만 소개되어 있다. 가장 늦게 실린 것은 1937년 11월 9일자 4면의 '신간 소개'로서 1932년 2월의 것과 같은 내용이 소개되고 있는데, 82호[6]라는 호수를 밝히고 있으며 주소지가 좌천정

---

6) 발행 간격이 일정하게 정시 발행되었다면 1937년 11월이 82호라는 정보로 창간 시점을 역산해

437로 바뀌었다.

이 곽경종이라는 인물은 진주 출생으로 알려졌는데 1938년경 조선보국회라는 친일단체를 만들어 친일행각에 나섰던 인물이다. 이로써 경향 각지를 돌아다니며 유지들에게 가입을 강요하면서 돈을 갈취하려 한다는 혐의로 경성의 동대문 경찰서에 체포되기도 하였지만(「조선일보」 1938. 2. 6. 2면) 무사히 풀려나면서 조선보국회를 통해 앞으로 "본격적인 애국운동에 나서겠다"고 공언하기도 했던 인물이다(「부산일보」 1938. 3. 8. 국사편찬위원회 한국사데이터베이스 http://db.history.go.kr/url.jsp?ID=np_sc_1938_03_08_0160 2010. 6. 28.). 이로 미루어 볼 때 당시 일제 당국이 다른 잡지들의 시도는 불허하면서도 이 잡지에 대해서 허용하였던 것은 발행 주체가 친일적 인물이라는 점이 주요한 요인이었던 것으로 볼 수 있겠다.

6) 「조선소문」 창간 시도

1934년에는 강재은 등이 중심이 되어 「조선소문」이라는 취미잡지의 창간을 시도하였다. 「동아일보」 1934년 3월 25일자 3면을 보면 '조선소문발간준비'라는 제목으로 다음과 같은 내용의 짤막한 기사가 게재되었다.

> 부산부 좌천정 577 강재은(姜在殷)씨외 몇 동지가 취미잡지 「조선소문」이라는 것을 발간하고저 방금 준비중이라는데 내용은 가정상식, 문예, 실화, 기타 여러 가지 유익될만한 글을 실게 한다는 바 늦어도 5월초에는 발간되리라 한다.

「조선중앙일보」 1934년 3월 26일자 4면에도 '조선소문발간준비중/5월1일부터발행'이라는 두 줄 제목의 1단 기사가 「동아일보」와 거의 같은 내용을 보도하

볼 수 있겠지만 총독부 경무국의 월 2회 간행이라는 것이 제대로 지켜지지 않았던 것으로 보인다.

고 있다. 다만 창간 일자를 5월 1일이라고 적시하였으며 월간으로 발행 예정이라고 언급하였다. 이들 기사에 의하면 「조선소문」은 다양한 읽을거리의 대중잡지를 지향하는 월간 잡지였던 것으로 보인다.

창간을 주도한 강재은은 「동아일보」에서 기자로 활동했던 인물이다. 「동아일보」 지면을 통해 확인되는 경력으로는 1931년 1월 3일부터 5월까지 서면분국장을 지냈으며 1937년 12월 11일부터는 부산지국의 기자로 임명되었다. 해방 후에도 부산의 「민주중보」에서 활동하다가 편집국장까지 역임하였던 언론인이다(채백, 2009).

이상에서 살펴본 바와 같이 일제기 부산 지역에서는 여러 차례 잡지 매체의 창간 시도가 있었다는 사실을 알 수 있다. 이외에도 1930년대 중반 동래 구포 지역에서 「천국복음」이라는 잡지가 발간했던 사실이 확인된다. 「동아일보」 1935년 3월 1일자 3면의 신간소개란을 보면 「천국복음」 2월호가 발행되었다는 소식을 전하고 있다. 발행소는 동래군 구포면 구포리 430의 천국복음사로 되어 있다. 이 잡지에 대해서는 더 이상의 자료가 없어 그 성격에 대해서 추가적인 논의가 현재로서는 불가능하다. 하지만 이와 같은 제호의 잡지가 1932년과 1933년경에는 지금의 서울, 당시는 경기도 시흥군 노량진에서 발행되었다. 이러한 사실은 「동아일보」의 지면을 통해 확인된다. 1932년 12월 30일자와 1933년 2월 14일 및 4월 15일자를 보면 신간소개란에 이 잡지가 발행된 사실을 전하고 있는데, 발행소가 이때까지는 모두 노량진으로 되어 있다.

일제기에 부산에서 발행되었던 잡지들은 대부분 실물이 남아 있지 않거나 다른 자료들에 의해 확인도 어렵지만 경제와 문예, 대중지, 보건 잡지 등 다양한 내용의 잡지 발행이 시도되었다는 것을 알 수 있다. 친일적 성향의 인사가 주도했던 것 등 몇 종을 제외하고는 대부분 일제 당국의 불허 등에 의해 빛을 보지 못했으나 이러한 시도가 있었다는 것만으로도 역사적으로 중요한 의의를 지닌다고 평가할 수 있겠다.

제3절 일제기 부산 지역 언론인들의 활동

1. 부산 기자단의 출범과 활동

1) 부산 기자단의 출범

일제기 부산 지역에서는 한국인 발행 민간지의 지국장과 기자들이 중심이 되어 언론 활동을 벌였다. 이 기자들이 모여 기자단을 구성하였다. 1924년 4월 15일 「시대일보」 부산지국 사무실에 부산의 기자들이 모여 기자단 창립총회를 열고 기자단을 출범시켰다.

부산에 기자단이 출범한 것은 현재까지 알려진 범위 내에서는 경성과 인천을 제외하고는 다른 지역보다도 앞섰던 것으로 파악된다. 경성에서는 1921년 11월 27일 창립된 무명회가 있었으며 인천에서는 1922년 10월에 기자단이 조직되었지만 다른 지방에 기자단이 생겨난 것은 1924년 6월과 7월의 언론집회압박탄핵회 이후였다. 1924년 각파유지연맹이라는 친일단체의 대표였던 박춘금이 「동아일보」의 사주 김성수와 사장 송진우를 협박한 사건이 벌어졌다. 이 협박에 두 사람이 미온적 태도를 보이자 언론인들이 친일단체 규탄대회를 시도하였다. 그러나 일본 경찰의 금지로 대회가 좌절되자 이에 전국의 언론인들이 언론자유의 탄압을 규탄하는 민중대회 즉 언론집회압박탄핵회를 개최하려 시도했던 것이다. 이를 계기로 각 지역에 기자단들이 1924년 6월 이후 속속 생겨났다(최민지, 1978, 400-403쪽과 648쪽).

1924년 4월 부산 기자단의 창립 총회는 각 신문사 지국 기자 12인이 참석한 가운데 열렸다. 창립 총회에 참석한 기자 명단은 다음의 표와 같다. 이때의 총회에서 민간 3지의 부산지국장들이었던 김국태, 김용진, 황기수의 3인이 간사로 선임되었다(「조선일보」 1924. 4. 18. 4면). 이들은 4월 19일 시내에서 지역 유지들과 일본 신문 관계자들도 참석한 가운데 창립 축하연을 열었다(「조선일보」 1924. 4. 23. 4면).

〈표3-6〉 1924년 부산기자단 창립총회 참석자

신문명	기자
시대일보	金局泰, 金永莤, 吳澤, 崔天澤
동아일보	金龍鎭, 金德明
조선일보	黃紀秀, 朴遇衡, 任龍吉, 金老喆
매일신보	文聲海
서부매일7)	金振九

* 순서는 기사 게재순임

2) 부산 기자단의 내분

창립 후 얼마 안 되어 1925년 말에 부산 기자단은 분규에 휘말리게 되었다. 부산 지역 청년단체들의 연합체 결성을 둘러싸고 내부 갈등이 빚어지면서 이를 보도하던 신문들까지도 서로 달리 보도하며 대립이 빚어졌던 것이다. 당시 언론인들도 대부분 각종 청년단체나 사회단체에 주도적으로 참여했던 것이 일반적이었다. 자신들의 정치적 입장이 보도에까지 영향을 미치면서 이러한 대립이 빚어졌던 것이다.

주지하듯이 1920년대 들어 청년단체뿐만 아니라 각종 사회단체들이 전국적으로 대거 생겨났다. 이 운동의 주도권을 둘러싸고 민족주의와 사회주의의 이념과 노선 갈등이 벌어지는 가운데 나아가서 사회주의권 내부에서도 화요파와 서울파를 중심으로 다양한 갈등이 빚어졌었다.

부산 청년단체의 갈등도 이러한 맥락에서 비롯되었다. 특히 부산 지역에서는 김용진과 고정대를 중심으로 기존의 부산청년회에서 기반을 다진 사회주의 세력과 1925년 8월을 기점으로 경남 진영에서 활동하던 노상건(盧相乾) 그룹이 부산 지역 사회운동에 진출하자 양 세력은 주도권을 둘러싸고 불협화음을 빚게 되었다. 이러한 대립은 결국 각기 부산청년연맹과 부산부청년연맹이라는 이름의 2개 단체 결성 시도로 이어졌으나 일제로부터 불허 조치를 받음으로써 결실

---

7) 이 신문에 대해서는 현재 다른 자료에 의해 확인이 되지 않는다. 오식이나 기타 착오가 있었던 것인지, 아니면 당시 이 신문이 부산 지역에 실제로 발행되었던 것인지 추가적인 작업을 통해 확인할 필요가 있겠다.

을 보지는 못했다(부산민주운동사편찬위원회 편, 1998, 55-56쪽).

후술하겠지만 김용진은 1924년부터 「동아일보」 부산지국장을 맡았던 인물이다. 노상건은 1922년 10월부터 「동아일보」 김해지국 산하 진영 분국장을 맡다가(「동아일보」 1922. 10. 1. 1면) 1925년 8월경 부산에 진출하면서 「동아일보」 부산지국장을 맡았던 인물이다.

1925년 12월 초 부산청년회를 비롯한 8개 단체가 모여 부산청년연맹 결성을 준비하기 시작하였다. 이 모임은 김용진 등이 주도한 것으로서 이에 대해 노상건 등이 참여단체가 아닌 부산의 영주구락부 대표를 자임하여 준비 모임에 참석, 문제를 제기한 일이 있었던 것으로 보인다(「시대일보」 1925. 12. 27. 2면).8)

이에 고정대가 부산 지국장이던 「시대일보」가 1925년 12월 13일자 3면에 노상건을 강하게 비난하는 논조로 '노○○이 부산청년회 서기에서 해임되었으며 부산청년연맹 발기위원회와 부산 기자단이 조사에 나섰다'는 내용을 3건의 기사로 보도하였다. 이에 대해 「동아일보」가 12월 15일자 4면에서 '기자단 분개'라는 제목으로 「시대일보」의 보도는 사실 무근이며 부산 기자단은 조사에 나선 일이 없다고 분개한다는 내용을 보도하였다. 바로 뒤이어 12월 17일자 3면에서 「시대일보」는 부산청년회가 '○○일보 노○○ 지국장에 대해 강력한 경고를 보내고 ○○일보에 대해 비매동맹에 돌입한다'는 내용을 보도하였다.

이런 와중에 경상남도 경찰부는 1925년 12월 15일 부산청년연맹이 불온하다며 해산 명령을 내렸다(「시대일보」 1925. 12. 19. 3면). 또한 이 즈음해서 「동아일보」 지국의 총무 겸 기자 김한규가 다른 신문사의 기자 1명을 폭행하는 사건도 벌어졌다. 이에 대해 부산 기자단은 강력히 항의하며 「동아일보」 부산지국장 명의로 사죄장을 12월 25일까지 보낼 것을 요구하였다(김대상, 1981, 106쪽). 그러나 이에 대해서는 반응이 없는 가운데 12월 25일에는 노상건 측의 청년들이 「시대일보」 지국장 고정대에게 폭력을 행사하며 그동안의 보도에 대

---

8) 이 기사는 이름을 '노상근'이라 표기하고 있으며 김대상(1981, 106쪽)의 책에는 '노상곤'으로 표기되어 있다. 하지만 당시 일제 경찰이나 법원 자료 등을 종합할 때 '노상건'이 맞는 것으로 보인다.

해 사과한다는 내용의 사과 문서를 써 준 사건이 발생했다(「시대일보」 1925.
12. 27. 2면).

　이에 부산 기자단은 1925년 12월 31일 월례회를 열어 「동아일보」 지국장 노상
건을 기자단의 요구를 무시한 몰지각한 자로 규정하고 앞으로 「동아일보」 지국
과는 일체의 연락이나 제휴를 단절하면서 지국장이나 지국원을 축출하고 향후
의 가입도 거절한다고 결의하였다(「시대일보」 1926. 1. 3. 7면). 이러한 내분을
겪으면서 부산 기자단은 「동아일보」를 제외한 나머지 신문사만으로 운영되었
다. 이러한 내홍 속에서 기자단이 활성화되기는 어려웠을 것이다.

3) 부산 기자단의 주요 활동

　기자단은 출범 당시 조직의 목적을 천명한 것은 확인되지 않지만 공동 취재가
주된 목적이었던 것 같다. 「시대일보」 1925년 12월 18일자 3면을 보면 '모보(某
報)기사와 여론'이라는 제목의 기사에서 전술한 내분을 보도하면서 "부산기자
단은 매월 당번 간사가 잇서서 그달의 사건은 해(該) 당번 간사가 전 책임을
지고 조사한 후에 사실 전말을 월례회에 보고"한다는 내용이 포함되어 있다.
이 기사를 통해 우리는 부산 기자단의 평소 운영의 단면을 알 수 있다. 참여
신문사들이 돌아가면서 매달 당번을 맡아 그달의 사건을 취재해서 월례회에
보고함으로써 기자단이 공유하였다는 것이다. 일종의 풀(pool) 취재가 이때부터
이루어졌음을 알 수 있다.

　취재 권역 외에서 사건이 발생하는 경우 공동으로 특파원을 보내서 공동 취재
한 사례도 보인다. 1926년 10월 김해교육회에 분규가 발생하자 이를 취재하기
위해 기자단에서 공동으로 기자를 특파하였던 것이다(「동아일보」 1926. 10. 15.
4면).

　취재 현장에서 공동의 문제가 발생했을 경우에는 보조를 함께하며 해결을
시도하였다. 특히 취재를 방해받거나 하는 문제에 대해 공동의 보조를 취하며
대응해 나갔다. 1925년 11월에는 함흥경찰서가 「시대일보」 지방부장 홍남표
씨를 구인한 사건에 대해 경성의 기자단체인 무명회가 항의와 경고의 성명을

발표하자 부산 기자단도 이 사건에 대해 경고의 뜻을 담은 성명을 발표하였다
(「조선일보」 1925. 11. 12. 석간 2면).

1927년 3월에도 부산 수상경찰서의 담당 경찰이 도일 노동자 문제를 둘러싸
고 기자의 출입을 금지시키고 그 과정에서 폭언을 한 사건에 대해 3월 25일
항의 방문하여 공개 질의서를 보내는 한편(「조선일보」 1927. 3. 28. 조간 4면)
26일에는 임시총회를 개최하여 도경찰부장의 공개 사과를 요구하고 비판 집회
를 개최하며 이 과정을 기자단 공동으로 취재하기로 결의하였다(「조선일보」
1927. 3. 29. 조간 1면).

부산 기자단은 1926년 9월 12일에는 회칙 중 '조선문 신문·잡지 기자로써
조직한다'는 조항을 삭제함으로써 일문지 기자들도 가입할 수 있도록 자격
요건을 완화하였다(부산직할시사편찬위원회 편, 1991, 533쪽). 이는 아마도
1925년 말의 내분으로 「동아일보」가 배제되어 기자단의 규모가 축소되어 활성
화되지 못했던 사실도 무관하지 않을 것으로 보인다. 그러나 1920년대 후반으
로 접어들면서 부산 기자단의 활동은 계속 침체되는 양상을 보였던 것으로
추정된다.

4) 부산 기자단의 재출범

1929년 5월 16일에 부산 기자단은 다시 창립대회를 개최하기에 이른다. 부산
의 「매일신보」와 「중외일보」, 「조선일보」, 「동아일보」 네 신문사 기자들이 모여
기자단을 조직하고 강령 및 규약도 제정하였으며 「동아일보」 지국장 강영순을
간사로 선임하고 「동아일보」 부산 지국 사무실에 기자단 사무실을 두는 것으로
결의하였다. 당시 참여했던 각 신문사 기자들 12명의 명단은 아래와 같다(「조선
일보」 1929년 5월 20일자 석간 4면). 1925년의 내분을 극복하고 다시 재출범하면
서 「동아일보」가 주도하였던 것이다. 이는 내분 당시 「동아일보」와 대립각을
세웠던 「시대일보」가 그 사이 폐간하는 등의 변화가 있었기 때문에 가능했을
것이다.

〈표3-7〉 1929년 부산 기자단 창립대회 참석자

신문명	기자
중외일보	朴炳度, 朴鐸, 金琪昊, 金道喆
매일신보	李壽雨, 崔東熙
조선일보	金淵福, 金榮澤, 金富寬
동아일보	姜永淳, 黃紀秀, 李鍾模

* 순서는 기사 게재순임

5) 부산 기자단의 혁신

재출범에도 불구하고 조직 활성화에 어려움이 있었는지 1933년에는 다시 이 부산 기자단을 혁신해 보려는 시도가 이루어졌다. 「동아일보」 1933년 2월 7일자 조간 4면을 보면 '부산기자단 혁신'이라는 제목으로 다음과 같은 내용이 보도되고 있다.

> 부산에 잇는 조선문 신문잡지 긔자로서 조직된 부산긔자단을 창립된지 오래 되엇스나 그간 여러 가지 사정으로 침체 상태에 잇든 것을 금번에 동 긔자단 에서 혁신총회를 지난 2월 5일 오후 2시반에 동아일보 부산지국에서 개최하 고 규약을 통과 위원선거를 마치고 동 5시에 폐회하얏는데 피선된 위원의 씨명은 다음과 갓다
> 상무위원 吳在東(중앙) 위원 李奉元(조선) 姜正熙(실업) 李錫柱(夕朝) 姜大 洪(동아) 徐有駿(保朝)

침체 상태에 있던 기자단에 활기를 불어넣기 위해 혁신 총회를 개최하고 조직 을 일신하려 시도한 것으로 보인다. 이때에는 잡지 기자들도 함께 참여하였다. 위원으로 선임된 중에 강정희와 서유준, 이석주9)가 잡지사 기자를 대표한 인물 이다. 강정희는 당시 부산에서 발행되던 「실업시보」의 기자였다. 「실업시보」는

---

9) 이석주의 소속사로 표기된 '석조'는 제호의 약자로 보이는데 어떤 잡지였는지는 확인이 안 된다.

전술한 대로 1931년경 곽경종(郭慶鍾)이 창간한 잡지였다. 서유준은 부산에서 간행된 건강 관련 잡지「보건조선」을 대표하여 참여한 것이다.「보건조선」은 부산에서 서유준과 문영준(文榮準) 두 사람이 지역 유지들의 도움을 받아 1932년 10월경에 창간한 잡지다(「동아일보」1932. 8. 31. 3면)[10].

6) 동래 기자단의 출범

1930년 연초에는 동래 기자단이 별도로 결성되었다. 1월 4일에 창립대회를 열어 당시「조선일보」부산 지국장이던 한일철이 의장을, 김명룡(金命龍)이 서기를 맡은 이날 대회에서는 위원장에 박일형(朴日馨), 위원에 김순영(金淳英), 김금득(金今得), 김명룡, 구정서(具廷書), 한일철(韓一徹), 이영석(李永錫)의 6인이 선출되었다(「조선일보」1930. 1. 10. 석간 3면).

동래 기자단은 출범 다음 달인 2월 4일에 위원회를 개최하여 경남기자동맹이 의뢰한 이재민 통계표 작성과 생활 상황 조사에 관한 것 등 안건을 토의한 후 위원들의 업무 분장을 하여 서무에 김명룡과 김금득, 조사에 한일철, 김순영, 재무에 이영석과 구정서로 하기로 결정하였다(「조선일보」1930. 2. 8. 석간 3면). 1930년 9월 25일에는 간친회를 겸한 임시대회를 개최하였다(「조선일보」1930. 9. 25. 석간 7면).

동래 기자단은 그 이후 활동이 미미했던 것으로 보인다. 1939년 1월 14일에 각 신문사 동래 지국장들이 모여 다시 동래 기자단을 출범시켰다. 이때 모인 각 신문사 지국장들은「조선일보」의 최시봉(崔時鳳),「매일신보」의 곽종섭(郭鍾燮),「경성일보」의 이광룡(李光龍),「동아일보」의 이재현(李在鉉) 등이다(「동아일보」1939. 1. 18. 2면).

---

10) 1938년 6월에는 동일한 제호의 잡지가 경성에서 창간되었다(「동아일보」1938. 6. 1. 석간 3면).

2. 기타의 기자 단체들

1) 출입처 중심의 기자 단체

한편 출입처를 중심으로 한 기자 모임이 결성되기도 하였다. 1925년 5월에 부산의 각 신문사에서 도청에 출입하는 기자 17명이 모여 기자구락부를 결성하였다. 당시 부산은 최대의 항구 도시이며 일본과 가깝고 일본인들이 많았다는 사실 때문에 국내 다른 지역의 일본인 신문들과 일본 내의 신문들도 특파원을 파견한 경우가 많았다. 이들이 함께 도청 출입기자 구락부를 결성하였던 것이다.

이때 참여한 신문사는 일본인들이 발행하는 신문사 기자들이 주축을 이루었다. 한국인의 신문으로는 「동아일보」 김규창 기자가 유일하게 참여하였다. 그 외에는 부산의 「부산일보」와 「조선시보」, 「일본전보통신」, 경성의 「경성일보」와 「경성일일신문」, 「조선신문」, 대구의 「조선민보」, 인천의 「조선매일신문」 그리고 일본의 「大阪朝日」, 「大阪每日」, 「關門日日新聞」, 「九州日報」, 「馬關每日」, 「鹿兒島新聞」 등 15개 신문이었다(「동아일보」 1925. 5. 13. 부록). 부산의 두 일간지 「부산일보」와 「조선시보」만 각각 두 명씩 참가하였고, 나머지 신문사는 각 1명씩이었다.

1936년에는 부산부청 출입기자들이 따로 기자단을 조직하였다. 그해 4월 10일 부산부청사가 이전한 것을 계기로 하여 부청에 출입하는 일간 신문과 통신사 14개사 기자들이 모여 구락부를 결성했던 것이다. 이때에 참여한 언론사들은 국내에서는 「동아일보」와 「조선일보」, 「조선중앙일보」가 참여하였으며, 부산의 「부산일보」와 「조선시보」, 「일본전보통신사」, 경성의 「경성일보」와 「조선신문」, 「매일신보」, 「조선일일신문」, 인천의 「조선민보」와 대구의 「대구일보」, 그리고 일본의 「大阪朝日」, 「大阪每日」의 14개 언론사였다.

이 기사들을 통해 우리는 당시 부산에 많은 언론사의 기자가 상주하면서 취재 활동을 벌였다는 사실을 알 수 있다. 부산의 신문뿐만 아니라 국내의 다른 지역, 즉 경성과 인천, 대구 등지에서 발행하는 신문, 그리고 일본 본토에서도 큐슈와 오사카 지역에서 발행하는 신문들도 부산에 특파원을 상주시켰던 것이다. 이는

당시 부산에 일본 거주민도 많았지만 부산이라는 지역이 그만큼 중요한 거점이
었다는 사실을 말해 준다.

2) 부산기자연맹

1930년 12월 14일에는 부산 지역의 신문과 통신 기자들이 모여 부산기자연맹
을 발족하였다. 당시 부산 지역에 주재하던 한국과 일본 기자들 총 50여 명
중 25명이 출석한 가운데 창립총회가 열렸는데, 여기서 대표 없이 6명의 간사를
선임하였다. 간사는 대부분 일본 기자들이고 한국인으로는 「동아일보」의 이종
모 씨가 유일하게 선임되었다(「동아일보」 1930. 12. 16.). 이 단체의 활동에 대해
서는 그 이후에 기록에 나타나지 않고 있다. 아마도 창립 이후 별다른 활동이
없었거나 일본 기자들 중심으로 활동해서 한국 언론이나 기타 자료에 반영 안
되었던 것으로 보인다.

3. 경남기자동맹의 활동과 경남기자대회

1) 제1회 경남기자대회와 경남기자동맹 출범

전술한 바와 같이 1924년 부산에 기자단이 조직된 것을 필두로 하여 경상남도
단위의 기자 연합 단체가 태동되었다. 계기가 된 것은 경남기자대회였다. 1924년
부터 시작된 언론자유 압박에 대한 반대 운동의 일환으로 1925년 4월 15일 경성
의 기자단체 무명회가 전조선기자대회를 개최하려 시도하자 이를 앞두고 그해
3월에 경남기자대회가 열렸던 것이다.

경남기자대회는 1925년 3월 22일부터 23일까지 양일간 진주 청년회관에서
개최되었다. 이 대회에는 「시대일보」 4인, 「조선일보」 7인, 「동아일보」 12인
모두 23명이 참여하였다. 대회에서 참석자들은 언론의 권위 문제를 포함하여
도내 공동 현안에 대해서 다양한 논의를 펼친 끝에 경남기자동맹을 출범시키기

로 하고 그 사무실을 마산에 두며 다음 해 총회를 마산에서 개최하기로 결의하였다. 이때에 선임된 간사는 이영재(李瑩宰), 김두옥(金斗玉), 김종신(金宗信), 김상주(金尙珠) 외 3인 총 7명으로 구성되었다(「동아일보」 1925. 3. 26. 3면).

이때에 출범한 도 단위의 기자동맹은 다른 지역보다 앞선 것이었다. 경남기자동맹의 뒤를 이어서 각지에서 기자 단체들의 연합 조직이 출범하였다. 1925년 4월에 전남기자단과 전북기자단이 출범하였으며 9월에는 충청남북도를 포괄하는 호서기자단이, 11월에는 함남기자동맹과 관서기자단, 12월에는 영동기자단이 창립되었다(최민지, 1978, 403쪽).

경남기자대회를 계기로 도내 각 지역에도 기자단이 구성되기 시작하였다. 부산은 이미 1년 전인 1924년 4월 19일에 기자단이 구성되었으며, 1925년에는 진주(11월 13일), 마산(11월), 1926년에 하동(1월 1일), 고성(1월 15일), 울산(3월 7일), 1927년에는 사천(5월 15일), 통영(12월 17일)에 기자단이 구성되었다. 이러한 움직임은 계속 확산되어 거창(1928. 1. 30), 동래(1930. 1. 4), 합천(1930. 12. 30), 함안(1931. 2. 1), 양산(1931. 5. 25), 창녕(1933. 6. 7), 언양(1935. 4. 12) 등지로까지 확산되었다(부산직할시사편찬위원회 편, 1991, 532-533쪽).

2) 경남기자동맹의 조직 강화

경남기자동맹이 조직적 체계를 갖춘 것은 그 다음 해 개최된 제2회 대회부터였다. 1926년 4월 16일부터 이틀간 60여 명이 참석한 가운데 제2회 경남기자대회가 마산에서 개최되었다. 조사부와 사업부, 서무부를 두고, 조사부에는 김명규(金明奎)와 인동철(印東哲), 양재완(梁在完), 정광호(鄭光浩), 천두상(千斗上)을, 사업부에는 이영재와 고정대(高丁大), 서무부에는 김형선(金炯善), 고경인(高景仁)을 배치하였다. 이중 김명규와 이영재, 김형선의 3인이 상무위원을 맡았다.

1928년 2월에는 부산에서 제3회 기자대회 및 경남기자동맹 정기총회가 열렸다. 4일과 5일 양일간 부산 국제관에서 개최된 이 대회에는 70여 명이 참석하여 다양한 논의 끝에 다음과 같은 선언과 강령을 채택하였다(「조선일보」 1928. 2.

6. 석간 4면).

◇ 선언

언론은 권위가 그 생명인 동시에 우리는 동직자간에 혁고한 협동과 엄정한
필봉으로써 언론의 권위를 신장발휘하기 위하야 차(次)의 강령으로써 경남
기자대회를 소집하노라

◇ 강령

一. 우리는 언론의 권위를 신장발휘하고저 일치한 보조로 보도의 공정을
     기함
一. 우리는 호상협동으로써 동업자간의 친목을 도(圖)함
一. 우리는 대중의 복리에 적극적으로 공헌하도록 노력함을 기함

이 선언과 강령은 경남기자동맹의 성격과 지향점을 알려준다. 강령을 보면
언론의 권위와 친목 도모, 공공 복리에 기여 세 가지로 요약할 수 있다. 이것이
경남기자동맹이 기자 단체로서 지향하는 목표라고 할 수 있겠다.

이 대회에서는 동맹 사무소를 부산으로 옮기며 부산과 마산, 진주에 분회
사무소를 두어 인접 지역과 긴밀한 연락을 유지하도록 하였다. 또한 중앙집행위
원회를 두고 9인의 위원을 선출하기로 결정하였다. 이때 선출된 중앙집행위원은
강대창(姜大昌), 최철룡(崔喆龍), 천두상, 김철수(金喆壽), 강대홍(姜大洪), 윤
병수(尹秉洙), 이강희(李康熙), 노백용(盧百容) 김광(金光)이었다.

중앙집행위원들은 2월 6일 집행위원회를 개최하였는데, 각 지분국의 분담금
을 신문사 지국은 2원, 신문사 분국 및 잡지 지분사는 1원, 잡지 본사는 5원
이상을 부담하고 징수는 각 분회가 책임지기로 결정하였다. 집행위원들 간의
사무 분장도 논의하여 서무부에 노백용, 강대홍, 이강희, 김철수 조사부에 김광,
최철룡, 천두상, 강대창으로 분담하기로 결정하였다(「조선일보」 1928. 2. 11. 석
간 4면).

3) 경남기자동맹의 연례 대회 개최

제4회 경남기자대회는 원래 1928년 2월에 개최된 3회 대회 당시 그해 9월에 진주에서 개최하기로 하였으나 당국의 여러 가지 간섭으로 연기되어 오다가 진주 기자단의 제의로 1929년 4월 25일과 26일에 진주에서 개최하였다. 기자들의 많은 참석을 독려하기 위해 준비위원회는 교통비와 숙박비를 반액으로 할인하는 편의를 제공하기도 하였다(「조선일보」 1929. 4. 23. 석간 4면). 이 대회에서는 일반 대중을 상대로 하는 신문강연대회도 함께 개최하였다(「동아일보」 1929. 4. 19. 4면).

경남기자동맹은 도내에서 발생하는 주요 현안에는 취재 기자를 공동으로 특파하기도 하였다. 1929년 5월에는 진영의 한 농장에서 발생한 소작쟁의 문제를 취재하기 위해 두 명의 기자를 파견하였다(「조선일보」 1929. 5. 19. 석간 4면). 1930년 1월 7일에는 마산 동아일보 지국에서 집행위원회를 열고 결원이 생긴 집행위원에 진주의 이영만(李英晚)을 서무부 위원으로 선출하였으며 그해 4월 12일과 13일 밀양 영남루에서 정기대회를 개최하기로 결의하였다(「조선일보」 1930. 1. 13. 석간 4면).

밀양의 제5회 대회에서는 임석 경관으로부터 외부 단체의 축전이 압수되고 축사가 중단되는 등 방해와 탄압이 잇따랐다(「중외일보」 1930. 4. 15. 조간 4면). 이 대회에서는 임원 개선이 이루어졌다. 새로 선임된 중앙집행위원으로는 강대창(진주 동아), 김장환(金長煥, 진주 조선), 황웅도(黃熊度, 고성 동아), 김귀동(金貴東, 마산 조선), 김희지(金熙址, 밀양 동아), 여해(呂海, 마산 동아), 하청(河淸, 의령 조선), 신정재(愼楨縡, 거창 동아), 배종철(裵鍾哲, 김해 동아)의 9인이었다. 위원 중 유고가 발생할 경우를 대비해 후보자를 함께 선임하였는데 전혁(全爀, 양산 동아), 이영만(李英晚, 진주 중외), 정순종(鄭淳鍾, 합천 중외)의 3인이었다(「동아일보」 1930. 4. 15. 3면).

제6회 경남기자대회는 1931년 5월 23일과 24일에 합천의 해인사에서 개최되었다(「동아일보」 1931. 5. 11. 3면). 동맹원 50여 명과 많은 청중이 참석한 가운데 열린 이 대회에서도 임석 경관이 축사를 중단시키는 등 경찰 당국의 방해는 여전하였다. 대회를 통해 선임된 집행위원은 조진규, 조휘식(趙徽植, 함안), 하청(의령), 강대창(진주), 최천(통영), 최철룡(마산), 김희지(밀양), 이재현(李在鉉, 동래), 김우(金愚, 하동), 정순종(합천)의 10인이며 후보로 황웅도와 김상헌(金相憲)을 선임하였다(「조선일보」 1931. 5. 29. 6면). 이때부터 집행위원이 10명으로 늘어났음을 알 수 있다.

「조선일보」 1931. 5. 29. 6면에 실린 '경남기자대회'라는 주제목의 기사에 의하면 이 대회에서는 의안을 둘러싸고 격렬한 토론이 벌어졌다고 한다. 쟁점이 된 사안은 모 신문사의 지방 기사에 대한 문제였다. 그 외에도 기자동맹 본질에 대한 문제도 의안에 포함되어 있는 것으로 보아 이에 대한 문제 제기까지 있었던 것으로 보인다. 또한 이 대회에서는 소식지 성격의 「경기시보」(慶記時報)를 몇 차례 발행하였으나 경찰에게 압수당하고 1호만이 방청객에게 배포되었다.「조선일보」의 이 기사는 대회 참석자 명단도 소개하고 있는데 부산에서는 이종모(李鍾模) 한 사람만이 참석하고 있으며 동래 지역의 참석자는 한 명도 없었던 것으로 보도하고 있다.

제7회 대회는 경남 통영에서 5월 28, 29일 양일간 개최되었다. 이 대회에서는 임원 개선이 이루어졌는데, 10명의 신임 위원들은 따로 집행위원회를 열고 업무 분장을 토의한 결과 집행위원장 강대창, 서무부에 하청(부장)과 조휘식, 조사부에 최천(부장), 이재현, 신정재, 조종숙(趙鍾肅), 김상헌 그리고 시사연구부를 두어 천두상(부장), 배종철이 맡기로 결정하였다(「동아일보」 1932. 6. 2. 3면).

1933년 4월 9일과 10일에는 함안에서 제8회 경남기자대회가 개최되어 임원 개선을 비롯해서 다양한 안건을 토의하였다. 이날 토의에서는 경남기자동맹의 사무실을 진주에서 마산으로 옮기기로 결정하였다(「조선중앙일보」 1933. 4. 13. 3면). 전술한 대로 1928년 제3회 대회부터 부산에 두기로 하였던 것이 언제부터인가 진주로 변경되었다가 이때에 마산으로 다시 이전하였던 것이다.

제9회 경남기자대회는 1934년 5월 5일과 6일 동래읍 소재 일성관(一誠館)에서 개최되었다. 이 대회에서 결정된 주요 사항으로는 임원 개선이 이루어져 새로운 집행위원으로 조병기(趙秉基), 조영규(曺永奎), 조휘식, 김진국(金振國), 김희지, 하청, 이주상(李周相), 박영환(朴英煥), 최천, 이상홍(李相洪), 김상기

(金相基)의 11명이 선임되었다. 그 외에 기관지 발행의 건을 집행위원회에 일임하기로 결정하였다(「동아일보」 1934. 5. 9. 조간 5면).

1935년에도 제10회 대회를 마산에서 6월 5일에 개최하려 시도하였던 것으로 보이나(「조선중앙일보」 1935. 3. 12. 석간 3면) 예정대로 개최되었는지는 확인이 안 된다. 대회 개최일 직후에 언론 보도가 전혀 이루어지지 않았기 때문이다.

4) 경남기자동맹의 기관지 창간 시도

반면 1934년의 제9회 대회에서 결정한 바대로 기관지를 창간하려는 시도는 이루어졌던 것 같다. 「동아일보」 1935년 3월 23일 조간 4면을 보면 '「慶記」 발행 준비'라는 제목으로 다음의 내용이 보도되었다.

> 경남기자동맹에서는 그 기관지를 발행하려고 다년간 현안중에 잇든바 금년은 특히 창립10주년에 해당하므로 이를 의의잇게 맞이하려고 지난번 위원회의 결의에 의하야 기관지 「경기」를 발행준비중이라는데 맹원은 물론이며 기타 일반인사도 금년 4월말까지 창녕군 남지 동아일보 지국 이주목(李周穆)씨에게로 원고를 만히 보내주기를 바란다고 한다

기자동맹 창립 10주년을 맞아 기관지 발행을 구체화하려고 시도하고 있으며 그 제호를 '경기'로 한다는 내용과 「동아일보」 남지 지국의 이주목이 실무를 맡고 있음을 알 수 있다. 전술한 제6회 대회에서 발행했던 소식지의 제호가 '경기시보'였다. 기관지를 창간하면서 이를 제호로 사용하려 했던 것이다. 여기서 「경기」란 경남기자동맹의 줄임말로 보인다.

그러나 이 잡지가 실제로 계획대로 발행되었는지는 확인이 안 된다. 총독부 자료를 보아도 이러한 제호의 잡지가 발행되었다는 사실은 찾아볼 수 없다. 아마도 총독부 당국의 허가를 받지 못해 이 기관지 창간 시도가 빛을 보지 못했던 것으로 추정된다.

5) 경남기자대회에 대한 총독부의 탄압과 방해

일제기에 개최된 경남기자대회는 대부분 총독부 경찰 당국의 방해와 탄압, 그리고 엄중한 감시 속에서 진행되었다. 앞서도 언급한 대로 제4회 대회는 1928년 9월에 개최하려다가 경찰 측의 방해로 연기되다가 예정보다 해를 넘겨 1929년 4월에 개최되었다.

또한 대회가 진행되는 동안에도 현장에 경찰들이 배치되어 감시 활동을 벌였던 것으로 보인다. 1928년 2월에 부산에서 열린 제3회 기자대회에는 경찰관 20여 명이 배치되는 등(「조선일보」 1928. 2. 6. 석간 4면) 당국의 엄중한 감시 속에서 진행되었다.

제5회 대회에서도 임석 경관으로부터 외부 단체로부터 온 축전이 압수되고 축사가 중단되는 등 당국의 방해와 탄압이 잇따랐다(「중외일보」 1930. 4. 15. 조간 4면). 경찰들이 현장에 배석하여 축전의 경우는 사전에 검열을 하여 문제시될 표현이 있다고 판단되면 낭독을 못하게 하였으며 축사의 경우도 내용에 따라 현장에서 즉각 중지시키곤 했던 것이다.

4. 전조선기자대회 참여

1) 전조선기자대회의 개최

1925년 4월 15일과 16일 양일간 경성에서는 전국의 기자들 703명이 참석한 가운데 전조선기자대회가 최초로 개최되었다. 기자단체인 무명회가 주최한 이 기자대회에는 조선문 신문잡지의 본사 및 지분국장, 기자들이 참석하였다. 이 기자대회는 전술한 대로 1924년의 언론계에서 언론과 집회의 자유를 압박하는 데 대한 저항운동의 움직임 속에서 전국 각지에 기자단체가 결성되고 기자대회가 개최되는 분위기 속에서 열렸다.

이 전조선기자대회에서는 준비위원을 구속하고 결의문의 일부 발표를 금지하는 등 경찰의 탄압이 있었으나 다음과 같은 5개 사항을 결의하고 기자들의 단합과 공동 목표를 확인하고 성황리에 마쳤다(최민지, 1978, 378-379쪽).

　　결의문
　　1. 우리는 친목과 협동을 공고히 하여 언론의 권위를 신장 발휘하기를 기함
　　2. 신문 및 출판물에 관한 현행 법규의 근본적 개신을 도함
　　3. 언론 집회 및 결사 자유를 구속하는 일체 법규의 철폐를 기함
　　4. 동척(東拓)을 위시하야 현하 조선인 생활의 근저를 침식하는 각 방면의
　　　　죄상을 적발하여 대중의 각성을 촉(促)함
　　5. 대중운동의 적극적 발전을 촉성하기를 도함

2) 부산경남 언론인의 참여

　이 대회에는 전국의 703명 언론인이 참석하였는데, 부산과 경남 지역의 언론인도 대거 참여하였다. 각 언론사별 대회 참석자의 숫자와 부산, 경남 지역의 참가자 명단은 아래와 같다.

〈표3-8〉 언론사별 전조선기자대회 참가신청자

사명	조선	동아	시대	매일	잡지	합계
본사	60	20	36	15		
지국	247	136	48	19		
합계	307	156	84	34	122	703

* 자료 : 박용규(1994, 222쪽)

　전체 참여자 숫자를 볼 때 「조선일보」의 기자들이 제일 많았다. 307명으로서 156명이 참여한 「동아일보」의 2배 가량이 된다. 참석자 숫자에서도 드러나는 바와 같이 당시의 전조선기자대회는 최초로 발의한 것은 무명회의 임시총회에서 「동아일보」의 최원순(崔元淳)이었지만 이후의 준비와 집행 과정은 「조선일보」가 사실상 주도하였다. 「조선일보」는 사장인 이상재를 포함하여 본사에서도 주요 간부들이 대거 참석하였지만 「동아일보」는 본사의 경영진은 전혀 참석하

지 않고 편집국원 20명만 참가 신청을 했던 것이다. 대회 첫날 의장과 부의장으로도 「조선일보」의 이상재와 안재홍이 각기 선출되었던 것도 이러한 분위기를 보여 준다고 하겠다(박용규, 1994, 219-223쪽).

〈표3-9〉 전조선기자대회 부산경남지역의 참가 신청자 명단

사명	동아일보	조선일보	시대일보
참가자	김대업(동래) 김두옥(통영) 김병헌(양산) 김용수(양산) 김용진(부산) 김희정(밀양) 박계진(진교) 박남철(합천) 박영환(진주) 엄주태(양산) 여해(마산) 오성주(산청) 유영중(진교) 이성룡(진교) 이영망(진주) 이주만(마산) 이형재(마산) 장재륜(마산) 전병건(양산) 정수(하동) 최시봉(동래) 현주태(양산)	강달영(진주) 김귀룡(마산) 김경택(진주) 김기호(마산) 이병영(고성) 김상수(마산) 김여수(고성) 김용길(밀양) 김인호(동래) 김종관(진영) 김종명(밀양) 김주영(하동) 남덕희(하동) 남상철(하동) 노백용(김해) 박○(마산) 박명수(동래) 박순명(진주) 박양언(하동) 박윤석(진주) 박종실(사천) 박태홍(진주) 배기순(김해) 배홍식(물금) 백광흠(동래) 서정헌(진영) 송재홍(하동) 오택(부산) 윤덕백(사천) 이규경(언양) 이석주(진영) 이주목(거제) 인동철(김해) 정동석(진주) 조동혁(하동) 조우제(진주) 최상지(물금) 최원호(김해) 최기조(김해) 팽삼진(마산)	강대철(진주) 김재중(합천) 김종명(진주) 박진환(진주) 이우순(합천) 이원렬(하동) 이재순(합천) 정동영(진주) 허진구(고성)
합계	22명	40명	9명

* 자료 : 박용규(1994, 276-279쪽)의 내용을 바탕으로 일부 원문 대조 후 수정함

부산, 경남 지역의 참가자를 회사별로 보더라도 22명이 참여한 「동아일보」보다 「조선일보」는 40명으로 약 2배 가까이 된다. 지역 내에서도 보면 당시 지국과 분국이 설치된 거의 모든 지역이 고르게 참여하고 있음을 알 수 있다.

5. 신문배달부조합의 결성과 활동

1) 부산 신문배달부조합의 출범

일제기 부산 언론사에서 특기할 만한 사건은 신문배달부 조합이 결성되었다
는 사실이다. 신문의 보급과 배달을 담당하는 배달부들이 모여 조합을 결성한
것이다.「동아일보」 1925년 9월 17일자 4면을 보면 '배달부조합/부산에서창립'
이라는 제목으로 다음과 같은 내용이 게재되어 있다.

> 부산에 잇는 각 신문배달부조합 발기위원들은 긔간 설립준비를 다맛치고
> 거(去)13일 오후 3시부터 부산부 영정 4정목 2번지에 있는 동아일보 부산지
> 국내에서 창립총회를 개최하고 좌기 사항을 결의하엿다고(부산)
> 一. 일치단결할 것
> 一. 동지단체와 연락할 것
> 一. 창립기념사업을 계획할 것
> 一. 위원은 徐章昊, 吳斗錫, 廉圭尙, 柳永洙, 金學用군으로 할 것
> 一. 사무소는 동아일보 지국으로 정할 것

부산의 각 신문사 배달부들이 모여 1925년 9월 13일에 부산신문배달부조합을
출범시켰음을 알 수 있다. 이 조합의 목적은 위의 결의 사항에 의하면 조합원들
의 친목 및 단결을 도모하고 유관단체와 연대하는 데 있었다.

신문배달부들의 조직은 원래 1923년에 경성에서 비롯되었다.「동아일보」
1923년 2월 12일자를 보면 '모임'을 안내하는 난에 '신문배달조합발긔총회'를
소개하면서 "경성 시내 각 신문사의 배달에 종사하는 사람들이 모이어서 십일일
밤 아홉시반에 시내 서대문정 노동공제회관에서 경성신문배달조합발긔총회를
개최한다고"라고 안내하고 있다. 경성 시내의 신문배달부조합이 2월 11일에 발
긔 총회를 개최한다는 것이다.

이때쯤부터 준비가 진행되어 2월 25일에 창립총회를 개최하였다.「매일신보」

1923년 2월 25일자를 보면 이 소식을 전하면서 "노동공제회 주최로 오는 이십오일 하오 아홉시에 수송동 각황사 안에서 각신문빈달조합 창립총회를 연다더라"고 보도하고 있다. 창립총회를 1923년 2월 25일에 거행하였으며 노동공제회가 주도하였다는 것이다.

식민지배로 들어가면서 산업노동자계층이 증가하였으나 이들의 노동조건은 최악의 상태를 벗어나지 못해 자연스럽게 노동자들의 저항이 이루어지게 되었다. 3·1운동을 경험하면서 노동자들의 정치 의식도 높아지고 노동운동의 중요성을 강조하는 사회주의 사상의 보급과 더불어 1920년대 노동운동이 성장하였다. 이러한 맥락에서 1920년 조선에서 최초로 조직된 대규모 노동단체가 조선노동공제회였다(한국민중사연구회 편, 1986, 181-182쪽). 바로 이 노동공제회가 전국의 노동자 계층을 조직화시켜 나가는 가운데 신문배달부들도 조합을 결성하게 되었던 것으로 볼 수 있겠다. 이를 계기로 해서 경성 외의 각 지역에도 신문배달부조합이 설립되면서 활동에 들어갔다.

1926년 2월에는 각지의 신문배달부조합이 연합하여 전조선신문배달조합총동맹의 결성을 시도하였다. 2월 11일 전국의 신문배달부조합 대표들 중 경성과 해주, 이리, 전주 조합의 대표들이 경성에 모여 전국적 조직체의 결성을 시도하였다. 이 모임에 부산 대표는 참석하지 않았던 것으로 기록되어 있다('전조선신문배달조합총동맹 창립총회에 관한 건'). 후술하겠지만 부산의 조합은 당시 연합체의 운영 이념이 온건하다는 비판적인 입장을 가지고 있었던 때문이었다. 당시의 전조선신문배달조합총동맹은 노동공제회 내부에서도 사회주의 세력의 서울파가 주도했던 것으로 알려지고 있음에도(이반송·김정명, 1986, 49쪽) 부산의 배달부조합은 사상이 투철하지 못하다고 하는 것으로 보아 아주 철저한 사회주의 이념을 지향했거나 아니면 계열이 달랐던 것으로 볼 수 있겠다.

2) 부산 신문배달부조합의 활동

창립과 함께 부산의 신문배달부조합은 창립총회에서도 결의한 바와 같이 기념사업에 나섰다. 1925년 11월 1일에 창립 기념 신문강연회를 부산의 청년회관에서 개최하였다. 연사는 박동주(朴東柱), 김칠성(金七星) 두 사람이었으며, 강연 주제는 노동조합에 대한 것이었다(「동아일보」 1925. 11. 8. 4면). 이듬해인 1926년 1월 17일에는 총회를 개최하여 조합의 운영과 관련하여 다음과 같은 네 가지 사항을 결의하였다(「동아일보」 1926. 1. 21. 4면).

　一. 매월 제2일요에 월례회를 개(開)하야 계급의식을 계발하는 팜프렛트를 순회 권담(勸談)할 것
　一. 집행위원이 회원의 가정을 시시방문하야 그 비참한 생활을 위문할 것
　一. 전조선신문배달부조합총동맹준비회는 그 통첩의 내용으로 보와 계급투쟁에 관한 각오가 철저치 아니함으로 경(更)히 그 준비회에 조회할 것
　一. 위원 유영수군의 보결은 李義萬군을 선거할 것

위의 네 가지 결의 사항으로 조합의 성격과 운영 방침의 개요를 알 수 있다. 우선 상당히 철저한 사회주의 사상을 지향하고 있음을 알 수 있다. 매월 월례회를 통해 계급의식을 계발하려는 시도도 그렇지만 전국 연합체에 대해서도 그 사상적 기반이 투철하지 못하다는 견해를 가지고 있다는 점에서 그 사상적 지향의 면모를 볼 수 있다.

또 하나는 매월 집행위원이 회원 가정을 방문하여 비참한 생활을 위문한다는 결의를 보면 당시 배달부들의 생활이 매우 열악한 수준이었음을 추정할 수 있다. 이로부터 당시 배달부조합도 일반 노동조합과 마찬가지로 근로 조건 개선이 주된 목적의 하나였던 것으로 볼 수 있겠다.

이 조합은 집행위원회 중심으로 운영되었다. 집행위원회는 1926년 7월 14일에 제5차 회의를 열었다는 내용이 「동아일보」 1926년 7월 20일자 4면에 보도된 것으로 보아 거의 매월 회의를 개최하였던 것으로 볼 수 있겠다.

1926년 9월 17일에는 신문강연회를 개최하였다. 부산청년회관에서 열린 이 강연회에서 연사 노상건은 '노동조합 필요'라는 제목으로, 강대홍은 '노동조합 정체'라는 제목으로 강연하였다(「동아일보」 1926. 9. 25. 4면). 창립기념 강연회에서도 그랬지만 이번의 강연회도 주제가 모두 노동조합 관련인 것을 보면 이

배달부조합은 노동조합을 지향하고 있었던 것으로 볼 수 있겠다. 회원들의 노동자로서 계급의식을 계발하여 노동조합으로 발전시킬 방침을 가지고 있었던 것으로 분석된다.

1927년 3월 3일에는 일본 신문 「오사카마이니찌」(大阪每日)의 조선인 배달부 20여 명이 동맹파업을 단행하였다. 「동아일보」 1927년 3월 6일자는 4면에서 '배달부맹파/대우개선코저'라는 제목으로 그해 들어 별다른 이유도 없이 임금을 삭감하자 그동안 일본인과 차별하던 것에 대한 불만까지 겹치면서 파업에 돌입하였다고 보도하였다. 이에 대해 부산의 신문배달부조합은 3월 6일에 임시총회를 소집하여 동맹파업의 경과에 대한 보고를 듣고 기타 다른 안건을 논의하였다(「동아일보」 1927. 3. 11. 4면).

이어 6월 13일에도 임시총회를 소집하여 이 건에 대한 입장을 위원회에 일임하기로 결정하였다(「동아일보」 1927. 6. 19. 4면).11) 다음 달인 7월 17일에는 월례회를 개최하고 여기서 다시 '○○일보 賃銀12)불급문제에 대하야 위원회에서 그 내용을 자세히 조사하야 교섭할 것'을 결의하였다(「동아일보」 1927. 7. 24. 4면).

동종 업계의 현안에 대해 이처럼 입장 정리가 어렵게 진행되는 것을 보면 내부적으로 적지 않은 논란이 있었던 것으로 추정된다. 출범 당시에 표방했던 목표에도 불구하고 현실적인 운영에서는 여러 가지 벽에 부딪칠 수밖에 없었을 것이다. 매번 모임이 있을 때마다 회비 미수금의 문제와 회원 추가 확보 문제 등에 대한 결의가 이루어지고 있는데, 이를 보아도 재정이나 조직 확대에 어려움을 겪었던 것으로 볼 수 있겠다.

1927년 하반기부터는 신문배달부조합의 활동에 관한 기사를 찾아보기 힘들다. 아마도 여러 가지 현실적 제약 때문에 활동이 매우 약화되었던 것이 아닐까 생각된다. 1929년 5월에는 부산의 8개 노동단체들이 모여 부산노동연맹을 창립

---

11) 이 기사에서는 신문의 이름을 명시하지 않고 '○○일보 賃銀불급문제'라고 언급하고 있으나 전후 맥락으로 보아 「大阪每日」의 문제인 것으로 볼 수 있겠다.

12) 1927년 6월 19일자와 7월 24일자에서 임금이 아니라 '임은'이라는 용어를 사용한 것으로 보아 오식이 아니라 당시에 이런 용어가 사용되었던 것으로 보아야 할 것 같다.

하는 데 출판종업원조합과 함께 신문배달부조합도 참여하였다(「중외일보」 1929. 5. 23. 3면). 그러나 이 조직은 경찰 당국의 탄압으로 성사되지 못했다(「동아일보」 1929. 6. 18. 4면).

부산신문배달부조합은 그 이후에도 1930년도까지는 유지되었던 것이 확인된다. 「동아일보」 1930년 1월 10일자를 보면 4면을 '부산지방소개판'이라는 특집으로 꾸미면서 부산의 각 부문 사회단체들을 소개하고 있다. 그 내용 중에 부산신문배달부조합도 "1925년 창립, 현집행위원장 오두석 외 5명 조합원 30명"이라고 짤막하게 소개하고 있다. 「조선중앙일보」 1933년 7월 13일자 5면을 보면 부산지방의 대홍수를 맞아 수천 명의 이재민이 발생한 가운데 부산의 신문배달부 10여 명으로 이루어진 친목회가 의연금을 전달한 사실을 보도하고 있다. 이 친목회가 배달부조합을 대체한 것인지 아니면 별개의 단체인지는 아직 확실치 않다.

6. 부산출판노동조합의 활동

1) 부산출판노동조합의 결성

부산의 출판업에 종사하던 노동자들의 조합도 생겨났다. 이 단체는 원래 출범 시기는 명확치 않지만 인쇄공들의 친목단체로 출발하였다. 1925년 6월 21일 열린 제2회 정기총회에서 종래 회장제로 운영하던 것을 위원제로 개정하고 위원장에 김칠성(金七星)을 비롯하여 20명의 위원을 선출하였다(「시대일보」 1925. 6. 25. 3면).

1925년 11월 1일의 정기총회에서는 조직을 명칭을 다시 부산인쇄공조합으로 변경하기로 결의하였다. 조합의 사무실도 중도정13) 2정목으로 옮겼으며 침체된 부산의 사회 운동에 활력을 불어넣기로 결의하였다(「동아일보」 1925. 11. 8. 4

---

13) 현재의 부용동을 말함(부산대 한국민족문화연구소 편, 1998, 161쪽).

면). 이때부터 단순한 친목단체를 넘어 노동조합의 성격을 띠게 된 것으로 볼
수 있겠다.

이 부산인쇄공조합은 1925년 11월(「동아일보」 1925. 11. 23.)에는 고용주 단체
인 인쇄동업조합에 9시간 노동제와 야근 폐지, 최저 임금 인상 등 8개항의 요구
조건을 내걸었다가 받아들여지지 않자 동맹파업을 벌이는 등 적극적인 활동을
벌였다.

부산인쇄공조합은 1928년 6월 30일 그 단체명을 부산출판종업원조합으로 변
경하였다가(「동아일보」 1928. 7. 4. 4면) 1928년 12월 2일에 열리는 조합창립
5주년 기념 정기총회에서 다시 부산출판노동조합으로 변경하기로 위원회에서
결정하였으나(「동아일보」 1928. 12. 1. 4면) 이 총회는 당국의 금지로 예정대로
열리지 못했다(「동아일보」 1928. 12. 5. 5면).

2) 부산출판노조 사건

부산의 출판노동조합은 노동조합으로 명칭을 변경하는 그 즈음부터 일제 경
찰의 탄압에 직면하여 이른바 '부산출판노조 사건'이라는 회오리를 맞게 되었다.
사건의 시작은 1928년 11월 28일 두 명의 조합 간부 상무근(尙戊根)과 김칠성(金
七星)이 경찰에 체포되어 경성으로 압송되면서 시작되었다.

이를 신호탄으로 대대적인 수색과 검거 선풍이 불어닥쳤다. 총독부 경찰은
12월 2일 예정되었던 총회를 금지시키고 조합원 60~70명이 모인 것을 해산시키
며 황명석(黃命碩), 홍만수(洪萬守), 리근식(李根植), 최정파(崔靜波) 네 명을
검거하였으며 조합원들에 대한 가택 수색에 돌입하여 조합 상무 김태수(金泰
秀) 외 세 명도 검거하였다(「동아일보」 1928. 12. 5. 5면).

이렇게 시작된 이른바 부산출판노조사건은 당시 사회적으로 커다란 파장을
일으켰다. 언론들은 연일 이 사건을 면 톱으로 다루는 등 비중 있게 보도하면서
진행 과정에 촉각을 곤두세웠다. 그러나 일제는 당시 뚜렷한 이유도 없이 무조건
적인 수색과 검거에 나섰던 것으로 보인다. 「동아일보」 1928년 12월 9일자 2면에
실린 '13명검거/이백호수색/확대되는 출판로조사건/부산서(署)총동원활동'이

라는 제목의 기사는 다음과 같이 그간의 경과를 정리하고 있다.

> 부산출판노조사건은 점점 확대되는 현상이라는데 지난 6일에도 다시 부산서
> 사법, 고등 정사복 순사 40여명이 대활동을 개시하야 동조합원 이백여호의
> 가택수색을 행하는 동시에 다수의 문서를 압수하얏다는데 방금 검거중인
> 열세명의 주모자에 대하야는 보안법위반으로 취됴를 진행중이나 치안유지
> 법에 걸릴 모양도 잇다 내용은 각방면을 련락한 것은 물론이오 어대던 경계
> 가 다소 완화된 틈을 타서 모종의 행동을 하고저 지난 2일에 조합원 백여명이
> 부산 보수덩 이덩목 데오소학교 뒷산에 잇는 조선 절(寺)에 모이어 밥을 지어
> 먹어가며 밀의하랴든 것을 금지하고 주모자 여덜명을 검거하얏든 것이 발각
> 의 단서인 바 압수된 문서 중에는 모종의 계획을 암시한 것도 잇스며 그들이
> 그와 가튼 계획을 세운 것은 물론 오랜 세월을 가지엇지마는 지난 2일의
> 회합은 경성 본덩서에 검거 취됴중인 김한동(金漢童) 사건에 관련된 두사람
> 이 부산출판로조원이기 째문에 선후책을 강구할 겸 회합하얏든 것이든바
> 사건은 압흐로 더욱 확대될 모양이며 주모자는 도주하얏다더라

이 기사를 보면 경찰 40명이 동원되어 조합원 200여 명의 가택을 전부 수색하
였으며 검거된 사람이 모두 13명에 이르렀다는 것이다. 이들의 혐의도 보안법
위반 혹은 치안유지법 위반 등으로 불확실했다는 것이다. 검거된 이들은 이십여
일의 취조를 거쳐 그해 12월 말 경에 치안유지법 제1조와 보안법 제2조 위반이라
는 명목으로 검찰로 이송되었다(「동아일보」 1928. 12. 29. 2면).

치안유지법은 사회주의를 탄압하기 위해 1925년 4월에 법률 제46호로 공포되
어 1928년 4월에 1차 개정된 법으로서 그 1조의 내용은 국체(國體)를 변혁할
목적으로 결사를 조직하거나 그 단체의 간부에 대해서는 사형이나 무기, 5년
이상의 징역 또는 금고의 처벌을 할 수 있고, 그 사정을 알고서 가입하는 자에
대해서도 2년 이상의 징역 또는 금고의 처벌을 할 수 있도록 규정하고 있다.
보안법 2조는 경찰로 하여금 안녕질서를 유지하기 위해서 필요한 경우에 집회
또는 대중의 운동이나 군집을 제한, 금지할 수 있도록 정한 조항이다(최민지,

1978, 430쪽, 523쪽).

그러나 이 사건은 명백한 혐의가 있었던 것이 아니었기에 재판은 시일을 끌다가 1930년 3월에 대부분 무죄로 석방되고 6명만 유죄를 선고받았다. 치안유지법 위반이라는 혐의는 전부 무죄이고 6명도 보안법위반이었는데 선고 내용도 박용규(朴瑢奎)와 김태수가 금고 6개월이고 김환성(金煥性) 외 3명은 구류 10일에 불과하였다(「동아일보」 1930. 3. 6. 2면).

재판 결과를 보면 이 사건은 뚜렷한 혐의도 없이 당시 노동운동에 대한 탄압의 일환으로 부산출판노조 간부에 대한 대대적 검거가 이루어졌던 것임을 알 수 있다. 당시는 1920년대부터 사회주의 사상이 점차 확산되어 가고, 노동운동도 점차 조직화되어 가면서 현장에서 쟁의도 점차 늘어 가자 일제는 이 부문에 촉각을 곤두세우면서 탄압하던 형국이었다.

이 사건으로 와해 상태에 있던 부산출판노조는 조직을 재건하기 위해 1929년 8월 21일 간담회를 개최하여 집행위원장에 김용이(金龍伊)를 비롯하여 집행부를 다시 선임하였다(「동아일보」 1929. 8. 28. 4면) 1930년 1월 당시 조합원 수는 230명 정도였다(「동아일보」 1930. 1. 10. 4면).

제2장 일제기 한국 민간지와 부산

제1절 「동아일보」와 「조선일보」의 부산 지역 보급

1. 일제기 「동아일보」와 「조선일보」의 지방 기사 취급

1) 창간 초기의 지면 구성

일제기 민간지들의 지방 관련 기사는 지방란에 주로 실렸다. 「동아일보」와 「조선일보」는 모두 초기에는 4면으로 발행되었다. 창간 당시의 「동아일보」 지면 구성을 보면, 1면은 논설, 2면은 정치, 외신, 3면은 사회, 체육, 그리고 4면이 학예 및 지방면으로 구성되었다. 4면에서 지방 관련 내용은 '지방소식', '지방통신'이라는 코너를 통해 보도되었다. 이 편집 체제는 대체로 1923년까지는 지속되었다(동아일보사사편찬위원회, 1975, 118쪽). 1925년부터는 '지방논단'이라는 난을 신설하여 각 지국의 기자들이 지역에서 이슈가 되는 문제에 대해 쓴 칼럼 형식의 글이 지면에 게재되었다.

「조선일보」의 경우는 1면에는 논설과 칼럼들이 실리고 2면에는 외신과 경제 기사, 3면은 사회면 기사와 가정란, 그리고 4면에 문예와 지방 단신이 실렸다(조선일보70년사편찬위원회 편, 1990, 1-72쪽).14) 4면의 지방 단신은 '지방통신'이라는 난제목으로 실렸다. 1921년 하반기에는 '각지신문'이라는 제목의 난을 통하여 각지의 소식을 전하기도 하였다. 이는 기사에서 출처를 분명히 밝히지는 않지만 각지에서 발행되는 신문들의 지면을 인용, 보도한 것으로 보인다.

---

14) 『조선일보70년사』는 페이지가 좀 다르게 매겨져 있다. 전체 내용의 파트에 따라 페이지 앞에 몇 부의 내용인지를 밝히고 있다. 1-72라는 것은 1부의 72쪽이라는 말이다.

일제기의 신문들은 당시의 제반 여건상 전국을 커버하는 취재망을 갖추기는 어려웠을 것이다. 따라서 지국의 기자들의 취재나 지역 신문 등 제한된 정보원을 가지고 지방 관련 소식을 운영했을 것이다. 이처럼 제한된 여건 속에서나마 지방면은 신문의 일정 지면을 차지하였던 것이다.

2) 지방부의 독립과 지면 개편

그러나 지방의 보급망이 확충되어 지방의 시장이 갖는 중요성이 점차 커지면서 신문들도 지방 관련 기사에 더 많은 관심을 쏟기 시작하였다. 앞의 제6장에서 일제기의 인구 현황을 살펴보았지만 경성을 포함한 경기도 전체의 인구가 전국 인구의 10%를 약간 상회하는 정도였으며 도별 순위에서도 1930년경까지 경기도는 4위에 그쳤으며 1940년에 와서야 1위로 올랐다. 그만큼 지방의 시장이 더 컸으며 중요했다는 말이다.

「동아일보」는 1921년 주식회사 체제로 전환하면서 내부 기구를 개편하였다. 이때 편집국 내에 지방부가 부서로 독립하였다(동아일보사사편찬위원회 편, 1975, 164쪽). 1923년 12월부터는 지면 구성의 변화가 이루어졌다. 2면에 실리던 외신이 이때부터 1면으로, 제3면의 사회 기사와 4면에 실리던 지방 기사는 제2면으로, 2면에 실리던 경제가 분리되어 4면 전면을 차지하게 되었다.

이때부터 「동아일보」는 가끔씩 '지방소개'판을 발행하여 전국의 주요 지방을 소개하는 난으로 운영하였다(동아일보사사편찬위원회 편, 1975, 181-182쪽). 그 첫 번째 사례로 1923년 12월 1일자 3면의 전면을 인천을 소개하는 면으로 구성하였다. 주요 내용은 '인천의 현재 장래'라는 제목으로 인천 지국 기자의 글을 필두로 '인천의 연혁'을 비롯하여 주요 산업과 조합 등을 소개하고 말미에 인천 8경을 소개하고 있다. 전체 지면 중 인천에 관한 소개 기사가 6단으로서 지면의 절반을 차지하고 있으며 나머지 지면은 인천의 회사, 상회, 병원, 관청, 그리고 개인들의 광고로 채워지고 있다.

이렇게 시작한 '지방소개'판에 부산은 2회, 동래가 1회 소개되었다. 부산 소개판은 1930년 1월 10일자는 4면에, 1935년 12월 11일자는 4면과 5면에 걸쳐 소개되었으며 동래는 1936년 5월 21일자 8면에 소개되었다. 1935년 12월 11일의 부산 소개판은 부산 지국 10주년 기념으로 양면에 걸쳐 게재되었다. 창간 초부터 있었던 부산지국이 왜 이때가 10주년이 되는지에 대해서는 별다른 설명이 없다. 아마도 1923년도에 본사 직영으로 전환하여 지국장과 기자를 본사 특파원으로 운용하다가 1925년도에 다시 독립 운영 체제로 바뀌었던 것으로 추정해 볼 수 있겠다.

1935년의 부산 소개 지면은 다음의 사진과 같다. 전면에 걸쳐 사진과 함께 부산의 각계 주요 인사들을 소개하고 있으며 하단에 부산 지역 광고도 함께 게재하고 있다. 이러한 지면 운용을 볼 때 이 지방 소개판은 지방의 현황을 소개한다는 1차적 목적 외에 지방의 광고도 유치하고 지방의 시장 확대라는 목적도 함께 지닌 기획이었던 것으로 분석할 수 있겠다. 이후에도 지방면은 지면 개편이 있으면 그 배치가 2면이나 3면 혹은 4면 등으로 바뀌기는 했지만 독립된 면으로 지면을 차지하였다.

「조선일보」도 1924년 지면 및 인사 혁신을 단행하면서 지방부가 독립된 부서로 존재하게 되었다(조선일보70년사편찬위원회 편, 1990, 1-124쪽). 4면에 지방

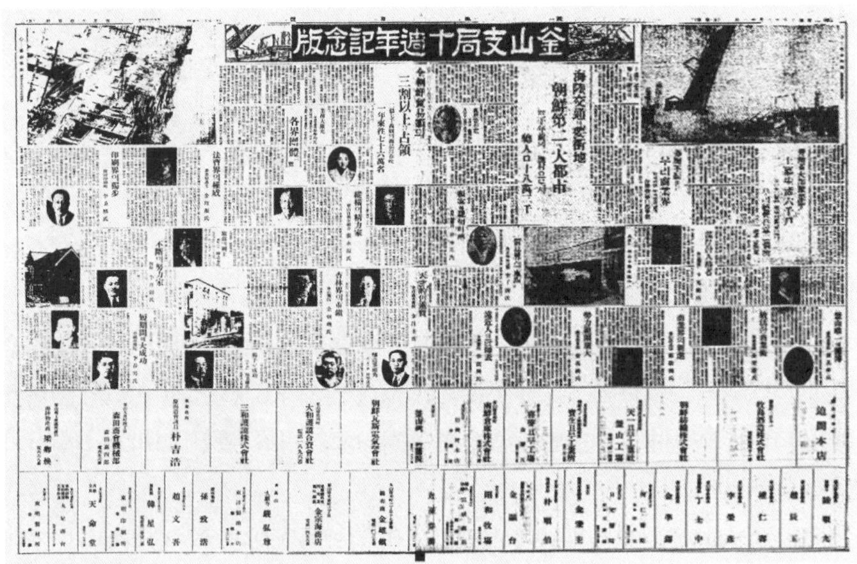

〈사진3-3〉 「동아일보」의 부산지국 10주년 기념판(1935. 12. 11. 4-5면)
* 출처 : 국사편찬위원회 한국사데이터베이스

기사가 실리던 것은 그대로 유지되었다. 이와 같이 지방 관련 기사의 취재와 편집을 전담하는 부서가 생겨나게 된 것은 그만큼 지방 기사의 비중에 대한 인식과 평가가 달라졌음을 의미하는 것이다.

「조선일보」도 「동아일보」와 마찬가지로 1~2개 면을 할애하여 특정 지방을 소개하는 기획을 1926년 연초부터 시도하였다. 가장 먼저 소개된 것은 진주였다. 1월 7일자 4면 전체의 5개단을 할애하여 진주의 연혁부터 이모저모를 소개하고 있다. 1월 8일자에는 지방판인 2판의 1면을 '지방소개'란으로 구성하여 문천과 곡성, 인천, 송정, 진주, 초계, 청도 등 여러 지방을 소개하는 난으로 구성하였다.

1927년 1월 중순경부터는 이 기획은 '내지방 소개'라는 고정란으로 꾸며서 한 지방을 몇 회에 걸쳐 1면에 박스처리하여 게재하고 있다. 예를 들어 1월 23일자 2판의 1면에는 '절승(絶勝)의 강경 포구'라는 제목으로 강경을 소개하면서 '4의 1'이라는 연재 번호를 붙이고 있다. 1927년 3월부터는 난의 제목을 '지방소개'로 바꾸어 그해 7월 18일 3면에 실린 만주의 용정을 소개하기까지 총 23회에 걸쳐 연재하였다.

그 이후로는 다시 1~2개 면을 할애하여 특정 지방을 소개하는 지방소개판

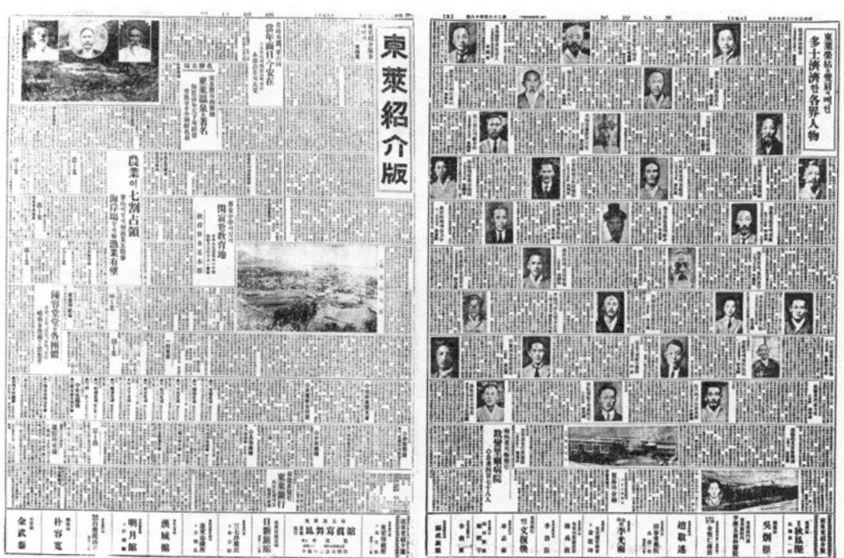

〈사진3-4〉 동래를 소개한 「조선일보」 1928년 12월 18일 4면과 5면
* 출처 : 조선일보 아카이브

형식으로 돌아갔다. 부산 지역에 대해서는 1928년 12월 18일자 4면과 5면을 할애하여 동래의 여러 면모를 소개하고 있다. 동래를 소개한 「조선일보」의 지면은 <사진3-4>와 같다.

1929년 부산 지국은 특정 군단위의 소개판이 아니라 경상남도 전체를 소개하는 기획을 준비하고 있었다. 「조선일보」 1929년 7월 8일자 4면에 실린 '부산지국에서/경남도지방판발행/래월상순에착수할터'라는 제목으로 상단에 다음과 같은 내용을 보도하고 있다.

> 본사 부산지국에서는 경상남도의 디방소개판을 발행하고 인사, 경제, 산업, 교육 등 각 방면으로 다소의 리익을 주고저 래월 상순경에는 그 준비에 착수할터이라는 바 도디방판을 발행하기는 금번이 처음인만큼 그 완전과 충실을 도하는 바이며 일반인사의 후원이 적지 안흘 것을 예측한다더라

도 단위의 발행판을 처음으로 시도한다는 것이다. 이 기획이 실제 계획대로 이루어졌는지는 현재 확인이 안 된다. 당시 지방 소개판은 지방판에 게재되었는데, 현존하는 신문들이 마이크로 필름이나 디지털 아카이브도 2개판이 모두 보존된 것이 아니라 두 판 중 하나만이 보존되어 있는 경우가 거의 대부분이기 때문이다. 따라서 이 기획이 지면에 게재되었어도 그 판이 보존 안 되어 있으면 확인이 안 되는 것이다.

이처럼 두 신문이 경쟁적으로 지방 소개면이나 판을 발행한 것은 표방한 바와 같이 그 지방의 이모저모를 알린다는 목적도 있겠지만 이면에는 지방의 시장을 겨냥한 마케팅 전략의 일환이라는 성격이 강하다. 특정 지방을 소개함으로써 그 지방 독자들의 관심과 흥미를 배가시켜 구독으로 연결하고, 그 지역의 기업이나 단체 등의 광고도 유치하려는 전략으로 볼 수 있겠다.

3) 지방판의 발행

지방 기사에 대한 관심이 늘어나면서 지방판의 발행으로 이어졌다. 「동아일

보」는 1924년 4월 1일 창간 4주년을 맞아 기념 사업을 전개하면서 그 일환으로 지방판을 발행하기 시작하였다. 제3면을 지방면으로 구성하면서 전국적으로 중앙과 삼남판, 서북판 등 3개의 지방판을 발행한 것이다. 중앙판은 경성과 경기도 일원을 대상으로 하며 삼남판은 충청도와 전라도, 경상도 일대를, 서북판은 황해도와 강원도, 평안도, 함경도 일원이 대상이었다. 『동아일보사사』는 이때에 지방판을 발행하기 시작한 것이 "그 무렵 지방기사가 폭주하여 고정된 지면에는 도저히 수용하기가 어려워"서였다고 서술하고 있다. 이 지방판은 1925년도에 중지되었다가 1926년 6월에 부활하여 1940년 8월의 폐간 때까지 지속되었다(동아일보사사편찬위원회 편, 1975, 240쪽).

「조선일보」는 1924년 7월 1일부터 지방판의 운영을 바꾸었다. 그 날짜 지면의 1면을 보면 다음과 같은 내용을 회사 명의로 공지하고 있다.

보도의 신속을 위하야 종래의 조간 지방판을 폐지하는 동시에 조간을 제1, 제2의 2판에 분류하야 지방에는 제1판을 발송하고 경인 급(及) 개성에는 제2판을 배포키로 하고 금 7월 1일 조간부터 이를 실행하게 되엇습니다 그 결과 경인에서는 종전과 변동이 업스나 지방에서는 한 개 열차편 약1일간이나 신속한 보도에 접하게 될 것입니다

당시의 인쇄 사정을 정확히 알기는 어렵지만 이를 보면 그 이전까지는 지방에 내려보내는 신문은 경인판보다 먼저 인쇄하여 열차편으로 내려보냈는데, 이때부터 기본적으로 대등한 내용을 일부만 바꾸어 몇 시간 정도 먼저 인쇄하여 1판을 발행하고는 이를 열차편으로 지방에 내려보냈다는 것으로 이해할 수 있겠다. 따라서 경인판과 일부분만 다른 내용을 담고 있는 판을 볼 수 있게 되었다는 말이다.

1924년 7월 22일에는 4페이지의 경북판을 처음으로 발행하였다. 이는 본지와는 별도의 부록 형식으로 인쇄된 것으로서 정기구독자들에게는 무료로 배포되었으며 그 밖의 경우에는 유료로 판매되었다. 「조선일보」는 지방판의 발행에서 「동아일보」에 뒤졌지만 「동아일보」가 1개면만을 지방에 따라 달리 구성한 반면 「조선일보」는 4면 전부를 달리 편집했다고 한다(조선일보사, 2010a, 138쪽). 그

러나「조선일보」는 얼마 뒤인 그해 11월부터는 이러한 경북판을 중지하고 본지의 부록으로 영남판과 동북판, 호남판, 관서판을 따로 발행하기 시작하였다(조선일보70년사편찬위원회 편, 1990, 6-10쪽). 전체 면을 별도로 편집, 인쇄하는 지방판의 운영이 여러 가지 현실적인 면에서 부담이 되었을 것이다.

이와 같이 지방판들이 나타나고 세분화되기 시작하는 것은 지방 독자들의 특수한 관심에 부응하면서 지방의 시장을 확대하기 위한 조치로 해석할 수 있겠다.

4) 본사와 지국의 관계

지방의 신문 보급은 각지의 지국과 분국을 통해서 이루어졌다. 당시의 지국들은 이 신문 보급이 주된 수입원이며 그 밖에 소량의 현지 광고가 수입이 되었다. 본사와 지국의 관계는 후술하겠지만 독립운영 체제와 본사 직영 체제가 공존했던 것으로 보인다. 그러나 각 경우에 구체적으로 어떠한 조건으로 지국이 운영되었는지는 알 수 없다. 다만 일제기 잡지의 지사 운영에 관한 자료들이 참고가 될 것이다.

1920년대 대표적 잡지라 평가되고 있는「개벽」의 경우 지역에 지사와 분사, 분매소를 두고 유통망을 형성하였다. 창간 초기 9개 분매소에서 출발하여 1926년 8월 제72호를 발행하고 폐간되기 직전에는 전국에 52개의 지사와 62개의 분사를 두어 국내뿐만 아니라 만주와 간도 지역 그리고 일본의 도쿄와 오사카까지 유통망을 확대하였다.

지분사는 취급 규모에 따라 4개의 등급으로 나누어졌다. 당시 개벽사가 함께 발행하던「신여성」과「어린이」를 포함하여 200부 이상을 취급하는 갑종 지사로부터 100부 이상의 을종 지사, 분사는 50부 이상, 10부 이상은 분매소로 나누었다. 그러나 이 등급에 따라 유통 마진을 다르게 설정하지는 않고 대개 2할 정도를 제공하였다. 이에 따라 갑종 지사는 한달 평균 15~20원, 을종 지사는 7.5~10원, 분사는 3.7~5원, 분매소는 최대 1.5원을 받게 되어 있었다. 당시 노동자의 평균 임금이 30원임을 고려하면 이것만으로는 생계비에도 못 미치는 수준이다. 따라서 대부분의 지분사들은 서점이나 신문의 지분국과 겸영하는 형태를 취했다는 것이다(최수일, 2005, 354-367쪽).

잡지의 유통도 1930년대에 들어서면 변화된 양상을 보여 주었다. 1932년에 창간된 사회주의 계열의 「집단」이라는 잡지의 지국 운영 규정을 보면 각 지국의 보급 부수가 늘어남에 따라 할인율을 더 높게 적용하여 보급 확대를 유도하고 있다. 즉 50부까지는 정가의 2할 할인된 가격에 넘겨주고 50부 이상은 3할, 100부 이상이면 4할, 300부 이상이면 5할까지 할인해 준다는 것이다. 구독료 수입 외에 현지의 광고에 대해서는 5할을 지국의 수입으로 하며 본사가 출판하는 서적도 25%의 이윤을 보장하여 판매토록 하였다(김문종, 2006, 45쪽). 이 잡지의 지국 운영도 다른 잡지나 신문의 지국 운영을 모범으로 삼아서 규정을 만들었을 것이기에 신문들도 대개 이와 비슷한 틀에서 운영되었던 것으로 볼 수 있겠다.

지방 관련 소식이 강화되면서 그 취재망의 보완이 현실적으로 절실해진다. 이에 따라 일제기 민간지들은 지방의 지국장을 본사 특파기자로 임명하는 제도를 도입하였다. 다시 말해 지국장이 본사의 기자로서 지국에 특파되는 형식을 취했던 것이다. 이는 지국장이 지국의 운영에 중점을 두면서 가끔씩 그 지역의 사건이나 이슈에 대해 기사를 쓰는 소극적 역할이 아니라 본사의 기자라는 역할에 중점을 두면서 지국에 파견되어 지국 운영까지 맡는다는 것을 의미하였다. 「동아일보」는 1923년 7월부터 이러한 제도를 채택하여 대구, 부산, 광주, 평양, 목포 등지에서 실시하였다(동아일보사사편찬위원회 편, 1975, 173쪽).

1925년부터는 지국의 기자들을 교대로 2개월씩 본사가 교육시키는 제도를 도입하였다(동아일보사사편찬위원회 편, 1975, 500쪽). 이는 지방 기사의 비중과 중요성이 커지면서 지방 기자들의 전문성을 보다 강화해야 할 필요성에서 생겨난 제도라고 볼 수 있겠다.

「조선일보」는 1923년 10월부터 부산 지국을 본사 직영으로 전환하였다. 「조선일보」 1923년 10월 5일자는 이 소식을 4면의 사고를 통하여 다음과 같이 보도하였다.

금반 부산지방 본보 애독자 제씨의 편의를 계도하고 경남 일대의 통신을 민속(敏速)하며 업무를 확장키 위하야 본월부터 부산지국을 본사 직영으로 정하고 본사원 황기수(黃紀秀)씨를 특파원 겸 부산지국장으로 윤창한(尹틀

漢) 이강호(李康昊) 양씨를 부산특파기자로 주재 시무(視務)케 하오니 제위
조량위요

부산 지국을 가장 먼저 본사 직영으로 전환하면서 지국장과 기자를 본사 특파
원으로 발령했다는 것이다. 부산의 뒤를 바로 이어서 인천도 본사 직영으로
전환하였다(「조선일보」 1923. 10. 21. 4면). 이때의 본사 직영 체제 전환은 다른
지역으로 더 이상 확대되지는 않았던 것 같다.

일제기의 지국과 본사의 관계도 변동이 많았던 것으로 보인다. 이처럼 본사
직영으로 전환되면 그 체제가 유지되는 것이 아니라 얼마 뒤에는 또다시 바뀌었
던 것으로 보인다. 인천의 경우를 보면 1928년 10월 10일자 1면의 사고를 통해
다시 인천 지국을 본사 직영으로 한다는 내용이 공지되고 있다. 이를 보면 1923
년 10월 이후 어느 시점에서 다시 독립운영제로 바뀌었다는 것을 알 수 있다.
아마도 지국의 운영이 여의치 않으면서 이에 대한 본사의 방침도 바뀌었던 것으
로 볼 수 있겠다.

「조선일보」는 1928년 9월에는 지방 주요 도시에 특파원을 보내는 제도를 도
입하였다. 1928년 9월 23일자 2면의 '사고'를 보면 정간 해제 기념 사업의 일환으
로 이 제도를 도입한다면서 도입 배경을 다음과 같이 밝히고 있다.

발던되어가는 세운과 복잡하야가는 사태는 민중의 의사를 대표한다는 우리
로 하야금 디방사정의 보도와 론평을 지방지국에만 맛기기에 불안을 늣기게
합니다 본사는 이에 생각한 바이 잇서 다년 경험이 잇고 디방사정에 정통한
본사 긔자를 선발하야 십삼도 주요 도시에 특파하게 된 것입니다

지방에 관한 보도와 논평을 지국의 기자들에게만 맡기기에는 여러 모로 부족
함을 많이 느꼈던 것으로 보인다. 이들은 지방에 상주하는 것은 아니고 때에
따라, 혹은 사건에 따라 지역을 이동하면서 취재를 한 것이다. 1933년에는 주요
5대 도시에 특파원을 상주시켰다. 전술한 대로 「동아일보」도 지방의 기자들을
교대로 본사로 불러 교육을 시키곤 했지만 한정된 인력 시장에서 지국 기자들의

수준은 문제가 되기는 했을 것이다. 「조선일보」도 1937년부터는 지방의 기자들을 불러 교육을 실시하였다(조선일보사, 2010b, 360쪽).

이상에서 살펴본 바와 같이 일제기 두 민간지는 지방 시장의 중요성에 점차 눈을 떠 가면서 지방 취재 인력의 수준 향상을 위해 여러 가지 시도를 하였음을 알 수 있다.

2. 「동아일보」와 「조선일보」의 부산 지역 보급 현황

1) 「동아일보」와 「조선일보」의 부산 지역 보급 현황

부산에는 민간지들의 창간 초기부터 지국을 통하여 이 신문들이 보급되기 시작하여 점차 그 보급이 확대되어 갔다. 그렇다면 당시 부산 경남 지역의 신문 보급 현황에 대해서 알아보기로 하자. 이에 대해서는 현재 조선총독부 경찰이 조사한 자료만이 남아 있을 뿐이다. 아래의 표는 일제기 「동아일보」와 「조선일보」의 전국 13개 도별 보급 실태와 문자해독률 실태를 조선총독부가 조사한 결과 중 현재 이용가능한 자료를 뽑아서 도표화한 것이다. 경남 지역의 문자 해독률은 전국 평균에 다소 못 미치는 수준을 보여 주었다. 일어 해독률만 전국 평균보다 높은 것은 부산에 거주하는 일본인이 많았기 때문으로 볼 수 있다.

〈표3-10〉 일제기 민간지의 경남 지역 보급 현황

연도	동아일보			조선일보			중외(1929)/조선중앙		
	전체	경남	순위	전체	경남	순위	전체	경남	순위
1926	29,901	3,607	2	24,655	1,883	5	-	-	-
1929	37,802	1,769	8	24,286	1,788	6	14,267	1,521	2
1933	49,945	4,190	2	29,341	1,884	2	18,194	1,176	7
1934	52,383	3,774	3	38,653	2,029	6	24,481	1,003	8
1935	55,923	3,939	2	43,118	2,659	5	25,505	1,063	7
1936	31,666	4,380	2	60,626	3,122	4	32,782	1,370	8
1937	55,783	3,241	8	70,981	3,498	9	-	-	-
1939	55,977	3,602	4	59,394	2,947	9	-	-	-

* 자료 : 1929년부터 1939년까지는 「조선출판경찰개요」 각 연도판. 1926년은 「신문지요람」

〈표3-11〉 1930년도의 문자해독 인구 현황. ( ) 안은 비율

	전국	경남
인구	20,438,108	2,045,113
한글+일어	1,387,276(6.8)	127,085(6.2)
한글만	3,156,408(15.4)	219,392(10.7)
일어만	6,297(0.03)	1,714(0.08)

* 자료 : 『朝鮮國勢調査報告 全鮮編』(1930년도판), 72-74쪽

「동아일보」는 대체로 3~4천 부 정도가 보급되었으며 「조선일보」는 그보다 약간 적은 2~3천 부 정도가 보급되었다. 특징적인 것은 경남 지역에서는 「조선일보」보다 「동아일보」 보급 부수가 더 많았다는 사실이다. 물론 전체 발행부수도 「동아일보」가 더 많긴 했지만 특히 일장기 말소 사건을 계기로 「조선일보」가 더 많은 발행 부수를 기록하였음에도 불구하고 경남 지역에서는 1937년도만 「조선일보」가 더 많았을 뿐, 1939년에는 다시 「동아일보」가 더 많이 보급되었다.

「동아일보」는 도별 순위에서도 대체로 2위 정도의 상위권을 유지한 연도가 많았다. 여기서 2위는 경성을 포함한 경기도의 뒤를 이은 경우가 대부분이다. 가장 높은 점유율을 보인 것은 1936년으로서 전체 발행부수 31,666부 중에서 4,380부, 즉 전체의 13.8%를 경남 지역이 차지하였다. 반면 「조선일보」는 1926년에 전체 24,655부 중 1,883부로서 7.6%를 점유하였던 것이 가장 높았던 해이다. 그 외에는 대개 5% 내외의 점유율로서 도별 순위에서도 하위권이었다.

1929년도에는 「중외일보」의 구독이 전 시도에서 경기도에 이어 2위를 차지하였다는 사실이 눈길을 끈다. 이는 앞에서도 설명한 바와 같이 이상협이 발행하던 「중외일보」를 안희제 등의 경남 지역 인사들이 대거 참여하여 주식회사 체제로 전환, 운영하게 된 사실과 깊은 연관이 있는 것으로 보인다. 다시 말해 경남 지역 인사들이 주도한 신문이었기 때문에 이 지역의 구독률도 상대적으로 더 높았으리라는 말이다.

한편 1920년 6월에 천도교 세력에 의해 창간된 잡지 「개벽」도 부산, 경남 지역에 유입, 배포되었다. 그 배포 현황을 알 수 있는 자료는 1926년도의 『신문지요람』이다. 이 자료에 의하면 「개벽」은 총 322부를 발행하여 그중 103부가

경남 지역에 배포된 것으로 나와 있다. 하지만 이 자료는 그대로 수용하기에는 무리가 있어 보인다. 도별 배포 현황에서 경성이 포함된 경기도의 배포 부수가 하나도 없는 것으로 나오며 경남 외에는 평북이 215부, 충남이 4부 합계 322부로 기재되어 있다. 다른 지역보다도 경성이 포함된 경기도의 배포가 하나도 없다는 것은 현실과 맞지 않는 자료라고 볼 수밖에 없을 것이다.

2) 신문종람소 설립과 구독 모임의 출현

개화기부터 형성되기 시작한 신문 독자층은 일제기로 들어오면서 점차 확대되어 갔다. 독자층에서도 신문을 구독하기 위한 적극적인 행동들이 나타나기 시작하여 신문을 함께 읽어 가는 독자들의 자발적 모임도 출현하였다. 「동아일보」 1921년 11월 25일자 4면에는 '신문잡지구독회'라는 제목으로 다음과 같이 보도하고 있다.

> 동래군 직원 일동이 발기하야 직원의 신문잡지구독회를 조직하고 신문급잡지의 다종을 구입하야 집무시간 외에 수의(隨意) 열람케 하얏는대 매인의 회비 부담액은 불과 30전 내외라하며 성적이 심호(甚好)하더라

동래군청의 직원들이 자발적으로 모임을 결성하여 회비로 신문과 잡지를 구입하여 함께 구독해 나간다는 것이다. 모임을 통해 신문을 구독함으로써 개별적으로 구독할 때보다 적은 부담으로 신문을 볼 수 있게 되는 것이다.

또한 개화기부터 형성되기 시작한 신문잡지종람소가 일제기에도 여러 지역에서 형성되었다. 이 종람소란 특정 장소에 신문과 잡지, 서적 등을 구비해 놓고 일반인들이 와서 자유롭게 읽을 수 있도록 한 공간을 말한다. 개화기에는 대개 지역의 유지들이 민지 개발을 위해 사비를 들여서 운영한 경우가 많았다(채백, 1997a).

일제기의 종람소는 1920년대 들어 각종 사회단체들이 생겨나면서 이 단체들이 중심이 되어 설립한 경우가 많았다. 1920년 6월에 창간된 「개벽」(20쪽)은

새로이 생겨난 각종 청년단체들이 전개할 바람직한 활동으로 신문잡지종람소를 설치하는 것을 권장하기도 하였다. 이러한 분위기 속에서 1920년 12월에 강릉(「조선일보」 1920. 12. 22. 4면)을 시작으로 여러 지역에서 종람소가 설치되기 시작하였다.

부산 경남 지역에서는 1921년 8월 마산에 신문잡지종람소가 설치되었다. 「동아일보」 1921년 7월 11일자 4면을 보면 '신문잡지종람소'라는 제목하에 마산에 신문잡지종람소가 설치된다는 소식을 보도하고 있다. 그 전문을 보면 다음과 같다.

> 마산구락부에서 도서관 설립설이 분분하야 일시 사상계가 비등하엿스나 금년도에 학원 설립 급(及) 여자야학교 경비 우(又)는 운동장 건설비로 인하야 도서관 설립문제는 단(但)히 이론 뿐에 불과한 동시에 해 구락부 문예부에서 위선 신문잡지종람소를 동 회관 내에 개설하야 청년의 향학심을 장려할 터인바 목하 유지 제씨로부터 수종의 신문과 각종 잡지가 다수히 기부되얏다하며 래 11일부터 개소되리라더라

마산구락부라는 단체가 도서관 설립 운동을 벌이다가 예산 문제로 여의치 않자 우선 신문잡지종람소를 회관 내에 설치한다는 것이다. 1927년에는 양산에도 '공람소'라는 명칭의 기관이 설립되었다. 「동아일보」 1927년 7월 19일자는 4면에서 '신문잡지공람소'라는 제목으로 다음과 같이 전하고 있다.

> 양산군 읍내 시민 일동은 일반 시민을 위하는 통속적 문화보급 기관이 무함을 유감으로 사(思)하야 금반에 읍내 시가 중앙처에 신문잡지 등의 공람소를 설치하고 각종 신문잡지 등을 구비하야 누구든지 자유로 관람케 한다는대 차로써 일방으로는 문화보급선전기관이 되게 할 터이라 하며 각처 신문사 잡지사는 가급적 기증하야 주기를 바란다 하며 래 20일부터 개람한다는대 그 관리자로는 김철수(金喆壽)씨가 피선되얏다더라

공람소라는 명칭을 사용하였지만 그 기능은 종람소와 동일한 것임을 알 수

있다. 읍내의 공간에 신문과 잡지를 구비하여 누구든지 볼 수 있게 하면서 관리자도 선정하였다. 이 김철수라는 사람은 후술하겠지만 1925년부터 「동아일보」양산 분국장을 지냈으며 그 이후 경남기자동맹에서도 중앙집행위원으로 선임되는 등 활약했던 지역 언론인이다.

이러한 신문구독모임이나 신문잡지종람소는 경제적 능력이나 문자해독 능력 등의 여러 요인으로 신문 구독이 여러 가지로 어려운 사람들에게도 신문 구독의 기회를 제공하여 신문 보급을 확대시키고 이를 통해 지식과 정보의 보급을 확산시키는 메카니즘이 되었던 것이다.

제2절 「동아일보」와 「조선일보」 부산 지국의 운영

1. 「동아일보」 부산 지국의 운영

1) 창간 당시의 부산·경남 지역 지국 현황

(1) 창간 당시 경남의 「동아일보」 지국

일제기 민간지들은 창간과 함께 지방에 지국, 분국을 설치하여 지방의 신문 보급에 나섰다. 「동아일보」의 경우 창간 당시에는 충청북도와 강원도를 제외한 각도의 주요 도시에 지국을 설치하였다. 경남지방에는 부산, 진주, 마산에 지국이 설치되었으며, 초대 부산 지국장은 백산 안희제가, 진주는 강상호(姜相鎬), 마산은 김병선(金秉先)이 맡았다(「동아일보」 1920. 4. 1. 3면). 부산을 제외한15) 경남 지역의 지분국 설치 현황과 지분국장 명단은 다음의 표와 같다(동아일보사 사편찬위원회, 1975, 441-443쪽). 부산을 제외한 경남 지역에 총 31개의 지분국이 설립, 운영되었음을 알 수 있다.

---

15) 부산 지역 지분국에 대해서는 뒤에 자세히 논의할 것이다.

<표3-12> 「동아일보」의 경남 지역 지분국 현황

지역	설립시기	지분국장(취임 연월)
마산	1920. 4.	金秉先(20.4) 呂柄燮(21.3) 李瀅宰(22.11) 金明奎(28.10) 姜龍雲(38.12) 河慶杓(39.11)
진주	1920. 4.	姜相鎬(20.4) 金義鎭(21.3) 鄭準敎(22.1) 姜善昊(23.11) 鄭桐錫(25.8) 趙應來(26.8) 姜大昌(27.9) 鄭駘永(35.5)
밀양*	1920. 5.	高遠涉(20.5) 金熙址(25.5)
통영	1921. 3.	鄭奎鎔(21.3) 李瓚根(23.9) 金載洙(27.12) 方正杓(28.3) 崔天(30.12) 金玭燮(38.2)
울산*	1921. 7.	金東旭(21.7) 金澤天(23.4) 曺亨珍(23.11) 金澤天(25.4) 朴秉鎬(28.5) 任龍吉(31.5) 朴鍾魯(34.3) 崔漢承(?) 李龍雨(37.3)
함양*	1922. 6.	任秉煥(22.6) 盧俊泳(?) 韓敬烈(30.9) 高龜玉(31.4) 盧悳泳(35.5) 金尙根(37.8) 權炳卓(40.2)
남해	1925. 4.	朴祥鉄(25.4) 洪淳(26.2) 朴泰權(32.7) 崔鳳植(34.6) 朴泰雄(35.11) 朴熙兆(39.3)
의령	1925. 4.	盧奎東(25.4) 李泰秀(27.1) 黃鶴鳳(30.12) 崔炳熙(32.5) 安孟濟(33.8) 李泰秀(34.7)
양산	1925. 5.	金喆壽(25.5) 崔學鮮(27.12) 全㷀(29.12) 崔學鮮(30.9) 全㷀(32.2) 崔學善(32.11) 李鳳在(33.2) 千昌鏞(34.12) 林正勳(37.8) 李進弼(40.6)
산청	1925. 5.	吳盛周(25.5) 金基正(28.6) 金基錫(31.6) 尹炳敏(32.10) 閔武鎬(33.1) 金基正(33.12) 朴聖暢(35.8)
거창	1925. 5.	周南宰(25.5)
고성	1925. 7.	千斗上(25.7) 黃泰度(26.10) 裵錡敦(33.11)
거제	1925. 10.	李麟洙(25.10)
진영	1925. 12.	姜永淳(25.12) 宋彬瑀(27/2) 姜大鍊(31.6) 金正祚(32.7) 安承運(37.10)
하동	1925. 12.	文泰奎(25.12) 南極(31.3)
합천	1926. 9.	朴運杓(26.9) 鄭淳鐘(31.4) 金光信(38.12) 李文基(39.3)
함안	1927. 3.	李喜錫(27.3) 趙容熙(?) 李龍權(40.5)
단성	1927. 10.	權載曄(27.10) 權泰漢(34.3) 權珠鉉(35.3) 崔善明(36.4) 柳海昇(37.7)
김해	1927. 12.	裵鍾哲(27.12) 許晟道(30.11) 崔汝鳳(36.2)
삼가	1928. 4.	崔昌燮(28.4) 崔鎭世(29.3)
군북	1928. 5.	卞純燮(28.5) 韓文性(29.2)
창녕	1928. 11.	林文虎(28.11) 姜渭濱(37.9)
사천	1930. 12.	崔演武(30.12) 朴柱鳳(37.10) 崔昞敏(39.2) 崔榮範(39.11)
칠원	1932. 6.	周士洪(32.6)
남지	1932. 8.	李周穆(32.8)
삼천포	1933. 3.	張志昌(33.3) 朴文錫(33.9) 張志麟(34.10) 姜夢寓(37.8) 金尙文(39.4)
곤양	1934. 1.	崔榮範(34.1)
진해	1935. 3.	禹雄伯(35.3) 裵小甲(38.7)
삼랑진	1937. 10.	李炳勳(37.10) 朴奎泰(40.6)
언양	1938. 9.	鄭柄澤(38.9)
장승포	1940. 6.	金日光(40.6)

* 밀양과 울산, 함양의 자료는 「동아일보」 지면을 바탕으로 『동아일보사사』 의 자료를 수정한 것임. 자료의 출처는 밀양은 1920. 5. 5., 울산은 1921. 7. 17., 함양은 1922. 6. 2.

(2) 일제기 지국의 역할

당시의 지국은 신문의 보급과 판매에만 한정된 것이 아니라 일정 정도 취재 기능도 담당하였다(동아일보사사편찬위원회, 1975, 115-118쪽). 각 지국에는 약간 명의 기자를 두었다. 지방 관련 기사들은 전국 지국의 지국장들과 이 기자들이 취재하였던 것이다.

이와 같이 출발한 일제기 민간지들은 이후 지속적으로 지방의 보급망을 확장시켜 갔다. 경남 지역은 전술한 바와 같이 부산, 마산, 진주의 3개 지국에서 출발하여 1921년 3월 통영 지국 설치를 필두로 꾸준히 확장시켜 갔다.

2) 「동아일보」 부산 지국장들

지국은 지국장이 책임을 지고 관할 구역의 신문 보급과 판매 및 수금을 맡아서 운영했던 것으로 보인다. 다음의 표는 「동아일보」 부산 지국의 지국장 명단과 재임기간을 정리한 것이다. 총 20년의 발행 기간 동안 9명의 인물이 지국장을 역임하였던 사실이 확인된다. 지국장들의 인물과 활동에 대해서 정리해 보았다.

〈표3-13〉 일제기 동아일보 부산지국장 명단

지국장	재임기간	자료의 출처
安熙濟	1920. 4~	「동아일보」 1920. 4. 1.
金鍾範	1921. 6~	「동아일보」 1921. 6. 22.
金準錫	1922. 7~	「동아일보」 1922. 7. 8.
文尙宇	1923. 9~	「동아일보」 1923. 9. 22.
金龍鎭	1924. 2~	『동아일보사사』 권1(415쪽)
盧相乾	1925. 8~	「시대일보」 1925. 12. 27. 2면, 『부산민주운동사』(55쪽)
姜永淳	1926. 5~	「동아일보」 1926. 5. 4.
姜大洪	1937. 11~	「동아일보」 1937. 11. 7.
徐有聲	1940. 7. 20.~	「동아일보」 1940. 7. 27.

(1) 백산 안희제

초대 「동아일보」 부산 지국장을 맡았던 백산 안희제는 한국 독립운동에서 교육과 산업, 그리고 언론 분야에서 중요한 역할을 담당했던 부산, 경남 지역의 대표적 인사였다. 1885년 경남 의령 출생의 안희제는 서울의 양정의숙을 졸업하고 교육운동에 투신하여 고향인 의령 지역에 의신학교(1907년)와 창남학교(1908)를 설립하였다. 부산에는 1907년 구명학교를 설립하여 1909년에는 직접 교장을 맡기도 하였다. 양정의숙 재학 중에는 교남(嶠南)학우회를 조직하였으며 1908년에는 교남교육회에 평의원으로 참여하였다. 1909년에는 서상일(徐相日), 김동삼(金東三), 남형우(南亨祐) 등과 함께 대동청년단이라는 비밀 조직의 청년운동단체를 결성하였다(이동언, 1994).

1910년 일제에 의해 강제합병을 당하게 되자 안희제는 1911년 러시아로 망명하여 러시아와 중국 지역의 독립운동 지도자들과 국권 회복을 위한 방략을 논의하고 1914년 9월에 귀국하였다. 귀국 후 제일 먼저 착수한 일은 백산상회의 설립이었다. 곡물, 면포, 해산물 등을 판매하는 소규모 개인상회의 형태를 취했으나 실제로는 국내의 비밀 연락망과 독립운동자금 조달을 목적으로 했던 것으로 해석되고 있다. 이 백산상회가 1919년에는 부산, 경남 지역의 뜻있는 유지들을 규합하여 백산무역주식회사로 확대, 개편되며 안희제는 취체역을 맡았다. 1919년 11월에는 부산, 경남 지역의 유지들과 함께 청년 교육을 지원할 목적으로 기미육영회를 조직하였다(이동언, 1994).

안희제는 또한 일찌감치부터 언론 분야에도 관심을 가졌다. 러시아 망명 시절 연해주 지역에서 최병찬(崔秉瓚)과 함께 「독립순보」(獨立旬報)를 발행한 것으로 알려지고 있다. 또한 전술한 바와 같이 3·1운동 이후에 민간지 창간 당시에도 신문 창간에 관심을 가졌으나 우여곡절 끝에 「동아일보」 창간 발기인으로 참여하였으며 부산 지국장을 맡았던 것이다(이동언, 1994).

「동아일보」 지국장은 오래 지속하지는 못했으며 1년 남짓 뒤에 2대 지국장 김종범에게 물려주었다. 안희제는 그뒤로도 언론에 대한 관심은 지속되어 전술한 바와 같이 1920년대 후반에는 「중외일보」를 인수하여 주식회사를 설립, 운영하였으며 「경제운동」이라는 경제 전문 잡지의 창간을 시도하기도 하였다.

(2) 김종범

2대 지국장을 맡았던 김종범은 사회주의 운동에 적극적으로 참여했던 인물이었다. 1891년 부산 영주동에서 태어난(「한국근현대인물자료」, 국사편찬위원회 한국사데이터베이스 http://db.history.go.kr/ 2010. 5. 14.) 김종범은 성장 배경이나 과정에 대해서는 현재로서는 알 수 없다. 하지만 「동아일보」 부산 지국장을 맡게 되는 1921년경에는 부산에서 사회주의 사상을 바탕으로 민족운동에 중추적 역할을 하면서 노동이나 교육 문제에 깊은 관심을 가졌던 인물이다. 1921년 4월 9일에는 부산의 예월회(例月會)의 간사를 맡게 되었다(「동아일보」 1921. 4. 12. 4면). 이 예월회는 3·1운동 직후인 1919년 10월에 부산의 각계를 대표하는 지식인 40여 명이 조직한 단체로서 부산의 제반 문제에 관심을 갖고 많은 기여를 한 단체로 평가되고 있다(「동아일보」 1921. 3. 16. 4면).

지국장을 맡기 직전인 1921년 5월 3일과 4일자 「동아일보」 지면을 보면 '부산 김종범'이라는 기명으로 '교육조사위원에 대한 오인(吾人)의 희망'이라는 제목의 글이 2회에 걸쳐 게재되었다. 이 글은 사이토 총독이 당시 교육제도의 개혁을 위한다는 명분으로 교육조사위원회를 출범시키자 이에 대한 기대와 함께 바람직한 방안을 구체적으로 제시한 글이다. 지국장을 맡은 직후인 1921년 9월 22일에는 쟁의를 조종한 혐의로 체포되었다는 기록이 나온다. 관부연락선 수하물적치장 노동자 250명을 대상으로 반일 문서를 배포하고, 임금인상을 요구하도록 파업을 조종하였다는 혐의로 체포된 것이다(「근대사연표」, 국사편찬위원회 한국사데이터베이스 http://db.history.go.kr/ 2010. 5. 14.).

1922년 7월 3대 지국장 김준석에게 넘겨주고 난 직후에 김종범은 일본으로 건너가 활동하였다. 1923년 8월에 다시 귀국할 때까지 일본대학 사회과에서 수학하면서('김종범 피의자신문조서') 1922년 9월에는 일본 동경에서 한인으로 조직된 신칸현조선인노동자학살사건조사회가 주최한 대중 연설회에 연사로 참여하였다(「동아일보」 1922. 9. 6.). 그 이후에는 일본재류조선노동자상황조사회 간부를 맡아 1922년 12월 오사카에서 열린 조선노동자동맹 창립총회에 참석차 오사카에 갔다가 경찰에 체포되어 경성으로 압송되었다(「동아일보」 1922. 12. 22.). 1923년 1월에는 일본 유학생 김약수(金若水), 송봉우(宋奉瑀), 변희용(卞熙鎔), 이여성(李如星) 등과 함께 공산주의운동을 목적으로 한 북성회를 조직하였다(「근대사연표」, 국사편찬위원회 한국사데이터베이스 http://db.history.go.kr

/ 2010. 5. 14.). 1924년에는 부산노동동맹회의 집행위원을 맡았으며 그해 4월에는 전국의 노동 및 농민단체를 아우르는 연합체 조직에 나서 조선노농대회를 개최하는 데 주도적인 역할을 하여('조선노농대회의건') 1924년 4월 20일에 출범한 조선노농총동맹의 상무위원으로 선출되었다(김준엽·김창순, 1986, 97쪽).

그해 6월경에는 서울로 활동무대를 넓혀 언론집회압박탄핵회에도 실행위원으로 참여하는 등('언론집회압박탄핵회의건') 활약하다가 사회주의 불온 언동을 이유로 보안법 위반으로 체포되었다('김종범 피의자신문조서').

이처럼 2대 지국장 김종범은 지국장을 맡기 이전뿐만 아니라 이후에도 사회주의 지식인으로서 부산 지역에만 국한되지 않고 전국적인 차원에서 민족운동에 적극 참여했던 인사였음을 알 수 있다.

(3) 김준석

3대 지국장 김준석은 청년운동과 교육운동 분야에서 활동하였던 인물이었다. 1880년 동래군 부산면 출신으로 부산에서 육영학당과 일본 학교 고등과를 마친 후 1901년 일본에 유학하여 동경의 중학교를 거쳐 1906년 철도학교 건설과를 졸업하였다(「한국근현대인물자료」국사편찬위원회 한국사데이터베이스 http://db.history.go.kr/url.jsp?ID=im_101_03459 2010. 5. 18.). 1907년 7월에는 교남교육회 발기인으로 참여하였으며(「황성신문」 1907. 7. 11. 4면) 이어 1911년부터 1915년까지 부산부의 관리를 역임하였다(「일본제국직원록 1915년도」, 국사편찬위원회 한국사데이터베이스 http://db.history.go.kr/url.jsp?ID=jw_1915_1247_0140 2010. 5. 18.).

그 이후로는 청년운동에 투신하였다. 1921년에는 부산청년회를 대표하여 조선청년회연합회에 참여한 사실이 일본 육군성 기록에 남아 있다('청년회통일계획'). 이 조선청년연합회는 3·1운동 이후 국내에 난립한 청년단체를 단일 조직체로 묶으려는 목적으로 형성된 조직이었다. 일제의 식민 정책이 바뀌면서 각종 사회단체도 양산되었는데, 그중 다수를 차지한 것은 청년단체였다. 이처럼 단체들이 우후죽순격으로 난립하게 되자 이를 하나의 규율에 의해 움직이는 단일 조직체로 묶으려는 의도로 1920년 6월 28일에 장덕수, 오상근, 박일병, 장도빈 등 50여 명이 모여 발기한 단체가 이 연합회였다. 1921년 4월 초에 열린 제2회 정기총회에서 김준석은 의원으로 선임되었다(김준엽·김창순, 1986, 100-109쪽).

(4) 문상우

4대 지국장 문상우는 1880년 부산 출생으로 부산 육영학교에서 한학을 배운 후 1903년 일본에 유학하여 1911년에 동경고등상업학교를 졸업하고 귀국하였다. 귀국 직후 경성의 한일은행에 취직하여 은행가의 길을 걷기 시작하여 1912년 경남은행 지배인으로 취직하였다('경상남도중추원의원추천의건'). 1920년경에는 부산부의 참사관이라는 직위의 관리를 역임하였다(「조선총독부및소속관서직원록 1920년도」, 국사편찬위원회 한국사데이터베이스 http://db.history.go.kr/url.jsp?ID=jw_1920_1323_0080 2010. 5. 18.). 1921년 8월에는 경남은행 상무취체역에 선임되었다(「동아일보」 1921. 8. 12.).

문상우는 안희제가 중심이 된 활동에도 참여하였다. 1919년 11월에 발족한 기미육영회에는 평의원으로 참여하였으며 1925년 7월에는 백산무역주식회사의 취체역에 선출되었다(이동언, 1994). 1927년에는 동아일보 사주 김성수의 동생 김연수(金秊洙)가 해동은행을 인수하자 지배인으로 입사하여 후에 전무까지 맡으면서 경영을 안정시킨 주역이 되기도 하였다(강촌거사, 1936, 72쪽). 문상우는 경제 및 금융 분야의 전문가였다고 할 수 있다.

(5) 김용진

5대 지국장 김용진은 개인적인 출생이나 성장 과정에 대해서는 자료가 없어 알 수가 없으나 부산에서 교육운동과 청년운동에 주도적으로 참여했던 인물로 보인다. 1921년 4월 30일과 5월 1일 2회에 걸쳐 부산 시내에서 교육 문제와 관련하여 대강연회가 개최되었다. 이 강연회는 부산학교평의원을 중심으로 한 유지들이 주최한 것이었는데, 이 강연회 연사에 김용진이 '우리 자녀'라는 연제로 강연하였다(「동아일보」 1921. 4. 30. 4면). 또한 1922년 9월 8일 부산청년회가

주최한 대강연회가 개최되었는데 여기서도 김용진은 '부산에 대하야'라는 제목
으로 강연하였다(「동아일보」 1922. 9. 13. 4면). 이 자료들로 미루어 볼 때 김용진
은 교육문제에 관심을 가진 청년운동가였던 것으로 볼 수 있겠다.

　전술한 바와 같이 김용진은 동아일보 지국장 재임 시절에는 부산 기자단 창립
에 주도적으로 참여하여 간사를 맡은 바 있다. 또한 이 시기에는 부산 지역
사회주의 운동의 중심적 역할을 하였다. 1925년 후반에는 부산 지역의 청년단체
들의 연합 단체인 부산청년연맹을 결성하려는 시도에 주도적 역할을 하였다(부
산민주운동사편찬위원회 편, 1998, 55-56쪽).

(6) 노상건

　노상건은 사회주의 사상을 바탕으로 사상 및 청년 운동을 벌였던 인물이다.
1922년 10월부터 「동아일보」 김해 지국 산하 진영 분국장을 맡으면서(「동아일
보」 1922. 10. 1. 1면) 진영을 기반으로 사회주의 운동에 적극 참여한 인물로서
서울청년회 계열이었다(이균영, 1993, 501쪽). 1924년에는 진영에서 소작인회의
결성을 시도하다가 그 취지서를 인쇄, 발행한 것이 출판법 위반이라고 벌금형을
받았다. 이 판결문을 보면 당시 나이가 34세로 기록되어 있다('노상건 등 판결
문').

　1925년 4월에는 5월 8일 출범 예정이던 조선사회운동자동맹에 진영 지역을
대표하여 발기준비위원으로 참여('조선사회운동자동맹 발기 준비 위원회의 동
정에 관한 건')하였으며 전선노농대회에도 준비위원으로 참여하였다('노농대회
준비위원회 동정의 건'). 또 같은 해 6월에는 조선청년총동맹에서도 검사위원으
로 선임되는('조선청년총동맹의 동정에 관한 건') 등 전국 조직에서도 적극 활약
하였다.

　1925년 8월경 부산으로 활동 무대를 옮겼다(부산민주운동사편찬위원회 편,
1998, 55쪽). 언제부터 「동아일보」 지국장을 맡았는지는 확실치 않지만 아마
이 8월경이 아닐까 추정해 볼 수 있겠다. 지국장 시절인 1925년 11월 22일부터
부산청년회의 서기로 활동(「시대일보」 1925. 11. 25. 3면)하다가 앞서 말한
부산의 청년 단체 연합체 구성 과정에서 갈등이 빚어지면서 청년회 서기를

그만두었다.

1926년 1월 20일에 '조선기선회사의 배표를 사기하여 부산 통영 간에 승선하였다'는 이유로 체포되었다(「시대일보」 1926. 1. 25. 5면). 그러나 얼마 뒤 풀려나서는 그해 5월경 지국장을 그만두고 부산에서 노동운동을 적극적으로 벌였다. 그해 8월 31일에는 부산에서 열린 철공조합 강연회에 '노동문제의 사회화'라는 제목으로 강연하였으며(「동아일보」 1926. 8. 30. 4면) 그 후 이 철공조합의 대표를 맡았던 것으로 보인다. 1928년 5월 21일 개최된 부산양화직공조합 창립총회에 철공조합 대표 자격으로 참여하여 축사를 하다가 경찰에 의해 검거되었다. 검거 사유는 당초 경찰이 이 총회에서 축사 및 상담을 금지하였음에도 이를 어기고 축사와 상담을 했다는 것이었다(「중외일보」 1928. 5. 23. 2면).

1927년에는 조선노농총동맹이 노동총동맹과 농민총동맹으로 분리될 때, 노동총동맹의 중앙집행위원으로 선출되었다(「동아일보」 1927. 9. 9. 2면). 신간회 활동에도 참여하여 1929년 9월 21에 열린 부산지회 임시대회에서 집행위원장으로 선출되었다(「중외일보」 1929. 9. 29. 3면).

(7) 강영순

7대 지국장 강영순도 초기 사회주의 운동에 참여했던 인물이다. 서울의 보성고보를 졸업한 강영순은 일본에 유학하여 법정대학을 졸업하였으며 그 후 사회주의 운동에 참여하여 1923년 서울파 공산그룹의 경남 지역 조직 책임자를 맡았다. 당시 그는 21세로서 서울파 공산그룹 지도자들 중에서 가장 어린 나이였다(「한국독립운동의 역사」 제42권, 독립기념관 독립운동사정보시스템, https://search.i815.or.kr/Degae/Degae.jsp?tid=dg&id=dg_042_009_001 2010. 5. 18.).

1923년에는 청년운동의 노선을 민족개량주의적 문화운동으로부터 사회주의 노선으로 방향전환을 시도하기 위해 시도된 조선청년당대회에 진영청년회를 대표하여 준비위원으로 참여하였다. 1925년에는 전조선노농대회에 앞의 노상건과 함께 진영대표로 참여하여 준비위원을 맡았다(김준엽·김창순, 1986, 252쪽).

그는 1925년 12월에는 경남 진영의 지국장을 맡았다가(「동아일보」 1925. 12.

10. 4면) 1926년 5월부터 부산 지국장을 맡았던 것이다. 강영순은 1937년 11월 후임자 강대홍에게 넘겨주기까지 11년 넘게 재임함으로써 가장 오랜 기간 「동아일보」 부산 지국장을 맡았다. 「동아일보」 1935년 12월 11일자 부산 소개판에도 보면 지국장 자격으로 '10주년기념호 발행에 제(際)하야'라는 제목의 강영순의 글이 게재되어 있다.

(8) 강대홍

8대 지국장 강대홍은 1925년 12월 7대 지국장 강영순이 진영 지국을 맡을 때 휘하의 기자로 출발하였다가 1926년 12월에는 강영순이 지국장으로 있던 부산 지국의 기자로 임명되었다(「동아일보」 1926. 12. 22.). 신문기자가 되기 전 강대홍은 진영에서 노동운동에 참여하여 진영노동공제회에서 주도적 역할을 하였다. 1924년 4월에 개최된 조선노농대회 참가자 명단을 보면 강대홍이 진영 노동공제회 대표로 참여한 것으로 기록되어 있다('조선노농대회의건'). 「동아일보」 부산 지국 기자 시절에는 1928년 2월 4일과 5일 양일간 부산에서 개최된 경남기자대회에서 본부의 간사 9명 중 1인으로 선임되었으며(「중외일보」 1928. 2. 6. 4면), 대회 2일째에는 부의장을 맡기도 하였다(「중외일보」 1928. 2. 8. 4면).

이 즈음 강대홍은 사회주의 운동에도 참여하여 1928년 제3차조선공산당사건 일명 ML당사건으로 검거되었다. 이로써 실형을 언도받아 복역하고 1932년 1월에 출소하였다(「동아일보」 1932. 1. 9.). 출소 후 얼마 안 되어 1932년 6월 5일에는 동래노조 간부인 윤상규의 결혼식에서 축사를 한 것이 불온하다는 이유로 검거되기도 하였다(「동아일보」 1932. 6. 9. 3면). 1935년에는 부산체육회가 창설되었는데 그 이사로 선임되었다(「동아일보」 1935. 10. 24.). 그 후에 「동아일보」 지국장을 맡게 되었던 것이다. 강대홍도 이처럼 다양한 사회활동을 벌인 인물이었음을 알 수 있다.

(9) 서유성

일제기의 마지막인 제9대 지국장 서유성은 원래 부산에서 청년운동에 참여하였던 인물이다. 「동아일보」 1922년 6월 24일자를 4면을 보면 6월 19일 부산청년회가 개최한 강연회에 서유성이 연사로 참여하여 '새집'이라는 제목으로 강연한 것으로 보도되고 있다. 이후 서유성은 산업조합문제에 주력한 것으로 보인다. 일제는 1926년 산업조합령을 반포하여 이에 따라 산업조합들이 설립되어 각 기업의 활동에서 조합을 통한 공동 활동을 도모케 되었다. 서유성은 이 산업조합 운동에 적극적으로 나서 「동아일보」 지면을 통해 1934년 10월 7일부터 17일까지 총 6회에 걸쳐 '산업조합문제: 조선산조운동을 기(機)하야'라는 제목의 기고 문을 연재하였다. 1928년 4월에는 경남 합천의 대양산업조합 이사를 맡았으며 1932년 3월경에는 경남 창원 대산면의 대산산업조합 중역을 맡아 실제 산업조합 운동을 벌이기도 하였다(「한국근현대회사조합자료」, 국사편찬위원회 한국사데 이터베이스, http://db.history.go.kr/ 2010. 5. 24.). 서유성이 언론에 참여한 것은 1931년 1월 「동아일보」 서면분국의 고문으로 임명되면서부터이다. 그러다가 1940년 7월에 부산지국장을 맡았으나 잘 알려진 대로 바로 뒤인 1940년 8월에 「동아일보」가 폐간되면서 지국장은 단명에 그치고 말았다.

3) 「동아일보」 부산 지국의 운영

(1) 「동아일보」 부산 지국 사무실

안희제 지국장 시절 「동아일보」 부산 지국의 사무실 위치는 확인이 되지 않는 다. 후술하겠지만 당시 지국은 대개 지국장이 교체되면 사무실도 옮긴 것으로 보아 지국장의 활동 근거지가 지국 사무실이 되었던 것으로 추정할 수 있겠다. 그렇다면 당시 백산상회를 확대, 개편하여 백산무역주식회사를 운영하고 있던 사실로 볼 때 백산무역회사가 있던 부산 본정 3정목, 현재의 중구 동광동 3가 근처(이동언, 1994)에 지국 사무실이 있었던 것으로 추정할 수 있다.

다음 해인 1921년 6월에 김종범이 지국장을 맡으면서 지국 사무실의 위치는 부산부 영주동 29번지로 되어 있다(「동아일보」 1921. 6. 22. 4면 사고). 3대 김준 석이 지국장을 맡으면서 지국의 위치는 부산부 초량동 청년회관 내로 바뀌었다 (「동아일보」 1922. 7. 8. 1면 사고). 이를 보면 당시 지국의 사무실 위치는 대개 지국장에 따라서 바뀌었던 것으로 볼 수 있겠다.

1923년 9월부터 문상우가 지국장이 되면서 사무실을 부산 본정16) 3정목 12번
지로 옮겼다. 이어 1926년 5월에는 강영순이 지국장을 맡으면서 사무실도 부산
부 영정(榮町)17) 6정목 1번지로 이전하였다. 1939년 8월에는 지국장이 바뀐 것
은 아님에도 다시 영주정 654번지로 옮겼다(「동아일보」 1939. 8. 28. 4면 사고).
1940년 7월에는 지국장이 바뀌면서 사무실도 영정 3정목 66번지로 바뀌었다
(「동아일보」 1940. 7. 16. 사고).

(2) 「동아일보」 부산 지국의 분국 현황

창간 이후 꾸준히 독자층을 확대해 가면서 발행부수를 늘려간 「동아일보」는
부산에서도 그 보급이 점차 확대되면서 부산 지국 산하의 분국을 꾸준히 확대시
켜 나갔다. 일제기 「동아일보」 부산 지국의 분국 설립 현황을 정리하면 다음의
표와 같다.

<표3-14> 「동아일보」 부산지국의 분국 현황

분국	설립 연월	초대 분국장	출처 (동아일보 지면)	분국장*
밀양	1920. 5.	高遠涉	20.5.5.	金熙址(25.5)
울산	1921. 7.	金東旭	21.7.17.	金澤天(23.4) 曺亨珍(23.11) 金澤天(25.4) 朴秉鎬(28.5) 任龍吉(31.5) 朴鍾魯(34.3) 崔漢承(?) 李龍雨(37.3)
동래	1921. 7.	李炳虎	21.7.23.	林光煥(21.11.16) 李相烈(22.7.28) 文復煥(26.9) 金仁浩(27.11) 金淳英(29.6) 李在鉉(30.12) 朴性旭(40.4)
牧之島18)	1925. 11.	田明守	25.11.2.	曺星煥(26.7.4)
구포	1927. 6.	金聖煥	27.6.18.	辛琮奎(?-32.3) 孫致浩(32.12) 辛琮奎(33.4) 李成珪(39.3) 李炯(40.4)
사상	1929. 8.	金圭華	29.8.16.	朴翔煥(32.8)
웅동	1932. 11.	鄭午壽	32.11.17.	崔太鳳(34.11)

* 밀양, 울산, 동래, 구포의 자료는 동아일보사사편찬위원회, 1975, 441-442쪽, 사상과 웅동의 자료는 「동아일보」 1932년 8월 23일자와 1934년 11월 28일자

16) 현재의 동광동임(부산대 한국민족문화연구소 편, 1998, 161쪽)

17) 현재의 대창동임(부산대 한국민족문화연구소 편, 1998, 161쪽)

18) 지금의 영도를 말함(http://blog.daum.net/jen-koje/18?srchid=BR1http%3A%2F%2Fblo
g.daum.net%2Fjen-koje%2F18 2010. 5. 10.)

창간 직후에는 밀양, 울산, 동래군 등 경남 지역으로 분국을 늘려 갔으나 이후로는 부산 지역 내에서 확산시켜 나가다가 1932년에 현재 진해 지역의 웅동까지 분국을 설치하였다. 동래도 분국으로 출발하였으나 1924년경 지국으로 변경되었고 그 산하에 분국을 일광(1925. 10. 21. 4면), 서면(1931. 1. 3. 7면)에 설치하였다. 아래의 표는 동래 지국 산하 두 분국의 분국장 변천을 정리한 것이다.

<표3-15> 「동아일보」 동래 지국 산하 분국장의 변천

분국	분국장	관할지국
일광	崔翔擧(25.10.21.-)	동래
서면	姜在殷(31.1.3.-)　金二籠(31.5.6.-)　徐成萬(31.10.9.-)	동래

*자료 : 「동아일보」 각 일자 지면

분국 외에 부산 시내에 판매소를 설치하기도 하였다. 1923년 9월에 시내 두 곳, 초량에 남부판매소, 좌천에 북부판매소를 설치하여 판매 확장을 도모하였다(「동아일보」 1923. 9. 26.). 이후 영도와 구포, 사상에 분국을 설치해 나감으로써 부산 지역을 공간적으로 포괄하는 시장을 형성해 나갔다.

이처럼 지국과 분국이 점차 확대되어 가면서 1933년에는 부산 경남 지역의 지국과 분국들이 모여 지분국대회를 개최하기도 하였다. 4월 10일부터 11일까지 이틀간 마산에서 관내 지분국 관계자 40여 명이 참석하였으며 본사에서 양원모와 이광수, 김철규 3인이 참석하였다. 본사 측 인사들의 설명과 강연에 이어 지분국 운영에 관해 다양한 논의가 이루어졌다(「동아일보」 1933. 4. 12.).

(3) 「동아일보」 부산 지분국의 참여 인물들

각 분국에서도 기자를 고용하였다. 당시 「동아일보」 지면을 보면 분국 기자의 임면 상황에 대해서도 공지하고 있다. 다음의 표는 「동아일보」 지면을 토대로 해서 일제기 「동아일보」 부산과 동래 지국 및 산하 분국에 참여했던 인물과 그 역할, 그리고 활동 기간을 시간대 순으로 정리한 것이다.

<표3-16> 일제기 「동아일보」 부산 지분국의 참여 인물[19]

성명	소속	역할	기간
金奉道	밀양분국	총무 겸 기자	20.9.2.-
宋鍾鉉	부산지국	총무 겸 기자	21.6.22.-21.8.10.
李英煥	부산지국	외무원	21.6.22.-21.8.10.
許俊海	울산분국	총무	21.7.17.-
白南哲	울산분국	기자	21.7.17.-22.1.7.
金在浩	동래분국	총무 겸 외교	21.7.23.-21.11.16
〃		외교	21.11.16.-
白奉基	부산지국	총무 겸 기자	21.8.10.-21.9.27.
兪鎭榮	부산지국	총무 겸 기자	21.9.27.-22.1.17.
邊在益	동래분국	총무 겸 기자	21.11.16.-22.7.28.
朴秉鎬	울산분국	기자	22.1.7.-
兪榮俊	부산지국	총무 겸 기자	22.1.17.-
田性昊	부산지국	총무 겸 기자	22.7.8.-
金孝坤	부산지국	서기	22.7.8.-
金琪三	동래분국	총무 겸 기자	22.7.28.-23.4.30.
趙熙守	동래분국	고문	22.7.28.
文時煥	부산지국	기자	-23.2.3.
〃		기자 겸 사무원	23.12.30.-
盧紹容	부산지국	기자	23.2.3. -
朴英雨	부산지국	기자	23.3.22.-
金定守	부산지국	기자	23.3.22.-
尹昌漢	부산지국	기자	23.5.24.-
鄭泰高	부산지국	고문	24.12.27-
朴束柱	부산지국	기자	-25.12.9.
黃紀秀	부산지국	기자	-26.1.10.
〃			-30.3.12.
吳斗錫	부산지국	集金員	26.5.4.-
宋泰昇	부산지국	고문	26.5.4.-28.5.31.
鄭箕斗	부산지국	고문	26.5.4.-30.3.12.
金容瑾	부산지국	고문	26.5.4.-30.3.12.
安命煥	부산지국	고문	26.5.4.-28.5.31.
崔明洛	부산지국	기자	26.5.26.-28.4.12.
徐影澤	부산지국	기자	26.5.26.-30.3.12.
金日奉	목지도분국	기자	26.7.4.-
朴實明	목지도분국	기자	-26.8.16.

---

19) 기간에 명시된 날짜 「동아일보」 지면이 자료의 출처이다. 기간 종료일만 표기한 사례들은 최초 임용에 관한 기사가 확인이 안 된 경우이다.

姜大洪	부산지국	기자	26.12.22.-30.3.12.
崔昌燮	부산지국	기자	26.12.22.-27.7.19.
洪仁植	구포분국	총무	27.6.18.-
洪琯錫	구포분국	기자	27.6.18.-
金鍾觀	구포분국	기자	27.6.18.-
崔元胄	부산지국	기자	27.7.19.-28.4.12.
禹一旿	구포분국	고문	27.10.4.-28.2.26
李達俊	구포분국	기자	28.2.26.-
金玉箕	구포분국	기자	-28.8.9.
尹輔儀	구포분국	기자	28.8.9.-
李鍾模	부산지국	기자	28.11.8.-
文有粲	구포분국	기자	28.12.23.-
姜大暎	부산지국	총무 겸 기자	30.3.12.-
徐有駿	서면분국	총무 겸 기자	31.1.11.-31.5.6.
徐成萬	서면분국	기자	31.1.11.-31.3.21.
〃		고문	31.5.6.-31.7.6.
〃		총무 겸 기자	31.7.6.-
辛泌	서면분국	고문	31.1.11.-31.5.6.
〃		기자	31.5.6.
徐有聲	서면분국	고문	31.1.11.-
朴長浩	서면분국	총무 겸 기자	31.5.6.-31.7.6.
金甲珍	서면분국	고문	31.5.6.-31.7.6.
〃		총무	31.7.6.-
朴文擧	서면분국	기자	31.5.6.-
韓一徹	동래지국	기자	32.7.14.-
田斗萬	부산지국	괴정주재기자	32.11.17.-
金任鍾	웅동분국	총무	32.11.17.-
金致守	웅동분국	기자	34.11.28.-
姜在殷	부산지국	기자	37.12.11.-
金炯璣	부산지국	고문	38.4.9.-
李貴興	부산지국	고문	38.4.9.-
金千壽	부산지국	고문	38.4.9.-
田性昊	부산지국	고문	38.4.9.-
徐有玉	부산지국	총무	40.7.27.-
李錫柱	부산지국	기자	40.7.27.-
金在文	부산지국	사진반	40.7.27.-
李尙容	부산지국	집금원	40.7.27.-

총 65명의 인물이 부산 지역 「동아일보」 지분국에서 언론 활동을 벌인 것으로
확인된다. 위의 표를 보면 알 수 있지만 각 지분국은 대개 2~3명 정도의 기자를

두었으며 사진 기자를 따로 두기도 하였다. 그 외에 판매와 영업을 맡은 총무와 사무원을 두었고 수금을 맡은 집금원을 두기도 하였으며 각 지분국별로 약간명을 고문으로 위촉하였다.

(4) 「동아일보」 부산 지분국의 각종 사업

현대의 신문들도 그렇지만 일제기부터 각 신문의 본사뿐만 아니라 지국과 분국들도 수익 확대와 시장 확장을 위해 각종 이벤트와 사업을 벌였다. 부산 지역의 지국도 이와 같은 맥락에서 여러 종류의 이벤트 사업들을 주최 혹은 후원하였다. 다음의 표는 「동아일보」 지면을 토대로 하여 일제기 부산 지국이 후원한 각종 이벤트와 행사들을 시간적인 순서대로 정리한 것이다.

〈표3-17〉 동아일보 부산지국의 각종 행사와 사업

시기 (게재일)	행사명	비고
21.10.11	부산시민대운동회	부산청년회 주최
21.12.6	제3회 대음악회	釜山鎭男女讚揚隊 주최
22.4.2	연합대토론회	부산청년회 주최
22.6.9	부산진소년음악회	
22.6.14	제4회 음악대회	부산진남여찬양대 주최
22.9.26	西鮮水災救濟음악회	부산진교회와 공동후원
23.5.15	東釜정구대회	부산진구락부 주최
25.11.14	토월회지방巡劇	
26.8.16	제1회 부산진정구대회	부산진청년회 주최
26.11.5	제3회 전조선남녀자전차경기 대회	경성자전차선수회 주최
27.6.4	조선쑴키네마競映대회	경성단성사지방순업부 주최, 독자는 반액
27.12.31	신년독자위안 영화할인	국제관 주최
28.3.13	나운규푸로덕슌 영화할인	국제관에서 상영
28.3.24	남조선축구대회	부산청년동맹주최, 조선/중외 지국 공동후원
28.5.14.	부산부인사회견학단	초량청년회 주최
28.5.23.	동래온천범어사探勝대회	대구지국 주최
28.10.18	부인사회견학단	동래군서면청년동맹주최
28.11.28	토월회 독자우대극	국제관에서
29.2.14	제1회 남조선축구대회	부산오륙축구단 주최
29.4.2	觀櫻及견학단	김해지국주최, 진해/마산/동래 지국공동후원
29.4.23*	부산부민대운동회	부산체육회주최, 조선/중외 지국공동후원

29.11.2*	부산야담대회	대중숙박소주최, 조선/중외 지국공동후원
31.6.16	제5회 남조선축구대회	부산수정체육회주최, 조선 지국공동후원
32.1.21	力技,[20] 영화연쇄대회	부산지국주최, 부산체육연맹후원
32.4.28	부산여자대운동회	부산유치원자모회주최, 조선 지국공동후원
32.9.2	제6회 남조선축구대회	수정향토회운동부주최
32.9.10	부산진투우대회	부산진투우구락부주최
32.9.18	부산 脚戲[21]대회	부산진薮町번영회주최
33.5.18	부산진음악대회	부산진야학교주최
33.10.14	콜롬비아가수음악회	三宅악기부주최-독자4할할인
34.4.9	유치원건축을위한초청음악회	港西교회주최
34.6.1	전조선궁술대회	부산진궁술계주최, 부산체육회공동후원
34.9.15	제2회 부산투우대회	부산투우구락부주최, 조선/중앙 지국공동후원
35.11.6	부산商工대운동회	부산체육회주최 조선/중앙 지국공동후원
36.4.15	무명가수유행가의밤	부산양품점주최
36.4.26	부산商工대운동회	부산체육회주최 조선/중앙 지국공동후원
36.5.17	제1회 전조선축구대회	부산체육회주최
38.5.14	제3회 전조선축구대회	부산체육회주최
38.9.2	제2회 전조선개인정구대회	부산체육회주최
38.10.5	전부산사립초등교연합체육대회	부산체육회주최
39.6.15	제4회 전조선축구대회	부산체육협회주최
40.4.23	남녀가수콩쿨대회	金山樂友會주최

위의 표에서 보는 바와 같이 1921년 10월의 시민대운동회를 시작으로 폐간 직전까지 밝혀진 것만 해도 총 42건에 이른다. 일제기 「동아일보」가 1920년부터 1940년까지 20년간 발행되었고 부산지국도 이와 함께하였으므로 연 평균 2.1건 정도의 행사나 이벤트를 후원하였다는 말이 된다. 분야별로도 매우 다양한 양상을 보여 준다. 우선 스포츠 분야가 가장 많다. 종목별로 보면, 축구, 정구 등 구기에서부터 자전거, 궁술, 씨름, 투우, 힘자랑대회 등이 있었으며 그 외에도 음악, 영화, 연극, 탐방, 토론대회, 야담대회 등 다양한 형태의 이벤트 사업을 벌였음을 알 수 있다.

---

20) 힘자랑대회를 말함. 이 기사를 보면 당일 참가자 중 힘있는 사람을 선발하여 부상을 수여한다고 되어 있다.
21) 씨름을 말함(이희승, 1982 참조)

2. 「조선일보」 부산 지국의 운영

1) 「조선일보」의 부산 지국장들

「조선일보」도 「동아일보」와 마찬가지로 창간과 함께 부산 지국을 설치하여 운영에 들어갔다. 다음의 표는 일제기 「조선일보」의 부산 지국장을 역임한 사람들의 명단과 재임 기간을 정리한 것이다.

〈표3-18〉 일제기 「조선일보」 부산지국장 명단

지국장	재임기간	출처(조선일보 지면)	비고
池榮璉	1920.6.-	1920.6.9.	
安命煥	1921.1.-	1921.1.23.	
具然泰	1923.8.-	1923.8.23.	동래지국장
黃紀秀	1923.10.1.-	1923.10.5.	특파원겸지국장
李泳坤	1926.2.-	1926.2.3.	
金泳坤[22]	1926.8.-	1926.8.7.	
尹一	1928.3.-	1928.3.14.	
金淵福	1928.4.-	1928.4.9.	
崔喆龍	1929.6.-	1929.6.29.	
韓一徹	-1938.2.	1938.2.14.	동래지국장
崔時鳳	1938.2.-	1938.2.14.	동래지국장

(1) 지영진

초대 지국장 지영진은 1898년 경남 출신으로서 보성중학교를 졸업하였으며 부산에서 무역업을 했던 인물이다. 1920년 「동아일보」 창간이 추진되는 과정에서 최연소 발기인으로 참여하였다(「동아일보」 1970. 4. 1. 22면). 「동아일보」 창간 발기인이 「조선일보」의 초대 부산 지국장이 된 과정에 대해서는 알려지지 않고 있다. 아마 안희제를 중심으로 한 영남 지역의 인사가 발기인으로 참여하였

---

22) 이는 전임 이영곤 지국장과 성만 다르고 이름의 한자까지 똑같다. 이 두 사람이 다른 인물이 맞는지 아니면 1926년 2월 3일자와 8월 7일자 기사 둘 중 하나가 오식이었는지 현재로서는 확인이 안 된다.

음에도 불구하고 배제된 것과 무관하지 않을 것으로 보인다. 이어 1921년 8월 서울에서 개최된 조선인산업대회에 발기인으로 참여(「동아일보」 1921. 8. 1. 2면)하였으며 1922년 7월에는 부산에 증권매매기관을 설립하기 위해 구성된 조합에도 참여하였다(「동아일보」 1922. 7. 26. 2면).

이후 양산에서 주로 활동하여 양산면장과 양산군수를 역임하였으며 해방 이후에는 정계에 투신하여 건국준비위원회 양산군위원장을 지낸 것을 필두로 양산 지역에서 제3대와 4대 국회의원을 역임한 인물로 기록되어 있다(「한국근현대인물자료」 국사편찬위원회 한국사데이터베이스 http://db.history.go.kr/url.jsp?ID=im_109_20808 2011. 7. 29.). 1929년에는 양산의 농민조합사건에 연루되었던 기록이 남아 있다(「반민특위조사기록」 국사편찬위원회 한국사데이터베이스 http://db.history.go.kr/url.jsp?ID=an_047_0040 2010. 6. 1.).

(2) 안명환

2대 지국장 안명환은 1920년대 초반 부산에서 청년운동에 참여했던 인물이다. 1924년 3월에는 부산부의 학교평의원을 선출하는데 부산청년회가 공천한 인물 12인 가운데 포함되었다(「동아일보」 1924. 3. 17. 3면). 1925년 12월에 창립된 부산청년연맹에는 서부청년회의 대표 3인 가운데 1인으로 참여하였다(「동아일보」 1925. 12. 12. 4면).

지국장을 그만둔 이후인 1923년 12월부터는 「조선일보」 부산지국의 고문을 그리고 1926년 5월부터 1928년 5월까지는 「동아일보」 부산지국의 고문을 역임하였다(「동아일보」 1926. 5. 4. 4면, 1928. 5. 31. 8면).

(3) 황기수[23]

3대 지국장 황기수는 1923년 초에 보면 부산 지국 기자로 지면에 등장하다가 (「조선일보」 1923. 1. 24. 4면) 10월 초부터 특파원 겸 지국장이 되었다. 이때는

---

23) 1923년 8월부터 동래지국장을 맡은 구연태에 대해서는 자료가 없어 논의에서 부득이 생략하였다.

전술하였듯이 「조선일보」가 부산 지국을 본사 직영으로 전환하면서 본사에서 특파하는 형식의 지국장으로 임명되었다.

이 시기 황기수는 부산에서 청년운동에 적극 참여하였다. 1924년 5월 17일 부산의 청년단체들이 주관한 부산시민대회에 집행위원으로 참여하였으며(「동아일보」 1924. 5. 22. 3면) 1925년 12월의 부산청년연맹 창립에 참여한 부산청년회 대표의 3인 가운데 포함되었다(「동아일보」 1925. 12. 12. 4면).

지국장을 역임한 후에는 1925년 12월경 「시대일보」 부산 지국의 기자를 잠시 거쳐(「시대일보」 1925. 12. 22. 3면) 「동아일보」 기자를 2회에 걸쳐 역임한 인물이다. 언제부터인지는 확실치 않지만 「동아일보」 1926년 1월 10일자 4면을 보면 그가 사임하였다는 사고가 게재되어 있으며 1930년 3월 12일자 8면에도 다시 부산지국 기자를 그만두었다는 사실이 공지되고 있다. 1929년 5월에 부산 기자단이 재출범할 때 「동아일보」 기자로서 참여하였다(「조선일보」 1929. 5. 20. 석간 4면).

또한 그는 1920년대 후반의 신간회 운동에도 참여하였다. 1928년 4월 21일에 개최된 신간회 동래지회 창립대회에서는 간사로 선임되었다(「동아일보」 1928. 4. 25. 4면). 1929년 1월 8일에 개최된 신간회 동래지회 제1회 정기대회에서 임원개선이 이루어졌는데 이때에도 간사로 선출되었다. 동래지회가 주최한 강연회 등 행사에 연사로 적극 참여하였다. 1928년 6월과 7월에는 신간회 동래지회와 동래청년동맹이 공동 주최한 지방문제에 관한 강연회(「동아일보」 1928. 6. 28. 4면, 1928. 7. 6. 4면)에서 신간회 측의 연사로 참여하였다.

1930년에는 동래 지역의 사회단체 경오구락부에 참여(「동아일보」 1930. 2. 5. 3면, 1930. 2. 27. 3면)하였으며 1939년에는 동래읍 의원에 출마하여 당선되었다(「동아일보」 1939. 5. 24. 7면).

(4) 김영곤

김영곤은 양산을 기반으로 청년운동을 벌인 인물이다. 1925년 경성에서 전조선민중운동자대회를 열려다 일제 당국이 대회를 금지시키자 이에 항의하여 4월 19일 200여 명이 적기를 들고 시위를 벌인 적기사건에 관련되어 검거된 경력이 있다. 당시 경찰 기록에 보면 피검자 명단에 김영곤도 나오는데, 주소는 경남 양산군이며 당시 직업은 곡물상으로 나온다. 「조선일보」 마산지국장 김상주(金尚珠)도 있는 것으로 보아 함께 상경하여 참여했던 것으로 보인다('전조선민중운동자대회 금지의 건'). 당시 검거된 사람들은 대부분 청년운동 단체 회원들이었는데, 이들은 '전조선민중운동자대회 만세'와 '무산자 만세'라는 구호를 외치며 시위를 벌인(「동아일보」 1925. 4. 22. 2면) 것으로 보아 이 시위를 주도한 세력이 사회주의 계열이었던 것으로 볼 수 있겠다. 김영곤은 4월 22일 밤에 방면되었다(「동아일보」 1925. 4. 24. 2면).

1927년 3월에는 양산의 도평의원 선거에서 당선되었으며 1930년 3월에 실시된 도평의원 선거에서도 연임되었다(「동아일보」 1927. 3. 21. 4면, 1930. 3. 26. 3면).

(5) 윤일

1928년부터 지국장을 역임한 윤일도 사회주의 청년운동에 참여했던 인물이다. 윤일은 경남 거제 출생으로 3·1운동 당시 고향에서 시위를 주도하여 1년간 복역한 바 있다. 이후 서울청년회에 가입하여 활동하다가 1927년 조선공산당에 가입하여 경남 도간부를 맡았으며 1928년에는 중앙위원이 되었다가 그해 8월에 검거되어 형을 살았다(「한국근현대인물자료」 국사편찬위원회 한국사데이터베이스, http://db.history.go.kr/url.jsp?ID=im_108_01700 2011. 7. 29.). 지국장을 맡기 전에는 1925년 12월에는 「동아일보」 거제 지국의 기자로 임용되었으며(「동아일보」 1925. 12. 25. 4면) 1927년 6월에는 「동아일보」 김해지국의 대저 주재기자로 임용되었다(「동아일보」 1927. 6. 15. 4면).

(6) 최철룡

최철룡도 청년운동에 참여했던 인물이다. 1902년 경남 마산 출생으로 1922년 경남 지역에서 독립운동 자금 모집 활동을 하다가 체포되어 징역 1년을 선고받았던 경력이 있다(「공훈전자사료관」). 1922년 12월에 출옥한 최철룡(「동아일보」 1922. 12. 20. 3면)은 그 후 1923년 7월에 마산지국 기자로 임용되었다(「동아일보」 1923. 7. 17. 1면). 언론 활동을 하면서 마산청년회의 활동에서 적극 참여하여 대중강연, 토론 등에 연사로 참여하였다(「동아일보」 1926. 12. 11. 4면, 1927. 4. 17. 4면). 1927년에는 마산청년회와 마산청년동맹의 간부로서 신간회 활동에도 참여하여 준비위원으로 활동하다가 그해 7월 20일에 열린 설립대회에서는 조직선전부와 상무위원의 역할을 맡았다(이균영, 1993, 329-333쪽).

1928년 2월에 부산에서 개최된 경남기자대회에서 최철룡은 첫날 사회를 맡고 부의장에 선임되는 등 주도적 역할을 하였다(「중외일보」 1928. 2. 6. 4면). 1933년 4월 경남기자동맹이 함안에서 개최한 제8회 경남기자대회에서도 최철룡은 부의장을 맡았으며 이 대회에서 집행부의 서무부장으로 선출되었다(「동아일보」 1933. 4. 13. 3면).

1934년 2월에는 진주 지역 부호의 집을 습격하여 독립운동 자금을 요구하였다가 체포되었다. 이 사건에 관한 기사에 의하면 최철룡은 당시 마산의 어느 신문사 지국장이었다고 한다(「동아일보」 1934. 2. 24. 2면). 이 사건으로 최철룡은 징역 5년형을 받았다(「동아일보」 1934. 7. 8. 2면). 이로 미루어 볼 때 1933년 하반기나 1934년 연초에 부산 지국장을 그만두었던 것으로 볼 수 있겠다. 최철룡 이후 부산 지국장을 누가 맡았는지에 대해서는 현재까지 확인이 안 된다.

(7) 한일철

동래지국장을 역임한 한일철(韓一徹)은 동래 지역에서 청년운동을 했던 인물이다. 1929년 8월에는 동래청년동맹의 집행위원장에 선임되었으며(「동아일보」 1929. 8. 17.) 1930년 9월에 동래청년동맹 동래지부가 제15회 국제청년의날을 맞아 개최한 기념강연에 실업문제에 관한 연사로 참여하였다(「동아일보」 1930. 9. 8. 3면). 이 시기 신간회의 동래지회 간부로도 활동하였다('신간회대표회원 선거상황에 관한 건'). 1930년 말에는 모종의 사건에 연루되어 체포, 기소되기도 하였다(「동아일보」 1931. 3. 9. 2면).

한일철이 언제부터 언론 활동을 시작했으며 언제 동래지국장이 되었는지는 확실치 않다. 다만 1930년 1월 4일에 열린 동래기자단 창립총회에서 의장을 맡았으며 총회 결과 위원에 피선되었다(「조선일보」 1930. 1. 10. 3면). 이로 미루어 이때「조선일보」동래지국장을 맡고 있었던 것으로 추정해 볼 수도 있다. 하지만 1932년 7월에는「동아일보」동래지국의 기자로 임용된(「동아일보」 1932. 7. 14. 3면) 사실을 보면「조선일보」동래 지국장을 맡은 것은 그 다음의 일로 보는 것이 타당할 것이다. 1938년 2월 후임 최시봉이 지국장에 취임한 이후로 한일철은 총무 겸 기자로 임명되어 활동하였다(「조선일보」1938. 2. 14. 4면).

(8) 최시봉

1938년 2월부터 동래지국을 맡았던 최시봉은 1920년대부터 동래지역에서 청 년운동에 참여했던 인물이다. 1923년 6월 24일에 개최된 동래청년회 제4회 정기 총회에서 최시봉은 총무부의 서무를 맡았다(「동아일보」1923. 7. 1. 4면). 1925년 경에는「동아일보」동래 지국에 기자를 역임한 것으로 보인다. 1925년 4월에 열린 전조선기자대회 참가 명단을 보면 최시봉이「동아일보」동래 지국을 대표 해 참가한 것으로 나와 있다(「동아일보」1925. 4. 12. 2면).

1920년대 후반에는 신간회 동래지회에도 참여하였다. 1928년 3월경부터 신간 회 동래지회 준비위원으로 참여하였으며(「동아일보」1928. 3. 31. 4면) 1929년 1월에 개최된 신간회 동래지회 제1회 정기대회에서는 간사로 선임되었다(「동아 일보」1929. 1. 12. 7면). 1931년에는 동래 지역의 사회단체 경오구락부의 간사를 역임하였다(「동아일보」1931. 2. 27. 3면). 지국장 재임 중이던 1939년 1월에는 동래 지역에 근무하는 각 언론사 기자들과 함께 동래기자단을 구성하였다(「동 아일보」1939. 1. 18. 2면). 1939년 1월에 주식회사 동래예기(藝妓)권번의 감사에 선임되었다는 기록도 남아 있다(「조선총독부 관보」1939. 3. 14.).

2) 「조선일보」 부산 지국의 운영

(1) 「조선일보」 부산 지국 사무실

초대 지영진 지국장 시절 부산 지국 사무실은 부산 지나정(支那町)24)에 두었 다(「조선일보」1920. 6. 9. 3면). 1921년 1월 2대 안명환 지국장이 취임하면서

사무실은 부평정으로 옮겼다(「조선일보」 1921. 1. 23. 4면). 뒤이어 그해 11월에
는 사무실을 부산부 영정(榮町) 9정목 5번지로 이전하였다(「조선일보」 1921.
11. 16. 4면). 1923년 5월 10일에는 사무실을 부산 본정 3정목 27번지로 옮겼다
(「조선일보」 1923. 5. 15. 4면). 1926년 2월에는 5대 지국장 이영곤이 운영을
맡으면서 사무실을 부산 영주동 입구로 이전하였다(「조선일보」 1926. 2. 3. 1면).
1928년 3월에는 윤일이 지국장을 맡으면서 사무실은 같은 영주정의 592번지에
설치하였다(「조선일보」 1928. 3. 14. 4면). 바로 다음 달 지국장이 다시 김연복으
로 바뀌었으나 사무실 위치는 변동 없이 그대로였다(「조선일보」 1928. 4. 9. 4면).
1929년 6월 들어 지국장이 다시 최철룡으로 바뀌면서 사무실은 영주정 619번지
로 이전하였다.

　　동래지국은 1938년 지국장이 한일철에서 최시봉으로 바뀔 당시 동래읍 수안
동에 사무실이 있었다(「조선일보」 1938. 2. 14. 4면).

(2) 「조선일보」 부산 지국의 운영

　　「조선일보」 부산 지국은 「동아일보」와는 다소 다르게 운영했던 것으로 보인
다. 분국을 확대해 나가는 한편으로 지국의 내부 조직을 확대 개편해 나가면서
활동 영역을 넓혀 나갔던 것 같다. 후술하겠지만 부산 지국의 분국으로는 1923년
1월에 동래분국이 가장 먼저 설립되었으나 얼마 안 되어 이 동래분국은 1923년
4월에는 부산지국 통신부로 바뀌었다. 그러나 업무 내용 면에서는 변화가 없었
다. 판매와 광고 업무를 그대로 맡았으며(「조선일보」 1923. 4. 7. 4면) 별도로
기자도 채용하였다. 「조선일보」 1923년 5월 24일자 4면을 보면 동래통신부 소속
으로 김정호를 기자 겸 외무원으로 채용하였다는 사실이 공지되고 있다.

　　또한 부산 지국 내에 영업부와 사진부도 설치하였다. 「조선일보」 1923년 7월
5일자 4면을 보면 '조선일보 부산지국 영업부' 명의의 사고가 다음과 같은 내용
으로 게재되었다.

---

24) 현재의 부산 초량동 일대를 말함(부산경남사학회 · 일제시기부산지역일본인사회연구팀,
　　2003)

본 지국 업무 확장을 기도(期圖)하며 경제를 조리(調理)키 위하여 사진부를
설치하고 다년 사업(斯業)에 한숙(嫻熟)한 이주한씨를 사진사로 채용하는
동시에 공사용으로 청구하시는 인사에게는 보통 요금에 2할인으로 하야 시
내에서는 출장료를 불요하고 원지에는 실비만 수(受)하오니 첨위(僉位)는
조량○고하심을 무망(務望)하나이다

사고 내용의 핵심은 사진부를 설치하고 사진사를 고용했다는 것이다. 이 사진
사를 보도 업무만 아니라 일반 시민들의 개인적 사진까지도 취급하도록 하였다.
영업부가 언제 설치되었는지는 확인이 안 되지만 이 시기에 이미 영업부를 설치,
운영하고 있었던 것이다.

(3) 「조선일보」 부산 지국의 분국

「조선일보」 부산 지국도 신문 보급이 점차 확대되어 가면서 지역 내 분국을
하나씩 확장해 나갔다.

<표3-19> 「조선일보」 부산지국의 분국 현황

분국	설립 연월(지면게재일)	개설 당시 분국장	비고
동래	1923.1.10.	盧容善	
목도	1923.5.10.	劉三星	
기장	1927.11.23.	盧丹反	동래지국 관할

부산 지국의 분국으로는 1923년 1월에 동래분국이 가장 먼저 설립되었다.
이 동래분국은 1923년 4월에는 부산지국 통신부로 바뀌어 판매와 광고 업무를
맡게 되었다(「조선일보」 1923. 4. 7. 4면). 그러나 업무 내용 면에서는 변화가
없었다. 「조선일보」 1923년 5월 24일자 4면을 보면 동래통신부 소속으로 김정호
를 기자 겸 외무원으로 채용하였다는 사실이 공지되고 있다. 얼마 뒤인 1923년
8월에는 다시 동래 지역에 지국을 설치하였다(「조선일보」 1923. 8. 23. 4면).
1923년 10월부터는 부산 지국을 본사 직영으로 전환하였다(「조선일보」 1923.

10. 5. 4면).

한편 1923년 5월에 목도 분국이, 1927년 11월에는 기장 분국이 설치된 사실이 지면을 통해 확인된다. 특히 목도 분국은 1927년 6월에 오락계를 설치하여 독자들을 대상으로 매월 1회씩 현상 퀴즈 문제를 공모하여 정답자에게「조선일보」1개월 구독권의 부상을 수여하는 이벤트를 실시하였다(「조선일보」1927. 6. 8. 1면, 1927. 9. 10. 3면). '일반 독자를 위안하고저'라는 명분을 내걸기는 했지만 신문에 대한 관심과 흥미를 일깨워 시장 확대를 노리는 이벤트였다고 할 수 있겠다.

(4) 「조선일보」 부산 분국의 참여 인물들

「조선일보」도「동아일보」와 마찬가지로 지국과 분국에도 약간명의 기자를 두고 취재 활동을 벌여 지면에 부산 인근 지역의 소식을 담당하였다. 다음의 표는「조선일보」지면에 공지된 임면 현황을 시간 순서대로 정리한 것이다.

〈표3-20〉 일제기 「조선일보」 부산 지분국의 참여 인물[25]

성명	소속	역할	기간
李菁	부산지국	고문	1920.6.9.
李彦成	부산지국	총무겸기자	1920.6.9.
李英煥	부산지국	총무	1921.1.23.
〃		기자	1921.11.16.
李聖奎	부산지국	기자	1921.1.23.
朴一龍	부산지국	내무원	1921.1.23.
金潤洙	부산지국	고문	1921.11.16.
嚴進永	동래분국	총무겸기자	1923.1.10.
嚴基正	동래분국	고문	1923.1.10.
李康昊	부산지국	기자	1923.1.20.
〃	부산지국	특파기자	1923.10.5.-1923.12.18.
金星熙	부산지국	기자	-1923.4.18.
高丁大	부산지국	기자	-1923.4.18.
李聖萬	부산지국	기자	1923.4.30.
吳瀅植	부산지국	고문	1923.5.5.
李鍾奭	부산지국	고문겸촉탁의(醫)	1923.5.5.
金玎浩	동래통신부	기자겸외무원	1923.5.24.
李周漢	부산지국	사진사	1923.7.5.

尹昌漢	부산지국	총무겸기자	1923.7.31.
〃		특파기자	1923.10.5.
崔鏞海	부산지국	고문	1923.7.31.
趙德濟	부산지국	고문	1923.7.31.-1923.12.17.
朴遇衡	동래지국	총무겸기자	1923.8.23.
〃		특파기자	1923.12.18.
李錫南	동래지국	기자	1923.10.13.
卞束祚	동래지국	기자	1923.12.13.
李秉熙	부산지국	고문	1923.12.17.
安命煥	부산지국	고문	1923.12.19.
尹命儀	동래지국	기자	-1924.9.7.
吳澤	부산지국	기자	1925.4.28.
金漢圭	부산지국	총무	1926.8.7.
金永柱	부산지국	기자	1926.8.7.
魚大成	부산지국	고문	1926.8.7.
金局泰	부산지국	고문	1926.8.7.
金守龍	부산지국	목지도주재기자	-1927.5.10.
金埈源	목도분국	총무	1927.5.10.
金鈕	목도분국	기자	1927.5.10.
趙斗夏	목도분국	고문	1927.5.10.
高漢永	목도분국	고문	1927.5.10.
吳大雨	동래지국	기자	1927.11.23.
權錫哲	기장분국	기자	-1928.2.22.
尹炳仁	동래지국	기자	1928.3.10.-
李康熙	부산지국	기자	1928.3.14.-
金章秀	부산지국	기자	1928.3.14.-
金正一	부산지국	기자	1928.4.9.-
韓一徹	동래지국	총무겸기자	1938.2.14.-

　총 42명의 명단이 지면을 통해 확인되었다. 이중 동래지분국이 10명, 목도분국 소속이 4명, 기장분국 소속이 1명이다. 직함으로 보면 「동아일보」와 마찬가지로 지분국장 외에 총무와 기자를 두고 있으며 고문을 두기도 하였다. 일부 지역에 따로 주재기자를 보내기도 하였으며 사진사도 두었다는 점이 특징이다. 또한

---

25) 기간에 명시된 날짜 「조선일보」 지면이 자료의 출처이다. 기간 종료일만 표기한 사례들은 최초 임용에 관한 기사가 확인이 안 된 경우이다.

1923년 5월에는 시내 금강병원 원장을 맡고 있던 이종석을 고문 겸 촉탁의로 위촉하였다. 이때의 공지 내용은 다음과 같다(「조선일보」 1923. 5. 5. 4면).

　　본 지국에서 본보 애독자 제씨의 감사를 표하며 따라서 일층 편리을 정(呈)하기 위하야 오영식씨를 고문으로 금강병원장 이종석씨를 고문 겸 촉탁의로 하와 사교를 친밀케하며 건강을 향상케 하오니 독자제위는 조량하시압

독자들게 감사를 표하고 편익을 증진하고 사교 및 건강 증진에 기여하기 위한다는 목적을 밝히고 있다. 이 제도가 얼마나 지속되었으며 어느 정도 소기의 성과를 거두었는지는 확인이 불가능하다.

「조선일보」도 창간 이래 지속적으로 지방의 보급망 확장에 나서 1938년에는 경남도 내에 24개 지국과 13개 분국을 설치하였다. 이때에 주요 도청 소재지들의 지국을 지사로 승격시키는 조치도 이루어졌다. 그리하여 함남과 평남, 전북, 경북, 경남이 지사로 승격되었다. 당시 경남지사장은 오덕상(吳德想)이었으며(조선일보70년사편찬위원회 편, 1990, 1-348쪽) 1940년도의 경남지사 특파원 겸 주재기자는 변용갑(卞龍甲)이었다(조선일보70년사편찬위원회 편, 1990, 6-112쪽). 1930년대 후반에 오면 경남 지방의 지국과 분국 수는 「조선일보」가 37개, 「동아일보」가 30개로 조선일보가 더 많았다(부산직할시사편찬위원회 편, 1991, 529쪽).

(5) 「조선일보」 부산 지분국의 각종 사업

「조선일보」의 지국과 분국도 마찬가지로 각종의 후원 및 주최 사업을 활발하게 펼쳤다. 다음의 표는 지면을 통해 검색되는 각종 사업들을 시간적인 순서대로 정리한 것이다. 총 54건에 이르러 현재까지 파악된 바로는 「동아일보」 지분국보다 더 활발하게 사업을 펼쳤음을 알 수 있다.

종목별로 보더라도 체육 행사들로는 운동회, 야구, 축구, 궁술, 수영, 씨름, 육상, 정구 등 다양한 종목을 포괄하고 있다. 그 외에도 영화, 연극, 음악, 서화 전람회, 관광, 무도, 야담 등 다양한 행사를 후원 혹은 주최하였음을 알 수 있다.

후원 행사는 부산과 동래지국뿐만 아니라 목도와 기장분국도 별도로 다양한 사업을 벌였다.

<표3-21> 조선일보 부산지분국의 각종 행사와 사업

시기(게재일)	행사명	비고
23.1.24.	노동야학학예회	부산청년회 공동주최
23.2.12.	음악대회	소년鮮光會 주최
23.3.14.	화재구제음악회	부산각단체와 공동주최
23.4.12.	제1회 가극회	소년조광회 주최
23.5.12.	부산노동야학교기념대운동회	주최행사
23.5.15.	中島町화재구제음악회	부산서부청년회 주최
23.6.1.	제1회 朝南야구대회	부산초량청년야구단 주최
23.6.30.	양산풍경탐승회	주최행사
23.7.4.	형설회 순회연극공연	여러 단체 공동후원
23.7.11.	범어불교청년회八相劇	여러 단체 공동후원
23.8.7.	교남학우회 순회연극	부산청년회, 부산진기독청년회와 공동후원
23.8.17.	서화전람회	부산청년회, 중앙여자청년회와 공동후원
23.9.7.	西鮮수해구제음악회	부산삼일기독소년회 주최
23.10.7.	강연 및 활동사진상영	통영문화선전활동사진대 주최
23.10.21.	목도유치원 素人劇	목도청년회 공동후원
24.4.19.	남선축구대회	부산수정청년단주최 시대일보지국 공동후원
24.4.24.	에쓰페란토강습	주최행사
24.8.19.	전조선궁술대회	경성일일부산지사주최, 동래온천장번영회 공동후원
25.4.13.	春宵맞이素人대회	동래지국주최행사
25.8.31.	시민위안연예대회	동래지국주최 동래청년회, 동래여자청년회 후원
25.10.27.	라디오순회공개	주최행사, 일본 二葉전기상회 기술제공
25.10.29.	만주시찰강연	주최행사
26.2.15.	부산진여자청년회 신춘음악회	동아지국 공동후원
27.3.28.	제3회 음악연주회	부산진여자청년회 주최 동아지국 공동후원
27.4.8.	진해관광단	주최행사
27.5.13.	독자위안무도회	목도분국주최
27.6.24.	영국성악연주회	독자반액할인
27.7.18.	음악연주회	목도영선勉勵청년회주최, 목도분국후원
27.8.28.	납량활동사진대회	동래지국주최 부산寶來館후원

27.9.10.	독자오락현상모집	목도분국주최
27.9.18.	목도樂友會창립기념음악연주회	목도악우회주최, 목도청년회, 목도분국 공동후원
28.3.5.	柳東初독주회	동아지국공동주최
28.4.30.	부녀범어사觀櫻會	동래지국주최
29.2.20.	독자위안영화대회	주최행사
29.7.2.	문예강연	부산문학청년일동주최, 중외, 동아지국 공동후원
29.7.15.	전부산수영대회	부산진斥候隊주최
29.11.5.	야담대회	대중숙박소주최, 중외, 동아지국 공동후원
30.2.25.	독자위안토월회연극공연	독자할인
30.3.10.	동서래뷰26)대회	부산체육회주최, 중외, 동아지국 공동후원
30.8.4.	한글강좌	부산공립학교동창회주최
30.10.3.	동래일관각희대회	동래청년동맹일광지부주최, 기장분국후원
30.10.7.	독자위안순극	기장분국주최
30.10.17.	동래군좌천각희대회	좌천번영회주최, 기장분국 후원
31.4.9.	제2회 항만일주대회	주최행사
34.5.18.	영화대회	부산山里학원기금마련행사
34.7.2.	조선正樂의밤	부산山里학원기금마련행사
34.9.29.	전부산勉勵연합회대항 육상경기대회	각기독교회 내 면려청년회 연합회주최
35.9.16.	독자위안영화상영	독자할인
35.10.26.	통도사단풍놀이	주최행사
36.6.9.	전부산여자대운동회	주최행사
36.10.21.	제2회 육상운동대회	기독청년면려회부산연합회주최
37.5.3.	전부산여자대운동회	주최행사
37.7.31.	전조선개인정구대회	부산체육회주최
39.6.3.	전조선축구대회	부산체육회주최

---

26) 래뷰(revue)는 연극용어로서 촌극, 춤, 무용으로 이루어지는 뮤지컬 코미디를 말한다(Daum 영어사전 참조).

제3절 「시대일보」, 「중외일보」, 「조선중앙일보」의 부산 지국 운영

1. 「시대일보」 부산 지국의 운영

1) 「시대일보」 부산 지국의 설립과 참여 인물

「시대일보」는 최남선과 진학문이 주간잡지 「동명」을 개제하여 1924년 3월 31일에 창간한 신문이다. 이 신문은 기존의 신문들과 차별화를 위해 1면을 정치면이 아닌 사회면으로 꾸며 시평, 칼럼을 싣고 미국만화를 특약 연재하는 등 새로운 시도를 하였다. 그러나 빈약한 재정 탓에 후발 주자의 불리함을 극복하지 못하고 금세 재정난에 빠지고 말았다. 이에 경영진이 바뀌기도 했지만 1926년 8월경까지 명맥만 유지하며 발행되다가 사라졌다. 이 「시대일보」도 창간 당시부터 지방부를 두어 김정진이 부장으로 임명되었으며 어수갑과 유연화가 지방부 기자로 활약했다(박용규, 1996, 111-119쪽).

「시대일보」의 부산 지국도 언제부터 설립, 운영되었는지는 확실치 않다. 초대 분국장을 김국태가 맡았던 사실은 확인된다. 이는 전술한 대로 1924년 4월에 부산기자단이 출범할 때 민간 세 신문의 부산 지국장이 간사를 맡았는데, 그때 「시대일보」 지국장으로 참여한 인물이 김국태였다(「조선일보」 1924. 4. 23. 4면). 이때는 「시대일보」 창간으로부터 채 한 달도 되지 않은 때이므로 김국태가 창간 당시부터 부산 지국장이었던 것으로 보아야 할 것이다.

창간 직후의 부산 지국 기자로는 김영줄(金永茁)과 오택(吳澤), 최천택(崔天澤) 등이 근무하였다. 이들은 1924년 4월에 부산 기자단이 출범할 때 시대일보 측에서 지국장 김국태와 함께 참석했던 명단이다(「조선일보」 1924. 4. 23. 4면).

그 이후 시점은 확실치 않지만 지국장이 고정대(高丁大)로 바뀌었다. 1925년 말경의 기사를 보면 고정대가 부산 지국장으로 나와 있다(「시대일보」 1925. 12. 28. 2면). 이 고정대는 폐간 직전인 1926년 7월에 지국장을 그만두었다(「시대일보」 1926. 7. 5. 3면). 바로 뒤인 7월 6일에는 새 부산 지국장으로 김수권(金守權)

이 임명되었다. 지면에 실린 사고를 보면 김수권은 '지국장 겸 특파원'으로 되어 있다. 특파원이라는 것은 앞의 「조선일보」 사례에서도 나왔지만 본사 직영의 체제로 바뀌었음을 의미하는 것으로 보인다.

「시대일보」 부산 지국은 관내 분국을 개설하여 사업을 확장시켜 나갔다. 1925년 7월 11일 부산 지국이 부산진 분국을 새로 설치하였으며 지국 기자 1명이 그만두었다는 소식이 이 날짜 지면을 통해 확인된다. 이때 그만둔 기자는 이영(李英)이고 부산진 분국의 사무실은 좌천동이며 분국장 겸 기자에 조재섭(趙載涉), 기자에 김영대(金英大)가 임명되었다.

얼마 뒤인 그해 7월 17일에는 영도분국이 개설되었다. 영도 내 1713번지에 사무실을 둔 영도분국의 분국장은 허윤옥(許允玉), 총무 겸 기자에 백문규(白文奎)가 임명되었다. 이 영도분국은 개설 뒤 얼마 안 된 8월에 분국 명칭을 목도분국으로 바꾸었다(「시대일보」 1925. 8. 10. 3면). 목도분국은 개설 당시의 진용은 현재 확인이 안 되지만 1925년 12월에 가면 분국장과 기자들이 바뀌었다. 12월 22일자 3면의 사고를 통해 새 분국장 박명실(朴明實), 기자에 박해근(朴海根)과 김난줄(金蘭茁)이 임명되었음을 공지하였다.

1925년 12월에는 부산 지국의 기자로 황기수(黃紀秀) 1명이 추가로 임명되었다(「시대일보」 1925. 12. 22. 3면). 황기수는 전술한 바와 같이 1923년 10월부터 「조선일보」 부산 지국장을 지내던 사람인데(「조선일보」 1923. 10. 5.) 이때를 즈음하여 지국장을 그만두고 「시대일보」 기자로 옮긴 것으로 보인다.

1926년 4월에는 영업담당 직원이 변경되었다. 기존의 김치순(金治淳)이 사임하고 대신 김수곤(金洙坤)이 영업부 주임이라는 직책으로 뒤를 이었다(「시대일보」 1926. 4. 24. 3면). 마지막 지국장 김수권이 임명될 때 총무로 김치순이, 재무 겸 기자로 감병대(甘秉大)가 임명되었다.

2) 「시대일보」 부산 지국의 운영

앞서 언급한 대로 「시대일보」는 창간 직후부터 재정난을 겪으면서 결국 단명에 그치고 말았다. 이 어려운 상황 속에서도 부산 지국은 사옥을 새로 짓고 이전을 시도하였다. 이 신문 1926년 5월 31일자 3면을 보면 원래 5월 말에 사옥을 완공하여 이전할 계획이었으나 공사가 다소 지연되어 6월 15일경에 이전이 가능하다고 보도하고 있다. 그러나 이것도 계획대로 실현되지는 못하고 또 연기되어 7월 5일에 낙성 및 이전 기념식을 하려 했으나 이마저도 '부득이한 사정에 의하여 무기 연기'한다고 공지하였다(「시대일보」 1926. 7. 5.). 이로 볼 때, 경성 본사의 사정과는 달리 부산 지국은 그래도 경영 상태가 괜찮아서 사옥을 신축, 이전하려는 계획을 세웠던 것으로 볼 수도 있겠다. 그렇지 않으면 현실적 바탕도 없이 무리한 사업 확장을 시도하다가 좌절된 것일 수도 있다. 현재까지의 자료로는 후자의 가능성이 더 큰 것으로 보인다. 사옥 이전 계획의 무기 연기를 알린 1926년 7월 5일자 3면에 함께 실린 사고를 보면 부산 지국장 고정대 명의로 "본보 부산지국의 사무 처리에 대하야 6월분까지의 일체 회게와 기타 사항을 황기수씨에게 전권을 일임하얏사오니 제위 조량하심을 바라나이다"라는 내용이 공지되었다. 이 내용을 볼 때 지국장 고정대가 사옥 신축을 시도하는 등 무리한 사업 확장을 도모하다가 부도를 내거나 하는 곤경에 처하면서 이러한 공지가 나온 것으로 보인다.

「시대일보」 부산 지국도 관내에서 벌어지는 여러 활동을 후원하는 등의 사업을 지속적으로 벌였다 아래의 표는 「시대일보」 지면을 통해 확인되는 부산 지국의 주요 사업들을 정리한 것이다.

〈표3-22〉 「시대일보」 부산지분국의 각종 행사와 사업

시기(게재일)	행사명	비고
24.9.5.	상해시찰단	9월 24일 부산 출발
25.6.28.	선행인물투표회	주최행사
25.7.10.	독자위안대회	독자가족초청 위안행사
25.7.11.	제2회 소년축구대회	부산사립학교연맹 주최
25.7.27.	하기 문예현상모집	주최행사
25.8.11.	소년남녀 현상웅변	주최행사
25.8.11.	미인 투표대회	주최행사
26.1.17.	신파연쇄극	독자우대
26.5.31.	전조선박람회에 발동기 출품	지국 대리부가

위의 표를 통해 「시대일보」는 존속 기간은 짧았지만 다른 신문사 못지않게 다양한 행사를 벌였음을 알 수 있다. 특히 몇 가지 행사는 다른 신문사 지국 행사에서 찾아보기 힘든 이벤트였다. 예컨대 선행 인물투표회나 미인 투표대회가 그것이다. 독자들을 참여시켜 선행 인물이나 미인을 결정하는 이벤트였다. 위의 문예현상 모집도 일반 독자들을 투표에 참여시켰다. 또한 전조선박람회에 상품을 출품한 것도 이색적이다. 「도바다」라는 회사의 석유발동기와 급수 펌프를 출품하였다는 것이다. 전술한 바와 같이 「시대일보」가 후발 주자인 제3의 신문으로서 차별화를 위해 다양한 시도를 했던 것이 후원 사업이나 행사에도 그대로 반영된 것으로 볼 수 있겠다.

2. 「중외일보」 부산 지국의 운영

1) 「중외일보」 부산 지국의 설립과 참여 인물

「중외일보」 부산 지국이 처음 설치된 것이 정확히 언제부터인지는 확인이 안 된다. 하지만 「동아일보」와 「조선일보」가 창간 초기부터 지방의 주요 도시부터 지국을 설치하여 확장시켜 나간 경험이 있기 때문에 「중외일보」도 창간 직후부터 부산에 지국을 설치, 운영했던 것으로 볼 수 있겠다. 지면에서 부산 지국과 관련한 내용이 처음으로 확인되는 것은 1928년 2월 20일자이다. 이 날짜 사고를 통하여 부산의 지국장이 김정일(金正一)에서 김한규(金漢奎)로 바뀌었다는 사실을 공지하였다.

1929년 4월에 지국장이 바뀌었다. 이 신문 1929년 4월 1일자 3면을 보면 '사고'를 통하여 전주, 북청과 함께 부산 지국이 설치되었다는 소식을 전하고 있다. 사무실 위치는 초량정 266번지이며 지국장은 박병도(朴炳度)로 되어 있다. 뒤이어 부산 지국의 총무와 기자 임명 사실도 전하고 있다. 총무에 박진목(朴辰睦), 기자에 박탁(朴鐸), 김기호(金琪昊), ○雄의 세 사람이다. 이어 같은 해 4월 17일자에는 역시 기자로 조윤환(趙允煥)이 임명되었음을 공지하였다.

「중외일보」도 「동아일보」나 「조선일보」와 마찬가지로 부산 소개호를 발행하였다. 1929년 10월 29일자 4면에 아래 사진과 같이 전면을 할애하여 부산의 인구와 산업 등 개황과 함께 각 단체와 주요 인물들을 소개하였다.

〈사진3-5〉 부산을 소개한 「중외일보」
1929년 10월 29일자 4면
* 출처 : 국사편찬위원회 한국사데이터베이스

2) 「중외일보」 부산 지국의 각종 사업

「중외일보」 부산 지국도 여러 가지 다양한 사업을 벌였다. 발행 기간 동안 부산 지국이 후원하였던 사업을 정리한 것이 다음의 표이다. 주로 축구를 비롯한 스포츠 행사가 주종을 이루며 그 외에 연주 등 공연, 강연 등의 사업을 벌였다.

〈표3-23〉 「중외일보」 부산지분국의 각종 행사와 사업

시기(게재일)	행사명	비고
28.3.24.	남선축구대회	부산청년동맹주최, 3신문지국 공동후언
29.4.23.	부산부민대운동회	3신문 지국 공동후원
29.5.9.	남선축구대회	조선지국과 공동후원
29.7.2.	문예강연	부산문학청년일동주최, 동아지국 공동후원
29.10.30.	자선조선正樂대회	3신문 지국 공동후원
29.11.2.	야담대회	대중숙박소주최, 3신문 지국 공동후원
30.3.10.	동서래뷰대회	부산체육회주최, 동아지국 공동후원
30.4.2.	부산부민운동대회	3신문 지국 공동후원
30.10.4.	봉래권번예기대연주회	3신문 지국 공동후원

3. 「조선중앙일보」 부산 지국의 운영

1) 「조선중앙일보」 부산 지국의 설립과 참여 인물

「중외일보」가 폐간되면서 그 발행권을 노정일이 이어받아 「중앙일보」라고 게재하여 1931년 11월 17일부터 발행하였으나 얼마 못 가서 휴간에 들어가고 말았다. 이 판권을 다시 최선익과 윤희중이 인수하여 1932년 10월 31일부터 속간하였다가 1933년 3월 7일부터 제호를 「조선중앙일보」라 바꾸어 발행하였다(박용규, 1996, 128-135쪽).

「조선중앙일보」는 창간 초기에는 지방부를 따로 두지 않았다가 1934년 6월 27일 자본금 30만 원의 주식회사 체제로 전환하면서 편집국 진용도 대폭 바꾸었는데, 이때에 지방부가 개설되어 오기주가 부장을 맡고 김승현이 기자로 활약하였다(박용규, 1996, 137-139). 이 신문도 창간 초부터 부산을 비롯하여 국내 주요 도시에 지국을 운영하였다.

「조선중앙일보」는 창간 초기부터 누가 부산 지국장을 맡았었는지에 관한 자료를 찾아보기 힘들다. 이 신문의 지면을 검색해 보아도 단편적인 몇 사람의 면모만 드러나고 있다. 먼저 1933년 10월 24일자 4면을 보면 김상기(金相基)가 기자로 채용되고 집금원으로 있던 강덕상(姜德祥)이 그만둔 것으로 공지되고 있다. 이어 1934년 2월 24일부로 오태환(吳泰煥)과 김현태(金顯台)가 고문으로 임명되었다(「조선중앙일보」 1934. 2. 27. 5면). 송두학(宋斗學)이 회계원으로 1935년 9월 5일부터 근무(「조선중앙일보」 1935. 9. 10. 3면)하다가 1936년 3월 22일자로 그만두고 뒤를 이어 박노정(朴魯正)이 총무 겸 회계로 임용되었다.

2) 「조선중앙일보」 부산 지국의 각종 사업

「조선중앙일보」도 여러 가지 다양한 행사를 주최 혹은 후원하였다. 다음의 표는 이 신문 지면에 나타난 부산 지국 관련 행사를 정리한 것이다. 다른 신문사 지국들과 비슷하게 체육, 영화, 공연, 강연 등 다양한 행사를 통해 신문의 기반을 넓히려 시도했음을 알 수 있다.

〈표3-24〉「조선중앙일보」 부산지분국의 각종 행사와 사업

시기(게재일)	행사명	비고
33.4.13.	경제대강연회	여운형 사장도 참석
33.8.12.	영화대회	경성조선영화사 주최, 독자우대
33.10.1.	추석영화대회	조선영화사 주최, 독자우대
33.10.5.	부산시민운동회	주최행사
33.11.15.	추계음악연주대회	부산육영야학교 주최
34.4.13.	부인견학단	
34.8.14.	납량위안영화	
35.1.11.	백남철독창회	주최행사
35.2.16.	진수학원후원을위한 영화회	
35.6.10.	남조선축구대회	목도교우구락부 주최
35.7.28.	전조선정구선수권대회	구포지국 후원행사
36.4.1.	무명가수 유행가의밤	주최행사
36.5.13.	부산商工대운동회	부산체육회 주최
36.5.22.	남조선축구대회	
36.8.14.	개인정구대회	부산체육회 주최

제3장 일제기 부산 지역의 일본인 언론

제1절 일제기 부산 지역 일본인 언론의 개관

1. 부산 지역 일본인 언론의 현황

　일제기에도 일본인들은 부산 지역에서 신문과 통신을 창간, 운영하였다. 다음의 표는 1939년 현재 부산에서 발행되고 있는 신문과 통신의 현황을 표로 정리한 것이다. 표에서 보는 바와 같이 1939년에 부산 지역에서는 모두 4개의 일본인 신문 및 통신이 발행되고 있었다. 당시 경남 마산에서는 「남선일보」(南鮮日報)가 1908년 10월 1일 창간되어 계속 발행되고 있었다. 마산을 포함하면 경남 도내 5개의 언론사는 경기도(경성 포함)를 제외하고는 가장 많은 숫자였다. 나머지 다른 도들은 대부분 1~3개의 일본인 신문 혹은 통신이 발행되는 정도였다(조선총독부경무국도서과, 1940, 6-8쪽). 5개의 언론 중 「조선시보」 와 「부산일보」그리고 마산 「남선일보」는 강제병합 이전부터 발행되어 오던 신문이며 나머지 2개만이 강제병합 후에 새로이 창간되었다.

〈표3-25〉 일제기 부산 지역의 일본인 발행 언론

제호	인가연원일	발행간격	주요내용	발행소	발행인	대표자
朝鮮時報	1892. 7. 11.	일간	일반시사	부산	今川百枝	今川百枝
釜山日報	1907. 10. 1.	일간	일반시사	부산	堺新太郎	芥川浩
朝鮮水産新聞	1925. 12. 3.	순간	일반시사	부산	星野政太郎	星野政太郎
同盟通信	1936. 6. 1.	일간	일반시사	부산	磯野彌太郎	吉野伊之助
南鮮日報	1908. 10. 1.	일간	일반시사	마산	赤塚貞藏	坂田文吉

＊ 자료 : 「조선출판경찰개요」 1940년판, 6-8쪽

내용 면에서 볼 때는 「조선수산신문」만이 수산업계 전문지로서 순간으로 발행되었고 나머지는 종합일간지와 통신의 형태로 발행되었다. 조선총독부의 1929년 자료를 보면 이 「조선수산신문」은 「동양수산신문」으로 기재되어 있다(조선총독부경무국, 1930, 11쪽). 이로 미루어 볼 때 1929년과 1939년 사이에 제호를 바꾸었던 것으로 보인다.

한편, 부산에는 일본인들이 운영하는 통신사가 있었다. 1922년 9월 16일에 설립된 일본전보통신이다. 이는 일본에 본사를 둔 일본전보통신의 부산지국으로서(『신문총람』 1929년판, 521쪽) 일제기 경성 외의 지역에서는 유일한 통신사였다. 1936년에 발행된 1935년도판 『조선출판경찰개요』까지는 일본전보통신사가 부산에 있었던 것으로 나오지만 1936년도판부터는 이 회사는 자취를 감추고 대신 「동맹통신」이 그 자리를 차지하고 있다. 일본전보통신은 그 뒤 1939년도판 『조선출판경찰개요』에는 본거지를 경성으로 옮긴 것으로 나와 있다.

『조선출판경찰개요』 1939년도판을 보면 동맹통신은 1936년 6월 1일에 설립된 통신사로서 당시 부산의 대창정 4정목에 위치하고 있었으며 대표자로 되어 있는 요시노(吉野伊之助)는 경성 소재 동맹통신에도 대표자로 되어 있다. 이로 미루어 볼 때 부산의 동맹통신은 경성의 동맹통신의 지사였는데, 별도의 법인으로 등록되었던 것으로 볼 수 있겠다.

1930년대 후반에는 부산에서 「성빈」(聖貧)과 「생리」(生理)라는 제호의 잡지가 발행되었다. 1937년경의 「동아일보」 지면 '신간 소개'란에 이 잡지들이 발행되었다는 소식이 몇 차례 보도되었다. 「성빈」은 1937년 9월 12일자 7면에 제6호가 발행되었다는 소식이, 같은 해 11월 9일자 4면에는 제8호가 발행되었다는 소식이 게재되었으며 12월 12일자 4면에는 제9호의 발행 소식이 실렸다. 이로 미루어 이 잡지는 월간으로 발행된 것으로 볼 수 있다. 발행처는 초량정의 성빈사로 되어 있다.

「생리」도 1937년 7월 13일자 조간 8면과 같은 해 9월 22일자 조간 7면에 잡지의 발행 소식이 소개되었다. 이 잡지는 9월 22일자 기사에 의하면 시집이라고 표기되어 있는 것으로 보아 시 전문 잡지였던 것으로 보인다. 발행처는 초량동 소재의 생리사로 되어 있다.

이 잡지들은 아마도 일본인들이 발행한 잡지가 아닌가 생각된다. 둘 다 사무소가 초량동으로 되어 있는데, 이곳은 당시 일본인들의 집단 거주지였던 곳이다.

2. 일본인 신문의 한국 언론인

부산에서 발행된 일본 언론은 거의 전부가 일본인들로 구성되었다. 특히 임원과 간부는 모두 일본인들이 맡았었다. 그러나 1940년 「동아일보」와 「조선일보」가 폐간된 이후 일부 언론인들이 「부산일보」 등의 일본 신문으로 옮겨 언론인 생활을 계속하다가 1945년 광복을 맞았던 인물들이 일부 있었다. 이들의 명단은 아래와 같다(부산직할시사편찬위원회, 1991, 540-541쪽).

△ 부산일보 : 李萬鎔, 曺秉宗, 李淸基, 張壽鳳, 金亨斗, 李甲基, 石光守, 趙必奎
△ 경성일보 지국 : 裵斗勳, 孫連淳
△ 대구매일신문 지국 : 李德準
△ 大阪每日新聞 지국 : 金根浩
△ 매일신보 지국 : 李壽雨, 金正一, 孫秀鎭
△ 일본전보통신 지국 : 金明賛

이들이 어떠한 경로로 입사하여 어떤 직책을 맡았는지는 현재로서 확인이 불가능하다. 이들 대부분은 광복 후에 다시 부산 언론계에 투신하여 지도적 역할을 하였다.

제2절 「부산일보」와 「조선시보」의 운영

1. 「부산일보」의 운영

1) 「부산일보」의 운영

「부산일보」는 구마모토 출신인 아쿠타가와 집안의 개인 소유 회사로 세습, 운영되었다. 1915년 당시 자본금은 4만 원이며 소재지는 지금의 광복동인 판천정 3-3으로 되어 있다. 1913년부터 4면에서 6면으로 증면 발행한 「부산일보」는 당시 일본 신문들이 대부분 그랬던 것처럼 편집국 조직이 경파(硬派)와 연파(軟派)로 나뉘어 있던 것이 특징이다(『신문총람』 1915년판, 671쪽). 이는 아마도 뉴스를 분류할 때 경성 뉴스와 연성 뉴스로 나누는 데에 기초한 것으로 보인다. 다시 말해 경파란 정치, 경제 관련 뉴스나 논평, 해설 등 흥미보다는 실제 필요한 정보 중심의 뉴스를 말하고 연파는 이와 달리 지식이나 정보가 되기보다는 흥미 위주의 가벼운 읽을거리 중심의 뉴스를 말한다.

1915년 11월 26일 사옥에 화재가 발생하여 큰 손실을 입었으나 공장 등의 시설을 다시 건축하였으며 1916년 7월에 윤전기를 구입하여 1917년 2월부터 다시 8면으로 증면하면서 구독료도 50전으로 인상하였다. 이때에 조선어 면도 신설하여 조선 독자들을 대상으로 시장 확대를 노리는 기획을 시도하였다(『신문총람』 1917년판, 776쪽).

1919년 2월 1일에는 개인 경영을 탈피하여 자본금 25만 원의 주식회사 체제로 전환하였으며 안본정(岸本町)27)에 사옥을 신축하여 1920년 4월에 준공하였다. 이때부터 그동안 영업부장을 맡아 오던 사장 아쿠타가와 타다시의 장남 아쿠타가와 다케시(芥川毅)가 지배인을 맡았다(『신문총람』 1920년판, 879쪽).

「부산일보」는 1923년 1월 15일부터 조석간 발행 체제로 들어갔다(「조선일보」

---

27) 지금의 중앙동에 해당한다.

1922. 12. 22. 2면). 이는 한국의 민간지들보다 앞선 것이었다. 「조선일보」는 1924년 11월 23일부터(「조선일보」 1924. 11. 23. 1면), 「동아일보」는 1925년 8월 1일부터 조석간 발행을 시작하였다. 「부산일보」가 이들 민간지보다 앞서서 조석간 발행을 시작한 것은 일본의 관행을 도입한 것으로 볼 수 있겠다.

1928년 1월 6일에는 그동안 사장 겸 주필을 맡아 오던 아쿠타가와 타다시(芥川正)가 병사하고 카시이겐타로(香椎源太郎)가 대표에 취임하였다(『신문총람』 1929년판, 510쪽). 카시이는 일찍이 부산에 진출하여 어장과 수산업을 통해 자본을 축적하기 시작하였다. 후쿠오카현 출신의 카시이는 스승인 카쓰 카이슈(勝海舟)가 이토오 히로부미 통감과 철친한 사이였던 것을 기화로 부산과 진해, 마산에 이르는 어마어마한 어장을 임대받아 1907년에는 부산수산주식회사를 세워 사장이 되었다(주경업, 2008, 367-368쪽). 이를 바탕으로 엄청난 부를 축적한 이후 제조업과 금융에까지 진출하였던 유력 자본가 중의 한 사람으로서 부산일보사에도 1921년경부터 투자하여 200주를 소유하고 있다가 사장이 된 이후 투자 지분을 늘려 945주까지 소유하였던 대주주였다(김동철, 2005).

그러나 1932년 2월에는 전 사장의 아들 아쿠타가와 히로시(芥川浩)가 사장에 취임하였다(『신문총람』 1932년판). 아쿠타가와 히로시는 육군 장교 출신으로서(「한국근현대인물자료」 국사편찬위원회 한국사데이터베이스 참조) 1930년 1월부터 부산일보사에 전무취체역으로 입사했다가 사장에 취임한 것이다. 아쿠타가와 히로시는 일제 말기인 1942년 5월 1일에 발족된 조선신문협회의 이사를 맡았다. 조선신문협회는 전시 체제로 들어가면서 일본 정부의 언론에 대한 규

〈사진3-6〉 『신문총람』 1942년판에 실린 「부산일보」 광고. 실업신문을 지향한다는 사실을 내세우고 있다.

제가 강화되는 가운데 언론계도 이에 호응한다는 차원에서 일본신문협회와 보조를 함께하기 위해 그 이전에 존재하던 조선춘추회를 해산하고 새로이 만든 단체이다(이상철, 2009, 201-202쪽).

「부산일보」의 발행면수는 1925년에는 조간 석간 각 4면씩 총 8면을 발행하였으나 1929년에는 조간 6면 석간 4면 총 10면을 발행하였다(『신문총람』 각연도판). 1934년 11월 1일부터는 조석간 12면으로 증면, 발행하였다(『신문총람』 1939년판, 453쪽).

1931년 1월 27일에도 화재가 발생하여 사옥이 전부 타 버리는 손실을 입었다. 화재로 사무실을 잃은 부산일보사는 인근 공회당 내의 사무실을 빌리고 시내 인쇄소를 통해 임시로 2면을 발행하였다(「동아일보」 1931. 1. 29. 2면). 이를 계기로 사옥을 다시 건축하고 재정비하여 1932년 2월에는 일본 신문계의 원로로 정평이 나 있는 시노자키 쇼노스케(篠崎昇之助)를 부사장 겸 편집국장으로 영입하였다(「신문총람」 1933년판, 474쪽).

태평양전쟁이 한창이던 1940년도부터 일제는 전시동원체제를 강화하기 위해 조선총독부로 하여금 언론통폐합을 실시하도록 하였다. 이때에 적용된 기본 방침은 1도 1사로서 1도에 하나의 신문만 남기고 나머지는 통폐합을 한다는 것이었다. 이 방침에 따라 부산과 경남 마산 지역에서 발행되던 「조선시보」와 「남선일보」는 1941년 5월 27일 「부산일보」와 통합하여 자본금을 10만 원 증액하여 35만 원의 회사로 출범하였다. 발행면수도 석간 4면 조간 2면으로 축소하였다(『신문총람』 1942년판, 27-28, 161쪽). 이로써 일제 말기 「부산일보」는 부산과 경남 시장을 독점하는 지위를 누리게 되었다.

2) 「부산일보」의 필화 사건

「부산일보」는 일본 우월주의적인 시각을 강하게 가지고 있었던 것으로 보인다. 일제기를 통하여 「부산일보」는 여러 번에 걸쳐 조선인을 모욕, 무시하는 내용의 보도를 하여서 국내의 언론이나 각 단체로부터 항의를 받는 필화 사건을 수 차례 겪었다.

가장 먼저는 1920년 6월에 대구의 청년단체에 관한 보도가 문제가 되었다. 그해 6월 16일자 「부산일보」 '세화(細話)'란에 실린 '대구다화(大邱多話)'라는 제목의 기사에서 "대구 조선인 청년회를 허무한 사실로 모욕"하였다 하여 대구 의 청년단체들이 분개하여 임시총회를 소집하고 관계 기관에 문제 제기를 하는 등 대책을 강구하느라 분주하다고 6월 21일자 「동아일보」는 보도하였다.

이어 1925년에도 필화가 벌어졌다. 「시대일보」 1925년 12월 7일자는 '부산某 日紙에/모욕적 기사'라는 제목으로 다음과 같이 보도하였다. 그 전문을 인용해 보기로 하자.

부산에서 발행하는 일문 모보는 「산미증식과 조선인」이라는 제하에 조선인 을 무시하는 기사를 기재하여 민족적으로 모욕한 일이 잇슴으로 부산 유지는 심히 분개한다는데 그 내용을 알아보건대 부산일보의 지난달 29일 발행 해지 (該紙) 경제란에 게재한바 전기 제목하에 보도한 것을 보면 알에와 갓다

산미증식한다는 것에 반대의견이 잇는 조선인의 의견은 논의할 것 업지만 자못 참고되는 것이므로 자(玆)에 소개하야 보인다.

(제1) 조선인은 현재의 미곡만 하드라도 충분하다 차를 증식함은 일본인을 위하야 증식함인 고로 아 조선인에게는 하등의 이손(利損)이나 손실이 업다 (제2) 산미를 증잔(增殘)하기 위하야 일인이 다수 이주하면 조선인은 익익압 박(益益壓迫)을 수(受)하게 되는 고로 증식은 조선인을 위협하는 것이다 (제3) 산미를 증가하드라도 기(其) 미곡은 일본의 부족한 것을 충(充)하는 것임으로 미(米)는 결코 여유가 업고 도리여 부족하야 미가는 등귀할뿐이다 한즉 이러한 우론(愚論)이 조선인의 두뇌에 남어잇는 동시에 참정권문제는 어대 잇느냐 운운

이것이 결코 간단한 문제가 아니며 또한 참정권을 요구하는 자는 누구며 줄랴는 자는 누구냐 참정권문제도 조선인의 조선인인 주창이 아닌 동시에야

말할 여지가 업거니와 아모리 일문지라 할지라도 신문의 사명을 가졋다면 그 가티 망필(妄筆)을 함부로 농락함은 무책임 지극한 행동이라고 일반은 오오(嗷嗷)중에 잇다더라

산미증식계획에 반대하는 조선 사회의 여론을 일고의 가치도 없는 우매한 논리이며 의견이라고 일방적으로 폄하하는 논조가 당시 사회의 반발을 불러일으켰던 것이다.

1927년에는 2월 17일자 「부산일보」에 실린 '경남도평의회'란 제목의 사설이 조선인 사회의 반발을 불러일으켰다. 「동아일보」 1927년 2월 22일자 4면에 실린 관련 기사를 보면 이 사설은 도평의회가 예산을 둘러싸고 논란을 벌이는 것을 보고 자문기관에 불과한 평의회가 예산에 대해 길게 왈가왈부하는 것은 하등의 이득이 없는 일로서 자진하여 협조할 것을 믿는다는 요지의 내용이었다고 한다. 또한 1926년 6월에도 조선인이 학무국장이 된 것에 대해 이는 심히 부적절한 것이었다고 평한 사실이 있으며 경남도의 조선인 학무과장에게도 횡포한 악평을 한 적이 있다는 것이다. 이러한 일들이 겹치면서 「부산일보」의 보도에 대한 불만이 폭발하였다. 위 사설에 대해 '조선인 민족성을 모욕한 망측한 악착스러운 도민성(島民性)'으로서 절대로 묵인할 수 없다며 부산의원 문상우 등을 중심으로 한 조선인 의원들은 「부산일보」를 규탄하고 구독 거부를 벌일 것을 주장하였다는 것이다.

1927년 10월에도 「부산일보」는 언양에서 발생한 일본인의 조선인 살해사건을 고의로 편파보도하여 울산 각 사회단체의 규탄을 받았다. 일본인 고리대금업자가 사소한 일로 조선인을 폭행하여 사망에 이르게 한 사건에 대해 「부산일보」는 10월 27일자 석간에서 가해자를 일방적으로 두둔하는 기사를 실었다(부산직할시사편찬위원회, 1991, 538쪽). 이에 분개한 울산의 각 사회단체 대표들이 사건진상 연설회를 개최하려다가 경찰당국에 의해 치안방해라는 이유로 금지당하자, 울산의 각 사회단체는 울산지국장과 부산일보사 등 관계자에게 경고장을 보내는 등(「조선일보」 1927. 11. 15.) 반발하였다.

1933년 9월 17일자 「부산일보」에 실린 '통영통신'이란 제목의 기사가 또다시

문제가 되었다. 이 기사에서 "조선 녀자는 남의 첩 되기를 추호의 기탄과 수치를 불감할뿐만 아니라 습관적으로 여긴다"는 자극적 표현과 내용이 조선인들의 민족 감정을 자극하였다. 「동아일보」 1933년 10월 8일자는 3면의 '지방논단'란에 '통영지국 일기자' 명의의 반론을 게재하였다. 이 반론은 「부산일보」의 기사를 '얼토당토 않은 망언'이라면서 조목조목 비판하였다.

이처럼 「부산일보」는 심한 민족적 편견을 드러내는 보도 태도로 조선인 사회의 반발을 불러일으킨 사례가 여러 차례 있었다. 이는 「부산일보」 구성원들의 사상적 배경이나 신문의 편집 방침 등을 보여주는 한 단면이라고 할 수 있겠다.

3) 「부산일보」의 광고 현황

「부산일보」는 실업신문을 지향한다는 편집 방침을 가지고 있었다. 동북아의 관문이며 일본과 가까운 지리적 특성을 지닌 조선 제2의 도시 부산을 기반으로 하는 신문이기에 정치적 성격을 드러내기보다는 불편부당을 표방하면서 경제 및 산업 정보에 치중하는 편집 방침을 내걸었던 것으로 분석할 수 있겠다. 탄탄한 자본력을 바탕으로 경제지적인 성격을 지향하는 신문으로서 「부산일보」는 광고 수입 면에서 조선 내에서는 대체로 총독부 기관지 「경성일보」의 뒤를 잇는 제 2위 신문의 자리를 유지하였다. 국내 민간지 「동아일보」와 「조선일보」의 광고수입보다 항상 더 많았으며 경성의 일문지 「조선신문」를 앞서서 2위권을 대체로 유지하였다. 총독부 기관지 「매일신보」보다도 광고량에서 앞서다가 1940년대 들어서면서 역전되었다. 이는 국내의 두 민간지가 1940년 폐간되면서 「매일신보」의 독자 수가 급증하며 광고량도 급증했기 때문으로 볼 수 있다. 일본의 신문들 중 동경과 오사카를 제외한 나머지 신문 중에서도 전체 20위권 이내를 항상 유지하였다(『신문총람』 각연도판).

참고로 1927년부터 1942년까지의 국내 주요 신문 광고행수는 다음의 표와 같다. 이 자료는 지면에 나타난 광고행수를 집계한 것일 뿐이지만 광고 수입도 대체로 이에 비례하는 것으로 볼 수 있겠다.

〈표3-26〉 일제기 주요 신문의 연간 총광고행수

연도	동아일보	조선일보	경성일보	매일신보	부산일보	조선신문
1927	946,810	795,256	2,469,093	763,125	2,061,302	1,951,726
1928	980,006	584,346	2,710,901	840,722	2,159,403	2,051,077
1930	673,935	1,069,590	2,919,149	1,103,891	1,941,281	1,951,810
1931	606,941	990,056	3,001,643	1,270,321	1,985,248	1,970,541
1933	1,043,074	591,899	3,016,354	1,311,330	2,136,814	2,124,930
1935	2,042,024	2,238,577	3,592,334	1,455,328	2,702,012	2,308,945
1936	1,690,432	2,654,895	4,042,063	1,799,948	2,767,506	2,345,343
1937	772,476	3,158,181	4,525,888	2,476,005	2,710,265	2,343,512
1938	2,191,111	3,463,829	4,437,487	2,305,882	2,634,819	2,380,874
1939	2,399,694	3,443,805	4,851,773	2,260,057	2,916,324	2,574,953
1940	–	–	4,505,557	2,603,421	2,674,097	2,569,153
1941	–	–	3,373,583	2,507,631	2,179,250	2,088,456
1942	–	–	4,579,849	3,475,713	3,114,695	–

* 자료 :「신문총람」 1929, 1932, 1933, 1936년. 1937, 1939, 1940, 1941, 1942, 1943년판

「경성일보」가 광고행수 면에서는 가장 많았음을 알 수 있으며 그 뒤를 「부산일보」가 잇고 있다. 1940년대에 오면 「부산일보」보다 「매일신보」가 더 많은 광고량을 보여 주고 있다. 한편 국내 신문들의 경우는 「동아일보」가 더 많은 광고 비중을 보이다가 1930년대 초반 「조선일보」가 더 많아졌으나 중반으로 오면서 잠시 「동아일보」가 앞섰다가 1936년의 일장기 말소사건으로 장기 정간을 당한 것을 계기로 「조선일보」가 큰 차이로 앞서는 결과를 보여 주었다.

2. 「조선시보」의 운영

1) 「조선시보」의 운영

1915년 당시 「조선시보」는 자본금 2만 4천 원의 합자회사였던 조선시보사가 운영 주체로 되어 있으며 다카키(高木末熊)가 사장을 맡고 있었다. 사무실은 부산 판천정으로 되어 있으며 「부산일보」와 마찬가지로 6면 발행에 구독료는 월 40전이었으며 편집국 조직이 경파와 연파로 나뉘어 있었다(『신문총람』

1915년판, 674쪽).

「부산일보」가 1919년 주식회사로 전환하자 「조선시보」도 1919년 4월 10일에는 자본금 25만 원의 주식회사로 전환하여 운영 체제를 정비하였다. 본사의 주소지는 부산 판천정 3정목 2번지였으며 취체역은 다카키를 비롯하여 전부 4명이 선임되었다(「조선총독부관보」 2004호, 1919. 4. 17.). 이때 「조선시보」는 사옥을 개축하고 사원을 늘려 지면을 확장하였다. 그러나 그해 12월에는 주식회사를 해산하고 사장 다카키가 퇴사하고 한동안 휴간하였다(이상철, 2009, 92쪽).

1920년 7월 말에는 「조선시보」 경영에 참여한 바 있던 구 간부들이 모여 합자회사를 만들어 재창간을 시도하였다. 이때 사장은 이마카와 히로키치(今川廣吉)가 취임하였다. 1925년에는 사장 이마카와가 자금을 투자하여 증자하고는 무한책임 사장이 되었으며 신사옥도 건설하였다. 그후 「조선시보」는 부산뿐만 아니라 마산, 대구 등 조선 남부 주요 도시에 지국을 설치하여 블록신문으로서 영향력을 행사하였다(이상철, 2009, 92쪽).

〈사진3-7〉 「조선시보」, 1924년 1월 1일 신년특집호. 신년사와 함께 천황 일가의 사진을 크게 실었다.
* 출처 : 국사편찬위원회 한국사데이터베이스

경쟁지인 「부산일보」가 날로 확장되어 가면서 「조선시보」는 상대적으로 점차 위축되어 간 것으로 보인다. 1919년 자본금 25만 원의 주식회사로 전환하였지만 『신문총람』 1933년도판(481쪽)을 보면 자본금도 10만 원으로 감소되어 있고 발행면수도 4면으로 기록되어 있다.

「조선시보」는 1938년 1월 10일 새벽에 공장에서 화재가 발생하여 사옥 일부가 불에 타 9천 원 정도의 피해를 입었다. 화재로 인하여 신문 발행이 어려워져 시내 부평정의 천정(川井)인쇄소에 의뢰하여 계속 발행하였다(「동아일보」 1938. 1. 12. 8면). 조선시보사는 1940년 2월 15일에도 화재가 발생하여 3천 원 정도의 피해를 입었다(「동아일보」 1940. 2. 17. 3면).

실업신문을 표방하며 사세를 확장해 나아가던 「부산일보」에 뒤처지면서 고전을 면치 못하던 「조선시보」는 전술한 바대로 1941년 5월에 총독부의 언론통폐합 방침에 따라 「부산일보」에 통합되면서 폐간되고 말았다.

2) 「조선시보」의 필화

「부산일보」와 마찬가지로 「조선시보」도 민족적 편견을 드러내는 기사로 인하여 조선 사회의 반발을 불러일으킨 사례들이 있었다. 이 신문 1925년 9월 6일자 지면에서 경상남도의 조선인 학무과장의 말을 인용하면서 "조선 녀학생은 음탕하야 실로 처녀다운 녀학생은 이분지 일도 못된다"는 등등의 내용이 보도되었다. 이에 대해 「동아일보」와 「조선일보」, 「시대일보」 세 신문 부산 지국은 회합을 갖고 이 문제에 대해 논의한 끝에 이를 '일대 민족적 모욕'이라고 규정하면서 책임자를 적발하여 사회 여론을 환기할 것과 이 문제가 해결될 때까지 보조를 함께할 것을 결의하였다. 이러한 사실이 알려지면서 각급 학교 학부형을 비롯한 시민들까지 성토에 나서며 비매동맹 주장까지 나왔다(「조선일보」 1925. 8. 9. 석간 1면).

1930년 7월 3일자 「조선시보」는 '조선 부인 특유의 잔인성' 운운하는 기사를 실어 반발을 불러일으켰다. 부산의 각 사회단체는 이 기사를 민족적 모욕으로 규정하고 7월 5일 대표들이 이마카와 사장을 방문하여 집필자를 해고하고 사장 자필 서명의 사죄장을 쓰고 이를 조선 내에서 발행하는 신문 지상에 게재할 것 등을 강력하게 요구하고 나섰다. 이러한 항의에 부딪힌 「조선시보」는 7월 7일자에 기사 취소문을 실었다. 그러나 각 사회단체는 취소문 게재가 무성의하다고 단정하고 성토대회를 개최하려 하였으나 경찰에 의해 제지당했다(부산직할시사편찬위원회, 1991, 538쪽).

이상에서 살펴본 바와 같이 「조선시보」도 민족적 편견을 드러내는 기사를 여러 차례 게재하여 조선인 사회의 반발을 불러일으켰음을 알 수 있다.

3. 일본 매체의 보급

1) 「부산일보」와 「조선시보」의 보급

「부산일보」와 「조선시보」는 부산 지역뿐만 아니라 경남 일대를 중심으로 조선 전역, 그리고 일본과 만주 지역에까지 배포되었다. 이 신문들은 각지에 지사, 지국을 설치하고 이를 통해 배포를 시도하였다. 1929년도 두 신문의 지사와 지국이 설치된 지역은 먼저 「부산일보」가 일본의 東京, 大阪, 關門의 세 곳과 국내에는 경성과 춘천, 대구, 평양, 진주, 전주, 마산, 통영, 여수, 군산, 원산, 목포, 광주, 공주, 청주, 대전, 인천, 강릉, 포항, 김천, 함흥, 청진, 나남, 회령 등이며 만주 지역의 간도와 봉천, 대련, 하얼빈 등이었다. 「조선시보」도 일본 東京과 大阪에 지국이 있었으며 국내에는 경성, 인천, 대구, 원산, 구포, 삼랑진, 진주, 동래, 목지도, 함흥, 마산, 진해, 통영, 울산, 방어진, 밀양, 경주, 부산진, 하동, 여수, 김천, 포항, 삼천포, 상주, 신의주, 감포 등이었고 만주의 안동현에도 지국이 설치, 운영되고 있었다(『신문총람』 1929년판, 510, 516쪽).

다음의 표는 일제기 「부산일보」와 「조선시보」의 발행부수 실태와 경남 지역의 보급 현황을 자료가 남아 있는 연도만을 중심으로 정리한 것이다. 전반적으로 보아서 「부산일보」는 꾸준히 발행과 보급이 확대되어 가는 추세를 보여 주었지만 「조선시보」는 1930년대 중반까지 감소되어 가다가 후반으로 접어들면서 다시 회복되어 가는 추세를 보이고 있다.

「부산일보」는 1926년의 14,352부에서 1939년 18,107부로 약 26.2% 정도의 증가를 보였다. 반면 「조선시보」는 같은 기간 6,474부에서 4,039부로 약 37.6% 감소하였다. 두 신문의 발행 부수를 대비해 보면 1926년에는 「부산일보」가 약 2.2배 정도였지만 1939년에는 약 4.5배에 이르고 있다. 이 기간 동안 「부산일보」가 더 큰 성장세를 보여 주었음을 알 수 있다.

한편 아래의 표에서 알 수 있는 바와 같이 조선인 독자도 꾸준히 늘어 갔다. 이 기간 동안 「부산일보」의 전체 조선인 독자는 3.7배로 증가하였으며 「조선시보」의 경우는 1.8배로 증대되었다. 조선인 독자들도 「부산일보」 구독자가 더 많이 증가하는 추세를 보여 준 것이다. 한편 경남 지역의 조선인 독자는 「부산일보」가 3.9배, 「조선시보」가 1.7배의 증가세를 보여서 전체 조선인에서의 추세와 비슷한 결과를 보였다.

<표3-27> 일제기 부산일보와 조선시보의 경남지역 보급 현황

연도	부산일보				조선시보			
	전체	조선인	경남	조선인	전체	조선인	경남	조선인
1926	14,352	981	8,229	687	6,474	447	5,967	419
1929	14,195	1,086	8,792	796	5,174	321	4,633	303
1933	15,556	1,472	10,128	968	4,034	438	3,391	361
1934	16,344	1,875	11,029	1,331	3,948	497	3,502	479
1935	17,455	1,971	11,189	1,395	4,337	545	3,382	419
1936	17,238	2,258	10,942	1,500	4,583	559	3,627	491
1937	16,010	2,304	11,662	1,599	6,920	821	5,773	694
1939	18,107	3,678	12,374	2,676	4,039	824	3,096	719

* 자료 : 1929년부터 1939년까지는 『조선출판경찰개요』 각 연도판. 1926년은 『신문지요람』

다음의 표는 같은 기간 경남 지역 전체 인구와 일본인 인구의 변화를 정리한 것이다. 전체 인구는 꾸준히 증가세를 유지하다가 1939년에 가서 다소 감소하였으며 경남의 인구도 마찬가지였다. 같은 기간 일본인 인구도 마찬가지로 꾸준히 증가해 오다가 1939년에는 다소 감소한 결과를 보였다.

이 인구 자료를 바탕으로 앞의 「부산일보」의 발행 부수를 비교해 보면 경남의 일본인 가구당 구독률은 1926년에는 18.5%였지만 1939년에는 45.6%[28]에 이르고 있다. 특히 1939년에는 전체 가구의 절반에 가까운 수치가 「부산일보」를 구독하고 있었다는 말이 된다. 일본인들의 구독률이 가파른 증가세를 보여 주었

---

28) 이 수치는 앞의 경남 지역 보급 부수에서 조선인 독자수를 뺀 뒤, 이를 일본인 가구수로 나눈 결과이다.

<표3-28> 경남의 인구 변동

	경남 인구		경남의 일본인	
	호구수	인구	호구수	인구
1926	384,099	1,960,532	19,200	78,838
1929	385,492	1,963,751	19,621	80,824
1930	404,089	2,059,705	19,895	82,787
1931	406,051	2,075,975	20,423	83,793
1932	408,224	2,102,746	20,895	86,067
1933	411,702	2,123,359	21,654	89,384
1934	414,524	2,134,377	22,084	91,336
1935	423,695	2,191,512	22,671	95,078
1936	426,751	2,214,406	23,528	96,926
1937	427,736	2,224,287	23,621	97,146
1939	422,232	2,209,135	21,279	88,274

* 자료 : 『조선총독부통계연보』 각 연도판

음을 알 수 있다. 이는 아마도 일본이 태평양전쟁에 돌입하면서 전쟁이라는 특수한 상황 속에서 일본인들의 정보에 대한 욕구가 매우 높아졌기 때문으로 분석할 수 있겠다.

「부산일보」의 이러한 보급 실태는 당시 경성에서 전국을 대상으로 발행되던 「경성일보」와 「매일신보」의 발행부수에도 버금가는 것이었다. 다음의 표는 같은 기간 이 두 신문의 전체 발행 부수와 경남 지역 보급 부수 현황을 정리한 것이다. 두 신문 공히 1939년도에는 전년 대비 2배 내외의 급격한 증가를 보였지만 그 이전에는 2~3만 정도의 발행 부수를 유지하였다. 이에 비추어 볼 때

<표3-29> 일제기 경성일보와 매일신보의 경남 지역 보급 현황

연도	경성일보				매일신보			
	전체	조선인	경남(순위)	조선인	전체	조선인	경남(순위)	조선인
1926	24,919	1,481	863(7)	73	22,542	21,549	2,087(5)	2,078
1929	26,352	2,086	1,134(6)	263	23,015	21,860	3,710(1)	3,694
1933	35,592	3,273	1,017(10)	74	27,119	24,438	1,704(7)	1,691
1934	32,496	3,596	1,137(7)	109	27,400	26,495	2,284(4)	2,273
1935	34,294	4,049	5,198(2)	168	30,937	29,973	2,757(3)	2,629
1936	32,101	3,083	1,320(7)	141	34,592	33,757	2,710(6)	2,687
1937	33,136	2,538	1,273(9)	182	44,600	42,814	2,887(9)	2,871
1939	61,976	15,795	1,798(8)	576	95,939	92,579	6,451(8)	6,404

* 자료 : 1929년부터 1939년까지는 『조선출판경찰개요』 각 연도판. 1926년은 『신문지요람』

부산에서 발행한 지역 신문 「부산일보」가 1만 부가 넘는 부수를 유지하다가 1930년대 후반에는 18,000부를 넘은 것은 상당히 주목할 만하다고 할 수 있다.

한편 부산에서 1925년 말부터 순간으로 발행되었던 「조선수산신문」의 발행 현황을 보면 1933년도 『조선출판경찰개요』에는 총 1,074부가 발행되어 경남에 161부가 배포되었으며 그중 조선인 독자는 20명인 것으로 나와 있다. 그러나 1939년에 가면 오히려 부수가 줄어 총 978부 발행 중 경남 지역에 139부가 배포되고 조선인 독자는 30명으로 나와 있다. 일본인 독자는 줄었지만 국내 독자는 10명이 더 늘어났다는 말이다.

2) 일본 매체의 유입

일제기에는 부산에도 일본에서 발행되는 매체들이 다수 유입, 배포되었다. 주로 일본인들이 주된 독자층이었지만 소수의 조선인들도 이 매체들을 구독했던 것으로 기록되어 있다. 이 매체들 중 부산 지역에 일간신문과 주요 잡지의 1933년도 유입 현황을 정리한 것이 다음의 표이다. 『조선출판경찰개요』 1933년도판(102-114쪽)에 의하면 당시 일본에서 발행되는 일간신문은 총 8종, 잡지는 총 46종이 수입, 배포되었다고 한다. 아래의 표는 당시 유입된 일간신문들과 함께 잡지 중에서는 경남 지역 배포 부수가 200부를 넘는 것만을 발췌, 정리한 것이다.

〈표3-30〉 1933년도 일본 매체의 유입 현황

구분	매체명	전국			경남		
		합계**	조선인	일본인	합계	조선인	일본인
일간지	報知新聞	863	32	831	416	17	399
	東京日日新聞	1,007	46	1,031	96	5	96
	東京朝日新聞	1,288	94	1,194	132	3	129
	大阪朝日新聞	53,540	9,150	44,348	6,703	368	6,334
	大阪每日新聞	54,066	4,671	49,341	6,994	388	6,606
	關門日日新聞	837	29	808	226	1	225
	讀賣新聞	1,099	128	971	80	1	79
	福岡日日新聞	2,156	13	2,143	707	2	705

잡지	中央公論	3,238	394	2,844	276	37	239
	改造	4,188	631	3,555	418	61	357
	幼年俱樂部	6,383	324	6,059	559	45	514
	現代	1,732	231	1,501	239	23	216
	婦人俱樂部	12,491	688	11,803	1,693	118	1,575
	婦女界	6,181	284	5,897	836	53	783
	文藝春秋	2,208	186	2,020	260	26	234
	婦人公論	6,253	325	5,928	724	29	695
	講談俱樂部	6,579	403	6,176	1,037	85	952
	サンデイ每日	5,224	497	4,727	655	27	628
	キング	26,681	3,067	23,606	3,437	339	3,098
	實業之日本	1,234	127	1,107	200	31	169
	主婦ノ友	28,185	1,410	26,784	3,188	167	3,021
	週刊朝日	3,774	248	2,524	485	19	466
	少年俱樂部	6,975	418	6,557	766	50	716
	少女俱樂部	3,438	148	3,291	225	42	183

* 자료 : 『조선출판경찰개요』 1933년도판, 102-114쪽
** 조선인과 일본인 독자를 합한 것과 합계가 다른 경우는 외국인이 포함된 경우임

위의 표에서 알 수 있는 바와 같이 일본의 매체들은 대부분 일본인 독자들에 의해 구독되었지만 조선인 독자들도 상당수 있었다. 신문으로는 오사카에서 발행되는 「아사히신문」과 「마이니치신문」이 가장 많이 수입, 배포되었으며 경남 지역의 조선인 독자도 400명에 다소 못 미치는 정도였다.

잡지로는 「中央公論」, 「文藝春秋」, 「週刊朝日」 등의 시사종합잡지를 비롯하여 주부 대상과 어린이 대상 잡지 등 다양한 잡지가 수입, 배포되었다. 발행부수 면에서는 조선 전체로는 주부 대상의 「主婦ノ友」가 가장 많이 배포되었으나 경남 지역, 그리고 조선인 독자만을 볼 때는 「킹」(キング)이라는 제호의 대중잡지가 가장 많이 배포된 것으로 나타났다. 이 잡지는 일본의 고단샤(講談社)라는 출판사가 1926년 창간한 잡지로서 대중종합지를 표방하고 창간하여 대성공을 거둔 잡지였다. 창간호 50만 부가 순식간에 다 팔리고 증쇄해 74만 부를 발행했으며 2년 후에는 150만 부까지 늘어나 일본 최초의 밀리언셀러 잡지가 되었다 (사사키 도시나오, 2010, 136쪽). 고단샤는 '재미있고 도움이 되는 내용'을 표방하여 잡지 시장에서 「킹」 외에도 위의 목록에도 포함된 「소년구락부」, 「현대」

등을 발행하여 한때 일본 잡지 시장의 7할까지 점유하기도 했던 출판사이다(정형, 2009, 213쪽).

한편 국내의 다른 지역에서 발행되는 일본인 매체들도 부산, 경남 지역에 유입, 배포되었다. 다음의 표는 1933년도 경남 지역에 배포된 타지 발행 일본인 신문과 잡지 중 경남 지역 배포 부수가 100부를 넘는 것만을 발췌, 정리한 것이다.

<표3-31> 1933년도 국내 타지역 일본 매체의 경남 배포 현황

제호	발행지	간별	총 부수	경남		
				합계	조선인	일본인
조선신문	경성	일간	20,717	670	115	555
조선경찰신문	경성	월2회	2,199	178	48	130
조선상공신문	경성	일간	3,692	153	12	141
조선민보	대구	일간	7,255	639	45	594
조선지방행정	경성	월간	6,184	636	401	235
조선소방	경성	월간	3,380	157	68	89
대구일보	대구	일간	4,549	292	30	262
남선일보	마산	일간	1,469	1,213	54	1,159
조선일일신문	경성	일간	4,163	199	1	198
경무휘보	경성	월간	17,352	1,379	608	771
사법협회잡지	경성	월간	6,503	549	309	240

* 자료 : 『조선출판경찰개요』 1933년도판, 15-26쪽

위의 표에서 보는 바와 같이 다른 지역에서 발행되는 신문과 잡지도 경남 지역에 여러 종류가 유입, 배포되었다. 대부분 경성 지역의 매체들이 많았으며 타 지역에서 발행된 것으로는 마산과 대구 지역의 매체가 제법 많이 배포되었음을 알 수 있다. 그 밖에 다른 지역의 것들도 여러 종류가 유입되었지만 그 부수가 얼마 안 되어 이 표에서 배제하였다. 잡지의 경우는 경찰, 사법, 행정 등 업계 전문지가 많이 유입되었다.

제4장 라디오 시대의 개막과 영화의 발전

제1절 부산방송국의 개국

1. 부산의 방송 설립 움직임

1) 방송시대의 개막

일제 치하인 1926년 11월 30일 경성방송국이 설립되고 1927년 2월 16일부터 방송을 시작하여 라디오방송의 시대가 막을 열었다. 경성방송국 개국에 앞서 1915년 경성에서 첫 무선전신 송신시험이 이루어진 것(한국방송공사 편, 1977, 15쪽)을 필두로 1924년 7월에는 부산에서도 방송무선전신 시험이 이루어졌다(「조선일보」 1924. 7. 8. 4면). 그러나 식민 치하에서 일본에 의해 시작된 방송은 기본적으로 식민 지배의 한 수단으로서 여러 가지 한계를 지니고 있었다.

초창기에는 일어 방송 위주로서, 수신기의 가격도 엄청나게 비싸서 그 보급은 제한될 수밖에 없었다. 이에 조선방송협회는 시장 확대를 위해 전파망을 확장하고 수신기 보급운동을 벌이는 등 여러 가지 시도를 하였다. 1933년에는 한국어방송을 독립시켜 이중방송을 실시함으로써 한국인의 라디오 보급이 늘어나기 시작하였다.

2) 부산의 자체 방송 시도

라디오 방송의 기반이 점차 확대되어 가는 가운데 지방에도 방송국을 설치해야 한다는 움직임이 태동하기 시작하였다. 방송국의 설치 운동은 경남 지역의 어업 종사자들로부터 시작되었다. 「동아일보」 1930년 11월 15일자 6면을 보면

'「라듸오」방송국'이라는 제목의 부산발 기사가 짤막하게 보도되고 있다. 그 내용은 "경남수산회에서는 연안 일대의 어업자에게 어업긔상을 방송키 위하야 부산에 「라듸오」 방송국을 설치하려고 방금 출원중이라는 바 불원간에 인가될 모양이라 하며 장차는 일반의 오락방송도 할 양으로 목하 운동중이라 한다"고 되어 있다. 경남 수산회가 어업상의 필요에 따라 기상방송을 계획하고 허가를 신청 중이라는 말이다. 그러나 이때의 시도가 바로 실현되지는 못했다.

1933년 8월에는 기상 방송에 대한 지역사회의 요구가 너무나 높아서 경상남도가 자체적으로 측후소에 간이방송국을 설치하려 시도했다. 「동아일보」 1933년 8월 26일자는 이 사실을 다음과 같이 보도하고 있다.

부산에 간이방송국을 시급히 설치키로 부민 일반은 요망중이므로 경남도 당국에서는 방금 구체안을 강구중이라 한다.
요지음 경남 일대를 3차나 거듭 습격한 대폭풍우로 말미암아 피해가 막대함에 감하여 천기 관측을 예보하기 위하야 간이방송국을 응급시설할 방침인데 당국의 방침내용을 보면 부산 측후소 내에 우선 설치하기로 하고 내년도 예산으로 2만 5천원을 계상하야 시설키로 연구중이라 한다.

부산 지역의 지리적 여건 때문에 기상 방송의 필요성은 일찌감치부터 있어왔지만 그 즈음 3번에 걸친 폭우로 막대한 피해를 입으면서 그 필요성을 더 절감하게 되었다는 말이다. 그리하여 경남도 자체 예산으로 기상 중심의 간이방송을 설치하려 시도하였다는 것이다. 그러나 이 계획도 실행되지는 못한 것으로 보인다.

3) 방송국 유치 운동

자체 방송국 설립이 여의치 않자 중계방송국을 유치하려는 움직임이 태동하였다. 「조선일보」 1933년 10월 29일자는 조간 3면에 '부산부내에/중계방송국/설치운동'이라는 제목으로 다음과 같이 보도하고 있다.

해항도시인 부산에 해란구조를 목적하고 기상방송의 필요를 늣겨 이번에 부산 시내에다가 중계방송국을 설치하기로 목하 운동중인데 경북 대구에서도 이 방송국의 유치운동이 맹렬한 모양으로 금후 그 결과는 자못 흥미잇는 일이나 현재의 청취자수로 보와서는 오히려 부산이 만치 못한 형편임에 이 운동과 동시에 청취자가 입선전을 대대적으로 행하고저 부산상공회의소에서는 관계 각방면과 협의를 거듭하는 중이라 한다.

부산에 방송국을 유치하려는 목적은 해난 구조를 위한 기상 방송의 필요성이 주된 것이었으며 대구와의 유치 경쟁도 치열했음을 알 수 있다. 당시 청취자 수가 대구보다 적어 상공회의소가 각계와 대책을 협의했다는 말이다.

이처럼 부산에 방송을 실현하기 위한 여러 가지 시도들이 밑거름이 되어 라디오 시대의 막이 열리게 된 것이다.

2. 부산방송국의 개국

1) 제1기 방송망 구성계획과 부산

조선방송협회는 1934년 중반부터 '제1기 방송망 구성계획'에 따라 전국의 7군데를 대상으로 지방 방송국을 설치할 도시를 물색하기 시작하였다. 그중에 부산이 제1의 후보지로 부상하면서 그해 5월 15일 조선방송협회 이사장과 기술자가 부산을 방문하여 경남도와 부산의 의사를 타진하고 부지를 물색하였다(「동아일보」 1934. 5. 18. 2면). 그리하여 1934년 12월에는 지방에는 최초로 부산에 방송국을 설립한다는 계획이 확정되어 그 이듬해부터 공사에 착수하기로 하였다(「조선일보」 1934. 12. 9. 2면).

부산에 방송국을 설립하기로 결정되고는 현지 조사단이 파견되었다. 조사단은 조선방송협회 이사장과 박영효 부총재 및 기술자 한덕봉으로 구성되었다. 이들은 경남 지사 및 부산 부윤을 방문하여 협조를 구하고 부산 시내가 한눈에 내려다보이는 높은 지대를 사용토록 허락을 받아냈다. 당시에는 방송국은 높은 지대에 위치해야 한다는 것이 정설이었다고 한다(유병은, 1998, 47쪽). 아마도 전파의 장애물을 최소화하기 위해서였을 것이다.

1935년 들어 방송국 청사 건립이 시작되었다. 조선방송협회가 14만여 원의 자본을 투여하고 부산에서도 2만여 원의 기금을 모집하고 부청 소유 토지를 무상 대부하여(「동아일보」 1935. 9. 17. 5면) 청사 건축과 장비 도입이 이루어졌다.

이러한 소식이 전해지면서 부산, 경남 지역의 청취자 수도 1935년 2월에만 800여 명이 늘어났다(「조선일보」 1935. 3. 29. 2면). 그해 5월 28일에는 체신국으로부터 부산방송국의 설립이 인가되어 본격적인 준비에 돌입하였다(「조선일보」 1935. 5. 31. 2면).

2) 부산방송국의 개국

1935년 7월 23일부터 시험방송을 시작하여(「동아일보」 1935. 7. 21. 4면) 9월 21일에는 부산방송국이 첫 전파를 발사하며 정규 방송을 개시하였다. 호출부호는 JBAK,[29] 출력 250W였다. 여기서 호출부호 JB는 일본 내 각지의 고유 호출부호 중의 하나였다(정진석 외, 2008, 223쪽).

당시 부산방송국의 위치는 부산부 대청정 1정목 7번지 복병산 기슭이었으며(김성호, 1997, 224쪽) 초대 방송국장은 조선방송협회의 총무부장이던 야키(八木)가 취임하였다(「매일신보」 1935. 9. 22. 5면). 개국일인 9월 21일에는 개국식을 성대히 거행하면서 이 실황을 부산방송국과 경성중앙방송국을 통해 전국에 중계하였다(「조선중앙일보」 1935. 9. 19. 2면).

개국에 앞서 1935년 6월에는 부산의 동래군 서면 대연리에 동래수신중계소가 설치되었다. 이 수신소는 일본 본토의 전파를 수신하여 이것을 경성과 부산에 유선으로 중계하였다(「조선일보」 1935. 6. 3. 2면). 당시 중계는 동래수신소에서

---

29) 당시 조선의 호출부호는 JB를 할당하도록 되어 있으나 경성방송국의 개국 때에는 우여곡절 끝에 일본 본토의 호출부호인 JO를 사용했던 것이다(강준만, 2000, 231쪽).

단파수신기로 외국 방송을 잡음 없는 양호한 상태로 수신하여 약 1km 떨어진 체신국 소관의 서면 전화중계소를 경유해서 성능이 우수한 일만(日滿)통신용 케이블로 경성방송국으로 보냈다고 한다. 이 동래수신소는 개소 후 한동안 경성 방송국 직할 기구로 운영되다가 1939년 4월 1일부터 부산방송국에 이양되었다 (유병은, 1998, 48쪽).

〈사진3-8〉 일제기 부산방송국(좌)과 동래수신중계소(우)의 모습
* 출처 : 한국방송공사(1977)

부산을 시초로 전국의 방송망 구성계획에 따라 평양(JBBK, 1936년 4월)과 청진(JBCK, 1937년 6월), 이리(JBFK, 1938년 10월), 함흥(JBDK, 1938년 10월) 등지에 방송국이 속속 개국하여 지방의 방송망이 확충되어 갔다.

3) 제2차 지방방송국 확충

1차 지방방송국 건설 사업이 완료되자 조선방송협회는 바로 이어서 제2차 지방방송국 건설에 착수하였다. 이는 사업 확장이라는 기본적인 목적이 있었지 만 중일전쟁의 격화 속에 선전의 필요성 등에 따라 서두르게 되었다. 1937년 4월에는 경성방송국의 제2방송 출력을 50KW로 증강하였다. 이는 조선어 방송 의 수신 확대를 위한 것도 있지만 중국이나 만주 지역에서 오는 전파를 차단하기 위한 것이 주된 목적이었다(경성일보사, 1941, 466쪽). 이로써 전국적으로 조선 어방송 수신이 가능해졌다.

2차 계획의 핵심은 대구와 광주에 2원 방송이 가능한 방송국을 건설하고 이미

건설된 부산과 청진, 이리의 단일방송을 2원화하는 것이었다. 이때부터 대구
(JBGK, 1941. 4. 19.)와 광주(JBHK, 1942. 3. 21.), 대전(JBIK, 1943. 7. 15.), 원산
(JBJK, 1943. 7. 15.), 해주(JBKK, 1943. 8.), 신의주(JBLK, 1943. 8.) 방송국이
연이어 개국하였다(한국방송공사, 1977, 110쪽).

1943년경부터 2차 세계대전이 점차 치열해짐에 따라 방송전파전과 전파관제
에 대한 대책도 더욱 강화되어 한국 일대의 전파 강도를 균일하게 하기 위한
기술적 조치를 취하여야만 했다. 그 방법으로 각 지방에 소출력방송국을 건립함
으로써 동시에 난청지역 해소도 효과적으로 해보자는 계획이 추진되었다. 따라
서 일어방송만을 하는 소출력방송국이 목포(JBNK)와 마산(JBOK), 춘천
(JBMK), 성진(JBPK), 강릉(JBRK), 청주(JBQK)에 잇따라 건설되어 방송을 개
시하였다(한국방송공사, 1977, 112-113쪽).

4) 부산의 이원방송

지방의 이원방송은 부산보다 뒤늦게 1936년 4월 10일 개국한 평양방송국은
하루 뒤인 11일부터 조선어 제2방송을 시작하였으며 1938년 10월 30일 개국한
함흥방송국은 다음 해인 1939년 4월부터 제2방송을 실시하였다. 2차 계획의
대구와 광주도 이원방송을 실시하였다(한국방송공사, 1977, 105-110쪽).

그러나 부산의 제2방송은 제2차 방송망 확충계획에 포함, 추진되어 시험방송
은 시도되었지만 실제 본 방송이 이루어졌는지는 확인되지 않는다. 1939년 8월
부터 조선방송협회는 기구 개편을 하면서 제2방송을 확충하는 계획에 의해
제2방송과를 제2방송부로 승격시켰다. 이에 따라 지방의 제2방송 보강 계획이
수립되었다. 「조선일보」 1940년 1월 7일자는 부산과 청진에 그 다음 해인 1941년
부터 제2방송을 실시할 예정이며 이를 위한 총독부 예산도 통과되었다고 보도하
였다. 이에 따라 1940년 6월부터 공사에 착수하였다는 내용이 「조선일보」 1940
년 6월 1일자에 보도되었다.

청진과 이리는 이 계획에 따라 1941년 8월과 1942년 4월부터 제2방송 전파도
발사하게 되었다. 그러나 부산의 제2방송이 실제 계획대로 집행되지는 못했던

것으로 보인다. 1942년 일본은 태평양전쟁을 일으키면서 전파관제를 실시하였다. 이 전파관제의 일환으로 1942년 4월 27일에는 조선어 제2방송을 폐지하기에 이르렀던 것이다. 이러한 상황 속에서 부산의 제2방송은 1942년도에는 계획대로 집행되지 못했던 것으로 보인다.

그러나 다음 해인 1943년 11월 10일 다시 조선어 제2방송이 부활하여 방송되었다. 그러나 전파관제 중이므로 그 주파수를 통일하여 동일 주파수 1,080KHz로 방송하였다(한국방송공사, 19777, 124쪽). 이때에는 아마 부산에도 제2방송이 시작되어 경성의 방송을 중계하였던 것으로 보인다. 8·15 해방 당시 전국 지방 방송국의 현황을 보면 부산에도 제2방송 주파수가 1,080KHz로 할당되어 있는 것으로 나와 있다(한국방송공사, 1977, 194쪽).

5) 부산방송국의 종사자들

일제기 부산방송국에 어떤 인물들이 근무했었는지에 대한 체계적인 자료는 현재까지는 없다. 단지 당시 관계자들의 단편적인 회고에 의해 일부 인사들만이 알려지고 있을 뿐이다. 경성방송국의 업무부에 근무했던 벳쇼 오시히로(別所義博)에 의하면 1937년경 부산방송국장에 취임한 인물은 부산우체국장 출신의 고시로(小城文八)였다. 이는 초대 국장 야키의 후임으로 보인다. 그 이후는 미노(見野追藏)가 국장을 지냈다(시노하라 외, 1981/2006, 11-12쪽). 개국 초기에는 이와오(岩男)라는 아나운서가 부산에 근무하였다. 그는 1935년 말 경주에서 열린 제야의 종 타종식을 경성에서 내려온 아나운서와 공동으로 진행하였다(「매일신보」 1935. 12. 17. 3면).

한국인으로는 개국 당시 경성방송국에서 권투중계를 최초로 맡았던 박충근 아나운서와 엔지니어 한진동이 부산으로 전근하였다. 박충근은 얼마 뒤 방송계를 떠났으며 한진동은 경성으로 돌아가서 근무하였다. 8·15 광복 직전에는 만주대학 출신의 서종호가 방송국의 업무과와 기술과의 직원들을 규합하고 독립운동가와 손잡아 '구국동맹'을 결성하여 활동하다가 체포되는 사건도 있었다. 이들은 헌병대로 넘겨져 즉결처분 직전에 8·15 해방으로 풀려나게 되었다(유병은, 1998, 49쪽).

이밖에도 8·15 당시 부산방송국에 근무했던 한국인으로는 이우봉(李佑奉), 박인규(朴仁圭), 지윤상(池允相), 강재수(姜在守), 김정현(金正鉉), 황세연(黃世淵)(한국방송70년사편찬위원회, 1997, 161쪽), 박한국(朴漢國), 이우봉(李佑奉)(한국방송공사, 1977, 31쪽) 등이다. 이들 대부분은 방송 기술을 담당했던 것으로 알려지고 있다.

3. 부산방송국의 편성

1) 일원방송의 실시

전술한 대로 부산방송국은 일제 말기를 제외하고는 일본어 방송만 이루어졌다.「동아일보」1935년 9월 17일자 5면을 보면 부산방송국의 개국 소식을 전하면서 다음과 같이 편성에 대해 언급하고 있다.

> 부산방송국만은 단식방송으로 일본말로만 방송하게 되는 것이 조선인측에서는 크게 불편이 잇스나 방송당국자는 말하기를 부산의 3천여 청취자 중 조선인은 겨우 1백 5,60명밖에 안되고 이중방송을 한다처도 방송재료가 없어 못할 지경이라고 한다. 현재 구조는 복식이 되기 쉽게 건설되엇기 때문에 조선인측의 요망 여하로는 복식방송도 할 것이라 한다.

조선인 청취자도 적고 프로그램 여건도 어려운 관계로 일본어 방송만을 하지만 앞으로 추이에 따라 이원방송으로 전환할 수 있다는 말이다.

2) 부산방송국의 편성

부산방송국이 구체적으로 어떠한 편성으로 방송했는지 자세하게 알 수 있는 자료는 현재 없다. 당시 지방방송국의 편성은 경성방송국의 편성을 기본으로 하면서 경성중앙방송국에서 정한 기본 횟수에 따라 일정한 비율로 로컬 프로그램을 제작, 방송하였다(방송위원회, 2000, 48쪽). 초창기 방송의 편성은 근대적 시간 체체에 편입하지 못한 상태였다. 다시 말해 정해진 시간 스케줄에 따라 정확하게 프로그램이 시작하고 끝나는 것이 아니었다는 말이다. 당시의 편성은 오전과 오후 그리고 야간의 3구분으로 편성되었다. 주식이나 쌀값 시세 방송, 정오와 저녁 7시 뉴스 등 몇몇 프로그램을 제외하고는 임의적으로 시작하고 임의적으로 끝나는 경우가 허다했다고 한다(백미숙, 2007, 331쪽).

「조선일보」 1936년 4월 3일자 7면에 실린 '부산방송국의/방송시간개정'이라는 제목의 기사를 보면 당시 부산방송국 편성의 대강을 알 수 있다. 기사의 내용은 다음과 같다.

> 부산방송국에서는 4월 1일부터 방송시간을 개정하엿는데 종래의 아침방송 시간이 7시든 것을 30분 더 일즉이 6시 30분부터 방송을 개시하고 또 종래에 방송치 안헛든 일요일에도 오전 9시 15분부터 11시 40분까지 긔상통보 급 어린이 시간 등을 중계하기로 되엿스며 오후 4시의 뉴-쓰도 일본 내지와 가티 방송키로 되엿는데 전체의 개정시간표는 다음과 갓다.
> ▲오전 6, 30 어학강좌 기타(13일부터 개강) ▲동 7, 00 아침 교양 ▲동 7, 20 라디오 체조 ▲동 7, 40 천기예보
> ▲日曜祭日의 오전중 방송 ▲9, 15 기상통보 ▲9, 30 어린이 시간 ▲10, 00 일요 勤行 又 는 강연 기타 ▲10, 40 강연 ▲11, 40 해외 시황 ▲오후 4, 00 뉴-쓰

이 기사는 아마도 춘계 개편 내용을 보도하고 있는 것으로 보인다. 기사에 의하면 1936년 4월부터 아침방송을 30분 앞당겨 방송 시간을 늘이는 것으로 되어 있다. 또한 일요일에는 방송을 안 하다가 이때부터 일요일에도 기상 정보와 어린이 시간, 뉴스 등 경성중앙방송국의 프로그램을 중계한 것으로 보인다. 일요일 오후 4시의 뉴스가 일본 내의 뉴스를 중계한다는 언급도 주목할 만하다.

이를 통해 당시의 프로그램은 지방 방송 자체적으로 제작한 로컬 프로그램과 경성방송국이 제작한 것, 그리고 일본에서 제작한 것의 세 가지 종류가 전파를 탔던 것으로 볼 수 있겠다.

3) 부산방송국의 로컬 프로그램

일제기 부산방송국의 로컬프로그램으로는 구체적으로 어떠한 프로그램이 어떻게 편성, 운영되었는지는 잘 알려지지 않고 있다. 다만 당시 신문 지면을 통해 어떤 프로그램들이 제작, 방송되었는지를 단편적으로 알 수 있을 뿐이다.

당시의 로컬 프로그램은 전국에 방송되기도 하였다. 1936년 6월에 부산방송국은 가요방송을 제작하여 이를 전국에 방송하며 만주지역까지 프로그램을 교환할 계획을 세웠다. 「매일신보」 1936년 6월 6일자 3면을 보면 '부산JBAK/선만교환방송계획/11일엔전선에가요방송'이라는 제목으로 다음과 같이 보도하고 있다.

> 남조선의 문화개발의 사명을 띄고 작년에 개설 이래 헌신 노력중에 잇는 부산방송국 「JBAK」에서는 오는 11일 오후 8시부터 동 50분까지에 조선가요곡을 전조선에 처녀방송하기로 되엿는바 이의 출연가수는 김기태(金琪泰), 박수덕(朴壽德)으로 부산 악우회(樂友會)의 반주라 한다. 그리고 동국에서는 다시 선만교환방송을 할 량으로 구체적 계획을 세우고 잇는 터인데 이의 방송곡목은 농민가로써 동래권번 기생이 출연 방송할 터로 아즉 방송일자는 미정인바 불일내로 전파를 통하여 울녀나올 이들의 청가묘음은 첫여름에 일반청취자의 청량제가 될것으로 지금부터 자못 기대된다

위의 기사는 전국에 가요방송을 한다는 사실과 가요 프로그램을 만주 지역과 교환 방송한다는 내용이 포함되어 있다. 이를 보면 부산 지역에서 활동하던 가수도 있었으며 반주도 부산의 악단이 맡았던 것을 알 수 있다.

이러한 로컬 프로그램 제작을 위해 부산방송국은 1938년 10월 연예인을 발굴

하기 위한 이벤트를 실시하였다. 노래와 만담 등 12개 종목에 걸쳐 신인들을 발굴하여 11월에 '신인의 밤'을 개최할 예정이라고 공지하였다(「매일신보」 1938. 10. 2. 3면). 이와 같은 이벤트로 신인을 발굴하여 이들로 프로그램을 제작, 방송하려는 시도했음을 알 수 있다.

1936년 1월에는 부산부 내의 저명인사들을 초빙하여 취미나 실생활에 유익한 강연을 방송하는 프로그램을 편성하여 10일에 한 번씩 방송하였다. 1월 26일 방송된 첫 회분으로는 경남도지사가 출연하여 강연하였다(「매일신보」 1936. 1. 23. 3면). 10일에 한 번씩 방송했다는 것을 보면 요즘 같은 주 단위의 고정 편성이 당시에는 없었으며30) 같은 편성틀로 가면서 그 내용에 조금씩 변화를 주었던 것으로 보인다.

4) 전국 중계방송의 시도

당시는 지방 방송국의 프로그램이 전국으로 중계되는 경우도 상당수 있었다. 전술한 바와 같이 개국식 실황이 전국에 중계된 것을 필두로 하여 당시 세모에는 경주의 에밀레종을 타종하면서 이 실황을 전국에 중계했는데, 부산방송국 개국 후인 1935년 말에는 이 프로그램 제작에 부산의 이와오(岩男) 아나운서를 보내 경성에서 내려온 아나운서와 공동으로 진행하였다. 이러한 계획은 부산의 야키 국장이 경성을 방문하여 협의한 결과였다. 또한 이해 세모를 맞아 28일에는 부산항에 입항하는 관부연락선의 이모저모를 스케치하며 29일에는 부산 중앙시 장의 활기찬 모습을 현장에서 전국에 중계했다는 것이다(「매일신보」 1935. 12. 17. 3면).

부산의 스포츠 행사를 전국에 중계하기도 하였다. 1936년 6월 20일과 21일 양일간 부산에서는 부산체육회가 주최하고 「동아일보」 부산지국이 후원하는 전조선축구대회가 열렸다. 이 대회의 실황을 부산방송국이 전국에 중계하였다

---

30) 고정 편성 제도가 도입된 것은 미군정기인 1946년 '주간기본방송순서'를 도입하면서부터라고 한다(백미숙, 2007, 332쪽).

(「동아일보」 1936. 6. 6. 8면).

5) 학교 방송의 실시

1936년에는 학교 방송을 실시하였다. 「매일신보」 1936년 9월 14일자는 '부산 방송국서/학교방송실시'라는 제목으로 다음과 같이 보도하고 있다.

부산방송국에서 현안중에 잇는 학교방송은 수(遂)히 본월부터 실시하기로 만반준비가 정비되야 내 1일부터 방송을 개시하기로 되어 부내의 각 초등학 교에서는 이의 시설에 착수하얏는데 부산보통학교에서는 솔선하야 500원을 투(投)하여 교내방송 겸용의 이상적 설비를 완료하얏다는바 이에 의하면 매 일 동경으로부터 방송되는 학교방송을 청취함은 물론 교장실에서 24 교실의 「수윗치」를 거부(据付)하야노코 청취희망 학급에는 자유로히 전파를 통하도 록 장치가 되어잇서 우천일에는 「마이크」를 통하야 교장의 훈화를 각 교실에 방송하고 주간의 음악방송의 감상도 하리라 한다

보통학교를 대상으로 수신기를 교내 각 교실에 연결하는 장치를 마련하고 이를 통하여 동경의 학교 방송을 중계하기도 하고 음악방송을 청취하기도 한다 는 것이다. 이때를 계기로 마련된 학교 방송은 1930년대 후반부터 전시체제로 돌입하면서 선전의 주요 채널이 되었다고 볼 수 있겠다.

〈사진3-9〉 부산방송국의 송신기(좌)와 조정탁자(우)
* 출처 : 한국방송공사(1977)

4. 부산방송국의 청취권역과 수신기 보급

1) 경북 지역 수신기 보급 확대 노력

부산방송국의 청취권역이 어디까지였는지를 알 수 있는 직접적인 자료는 없다. 간접적인 자료들에 의하면 당시 권역이 부산과 경남뿐만 아니라 경상북도의 일부 지역까지도 포함되었던 것으로 보인다. 부산방송국은 이 지역까지 수신망 확대를 위해 노력하였다. 「매일신보」 1936년 8월 13일자 기사에 의하면 '부산방송국 수신망확장'이라는 제하에 다음과 같은 내용이 보도되고 있다.

> 부산방송국에서는 현재 라듸오의 보급률이 비교적 저조한 경북지방에 라디오의 인식을 깁히 하야 보급 확대를 도모하고자 팔목 방송국장은 포항지방에 출장하야 째맛츰 개회중의 면장회의에 출석하야 군급면대표자와 간담하고 교양 뉴-쓰 오락 등 3방면의 견지로부터 군면당국을 통하야 이의 대량 주선을 도모하기로 되얏다한다 그리고 장래는 1면에 1개의 신「세트」를 설치하고 각 호에 1개의 「스피-카」를 배치하야 간이경제적 공동청취의 취급에까지 진행시킬 계획이라 한다 그리고 경주 영천 양 지방에도 각기 내 15일부터 19일까지의 면장회의를 계기로 계원을 파견하야 구체적 교섭을 진행하리라 한다

경북 지역에 수신망 확대를 위해 국장이 직접 현지에 출장까지 가면서 노력하였음을 알 수 있다. 포항뿐만 아니라 경주, 영천 등 경상북도 남부 지역을 대상으로 수신 확대를 시도하였다.

또한 이 기사를 통해 당시 수신 상황의 주요 단면을 알 수 있다. 수신기 가격이 비싸서 살 능력이 모자라는 사람들이 대부분이었으므로 공동 청취의 형태가 많았다. 마을의 각 가구마다 유선으로 연결된 스피커를 설치해 놓고 공동으로 청취하였던 것이다. 이러한 형태는 라디오 방송 초창기에 대부분의 사회에서 공통적으로 나타난 현상이다. 광복 이후에도 농촌지역에서는 이러한 공동 수신

형태가 많이 남아 있었다(한국방송개발원, 1995, 46쪽).

2) 청취자 배가운동

1937년 7월에는 그해 봄 조선방송협회가 출력을 50KW로 증강한 기념으로 청취자 배가운동에 나선 것에 발맞춰 부산방송국도 이 운동에 나섰다. 부산부, 경상남도와 협의하여 경남 도내 각 군의 경찰과 학교, 기타 사업소에 협조 공문을 발송하였다(「매일신보」 1937. 7. 14. 3면). 출력 증강을 기념한다는 명분을 내세웠지만 바로 이때는 중일전쟁 개전 직후로서 전시체제로 전환하는 과정의 일환이었다고 볼 수 있겠다.

이어 1938년 연말에는 조선방송협회의 청취자 배가운동사업의 일환으로 경남 도내 농촌 지역에 무료 라디오 시설을 설치하는 계획이 확정되었다. 이에 따라 당시 경성방송국의 야키 사업부장이 도 당국을 방문하여 그 후보지를 협의하였다(「동아일보」 1938. 12. 19. 4면).

3) 수신기 보급 현황

이러한 배경 속에서 부산 경남 지역의 라디오 수신기 보급도 꾸준히 확대되어 왔다. 다음의 표는 경성방송국이 제2방송을 실시하기 시작한 1933년부터 전국 및 경남 지역의 라디오 수신기 보급의 변화 과정을 연도별로 정리한 것이다.

표에서 보는 바와 같이 라디오 수신기의 보급은 꾸준히 확대되어 왔으며 특히 1930년대 후반부터 급격히 늘어났음을 알 수 있다. 이는 1935년부터 지방방송이 개국하기 시작하였으며 1937년 4월 제2방송의 출력이 50KW로 증강되어 전국적으로 방송 청취가 가능해졌던 데에서 1차적인 배경을 찾을 수 있다. 1938년도를 기점으로 가구당 보급률이 1%를 넘어섰다. 또한 1937년 일본이 중일전쟁을 일으키면서 조선을 전시체제로 몰아가면서 보다 신속한 정보에 대한 수요가 커졌기 때문일 것이다.

〈표3-32〉 일제기 경남 지역 라디오 수신기 보급 현황

연도	전국			경상남도					
	합계**	조선인	일본인	합계**	순위	조선인	순위	일본인	순위
1933	32,014	6,401	25,444	3,382	2	331	3	3,042	2
1934	40,493	9,584	30,660	4,570	2	573	3	3,987	2
1935	52,853	14,537	37,958	6,483	2	850	3	5,619	2
1936	72,682	22,777	49,349	8,402	2	1,239	3	7,139	2
1937	111,838	40,107	71,168	11,725	2	2,101	4	9,595	2
1938	128,073	48,966	78,433	13,264	2	2,532	5	10,700	2
1939	167,049	75,909	90,425	16,300	2	3,681	5	12,599	2
1940	227,573	116,935	109,694	19,972	3	5,459	5	14,493	2
1941	271,994	144,912	125,882	23,847	4	7,658	4	16,152	2
1942	277,281	126,047	149,653	24,081	5	15,883	2	8,160	5
1943	295,032	128,509	164,810	25,139	5	15,817	2	9,285	5

* 자료 : 『조선총독부통계연보』 각연도판 (「국가통계포털」 http://kosis.kr/nsportal/feature/feature_03List.jsp 2010. 7. 27.)
** 합계에는 기타 외국인의 보유 숫자도 포함

이 밖에도 수신기 구입을 권유하는 조선방송협회의 청취자배가운동이 지속되었고 1938년 4월부터 청취료가 월 1원에서 75전으로 인하되었으며 라디오 수신용 전기요금도 한 대당 전등 요금의 70%를 부과하던 데서 60% 부과로 인하되었다는 사실도 수신기 보급을 촉진하는 요인이 되었을 것이다. 그리하여 1941년에는 보급률이 3%를 넘어섰다(김영희, 2009, 129-130쪽). 이러한 상황 속에서 1940년 한국인 발행의 민간지들이 폐간되면서 그 수요가 다른 신문과 라디오로 몰린 것도 하나의 요인이 되었을 것이다. 태평양전쟁 개전 직후인 1942년 4월부터는 전파관제가 실시되어 주간 방송이 정지되고 야간 방송만 소출력으로 방송되었으며 조선어 제2방송이 일시 중단되었다가 1943년에 다시 재개되었다. 이에 따라 청취자의 증가는 둔화되었다(정진석 외, 2008, 228쪽).

라디오 수신기의 도별 분포를 보면 경상남도는 합계에서 경기도의 뒤를 이어 2위를 유지하다가 1940년대에 들어서면서 순위에 변동이 생겼다. 평안남도와 함경남북도의 라디오 보급이 급격히 늘어나서 경남 지역을 추월하였다. 이에 따라 경남 지역의 보급은 5위까지 내려왔다.

조선인들의 라디오 보급도 계속 증가해 왔다. 도별로 경남은 3위를 유지하다가 1930년대 후반과 1940년대 초 4~5위권으로 밀렸다가 1942년 급격히 늘어나면서 2위까지 상승하였다. 반면 일본인들의 보급은 계속 2위를 유지하다가 1942년부터 절반 정도로 급격히 줄어들었다.

이처럼 경상남도가 라디오 수신기의 보급에서는 다른 지역보다 앞서 있었던 것은 경제 수준의 측면에서 다른 도보다 높았고 일본 문화의 영향이 더 강했던 점 등 여러 가지 요인을 생각해 볼 수 있을 것이다.

4) 라디오 상담소 설치

일제 말기 라디오 보급이 점차 늘어나면서 조선방송협회는 청취자에 대한 서비스를 위해 라디오 상담소를 설치 운영하였다. 이 상담소는 서울뿐만 아니라 방송이 실시되는 각 지방에도 설치되었다. 부산에는 언제부터 설치, 운영되었는지는 확인이 안 되지만 영정 1정목 28번지에 설치되었다. 이 상담소에서는 라디오를 샀을 때 설치해 주고 고장이 나면 수리도 해 주는 동시에 청취 상태를 조사하고 청취료도 받는 등 여러 가지 역할을 담당하였다. 이를 위해 각지의 상담소에는 숙련된 기술자들과 수리에 필요한 각종 장비를 갖추고 있었다(한국방송공사, 1977, 193-195쪽).

5. 부산의 영화 발전

1) 부산의 극장

개항 이후 일본인들의 집단 이주가 가장 많았던 부산 지역은 이들을 중심으로 영화 문화에서도 앞서나가는 특징을 보여 주었다. 부산의 일본 영사관이 1895년 제정한 '거류민영업규칙' 중에는 '극장취체규칙'과 '각종흥행취체규칙'이 포함되어 있다(홍영철, 2008, 51쪽). 통제를 위한 규정이 존재한다는 것은 그때 이미

극장이 존재했었다는 의미로 받아들일 수 있겠다.

현재까지 알려지기로는 1903년에는 이미 행좌(幸座)라는 극장이 지금의 광복동 지역인 남빈정에 연극 전용 극장으로 존재했으며 같은 광복동에 송정좌(松井座)도 있었다는 것이다. 이 두 극장에서 1904년에 처음으로 영화가 상영되었으며 이후에도 여러 극장들이 생겨나 1910년대 중반에는 부산 중구 지역에 7개 극장이 밀집되어 있었다. 이중 1912년에 설립된 욱관(旭館)이 1914년부터 구조를 변경하여 부산 최초의 활동사진 상설관이 등장하게 되었다(홍영철, 2009, 18-23쪽).

2) 조선키네마주식회사의 설립

1920년대 부산에서는 영화 제작사가 국내에서 처음으로 설립되었다. 영화관이 생겨나면서 영화가 인기를 끌기 시작하자 극장 수도 늘고 관객층이 형성되자 극장의 소유자들이 직접 제작에 손을 대기 시작하였다. 그러나 이는 오래 지속되지 못하였으며 1924년부터 영화제작사가 설립되어 본격적으로 영화 제작에 나서기 시작하였다.

그중 가장 먼저 설립된 것이 바로 부산에서 1924년 7월 11일에 부산부 본정 5정목 19(현 중구청사 아래)에 설립된 '조선키네마주식회사'였다. 이 회사는 당시 부산에 거주하던 일본인 실업가들이 자본금 75,000원, 불입금 18,750원으로 설립한 회사였다. 일본인 자본과 기술, 한국인 배우가 합세하고 3,500원짜리 프랑스제 발보카메라를 구입하는 등 기본 설비를 갖추고 출발하였다. 설립 당시의 이사진을 보면 총포화약상이던 나데오도이찌(名出音一)가 대표를 맡았으며 소아과 병원장 가또오세이찌(加藤淸一), 부산 묘각사 주지였던 승려 다카사칸쪼우(高佐貫長)가 취체역을 맡았다. 감사에는 변호사 구보다코로(窪田梧樓)와 다나카요시노부(田中美登), 지배인에 아쿠쯔마사아끼(阿久津正明)이 임명되어 총 7명이 경영진으로 참여했다(홍영철, 2009, 34-36쪽).

당시 이 회사가 제작한 영화에는 연극인들의 동인 모임이었던 '무대예술연구회' 구성원들이 주로 참여하였다. 첫 작품으로 제작된 「해의 비극」(海의 悲劇)을

1924년 말 단성사에서 개봉하여 흑자를 기록하였다. 그러나 두 번째 작품인 「운영전」부터 적자를 내기 시작하여 25년까지 네 번째 작품을 제작한 것을 끝으로 해산되고 말았다(한국영화인협회, 1969, 69-72쪽). 이 회사에는 나운규가 1924년 가을에 연구생으로 입사하여(홍영철, 2009, 41쪽) 영화배우로서 첫발을 내디뎠다.

한편 「해의 비극」과 「운영전」에 주연 배우로 출연한 이주경(李周璟)은 한국 최초의 배우라고 할 수 있을 것이다. 이주경은 부산 출신으로 경남은행에 재직하면서 초창기 부산의 야구계를 주도하였던 인물로 알려져 있다.31) 그러다가 '조선키네마주식회사' 설립 이후 주연 배우로 교섭이 들어오자 배우의 길로 나서게 된 것이다(박원표, 1965, 139쪽).

조선키네마주식회사는 단명에 그치고 말았다. 창립 때부터 내재되어 있던 일본인과 한국 영화인의 갈등이 표면화되면서 소송까지 이어져 1925년 7월에 해산되고 말았다(홍영철, 2009, 54-56쪽). 이처럼 단명에 그친 것은 이러한 내부적 요인 외에도 당시의 전반적인 여건이 미성숙했던 상황도 주요한 요인이 되었을 것이다. 조선키네마주식회사 이후 해방까지 총 59개 영화사가 활동하였지만 활동 기간은 평균 5.1개월로 거의 대부분 단명에 그치고 말았다(유선영, 2007, 247쪽). 이는 영화라는 새로운 매체가 인기를 끌자 시장성이 있을 것으로 판단하여 회사를 설립하고 활동을 시작하지만 실제 운영 과정에서는 여러 가지 현실적 한계에 부딪히기 때문에 나타났던 현상으로 분석할 수 있겠다.

이와 같이 부산에서는 일본인의 주도에 의한 것이고 단명에 그치기는 했지만 국내 최초의 영화 제작사가 출현하였다. 당시의 '조선키네마주식회사'는 여러 가지 여건이 성숙되지 못한 관계로 오래 지속되지는 못했지만 일본의 자본과 기술로 한국의 배우들을 동원하여 영화 제작을 시도하였던 것이다.

---

31) 이주경은 이 밖에도 능변가에다 사교성도 뛰어나고 당구도 부산 최고의 실력을 지니는 등 다재다능한 인물이었다고 한다(주경업, 2008, 373-374쪽).

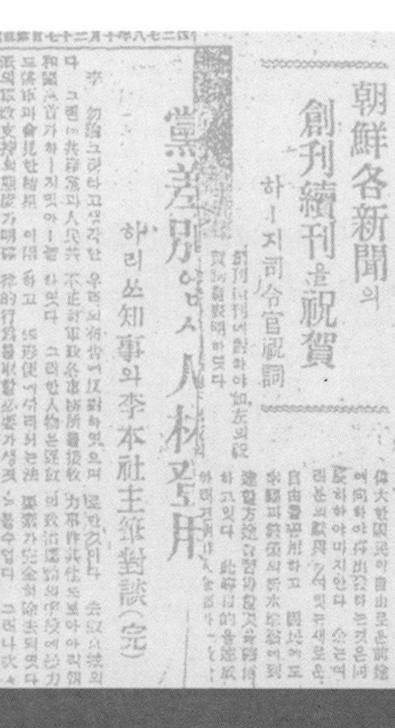

제4부

현대의 부산 언론

1945년 8월 15일 36년에 걸친 일본 식민 지배에서 벗어난 한국은 바로 미군정의 통치하에 들어갔다. 미군정 3년간은 시간적으로 길지는 않았지만 식민 지배에서 벗어나 우리 역사의 새로운 주체로 나서려는 민족의 시대적 욕구가 좌절된 채, 강대국의 이해 관계에 따라 분단체제로 귀착되고 말았다. 미군정 3년은 언론 부문에서도 이후 한국 언론의 발전 방향과 틀을 한정 짓는 결정적인 계기가 되었다(박용규, 1988, 150쪽).

1948년 8월 15일 제1공화국이 출범한 이후 한국 언론의 발전은 정치 발전과 밀접한 관련 속에 부침을 거듭하였다. 정권의 변화는 바로 언론정책의 대폭적 변화를 수반하여 정권이 바뀌면 언론도 대수술을 거쳐야 하는 과정이 반복되었다.

해방 이후 한국 정치사의 특성은 정치 권력이 대부분 그 집권 과정이나 정당성에 많은 문제를 지니고 있었다는 점을 지적할 수 있다. 이러한 특성 때문에 정치권력은 자신들의 정당성의 공백과 문제점을 은폐하기 위해, 나아가서는 정당성을 창출해 내기 위해 언론에 여러 가지 탄압을 자행하였다.

정치권력의 이러한 특성과 행태가 해방 이후 오랫동안 한국 언론의 특성을 규정하는 주요 요인이 되었다. 특히 새로운 집권 세력이 등장할 때면 거의 예외 없이 단행되었던 언론통폐합은 국내의 언론 시장을 근본적으로 왜곡하며 시장 속에서의 발전을 제약하는 요인이 되었다. 해방 이후 지방의 언론 발전도 이러한 큰 흐름 속에서 이루어졌다. 언론통폐합이 단행될 때마다 지방의 언론도 마찬가지로 강제적인 수술을 당해야 했던 것이다.

또한 1960년대 이후 본격화된 산업화 과정은 언론 매체의 발전에도 직, 간접의 영향을 미쳤다. 산업화와 함께 국민들의 생활 수준이 향상되면서 신문이나 방송, 뉴미디어 등 매체의 종류도 다양해지고 그 보급도 꾸준히 증가하면서 발전을 거듭하였다. 최근에는 그야말로 다매체다채널시대로 진입하고 있다.

그러나 이러한 산업화 과정에서 도시 중심, 그것도 서울 중심의 발전이 이루어짐으로써 지방은 서울에 비해 제반 부문의 발전에서 뒤지게 되었으며 그 격차는 날이 갈수록 벌어졌다. 도시를 중심으로 발전하게 되어 있는 언론 매체의 경우도 마찬가지다. 지방의 언론은 정책적으로도 소외된 가운데 제한된 시장에서 중앙의 전국 매체들과 어려운 경쟁을 해야만 했던 것이다.

해방 이후 한국의 언론은 모두 네 차례의 언론구조개편을 거쳐야 했다. 1961년의 5·16 쿠데타와 1972년의 10월 유신 선포 전후, 그리고 1980년도에 있었던 언론통폐합과 1987년도 이후에 이루어진 구조개편이 그것이다(김남석, 1994). 그중 세 번에 걸친 통폐합 때마다 한국의 언론 산업은 여러 언론사들이 강제로 폐간당함으로써 시장이 왜곡되어 왔다. 아래의 표는 해방 이후 1987년까지 각 시도별로 등록된 일간 신문의 변화 추이를 보여 주고 있다.

〈표4-1〉 해방 이후 시도별 일간신문 종수의 추이. ( )는 일간지 수

연도 / 도별	1946	1949	1955	1959	1961.3.	1961.10.	1964.8.	1968	1974	1981	1987
서울	24	21	16	16(15)	61(58)	14(11)	13(9)	19(14)	18(12)	15(10)	16(10)
경기	2	3	3	3	7	3	2	3	1	1	1
충북	1	1	1	1	2	1	1	1	1	1	1
충남	1	1	2	2	4	2	2	2	1	1	1
전북	4	5	3	3	8	3	3	3	1	1	1
전남	4	5	5	5	12	4	3	3	2	1	1
경북	7	6	4	4	6	4	4	4	2	1	1
경남 (부산)	11	11	6	6	9	5	5(4)	4	4	2	2
강원	1	1	2	1	1	1	1	1	1	1	1
제주	-	-	1	1	3	1	1	1	1	1	1
합계	56	54	43	42(41)	113(110)	38(35)	36(31)	41(36)	32(26)	25(20)	26(20)

* 자료 : 박정규(1987, 11쪽)

위의 표에 나타난 바와 같이 통폐합이 있었던 때마다 일간신문의 수가 대폭 감소하였음을 알 수 있다. 부산·경남 지역도 미군정기에는 11종까지 발행되다가 5·16 직전 일간 신문이 9종으로 줄었으나 5·16 이후 다시 5종으로 감소하였으며, 1980년의 언론통폐합으로 부산에 1개지, 경남에 1개지만 남게 되었다.

이와 같이 언론의 통폐합은 언론의 자생적 발전을 강제적으로 왜곡시켰던 것이다. 통폐합의 결과 살아남은 신문에게는 독과점 상태로 경쟁의 부담이 줄어든 상태에서 시장 점유를 높일 수 있다는 커다란 혜택이 되었지만 통합되거나 폐간된 신문들에게는 강제적으로 언론활동의 자유가 원천적으로 봉쇄되는 결과를 가져온 것이다.

한국 사회 전체적으로는 해방 이후의 발전 과정을 통해 전술한 대로 매체의 종류나 숫자가 많아지고 다양해지는 추세를 보이고 있지만 지방의 언론은 오히려 그 숫자와 다양성에서 줄어드는 결과를 가져온 것이다. 지역의 매체가 감소된 그 공백을 서울의 전국 매체들이 차지하고 있다.

이제 부산 지역 신문의 발전을 시기별로 주요 사건이나 특징을 중심으로 살펴보자.

제1장 미군정기 부산 언론

제1절 미군정기 한국 언론의 개관[1]

1) 해방 직후의 언론계

일제의 식민통치에서 벗어나자 한국 사회는 식민지의 모순을 청산하고 새로운 독립국가를 건설해야 한다는 시대적 과제에 직면하게 되었다. 이 과제를 둘러싸고 정치적·이념적 지향을 달리하는 여러 정당과 단체들이 생겨나면서, 그동안 억눌려 왔던 각종의 주의·주장이 봇물처럼 쏟아져 나오기 시작하였다. 이들은 각종 매체를 동원하여 자신들의 목소리를 담아내기 시작하였다. 소위 말하는 정론지의 시대가 도래하였던 것이다.

이러한 상황에서 먼저 활기를 띠기 시작한 것은 좌익계의 언론들이었다. 일제 치하에서 타협적인 자세를 보여 왔던 우익진영이 해방 직후 정세를 관망하고 있는 사이에, 좌익계열은 9월 8일 공산당 기관지의 성격을 지닌 「조선인민보」가 창간된 것을 필두로 조선공산당 중앙위원회의 기관지 「해방일보」(9월 19일)와 「중앙신문」(11월 1일) 등이 창간되어 활발한 언론활동을 펼쳐 나갔다.

우익진영에서도 1945년 9월 22일 「민중일보」가 창간되고, 「동신일보」(10월 4일), 「자유신문」(10월 5일), 「신조선보」(10월 5일) 등이 창간되었으나 좌익계열의 신문을 능가하지는 못했다. 이러한 상황에서 10월 22일 결성된 조선출판노조의 주도권도 좌익이 장악하게 되었으며, 10월 23일과 24일에 열린 전조선기자대회에서도 조선인민공화국을 지지하는 성명이 발표되었다.

그러나 미군정의 후원 속에서 이승만의 귀국과 한민당의 성장 등으로 우익세

---

1) 이 부분은 한국사회언론연구회(1996, 65-67쪽)를 주로 참조하였다.

력들이 그 세력을 확장하기 시작하자 언론에서도 좌우익의 이데올로기 대립이 심화되었다. 특히 1945년 말부터 쟁점이 되었던 신탁통치안을 둘러싸고 좌익과 우익신문의 대립은 첨예화되어 갔다.

이와 같이 해방 직후의 상황은 인쇄시설이나 용지 등의 제작여건과 문자해독 인구 등의 기본적인 여건이 불비한 상태였음에도 불구하고 식민치하에서 억압되어 온 커뮤니케이션 욕구의 분출과 새로운 국가건설에 관한 공개적 논의 등을 위해 서울뿐만 아니라 지방에서도 많은 신문과 잡지, 출판사 등이 생겨나서 이를 통해 활발한 이념투쟁이 전개되었다.

2) 미군정의 언론정책

그러나 식민지로부터의 해방이 곧 완전한 독립을 의미한 것은 아니었다. 38선을 경계로 분할 점령된 한반도는 각기 미국과 소련의 강력한 영향하에서 사회구조가 형성되었다. 미국은 남한에 대하여 그들의 전략적 이익을 실현시키기 위한 정책을 펼쳐 나갔다. 자유민주주의의 이식이라는 명분하에 소련에 대항하는 반공의 전진기지를 남한에 구축하려 한 것이다. 미군정의 언론정책도 이러한 미국의 대한정책 속에서 전개되었다. 표면적으로는 언론자유를 내세우면서도 실질적으로는 좌익언론을 탄압하고 우익언론을 비호하는 형태의 언론정책이 전개되었던 것이다.

미군정 언론정책의 이러한 성격은 귀속재산의 처리과정에서 먼저 나타났다. 해방 직후 일제의 언론사 시설을 건국준비위원회 등이 접수하려고 했지만, 미군정은 이를 좌절시켰다. 미군정은 방송시설은 직접 접수하여 관리하고, 신문사와 통신사의 시설은 우익세력에게만 위임관리 혹은 불하해 주었다. 일제기에 총독부 기관지로 발행되던 「경성일보」와 「매일신보」의 사옥과 시설은 「동아일보」와 「조선일보」가 이를 이용하여 복간할 수 있었다.

이러한 미군정의 언론정책은 법적·정치적 통제를 통해서 더욱 강화되었다. 미군정은 당초 1945년 10월 30일 군정법령 제19호를 공포하여 신문 기타 출판물의 등록제를 실시하였다. 그러나 이듬해인 1946년 5월 29일 미군정은 법령 제88

호를 공포하여 신문 등 정기간행물 발행을 허가제로 전환하였다. 이는 용지난을 표면적인 이유로 내세웠으나 언론부문에 신규 참여하는 것을 제한하기 위한 조치라고 하겠다. 이어서 1947년 3월 26일에는 공보부령 제1호를 공포함으로써 통제를 더욱 강화하여 정기간행물의 신규 허가를 중지하고 발행실적이 부진한 신문, 잡지들에 대해서는 그 허가를 자동으로 취소하는 조치를 취했다.

이러한 미군정의 언론정책에 의해서 좌익언론들은 모두 자취를 감추게 되었으며 우익 언론도 미군정 점령정책의 기본 목적, 즉 남한만의 단독선거에 의한 단독정부 수립이라는 방침과 입장을 달리하는 신문들은 문을 닫거나 논조를 바꾸어야 했다.

3) 한국 언론구조의 형성

미군정기 3년이 한국 현대사의 전개에서 갖는 중요한 의미는, 이 기간을 통하여 미국의 영향하에서 한국 사회가 미국을 중심으로 하는 세계자본주의체제에 편입되었으며, 소련을 중심으로 하는 공산진영에 대항하기 위한 냉전체제의 전진기지가 되어 분단체제로 귀착되었다는 점이다. 이러한 측면은 언론사의 전개에서도 마찬가지이다. 이 기간을 통하여 한국의 언론은 역사의 주체로서 참여하려던 자발적인 논의들이 미군정에 의해서 봉쇄당하고 말았으며, 대신 미국의 전략적 이익에 부합되는 언론들만이 살아남았다. 다시 말해 좌익언론들은 갖가지 탄압에 의해 모두 자취를 감추게 되고, 우익언론들만 살아남았으며, 중도계 신문들도 살아남기 위해서는 논조를 전환하지 않을 수 없었던 것이다. 이러한 과정을 거치면서 한국의 언론은 반공과 친미 이데올로기를 중심축으로 하는 구조로 형성되었다고 하겠다.

제2절 부산 지역 신문의 발전 과정

1. 해방 직후의 부산 언론계

1) 해방 직후의 부산 정국 동향

해방과 동시에 서울에서 건국준비위원회가 결성되었던 것과 마찬가지로 부산에서도 1945년 8월 17일 일제기 항일운동에 참여했던 인사들이 모여 경남지부 발기총회를 개최하여 건준 경남지부를 건설하였다. 본부를 초량의 3·1유치원에 두기로 하였으며 참가 자격을 항일경력자로 제한하여, 일제기에 관리를 역임하였거나 일제에 협력한 자는 제외시켰다. 완전한 독립국가의 수립과 민주주의 원칙의 준수, 치안과 질서유지의 세가지 강령을 채택한 창립총회에서 선출된 간부의 명단은 아래와 같다(박철규, 1995, 168-169쪽).

> 위원장 노백용, 총무부장 강대홍, 조직부장, 박용선(朴容善) 기획부장, 최천택 조사부장, 홍보용(洪甫容) 지방부장, 신덕균(申德均) 교통부장, 이재봉(李在鳳) 선전부장 박일형, 문화부장 박희창(朴禧昌), 건설부장 김칠성(金七星), 후생부장 이춘남(李春男), 치안부장 배덕수(裵德秀), 재정부장 오재일(吳載一)

위의 명단을 보면 일제기에 언론 활동을 했던 인물들이 위원장을 비롯하여 다수 포함되어 있다. 제3부에서 언급한 바와 같이 노백용은 「조선일보」 기자로서 경남기자동맹의 간부를 맡았던 인물이며, 강대홍은 「동아일보」 부산지국 기자와 지국장을 역임하였다. 최천택은 「시대일보」 부산 지국 기자를 역임하였고 박일형은 1930년 출범한 동래기자단의 위원장을 맡았던 인물이며 김칠성은 부산 출판노조의 간부를 역임하였다. 이들 중 위원장 노백용을 비롯하여 강대홍과 박용선, 홍보용, 배덕수 등은 일제기에 사회주의 운동에 참여했던 인물들이다

(박철규, 1995, 169-173쪽). 다시 말해 건준 경남지부도 대체로 좌익세력이 주도했다고 볼 수 있겠다.

당시 건준 경남본부는 「부산일보」와 부산방송국의 시설을 접수하여 우리말 신문과 방송을 시도하였다. 그러나 당시 우리말을 제대로 구사할 줄 아는 사람도 적었으며 한글 활자나 인쇄 설비도 부족한 형편이었다고 한다(박철규, 1995, 175쪽). 서울의 경우도 건준이 매일신보와 경성방송국을 접수하려 시도했지만 일본과 미군정의 방해로 여의치 않았던 것처럼 부산에서도 건준의 이러한 시도가 제대로 이루어지지는 못했던 것으로 보인다. 부산에서도 해방 직후에는 일본 헌병들이 그대로 남아 무력을 바탕으로 강제력을 행사하였다. 일본군이 강제하여 「부산일보」의 일본어판을 그대로 발행하도록 했던 것을 보면(김대상, 1981, 180쪽) 건준의 시도도 실현되지는 못했을 것이다.

1945년 9월 6일 건준이 인민공화국 수립을 선포하자 부산도 뒤를 이었다. 이 과정에서 인민공화국에 대한 지지 여부를 둘러싸고 두 개의 조직으로 양분되었다. 10월 5일에 개최된 경남대표자대회에서 건준을 해소하고 경남인민위원회를 출범시키면서 인민공화국에 대한 지지를 결의하였다. 경남인민위원회에는 위원장 윤일을 비롯하여 부위원장에 노백용과 일제기 「동아일보」 부산 지국장을 지낸 강영순이 취임하였으며 박일형, 홍보용 등이 간부로 선임되었다.

인공 지지 방침에 반기를 들고 대회장에서 퇴장하였던 일부 대의원들은 다음 날인 10월 6일에 따로 건준 경남연합대회를 개최하고 집행부를 선출하였다. 우익적 성향의 인사들이 주축이 된 이 모임에는 언론인으로는 일제기 「시대일보」 기자를 지낸 김국태가 위원장을 맡았으며 「시대일보」 기자와 「동아일보」 양산 지국장을 지낸 김철수(金喆壽)가 부위원장을 맡았다. 일제기 「동아일보」의 마지막 지국장을 지낸 서유성이 기획부장, 최천택은 치안부장으로 선출되었다(박철규, 1995, 181-187쪽).

이처럼 서울에서 여운형을 중심으로 한 좌익세력이 신속하게 건준을 출범시킨 것과 마찬가지로 부산도 해방 직후의 정국을 전반적으로 좌익세력이 주도하였다. 인민공화국 지지를 둘러싸고 좌익에 반발한 우익 세력들도 독자적 모임을 시도하였음을 알 수 있다.

2) 해방 직후의 부산 사회

해방과 함께 부산의 인구는 급격히 증가하였다. 다음의 표는 일제 말기인 1944년과 미군정기인 1946년 남한의 인구 변화를 미군정청의 자료를 토대로 정리한 것과 부산의 인구 변화를 정리한 것이다.

〈표4-2〉 남한 각도의 인구증가(1944~1946)

도별	1944	1946	증가율(%)
경기**	2,264,336	2,486,369	9.0
서울	826,118	1,141,766	38.2
충복	970,623	1,112,894	14.7
충남	1,647,044	1,909,405	15.9
전북	1,639,213	2,016,423	23.0
전남	2,486,198	2,944,842	18.4
경북	2,561,251	3,178,750	24.1
경남	2,318,146	3,185,832	37.4
강원	946,643	1,116,836	18.0
제주	219,548	276,143	25.8
합계	15,879,120	19,369,260	22.0

* 자료 : 브루스커밍스(1982, 311쪽), 합계는 필자가 산출
** 38도선 이남 지방만 포함

〈표4-3〉 부산의 인구 변화 　　(단위: 천 명)

연도	인구	증가율
1944	328.3	0.9
1945	281.2	-14.7
1946	362.9	29.0
1947	438.5	20.8
1948	501.9	14.4

* 자료 : 『부산통계연보(1980)』, 부산상공회의소(1989, 783쪽)에서 부분 발췌

1944년과 1946년의 2년 사이에 전국 인구는 22.0%에 달하는 급증가세를 보여 주었다. 특히 경남 지역은 서울의 38.2%의 바로 뒤를 이어 37.4%의 증가로 전국 2위를 기록하였다. 인구의 폭발적 증가라 해도 과언이 아닐 정도이다. 부산의

인구는 1945년에는 4만 7천이 넘게 감소하여 -14.7%의 감소율을 보였다. 이는 거주 일본인들이 빠져나간 결과이다. 하지만 그 이후 해마다 20%가 넘는 증가율을 기록하여 1948년에는 50만을 넘어서게 되었다. 이처럼 인구가 급증한 것은 전쟁을 피하기 위해 시골로 소개되었던 사람들이 돌아왔으며 일본으로부터 귀환하는 동포들이 부산에 도착했기 때문이다.

이러한 인구 증가는 주택난과 실업 증가, 식량 부족, 물가 상승 등의 여러 문제를 필수적으로 수반하였다(박철규, 1995, 160쪽). 아래의 표는 미군정기 당시 사회의 산업과 문화 등 여러 측면의 지표에서 도별 순위를 정리한 것이다. 이를 보면 경남은 철도 길이와 산업 노동력 부문에서만 2위일 뿐 실업률을 포함하여 나머지 모든 부문에서 1위를 유지하고 있다. 인구 증가율도 위의 표에서는 서울에 이어 2위였지만 이 표에서는 서울이 경기도에 포함되자 경남이 1위로 나온 것이다. 이는 당시 부산과 경남 지방에 많은 인구들이 집중되면서 도시화도 급속히 진행되고 산업화의 기반도 상대적으로 앞서 나갔다는 점을 보여준다.

<표4-4> 근대화와 인구 지수의 지방별 순위

도별	1리당 철도길이 (1943)	문자 습득률**	도시발전 (1944~1946)	산업노동력 (1947)***	인구증가율 (1944~1946)	실업률 (1946. 1.)
경남	2	1	1	2	1	1
경북	7	4	4	3	3	2
경기	2	2	7	1	9	6
전남	4	9	2	4	5	4
전북	1	7	5	5	4	7
제주	–	8	–	9	2	3
충남	5	6	3	6	7	8
충북	6	5	8	8	8	5
강원	8	3	6	7	6	9

*자료 : 브루스커밍스(1982, 315쪽)
** 순한글 습득률
*** 총산업 노동력 비율

당시 전반적으로 산업의 기반이 취약하였지만 언론과 직결되는 인쇄업 분야만 보더라도 1946년 후반기에 부산에는 13개의 인쇄업체가 있었던 것으로 기록되어 있다. 하지만 다른 업종들과 마찬가지로 인쇄 분야도 기계 부족과 원료

부족 등으로 어려움을 겪을 수밖에 없던 상황이었다(박철규, 1995, 166-167쪽). 이처럼 미군정기 부산 사회는 여러 종류의 신문과 잡지 등이 정상적으로 운영될 만한 객관적인 조건이 미흡했던 상황이라고 할 수 있겠다.

3) 신문과 잡지의 창간 붐

잘 알려진 대로 미군정 초기는 신문과 잡지, 통신 등 언론이 우후죽순격으로 생겨났다. 해방된 조국의 발전 방향과 이념 정립을 둘러싸고 좌익과 우익이 대립하였으며 이들이 각기 언론을 사상적 무기로 활용하면서 언론계에서도 좌익과 우익의 대립이 나타났던 것이다. 이와 같은 언론의 속출 현상은 지방에서도 마찬가지였다. 해방되자마자 주요 도시마다 일제기 일본인들이 사용하던 시설을 이용하여 신문들이 창간되기 시작하였다.

신문이 운영될 기본적인 여건도 갖추어지지 못한 채 많은 신문이 쏟아져 나오게 되었다. 당시 언론, 출판계의 최대 난점은 무엇보다도 용지난이었다. 각종 인쇄매체들이 쏟아져 나오는 상황이었지만 그 기반이 되는 제지 산업의 발전 속도는 여기에 미치지 못했던 것이다. 1947년 당시의 한국 사회에서 1개월간 신문과 잡지, 출판을 위한 용지로 대략 5만 연 가량이 필요하고 기타 교과서나 관공서, 회사 등의 수요를 합하면 총 10만 연으로 추산되는 수준이었다. 하지만 당시 남한 내의 17개 공장에서 생산되는 양은 한 달에 5천 연에 못 미치는 정도였다. 나머지는 수입에 의존하다 보니 수입품의 가격은 천정부지로 오르던 상황이었다. 인쇄 시설도 태부족이어서 1947년 8월 말 당시 남한 지역에 인쇄소는 278개였다. 이 인쇄시설에서 인쇄되어야 할 정기간행물은 총 334종에 출판사도 519개가 있었다는 것이다(조선통신사, 1947, 371쪽).

이렇듯 부족한 여건 속에서도 많은 매체들이 속출하였던 것은 과거 식민지 시대의 억압 상황 속에서 커뮤니케이션과 정보에 대한 욕구가 억눌려 오다가 해방되면서 이에 대한 반작용으로 속출한 측면이 있는가 하면, 새로운 민족국가 건설이라는 과제를 놓고 그 방향과 이념에 대하여 좌익과 우익의 대립이 생기면서 활발한 정론활동이 전개된 때문이라고 해석할 수 있겠다. 다음의 표는 1946년 중반경 부산 지방에 등장한 신문, 통신 및 주간 신문, 그리고 출판사 및 인쇄소의 현황이다.

〈표4-5〉 1946년 부산 지역의 언론 현황

	제호	발행인	발행지	허가번호	창간일
일간 신문/ 통신	大衆新聞	金 東 山	본정 3정목 26	49	1945. 12. 5
	人民解放報	盧 百 容	대창정 3의 8	57	1945. 10. 8
	釜山情報	郭 慶 鐘	대창정 4정목 40	71	1945. 9. 24
	釜山每日新聞	李 宅 國	대청정 3정목 8	78	1945. 11. 28
	民主衆報	金 炯 斗	대창정 4정목 36	90	1945. 9. 1
	朝鮮日日新聞	金 局 泰	좌천정 411	144	1945. 9.
	自由民報	金 喆 壽2)	본정 4정목 23	167	1946. 2. 26
	釜山新聞	金 埈 源	소화통 3정목 102	222	1946. 5. 3
	新韓日報	河 仁 星	대청정 1정목 35	232	?
	釜山日報	河 元 俊	대창정 4의 36	277	1946. 9. 10
	高麗通信	朴 在 學	대교통 2정목 20	157	?
주간 신문	水産新聞	安 永 善	남빈정 1정목 43	80	1946. 8. 이전
	愛國文藝新聞	廉 周 用	대교통 1정목 8	163	〃
	釜山人民報	姜 明 鎬	대창정 4의 36	183	〃
	東亞産業時報	李 容 熙	대청정 1정목 35	258	〃
	慶南商工新聞(주2회)	李 在 鉉	대창정 2정목 29	214	〃
	自由聯合	河 岐 洛	본정 4정목 21	284	〃
	學生동무(월2회)	鄭 容 洙	본정 3정목 1	209	〃

* 자료 : 조선통신사(1946, 281-286쪽). 창간일은 김대상(1981, 168-169쪽)

〈표4-6〉 1947년 8월 출판사 및 인쇄소 현황

시도별	출판사	인쇄소	합계
서울	441	105	546
경기	6	64	70
충북	1	10	11
충남	6	2	8
전북	5	2	7
전남	4	6	10
경북	27	19	46
경남	27	65	92
강원	1	1	2
합계**	519	278	797

* 자료 : 조선통신사(1947, 371쪽)

** 합계는 모두 안 맞지만 원문 그대로 옮겨 놓는다.

---

2) 원본에는 '김수철'로 나와 있으나 아마도 '김철수'의 오기로 보인다.

표를 보면 1946년 8월경 부산 지역에는 일간신문이 10종, 통신사가 1개사, 주간신문이 7종 발행되고 있었다. 1945년 9월 1일에「민주중보」가「중보」라는 제호로 창간된 것을 시초로 하여 1945년 말까지 6종이 창간되었으며 1946년에 들어서「자유민보」와「부산신문」등 4종이 뒤를 이었다.

(1) 1945년에 창간된 신문들

가장 먼저인 1945년 9월 1일에 창간된「중보」는 일부에서는 해방 직후 국내 최초로 나온 국문신문이었다고 주장(김대상, 1981, 180쪽과 자명김지태선생전기간행위원회, 2003, 191쪽, 김형두, 1995, 120쪽)하는데, 이는 사실과 다르다. 박정규의 연구(1997, 77-78쪽)에 의하면 부산의「중보」보다 먼저 대전에서 일제기부터 발행되던「중선(中鮮)일보」가 활자를 국문으로 바꾸어 1945년 8월 15일부터 발행되었다. 전주의「건국일보」는 8월 17일자로 창간되었고 광주의「전남신보」도 사용 언어는 언급하지 않았지만 1945년 8월 31일자로 창간되었다.「민주중보」의 창간과 운용 과정에 대해서는 뒤에서 좀 더 자세히 살펴볼 것이다.

「중보」의 뒤를 이어 두 번째로 창간된 것은 1945년 9월 24일 창간된「부산정보」이다.「부산정보」를 창간한 인물은 곽경종으로, 일제기인 1931년 8월경에도 부산에서「실업시보」라는 잡지를 창간, 발행했던 인물로서 앞의 제3부에서도 지적한 바와 같이 친일적 인물이었다. 친일 인사가 해방 정국에서도 발 빠르게 움직여 일간신문을 창간했던 것이다. 이 신문은 현재 실물이 남아 있지 않아 자세한 사항을 알 수 없지만 제호로 보아 일제기에 발행했던「실업시보」와 비슷한 성격의 경제 정보지를 확대하여 부산에 관한 정보 위주의 신문을 지향했던 것으로 추정해 볼 수 있겠다.「부산정보」는 1946년 6월 초 사원총회의 결의로 사장 곽경종을 그만두게 하고 박귀조(朴貴祚)가 사장에 취임하였다(「부산신문」 1946. 6. 7.,『한국언론연표』 1946년 6월 일자 미상에서 재인용). 이 신문은 1947년 1월 27일 납본 문제로 폐간되고 말았다. 여러 차례 휴간으로 납본이 제대로 이루어지지 않아 미군정 법령 제88호에 의거하여 경남도지사의 명령으로 폐간되었다(「동아일보」 1947. 2. 5. 2면). 납본이 제대로 이루어지지 않았다는 것은 발행이 정시에 제대로 되지 못했다는 것으로 볼 수 있겠다.

위의 표에서 1945년 9월 창간으로 되어 있는 「조선일일신문」이 국사편찬위원회의 「한국사데이터베이스」(http://db.history.go.kr)의 '한국사연표'에 의하면 1945년 9월 1일에 창간되었다고 기록되어 있으나 출처가 기록되어 있지 않아 확인이 불가능하다. 「조선일일신문」은 김국태가 좌천동 411번지에서 창간한 타블로이드 2면의 신문으로 되어 있는데(『한국언론연표Ⅱ』 1945년 9월 일자 미상), 전술한 바와 같이 김국태는 일제기 「시대일보」 부산지국의 기자를 지냈으며 해방 정국에서 건준에 참여하였다가 인공 지지에 반발하여 별도의 건준 경남연합대회를 개최하여 조직을 구성하고 위원장에 취임하였던 우익 성향의 인사였다. 이로써 이 신문은 우익 성향의 신문이었던 것으로 추정할 수 있겠다. 「조선일일신문」은 1947년 1월 27일 납본 의무를 제대로 이행하지 않았다는 이유로 미군정법령 제88호에 의거, 경남도지사의 명령으로 폐간되었다. 이 신문도 납본 의무를 제대로 지키지 않고 5일 내지 7일분을 한꺼번에 납본하였다는 것이다(「동아일보」 1947. 2. 5. 2면).

「부산정보」와 「조선일일신문」을 폐간시킨 후 부산시 공보과는 폐간의 사유에 대해 담화를 발표하였다. 그 내용은 두 신문은 실제로 발간하지 않았거나 태만하였으므로 잠정적으로 허가장을 회수한 것이라며 신문사가 발간할 준비가 갖추어지면 반환하여 준다는 것이었다(『한국언론연표Ⅱ』 1947. 2. 일자 미상).

다음으로 창간된 신문은 1945년 10월 8일의 「인민해방보」이다. 이 신문은 해방 직후 부산의 건준을 주도했으며 인공 지지에 앞장섰던 주역들, 즉 발행인 노백용을 중심으로 하여 윤일, 박승도, 강대홍 등이 중심이 되어 타블로이드판 2면으로 창간했던 좌익 신문이다. 창간 당시 사옥은 불확실하지만 창간 후 얼마 안 된 그해 12월 초 테러에 의해 사옥이 불탐으로써 사옥을 중앙동 3가 8번지 일본인이 경영하던 서점 박문당 옛자리로 옮겨 12월 15일부터 속간하였다(「민주중보」 1945. 12. 25. 2면). 인쇄 공장은 충무동에 있다가 뒤에 대창동으로 이전하였다고 한다(김대상, 1981, 184쪽). 이 신문은 창간 얼마 후 제호를 「부산인민해방보」로 바꾸었다(한국신문연구소, 1975, 434쪽).

뒤이어 1945년 11월 28일에는 「부산매일신문」이 창간되었다. 사장은 윤두해

(尹斗海)로, 1904년 경남 출생의 기업인(「한국근현대인물자료」국사편찬위원
회 한국사데이터베이스 http://db.history.go.kr/url.jsp?ID=im_108_20621 2010.
9. 26.)이며 1929년 6월경에 부산체육회에 관여(「중외일보」1929. 6. 2. 3면)했던
인물이다. 1945년 11월 2일 제78호로 인가를 받고 발행된 이 신문의 발행인은
이택국(李宅國)이며 타블로이드 2면으로 발행되었다. 1면은 외신과 서울 뉴스,
2면은 지방면으로 부산 뉴스를 실어 보도 기사 중심의 편집을 하였다(한국신문
연구소, 1975, 281쪽). 박경장(朴慶章)의 회고(1959, 10쪽)에 의하면「부산매일신
문」은 일제기「대구일일신문」기자였던 이택국이 윤두해의 재정 지원을 얻어
「경성일보」기자 출신의 배두훈(裵斗勳), 손연순(孫連淳)과 함께 중립과 불편부
당의 중립지를 표방하며 창간한 신문이라고 한다.

창간 당시 사옥은 대교동 2가에 있었으나 2개월 뒤 대청동 3가 8번지의 전
「대판매일신문」부산 총국 건물을 인수해 이전하였다. 이「부산매일신문」은
1948년 연초에 제호를「매일신문」으로 바꾸었다. 해운업자인 정덕보(鄭德寶)가
운영권을 인수하고 일본전보통신 기자였던 이덕준(李德準)이 편집국장을 맡으
면서 제호도 바꾸었던 것이다(김대상, 1981, 185쪽).

1945년 12월 5일에는「대중신문」이 창간되었다. 김동산(金東山)과 박일형 등
에 의해 동광동 3가 26번지에서 창간된 이 신문 역시 타블로이드 2면으로, 좌익
성향의 신문이었다(한국신문연구소, 1975, 423쪽). 창간의 주역인 김동산은 3·1
운동 당시 경성의학전문학교 학생으로 옥고를 치른 바 있는 인물이며(김대상,
1981, 186쪽) 박일형은 전술한 대로 부산 건준의 선전부장을 맡았던 인물로 경남
인민위원회에도 간부로 참여하였다. 창간 주체의 이러한 경력과 성향으로 이
신문은 좌익 성향의 논조를 보였을 것으로 추정된다. 1947년 10월에 부산의
대표적 좌익지였던「부산인민해방보」가 폐간되면서 이「대중신문」이 많은 독
자를 흡수하여 중립지인「민주중보」나 우익지「자유민보」가 상당한 영향을 받
을 정도였다고 한다.

1947년부터는 홍보용(洪甫容), 이재현(李在賢) 등이 운영해 나갔으나 재정난
과 기타 사정으로 정간에 들어갔다가 1948년 1월부터 이수우(李壽又), 박문희
(朴文熹) 등이 운영권을 인수하였다. 이들은 사옥을 대청동 1가 35번지로 옮기

어 1948년 3월 20일부터 속간하면서 제호도 「대중일보」로 바꾸고 지면의 성향도 좌경 성향을 배제하는 개편을 시도하였다(「부산신문」 1948. 3. 19. 2면). 속간 후 실업가 김지태의 외숙인 이수우는 김지태의 도움을 받으려 하였으나 끝내 운영난을 이기지 못하고 1949년 10월 「부산일보」에 합병되고 말았다(김대상, 1981, 186-187쪽).

현재 정확한 창간 일자가 알려지지는 않고 있지만 「신한일보」가 창간된 것도 1945년 후반 무렵인 것으로 추정할 수 있다. 국사편찬위원회 「한국사데이터베이스」의 「한국사연표」(http://db.history.go.kr/url.jsp?ID=tc_ct_1945_11_02_0010 2010. 10. 2.)를 보면 1945년 11월 2일에 부산에서 「신한민보」가 창간된 것으로 기록하고 있다. 제호가 다르지만 부산에서 창간된 신문이라는 사실과 창간 발행인이 김억조(金億祚)로 되어 있는 점으로부터 이것이 「신한일보」를 지칭하는 것임을 추정할 수 있다. 김억조가 창간했다는 사실은 박경장의 회고(1959, 10쪽)와도 일치하는 것이다. 이는 「한국사연표」의 자료가 오류이거나 아니면 이 신문이 창간 당시에는 「신한민보」였으나 이후 「신한일보」로 개제하였을 가능성도 있다. 현재로서는 어느 쪽이 맞는지 판단하기 어렵다.

이 시기에 「신한일보」가 창간되었으리라는 사실을 간접적으로 말해 주는 자료는 1946년 4월의 신문 기사이다. 1946년 4월 9일에 경남 경찰부는 부산의 좌익계열 각 정당과 사회단체 그리고 언론에 대한 검거와 압수를 단행하였다. 이때 대상이 된 신문은 「민주중보」와 「인민해방보」, 「대중신문」, 그리고 「신한일보」의 네 신문으로 서류와 장부 등을 압수당하였다. 이러한 조치에 대해 당국은 "각 신문사가 미군 군정을 신임치 않으며 방해하는 계획이 있기 때문에 그 파괴적 기록을 수사하기 위해서 검색을 한 결과 불법행위가 있었음이 발각된 때문"이라고 발표하였다(「서울신문」 1946. 4. 11.). 이 기사를 통해 당시 「신한일보」가 이미 창간, 발행되고 있었다는 사실을 알 수 있다. 전술한 대로 박경장의 회고에 의하면 극우적 성향으로 알려진 「신한일보」가 왜 이때 검거와 압수의 대상이 되었는지는 불확실하다.

「신한일보」는 이승만을 절대 지지하던 극우적 입장의 신문으로서(박경장, 1959, 10쪽) 창간 당시 사옥은 대청동 1가 25번지에 있었으며 역시 타블로이드

2면으로 창간되었다. 특기할 만한 것은 이 신문이 가로쓰기 편집을 채택하였다는 사실이다(김대상, 1981, 184쪽). 「신한일보」는 언제인지는 확인이 안 되지만 폐간되었다가 1947년 3월 28일부터 박경영(朴敬英)이 「조선신문」이라 개제하여 발행하였다.

(2) 1946년에 창간된 신문들

1946년에 들어서도 신문 창간은 계속되었다. 가장 먼저는 2월에 창간된 「자유민보」이다. 이 신문의 창간 일자에 대해서는 주로 1946년 2월 26일자로 알려졌으나(한국신문연구소, 1975, 285쪽과 김대상, 1981, 168쪽) 2월 5일이라는 주장도 있다(『한국언론연표Ⅱ』 1946. 2. 5.). 이 신문을 창간한 주역은 김철수이다. 김철수는 1896년 경남 양산 출신으로 일본 게이오 대학을 마쳤으며(「조선일보」 1947. 1. 17. 1면) 일제기 「시대일보」 기자와 「동아일보」 양산 지국장을 지낸 인물로, 해방 직후 건준에 참여하였다가 인공에 대한 지지 문제를 둘러싸고 결성되었던 우익 인사들의 건준 조직 부위원장을 맡았었다.

김철수의 성향대로 이 신문도 우익 신문으로서 '민족국가의 자주독립, 민주주의의 확립 및 자유인권의 신장'을 사시로 내걸고 편집 강령으로 '정확한 보도와 공정한 비판'을 표방하며 타블로이드 2면을 발행하였다. 동광동 4가 36번지에 있던 '독립촉성국민회' 경남 지부 회관에서 국민회의 기관지와 같은 성격으로 창간된(김대상, 1981, 188쪽) 이 신문은 1946년 9월에 사옥을 부산역전으로 이전하고 「부산정보」의 인쇄 공장을 인수하였다(한국신문연구소, 1975, 285쪽). 사장 김철수는 1947년 1월 7일 경남도지사로 발령되었다(「조선일보」 1947. 1. 17. 1면).

1946년 5월 3일에는 「부산신문」이 창간되었다. 이 신문은 변호사였던 김준원(金埈源)과 박상봉(朴詳鳳), 김세호(金世鎬), 박경장(박경장, 1959, 10쪽), 그리고 남상억(南相檍), 석광수(石光守) 등이 중심이 되어 충무동 3가 102번지에서 창간한 일간신문으로서 타블로이드판 2면으로 발행되었다. 창간 당시 발행인은 김준원, 편집인은 석광수가 맡았다. 사장 김준원은 1906년 서울 출생으로 일제기 경성법학전문학교를 졸업(「한국근현대인물자료」 국사편찬위원회 한국사데이

〈사진4-1〉「부산신문」 창간호(1945. 5. 3.) 1면. 상단에 창간사와 함께 우측에 이승만, 여운형 등의 축하 인사가 실려 있다.

터베이스 http://db.history.go.kr/ url.jsp?ID=im_101_03476 2010. 10. 2.)하고 1935년부터 부산에서 변호사 생활을 하였다(「조선총독부 관보」 2631호, 1935. 10. 19.). 1939년 8월에는 부산부 의원에 출마하기도 하였다(「동아일보」 1939. 8. 18. 석간 7면).

편집인 석광수는 일제기 후반 일본인들이 발행한 「부산일보」에 근무한 언론인 출신으로, 「민주중보」의 창간과 초창기 운영을 주도했던 7인위원회에 평위원으로 참여했던 인물이다. 석광수는 1946년 4월 25일에 개최된 제2회 전국신문기자대회에 「민주중보」를 대표하여 준비위원회 연락부에 참여하였다(「서울신문」 1946. 4. 17.). 이 기자대회를 주최한 것은 조선신문기자회로서 군정기에 가장 먼저 생긴 언론인 단체였다. 1945년 10월 23일에 개최된 제1회 전국신문기자대회에서 조선신문기자회의 결성을 선언하였다. 당시의 전반적 정국이나 언론계 판세를 반영하여 이 단체도 좌익이 주도하였다(박용규, 2007). 이 기자대회에 참여하여 준비위원회의 역할을 맡은 것을 보면 석광수도 당시 좌익 성향이었을 가능성이 크다. 「민주중보」에 근무하다가 「부산신문」의 창간에 참여하여 편집국장을 맡았던 것이다.

이 「부산신문」에 참여하였던 박경장(1959, 10쪽)은 이 신문의 성격에 대해 '중립주의를 채택, 발족하였다'고 회고하고 있으나 후술하겠지만 당시의 자료에 의하면 초기에는 좌익 성향이었던 것으로 평가되고 있다(한국신문연구소, 1975, 295쪽). 전술한 대로 편집국장 석광수가 좌익이 주도했던 전국신문기자대회에 참여하여 집행부의 일을 맡았던 사실도 이러한 평가를 뒷받침해 주는 것으로 볼 수 있다.

이 「부산신문」은 창간 이듬해인 1947년 5월에 자본금 1천만 원의 주식회사 부산신문사를 설립하고 회사 운영에 전기를 도모하였다. 이때의 주식회사 발기인에는 당시 부산 지역 언론계에서 활약하던 주요 인사들 다수가 포함되었다. 그 명단을 보면 이희보, 김준원, 하원준, 오명구(吳命九), 정상철(丁尙徹), 이원태(李源台), 이수열(李守烈), 박상봉(朴祥鳳), 김세호(金世鎬), 김용술(金龍述), 김갑조(金甲兆), 석광수(石光守), 송정구, 박학수(朴學秀), 김형두, 한신상(韓新相) 등 16명이었다(「부산신문」 1947. 5. 28. 2면).

그해 7월 16일에 주식회사 창립총회를 열어 재출범을 선언하였으며 8월 10일에는 취체역 회의를 통해 임원 및 간부 진용을 확정하였다. 이때의 진용을 보면 고문에 김준원, 취체역 회장에 이희보, 취체역 사장에 정상철, 상무 취체역 이수열이 총무국장과 업무국장도 겸하며 주필 겸 편집국장에 이희보 등이 선임되었다(「부산신문」 1947. 8. 10.).

1948년 「부산신문」은 경남 지역으로 시장을 확대하기 위해 경남 지역판을 발행하기 시작하였다. 1948년 2월 1일부터 통영판을, 2월 8일부터 마산판을 발행하기 시작하였다(『한국언론연표Ⅱ』 1948. 2. 1.).

1946년 9월 10일에는 「부산일보」가 창간되었다. 일제기에 발행되던 「부산일보」의 사옥에서 「민주중보」가 창간, 운영되고 있었으나 미군정청은 1946년 6월 3일 「민주중보」에 퇴거를 명하였다. 미군정은 1946년 5월 29일 신문허가제의 실시를 주된 내용으로 하는 군정법령 제88호가 공포된 것을 계기로 적산인 구 부산일보사 사옥에 대한 관리권을 동래 박수형(朴洙衡)에게 넘겼던 것이다(부산직할시사편찬위원회 편, 1991, 552쪽). 1898년 부산 출생으로 동래고를 졸업한 박수형은 경성예술문화협회 회장과 흥아실업 지배인을 역임하고 해방 후에는 부산에서 건준에도 참여하여 동래지부의 산업부장을 맡기도 하였다(「한국근현대인물자료」 http://db.history.go.kr/url.jsp?ID=im_106_20251 2010. 10. 7.).

부산 내 대창정(大倉町) 4정목(현 중구 중앙동4가)에 있던 「부산일보」의 사옥과 시설에 대한 관리권을 획득한 박수형이 조일 고무공장을 경영하며 부산상공경제위원(상공회의소의 전신)이던 하원준(河元俊)의 자금 출자를 받아 1946년

9월 10일 「부산일보」를 창간하였다(부산직할시사편찬위원회 편, 1991, 552쪽).
하원준은 1914년 부산 출생으로 부산제2공립상업학교를 졸업하고 실업계에 종
사하여 해방 이후 조선방직주식회사의 관리인을 역임하고 당시 부산에서 고무
공장을 경영하고 있었다(「한국근현대인물자료」 http://db.history.go.kr/url.js
p?ID=im_114_00032 2010. 10. 7.).

「부산일보」는 일제기에 부산에서 발행되던 일본인들의 신문 「부산일보」의
제호를 그대로 사용하였으며 그 제자도 그대로 이어 사용하였다. 사시로는 불편
부당과 엄정 중립을 표방했으며 판형은 타블로이드 2면에 창간 당시 8,000부
정도를 발행하였다. 사장 겸 편집국장에 박수형, 발행인은 하원준이었다(부산직
할시사편찬위원회 편, 1991, 552-553쪽).

(3) 1947년에 창간된 신문들

1947년 9월 1일에는 「국제신문」의 전신인 「산업신문」이 창간되었다. 이 신문
은 부산에서 주간으로 발행되고 있던 「동아산업시보」와 「수산신문」을 통합하
여 창간한 신문으로서 당시 「수산신문」[3]을 발행하던 김형두가 편집인을 맡아서
편집과 운영 책임을 맡았다. 「동아산업시보」의 발행인이던 이용희는 총무국장
으로서 영업 책임을 맡았다. 「수산신문」은 앞의 <표4-5>에 나온 바와 같이
원래 안영선이 발행하고 있던 주간 신문이었으나 그 판권을 1946년 5월에 김형
두가 인수한 것이다(국제신문사, 1997, 56쪽).

「산업신문」의 창간에는 당시 경상남도의 제안과 중재 역할이 결정적 계기가
되었다. 경남도 공보과장을 맡고 있던 홍을수가 당초 제의한 것은 이 두 주간신
문 외에도 「바다신문」까지 포함하여 부산의 세 주간신문을 통합하여 경제 전문
지를 창간하자는 안이었다고 한다. 그러나 논의 과정에서 무슨 이유인지는 알

---

3) 이 신문은 김형두의 회고(1995, 134쪽/141쪽)에 의하면 「민주중보」 시절에 허가를 받아 두었던
   신문으로서 김형두가 1946년 후반에 「민주중보」를 퇴사한 후 이 「수산신문」을 부산 동광동
   2가의 전 담담다방 자리에서 발행하였다고 한다. 이러한 정황으로 볼 때 앞의 <표4-5>에서
   언급한 주간의 「수산신문」과는 별개의 매체로 보인다. 발행인도 다르고 사무실 위치도 다른
   것으로 나와 있다. 우리 나라는 3면이 바다로 둘러싸여 수산업의 비중이 높아 수산업계의
   전문 매체가 일제기부터 여러 지역에서 발행되었다.

수 없지만 「바다신문」이 빠지고 두 신문만 통합하게 되었다는 것이다(김형두, 1995, 143-144쪽). 당시 종합일간지로 가지 않고 경제지로 가게 되었던 것은 종합일간지 허가를 받지 못했기 때문이다(국제신문사, 1997, 72쪽).

타블로이드판 2면 체제로 창간된 「산업신문」의 사옥은 시내 동광동 2가 261번지(구 동광초등학교 입구)에 있었으며 인쇄는 「부산매일신문」과 「부산일보」 공장에서 했다(김대상, 1981, 194쪽).

이렇게 출범한 「산업신문」은 그해 말인 12월 30일 주식회사 체제로 전환하였다. 총 자본금 150만 환 규모로 주식 모집에 나서 부산의 수산업계 인사들, 즉 박순조(朴淳祚), 김봉재(金奉才), 김주영(金珠永), 유건기(劉建基), 최현수(崔玄洙) 등이 주식의 70%를 인수하였으며 나머지 30%는 부산상공회의소가 인수하였다. 당시 상공회의소가 주주총회 1시간 전에 주식 참여 의사를 밝히면서 대신 김지태 상공회의소 회장을 사장으로 하면 어떻겠느냐고 제안하였고 이를 발기위원회가 받아들였던 것이다. 그리하여 새로이 출범한 주식회사 「산업신문」은 사장에 김지태, 부사장에 박순조, 전무 겸 편집국장 김형두, 상무 겸 영업국장 이용희 등으로 진용을 갖추었다(국제신문사, 1997, 60-61쪽).

(4) 미군정기에 창간된 잡지들

미군정기에는 부산 지역에서도 잡지가 몇 종 창간되었다. 현재 확인되는 것으로는 1946년 1월에 창간된 「신조선」이라는 제호의 종합 교양지가 있다. 이 잡지는 발행인이 양성철(梁星哲)이고 발행소가 부산의 신조선사라고 되어 있다는 사실만 확인될 뿐이다. 뒤를 이어 1946년 2월에는 「중성」(衆聲)이 창간되었다. 이 잡지의 발행소였던 중성사는 부산 시내 부용동으로 되어 있는데, 1949년 5월경에도 발행되었던 사실이 확인된다(「동아일보」 1949. 5. 20. 2면). 1946년 3월에는 「전선」(前線)이라는 제호의 잡지가 창간되었다. 이 잡지는 제호에서도 그 성격이 드러나지만 부산의 대표적 좌익신문이었던 「부산인민해방보」가 발행한 잡지였다(한국잡지협회, 1982, 564쪽).

4) 부산 지역 언론인들의 활동

(1) 경남신문협회의 결성

1946년 5월 30일 부산, 경남 지역의 신문사와 통신사 등 10여 개사가 모여 경남신문협회를 출범시키기로 결정하였다. 그해 7월에 출범한(「자유민보」 1949. 12. 20. 1면) 이 협회의 초기 집행부는 각 신문사 대표들이 맡았는데, 대표에 해당되는 간사장은 「민주중보」가, 사무국장은 「부산매일신문」이, 그리고 상임간사에 「자유민보」와 「부산신문」, 「부산상공신문」, 「인민해방보」가 맡았다. 출범과 함께 이 협회는 그해 6월부터 매 일요일은 휴업하고 월요일자를 휴간하기로 결의하였다(「부산신문」 1946. 6. 1.).

이 협회는 신문의 운영과 관련하여 중요 문제에 대해서는 공동 보조를 취하는 창구가 되었다. 1946년 12월 초에는 서울의 신문들이 1일부터 구독료를 90원으로 인상하고 광고료도 따라서 인상하자 이 협회는 2일 긴급상임위원회를 개최하여 논의한 결과 「민주중보」와 「부산신문」, 「부산일보」 3사는 12월 3일부터 서울과 같이 90원으로 인상하고 「부산매일신문」과 「자유민보」는 사내 사정에 따라 1947년 1월부터 인상한다고 결정하였다(『한국언론연표Ⅱ』 1946. 12. 1.). 이때의 인상은 일부 신문이 반대하여 이 안을 거부함으로써 구독료 인상이 실현되지는 못했던 것으로 보인다. 1947년 5월에 가면 경남신문협회는 신문 구독료를 조선신문협회 결의에 호응하여 6월 1일부터 60원에서 100원으로 인상한다고 결의하였다. 이때 내걸었던 인상 이유는 용지난과 용지 대금 폭등이었다(『한국언론연표Ⅱ』 1947. 5. 14.).

1947년 7월 16일에는 북부산신문인협회가 결성되었다. 이 단체에 가입한 신문사들은 「자유민보」와 「부산일보」, 「민주중보」, 「예술신문」, 「경향신문」, 「동아일보」, 「부산매일신문」의 지국이었다(『한국언론연표Ⅱ』 1947. 7. 16.).

(2) 조선신문기자회 경남지부의 결성

1945년 12월 1일에 조선신문기자회 경남지부가 결성되었다. 이 날짜 「민주중보」는 2면에서 '경남기자대회/명12월1일 남선고녀서 거행'이라는 제목하에 경남지부의 창립총회 소식을 보도하고 있다. 기사는 "기보 경남신문기자회 경남지부 결성식은 명(明) 12월 1일 오후3시 남선고녀 대강당에서 하리쓰 도장관 이하 200여명이 출석하야 성대히 거행하게 되엿는데"라고 하여 결성식의 개최 사실을 알리고 있다.

조선신문기자회는 해방 이후 2달 만인 1945년 10월 23일에 열린 전조선신문기자대회에서 결성된 언론인 단체로서 좌익이 주도하여 조선인민공화국을 지지하는 성명도 채택되었다. 이 대회에서는 「민주중보」의 이갑기도 주도적으로 참여하였다(박용규, 2007).

결성식에 모인 신문 기자들은 민족의 완전 독립을 달성하기 위하여 최대의 장애물은 민족 반역자들이라는 데에 인식을 같이 하고 이를 철저히 조사하여 관계 기관에 제출하자는 동의를 만장일치로 결의하고 민족 반역자에 대해서는 1주일 내에 선언문을 도내 각 신문에 게재하기로 결정하였다. 또한 당면과제인 민족통일전선과 독립달성을 촉진시키기 위하여 중대 기사에 대해서는 논조와 필봉을 일치시키기로 결의하였다(「민주중보」 1945. 12. 3. 2면).

이때 경남지부가 친일파 청산이라는 문제를 들고 나오게 된 것은 이것이 식민지배로부터 막 해방된 당시 사회의 당면 과제로 부상하고 있었기 때문이다. 1945년 11월 대한독립협회는 사회적 이슈가 되고 있던 친일파와 민족 반역자 문제를 조사하기 위해 친일파와 민족반역자 실정조사위원회를 설치하여 활동에 들어갔다(「조선일보」 1945. 11. 27. 2면). 또한 임시정부와 인민공화국도 모두 친일파와 민족 반역자에 대해 엄단할 것임을 천명한 바 있다(「민주중보」 1945. 12. 11. 사설).

뿐만 아니라 당시 청년단체들에 의해 신문기자들 중에 과거 친일활동을 한 인물들이 버젓이 활동하고 있다는 문제가 제기되기도 하였다. 1945년 11월 20일 좌익의 행사를 우익 청년단체들이 습격하려다 미수에 그친 사건이 발생하여 좌익 신문들이 이를 일제히 비판하자 우익 청년단체는 '악덕 신문업자는 맹성하라'는 제목의 전단을 뿌려 "신문기자 중에 과일(過日)에 일본 제국주의의 주구로서 황도주의를 선전하고 총독부 관리들의 공사 충견이던 자로서 소위 인민공화국을 지지한다면 여등의 죄악은 일층 심할 것"이라고 주장하였다(박용규, 2007,

145쪽). 바로 언론계가 친일파와 민족 반역자 처단의 직접적 대상으로 지목되었던 것이다.

한편 「조선일보」는 1945년 12월 3일자 사설에서 '친일파와 민족반역자'라는 제목으로 이 문제에 대해 사회적, 역사적 입장에서 검토하여 해결할 필요가 있음에도 불구하고 친일파와 민족반역자들이 오히려 설침으로써 이 문제의 해결을 어렵게 만든다고 강하게 비판하였다. 이와 같은 사회적 분위기 속에서 조선신문기자회 경남지부가 창립과 동시에 이 문제에 대한 조사 활동에 착수하기로 결정하였던 것이다.

창립 총회에 이어서 12월 8일에는 조선신문기자회 경남지부의 초대 집행부가 선임되었다. 위원장에 박일형, 서기국에 석광수, 김명찬(金明贊), 조사부에 전두만(田斗萬)과 김연수(金蓮洙), 연락부에 박승도(朴勝道)와 권오상(權伍相), 사업부에 강명호(姜明浩), 이택국(李宅國)이 선임되었다(「민주중보」 1945. 12. 9. 2면).

창립총회에서 결의한 바에 따라 조선신문기자회 경남지부는 전형위원회를 구성하여 논의를 거친 끝에 12월 9일 민족반역자를 성토하는 결의문을 발표하였다. 또한 경남지부는 도내 200여 명의 지부원을 동원하여 8·15 이전과 이후의 민족반역자들을 '공정한 입장에서 철처히 조사하여 내년 1월 하순경에 팜푸레트를 발행'하기로 결정하였다. 이날 발표한 민족반역자에 대한 성토문의 내용은 다음과 같다(「민주중보」 1945. 12. 10. 2면).

제국주의 일본의 지난 날의 폭압과 착취를 경험해온 쓰라린 기억도 기억이려니와 우리는 그 이상 우리들의 민족의 체내에 기생하엿스며 좀먹어오든 일부 동족들의 비열하고 잔악한, 민족에 대한 반역적 행동에 더욱 큰 분심(憤心)과 증오를 늣기는 바이다.
원래 일본인이란 조선민족과 피와 쎠를 달이하며 국가와 생활의 역사가 상이한 타민족이다. 그런 점으로 보아 자기 민족의 편리와 번영을 위하야 다른 민족의 희생을 요구함은 오히려 당연한 사실로 인정치 아니할 수 업스며 민족투쟁의 과정에서 낫타난 지난날의 정치사와 오날의 세계 정세를 보아서 그곳에는 ○○의 일편(一片)조차 업지 아니하다고 볼 수 잇스나 문제는 한갓 자기의 영화와 명욕에 쓸이여 제 국가 제 민족을 제국주의의 정복과 탐욕에 바친 매국적 행동에 잇다. 이 얼마나 파렴치에 ○할 일이며 ○○하고 남을 행동인가. 그러나 우리가 이곳에서 유념할 것은 우리들의 민족반역자에 대한 증오와 그들의 과거에 대한 추급과 범죄로서 그것을 논단하려는 것보담도 이러한 종래의 반역이 오날 ○연히 민족의 해방과 공영에 대한 진로를 좀먹고 잇다는 사실이다. 갑오 이래 반세기에 쩌첫든 일본제국주의의 철쇄(鐵鎖)는 민주주의 국가의 승리와 함께 파쇄되엿스나 민족에 대한 반역행동은 8·15 이후에도 여전한 상태에 잇지 아니한가.

그들은 지난날에는 친일파 전쟁선동자로서 자기의 이욕을 위하야 일본제국주의의 주구가 되엿스며 조선민족의 자살을 의미하는 반동전쟁에 이를 ○○○○기 전력을 다하엿다. 그리고 오날에 잇서서는 지난날의 범죄의 ○○○○의 ○○을 위한 모략과 책동으로 민족해방을 침해할 쑨안이라 아첨과 간계에 천질(天質)을 가진 이들은 새로운 정세의 물결에 다시 편승하기 위하야 민족국가의 건설과 출발을 어즈럽게 하고 잇는 것이 안인가. 그중 가장 위험한 자는 압흐로 민족의 안위를 논하고 경제질서의 혼란을 이루고 문화와 윤리의 패퇴를 개탄하면서 안으로는 제 스스로 이러한 범죄의 원흉적 행동으로 사욕을 채우고 잇스며 혹은 조선에 쩌친 신세력 즉 군정과 민족의 싸히에 생겨진 단층의 틈을 타서 그 사히의 이간으로서 새로운 모리를 책하는 일부 신수료(新首僚)층과 공범적으로 결탁하는 등 실로 그 행동은 각양 각색이나 범죄의 내용과 성격은 어느 것이라고 가릴 바가 아니다.

싸라서 그곳에 대한 우리 민족의 공통한 결론은 지난날 제국주의 일본과 결탁하야 동족을 도탄의 고(苦)에 싸지게한 반역에 대한 증오와 오날까지도 뉘우침이 업시 민족의 영예를 침해하는 범죄에 대하야서는 반다시 이를 처단할 날이 갓가워진 것을 선언함과 동시에 이들 친일파 전쟁범죄인 등과 아울러 일부 악질 신관료 등의 민족반역자의 엄중한 처단이 업시는 신국가의 건설은 물론 민족 천년의 건전한 재출발이 절대로 불가능한 것을 언명하는 바이다.

一. 이왕가와 한일합병을 책한 구 화족 및 중추원 고문 참의 등 총독정치의 배광(背光)을 지은 귀족적 협력자

一. 총독행정의 실무적 한계를 넘은 지도적 담당자의 일부를 지은 상급관료는 물론 하급관리에 잇서서도 반역행동이 우심한 자

一. 일본군국주의의 사상적 변해(辨解)자인 일부 문화인 및 총독행정의 ○○적 외○을 지엇든 국민총력운동의 지도적 활동분자

一. 일본제국주의의 고등경찰의 도구가 되어 지사와 혁명가 등 민족적 지도자의 학살 악형 고문 등에 가담한 일부 경찰관 사법관 급 스파이

一. 황민화운동 기타 전쟁협력에 동원된 구악질 공리(公吏) 급 공직자 그중 유산계급의 자발 협력기관이며 민중의 대일 협력 지도자이엿든 일부 도의원 부의원 등

一. 미군정의 이념과 정신을 역용하여 건국행동을 침해하고 민중을 기만하는 일부 신관료 악질 통역관

一. 8·15 이후 경제적 혼란을 틈타서 불법한 거리(巨利)를 취한 자와 각 경제기관을 모략으로 점득한 경제적 신귀족

한국신문기자회 경남지부

위의 내용을 보면 당시 친일파들이 여전히 활보하고 있으며 새로운 정세에 변신을 시도하기까지 하는 악행에 대하여 강도 높게 비판하면서 친일파와 민족반역자의 범위를 7가지로 제시하면서 이들의 척결을 위해 전력을 기울이겠다는 선언이다. 이 선언에 대해 「민주중보」는 바로 다음날이 12월 11일자 사설에서 '기자회에 일언'이라는 제목으로 환영의 뜻과 함께 당부의 말을 전하고 있다. 그 내용은 다음과 같다.

작10일부로 경남기자회에서 발표한 민족반역자에 대한 성토문은 실로 시의에 적(適)한 것으로 작금 혼란한 정정과 경제계의 불안은 실로 이들 민족반역자에 대한 처분이 업는 곳에 무엇보담도 큰 원인이 잇지 아니할가한다. 이점에 대하여서는 대한임시정부나 조선인민공화국이 한가지로 엄단을 언명하

고 잇스니 갓가운 장래에 가증한 이들 반역도의 처단이 잇슬 것으로 미더진다. 그런데 이곳에서 우리가 일언하고 십흔 것은 경남기자회가 민족반역도를 성토한다고 하야 반다시 기자회에는 한사람도 민족반역도가 업다는 것은 아닐 줄 안다. 동 성토문 중 '일본 군국주의의 사상적 대변자인 일부 문화인' 운운하는 곳에 만일 과거에 신문기자로 지나친 반역 행위를 가젓든 자가 잇다면 이곳에 해당되지 아니할 수 업슬줄 안다. 요컨대 동기자회가 이러한 성토문을 발표하여 반역도를 논단함은 구체인으로서의 현기자라기 보담도 신조선에 처단할 신문의 이념에 입각한 것으로 밋는바이다. 그럼으로 신문기자도 물론 죄가 잇다면 스사로 득죄하기 쩌려하여서는 안될 것이다. 그러한 자기를 쩌난 엄연한 견지를 가지지 못한다면 건국대한의 구(胸)로서의 민족반역자의 숙청을 완수하기 어려운 것이다.

이 사설은 친일파와 민족 반역자 청산에 언론계도 예외가 되어서는 안 된다는 입장을 표명하고 있다. 일제기 서울에서 발행되던 언론사에 근무했던 언론인 중 상당수가 일제 말기에 적극적인 친일 행위에 나섰던 사실이 있으며, 부산의 언론인 중에도 일제 말기 일본인 신문에 근무했던 사람들 중 상당수가 군정기에 다시 언론계에 종사하였다. 이들에 대해서도 철저한 조사와 조치가 이루어져야 한다는 말일 것이다.

당초 경남지부의 성토문에서는 1946년 1월까지 신구 반역자에 대한 조사 결과를 매듭짓겠다고 언명했지만 이는 제대로 실현되지 못했던 것으로 보인다. 잘 알려진 대로 1945년 12월 말부터 한반도의 장래에 대해 논의한 모스크바 3상회의 소식이 전해지면서 국내 정세가 급격하게 신탁통치를 둘러싼 좌우익의 대립으로 치달았기 때문에 신문들이 친일파 문제에 신경을 기울일 상황이 아니었던 것이다.

출범 직후인 1945년 12월 초에는 「인민해방보」에 대한 방화 사건이 발생했다. 12월 9일 정체 불명의 괴한들에 의해 방화되어 사옥이 전소됨으로써 「인민해방보」는 며칠간 발행을 못하다가 12월 13일경부터 다른 사무실을 빌려 속간을 위한 준비를 시작하자 조선신문기자회 경남지부는 「인민해방보」를 적극 지원한다는 결의문을 발표하였다. 조선신문기자회 경남지부 명의로 발표된 결의문의 내용은 다음과 같다(「민주중보」 1945. 12. 13. 2면).

> 8·15 이후 조선의 완전 독립을 위하야 신문 사명의 달성에 매진하고 잇는 인민해방보사는 금반 악랄한 반동분자의 책동과 모략에 의하야 드듸여 소실되고 말엇다. 그러나 동사 사원 일동은 일치단결 가진 힘을 다하야 속간에 매진하고 잇다. 우리는 인민해방보사의 속간이 신속히 처리되기를 ○○하며 적극적으로 원조하기를 결의함.

전술한 대로 당시 조선신문기자회 자체가 좌익 성향 인사들에 의해 주도되었기에 좌익신문 「인민해방보」에 대해 적극 지원한다는 결의문도 가능했던 것으로 분석할 수 있겠다. 「인민해방보」는 새로운 사무실로 옮겨 그해 12월 25일부터 속간하였다.

(3) 경남기자대회의 개최

1945년 12월에 출범한 조선신문기자회 경남 지부는 1946년 7월에는 제2회 경남기자대회를 개최하였다. 7월 초에는 경남지부의 주도로 기자대회를 준비하기 위해 준비위원회를 구성하였다. 준비위원장에 박일형, 총무에 석광수, 위원으로 강대홍, 성영보(成榮輔), 권오상, 전두만, 김형두(金炯斗)가 선출되었다. 준비위원회는 제2회 경남기자대회를 1946년 7월 14일에 부산에서 개최하기로 결정하였다. 당시 부산과 경남의 신문사들 중에는 이 기자회에 가입하지 않은 신문도 있었던 것으로 보인다. 제2차 대회를 공지하면서 준비위는 "미가입 신문인이라도 필수 참석하기를 요망"한다고 덧붙이고 있다(「부산신문」 1946. 7. 3. 2면).

7월 14일 열린 제2회 경남기자대회에서는 경남지부의 집행부가 새로 선출되었다. 위원장에 「대중신문」의 박일형, 부위원장에 이택국, 서기국장에 김형두, 서기에 권오상과 이행정(李行正)이 선출되었으며 상임위원으로 전두만, 석광수, 조병종(曺秉宗), 배두훈(裵斗勳), 노재갑(盧在甲), 변용갑(卞龍甲), 김명찬(金明贊), 강대홍, 김연수(金蓮洙)등이 선임되었다.

이날 기자대회에서는 수해 이재민 구제와 식량 대책, 기사 취재, 8·15 기념행사, 인권 유지, 기자의 신분 보장 등 다양한 문제들이 토의되어 언론 자유 전반에 대해 우려를 표명하면서 다음과 같은 결의문을 채택하였다(「부산신문」 1946. 7. 16. 2면).

언론의 자유는 민주주의의 기본 이념이며 세계의 어떠한 국가 내지는 민족에 잇서서도 자유의 이념에는 차이가 없을 줄 생각한다. 그러나 오날 조선의 언론계가 처하고 있는 사태는 과연 자유의 한계가 보장되어 있다고 생각할 수 잇는가 이에 대하야 본대회는 언론의 진정한 자유를 확립함으로서 진실한 조선의 자유가 잇슴을 확신하고 언론자유의 획득을 구하야 최후까지 싸울 것을 주장한다

언론 자유는 민주주의의 기본 바탕이 된다는 원칙을 천명한 후에 당시 한국의 언론 상황에 우려를 표명하면서 언론 자유를 위해 끝까지 투쟁한다는 결의를 밝히고 있다. 이날 대회에서는 미군정의 하지 중장과 러취 군정장관에게 보내는 성명서를 채택하였다. 그 전문은 다음과 같다(「부산신문」 1946. 7. 16. 2면).

연합국의 조선 진주는 이미 1년에 가까우나 아직 연합국 자체가 전쟁중에 세계에 공약한 조선에 대한 결정은 조곰도 그 실현성을 보이고 잇지 않다. 이에 대하야 우리는 책임의 소재를 무를 시기에 도달하엿다 생각지 않이하나 조선민족은 지난 1년간의 경험으로 조선에 처하고 잇는 지배적 현실이 지난 날의 공약의 실현보담 오히려 그와 배치되고 잇는 과정을 인정치 않이할 수 없는 것이 않일가 한다. 물론 우리는 연합군의 진주와 군정의 실시가 조선에 대한 민주주의 창건에 잇는 점에 대하여서는 오해를 갖은 자는 않이나 지난 1년간 사실로 보아 이러한 기본 정신과 현실적 사태의 배반은 대체 그 원인이 어데 잇는가 이에 대하야 현명한 군정 당국의 성찰이 잇기를 바래고 마지않는 바이다.

미군 진주 후 1년 가까이 지났으나 당초 표방했던 민주주의 실현과는 거리가 많다며 군정당국의 현명한 성찰을 바란다는 비판적 입장을 조심스럽게 밝히고 있다.

이 밖에도 당시 사회의 최대 현안이었던 식량문제에 대처하기 위해 식량대책위원회를 조직하였다. 또한 당시의 극심한 좌우 대립 분위기 속에 8·15 행사가 별도로 치러질 조짐을 보이자 이날 대회에서는 좌우익을 넘어서 거족적인 행사가 되지 않을 경우에는 기념행사를 전면 취급하지 않기로 결의하였다(「부산신문」 1946. 7. 16. 2면).

경남기자회는 1947년 6월에 하동 현지 조사 과정에서 기자들이 테러를 당해 부상을 입는 사태가 발생하자 6월 19일 부산 지역 경찰청장에게 테러를 근절하고 기자의 신분을 보장하라는 항의서를 전달하기도 하였다(『한국언론연표Ⅱ』 1947. 4. 19.).

조선신문기자회 경남지부는 1947년 6월에는 재발족을 선언하였다(『한국언론연표Ⅱ』 1947. 6. 일자 미상). 이때 이 단체가 재출발을 선언한 배경은 확실치는 않다. 그러나 좌익 성향의 단체였기에 1947년도에 들어서면서 전반적으로 침체에 접어들게 되자 분위기 일신을 도모하려 했던 것으로 보인다.

(4) 출입처 기자단체의 설립

조선신문기자회의 결성 이후 각 단위별로 다양한 기자 모임이 결성되었다. 우선 각 출입처를 중심으로 한 기자 모임이 속속 출범하였다. 1946년 6월 26일에는 경상남도 도청 출입기자회도 조직되었다. 출범과 함께 간사로 조병종(曹秉宗), 전두영(田斗榮), 석광수(石光守), 조장환(曹章煥), 김영주(金榮柱), 김연수(金連洙), 변용갑(卞龍甲)의 7인이 선임되었다(『한국언론연표Ⅱ』 1946. 6. 26.). 이 단체는 1947년 4월 8일 정기총회를 개최하여 기사 취재의 자유와 기자 신분 보장에 관하여 군정 당국에 건의문을 제출하기로 결의하였다(「부산매일신문」 1947. 4. 10., 『한국언론연표Ⅱ』 1947. 4. 8.에서 재인용).

1946년 12월 4일에는 부산 지역의 경찰서를 출입하는 기자들의 단체가 결성되었다. 간사장에는 「대중신문」4)의 김동렬(金東烈), 상무간사에 「부산신문」의 이규태(李圭泰)와 「자유민보」의 박기홍(朴起弘)이 선출되었다(『한국언론연표Ⅱ』 1946. 12. 4.). 이 경찰기자회는 1947년 7월에 「조선신문」에 대한 테러가 연 이틀에 걸쳐 발생하자 당국자에게 이 사건에 대한 항의문을 전달하였다(『한국언론연표Ⅱ』 1947. 7. 10.). 1947년 11월 26일에는 기자단 간부가 개선되어 간사장에 「부산신문」의 정상도(鄭相道)가, 상임 간사에 「산업신문」의 이준상(李俊相)과 「부산일보」의 김환영(金煥榮)이 선임되었다(『한국언론연표Ⅱ』 1947. 11. 26.).

1946년 12월경에 부산부 출입기자들도 기자회를 결성하였다. 간사장에는 「부산매일신문」의 정성수(鄭聖壽)가 그리고 간사에는 「부산일보」의 박준관(朴俊官)과 「대중신문」의 이도인(李道仁)이 선출되었다(『한국언론연표Ⅱ』 1946. 12. 일자 미상).

법원을 출입하는 기자들의 법조기자회도 결성되었다. 결성 시기는 확인이 안 되지만 1947년 3월 6일에 「부산신문」과 「자유민보」의 법조 출입기자가 '경찰 수뇌부 검찰 소환'이라는 기사로 명예훼손죄로 검거되자 법조기자회는 3월 27일 부산 경찰청장에게 건의서를 전달하였다. 건의서를 통하여 뚜렷한 범죄 사실과 확실한 증거가 나타나기도 전에 기자를 구금한 사실에 대해 유감을 표명하면서 언론도 자기 비판을 하며 상호 협력적 관계를 맺어 나가자는 내용이었다(『한국언론연표Ⅱ』 1947. 3. 27.). 여기서 이때 이미 법조 출입 기자들의 모임이 결성되어 있었음을 알 수 있다. 법조 기자회는 1948년 5월 5일 춘계 정기총회를 개최하여 임원진을 새로 선출하였다. 간사장에는 「부산매일신문」의 정정호(鄭丁虎)가 간사에는 「자유민보」의 김석부(金昔富)와 「민주중보」의 주종실(周種實)이 선임되었다(「민주중보」 1948. 5. 9.).

1947년 8월 25일에는 재경지방신문기자협회가 결성되었다. 이날 서울에서 활동하는 지방 신문의 기자 20여 명이 모여 결성대회를 열고 전임 간사로 「부산매일신문」의 최용호(崔容浩)와 「호남신문」의 임치성(林致聖) 두 사람이 선임되

---

4) 출전인 『한국언론연표』에는 「대중일보」라고 되어 있으나 아마도 오류인 것으로 보인다. 「대중일보」는 당시 서울에서 발행되던 일간신문이었다(한국신문연구소, 1975, 272-273쪽 참조).

었다(「조선일보」 1947. 8. 28. 2면).

(5) 부산신문기자구락부의 결성

1947년 12월에는 부산 지역에서 활동 중인 언론인을 포괄하는 단체가 출현하였다. 부산의 언론사뿐만 아니라 서울 소재 언론사의 지사, 지국 소속의 기자들까지 포괄하여 부산신문기자구락부가 결성된 것이다. 이를 위해 구성된 준비위원회는 11월 21일 회의에서 11월 30일에 창립총회를 개최하기로 결정하였다. 그러나 예정대로 창립총회가 열리지 못하고 1주일 연기되어 12월 7일에 창립총회가 열렸다(『한국언론연표Ⅱ』).「부산신문」1947년 12월 18일자 관련 보도에 의하면 출범과 함께 구성된 이 단체의 집행부는 다음과 같다.

> △고문 경상남도지사 김철수, 第7관구경찰청장 박명제(朴明濟), 김범부(金
> 凡夫)5)
> △상담역 부산부윤 양성봉(梁聖奉), 도공보과장 홍을수, 경찰청 공보관 맹
> 헌(孟憲),「부산일보」사장 박수형,「부산일보」주필 리희보,「자유민보」
> 총무국장 문치선(文致善),「산업신문」총무국장 이용희(李容熙),「민주중
> 보」책임자 이소조(李小祚)
> △각부책임 상임간사 ○총무부장 탁창덕(「부산매일신문」편집국장) ○조
> 사부장 이동순(李東淳「자유민보」편집국장) ○기획부장 석광수(「부산
> 일보」편집국장) ○연구부장 이만용(李萬鎔「민주중보」편집국장) ○문
> 화부장 김형두(「산업신문」편집국장) ○사업부장 김명찬(金明贊 합동통
> 신 지국장) ○재정부장 김지홍(金趾弘「민중일보」지사장)
> △시내일간측간사 이덕준(李德準「부산매일신문」), 서상도(徐相道「부산

---

5) 김범부는 당시 직함은 소개되지 않고 있지만 일본 동양대학 철학과를 졸업하고 해방 이후
   동국대 교수로 재직하면서「서울신문」의 고문을 역임하고 제2대 국회에 동래에서 무소속으로
   당선되었다고 한다(「한국근현대인물자료」국사편찬위원회 한국사데이터베이스 http://db.his
   tory.go.kr/url.jsp?ID=im_101_20867 2010. 11. 8.). 이러한 지역 및 언론계 연고로 이 단체의
   고문을 맡았던 것으로 볼 수 있겠다.

일보」), 홍원(洪原「자유민보」), 정성수(鄭聖壽「부산일보」), 박영조(朴英
祖「산업신문」) 조병종(曹秉宗「민주중보」)
△지사지국측 간사「서울신문」,「경향신문」,「동아일보」,「독립신문」,「현
대일보」,「대공일보」,「민중일보」,「중앙신문」
△주간간사「상공」,「문예」

부산 지역의 도지와 부산부윤을 비롯해서 경찰과 공보 담당자 등 소위 지역의
명망가들을 고문 및 상담역으로 하고 시내 모든 신문과 지사, 지국까지 포괄하여
집행부만 해도 20명이 넘는 방대한 조직이었다. 이 단체는 조직의 구성에서도
금방 드러나지만 우익 성향의 단체로 보인다. 이보다 앞서 1945년 12월에 출범한
조선신문기자회의 경남지부는 좌익 세력이 주도한 단체였지만 1947년에 들어
서면서 정국의 상황도 바뀌어 좌익은 점차 약화되고, 우익이 점차 상승하면서
언론계에도 이러한 분위기가 반영되었다. 그리하여 서울에서도 1947년 8월 10일
우익 성향의 조선신문기자협회가 결성되었다(박용규, 2007). 이러한 분위기 속
에서 부산에서도 언론인을 망라하고 관계 요인들까지 포괄하는 언론 단체가
출범하였던 것으로 볼 수 있겠다.

(6) 기자 공채제도의 시행

미군정기부터 부산 지역의 신문사들은 공채 제도를 도입하였다. 1946년 7월
2일자「부산신문」을 보면 기자를 모집한다는 공고가 게재되어 있다. 공고 내용
을 보면 기자의 자격으로 전문학교 출신 이상, 연령은 만 28세 미만이며 자필
이력서에 400자 이내의 시사논문 1편을 첨부하여 제출하라고 되어 있다. 한편
「부산신문」은 1947년 11월 말에도 기자 공채를 실시하였다. 편집 진용을 개선하
기 위하여 실시한 이 공채는 그 전해와 마찬가지로 전문학교 졸업 이상의 학력을
요구하고 있으며 이 밖에 남녀를 불문하며 경험자를 우대한다는 내용이 포함되
었다(「부산신문」1947. 11. 27. 2면).

1946년 9월 10일에 창간한「부산일보」도 창간 직전에 기자 공채를 실시하였
다. 그해 8월에 실시된 공채에서는 박준관, 김환영, 이종근 등 5명이 합격하여

취재부 기자로 활약하였다(부산일보사, 1985, 271쪽). 「부산매일신문」도 1947년 1월에 공개채용을 실시하였다. 이 신문 1947년 1월 24일자를 보면 30세 미만의 전문학교 이상의 졸업자를 대상으로 기자 경험자를 우대한다는 채용 공고가 게재되었다. 시험 과목은 논문과 필기, 국문, 상식 문제라고 되어 있다(『한국언론연표Ⅱ』 1947. 1. 24.).

한편 「부산신문」은 1947년 9월에 여성 기자의 채용을 시도하였다. 이 신문 9월 12일자 2면에 실린 '사고'를 보면 '본사 지면 확장 계획에 따라 부인 기자를 채용'하려 하니 관심 있는 사람은 이력서를 지참하여 15일까지 접수하라는 내용이 공지되고 있다. 여성 기자의 채용에 특별한 자격 요건을 내걸지는 않고 있다. '부인 기자'라는 용어를 사용한 것으로 보아 기혼의 여성을 채용하려 했던 것으로 보인다. 이는 아마도 지면 확장을 계획하면서 가정 주부 관련 난을 신설하면서 이를 여성에게 전담시키려고 했던 것으로 볼 수 있겠다.

(7) 중앙 일간지의 지방 기사 취급

1945년 후반에 접어들면서 일제기의 민간지 「조선일보」와 「동아일보」가 복간되었다. 「조선일보」가 11월 23일에 「서울신문」의 인쇄 시설을 빌어 속간호를 냈으며 뒤이어 「동아일보」도 12월 1일 「경성일보」의 인쇄 시설을 빌어 속간호를 발행하였다.

미군정 초기에는 「동아일보」와 「조선일보」 등 중앙 일간지들은 일부 지방에 지국이나 분국을 설치하였던 것으로 보이지만 부산 지역에는 지국을 설치하지는 않았던 것으로 보인다. 미군정기의 지면을 봐도 부산의 지국이나 분국과 관련된 기사를 찾아보기 힘들다. 지국이 설치되었던 것으로 확인되는 지역은 「동아일보」의 경우 청주와 영등포, 수원, 개성, 소사, 안성, 양곡, 제천, 신림 등이며(「네이버 뉴스라이브러리」) 1946년 2월에는 미국 워싱턴에도 지국을 설치하였다(「동아일보」 1946. 6. 24. 2면). 「조선일보」는 대전과 옹진, 청주, 양주, 합천 등의 지국을 설치한 것이 확인된다(「조선일보 아카이브」). 당시 지국이 설치된 지역은 독자적으로 신문을 발행하던 지방의 대도시는 제외하고 지역 신문이 발행되지 않던 서울 인근의 지역을 중심으로 지국을 설치했던 것으로 볼 수 있다.

지방 관련 기사들은 대부분 통신에 의존했던 것으로 보인다. 지방 관련 기사에 출처를 표시하지 않은 경우도 많지만 통신사의 기사임을 밝히고 있는 경우도 많다. 미군정기 후반에 가면 「동아일보」는 부산에 지국을 설치한 것으로 보인다. 1948년 3월 3일자 2면을 보면 '원양선단 태극기달고/「맥아더라인」으로'라는 제목의 기사 출처를 '부산지국전화'라고 밝히고 있다. 이 기사를 통해 1948년 상반기에 부산에 지국이 생긴 것으로 추정할 수 있겠다.

「조선일보」는 복간 직후부터 지방부를 두어 지방 기사를 전담하였다. 『조선일보90년사』를 보면 1945년 12월 25일부터 1946년 9월 23일까지 서승효(徐承孝)가 지방부장을 맡았다. 서승효는 일제 말기에도 1935년부터 1937년까지 지방부장을 맡았던 인물이다(조선일보사, 2010b, 287쪽). 서승효 이후의 지방부장은 1949년 1월 28에 후임자가 임명된 기록부터 나와 있다. 1946년 후반부터 1949년 연초까지는 지방부가 일시적으로 폐지되었던 것인지 아니면 기록이 누락된 것인지 확인이 안 된다.

지방에 특파원을 파견하여 취재하기도 하였다. 「조선일보」 1946년 2월 11일자를 보면 2면의 톱기사로 부산의 어려운 민생 현장을 취재한 기사를 게재하고 있는데, 기사의 출처가 '부산에서 본사 특파원 김찬승발(金燦承發)'로 되어 있다. 특파원을 파견하여 지방의 어려운 민생 현황을 취재토록 하였던 것이다. 1946년 경의 「조선일보」 지면을 보면 「시골 소식」이라는 제목의 난으로 지방의 기사들을 단신으로 처리하고 있다.

〈사진4-2〉 좌는 「동아일보」의 '지방단신'(1945. 12. 22.)이고 우는 「조선일보」의 '시골소식'(1946. 3. 12.)이다.
* 출처 : 「동아일보」는 국사편찬위원회 한국사데이터베이스, 「조선일보」는 조선일보 아카이브

「동아일보」는 이 시기에 지방부를 따로 설치했다는 기록은 없다. 지방과 관련된 기사는 2면의 「지방단신」란에 게재하였다. 이 기사들은 따로 출처를 기록하고 있지 않다. 대부분 통신이나 지방에서 발행되는 신문에 의존한 것으로 볼 수 있겠다. 「동아일보」도 마찬가지로 지방에 특파원을 파견하여 취재하기도 하였다. 예컨대 1948년 2월 24일자 2면을 보면 유엔조선위원단 환영 행사 취재 기사를 '부산에서 신창호 본사 특파원발'로 표기하고 있다.

「동아일보」는 1947년 10월 1일부터 지방판을 발행하기 시작하였다. 이 신문 1947년 9월 29일자 1면을 보면 중앙에 박스 처리하여 이 사실을 공지하고 있다. '지방 보도의 신속을 확보/본보 지방판 창설'이라는 제목으로 제시된 당시의 공지 내용은 다음과 같다.

본보는 속간 이래 본보 본래의 이념과 전통을 계승하야 민족의 표현기관으로서 그 사명 완수에 노력하여 왔습니다. 이리하야 언론계의 찬연한 존재로 자부자긍(自符自矜)하며 조국 광복에 응분의 성충(誠衷)을 공헌하여 왔음은 강호의 독자 제언(諸彦)이 지실(知悉)할 바이므로 췌언(贅言)치 않으려니와 여기에는 본보 동인 일동의 희생의 각오와 노력의 연망(連網)이 숨어 있음도 복어(復語)치 않으려 합니다. 이미 본보는 정시(正視)의 보도를 신속히 하기 위하야 고급지를 윤전기에 걸처 청신선명한 석간을 시중에 배달하므로써 안연(晏然) 타의 추급을 불허케 하야 시내 독자 여러분의 경탄과 찬양을 받고 있읍니다마는 이제 재건 도상의 지방 활동을 신속히 풍부히 보도하므로서 지방 독자 여러분에게 막대한 이익을 제공하여야 하겟다고 사료하야 오는 10월 1일부부터 지방판을 단행하려 합니다. 때마즘 이땅이 민족이 오매불망(寤寐不忘)하는 자주독립 문제는 「유엔」에 상정하였으니 이에 호응하려는 국민운동은 경향을 통하야 일대 전개를 예상케 하며 또한 총선거를 앞두고 각지의 동태는 국민의 절대한 관심처가 않일 수 없으며, 또한 지방의 민생 상황은? --- 기타 일련의 건국 행진에 있어서 내 지방 소식을 좀더 주지시킨 다는 데에 지방판의 큰 의의가 자재(自在)하지 않을가 합니다. 어찌 그뿐이겟 습니까? 본보는 보다 더 미뿌고, 바르고 빨으고 청신하고 풍부한 지면을 독자 여러분에게 드리려고 더욱 새로운 구상과 불휴의 노력을 다하려 하오니 배전의 성원이 있기를 간절히 앙망(仰望)하는 바입니다.

이 공지를 통하여「동아일보」는 지방판 발행의 배경과 목적을 설명하고 있다. 보다 신속하고 풍부한 보도를 통하여 지방 독자에게 '막대한' 이익을 제공하려 한다는 것이다. 이러한 명분 외에도 위의 공지는 한국 문제의 유엔 상정과 앞으로 다가올 총선의 중요성 및 이에 대한 대비를 중요한 배경으로 꼽고 있다. 1947년 9월 17일에 한국 문제가 유엔에 정식으로 상정되었으며 남한만의 단독선거에 의한 단독정부 수립안이 가결된 것은 11월 14일의 일이다(「한국사연표」 참조 국사편찬위원회 한국사데이터베이스). 따라서「동아일보」의 이러한 결정이 최종 결정도 되지 않은 상태에서 유엔에 상정된 안이 채택되리라는 전제하에 앞으로 전개될 정국에 정치적 및 상업적으로 발빠르게 대응하는 모습을 보여 준 것이라고 평가할 수 있겠다. 이후「동아일보」는 2면을 중앙판과 지방판의 2가지 종류를 제작하였다.

한편 1946년 10월 6일에는 천주교 계열의「경향신문」이 창간되었다. 이 신문도 지방부를 따로 두지는 않았으며 1947년 10월 5일부터 창간 1주년을 맞이하여 지방란을 개설하였다(경향신문사, 1996, 744쪽). 아마도「경향신문」은 이즈음 동아일보가 지방판을 따로 분리, 발행하는 것을 보고 자극을 받아서 지방판은 아니지만 지방 소식을 다루는 난을 따로 두었던 것으로 보인다.

5) 언론의 좌우 대립

(1) 부산지역 신문들의 이념 성향

미군정기 언론 부문에서도 잘 알려진 대로 좌익과 우익의 대립이 첨예하게 나타났다. 이는 1945년 말부터 불거진 신탁통치 문제를 둘러싸고 표면화되면서 갈등과 대립이 심화되었다. 당시 부산 지역의 언론들도 좌익 신문에서부터 우익 신문에 이르기까지 다양한 이념 성향을 보여 주었다. 하지만 언론의 이념 성향이란 상대적인 것으로, 소유주나 편집진의 이념적 성향에 따라 달라지기도 하지만 이슈에 따라서 달라지기도 하고 평가 주체의 입장에 따라서 달라질 수도 있다. 따라서 자료에 따라 다른 평가들이 이루어지기도 한다.

부산직할시가 펴낸 『부산시사』에서 제시한 미군정기 부산 언론의 이념 성향을 정리하면 아래의 표와 같다. 『부산시사』의 자료는 시점과 출처를 밝히지 않은 채 평가하고 있는데, 극우에서부터 극좌에 이르기까지 다양한 양상을 보이고 있다.

<표4-7> 『부산시사』에 나타난 부산 언론의 이념 성향

제호	성향
민주중보	중립 표방, 미군정은 좌경으로 인식
부산정보	극우
인민해방보	극좌
신한(新韓)일보	극우
부산매일신문	중립
대중신문	좌익
자유민보	우익
부산신문	중립, 우익은 좌경시
부산일보	중립
조선일일신문	–
산업신문	–

* 출처 : 부산직할시사편찬위원회(1991, 546–554쪽에서 발췌)

한편 당시 미군정청의 정보 보고 자료는 부산의 신문들에 대해 다음과 같이 그 성향을 평가하고 있다.

<표4-8> 미군정이 평가한 부산 지역 신문의 이념 성향(1947년 3, 4월)

제호	소유주	편집인	발행부수	성향
조선일신문6)*	노성권	권언성	8,000	중도
인민해방보*	노백용	노재갑	20,000	?
자유민보*	김치병	김치병	50,000	?
민주중보*	김형두	장명준	160,000	극좌
부산중보7)*	곡경종8)	채준영	1,500	중도
부산매일신문*	이택국	채준탁	10,000	좌익
부산신문*	김세호	김세호	10,000	좌익

* 문서 작성 당시 계속 발행 여부가 확인이 되지 않는 신문들이라고 기록되어 있다
** 출처 : G-2 Weekly Summary No.82 1947. 3. 30. – 1947. 4. 6. (일월서각 편, 1986, 169–170쪽에서 부산 지역 신문에 관한 내용만 발췌)

미군정의 평가는 『부산시사』의 평가와 대상 신문의 차이가 있음을 알 수 있다. 아마 평가 시점도 차이가 있는 것으로 보이지만 미군정의 자료는 2개의 신문을 중도로 평가하였을 뿐 대체로 좌익 신문이라는 평가가 많은 것이 특징이다. 이는 미군정은 정책 수행이라는 목표가 있기에, 그에 입각해서 평가하였을 것이기 때문이다. 다시 말해 자신들에게 조금이라도 비판적인 논조가 보이면 좌익으로 평가할 가능성이 높다는 말이다. 이러한 사실은 위의 두 자료에서 모두 포함된 신문만을 비교해 보면 알 수 있다. 해당 신문들의 비교를 위해 정리한 것이 다음의 표이다.

<표4-9> 이념 성향 평가 비교

신문	부산시사	미군정 자료
민주중보	중립	극좌
부산정보	극우	중도
부산매일신문	중립	좌익
부산신문	중립	좌익

표에서 보듯이 『부산시사』가 중립이라고 평가하고 있는 신문들을 미군정 자료는 좌익에서 극좌까지로 평가하고 있으며 극우에 대해서는 중도라는 평가를 하고 있음을 알 수 있다. 미군정의 평가가 전반적으로 좌로 편향되어 있음을 알 수 있다. 실제로 「민주중보」의 경우, 당시 주요 사건에 대한 보도 태도를 분석하여 이념 성향을 평가한 연구(채백, 2009)에 의하면 중립적인 논조를 바탕으로 하면서 사안에 따라서 좌익 성향을 보여 주었다고 결론짓고 있다.

그러나 서울을 중심으로 한 당시 한국 신문 전반의 상황과 마찬가지로 부산 지역에서도 미군정 초기에는 좌익 성향의 신문들도 여럿 창간되었지만 군정의 언론 정책이 본격화되면서 좌익 성향의 신문은 점차 사라져 가고 중도 내지는 우익 신문들만 살아남게 되었다.

---

6) 「조선일일신문」의 오기인 듯. 원문은 'CHOSEN IL SINMUN'이라 되어 있다.
7) 「부산정보」의 오기이다.
8) 곽경종(郭慶鐘)의 오기이다.

(2) 언론사에 대한 테러

미군정기에 좌익과 우익의 대립이 격화되면서 언론에 대한 습격과 테러도 빈번하게 자행되었다. 이는 대부분 특정 기사 혹은 전반적 논조에 대한 불만에서 비롯된 것들이었다. 테러의 주체는 대부분 좌익 및 우익의 청년 단체 회원들이었다. 이들이 언론의 기사가 자신들에게 불리하다고 생각되면 신문사 편집국이나 인쇄소를 습격하여 폭력을 행사하곤 했던 것이다.

가장 먼저는 1945년 12월 9일 「인민해방보」의 사옥이 괴한들의 방화에 의해 전소되었다. 이러한 사실은 「민주중보」 1945년 12월 13일자 2면의 기사를 통해 확인할 수 있다. '책동모략을 물리치고/장(壯)! 인민해방보 속간'이라는 제목의 기사는 「인민해방보」에 대한 방화와 이를 극복하고 속간한 사실을 보도하고 있다. 그 내용은 "지난 9일 새벽 악랄한 반동분자의 책동으로서 소실된 인민해방 보사는 그후 전종업원의 일치단결 재건에 힘쓴 노력의 결과 박문당을 사무실로 근근 속간되엿다"고 전하고 있다. 어떤 집단에 의해 무슨 이유인지는 알 수 없지만 아마도 「인민해방보」가 좌익 성향의 신문이므로 논조에 불만을 품은 우익 단체에 의해 방화되었을 것으로 보인다. 「인민해방보」는 시내 대창정 소재의 구 박문당 사무실로 이전하여 그해 12월 25일부터 속간하였다(「민주중보」 1945. 12. 25. 2면).

1946년 10월 13일에는 부산일보사의 인쇄소가 피습당하였으며(『한국언론 연표Ⅱ』 1946. 10. 13.) 비슷한 시기에 「부산매일신문」도 피습을 당하였다. 「부산매일신문」 1946년 10월 17일자 보도에 의하면 우익단체의 인사들이 10월 15일 부산일보를 비난하는 성명서를 실어 달라고 요구하였으나 이를 보도하지 않자 그 다음 날 공무국을 습격하여 '이 공장은 공산당의 소굴이다'라는 제목의 전단을 살포한 후 인쇄 시설을 파괴하고 도주하였다는 것이다. 「부산매일신문」은 같은 날짜 지면에서 이때 신문사에 난입하여 파괴 행위를 벌인 단체는 모 정치단체의 사주를 받은 부산 역도회 멤버들이었다면서 당국에 엄벌해 줄 것을 요망한다는 입장을 밝혔다(『한국언론연표Ⅱ』 1946. 10. 17.). 「부산일보」의 논조에 불만을 품고 부산일보사를 1차 테러하였으며 이어 「부산매일신문」에 성명서 게재를 요구했으나 받아들여지지 않자 「부산매일신문」도 공격하였다는 것이다.

이러한 테러 행위에 대해 경상남도 경찰당국은 담화를 발표하여 비상계엄하임에도 불구하고 백주에 폭력 행위가 발생한 것에 유감을 표명하여 앞으로 사유여하를 불문하고 이러한 파괴 행위자에 대해서는 최고 사형까지 처단하겠다는 강경한 입장을 밝혔다(『한국언론연표Ⅱ』 1946. 10. 일자 미상).

1947년 3월 2일에는 부산의「대중신문」과「민주중보」두 신문사에 정체 불명의 괴한이 침입하는 사건이 발생하였다. 이 습격으로「대중신문」은 공장의 시설이 파손되는 손해를 입었으며「민주중보」는 별 피해는 없었다고 한다(「자유신문」 1947. 3. 4. 2면).

1947년 3월 25일에는「민주중보」가 또 테러를 당하였다. 이날 밤 11시경 신문사 공장에 괴한 3명이 침입하여 폭력을 휘둘러 작업 중인 사원 2명이 부상을 당하였으며 신문 700여 부가 탈취되었다(「조선일보」 1947. 3. 28. 2면).

1947년 7월 8일 오후 1시반 경에는「조선신문」사가 30명의 괴한에 의해 습격을 당하고 피해를 입는 사건이 발생하였다(「조선일보」 1947. 7. 10. 2면). 이「조선신문」은「신한일보」를 박경영(朴敬英)이 인수하여 1947년 3월 28일부터「조선신문」이라 개제하여 발행하던 신문이다. 그 다음 날인 7월 9일에도「조선신문」은 다시 테러단의 습격을 받았다. 두 번째 습격의 이유는 이 사건을 보도했다는 데에 대한 불만이었다. 이날의 습격으로 사원 3명을 광청(光靑)9)본부까지 납치하여 무수히 구타함으로써 부상을 입혔다(「조선일보」 1947. 7. 15. 2면).

1947년 8월 8일 밤에는 부산의「민주중보」와「대중신문」두 신문사가 연이어 테러를 당하였다. 정체불명의 청년단원 20여 명이 먼저 민주중보사를 습격하여 경비하던 순경을 구타하고 총기를 탈취한 후 공무국원 2명에게 중상을 입히고 기계를 일부 파손하고 도주하였다. 이들은 이어 대중신문사 공무국을 습격하여 직원들을 구타하고 있던 중 출동한 경찰에 의해 그중 11명이 체포되었다고 한다(「조선일보」 1947. 8. 13. 2면).

1948년 3월에는「부산일보」가 괴한의 습격을 당하는 사건이 발생하였다. 이

---

9) '광청'이란 것이 무엇을 말하는지 이 기사에서는 불확실하다. 하지만 이 테러 범인들의 소속 단체의 약자로 보이는데 광복청년회가 아닌가 생각된다.

사건은 치안당국자가 게릴라 소탕 작전의 전과에 대한 발표문을 가져와 그대로 보도해 달라는 것을 워낙 문맥도 통하지 않는 문장들이어서 수정 후 게재한 직후 벌어진 사건이었다. 보도가 나간 다음 날 정체불명의 괴한 10여 명이 편집국에 난입하여 행패를 부렸다는 것이다. 이는 그들의 요구대로 전과 발표문을 원문 그대로 싣지 않은 데 대한 보복이었다는 것이다(부산일보사, 1996, 166쪽).

이처럼 미군정 당시 부산 지역의 언론사에도 수많은 테러가 자행되었음을 알 수 있다. 대부분 범인들이 밝혀지지는 않았지만 아마도 특정 기사나 논조에 불만을 품은 청년 단체들에 의해서 이루어졌을 것이다. 이는 좌익과 우익이 극단적으로 대립하면 정론 투쟁을 벌였던 당시 상황 속에서 벌어졌던 일이라 할 수 있다.

2. 부산 언론에 대한 미군정의 개입과 통제

앞에서 미군정의 전반적인 언론 정책은 그들의 대한정책 바탕 위에서 귀속재산의 처리와 각종 통제 법령의 제정과 시행을 통해 좌익언론을 탄압하고 우익언론을 비호하는 형태로 전개되었음을 살펴보았다. 부산에서도 이러한 기조 속에서 미군정이 언론에 개입하고 통제하였다.

1) 미군정의 부산 지역 언론 통제

부산 지역 언론에 대한 미군정의 통제는 경상남도 도청이 담당하였으며 관련 실무는 산하 공보과가 담당하였다. 공보과는 1946년 5월에 도 홍보실과 정보실을 통합하여 신설된 기구이다(『한국언론연표Ⅱ』 1946. 5. 일자 미상).

공보과의 과장은 초기에는 미군이 맡았던 것으로 보인다. 「부산신문」 1946년 7월 13일자를 보면 경상남도 공보과 감독관 W. H. 엔거라트 중위가 사임한 사실을 보도하면서 그가 경상남도 홍보실장과 정보과장, 공보과장을 거쳐 공보과 감독관으로 재직하다가 그만둔다고 전하였다(『한국언론연표Ⅱ』 1946. 7.

일자 미상).

엔거라트의 후임으로는 한국인이 임명되었다. 「자유민보」 1946년 11월 30일
자를 보면 경남도청 공보과장이 홍을수(洪乙洙)인 것으로 나와 있다(『한국언
론연표Ⅱ』 1946. 11. 30.). 이때에 새로 임명된 것인지 그 이전부터 과장으로
근무해 온 것인지는 불확실하다. 홍을수는 미군정 말기인 1948년 7월 13일 경상
남도 재산관리처 감찰서장으로 전보되었고 후임에는 7월 15일자로 지사실 행정
관으로 있던 박영이 임명되었다(「부산신문」 1948. 7. 16. 2면).

한국인이 과장을 맡으면서 미군은 고문을 맡게 되었던 것으로 보인다. 1947년
4월에 가면 그동안 공보과 고문을 맡았던 '뿌리이'가 내무국 고문으로 옮겨 가면
서 후임으로 군정청 공보부 고문으로 있던 제이 종 뉴맨이 새로 임명되었다(「부
산매일신문」 1947. 4. 3., 『한국언론연표Ⅱ』 1947. 4. 일자 미상에서 재인용).

전술한 바대로 1947년 4월에는 「부산정보」와 「조선일일신문」이 폐간 조치되
었다. 이 조치는 미군정 법령 제88호에 의해 이루어졌다. 이 법령 제3조 다항을
보면 정기간행물은 발간 당일 당국에 의무적으로 납본을 하도록 규정하고 있다.
이어 제4조에서는 발행허가를 취소 또는 정지할 수 있도록 되어 있다(내무부
치안국, 1956, 94쪽). 두 신문은 이 납본 의무를 제대로 이행하지 않았다는 이유
로 발행 허가를 정지당했던 것이다.

이 조치 이후 1947년 4월에 경상남도 공보과는 이 기준을 다시금 명확히 하여
일간신문은 10일간, 주간이나 월간은 3회 이상 휴간 시에는 폐간 처분을 하게
되어 있다면서 각사의 발간과 휴간을 명확히 구분하기 위하여 검열대장을 작성
하여 매회 발간물을 도 공보과나 부군 공보계에 제출하는 동시에 반드시 검열을
받도록 요망한다고 공지하였다(『한국언론연표Ⅱ』 1947. 4. 일자 미상).

납본된 간행물을 보고 군정 당국은 사후 검열을 실시하였던 것으로 보인다.
이 사후 검열에 의해 문제가 있다고 판단되면 군정 당국은 해당 신문에 정간
등의 행정 조치를 취했던 것이다.

부산의 미군정청은 정책 홍보를 위하여 따로 매체를 발행하였다. 서울의 미군
정청이 「주간 다이제스트」와 「농민주보」, 「세계뉴스」 등의 정기간행물을 발행
(김민환, 1996, 369-370쪽)한 것처럼 부산의 경상남도 공보과도 군정 홍보를

위하여 「주간공보」라는 제호의 잡지를 매주 토요일에 발행하였다(「부산신문」 1946. 7. 13. 2면).

2) 「중보」에 대한 개입

일제기 부산에서 발행되었던 「부산일보」는 해방 이후에도 잠시 일본 헌병들의 강요로 일본어판 신문을 그대로 발행했다. 며칠 뒤에는 「일본인세화(世話)회보」라는 제호로 바꾸어 발행하였다(김대상, 1981, 180쪽). 김형두의 회고에 의하면 당시 「부산일보」에는 사장 아쿠타가와를 비롯해서 일본인 직원 다수가 그대로 남아 있었다고 한다. 아쿠타가와는 일본의 패전에도 불구하고 계속 한국에 남아 일본 거류민으로 살면서 부산에서 일본 거류민 신문을 만들겠다는 구상을 하고 있었다고 한다. 그러나 「부산일보」에 근무했던 한국인 직원들의 실력 행사로 내부의 일본인을 몰아내고 1945년 9월 1일에 「중보」를 창간할 수 있었던 것이다(김형두, 1995, 117-118쪽).

그러나 며칠 뒤인 9월 6일자 지면에 아래와 같이 「부산일보」라는 종래의 제호를 다시 사용한다는 사고가 게재되었다(부산일보사, 1996, 134쪽).

민주주의의 승리에 따라 조선에 40년래의 암운이 사라지고 오랫동안 갈망하여 마지 않던 민족의 이상이 실현되어 우리들에게 비로소 언론의 자유가 온 것은 오로지 삼천만과 함께 경하할 일이다. 이에 대하여 종래 언론계에 관심을 가진 동지가 모여 이 기회에 우리말 신문의 발간을 계획하고 부산일보의 시설을 이용한 바 종래의 부산일보와의 관계로 말미암아 당분간은 부득상(不得上) 종래의 제호를 사용하지 않을 수 없게 되었으니 이점 민중 제위의 넓은 양해를 빌며 동시에 상륙 군정당국의 지지 여하에 따라 가까운 장래에 우리들의 정치적 희망에 만족할 수 있는 새로운 제호를 맞이할 것을 아울러 맹서하는 바이다"라고 언급하고 있다.

위의 사고에서 제호를 다시 바꾸게 된 이유를 명확하게 밝히지 않고 '종래의 부산일보와의 관계'로 말미암은 때문이라고만 언급하고 있다. 하지만 잔류 일본인들의 압력이라고 보기는 어려울 것 같다. 당시 아쿠타가와 사장 일파는 전술한 대로 한국에 남아 살아갈 궁리를 하였으나 벽에 부딪치자 모든 시설과 재산을 넘겨주고 여비만을 받아 돌아갔다는 김형두의 회고(1995, 118-119쪽)가 아니더라도 패전국 일본인들이 압력을 행사하기는 어려운 분위기였을 것이다.

그렇다고 미군정이 직접 개입했다고 보기는 어려울 것이다. 미군이 부산에 진주한 것은 9월 16일로 그 이전의 일이기 때문이다. 일부 선발대가 들어와 있기는 했지만 그들이 이때에 구체적인 통제 행위를 벌이기는 어려웠을 것이다. 아마도 해방과 함께 좌익 세력이 중심이 된 건준이 치안을 장악하면서 발 빠르게 정국을 주도해 나갔으나 곧 미군이 들어와 군정이 실시된다는 사실을 알고 시국이 바뀔 것을 우려해 관망의 자세를 보이려고 했을 가능성이 있다.

이러한 추정을 가능케 하는 것은 뒤이어 9월 20일자부터 「민주중보」로 제호를 바꾼 이유를 "미군이 진주한 다음 민주주의를 신봉한다는 것을 보이기 위해서"였다는 김형두의 회고(1995, 120-121쪽)이다. 미군정을 의식해 기존의 제호 「중보」 앞에 '민주'를 붙여 「민주중보」라고 붙였다는 것이다. 이때는 부산에 진주한 미군이 9월 17일 부산일보 사옥과 시설을 접수(김대상, 1981, 181쪽)한 뒤였다. 미군의 존재가 「중보」 발행진들에게 압력이 되었던 것이다. 이 사례는 미군정이 직접 개입한 것이 확인되지는 않지만 간접적으로 개입하여 언론 발행에 영향을 미쳤던 사례로 볼 수 있겠다.

〈사진4-3〉 「민주중보」라는 제호를 처음 사용한 1945년 9월 20일자 1면. 우측 제호 아래 '우리 신문은 부산일보의 폐허에서 새싹튼 민주중보'라고 소개하고 있다.
* 출처 : 국립중앙도서관

1946년 6월에는 「민주중보」가 미군정의 개입으로 사옥을 옮겨야 하는 일이 발생하였다. 부산 내 대창정(大倉町) 4정목(현 중구 중앙동4가)의 구 「부산일보」 사옥에서 창간한 「민주중보」는 미군정청에 의해 1946년 6월 3일 사옥을 초량정 593번지 협동인쇄소로 옮겨야 했다. 전술한 대로 이 사옥은 박수형에 양도되어 1946년 9월 10일 「부산일보」 창간이 이루어지게 되었다.

군정청이 「민주중보」를 강제로 퇴거시킨 사유는 '관리부적당'이었지만 실제는 군정 당국의 언론정책이 좌익언론을 통제하고 우익언론을 비호하던 맥락에서 이루어진 것으로 평가된다(부산일보사, 1985, 267-268쪽). 전술한 바 있지만 당시 미군정은 「민주중보」에 대해서 좌익 성향인 것으로 판단하고 있었다(채백, 2009). 이러한 판단에는 이갑기 운영위원장이 좌익 인사였던 것도 중요한 요인이 되었을 것이다(김대상, 1981, 181-182쪽). 미군정기 당국은 부산만 아니라 전반적인 귀속 재산의 처리 과정에서도 이처럼 좌익 언론을 탄압하고 우익 언론에 우호적인 통제 정책을 그대로 적용하였던 것이다(김민환, 1996).

3) 좌익 신문에 대한 통제

(1) 좌익신문에 대한 수색과 압수

부산에서도 미군정은 좌익 신문에 대한 직접 통제에 나섰다. 그 첫 번째 사례[10]로 1946년 4월 미군정은 부산의 여러 좌익단체와 좌익 언론사를 대상으로 대규모 검거에 나섰다. 「서울신문」 1946년 4월 11일자 보도에 따르면 미군정 경찰 당국은 민주주의민족전선 계통의 각 정당과 사회단체에 대한 일제 검거에 나서 부산 시내에서도 좌익 단체들의 수뇌부 20여 명을 검거하고 「민주중보」와 「대중신문」, 「인민해방보」, 「신한일보」 등의 신문사를 습격하여 서류와 장부를

---

10) 김대상(1981, 267쪽)에 의하면 이보다 앞선 1945년 11월 10일에 「인민해방보」에 대해 정간 처분이 취해졌다고 한다. 그러나 구체적인 사유와 정간 기간 등 자세한 내용이 제시되지 않고 있다. 그동안의 연구들에 의하면 아직 이 시기는 미군정이 본격적인 탄압에 나서기 전이었으며 좌익 언론에 대한 탄압이 본격화된 것은 1946년 들어서의 일이었던 것으로 논의되고 있다. 이 점에 대해서는 추가적인 자료 발굴과 확인이 요망된다.

압수하였다. 이 강제 수색에 대하여 당시 군정 당국은 "이 신문사들이 미군정을 신임하지 않으면서 방해하려는 계획이 있었기 때문에 그 파괴적 기록을 수사하기 위한 조치였으며 수색 결과 불법 행위가 있었음이 발각되었다"고 발표하였다.

이 탄압의 대상이 된 민주주의민족전선은 1946년 들어 신탁통치를 둘러싼 좌우익의 대립이 첨예화되어 가는 가운데 우익이 2월 8일 이승만, 김구를 중심으로 대한독립촉성국민회를 결성하여 반탁운동을 주도하는 데에 맞서 좌익 진영이 결성한 단체였다. 여운형과 허헌, 박헌영, 김원봉을 의장단으로 하여 2월 15일에 출범하였다(강만길, 1984, 201쪽).

미군정의 발표에도 불구하고 이 조치는 좌익과 우익의 대립 구도가 날로 격심해 가는 가운데 취해진 조치로서 수색의 대상이 된 신문들이 「신한일보」를 제외하고는 대부분 좌익 성향의 신문이었다는 점을 보면 이는 좌익 언론에 대한 탄압 조치의 일환으로 볼 수 있겠다.

1947년 11월에도 부산의 좌익 신문에 대한 검거 선풍이 몰아쳤다. 「민주중보」와 「대중신문」, 「산업신문」에 대한 수색을 실시하고 사원 20명을 검거하였다. 「조선중앙일보」 1947년 11월 14일자는 '부산언론계에 검거선풍'이라는 제목으로 이 사실을 다음과 같이 보도하고 있다.

이삼일전부터 제15구 경찰서(부산)에서는 부내 민주중보, 대중, 산업신문사를 수색하고 각 신문사원 20명을 구금하였는데 제7관구청에서는 이에 대하야 경찰청의 명령에 의한 것이며 그 이유는 현행 법규에 저촉된 것이라 한다. 그리고 그 내용은 아즉 발표 없다고 하며 검거는 앞으로도 계속될 것이라고 한다는데 사건의 귀추가 자못 주목되고 있다.

위의 기사를 보면 수색과 검거가 상부의 명령에 의해서 이루어진 것이며 그 이유는 '현행 법규' 위반이라고만 했을 뿐 명확히 밝히지 않았다. 추가적인 검거 선풍이 있으리라는 예상도 곁들였지만 이에 관한 후속 보도가 없어 더 이상 자세한 내막을 알기가 어렵다. 하지만 이때의 검거 선풍은 1947년 이후부터 이루어진 미군정의 좌익 언론 탄압의 일환으로 벌어진 것으로 볼 수 있겠다.

(2)「인민해방보」정간

경상남도 군정 당국은 1946년 9월 27일 부산의 좌익 신문 「인민해방보」에 대해 1개월간 정간 조치를 내렸다. 정간 사유는 민전 발표 기사를 게재한 것이 태평양미육군총사령부 포고령 제2호 위반이라는 것이었다(『한국언론연표 II』 1946. 9. 27.). 이로써 「인민해방보」는 그해 9월 29일자부터 정간에 들어갔다(「동아일보」 1946. 11. 30. 2면).

여기서 포고령 제2호란 당시 일본에 주둔하고 있던 태평양 미군 사령관 맥아더 명의로 1945년 9월 7일에 공포된 것으로 그 내용은 "항복문서의 조항 또는 태평양 미국육군최고지휘관의 권한하에 발한 포고, 명령 지시를 범한 자, 미국인과 기타 연합국인의 인명 또는 소유물 또는 보안을 해한 자, 공중치안 질서를 교란한 자, 정당한 행정을 방해하는 자, 또는 연합군에 대하여 고의로 적대행위를 하는 자는 점령군군률회의에서 유죄로 결정한 후 동회의의 결정하는 대로 사형 또는 타 형벌에 처함"이라고 되어 있다. 여기서 「인민해방보」에 해당되는 것은 아마도 공중치안 질서 교란이나 행정 방해, 연합국 적대행위 등과 관련하여 적용되었을 것으로 보인다. 정간을 당하자 「인민해방보」 사원들은 9월 30일에 성명서를 발표하여 1개월 동안 새로운 기초를 확립하고 재출발하기를 맹세한다는 입장을 밝혔다(『한국언론연표II』 1946. 9. 30.).

「인민해방보」는 이때의 정간으로 1개월이 지난 뒤 10월 30일부터 속간하였다가 11월 16일부로 다시금 무기정간 처분을 당했다. 정간 사유는 조선공산당 경남위원회가 발표한 '남조선 사태에 대하야 동포제위에게 고함'이라는 내용의 기사를 실었기 때문이었다. 군정청은 이 사실을 발표하면서 정간 처분을 내리게 된 이유를 두 가지로 발표하였다. 하나는 여러 차례의 경고에도 불구하고 「인민해방보」는 선동적 기사를 게재하였다는 것이고, 다른 하나는 이 신문의 주필 겸 편집국장이 1946년 10월의 대구항쟁과 관련하여 피신 중이고 편집국장 대리는 미군태평양사령부포고령 제2호 위반으로 조사 중이라는 것이다(「자유신문」 1946. 12. 1. 2면).

경상남도 군정장관 질레트 대령은 「인민해방보」 정간과 관련하여 성명서를 발표하였다. 그 주요 내용은 「인민해방보」가 군정의 모든 행동에 반대하고 허위 보도를 통하여 인민을 선동하고 있다면서 이번 정간과 함께 이 신문의 발행 허가증을 몰수하도록 중앙의 군정청에 건의하겠다고 밝혔다(「자유민보」 1946. 11. 17., 『한국언론연표Ⅱ』 1946. 11. 일자 미상에서 재인용). 그러나 이때 「인민해방보」의 신문 발행 허가가 완전히 취소되지는 않았다. 정간은 약 2주 뒤에 해제되어 11월 30일부로 속간되었다(『한국언론연표Ⅱ』 1946. 11. 30.).

「인민해방보」는 1947년 8월 10일에 다시 무기정간 조치를 받은 후 폐간되고 말았다. 이때의 정간 근거는 이번에도 태평양미육군총사령부 포고령 제2호 위반 이었다(한국신문연구소, 1975, 434쪽).

(3) 「민주중보」 정간

1946년 10월 4일에는 「민주중보」가 무기 정간을 당했다. 정간 사유는 대구에서 10·1사건이 발발하자 「민주중보」는 호외를 발행하였는데 이것이 태평양미국육군총사령부 포고령제2호를 위반하였다는 이유였다(『한국언론연표Ⅱ』 1946. 10. 4.). 운영위원장 이갑기와 판매부장은 체포되고 편집국장 김형두는 인책 사임하였으며 테러단의 습격으로 시설이 파괴되었다(김대상, 1981, 182쪽).

당시 군정당국은 속간을 담보로 「민주중보」의 주필과 편집 및 발행인을 바꿀 것을 종용하였다(김형두, 1995, 137쪽). 그리하여 그해 11월 9일 간부 진용을 대폭 개편하

〈사진4-4〉 「민주중보」 속간호(1946. 11. 15)
* 출처 : 국립중앙도서관 전자도서관

면서 정간이 해제되어 11월 15일자부터 속간하였다(『한국언론연표Ⅱ』 1946. 11. 9.). 새로이 개편된 간부 진용은 편집인 이만용, 발행인 전성호, 인쇄인 이소조가 맡았다(「민주중보」 1946. 11. 15. 판권).

(4) 「민주중보」 필화 사건

「민주중보」는 1948년에도 정간을 당했다. 「민주중보」는 6월 5일자 2면 톱 기사로 총독부 고위 관료들이 다시 부산에 나타났다는 내용을 보도하였다. '자태를 나타낸 일인고문?/전총독부 재무국장이 래부/염원, 군도 등 전범급 전고관도 체재 중'이라는 제목의 기사에서 재무국장을 지낸 일본인이 부산에 나타났으며 학무국장, 조선은행 부총재 등 고위 관료를 지낸 일본인들도 조선에 들어왔다고 보도한 것이다. 이들을 '전범급 전고관'이라고 이름 붙인 이 기사는 '이들이 조선에 온 경위와 금후의 동정이 극히 주목된다'고 덧붙였다.

이 기사를 6월 5일 부산의 조선통신이 보도하자 국내의 다른 신문들도 대부분

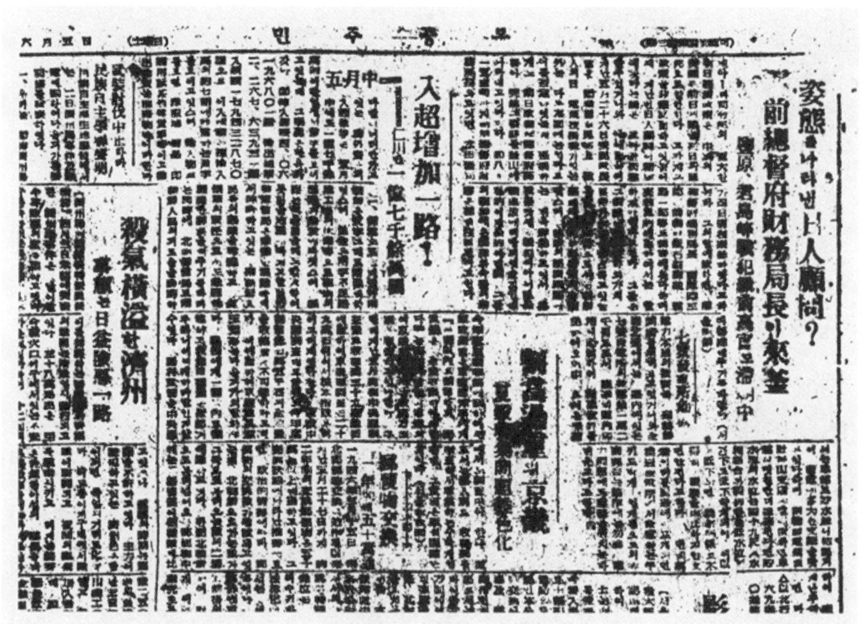

〈사진4-5〉 '일인래조설'로 필화를 일으킨 「민주중보」 기사(1948. 6. 5. 2면, 우측 상단)
* 출처 : 국립중앙도서관 전자도서관

이를 받아서 보도하면서 반일감정을 자극하는 커다란 파문을 일으켰다. 예컨대 「조선일보」의 경우를 보면 이 사실을 6월 8일자 2면 톱으로 '부산발 조선통신'이라고 출처를 밝히면서 '총독시대 일인고관 속속 출현/적개심에 전민족 분격/책임당국은 겨레의 의혹 받어 좋은가?'라는 세 줄에 걸친 자극적 제목으로 보도하였다. 이외에도 「대동신문」, 「경향신문」, 「한성일보」, 「서울신문」, 「조선중앙일보」, 「자유신문」 등도 이 내용을 보도하였다.

이 보도에 대해 미군정청의 딘 장관은 바로 다음 날인 9일의 담화를 통하여 이러한 보도는 사실과 다른 '허보'라면서 재일 미당국에 문의한 결과 문제의 일본인들은 그날 동경에 있었으며 군정 당국이 이들의 방문을 요청한 일도 없다는 내용을 발표하였다(「조선일보」 1948. 6. 11. 2면).

그러나 이 담화로 파문을 잠재울 수는 없었다. 군정장관의 담화 내용을 보도한 같은 날짜 즉 1948년 6월 11일자의 「조선일보」 지면에는 담화 내용 기사보다 상단에 더 큰 분량으로 군정청의 담화에도 불구하고 의혹이 확산되어 간다고 보도하고 있다. '일인 밀입에 의혹 점고/시인과 부인으로 진상이 극주목'이라는 두 줄 제목의 이 기사는 전반부에 군정장관의 담화 내용을 요약하면서 뒷부분에 의심할 수밖에 없는 정황을 전하고 있다. 관련 부분을 인용해 보자.

> (전략) 다시 어떠한 다른 의혹을 자아내고 있다. 기미지마에 관하여서는 지난번 사임한 안(安)11) 민정장관이 단여간 일이 있다고 기자단 회견석상에서 언명하였고 또 그전 군정장관에 물어달라고 의뢰를 바든 군정장관실 모씨가 역시 중앙청 기자실에서 기미지마와 오구무라(奧村)라는 자는 왔다 갓다고 언명한 바에 비추어 볼 때 리해하기 어려운 것이며 미스다 래조에 관하여도 이 문제를 보도한 기관에서는 래조를 확인한다고 하고 있어 앞으로의 진전은 극히 주목을 끌고 있다.

안재홍이나 군정 관계자들이 일본인들의 방문을 확인한 사실이 있다며 의혹

---

11) 민세 안재홍을 말함

을 제기하고 있는 것이다. 위 내용 중 최초 보도 기관의 확인에 관해서는 이어지는 별도의 기사로 보도하고 있다. 즉 부산 지사를 통해 기사의 출처로 인용된 조선통신 기자에게 확인한 결과 틀림없으며 '그 외놈들'의 사진까지 찍어 두었다는 대답을 들었다는 것이다. 뿐만 아니라 「조선일보」는 이어서 이 사건에 대한 한독당 당수 김구의 입장도 전하고 있다. 그 내용은 다음과 같다(「조선일보」 1948. 6. 11. 2면).

일제 식민정책의 앞째비로서 겨레의 간담을 서늘하게 하든 총독부 일인 고관의 준동이 전하여지자 삼천만 모두가 그들을 래조케 한 책임 당국의 의도를 지탄하는 한편 금후의 조치를 감시하고 있는 이때 작 10일 김구씨는 다음과 같이 경고하였다.

재일동포 압박 사건에 뒤이어 망국 멸족의 음모를 자행하든 왜총독부 고관놈들이 소위 해방되었다는 우리나라 땅에 다시 나타나게 된 것은 우리 민족으로서 절대로 묵과할 수 없는 일이다.

만약 이러한 사태가 급속히 시정되지 않으면 삼천만 민족은 전민족적 역량으로서 이 땅에서 왜놈을 모라내기 위하야 싸울 것이다

이 기사는 문제의 기사로 인한 당시 한국 사회의 격한 분위기와 함께 당시 정계 지도자들의 강경한 입장을 잘 전하고 있다. 이에 경무부장과 공보부장이 다시 6월 15일 공동담화를 통해 이 보도는 근거 없는 허위 사실이라고 발표하였다. 이 발표 내용을 보도한 「조선일보」 1948년 6월 16자 2면에 실린 기사의 내용은 다음과 같다.

15일 이 공보부장과 조 경무부장은 6월 5일부 조선통신이 부산에서 전총독부 시대 일인 재무국장 미스다(水田直昌)를 만낫다는 기사는 공보부의 위촉을 바든 경무부에서 제7관구 경찰청에 조사를 시달하였든바 다음과 같이 판명되었다고 공동 담화를 발표하였다.

一. 미스다가 내조한 사실은 전연 없고 따라서 '만나보았느니' '사진을 직었느

니' 한 것은 전연 허구 날조의 보도이다.

一. 남로당 경상남도 여론지도과 세포원 민주중보 기자 조병종 외 3인의 모략적 반미사상 고취의 책략하에 동신문 촉탁 기자 함영보가 일인 고문 전총독부 재무국장 미스다가 부산에 오고, 시오바라(鹽原), 기미지마(君島) 등도 체재중이란 황당한 기사를 제공하고 동사에서는 그 진부를 확인치 아니하고 동지 6월 5일부 제2면 상단에 게재하였고

一. 조통 부산지사장 강태홍은 6월 5일 오전 7시경 전기 민주중보 기사를 일견한 후 그 진부를 조사치 않고 즉시 본사에 그 기사를 타전하였고

一. 조선통신 본사는 상기의 기사에 대하야 진부를 확인치 않고 6월 5일부 동 지면에 보도하였고

一. 민주중보의 기자 함영보는 본건의 폭로를 우려하고 행방을 감추엇다.

一. 제7관구 경찰청에서 남로당 경남 여론지도과 간사 김병협과 민주중보 기자 조병종 외 3인을 구속, 취조 중이다.

관련 보도의 내용은 모두 허위이며 이를 최초 보도한「민주중보」의 기자들과 이를 제공한 남로당원을 구속하였다는 내용이다. 이 사건으로「민주중보」는 1948년 6월 16일부로 태평양미국육군총사령부포고령 제2호에 의거, 무기정간 처분을 받았으며(「조선일보」1948. 6. 19. 2면) 6월 18일 경무부장 조병옥은 2차 담화를 발표하였다. 주된 내용은 이 사건을 남로당이 '민심을 교란하고 반미사상을 고취하여 정부 수립을 방해하려는' 활동과 연관 지으면서 관계자들에 대한 엄벌 방침을 천명하였다(「서울신문」1948. 6. 19. 2면).

7월 12일 편집부장 조병종(曺秉宗), 사회부장 손연순(孫連淳), 남로당원 김래엽(金來燁)은 기소되었으며 편집국장 이만용와 기자 성병규(成炳奎)는 보석으로 석방되었다(『한국언론연표Ⅱ』, 1948. 7. 12.). 이들에 대해서는 재판이 진행되어 1948년 8월 28일 이만용은 벌금 1만 원, 손연순과 조병종은 각각 금고 6개월에 2년간 집행유예, 성병규는 무죄가 선고되었다. 김래엽에 대하여서는 기소사실대로 신문지법에는 해당치 않고 남로당 관계만 저촉된다고 하여 6개월의 금고가 선고되었다(「부산신문」1948. 8. 29. 2면).

이때의 정간은 두 달여가 지나서 정부 수립 직후인 1948년 8월 17일에 속간되었다(『한국언론연표Ⅱ』 1948. 8. 17.).

(5) 「조선신문」 무기 정간

1947년 8월 10일 군정 당국은 부산에서 발행되고 있던 「조선신문」에 무기 정간 조치를 취했다. 이 「조선신문」은 「신한일보」가 개제한 것이다. 원래 하인성(河仁星)이 「신한일보」라는 제호로 발행하던 신문이 발간 실적이 저조하여 폐간시켰다가 1947년 3월 28일부터 박경영(朴敬英)이 허가를 승계하여 「조선신문」이라는 제호로 개제하여 발행하던 신문이다(「부산신문」 1947. 8. 21. 2면). 이때의 무기 정간은 당시 「조선중앙일보」의 보도(1947. 8. 21. 2면)에 의하면 이 신문사 대표의 의견과 경남 지사의 내신을 종합 심사한 결과 이러한 조치를 내렸다는 것이다.

제3절 미군정기 부산 지역 주요 신문의 운영

1. 「민주중보」

부산에서 가장 먼저 창간된 신문은 9월 1일에 창간된 「중보」였다. 창간 뒤 「부산일보」라는 제호를 다시 썼다가 9월 20일부터 「민주중보」라 개제한 이 신문은 창간 초기 부산일보의 사옥과 시설을 그대로 이용하였으며, 일제기 「부산일보」에 근무했던 언론인들이 중심이 되어 창간하였다.

1) 「중보」의 창간

「중보」가 창간된 것은 해방된 지 보름 만인 1945년 9월 1일이었다. 이는 일제기 일본인들에 의해서 부산에서 발행되던 「부산일보」의 시설과 인력이 있었기에 가능했다. 「부산일보」에 근무했던 사원들이 중심이 되어 신문을 간행하기 위한 9인위원회를 조직, 준비에 착수하였다. 김형두(1995, 116-117쪽, 127쪽)에 의하면 9인위원회는 이갑기(李甲基)가 위원장 겸 편집국장을 맡고 총무국장에 김형두(金炯斗), 영업국장에 박승표(朴承杓), 공무국장 이소조(李小祚), 사업국장 이만용(李萬鎔), 그리고 평위원으로 석광수(石光守)와 그 밖에 김씨 성 두 사람과 최모 씨가 참여하였다. 그 후 2명이 빠지면서 7인위원회가 되어 신문 운영의 주체 역할을 했다.

「민주중보」는 창간부터 중립적 논조를 표방하였다. 김형두(1995, 127쪽)에 의하면 초기 7인위원회에서 신문의 편집 방침을 놓고 내부 토론을 여러 차례 벌인 끝에 "논설은 자유민주주의를 바탕으로 시시비비를 가리고 기사는 있는 사실 그대로를 보도하여 불편부당 공정을 기하는 춘추정필"로 정했다는 것이다.12)

당시 우리말 활자도 없던 상황에서 부산 시내의 인쇄소를 뒤져 초량에서 한 세트를 발견해서 신문 창간이 가능했다고 한다(김형두, 1995, 120쪽). 신문의 체제는 타블로이드판 2면으로 발행되어 1면은 전국 뉴스와 외신을 싣고 2면에 부산 등 경남 지방의 소식을 게재하였다. 새로운 세상이 전개되면서 오랫동안 볼 수 없던 국문 신문이 출현하자 「민주중보」는 창간 이후 1년 이내에 부산을 대표하는 신문으로 성장했다(부산직할시사편찬위원회 편, 1991, 547쪽).

2) 「민주중보」의 운용

1945년 9월 17일 미군이 부산에 진주하자 「중보」는 9월 20일부터 제호를 「민주중보」로 바꾸었다. 김형두(1995, 120-121쪽)는 개제의 이유를 미국이 표방하는 민주주의를 신봉한다는 것을 보이기 위해서였다고 회고하였다.

그러나 부산 내 대창정(大倉町) 4정목(현 중구 중앙동 4가)의 구 「부산일보」 사옥에서 창간한 「민주중보」는 미군정청에 의해 1946년 6월 3일 사옥을 초량정

---

12) 현재 창간호가 남아 있지 않아 창간사 등을 확인할 수 없다.

593번지 협동인쇄소로 옮겨야 했다. 군정청이 강제로 퇴거시킨 사유는 '관리부적당'이었지만 실제는 군정 당국의 언론정책이 좌익언론을 통제하고 우익언론을 비호하던 맥락에서 이루어진 것으로 평가된다(부산일보사, 1985, 267-268쪽). 당시 미군정은 귀속 재산의 처리에서도 이러한 통제 정책을 그대로 적용하였던 것이다(김민환, 1996).

미군정은 이 신문의 사옥과 시설 일체의 관리권을 박수형(朴洙衡) 등에게 넘겨주었으며 이들은 그 다음 날인 1946년 9월 10일 「부산일보」를 창간했던 것이다. 사옥을 넘겨준 「민주중보」는 사무실을 옮겨 발행을 계속했지만 큰 타격을 받을 수밖에 없었다.

1946년 10월 대구에서 10·1사건이 발발하자 「민주중보」는 호외를 발행하였다. 이것이 태평양미국육군총사령부 포고령 제2호[13])를 위반하였다는 이유로 무기 정간을 당했다(『한국언론연표Ⅱ』 1946. 10. 4.). 운영위원장 이갑기와 판매부장은 체포되고 편집국장 김형두는 인책 사임하였으며 테러단의 습격으로 시설이 파괴되었다(김대상, 1981, 182쪽). 그해 11월 9일 정간이 해제되어 11월 15일자부터 속간하였다(『한국언론연표Ⅱ』 1946. 11. 9.). 박기출은 속간호에 실린 '유일의 노선: 중보재출발을 축하면서'라는 기고를 통해 '현단계의 조선이 갈길은 좌도 아니고 우도 아니라 자본주의와 공산주의의 절충주의적 노선을 통해 독립된 민족국가를 건설하는 것'이라고 강조하였다. 창간 초부터 중립을 표방하였지만 무기 정간을 당하면서 중립을 지향한다는 목표를 다시 한 번 천명한 것이다. 속간 이후 주식회사로 개편하여 1947년 5월 9일 박기출이 사장에 취임하였다(『한국언론연표Ⅱ』 1947. 5. 9.). 그러나 오래가지 못하고 다시 운영위원회 중심으로 바뀌면서 전성호(田性昊)가 사장에 취임하였다(박경장 편, 1959, 28쪽).

---

13) 1945년 9월 7일에 공포된 이 포고령 제2호의 내용 중에는 '공중치안 질서를 교란한 자 정당한 행정을 방해하는 자 또는 연합군에 대하여 고의로 적대행위를 하는 자는 점령군군율회의에서 유죄로 결정한 후 동회의의 결정하는 대로 사형 또는 타형벌에 처함'이라고 규정하고 있다(『한국언론연표Ⅱ』, 922쪽).

〈사진4-6〉「민주중보」는 1945년 12월부터 1면에 1컷 만화를 게재하였다. 출처를 밝히진 않고 있으나 외국 신문에서 전재한 것으로 보인다. 좌는 만화가 처음 실린 1945년 12월 1일자 1면, 우는 만화만 확대한 사진
* 출처 : 국립중앙도서관 전자도서관

「민주중보」는 지면의 내용에 불만을 품은 세력들에 의해 여러 차례 테러를 당하였다. 1947년 3월 25일에는 괴한 3명이 공장에 침입하여 작업 중이던 사원 2명이 크게 다치고 신문 700여 부를 탈취당하는 사건이 발생하였다(「조선일보」 1947. 3. 28. 2면). 그해 8월 8일에도 정체불명의 청년 20여 명이 회사를 습격하여 경비하던 경찰의 총기를 탈취한 후 공무국원 2명에 중상을 입혔다(「조선일보」 1947. 8. 13. 2면). 9월 13일에도 모 단체의 습격을 받아 시설이 거의 파괴될 지경에 이르렀다(「조선일보」 1947. 9. 19. 2면).

미군정기에 언론사에 대한 테러는 매우 빈번하게 발생하였다. 언론의 논조에 불만을 품은 정치단체나 사회단체들에 의해 직접적인 테러의 대상이 되곤 했던 것이다. 「민주중보」에 대한 테러들도 자세한 내막이 보도되지는 않고 있지만 대부분 논조에 불만을 품은 정치 성향의 단체들에 의한 것이라고 볼 수 있다.

1948년 들어 「민주중보」는 커다란 필화사건에 휘말렸다. 6월 5일자 2면 톱기사로 총독부에서 재무국장을 지낸 일본인이 부산에 나타났으며 학무국장, 조선

은행 부총재 등 고위 관료를 지낸 일본인들도 조선에 들어왔다고 보도하면서 '이들이 조선에 온 경위와 금후의 동정이 극히 주목된다'고 덧붙였다. 전술한 대로 이 기사를 국내의 다른 신문들도 대부분 받아서 보도하면서 반일감정을 자극하는 파문을 일으켰으며 이 사건으로 「민주중보」는 1948년 6월 16일부로 태평양미국육군총사령부포고령 제2호에 의거, 무기 정간 처분을 받았다(「조선일보」 1948. 6. 19.).

이때의 정간은 두 달여가 지나서 정부 수립 직후인 1948년 8월 17일에 속간되었다(『한국언론연표Ⅱ』 1948. 8. 17.). 속간하면서 「민주중보」의 진용은 사장에 최천택(崔天澤), 주간 이만용, 편집국장 강재은(姜在殷)으로 바뀌었다(김대상, 1981, 182쪽). 1950년 2월 1일부터는 김예준(金禮俊)이 사장이 되면서 제호도 「민주신보」로 바꾸어(「동방신문」 1950. 2. 2. 2면) 발행하다가 5·16 쿠데타 후인 1962년 8월 1일 시설기준 미달로 폐간되고 말았다(부산일보사, 1985, 484쪽). 한때 부산 최대의 신문이었지만 1953년의 부산역전 대화재 때 사옥과 모든 시설, 자료 등을 다 잃어버리고는 사세가 기울어 끝내 이를 극복하지 못했다는 것이다(박경장 편, 1959, 29쪽).

2. 「부산일보」

1) 「부산일보」의 창간

「부산일보」는 해방 직후 「민주중보」가 사용하고 있던 일제기 「부산일보」의 사옥과 시설을 넘겨받아 1946년 9월 10일에 창간되었다. 당시 이 사옥의 관리권을 인수한 사람은 초대 사장 박수형이었다. 박수형은 원래 재산도 동래구 수안동 소재 한옥과 논 3마지기밖에 없었으며 경력도 동래고교의 전신인 동명학교를 졸업하고 주식회사 동래은행 서기를 역임한 것밖에 없었다. 이러한 인물이 신문사 시설의 관리권을 확보할 수 있었던 것은 당시 경상남도 군정당국의 고위층에 동향인들 즉 동래 출신이 많았다는 점이 유리하게 작용한 것으로 보인다.

1945년 10월 군정 경남도 내무부장을 거쳐 1946년 2월 군정 경남도 조선인 장관에 임명된 김병규(金秉圭)나 1945년 11월 서울 미군정청에서 군정 경남도에 파견되었던 한영교(韓永敎)는 모두 동래 사람이었다. 특히 한영교는 1934년에 도미하여 프린스턴 대학을 졸업하고 2차 세계대전 때는 미국 정부의 외국경제부 직원으로 근무했으며 종전과 함께 미국 국방부 직원으로 고국에 돌아왔던 만큼 군정 경남도에서 그 영향력은 누구보다도 컸다. 한영교는 동래구 온천동에 살았으며 박수형 사장과

〈사진4-7〉 「부산일보」 창간호의 1면
* 출처 : 부산일보사(1985)

동래고보 동창이고 첫 직장도 같은 동래은행이었다(부산일보사, 1996, 536-538쪽). 이러한 지연 및 학연 관계를 바탕으로 내세울 만한 이력이나 경력도 없는 박수형이 부산일보사의 옛 사옥을 인수할 수 있었던 것이다.

이를 바탕으로 박수형은 부산의 실업가 하원준의 재정적 도움을 받고 신문의 편집, 제작에 관해서는 자형인 이희보와 제매인 김지곤을 참여시켜 새로이 신문

〈사진4-8〉 「부산일보」 초대 사장
박수형(좌)과 제2대 사장 김지태(우)
* 출처 : 부산일보사(1996)

을 창간할 수 있었던 것이다. 이희보와 김지곤은 창간 직후 각각 초대 주필 겸 편집국장과 2대 편집국장을 지냈다(부산일보사, 1996, 539-540쪽).

2) 일본 신문 제호 사용의 배경

「부산일보」라는 제호는 일제기 일본인들이 부산에서 신문을 발행하면서 사용하였던 것을 그대로 계승한 것이었다. 오랜 식민지배에서 해방된 당시에 별로 도움될 것이 없어 보이는 결정이었다. 「부산일보」 측은 창간호에서 일본인들이 일제기에 발행하던 신문의 제호를 그대로 사용하게 된 배경과 입장을 밝히고 있다. 짧지 않은 분량이지만 전문을 인용해 보기로 하자.

> 30여년전에 발생하야 해방 직전까지의 소위 부산일보란 것은 왜정의 제국주의 표방하에서 특히 우리 조선에 대한 식민정책의 선전기관으로서 온갖 능압(凌壓) 착취 등 공간(杆)이 되엿든 관계상 오늘날 왜적을 증오하는 우리로 하여곰 이 명칭 자체에 대하여서까지 일종 명상(名狀)치 못할 불쾌한 정념을 일으키는 독자가 없지 안을가 염려되여 노파심에서 이를 간략히 고찰하려 한다
>
> 처음 우리 역시 소박한 관점으로써 이 명칭을 변경하고 우리의 포부를 온전히 상징하는 이상적 문자를 발견코저 애를 써왓으나 해방 이후 우후의 순과 갓치 족립(簇立)한 기성신문사에 거의 선취되고 우리가 기망하는 칭호는 쉽사리 발견할 수 업서 관계자는 일시 그 빈약한 두뇌를 알코 잇든 중 더구나 5월 29일 군정청 포고령은 언론자유의 원칙에도 제한을 가하고 이후 창립되는 신문사는 등록을 불용케 됨에 이르러 우리의 명칭 변경의 기도는 부득이 단념치 안흐면 안되는 형편에 이르렀든 바이다
>
> 그러나 냉정히 생각할 때 부산일보란 원래 우리 부산에서 생긴 명칭이요 다시 향토적 향기롭고 인구에 회자한 이 명칭을 함부로 버리기 전에 근본적으로 이를 검토할 이성적 태도가 필요치 안은가. 하물며 현하 내적 혁신은 남의 일 갓치 미루어두고 외면적 가장에 여념이 없는 항간의 폐습에 포만치

못하는 우리는 과거의 원한으로 말미암아 오인(吾人) 본래의 귀중한 보배까지 버리는 우행은 극력 삼가야 할 것이다.

즉 부산일보란 칭호를 반척하는 심리적 경향이 잇다 하면 그것은 왜정 시대의 조선인이라 할 째 가장 추악한 민족을 상징하는 인상을 오인에게 강제하야 이 역사적 화려한 국명을 오인의 두뇌부터 소청(掃淸)식혀서 민족의식을 거세하려는 교활무쌍한 정치 선전에 불행히 순치된 습성에 기인함이 안힐가. 오늘날 조선인이라 부를 째 우리 삼천만 민족으로서 누구 하나 조국에 대한 애정과 긍지를 느낄지언정 비굴감을 가질 이 잇서랴!

시(試)하야 한번 머리를 도리켜 과거의 역사를 조망할 째 무죄한 명칭이 포악한 죄과를 음모함에 았갑기도 강요당한 허다한 예를 차질 수 있다.

부산일보도 이런 예의 한나이 안힐가.「부산일보」가 표시하는「부산」은 우리나라에 최대의 항도로서 앞으로 세계적 무역도시로 약진할 전도창양한 지점이며「일보」는 매일 간행하는 보도의 의미여서 ○○하야 조국건설의 신성한 사명하의 진보적 문화교류의 촉질(觸質)이 될 것이다

그러나 이런 이상적 명칭이 과거 왜정째 이용된 것은 우리의 역사적 불행이엿스나 참다운 의미에 잇서서의 부산일보는 금일을 ○하야 탄생하는 셈이니 과거의 그것을 답습하는 것처름 인상주는 피상적 관념을 일축하고 오래만에 도라 온 일헛든 자식 처름 반가운 뜻으로 절대한 애호로써 많은 지도와 편달을 앗기지 말으시게 창간 벽두에 임하야 삼가히 독자 대위에 비는 바이외다

일제기 신문의 명칭을 사용하게 된 배경을 장황하게 설명하고 있다. 현실적으로는 다른 신문들이 이미 좋은 명칭을 대부분 선취하여서 새로운 이름을 찾기 어려웠고, 창간을 미루기에는 미군정의 정책상 현실적 어려움이 더 커질 것으로 예상되어 부득이 옛 명칭을 다시 쓴다는 것이다. 하지만 일제기의 불행한 역사가 있음에도 불구하고「부산일보」라는 명칭이 갖는 상징성과 의미에 치중하면서 내실 있는 모습으로 독자들에게 다가가겠다고 밝히고 있다. 여기서 5월 29일에 미군정 포고령이란 바로 미군정법령 제88호를 말하는 것으로서 1945년 10월 30일에 미군정법령 제19호로 정기간행물의 등록제를 실시했던 것을 허가제로

바꾼다는 것을 주된 내용으로 하고 있다. 당시 용지난을 주된 이유로 내세웠지만 실제로는 신규 참여를 제한하기 위한 것이었다고 평가되고 있다(박용규, 1988, 42-43쪽).

3) 경영의 어려움

구 「부산일보」의 사옥과 시설을 인수하여 창간함으로써 당시로서는 비교적 좋은 조건에서 출발한 「부산일보」도 경영의 어려움을 피해 갈 수는 없었다. 당시 부산에만 11개의 신문이 발행되고 있는 상황에서 후발 주자가 시장에 파고 들어 가기가 만만치 않았던 것이다. 시내 보급망 확충도 여의치 않아 1946년 말까지 10개의 보급소 개설에 그쳤다. 지방 판매망은 경남의 마산과 울산, 통영, 삼천포, 진주, 창녕 그리고 경북의 밀양과 대구 등 8개 지국으로 출발하였다. 그해 10월 30일 성지에, 그리고 11월 3일에는 기장 분국, 11월 6일에는 진영 지국이 신설되었다. 그러나 지국 관리도 어렵고 구독료 미납 등의 문제로 적자는 누적되어 갔다.

이러한 상황에서 자본주 하원준이 출자금의 반환을 요구하기에 이르자 박수형 사장은 이의 타개책으로 운영동인회를 조직하였다. 부산의 실업인들을 모아서 소자본이나마 공동 출자하여 회사를 경영해 보자는 방안이었다. 당시 참여한 기업인은 이수우(李壽雨), 김명오(金明五), 양태진(梁泰辰), 박순창(朴淳昌), 하한석(河翰錫) 등이었다. 그러나 이 기구도 기대했던 성과는 거두지 못하고 유명무실한 상태에 있다가 얼마 못 가 와해되고 말았다(부산일보사, 1996, 543-547쪽).

4) 기자들의 파업

이러한 경영난 속에 1948년 2월에는 박수형 사장의 회사 운영에 편집국원들이 반기를 들어 문제를 제기하고 파업을 단행하는 사태까지 벌어졌다. 이날 편집국원들은 4개 항의 결의사항을 사장에게 제출하고 파업에 돌입하면서 다음

날인 24일 오전 10시까지 답변을 요구하였다. 그 4개 항은 다음과 같다(「부산신문」 1948. 2. 26. 2면).

1. 금월부터 현봉(現俸)에 일률적으로 3천원씩 증봉(增俸)할 것
2. 후생부를 적극 활용하여 생필품 배급 등으로 사원의 생활을 원조할 것
3. 편집국 조사부를 강화하여 신문제작에 유감이 없도록 할 것
4. 편집국 인사문제는 국원의 총의를 득한 후 시행할 것

이에 박수형 사장은 즉시 파업을 중지하도록 설득하면서 인사권 침해에 해당되는 제4항을 제외하면 모두 타당한 요망이라고 인정하나 편집국원의 월급만 올리는 것은 형평상 문제가 있으므로(「부산일보」 1948. 2. 26.) 운영난 타개를 위해 강구 중인 새 조직이 이루어질 때까지 잠시만 시간적 여유를 달라고 요청하였다. 그러나 편집국원들은 다음 날인 24일부터 파업에 돌입하였다(부산일보사, 1996, 550쪽). 이어서 2월 25일에는 「부산신문」의 지면을 통해 편집국원 일동 명의로 회사 운영에 여러 가지 문제가 많음을 지적하는, 2월 23일자로 표기된 공개장이 발표되었다. '사장비행 지적코/부일 편집국원 총파업'이라는 제목의 이 기사는 파업에 이르게 된 경과와 입장을 간략히 설명하고는 다음과 같은 공개장 내용을 전재하고 있다.

미증유의 난관에 봉착하고 있는 우리 민족의 지향을 밝히고 아울러 민주주의 건국 도상에 불가결의 역활을 담당하고 있는 것은 오즉 언론기관을 들 수가 있습니다. 고로 본보 편집국원 일동은 그야말로 일심합력하여 경제적으로 또는 사회적으로 모든 개인적 곤궁을 참어가며 오즉 진정한 언론도의 수행에 매진하여 왔습니다. 그러나 원통하게도 본 사장은 우리들의 이 희생 정신을 그릇 이용하여 신성해야 할 언론기관으로써 사적 처세의 도구화하려 하고 따라서 내부 조직에도 극단의 친족주의를 적용하여 흡사 영리기관에 있어서의 전제를 꾀하며 또 그리함므로써 전조선적으로 희유(稀有)한 본보 시설을 태반 활용하지 못하는 무능을 폭로하여 대외로는 본보의 위신을 추락시키고

대내로는 인화를 결하야 그 상태는 날이 갈사록 막심하여짐으로 사회 공기인 언론을 위해 도저히 묵과할 수 없어 본보 국원 일동은 자에 본보 사장의 무능과 허위성을 지적하며 사회의 엄정한 비판으로 바라는 바입니다

一. 사관리인으로 피임된 이래 최초 하모씨의 재력으로 운영하다가 그후 이 해관계의 충돌로써 결렬에 이르자 하씨의 출자반환을 위해 부내 모모실 업가로서 동인제를 조직하였는데 그후 약6개월후 동인측에서 회사발전 을 도모한 운영 주식투자를 독재몽을 버리지 못한 박씨는 이를 거절하여 동인측과도 결렬하였는데 현재에는 그 출자 반환수단으로 서울 모문화사 사건으로 유명한 친일파 김모와 결탁하고 있는데 단기간에 이러한 운영 체 변경이 빈번하여 종업원에 불안을 주는 것

一. 회사운영에 극단의 친족주의 즉 경리부에는 장남을, 처남은 모부장에 배치하고, 그들의 무능은 지도할 역량이 없으므로써 무질서한 영리를 하 고 있음(예 경리지출서류불비의 묵인)

一. 국원의 신망이 높고 엄정한 언론도를 지키온 편집국장을 퇴진케 한 것

一. 조선에서 유수한 주조기가 본사에 설치되어 있음에도 불구하고 이를 이 용치않고 개인에게 표면적으로는 무상으로 대여하고 있는 체하고 있으나 그 이면에는 무었이 잠재되어 있는가를 능히 추측케 할 수 있으며 또한 본보 발간에 있어 다대한 지장을 주고 있는 것

一. 소위 사장의 지위를 리용하여 무슨 일인지 매일가치 외부에 분주하면서 기구의 적절한 운용등 신문제작에는 하등의 성의도 보이지 않는 것

외부에 발표된 이 공개장에는 기자들의 근로 조건과 관련된 요구 사항은 없고 대신 창간 이래 박수형 사장에 의해 빚어진 경영 난맥상이 5개 항에 걸쳐 제시되 었다. 주요 내용은 경영의 어려움에 제대로 대처하지 못한다는 점과 신문 제작에 열의가 부족하며 인사가 지나치게 친족 중심으로 이루어졌다는 점들이 지적되 었다.

이에 박사장은 24일부로 파업을 주도한 사회부차장 박준관(朴焌官), 정리부 차장 최현태(崔炫泰) 등 총 10명을 해임하고 사회부 기자 김환영(金煥榮)을 의

원면직하였다. 이중 박준관과 김환영은 창간 직전인 1946년 8월에 공채를 통해 입사했던 인물들이다. 또한 파업을 주도하여 해임된 인물 중에는 박사장의 제매인 김지곤 편집국장의 아들 김종희 사회부 기자도 포함되어 있었다. 이어 박사장은 파업에 대해 유감을 표시하면서 과오를 뉘우친다면 즉시 출근하여 복직 수속을 밟도록 종용하였다. 그러나 해임된 11명은 전원 복직을 거부하고 퇴사 2주 후에 「대중신문」에 입사하였다(부산일보사, 1996, 541-550쪽).

이어 27일에는 사원 일동 명의의 성명서가 발표되어 박수형 사장의 입장을 지지하였다. 이 성명서는 파업을 '편집국원 기(幾)개인만이 73인의 전 사원과는 하등의 상의도 없이 독단적 견지에서 돌연한 결의'(부산일보사, 1996, 551쪽)였다고 평가 절하함으로써 사장의 입지를 강화시켜 주었다.

파업으로 퇴사한 편집국원들은 부산일보사가 적산 관리에 부정이 있다며 중잉청을 비롯한 도내 각 관계 당국에 진정서를 제출하였다. 이에 따라 석산 관리 관청인 경상남도 재산관리처가 1948년 3월에 부산일보사의 회계와 재산 상태를 조사하게 되었다(「부산신문」 1948. 3. 11. 2면).

이에 박수형 사장은 4월 4일자 「부산일보」 지면을 통해 장문의 반박 성명서를 발표하였다. 이 성명서를 통해 박사장은 다른 신문에 보도된 진정서의 내용은 사실 무근으로서 모략 중상에 불과하다는 주장을 펼쳤다.

5) 서울총국 신설과 연재 만화 시도

창간 초기의 어려움 속에서도 「부산일보」는 1947년 5월경 서울총국을 신설하여 보급 확장을 시도하였다. 서울 동대문구 창신동에 사무실을 둔 서울 총국의 초대 총국장에는 현철(玄哲)이 임명되었다(부산일보사, 1985, 283쪽).

한편 1948년도 2월에는 연재만화가 시도되었다. 박성채(朴聖彩)가 그린 이 만화는 '윤첨지'라는 제목의 4칸 만화로서 2월 20일자부터 첫 회분이 1면에 실렸고, 2회부터는 2면에 실렸다. 2월 20일자의 첫 회분에서는 주인공 윤첨지를 "가장 나라를 사랑하는 고집쟁이 노인으로써 촌에서 여태것 농사짓다가 오래간만에 항도에 나와보니 세상만사가 속터질일쁜! 이래선 독립안된다고 고하는 아우성 소리…”라고 소개하고 있다. 이 소개를 통해 이 연재만화는 당시 사회의 난맥상을 고발하고 풍자하려는 의도에서 기획된 것임을 알 수 있다. 그러나 이 시도는 오래 지속되지는 못하고 그해 3월 30일로 끝나고 말았다(부산일보사, 1985, 78쪽).

3. 「산업신문」

1) 「산업신문」의 창간

전술한 바대로 「국제신문」의 전신인 「산업신문」은 1947년 9월 1일 창간되었다. 현재 창간 초기의 「산업신문」 지면이 남아 있지 않아서 창간호의 지면 편집이나 창간사 등 창간 초기의 현황을 알기는 어렵다. 현재 남아 있는 신문 지면은 1947년 10월 3일 이후의 것만이라고 한다(국제신문사, 1997, 57쪽).

창간을 주도했던 김형두의 회고(1995, 147-148쪽)에 의하면 창간 당시 지향했던 모델은 일본 큐슈의 「니시니혼신문」(西日本新聞)이었다. 이 신문이 일제 말기 태평양전쟁 중에도 군벌의 위협을 이겨내며 신문을 지켰다는 점에서 정치권력의 압력에 굴하지 않고 언론의 정도를 지켰다는 점을 높이 샀던 것이다.

이 「니시니혼신문」은 큐슈의 후쿠오카에서 발행되던 대표적인 지방 신문이다. 원래 명치 시대부터 일본의 큐슈 지방에서 발행되던 「후쿠오카일일신문」과 「큐슈일보」가 2차 세계대전 기간 중인 1942년 '1현 1지'의 언론통폐합 정책에 따라 통합하여 출범한 신문이다(春原昭彦, 1969).

「산업신문」은 그 제호를 보아도 그렇지만 창간 초기 경제지적인 성격의 신문이었다. 업계 전문지인 「동아산업시보」와 「수산신문」이 통합되어 창간된 점에서도 이러한 성격을 추정할 수 있다. 실제 창간 초기 지면에서 산업 관련 기사나 경제 현안 등에 주력하는 편집 특성을 보여 주었다(국제신문사, 1997, 57쪽).

2) 후발 주자의 어려움

그러나 「산업신문」도 1947년 9월에야 창간된 후발 주자로서 경영의 어려움을 피해 갈 수 없었다. 특히 재정적으로 든든한 후원자도 구하지 못한 상태에서 출발했기에 그 어려움은 더할 수밖에 없었다. 창간의 주역이었던 김형두(1995, 144-145쪽) 스스로도 이점을 "무모한 출발이었다. 자금도 없고 시설도 없이 치열한 경쟁에서 헤집고 나간다는 것은 막연한 상태 그것이었다"고 술회할 정도였다.

1947년 후반부로 가면 「인민해방보」 등 좌익 신문이 폐간되고 일부 우익계 신문들도 경영난 등의 이유로 폐간되어 「산업신문」 창간 당시에는 5개 일간 신문 즉 「민주중보」와 「부산일보」, 「부산신문」, 「자유민보」, 「대중신문」 등이 발행되고 있었다. 하지만 6개도 적다고 할 수는 없으며 특히 자본력도 빈약한 후발 주자에게는 넘어서기 힘든 부담이 아닐 수 없었다.

3) 주식회사 체제로 개편

자본 조달을 통하여 경영난을 극복하기 위한 방법으로 「산업신문」은 주식회사로 전환을 시도하였다. 다수의 참여로 자본금을 조성하기 위한 방법이었다. 「산업신문」은 당시 총 자본금 150만 환을 목표로 하여 1기분 불입금 25만 환이 조성되어 발기준비위원회를 구성하게 되었다.

이때 주식 모집에 참여한 사람들은 대부분 통영온망수협을 중심으로 한 수산업계 종사자들이었다. 대표적인 수산인이자 후일 사장 자리를 김지태에게 양보한 박순조, 후일 중소기업협회장과 창원에서 국회의원을 역임한 김봉재(金奉才), 그리고 김주영(金珠永), 유건기(劉建基)를 비롯하여 김형두의 친구였던 최현수(崔玄洙) 등이었다. 이들이 주식의 70%를 인수하였다. 이렇듯 수산업계 사람들이 대거 참여하게 된 것은 「산업신문」의 전신이 「수산신문」이기도 했지만 주역 김형두가 수산업계와 넓은 교분을 유지하고 있었던 것이 큰 원인이 되었다.

나머지 30%의 주식은 부산 상공회의소가 인수하였다. 주주총회가 열린 12월 30일 전날까지도 상공회의소로부터 아무런 연락이 없어 「산업신문」 측은 박순조를 사장으로 내정하고 있었다. 그러나 총회 1시간 전에 상공회의소가 연락하여 자본 참여를 결정했으니 당시 부산상공회의소의 김지태 회장을 사장으로 하면 어떻겠냐고 제의해 왔다. 이에 발기위원회가 긴급히 논의하여 이 제안을 받아들임으로써 상공회의소도 자본 참여를 하면서 김지태가 사장에 취임하게 되었던 것이다. 창립총회에서는 사장에 김지태, 부사장에 박순조, 전무 겸 편집국장 김형두, 상무 겸 영업국장 이용희 등을 선임하여 새로운 진용을 갖추었다(국제신문사, 1997, 60-61쪽).

이때에 사옥도 옮기고 자체 인쇄 시설도 확보하였다. 대중신문사 사옥이던 부산 중앙동 소재 하래인쇄소의 관리인 하진(河振)과 상의하여 기존의 사옥이던 수산신문사 사옥과 웃돈을 얹어 맞교환하여 새로운 사옥을 마련하였다. 또한 평판인쇄기 4대를 구입하고 활자도 서울에 발주하여 1948년 신년호부터는 자체적으로 인쇄할 수 있는 기반을 마련하였다(김형두, 1995, 146쪽).

4) 편집 체제 개편

이처럼 「산업신문」은 자본금을 모집하여 주식회사로 전환하면서 의욕적으로 재출발하였으나 당시의 어려운 여건을 근본적으로 극복하기는 어려웠다. 신문의 발행 부수도 4, 5천 부 정도에 그쳤다(김형두, 1995, 149쪽).

이러한 상황을 타개하기 위한 방안의 하나로 「산업신문」은 신문 체제의 혁신을 시도하였다. 타블로이드판에다 용지도 선화지를 사용하던 것을 판형을 배대판으로 확대하면서 용지도 갱지를 사용하기로 결정한 것이다. 이 혁신을 시도하기 위해서는 추가적인 투자가 소요되었다. 김형두는 당시 여기에 소요되는 비용을 총 150만 환 정도로 잡고 그중 50만 환을 김지태 사장과 중역진이 마련하고 50만 환은 수산업계의 사업가들에게 찬조금을 모집하며 나머지 50만 환은 사원을 비롯해 지국과 보급소 미수금 등을 모아 충당하자는 계획을 세웠다.

김형두의 회고에 의하면 이 계획에 대해 김지태 사장과 의견이 엇갈리게 되었다고 한다. 이에 김형두는 후에 동방유량 회장을 역임하는 신덕균(申德均)을 비롯한 수산업계 기업인들의 도움을 얻어내서 이 계획을 추진할 수 있게 되었다는 것이다(김형두, 1995, 149–

〈사진4-10〉「산업신문」 창간 1주년 기념호(1947. 9. 1.)
* 출처 : 국제신문사(1997)

151쪽). 이때의 편집 체제 혁신은 결국 1949년 2월 1일부터 실현되었다(국제신문사, 1997, 66쪽).

제4절 미군정기 부산 지역의 방송

1. 미군정기 한국 방송의 개관

1) 미군정의 방송 정책

미군정 당국은 신문의 경우는 일제가 남긴 시설을 주로 우익 신문들에게 관리를 위탁하였던 것과 달리 방송의 경우는 군정청이 직접 접수하여 관리, 감독하였다. 미군이 진주하자마자 가장 신속하게 접수한 것이 방송 관련 기관과 시설물이었으며 지방의 경우도 마찬가지여서 미군 부대가 진주하기도 전에 선발대를 파견하여 일찌감치 접수하여 직접 운영하였다.

해방 직후 제도적으로는 조선방송협회가 방송을 관장하였으나 1946년 4월 미군정청에 공보부를 설치하여 방송국을 흡수, 직접 운영하였다. 조선방송협회는 기술과 사업 분야만을 맡아 수신기 보급과 청취료 징수 등을 맡고 방송 현업과 관련된 제반 사항을 군정청 공보부가 직접 관장한 것이다(한국방송공사, 1987, 184-195쪽).

이처럼 미군정기 방송을 관리한 방식은 이원적 통제를 특징으로 하였다. 방송 운영은 공보부가 담당하고 시설에 대해서는 조선방송협회가 관리하였다. 다시 말해 일종의 국영 체제 형태로 운영되었으며 이것이 정부 수립 이후 국영방송의 뿌리가 되었으며(한국방송개발원, 1995, 11-12쪽), 공보부와 체신부의 이원관리 체제도 여기서 비롯되었다.

미군 고문관들의 영향하에 한국 방송은 제도적으로는 국영의 형태를 취했지만 실제 운영은 미국식 상업 방송 형태로 운영되었다. 미국식 편성과 제작 기법이 도입되었으며 프로그램 포맷도 미국식 상업방송 포맷이 대거 도입되었다. 이러한 상황에서 라디오는 서구 문화를 직접 전파하는 수단이 되었던 것이다.

미군정기 방송에서 특기할 만한 사항으로는 첫째, 뉴스의 자체 취재 기능이 이때 비로소 시작되었다는 점이다. 일제기 방송의 뉴스는 일본 동맹통신에 의존하여 제공된 원고를 아나운서가 읽는 형태로 운영되었다. 하지만 해방과 함께 이 통신사 뉴스 공급이 끊기자 두 사람을 기자로 임명하여 자체 취재 기능이 시작되었다.

또한 프로그램의 고정 편성과 정시 방송 제도가 확립된 것도 이 시기였다. 주간기본방송순서제가 도입되어 정시 시보를 기준으로 15분 길이의 프로그램을 기본 단위로 하는 프로그램의 고정성과 연속성이 확보되었다(백미숙, 2007, 334-338쪽). 정시방송제도가 처음 도입된 것은 1946년 10월 18일로서 15분이 끝나면 반드시 콜사인을 넣었다고 한다(한국방송공사, 1977a, 152-153쪽).

2) 정당방송의 실시

미군정기 방송은 당시 정치적으로 극심한 대립이 빚어지던 시대적 상황 속에서 정당에 방송 시간을 할애하는 정당강연 시간을 편성하였다. 1945년 10월 17일 미국에서 귀국한 이승만은 저녁 8시 30분 방송의 전파를 통해 연설한 것을 필두로 11월 7일과 21일에도 방송을 통해 자신의 정치적 입장을 피력하였다. 김구도 귀국 후 11월 24일 방송을 통해 전국민에 대해 인사하였다(강준만, 2007, 316쪽).

이렇게 해서 시작된 정당 방송은 좌우익 정당 모두에게 방송 시간을 배정하였다. 이 프로그램은 군정청의 공보부 강연과가 원고를 사전에 검열하였다. 하지만 워낙 예민한 문제라서 각 정당도 불만이며 청취자들도 불만이 많았다고 한다. 불만이 방송국에 집중되자 방송국은 프로그램 말미에 "이 강연은 본 방송국의 의사가 아니고 강사의 의사입니다"라는 말을 반드시 넣었다고 한다. 이 프로그램은 1947년 8월에 폐지되었다(한국방송공사, 1977a, 133쪽).

3) 라디오 방송규칙과 뉴스 편집요강

군정청이 직접 관리했음에도 불구하고 1947년 9월에는 방송국 직원 중 공산당에 가입한 인사 12명이 구속되고 7명이 불구속 송치되는 사건이 벌어졌다(유병은, 1998, 164-165쪽). 이를 계기로 미군정 공보부는 즉각 '라디오방송규칙'을 제정하고 이에 따라 보도방송의 기준을 설정하였다. 당시 KBS는 '방송뉴우스편집요강'을 작성하였는데 그 내용은 다음과 같다(한국방송공사, 1987, 135쪽).

△ 라디오 방송규칙
1. 공중의 이익과 편의, 그리고 공중의 관심이 걸려 있는 성격의 보도와 공중의 필요를 위한 발표이어야 함과 동시에 진리와 공정과 정당한 봉사적 견지에서 허·불허를 결정한다.
2. 모든 발표는 개인이나 단체를 막론하고 그 보도 통계 혹은 의견의 출처

및 책임자를 명시할 것.

3. 상술한 책임자는 발표된 보도에 대하여 본인의 권한 범위 안에서 책임을 지게 될 것임을 알아야 한다.

4. 자신의 발표의 중대성을 강조하기 위하여 고의로 명확한 사실 혹은 진실성을 증명할 수 없는 사실을 허위 보도해서는 안된다.

5. 순전히 중상적이거나 온당치 못한 종류이거나 불필요한 선동의 성격을 띤 발표는 방송하지 않게 한다.

6. 중상적이며 모략적이며 외설적이며 모독적인 발표는 금지하게 된다.

7. 법령 제55호에 의거하여 법적으로 등록하지 않은 정당의 광고는 발표하지 않는다.

8. 방송 시간상 필요한 때에는 발표 건수를 제한하는 경우도 있을 것이나, 공중에 유익한 중요 사항에 대해서는 제한하지 않는다.

9. 군정청 행정에 직접 관계되는 모든 발표는 군정청 관계 당국이 검토하게 될 것이며, 이상 발표한 방송 방침은 방송자의 도덕에 의하여 결정될 것이다.

△ 방송뉴스 편집요강

1. 뉴우스는 객관적인 사실로서 새로운 의미를 가져야 한다.

2. 뉴우스는 신속 정확해야 하며 그 편집은 불편부당 공평무사해야 한다.

3. 아무리 새 의미를 갖는 뉴우스일지라도 그것이 사회에 미치는 영향을 고려하여 경조부박하거나 사회풍속상 충실돈독의 미풍을 해치는 것은 편집에 넣을 수 없다.

4. 뉴우스는 사회성과 일반성을 가져야 한다.

5. 보도자유에도 한계가 있으므로 법률로 금지되었거나 공공이익을 해치는 것은 보도할 수 없는데 이 점은 조금도 완전한 자유를 저해하는 것이 아니다.

6. 보도문은 '누가, 무엇을, 언제, 어디서, 왜, 어떻게'의 여섯 요소를 갖추어야 한다.

7. 방송뉴우스 원고는 구어체로 알기 쉽고 간결해야 한다.

8. 외래어와 경어 사용문제는 연구되어야 할 과제다.

총 9개 항과 8개 항에 걸친 이 방송 규칙과 편집 요강은 방송과 뉴스의 일반적인 원칙을 제시하면서 자유에 수반되는 책임을 강조하고 있다.

4) 고유의 호출부호 할당

1947년 9월 3일에 미국 애틀랜틱시에서 개최된 국제무선위원회(International Telecommunication Union)에서 한국 고유의 호출부호 HL을 할당받았다. 이에 따라 체신부는 KBS의 전국 10개 방송국의 호출부호를 지정하여 그해 10월 1일부터 정식으로 사용하였다. 이때 할당된 각 지역의 콜사인은 다음과 같다(한국방송공사, 1987, 200쪽).

〈표4-10〉 새로 부여받은 각 방송국 호출부호

방송국	호출부호	방송국	호출부호
중앙방송국	HLKA	부산방송국	HLKB
이리방송국	HLKF	대구방송국	HLKG
광주방송국	HLKH	대전방송국	HLKI
목포방송국	HLKN	춘천방송국	HLKM
마산방송국	HLKO	청주방송국	HLKQ
		강릉방송국*	HLKR

* 강릉은 당시 송신소였으나 12월 1일부터 방송국으로 승격키로 되어 있어 호출부호를 미리 할당함

식민지 시대에 출범한 한국의 방송은 이때에 비로소 전파 주권을 인정받아 고유의 호출부호를 할당받게 된 것이다. 이에 따라 부산의 방송국은 일제기에 사용하던 일본의 호출부호 JBAK를 넘어서 HLKB라는 고유의 호출부호를 사용하게 되었다.

2. 부산 방송의 운영

1) 부산방송국의 편성과 운영

잘 알려진 바와 같이 1945년 8월 15일 일본 천황의 항복 방송은 라디오를 통해 한국에도 중계되었다. 이 방송이 끝난 뒤 방송이 일시 중단되었다가 다음날인 16일 낮 12시 50분부터 다시 방송되었으며 남한 지역 10개 방송국도 미군정 장관 아놀드 대장의 지휘로 마찬가지로 그대로 방송되었으며 직원도 그대로 유지되었다(「매일신보」, 1945. 9. 17., 정진석 편, 1992, 209쪽에서 재인용).

미군정기 부산 지역의 방송이 구체적으로 어떠한 편성으로 방송되었는지를 확인하기는 어렵다. 하지만 당시 자체 제작 여건이 갖추어지지 않은 상태였기에 대부분 서울 중앙방송국의 프로그램을 중계했을 것으로 보인다. 1945년 10월 1일 미군정청은 방송국 직원에 대한 인사 발령 조치를 하였다. 이때 각 지방 방송국장도 임명되었는데 부산에는 조선방송협회 서무과에 근무하던 박찬주(朴贊周)가 임명되었다(유병은, 1998, 137쪽). 「민주중보」 1945년 10월 25일자 1면을 보면 '부산방송'이라는 제목으로 다음과 같은 내용이 보도되고 있다.

> 군정 경남도홍보실에서는 부산방송국(JBAK)[14]의 방송에 대하야 여좌(如左)와 가치 발표하얏다
> 부산방송국은 파장 1030사이클서 덜을 수 잇스며 방송시간은 오전 7시부터 오후 10시반까지임이 방송하게 되어 잇서니 부민은 방송하는 포고 기타를 잘 덜어 군정부의 규칙과 포고에 위반이 업도록 하여 주기를 바란다

아마도 해방과 함께 일본인들이 물러가면서 일정 기간 지방 방송의 공백이 있다가 이때에 재개된 것이 아닌가 생각된다. 주파수가 '1030사이클'로 되어 있는데, 이 단위는 아마도 킬로 사이클을 잘못 쓴 것으로 보이며 일제 말기의

---

14) 원문에는 호출부호가 TBAK로 잘못 나와 있다.

부산의 제2방송 주파수였던 1,080KHz(한국방송공사, 1977a, 194쪽)와도 다름을 알 수 있다. 이때는 우리 고유의 호출부호를 받기 전이라 일제기의 호출부호 JBAK가 그대로 사용되고 있다.

1947년 9월에 고유의 호출부호가 결정되기 전까지 서울의 방송에서는 전술한 바대로 15분마다 콜사인을 넣었는데 이때 호출부호를 말하는 것이 아니라 영어로 This is Seoul Key Station of the Korean Broadcasting System이라고 말했다는 것이다. 설령 프로그램이 진행 중이더라도 이 콜사인은 반드시 방송되었다(한국방송공사, 1977a, 153쪽). 아마도 이때에 지방의 방송에서는 'Seoul Key Station' 대신에 각 지역 방송국의 영문 명칭을 따로 넣었을 수도 있지만 서울의 콜사인과 혼성이 될 우려가 있기 때문에 서울의 콜사인을 그대로 중계했을 가능성이 높다. 이처럼 호출부호 대신 방송사명을 콜사인으로 사용한 것은, 일제기의 콜사인을 그대로 사용하기에는 당시의 민족적, 사회적 정서상 용납이 안 된다고 판단했던 것으로 볼 수 있겠다.

방송 시간도 오전 7시부터 오후 10시 반까지라고 공지되어 있으나 이것이 종일 방송을 의미하는 것은 아니었다. 해방 직후 서울의 방송 시간은 아침 6시부터 8시, 낮 11시 30분부터 1시, 저녁 5시부터 9시 30분까지로 하루 9시간 정도였다(한국방송공사, 1977a, 155쪽). 그러나 이것도 정시 방송제가 실시되기 이전에는 정확하게 지켜지지 않았다. 그 이후 방송 시간을 점차 늘려 가서 1946년 10월 18일부터 정시 방송제가 도입되면서부터 방송 시간도 정규 10시간 30분 방송을 실시하였다(조선통신사, 1947, 385쪽).

1945년 12월부터는 미국 샌프란시스코에서 방송하던 「미국의 소리」 한국어 방송을 전국에 중계하였다. 「민주중보」 1945년 12월 3일자 2면에 실린 '상항(桑港)의 우리말 방송을 중계'라는 제목으로 "서울중앙방송국에서는 금2일부터 미국 상항에서 방송하는 우리말 방송을 중계하여 오전 7시 5분부터 전국에 방송하게 되엿다"고 보도하고 있다.

이 기사는 방송 시작 시간만을 오전 7시 5분이라고 밝히고 있다. 「동아일보」 1945년 12월 8일자 기사에 의하면 이 「미국의 소리」 중계방송은 오전 7시 5분부터 오전 7시 30분까지 방송되었다. 「미국의 소리」 방송은 2차 세계대전 중인

1942년에 전쟁정보처(Office of War Information)에 의해 시작된 대외선전 단파 방송으로서 전후에는 1978년 국제교류국(International Communications Agency)이 설립될 때까지 미국무성이 관장하였다. '샌프란시스코방송'이라는 제목으로 방송된 이 프로그램은 1946년 2월 초부터는 저녁 6시 30분으로 시간이 변경되었으며 나중에「미국의 소리」방송이 뉴욕과 워싱턴으로 이전한 후에도 1950년대 후반까지 계속 중계되었다(한국방송개발원, 1995, 24쪽).

참고로 1945년 12월 초순경의 서울방송국 편성 현황을 보면 아래의 표와 같다(한국방송공사, 1977a, 155쪽).

〈표4-11〉 1945년 12월경 방송시간표

1945. 12. 2.		1945. 12. 3.	
시간	프로명	시간	프로명
12:30	뉴우스	12:00	시보음악
13:00	음악	12:30	뉴우스
13:30	주간정보	13:00	음악
17:00	뉴우스	13:30	군정청뉴우스
17:30	음악	14:00	군정청영어뉴우스
18:30	어린이 시간	17:00	뉴우스
18:45	음악	18:00	국사강좌
19:00	뉴우스	19:00	뉴우스
19:20	음악	19:30	방송스케치(태을민)
19:30	경음악	19:45	독주
20:00	창극(김일선)	20:00	경기가요(이진홍)
20:30	야담(오상근)	20:20	세적(細笛)독주
21:00	뉴우스 공지사항 일기예보	20:30	베이스독주
21:30	일어뉴우스	20:50	음악
21:45	음악	21:00	뉴우스

위의 표는 아침방송을 제외하고 낮과 저녁 시간대 방송 편성을 보여 주고 있다. 대부분 뉴스 및 정보, 그리고 음악 중심이며 어린이 시간이 초저녁 시간에 편성되어 있다. 프로그램 길이도 대부분이 30분이며 간혹 15분이나 10~20분 단위의 프로그램도 있다. 특이한 것은 밤시간대에 일어 뉴스를 방송하였다는 점이다. 이는 종전과 함께 대부분의 일본인들은 자국으로 돌아갔지만 일부 귀국하지 못하고 남아 있던 일본인들을 위한 프로그램이었다. 1945년 10월 24일부터

그해 연말까지 방송한 것으로, 내용은 일본인 철수 요령이었다. 일본인들이 귀국하기 위한 부산 배편은 언제 있고 어떤 수속이 필요한지에 대해 매일 15분씩 일어로 방송해 주었다는 것이다(노정팔, 1995, 83쪽).

당시의 제작 여건을 감안하면 다른 대안을 찾기도 힘든 현실적인 방안이었을 것이다. 이후 기술과 인력을 보강해 가면서 다양한 프로그램 제작이 시도될 수 있었을 것이며 이러한 사정은 지방의 경우는 더 심했을 것으로 보인다.

2) 방송 시설과 장비의 확충

시일이 흐르면서 서울뿐만 아니라 지방의 방송 시설과 장비도 점차 확충되어 갔다. 당시 방송의 중계는 단파에 의한 무선중계에 주로 의존하였다. 부산에는 일제기부터 운영되던 대연동의 동래수신소 설비를 이용하여 중계하였다. 유선에 의한 중계 시설은 부산을 비롯하여 대구와 대전의 일부 지역에만 있었다.

지방 방송의 출력 증강 사업도 연차적으로 이루어졌다. 부산방송국은 1947년 7월 종래의 150W의 출력을 500W로 증강하고 주파수도 1,030KHz에서 650KHz로 변경하였다(한국방송공사, 1977a, 193-207쪽).

3) 라디오 보급 현황

미군정 당시의 라디오 수신기 보급은 일제기에 비해 감소되었다. 1945년 해방 당시 38선 이남에는 215,951대가 등록되어 있었으며 부산방송국에는 23,395대로서 지방 방송국 중 가장 많은 숫자였다. 그러나 미군정 기간 동안 등록자 수는 오히려 감소하였다. 이는 일본인이 빠져나간 것이 가장 큰 요인일 것이다. 그 외에도 당시 부품 조달이 어려워 고장이 나도 수리가 어려운 사정과 혼란기이다 보니 등록을 기피하는 사례가 늘었기 때문이기도 하다. 이 밖에도 당시의 경제적 혼란과 물자 부족에 따른 물가 앙등과 함께 라디오 수신기 가격도 대폭 상승되었다. 1945년 12월 15일 조선방송협회는 수신기 판매가격을 2.5배로 올렸으며 부품의 가격도 대폭 인상하여 진공관은 5배, 콘덴서 및 저항 등 부속품은 4배, 전선

등 기타 부속품은 10배로 인상하였다(유병은, 1998, 143쪽). 이어 1946년 3월에도 또다시 인상하였다(한국방송공사, 1977a, 211쪽). 이러한 상황에서 청취자의 증가는 기대하기 어려운 형국이었다.

1947년 말 현재 남한 지역의 라디오 보급 현황은 다음의 표와 같다. 전체 185,700대로 해방 직후의 215,951대에 비해 3만여 대가 감소하였다. 도별 보급을 보면 서울이 포함된 경기도가 전체의 63.7%를 차지하고 있으며 그 뒤를 경상남도가 잇고 있다. 경남은 전체의 7.9% 정도를 차지하고 있다. 도별 분포는 일제기와 거의 동일한 양상이라고 하겠다.

〈표4-12〉 미군정기 라디오 청취자 현황(1947년 8월 말 현재)

도별	내국인	외국인	합계
경기도	114,740	3,496	118,236
충청북도	2,865	442	3,307
충청남도	7,956	952	8,908
전라북도	10,128	1,104	11,232
전라남도	10,036	767	10,803
경상북도	10,936	1,574	12,504
경상남도	12,992	1,767	14,759
강원도	5,406	545	5,951
합계	175,053**	10,647	185,700

* 자료 : 조선통신사, 1947, 387쪽
** 내국인의 자료는 합계가 맞지 않는다. 무언가 오류가 있는 것으로 보인다.

이처럼 라디오 수신기 보급이 난관에 부닥치자 방송협회는 1946년 2월 15일 당시의 전기상공조합과 협조하여 일제기의 라디오 상담소를 모두 폐지하고 각 방송국 관할 지역 내에 새로이 상담소를 지정, 설치하였다. 당초 계획은 방송협회 직할의 상담소와 라디오 수리를 담당하는 일반 상담소로 이원화하려 하였다. 그러나 일반 상담소를 하겠다는 업자들도 적어서 그해 7월 협회 직할의 상담소를 전국 10개소에 설치하였다.

이러한 노력에도 불구하고 당시 청취료도 물가 앙등과 함께 계속 인상되었다. 미군정 초기에는 가구당 1개월에 10원이던 것이 1946년 8월부터는 라디오 1대당 10원으로 바뀌었다. 1947년 4월 15일에는 청취료가 40원으로 무려 4배로 인상되었으며 1948년 4월 15일에는 50원, 대한민국 정부가 출범한 1948년 8월 15일에는 100원으로 인상되었다. 그리하여 1948년 정부 수립 당시 라디오 등록 대수는 156,733대로 1년 전에 비해서도 약 3만대 가까이 감소하였다(한국방송공사, 1977a, 212-214쪽). 이처럼 청취료가 3년 사이에 10배로 뛰게 된 것은 당시의 경제 혼란 속에서 나타난 물가 앙등과 직접적인 연관이 있는 것이라 하겠다.

제2장 제1공화국기의 부산 언론

제1절 제1공화국기 한국 언론과 부산 사회

1. 자유당 정권의 언론정책과 신문의 대응

미국의 지원을 등에 업고, 통일된 민족국가의 수립이라는 시대적 과제를 외면한 채 분단체제로 출범한 이승만 정권은 정당성의 기반이 취약하여 민중을 탄압하면서 독재의 길로 나아갔다. 정당성에 문제를 지닌 권위주의 정권은 언론을 억압, 통제하게 되는 것이 일반적이다. 이승만의 자유당정권도 권력을 유지, 강화하기 위해서 언론에 대해서 극심한 탄압을 펼쳐 나갔다.

자유당정권의 언론통제는 먼저 언론자유를 제한하는 각종 법률의 제정 시도로 나타났다. 정부 수립 직후인 1948년 9월 22일에는 언론정책 7개항을 공포하였다. 그 내용은 7개항에 대하여 언론 보도를 금지한 것이다. 세부 항목은 ①대한민국의 국시와 국책을 위반하는 기사 ②정부를 모략하는 기사 ③공산당과 이북 괴뢰 정권을 인정 내지 옹호하는 기사 ④허위의 사실을 날조 선동하는 기사 ⑤우방과의 국교를 저해하고 국시를 손상하는 기사 ⑥자극적 논조와 보도로써 민심을 교란 험란케 하거나 악영향을 끼치는 기사 ⑦국가기밀을 누설하는 기사이다. 이는 광범위하고 추상적으로 규정되어 있지만 내용상으로 용공, 반미적 성격의 기사를 통제하겠다는 의도를 내포하고 있는 것이다(김서중, 1996, 29쪽).

이후에도 자유당 정권은 언론 자유를 제한하는 각종 법률을 제정하려 시도하였다. 그 대표적인 예로 1952년 3월의 '출판물법안'의 국회 상정을 시도하였으나 언론계의 강력한 반발로 실패한 적이 있으며, 1954년 12월에는 '출판물에 관한 임시조치법'을 제정하려다가 역시 언론계의 반발로 실패하였다. 정권의 말기로 가면서부터는 탄압도 더욱 극심해졌고, 1958년 12월에는 국민의 비판통로를 원천적으로 봉쇄하기 위해 '보안법파동'을 일으켰다. 이는 기존의 국가보안법에 새로운 독소조항을 삽입하여 언론 통제의 근거를 마련한 것으로, 정부는 야당과 언론의 맹렬한 반대에도 불구하고 날치기 통과시켰다.

언론규제법의 제정이 여의치 않자 자유당정권은 구악법들을 동원하여 신문에 대한 정간, 폐간 조치를 강행하였다. 대표적인 예가 1955년 3월 「동아일보」에 대하여 오식(誤植) 하나를 문제 삼아 정간처분을 내렸던 일과 1959년 4월 당시 비판적 언론의 선두주자격이었던 「경향신문」을 폐간시킨 일이다. 이 두 사례는 미군정이 한국의 언론을 탄압하기 위해 공포하였던 것으로, 당시에는 거의 사문화되다시피 했던 군정법령 제88호를 다시 적용시켜 이루어졌다.

이 외에도 자유당정권은 언론인에 대한 각종의 제재조치와 신문사에 대한 테러나 신문배포 방해 등 갖가지 방법을 동원하여 언론에 대한 탄압을 자행하였다.

2. 권력의 통제에 대한 언론의 대응

한편 이 시기의 신문들은 기업 소유주가 가지고 있는 정치적 성향이나 신문기업이 정치권력과 맺고 있는 관계에 따라 논조가 결정되어 이른바 '야당지'와 '여당지'가 확연하게 구분되는 경향을 보여 주었다.

「동아일보」와 「경향신문」 등 이 시기의 야당지들은 정부의 언론탄압에 대응하여 언론자유를 위한 투쟁과 부패한 독재정권에 대한 투쟁을 전개해 나갔다. 그리고 그들은 1957년 4월 7일에는 보다 집단적이고 효율적으로 대처해 나가기 위해서 '한국신문편집인협회'를 결성하기도 하였다.

그러나 이 시기의 신문들은 물적 토대가 매우 취약한 상태에 있었다. 자본도 영세하고 광고시장과 판매 시장도 협소하여 경제적 기반이 취약할 수밖에 없었다. 광고수입이 전체의 20~30%에 불과해 이 시기 신문들은 주로 구독료 수입에 의존할 수밖에 없었다. 따라서 한정된 판매시장을 둘러싸고 치열한 경쟁이 펼쳐졌다. 그러나 신문기업의 소유주들은 대개 신문용지와 윤전기 등의 구입비용을 원조자금에 의존함으로써 국가로부터의 독립이라는 점에서는 일정한 한계를 지닐 수밖에 없었다(한국사회언론연구회, 1996, 68-69쪽).

3. 제1공화국기의 부산 사회

1) 인구 현황

일제 식민지배하에서와 해방 직후 미군정 기간에도 급증세를 보였던 부산의 인구는 정부 수립 이후에도 계속 급격한 증가세를 보였다. 특히 1950년에 한국전쟁이 일어나면서 수도까지 부산으로 이전하는 등 피난민들이 집결하면서 부산의 인구는 급증하였다. 아래의 표에서 보는 바와 같이 정부 수립 이후부터 1960년까지 전국의 인구는 2,000만여 명에서 2,400만여 명으로 23.8% 정도의 증가를 보였으며 같은 기간 경남의 인구도 313만여 명에서 418만여 명으로 33.4%의 증가를 기록하였다. 하지만 부산은 같은 기간 47만여 명에서 116만명을 상회하는 규모로 증가해 145.7%의 증가율을 보였다. 특히 이 증가는 대부분 1949년에서 1955년 사이에 이루어져 이 기간에 이미 인구 100만을 넘어섰으며 120.7%로 2배가 넘게 증가하였다. 이러한 증가율은 서울의 인구 증가를 상회하는 것이다. 이 기간 인구 증가의 대부분은 전쟁 기간 중 피난민들이 휴전 후 그대로 정착한 인구들이다.

이러한 인구 증가는 언론의 바탕이 되는 시장 규모가 그만큼 확대되었다는 것을 의미한다. 다음의 표는 당시 인쇄매체 발전의 필수 요건이라 할 수 있는 문자 해독능력의 현황을 보여 주고 있다. 정부 수립 이후 교육 기회가 점차 확대되면서 문맹자의 규모는 점차 줄어들고 있다. 1955년과 1960년을 비교해 보면 전국의 경우는 816만여 명에서 445만여 명으로 45.5%의 감소율을 보여 주었다. 한편 부산은 34만여 명에서 14만여 명으로 58.3%의 감소율을 기록하였다. 이 같은 자료는 앞의 인구 통계를 기준으로 문맹률을 산출해 보면 전국의 경우 문맹률이 1955년 37.9%에서 1960년 17.8%로 감소하였으며 부산은 같은 기간 33.1%에서 12.4%로 감소하였다. 전국 평균을 상회하는 빠른 속도로 문맹률이 감소하였다는 사실을 알 수 있다.

<표4-13> 제1공화국기 인구 변동 상황

시도별	1949	1955	1960
전국	20,188,641	21,526,374	24,989,241
서울시	1,446,019	1,574,868	2,445,402
경기도	2,740,594	2,363,660	2,748,765
강원도	1,138,785	1,496,301	1,636,767
충청북도	1,146,509	1,192,071	1,369,780
충청남도	2,028,188	2,222,725	2,528,133
전라북도	2,050,485	2,126,255	2,395,224
전라남도	3,042,442	3,127,559	3,553,041
경상북도	3,206,201	3,363,798	3,848,424
경상남도	3,134,829	3,770,209	4,182,042
부산	473,619	1,045,183	1,163,671
제주도	254,589	288,928	281,663

* 자료 : 국가통계포털(http://www.kosis.kr/)

<표4-14> 제1공화국기 시도별 문맹자 현황

시도별	1955	1960
전국	8,162,822	4,450,230
서울특별시	408,203	178,683
경기도	768,315	406,574
강원도	468,552	281,064
충청북도	457,023	235,588
충청남도	835,248	433,352
전라북도	877,224	504,748
전라남도	1,395,215	802,888
경상북도	1,306,874	708,147
경상남도	1,542,309	837,224
부산	345,515	144,025
제주도	103,859	61,962

* 자료 : 국가통계포털(http://www.kosis.kr/)

2) 경제적 상황

한편 이 시기 부산의 경제도 꾸준한 성장을 기록하였다. 정부 수립 이후 곧바로 전쟁을 겪으면서 빠르게 경제 재건이 이루어지면서 안정을 찾아갔다. 부산은 전국 최대 규모의 항구라는 조건을 살려 수출입의 대부분을 점유하였다. 1953년에서 1958년 사이 부산항을 통한 무역 규모는 수출이 2.5배, 수입이 1.6배 가량 증대하였으며 전국 비중은 같은 기간 수출이 82.4%에서 72.1%로, 수입이 84.9%에서 70.6%로 감소하였다. 인천항이 성장하면서 수출의 전국 비중은 다소 감소하였지만 절대 무역량은 2배 내외로 증가하였던 것이다(부산상공회의소 부산경제연구원, 1989, 910쪽).

이러한 조건을 바탕으로 부산은 제조업 분야에서도 꾸준한 성장세를 보여 주었다. 다음의 표는 해방 이후 부산 제조업의 발전을 보여 주는 주요 지표를 정리한 것이다. 제조업 분야 기업의 수가 1946년 375개에서 1960년 1,423개로 3.8배 증가하였으며 종사자 수로는 2.6배의 증가를 기록하였다.

〈표4-15〉 부산의 제조업 주요 통계

(단위: 개, 명, 백만 원)

연도	업체수	종사자수	경상가격			2000년 불변가격		
			생산액	부가가치	생산비	생산액	부가가치	생산비
1946	375	12,873	–	–	–	–	–	–
1947	416	14,252	–	–	–	–	–	–
1949	379	16,909	–	–	–	–	–	–
1952	402	21,890	–	–	–	–	–	–
1953	465	25,787	–	1,096	–	–	139,007	–
1954	704	34,748	4,240	–	–	419,508	–	–
1955	744	37,650	5,109	–	–	279,100	–	–
1956	815	37,462	6,079	–	–	252,433	–	–
1957	890	38,404	7,969	2,396	–	284,713	85,610	–
1958	1,003	40,493	8,043	2,480	5,563	306,329	94,447	211,883
1959	–	38,090	–	–	–	–	–	–
1960	1,423	33,454	7,545	2,742	4,788	252,866	91,919	160,486

* 자료 : 박영구 외(2005, 165쪽)

이와 같은 부산의 제조업은 1959년 3월을 기준으로 할 때 업체 수로는 전국의 7.7%, 종업원 수로는 15.5%이며 생산액으로는 전국 제조업의 17.7%를 차지하는 것이었다(부산상공회의소 부산경제연구원, 1989, 910쪽). 이와 같은 비중은 앞의 인구 자료에서 1955년과 1960년의 부산 인구가 전국 인구의 4.7∼4.8% 정도였다는 사실을 고려하면 부산이 경제적인 면에서 내실 있는 구조를 갖추어 나가고 있었다고 볼 수 있다.

4. 제1공화국기의 정기간행물 현황

제1공화국기 한국 사회의 전반적인 정기간행물 현황을 우선 살펴보고자 한다. 아래의 표는 1948년부터 1960년까지 각 시도별 정기간행물 현황을 정리한 것이다. 이 시기는 인쇄매체가 독점적인 지위를 누리던 시기이므로 동 기간 중 지속적으로 증가해 왔음을 알 수 있다. 1948년도에는 전국 248종이었으나 1959년 668종으로 가장 많아서 1948년 대비 2.7배 가량으로 증가하였다.

지역별로 보면 이 시기에도 서울이 가장 많았으며 경남은 1956년 이후로는 서울에 이어 2위를 차지하고 있다. 경남 지역은 1953년 24종이던 것이 1958년에는 36종으로 1.5배로 증가하였다.

〈표4-16〉 제1공화국기 시도별 정기간행물 현황

시도별	1948	1953	1954	1956	1957	1958	1959
전국	248	411	299	465	508	558	668
서울	–	277	–	343	377	414	489
경기	–	12	–	10	12	15	23
충북	–	3	–	13	14	13	15
충남	–	10	–	15	9	12	11
전북	–	14	–	9	12	12	15
전남	–	16	–	19	20	20	26
경북	–	21	–	21	20	22	31
경남	–	24	–	24	32	36	36
강원	–	27	–	5	6	8	14
제주	–	7	–	6	6	6	8

* 자료 : 국가통계포털(http://www.kosis.kr/)

이 시기에도 전국의 정간물 중 서울이 차지하는 비중은 점차 늘어 갔음을 알 수 있다. 1953년에는 서울이 전체 411종 중 277종으로 67.4%의 비중이었으나 1959년에는 전국 668종 중 서울이 489종으로 73.2%를 차지하였다. 한편 경남의 비중은 1953년 전체 411종 중에서 24종으로 5.8%의 비중이었으나 1959년에는 약 5.4%로 다소 감소하였다.

1950년대 후반 부산이 정간물 시장에서 이처럼 비중이 감소한 것은 당시의 전반적 경제 상황과 밀접한 관련이 있는 것으로 보인다. 해방 이후 최대의 무역항이었고, 특히 한국전쟁기에는 경제의 중심지였으나 휴전 이후 점차 다른 지역들이 전쟁 피해로부터 복구되어 가면서 부산의 상대적 비중이 감소한 것으로 볼 수 있다.

실제 한국전쟁 이후 부산의 제조업도 꾸준히 성장하기는 하였으나 무역과 금융 부문에서 양적인 팽창은 이루었지만 국내 비중은 점차 감소하였다. 수출의 경우는 1953년 부산이 82.4%를 차지하였으나 1958년에는 72.1%로 감소하였으며 수입도 같은 기간 중 84.9%에서 70.6%로 줄었다. 이 기간 중 인천의 상대적 비중은 수출의 경우 1.2%에서 4.8%로, 수입은 8.5%에서 17.7%로 대폭 증가하였다. 금융 부문에서 예금고를 보면 1953년 부산이 2억 6,000만 원으로 전국 9억 2,000만 원의 28.3%를 차지하였으나 1959년에는 전국 111억 1,000만 원 중 16억 5,000만 원으로 14.9%로 비중이 감소하였다(부산상공회의소 부산경제연구원, 1989, 907-915쪽).

다음의 표는 한국전쟁 이후 경남 지역의 정기간행물 현황을 정리한 것이다. 주간과 월간 잡지도 여러 종이 발행되었음을 알 수 있다. 어떤 잡지들이 어떻게 발행되었는지에 대해 전부 상세하게 밝히기는 현재로서 불가능하지만 가능한 자료들을 중심으로 후술할 것이다. 1956년 이후 일간 6종은 부산의 일간신문 「부산일보」와 「국제신보」, 「민주신보」, 「자유민보」의 4종 외에 경남 지역에서 발행되던 2종을 포함한 것이다.

〈표4-17〉 한국전쟁 이후 경남 지역 정간물 현황

간별	1953	1956	1957	1958	1959
계	24	24	32	36	36
일간	4	6	6	6	6
주간	7	6	6	5	6
순간	-	-	-	-	2
월2회간	-	-	-	-	2
월간	11	8	17	24	20
기타	2	4	3	1	-

* 자료 : 국가통계포털(http://www.kosis.kr/)

제2절 정부 수립 직후 부산 언론의 발전

1. 정부 수립 직후의 부산 언론의 발전

1) 부산의 신문 현황

미군정기에도 다른 지역보다도 먼저 그리고 활발한 언론 활동을 전개하였던 부산은 정부 수립 이후에도 이러한 추세를 그대로 유지하였다. 몇몇 좌익 신문이 미군정기에 폐간된 것을 제외하고는 대부분 정부 수립 이후에도 그대로 발행되었다. 다음의 <표4-18>은 1949년 1월 8일 현재 부산에서 발행되고 있던 정기 간행물의 현황을 정리한 것이다.

당시 부산에는 총 8개의 일간신문이 발행되고 있었다. 1946년에는 총 10개의 일간지가 발행되었다는 점과 비교할 때 2개가 줄기는 하였지만 여전히 활발함을 유지하였다고 볼 수 있다. 이 신문들은 대부분 미군정기에 창간되었지만 그중 「항도일보」만이 정부 수립 직후 창간되었다.

주간 신문의 경우 6종이 발행되고 있었지만 일간신문보다 더 부침이 심했다. 앞의 <표4-5>에서 보는 바와 같이 1946년에 모두 7종의 주간신문이 발행되고

<표4-18> 정부 수립 직후의 부산 정기간행물 현황(1949년 1월 8일 현재)

	제호	발행인	본사 소재지
일간 신문	大衆新聞	張壽奉	대청동 1가 35
	每日新聞	鄭德寶	대청동 3정목 8
	民主衆報	朴章基	중앙동 4가 28
	自由民報	金光守	본정 4정목 33
	釜山新聞	金億祚	소화통 3정목 102
	産業新聞	李容熙	대청정 1의 35
	港都日報	李鴻來	대교동 1가 56
	釜山日報	朴洙衡	대창동 4의 36
주간	慶南新報	姜明鎬	대교동 2정목 2
	商工新聞(주2회)	權涎龍	대창정 2정목 29
	文藝新聞	廉周甲	대교동 1정목 48
	音樂週報	金守賢	죽천정 1007
	衆聲(월간)	金煥善	중도정 1정목 120
	文化建設	金廷漢	본정 1의 1

* 자료 : 조선출판문화협회(1949, 77쪽)

있었지만 1949년 초에는 그중 「상공신문」 1종을 제외하고 나머지는 모두 새로운 매체이다. 이는 1946년에 발행되던 주간신문들이 대부분 폐간되고 새로이 창간 되었다는 사실을 말해 준다. 주 2회 발행한 「상공신문」만이 명맥을 유지하고 있었다.

이 중 「문예신문」은 1950년 6월 「예문신보」(藝文新報)라 개제하고 편집 진용 을 쇄신하였다(「산업신문」 1950. 6. 6. 2면). 그러나 그 이상의 사실에 대해서는 현재 확인이 어렵다.

(1) 「항도일보」

「항도일보」는 1948년 9월 27일 이홍래가 타블로이드판 2면으로 창간한 신문 이다.15) 창간 당시 편집 및 발행 겸 인쇄인에 이홍래, 전무이사 겸 총무국장에

---

15) 이 신문의 창간 일자에 대해 국사편찬위원회의 자료는 1945년 10월 6일이라고 기록하고 있다(「한국사연표」 국사편찬위원회 한국사데이터베이스 http://db.history.go.kr/url.jsp?ID =tc_ct_1945_10_06_0010 2011. 3. 20.). 하지만 다른 자료와 비교해 볼 때 이 자료는 신빙성이 떨어지는 것으로 보인다. 한편 박경장(1959, 11쪽)도 정확한 창간 시기는 언급하지 않고 부산

·이동오(李東旿), 편집국장에 방인희(方仁熙)의 진용이었다. 창간호에 게재된 창간사를 통해 이 신문은 '통일자주독립'이라는 하나의 목표를 지향한다면서 파사현정(破邪顯正)과 위공멸사(爲公滅私)를 신조로 한다고 천명하였다(한국신문연구소, 1975, 305쪽).

창간 후 얼마 안 된 1949년 2월에 「항도일보」는 인사 문제를 둘러싸고 내부 갈등을 겪었다. 「부산신문」 1949년 2월 13일자 2면에 실린 관련 기사에 의하면 심도환(沈道煥) 외 5명 명의로 발표한 성명에서 편집국원 3명에 대한 파면 조치를 취소할 것을 비롯하여 편집국장을 전무 이동오가 겸하는 것을 취소하고 이택국의 편집국장 취임을 승인할 것 등 6개항에 걸친 요구 사항을 2월 12일 이홍래 사장에게 제시하였다. 이들은 이 요구 사항이 수용되면 편집국 차장 배두훈의 퇴사 요구를 철회하고 진원 업무에 복귀하겠다고 밝혔다. 이 내용을 보면 편집국 인사 조치에 대한 불만에서 비롯되어 업무를 거부하거나 파업 등의 형태로 집단적 의사 표시를 하였던 것으로 보인다.

내홍을 겪은 「항도일보」는 얼마 뒤인 1949년 5월 29일 밤에 발생한 부산의 대화재로 사옥이 입주해 있던 건물이 전소하는 불상사를 겪었다(「자료 대한민국사」 국사편찬위원회 한국사데이터베이스 http://db.history.go.kr/url.jsp?ID=dh_012_1949_05_29_0030 2011. 3. 20.). 이 화재로 치명적인 타격을 받은 「항도일보」는 오래가지 못하고 2년 정도를 발행한 뒤 폐간되고 말았다(박경장, 1959, 11쪽). 「항도일보」가 언제 폐간되었는지는 확실치 않다. 하지만 1950년 4월경까지는 존속되었던 것으로 보인다. 이러한 사실은 그 즈음 부산경찰서출입기자회가 총회를 열어 임원을 개선하면서 그 간사에 「항도일보」 소속의 임철재(任喆宰)가 선임되었다는 사실이 「산업신문」 1950년 4월 8일자 2면을 통해 확인된다. 주지하는 바와 같이 그해 6월 한국전쟁이 발발하므로 이 시기를 전후하여 폐간

지역의 좌익 신문들에 대해서 언급한 뒤 "이들 일간신문들이 자체(自體)를 감춘고 난 뒤 부산에 항도일보라는 신문이 이홍래 배두훈(裵斗勳) 양인의 손에서 발간되었으나 사옥 화재로써 치명적인 타격을 받아 약 2년 뒤 폐간되었다"고 언급하였다. 그러나 박경장의 이 회고도 정확성에 다소 문제가 있는 것으로 보인다. 배두훈을 창간 주역의 1인으로 회고하고 있으나 그는 「항도일보」 창간 당시 편집국 차장을 맡았던 것으로 「부산신문」 지면(1948. 10. 5. 1면)에 보도되고 있다. 창간 주역이 편집국 차장을 맡는다는 것은 수용하기에 무리가 따른다고 하겠다.

된 것이 아닌가 추정된다.

(2) 「부산신문」

　1946년 5월에 창간되었던 「부산신문」도 경영난을 이기지 못해 1950년 3월에 폐간되고 말았다(김대상, 1981, 191쪽). 이 신문은 창간 초기부터 경영난을 겪다가 1948년 7월에 운영권이 「신한일보」를 발행한 바 있던 김억조에게 넘어갔는데 이때부터 대중적 인기를 잃기 시작하였다는 것이다(부산직할시사편찬위원회, 1991, 552쪽).

　하지만 「부산신문」은 경영난을 극복하기 위해 여러 가지 혁신을 시도하였다. 정부 수립 직후인 1948년 9월 초에는 인쇄 상태를 개선하기 위해 용지를 고급지(마카오지)로 바꾸었다(「부산신문」 1948. 9. 9. 1면).

　1949년 3월에는 배대판 확대 계획을 앞두고 이를 위한 대비로 논설위원회를 구성하였다. 지면 확대와 때맞춰 필진을 강화하기 위해 논설반의 형태로 존재하던 기능을 격상시키려는 조치였다. 당시 구성된 논설위원회는 논설위원장에 김억조 부위원장에 이희보와 석광수 그리고 위원에 김석호(金碩浩)가 임명되었다(「부산신문」 1949. 3. 6. 1면). 또한 비슷한 시기 「부산신문」은 가두판매원을 모집하는 공고를 내기도 하였다(「부산신문」 1949. 3. 19. 1면). 이는 판매 확대를 통해 경영난을 극복하기 위한 조치였던 것으로 보인다.

　이러한 시도에도 불구하고 「부산신문」이 경영난을 극복하지 못하고 폐간에 이르게 된 배경은 1947년 5월 주식회사를 설립하였지만 자본금 불입이 제대로 이루어지지 못했던 때문으로 보인다. 「부산신문」은 여러 차례 지면을 통해 자본금 불입에 관하여 공지하였다. 1948년 11월 23일에 주식 제2회 불입에 대해 공지하여 12월 31일까지 불입하여 달라고 공지(「부산신문」 1948. 12. 12. 2면 광고)하였으나 제대로 납입이 되지 않았던지 납입 기한을 1월 14일까지로 1차 연기하면서 이때까지 불입하지 않으면 매각 처분한다고 재차 공고(「부산신문」 1949. 3. 24. 1면)하였다. 이도 여의치 않자 다시 기한을 4월 28일까지로 연기하였다(「부산신문」 1949. 4. 12. 2면). 이처럼 수차례 기한을 연기하면서 자본금 불입을 독촉한 것은 자본금 납입이 제대로 이루어지지 못했음을 말해 주는 것이며 이 때문에 자본난과 경영난을 겪을 수밖에 없었을 것이다. 이러한 경영난 때문에 결국 문을 닫아야 했던 것으로 보인다.

폐간 이후 「부산신문」은 한때 속간을 시도하였다. 「부산일보」와 「국제신보」 1951년 4월 2일자를 보면 「부산신문」이 전상우(全尙佑), 주재하(主宰下)에 진용을 쇄신하여 타블로이드판 8면으로 속간하려 한다고 보도하였다. 그 이후의 기록이 없어 실제 속간 여부가 확인은 안 되지만 아마도 속간을 시도했지만 실현되지는 못했던 것으로 보인다.

2) 부산의 언론인 단체

(1) 경남신문협회의 활동

1946년 5월 부산에서 발행되던 신문사와 통신사가 모여 발족한 경남신문협회가 정부 수립 이후에도 계속 활동하면서 부산 언론계의 현안에 공동 대응을 모색해 나갔다. 협회는 1949년 10월 22일 임시총회를 개최하여 임원을 개선하였다. 새로 구성된 집행부에는 간사장에 「부산신문」 차혁(車爀), 부간사에 「매일신문」 정현진(鄭鉉震), 「민주중보」 설진호(薛鎭浩)가 임명되었다(「자유민보」 1949. 10. 25. 2면). 출범 초에는 각 언론사 대표들로 집행부를 구성하였지만 이때의 집행부 면모를 보면 실무 중심으로 개편하였다.

이 경남신문협회는 1949년 12월 구독료 인상 문제를 둘러싸고 「부산일보」를 제명 처분하는 내홍을 겪었다. 협회는 1949년 12월 13일 임시총회를 개최하고 「부산일보」를 제명 처분하기로 결정하고 이를 공지하였다. 당시 발표한 성명서에 의하면 제명 사유는 경영주가 바뀌면서 부산일보사는 협회에 협조하지 않고 회칙을 무시하여 여러 차례 반성을 촉구한 바 있으나 아무런 반응이 없었기에 제명 처분을 결정하였다는 것이다(「자유민보」 1949. 12. 20. 1면).

이때의 성명서에서는 제명 사유를 구체적으로 적시하지 않고 협회에 협조하지 않기 때문이라고만 밝혔지만 구독료 인상을 둘러싼 입장 차이가 직접적인 원인이었다. 협회는 구독료를 300원에서 400원으로 인상하기로 결정하였지만 「부산일보」는 이에 동조하지 않았던 것이며 이에 대해 협회는 제명 처분이라는 결정을 내린 것이다.

이러한 결정에 대해 부산일보사는 12월 21일자 지면을 통해 구독료를 인상하지 않는다는 입장을 재천명하면서 경남신문협회는 친목단체일 뿐이지 회원사의 운영까지 간섭할 권한이 없다고 주장하였다(부산일보사, 1985, 289-290쪽).「부산일보」는 12월 23일과 24일 지면에서도 사고 형식으로 구독료를 현행대로 유지하겠다는 신문사의 입장을 재천명하였다.

이에 협회는 재차 성명서를 발표하였다. 12월 30일에 '부일의 맹성을 촉함'이라는 제목으로 발표한 성명서에서 제명 처분의 구체적 사유가 구독료 인상에 보조를 같이 하지 않았기 때문이라고 밝히면서 부산일보사 측의 반성을 촉구한다고 주장하였다(「산업신문」 1950. 1. 3. 2면). 당시 협회는 신문 구독료 인상이나 광고 요금, 휴간 등과 같은 사안에 대해서 공동 보조를 취했는데, 그 결정에 「부산일보」가 따르지 않자 제명 처분을 결정했다는 것이다.

1950년 2월에는 부산일보도 구독료를 400원으로 인상하였다. 2월 10일자 사고를 통해 400원으로 인상한다고 밝혔다. 이때의 인상 배경을 『부산일보사사』(1985, 290쪽)는 "윤전기의 윤전 등에 의한 지면 쇄신의 날은 생각보다 까마득하고 김사장이 입후보에 뜻을 둔 제 2차 총선이 눈앞에 육박하고 있어 타사와의 알력이나 큰 재정 출혈이 바람직스럽지 못하다고 판단하지 않았나 추측된다"고 설명하고 있다.

(2) 출입처 중심의 기자 단체들

일제기부터 결성되기 시작한 출입처 중심의 기자 단체들이 이 시기에도 계속 활동을 지속하였으며 일부 새로이 출범하기도 하였다. 당시 신문 지면에 나타난 출입처 기자단 활동을 시간순으로 정리해 보기로 하자.

1948년 10월경 부산부 출입기자회는 임원을 개선하였다. 새로 선출된 임원은 간사장에 이준상(李俊相,「산업신문」), 간사에 이광우(李光雨,「자유민보」)와 심도환(沈道煥,「부산신문」)이었다(「부산신문」 1948. 10. 13. 2면). 이 기자회는 1949년 8월 15일 행정체제 개편으로 부산부가 부산시로 개칭되자(부산직할시사 편찬위원회, 1989, 1063쪽) 단체명도 부산시정기자단으로 변경하였다. 1950년

4월 11일에는 정기총회를 개최하여 임원을 개선하였는데 신임 간사장에 조창순(曹昌淳, 「매일신문」), 간사에 이근우(李根雨, 「자유민보」)와 김환영(金煥榮, 「산업신문」)이 선임되었다(「산업신문」 1950. 4. 12. 2면).

1949년 4월 10일에는 부산법조기자회가 정기총회를 개최하여 임원을 개선하였다. 신임 간사장으로는 정정호(鄭丁虎, 「매일신문」)가, 회계간사에 주종실(周種實, 「민주중보」), 서무간사에 이덕술(李德述, 「대중신문」)이 각각 선임되었다(「민주중보」 1949. 4. 12. 2면). 이 법조기자회는 1949년 11월 12일에 열린 추계정기총회에서 다시 임원을 개선하였는데 간사장에 황정준(黃正俊, 「산업신문」), 간사에 임철재(任喆宰, 「항도일보」)와 남대우(南大祐, 「매일신문」)가 선임되었다(「민주중보」 1949.11. 13. 2면).

한편 1949년 10월 22일에는 부산경제출입기자회도 임원을 개선하여 대표간사에 성병규(成炳奎, 「민주중보」), 간사에 여길연(呂吉淵, 「매일신문」)과 하종배(河鍾培, 「산업신문」)가 선임되었다(「민주중보」 1949. 10. 25. 2면). 이 경제기자회는 얼마 뒤인 1949년 11월 23일에는 재발족을 선언하고 대표간사에 하종배(「산업신문」), 간사에 박실(朴實, 「부산일보」)과 김창을(金昌乙, 「자유민보」)을 선임하였다(「자유민보」 1949. 11. 26. 2면). 이듬해인 1950년 4월 29일에 열린 정기총회에서는 임원 개편이 이루어졌는데 대표 간사는 하종배(「산업신문」)가 유임되었으며 간사에 남대우(「매일신문」)와 이종수(李鍾秀, 「민주신보」)가 선임되었다(「산업신문」 1950. 5. 3. 3면).

문화 담당 기자들도 부산문화기자회를 구성하였다. 언제 출범했는지는 확인이 안 되지만 1949년 11월 9일에 임시총회를 개최하여 집행부를 개편하였다. 신임 간사장에 정진업(鄭鎭業, 「매일신문」)이 그리고 간사에 정영태(鄭永泰, 「매일신문」)와 김종수(金鍾壽, 「민주중보」)가 선임되었다(「민주중보」 1949. 11. 10. 2면).

1949년 7월 28일에는 경남지구 군대를 출입하는 기자들이 발기회를 조직하였다. 이 모임에는 부산 지역 일간신문과 지사 및 지국 대표자 10여 명이 참석하였다(『한국언론연표Ⅱ』 1949. 7. 28.). 또한 1950년 4월 4일에는 부산경찰서출입기자회가 정기총회를 개최하여 임원을 개선하였다. 대표간사에는 박기홍(朴起

弘, 「자유민보」), 간사에 임철재(任喆宰, 「항도일보」)와 황정준(黃正俊, 「산업신문」)이 선임되었다(「산업신문」 1950. 4. 8. 2면).

(3) 새로 결성된 언론인 단체

정부 수립 직후인 1948년 12월 5일에는 부산에서 취재 활동을 벌이고 있던 서울 소재 신문사와 통신사를 망라한 19개사의 기자들이 모여 부산기자협회를 결성하였다. 여론 창달을 도모한다는 목표를 표방한 이 단체는 12월 5일에 100여 명이 참석한 가운데 결성식을 개최하였다(「자유신문」 1948. 12. 22. 4면). 협회에 참여했던 19개 언론사에는 「경향신문」, 「국제신문」, 「대동신문」, 「동아일보」, 「민주일보」, 「부인신보」, 「비판신문」, 「사법신문」, 「서울신문」, 「서울통신」, 「세계일보」, 「자유신문」, 「조선일보」, 「평화일보」, 「한성일보」, 「혁신보」, 「고려통신」, 「공립통신」, 「합동통신」이 포함되었다(『한국언론연표Ⅱ』 1948. 12. 5.).

이들 19개사 중 「사법신문」과 「혁신보」는 주간이었으며 「서울통신」은 주 3회, 「비판신문」은 월 6회 발행되었고 나머지는 모두 일간 및 통신사였다. 당시 서울에서 발행되던 일간지 및 통신사 총 27개사(조선출판문화협회, 1949, 75쪽) 중 16개사가 부산에 지사나 지국을 통해 취재 활동을 벌였음을 알 수 있다.

출범과 함께 구성된 집행부에는 회장에 변용갑(卞龍甲, 「서울신문」), 부회장에 안상수(安尙洙, 「한성일보」), 김영비(「대동신문」)가 선임되었으며 총무위원에 최규환(崔圭歡, 「한성일보」), 권쾌복(權快福, 「공립통신」), 제희진(諸禧鎭, 「평화일보」), 취재위원에 안동진(安東珍, 「世界日報」), 박○강(朴○岡, 「고려통신」), 이시기(李時基, 「자유신문」), 조사위원에 김용철(「民主日報」), 김상립(金相立, 「사법신문」), 허종(許宗, 「合同通信」), 사업위원에 김만영(金滿榮, 「동아일보」), 박경장(朴慶章, 「국제신문」), 박재덕(朴在德, 「革新報」), 김정숙(金正淑, 「부인신보」)이 선임되었다(『한국언론연표Ⅱ』 1948. 12. 5.). 집행부만 16명에 이르는 방대한 조직으로 출범하였던 것이다.

이 단체는 해방 직후인 1945년 10월에 결성되었던 좌익 주도의 조선신문기자회나 1947년 8월에 출범한 우익 주도의 조선신문기자협회와는 직접 관련이 없는 별개의 단체였던 것으로 보인다. 이 부산기자협회는 전술한 대로 '언론 창달'이라는 목표를 표방하기는 하였지만 실제로는 친목 도모와 공동 취재 등 업무의 편의를 위해 구성한 단체로 보인다. 결성 이후의 활동에 대해서는 별다른 기록이 남아 있지 않다.

이 시기 즈음해서 북부산기자구락부라는 단체도 결성되었다. 이는 「민주중보」 1949년 10월 30일자 2면에 실린 관련 기사를 통해 확인할 수 있다. 그 내용은 이 단체가 간부진을 개편한 사실을 단신으로 보도하고 있다. 새로운 집행부에는 간사장에 최달천(崔達天, 「서울신문」), 부간사장에 박병찬(朴秉燦, 「부산일보」), 김용호(金龍浩, 「항도일보」16)), 상무간사에 임종한(林鍾漢, 「부산신문」), 간사에 서덕행(徐德行, 「매일신문」)이 선임되었다.

2. 부산 지역 주요 신문의 운영

1) 「민주중보」

(1) 세 신문 통합설

해방 직후 부산에서 가장 먼저 창간되어 미군정기 부산 지역의 언론계를 선도했던 「민주중보」는 전술한 대로 미군정 말기인 1948년 6월 일본인 래조설 기사로 무기 정간을 당했다가 정부 수립 직후인 1948년 8월 17일 경영진과 편집 간부를 개편하고 속간하였다. 속간 이후의 「민주중보」 경영과 운영에 대해 자세히 알려지지는 않고 있지만 순탄치는 못했던 것으로 보인다. 1949년 6월 20일에는 서울에서 발행되는 언론비평 전문지 「비판신문」이 1면에 '부산3신문합동'이라는 제목으로 「민주중보」와 「대중신문」, 「부산신문」이 통합하기로 합의하여 인사 진용까지 결정되었다는 내용의 기사가 게재되었다(『한국언론연표Ⅱ』 1949. 6. 20).

이에 대해 「민주중보」는 6월 24일자 지면에 실린 사고를 통해 이는 전혀 근거

---

16) 원문에는 「항도신문」이라 되어 있으나 오기인 것으로 보인다.

없는 사실 무근이며 계획적인 모략이라고 볼 수밖에 없다며「비판신문」을 강도 높게 비판하였다.「비판신문」의 보도는「민주중보」의 주장대로 사실과는 거리가 있는 것으로, 취재진이 잘못된 정보를 얻어서 벌어진 해프닝으로 보인다. 후술하겠지만 그해 10월에「부산일보」가「대중신문」을 흡수 통합한 사실이 잘못 와전되었던 것으로 보인다.

(2)「민주신보」로 개제

그 다음 해인 1950년 2월 1일「민주중보」는 제호를「민주신보」(民主新報)로 개제하면서 사장에 김예준(金禮俊)이 취임하였고 전 사장이던 최천택은 편집 겸 발행인으로 취임하였다(「자유신문」1950. 2. 2. 2면). 이 시기「민주신보」는 3만 부를 발행하는 수준을 유지하였지만(동아일보사, 1978, 117쪽) 경영상 어려움을 겪었던 것으로 보인다. 김예준이 사장에 취임한 것은 경영이 어려워지자 재정적 후원자를 영입했던 것으로 볼 수 있겠다.

김예준은 1907년 부산 출생으로서 제2상업학교를 졸업하고 부산에서 활동한 경제계 인물로서 동래화학공업 사장과 부산무역주식회사 사장, 대한고무공업협회 부이사장을 역임하였고(「한국근현대인물자료」국사편찬위원회 한국사데이터베이스, http://db.history.go.kr/url.jsp?ID=im_101_21283 2011. 3. 31.) 1949년 7월에는 부산상공회의소 부회장으로 선출된(「부산일보」1949. 7. 12.) 인물이었다.「민주신보」사장을 맡을 당시 삼화고무공업사 사장도 겸하였던 부산 경제계의 중진급 인물이다. 그러나 김예준의 사장 취임으로도 경영난을 극복하기는 어려웠던 것으로 보인다.

2)「부산일보」

(1) 박수형 사장 체제 후반의「부산일보」

「부산일보」는 정부 수립 직후인 1948년 8월 27일에 필화 사건을 겪었다. 부산 제15구 경찰서 피의자 변사 사건 기사가 문제되어 편집국 차장 김창식(金昌式)과 편집부장 권영소(權寧韶), 기자 권정룡(權廷龍) 등 3명이 구속되고 사장 박수형과 편집국장 백대진(白大鎭)은 불구속 입건되는 사태가 발생하였다. 이들에게 적용된 법 조항은 신문지법 위반과 태평양미국륙군총사령부포고 제2호 위반이라는 것이었다(『한국언론연표Ⅱ』 1948. 8. 27., 9. 3.). 사장과 편집국장 등 책임자까지 입건되는 외견상 대형 필화사건으로 보인다. 하지만 적용된 법률도 일제 시대의 신문지법과 미군정 시대의 포고령을 근거로 인신 구속하였던 것이다. 편집국장 백대진은 8월 30일에 무사히 석방되었다(「부산신문」 1948. 9. 1. 2면). 그 외에 구속되었던 인사들이 어떤 처분을 받았는지는 현재 확인이 안 된다.

1949년 5월 25일부터는 「부산일보」도 배대판으로 확대를 단행하였다. 원래 5월 15일에 개편할 예정이었지만 여러 가지 내부 사정으로 연기되어 이날 시행했던 것이다. 지면 확대로 사설이 1면에 자리하게 되었고 2면에는 사회 기사 외에 문화란이 등장하였다.

또한 지방 소식 면에서도 다양성을 기할 수 있게 되었다. 그리하여 8월 21일에는 울산 소개판으로 2면을 제작하였으며 8월 29일에는 마산창원 소개판으로 4면을 발행하였다. 이 소개판을 통해 각 지역의 사정과 주요 기업 및 인물들을 소개하는 내용으로 구성하였다(부산일보사, 1985, 81쪽). 이러한 지역 소개판 발행은 전술한 대로 일제기에도 민간지들이 시도했던 것으로, 각 지역의 판매 확장과 광고 시장 개발을 목적으로 시도된 것으로 평가할 수 있겠다.

박수형 사장은 1949년 1월 13일에 실시된 부산 갑구 보궐선거에 입후보하였으나 낙선하였다. 안 그래도 경영이 어렵던 차에 더 큰 타격을 받게 되어 박수형 사장은 김지태에게 「부산일보」의 인수를 요청하였다. 이 교섭에는 운영동인회 간사로서 제2대 업무국장을 맡았다가 퇴사한 이후 김달범과 함께 「대중신문」을 인수 경영하던 이수우가 김지태의 외숙이라는 사실이 큰 구실을 한 것으로 평가되고 있다(부산일보사, 1985, 283-286쪽).

(2) 김지태 사장 취임과 운영체제 개편

1949년 7월 12일에는 김지태가 「부산일보」를 인수하였다. 하원준의 부채 270만 원과 회사의 빚 400만 원의 지불하는 조건이었으며 또한 인수의 전제 조건으로 전임 박수형 사장의 아들 박기영(朴基永) 판매부장과 처남 하인성(河仁星)

사업부장은 7월 1일부로 해임되었다(부산일보사, 1985, 286쪽). 전술한 대로 새 사장 김지태는 「산업신문」의 초대 사장을 맡았으며 부산 상공회의소의 회장을 맡고 있던 부산의 대표적인 기업인이었다.

당시 「산업신문」 사장을 맡고 있던 김지태가 「부산일보」를 인수하게 된 직접적인 배경에 대해서는 현재 명확하게 밝혀지지 않고 있다. 김지태의 회고에 의하면 당시 전반적으로 경영난을 겪던 부산의 신문들 중 김지태에게 재정 지원을 요청한 사례가 많았다면서 "우익 신문에 대해서는 지원을 아끼지 않았다"고 술회하고 있다(김지태, 1976, 105-106쪽). 또한 앞서 지적한 바와 같이 인척 관계였던 이수우의 역할이 중요한 기여를 했을 것으로 보인다.

이 부분에 대해 『국제신문50년사』는 다르게 서술하고 있다. 당시 「부산일보」의 박수형 사장이 회사를 인수할 사람을 물색하고 있던 중 김지태의 뒤를 이어 「산업신문」의 제2대 사장을 맡게 되는 이연재가 인수 의사가 있어 김형두에게 자신이 「부산일보」를 인수하면 신문의 운영을 맡아 달라고 제의했다는 것이다. 이때 이미 이연재는 「산업신문」에 투자를 결정하여 50만 환을 2회에 걸쳐 불입하기로 결정한 상태였다. 하지만 이연재는 「산업신문」에는 김지태가 있기에 「부산일보」를 인수하여 단독, 운영하고 싶어 했다는 것이다. 그러나 김형두로서는 김지태와의 관계나 「산업신문」에 대한 애착 등을 고려하여 정중히 거절하였다. 이러한 상황에서 김지태가 전격적으로 나서 「부산일보」를 인수했다는 것이다(국제신문사, 1997, 65-66쪽).

이러한 자료들을 볼 때 김지태가 「부산일보」를 인수하기로 했던 것은 여러 가지 요인이 복합적으로 작용했겠지만 아마도 「산업신문」의 운영을 둘러싸고 김형두와 견해 차이가 생겼던 것(김형두, 1995, 149-151쪽)도 하나의 요인이 되었던 것으로 추정된다.

1949년 9월 15일 김지태가 사장에 취임한 직후 회사를 주식회사 체제로 전환하여 1949년 9월 24일 등기를 완료하였다. 상호는 부산일보운영주식회사로서 본사는 부산시 중앙동 4가 36번지에 두었으며 자본금 2,000만 원이었다. 사장에는 김지태가, 전무에 하한석(河翰錫), 상무는 장수봉(張壽奉)·김정수(金定守), 취체역에 백대진, 김달범(金達範), 김진황, 김권태(金權泰), 윤우동(尹佑東)이 취임하였으며 상무감사역에 이수우(李壽雨), 감사역에 이찬용(李燦容)과 서유성(徐有聲)이 취임하였다. 자본금은 김지태가 다 조달하여 사실상 1인 회사나 다름없었다(부산일보사, 1985, 287쪽).

1949년 9월 15일 김지태 사장의 취임 이후 대폭적인 인사 개편이 이루어졌다. 「대중신문」 편집국장이던 장수봉(張壽奉)이 몇 달 동안 편집국장을 맡았으며 편집국장이던 백대진은 주필로 전보되었으나 곧 편집국장으로 복귀했다(부산일보사, 1985, 292쪽).

(3) 「대중신문」 흡수 통합

바로 뒤이은 1949년 10월 1일부터는 부산에서 발행되고 있던 「대중신문」을 흡수, 합병하여 10월 2일자 제호 위에는 '대중신문 합동지'라고 표기, 발행하였다. 이 「대중신문」은 전술한 대로 1945년 말에 창간된 좌익 성향의 신문으로서 미군정 후반 이후에는 논조가 온건화되었으나 경영난에 허덕이다 1948년 1월 김지태 사장의 외숙인 이수우가 경영을 맡아 왔던 신문이다. 김지태가 부산일보를 인수하면서 이 신문도 흡수, 통합되었던 것이다. 통합과 함께 「대중신문」에 근무하던 사원 15명도 10월 5일자 인사에서 「부산일보」 편집국으로 발령하였다(부산일보사, 1985, 288-289쪽).

「대중신문」 출신 기자들이 대거 영입됨으로써 내부 갈등을 겪기도 하였다. 이 갈등은 인사로 이어져 후유증을 겪게 되었다. 「민주신보」 1950년 3월 18일자의 광고란에는 구효연(具孝然) 조사부장을 비롯하여 사회부의 강대봉(姜大鳳), 박증몽(朴曾蒙), 허성균(許成均), 정경부의 박실(朴實) 기자 명의로 「부산일보」 사장 김지태에 대한 공개성명서가 게재되었다. 이 성명서의 내용은 김사장이 전 대중신문계 사원을 일소하고 통합 이전으로 환원시키려 한다고 주장하고 「부산일보」가 「대중신문」과의 통합지로서의 의의와 사명을 완전히 상실하였음을 선언한다고 주장하였다. 이들은 성명서를 통해 「부산일보」의 사직을 선언했으며 부산일보사는 3월 21일에 구효연, 강대봉, 박실, 허성균을 23일에는 박증몽 기자를 해임 조치했다(부산일보사, 1985, 289쪽).

이 시기에 인사 문제로 잡음이 많았던 사실에 대해 『부산일보사사』는 "이 무렵은 인사기준이 확립되지 않아 사장의 신임 여부, 외부의 압력, 중상모략에 따라 조령모개의 인사발령, 무더기 해임, 복직이 다반사였다"고 평가하였로 1950년 5·30 총선에 김지태 사장이 출마하여 당선된 이후로는 신문사의 운영은 이수우 부사장이, 지면 제작은 백대진 편집국장과 박준관 편집부장 중심으로 운영되었다(부산일보사, 1985, 292-293쪽).

(4) 연재물의 등장

이 시기 「부산일보」의 편집에서 특기할 만한 사항은 연재물이 등장하기 시작하였다는 점이다. 1950년 1월 1일자부터 연재소설 「탈선춘향전」(脫線春香傳)을 연재하였다. 이는 작가 이주홍(李周洪)이 망월암(望月庵)이라는 필명으로 춘향전을 현대적으로 개작하여 10회에 걸쳐 연재한 것이다. 이는 원래 「대중신문」에 연재하던 춘향전을 흡수, 통합한 이후 속편 형식으로 계속 연재한 것이라고 한다(부산일보사, 1985, 81-82쪽).

신문의 발전에서 연재물이 시작된다는 것은 중요한 의미를 지닌다. 이는 고정적인 독자를 확보하기 유리한 포맷으로, 신문의 상업적 전략의 주요한 장치가 되는 것이다. 다시 말해 연재물을 통해 독자층을 확대하고 안정된 고정 독자층을 확보하기 위한 주요 수단이 된다는 말이다. 이를 계기로 1950년 6월 9일부터는 정진업(鄭鎭業) 작의 희곡 「부사(府使)와 초부(樵夫)」를 연재하기 시작하여 총 15회에 걸쳐 연재하였다(부산일보사, 1985, 82쪽).

3) 「산업신문」의 변화와 발전

(1) 배대판의 발행과 갱지의 사용

경영의 어려움을 지면 혁신을 통해 극복하려 시도했던 「산업신문」은 1948년경부터 준비하였던 배대판 발행을 1949년 들어 시행하게 되었다. 그해 2월 1일부터 신문의 판형을 타블로이드판에서 배대판으로 확장하고 동시에 용지도 흰색 갱지를 사용하는 개혁을 단행한 것이다. 당시 흰색 갱지는 중앙의 3~4개에서만 쓰던 것으로서 지방지로서는 어려운 여건이었으나 「산업신문」의 개혁 시도로 그 3, 4개월 뒤부터 부산의 다른 일간지들도 뒤따르게 되었다(김대상, 1981, 194쪽). 특히 배대판 발행은 서울에서도 몇몇 신문들만이 채택하고 있었다. 「동아일보」는 1948년 10월 1일부터 지면을 배대판으로 확대(동아일보사, 1978, 373쪽)하였으며 「조선일보」는 1948년 12월 1일부터 배대판으로 확대(「조선일보」 1948. 11. 30. 1면 사고)하였다.

이와 같은 편집 체제의 혁신으로 「산업신문」은 꾸준히 독자층을 확대시켜 갔다. 창간 초기 4~5천 부에 불과하던 발행 부수가 배대판 확대 이후 3개월여 만에 1만 부를 넘어서게 되었으며 혁신 1년 뒤에는 2만 부를 넘어서게 되었다는 것이다(국제신문사, 1997, 66-67쪽).

(2) 제2대 이연재 사장의 취임

1949년 들어 「산업신문」은 새로운 자본가의 출자를 확보하였다. 재일동포 출신 기업인 이연재(李年宰)가 신문 사업에 뜻을 가지고 출자를 자청하여 50만 환을 2회에 걸쳐 불입하기로 하였다는 것이다. 그 이후 전술한 대로 이연재는 새로운 자본주를 찾고 있던 「부산일보」의 인수를 희망하였으나 김지태가 전격적으로 인수하게 되자 이 「산업신문」의 제2대 사장으로 취임하였다. 이연재는 1919년 전남 승주 출생으로 일제기 일본 오사카에서 텐노지(天王寺)중학교를 졸업하고 1937년부터 오사카에서 요시모토(吉本)제작소를 경영한 인물로서 1947년도에는 미진상회, 1948년에서 조선중공업 사장으로 있던 인물이다. 김지태의 「부산일보」 인수가 확정된 이후인 1949년 9월 1일에 이연재가 2대 사장으로 취임하였다(국제신문사, 1997, 65-66쪽).

이로써 「산업신문」은 자본 면에서도 든든한 후원을 확보하여 안정된 기반에서 도약을 기할 수 있게 되었다.

(3) 연재 만화의 시도

이 시기 「산업신문」의 지면에서 특기할 만한 사항은 연재 만화가 등장하였다는 점이다. 1950년 5월 4일부터는 김일소(金一笑) 작의 연재 만화 '허풍선'을 연재하였으며 뒤이어 1950년 5월 16일부터는 같은 작가인 김일소의 4컷 만화

'신판 흥부전' 연재를 시작하였다(국제신문사, 1997, 687쪽). 이때의 연재는 오래 지속되지는 못했던 것으로 보이지만 앞서 지적한 대로 연재물이 시작되었다는 것은 고정 독자 확보를 위한 상업적 전략이라는 점에서 중요한 의미를 지닌다.

3. 부산 지역 방송의 변화와 발전

1) 방송의 국영화

미군정 말기인 1948년 6월 1일 군정청은 방송국을 조선방송협회에 돌려주었다. 다시 말해 군정 이전 상태로 환원시켰던 것이다. 이에 협회는 새로운 의욕으로 중앙방송국의 기구도 확대 개편하고 청취료도 50원에서 100원으로 인상하며 8월 6일에는 명칭도 대한방송협회로 바꾸었다.

그러나 바로 다음 날인 8월 7일에 정부 기구가 11부 4처로 확정 발표되면서 방송국은 또다시 정부의 공보처 방송국으로 흡수되었다(한국방송공사, 1977a, 137-138쪽). 이때의 정부 기구 구성은 7월 17일 헌법과 함께 공포된 정부조직법(「한국사연표」 국사편찬위원회 한국사데이터베이스 http://db.history.go.kr/url.jsp?ID=tc 2011. 4. 8.)에 따라 이루어진 것이었다. 다시 말해 국영방송으로 틀 지워진 것이다. 이에 대한방송협회는 국영화 반대운동을 벌이기도 하였으나 되돌릴 수는 없었다. 1948년 9월 13일에는 대통령령 제3호에 의거하여 공보처가 대한방송협회와 산하 지방방송국을 인수하였다.

2) 지방방송국설치법의 제정, 공포

그러나 이때의 법제도 정비에서 지방 방송에 관한 규정은 누락되었다. 다시 말해 공보처가 실질적으로 지방방송국까지 관장하여 운영하기는 했지만 그 법적 근거를 마련하지 않았다는 말이다. 지방방송국의 법적 근거는 지방방송국설치법이 1950년 3월 24일 국회를 통과하여 4월 10일 공포됨으로써 마련되었다(한국방송공사, 1977a, 137-140쪽). 전체 4개 조항으로 이루어진 이 지방방송설치법은 지방방송국의 명칭과 위치, 관할 구역(제2조), 그리고 직제 공무원의 종류와 정원, 보수에 관한 사항(제4조)은 대통령령으로 정하도록 규정하였다. 제3조에서는 국장의 역할과 책무를 규정하였다(『한국언론연표Ⅱ』, 999쪽).

이 법에 따라 서울은 공보처 서울방송국으로, 그 밖에 10개 지역의 지방방송국들은 지역명을 따라 ○○방송국으로 명칭이 정해졌다. 부산의 방송은 명칭은 부산방송국이며 호출부호와 주파수, 출력은 종전 그대로 HLKB, 650KHz, 500W였다. 참고로 각 지역 방송의 명칭과 호출부호, 주파수, 출력은 다음의 표와 같다.

<표4-19> 정부 수립 직후 지방방송국 현황

명칭	호출부호	주파수	출력
서울방송국	HLKA	970KHz	50KW
부산방송국	HLKB	650KHz	500W
이리방송국	HLKF	570KHz	500W
대구방송국	HLKG	800KHz	500W
광주방송국	HLKH	760KHz	500W
대전방송국	HLKI	80KHz	50W
춘천방송국	HLKM	600KHz	50W
목포방송국	HLKN	600KHz	500W
마산방송국	HLKO	600KHz	50W
청주방송국	HLKQ	600KHz	500W
강릉방송국	HLKR	650KHz	300W

* 자료 : 한국방송공사(1977a, 140쪽)

제3절 한국전쟁과 부산 언론계

1950년 6월 25일 한국전쟁이 발발하자 국내 언론계도 극심한 혼란을 겪을 수밖에 없었다. 대구와 부산을 제외한 지역의 모든 신문과 방송이 정상 운영이 불가능한 상황이었다. 9·28 수복까지 지속된 이러한 상황 속에서 부산이 임시 수도가 되면서 부산의 신문들과 방송만이 거의 유일하게 언론 기능을 유지할 수 있었다. 이러한 상황은 부산 지역의 언론이 새로운 도약을 맞는 계기가 되었다. 중앙의 언론인이나 문필가 등을 필진으로 참여시킴으로써 지면의 변화를 가져왔고, 판매 면에서도 발행부수가 비약적으로 늘어남으로써 경영이 호전되었다. 당시 부산의 「국제신보」와 「민주신보」는 8만 부, 「부산일보」는 5만 부를 발행하는 등 비약적인 발전을 기록하였다(부산직할시사편찬위원회 편, 1991, 559쪽).

1. 한국전쟁기 부산의 언론계

1) 비상계엄과 사전 검열 실시

전쟁 직후인 1950년 7월 8일 정부는 비상계엄을 선포한 데 이어 7월 22일에는 언론출판특별조치령을 선포하여 언론에 대한 사전검열을 실시하였다(「나라기록포털」 http://contents.archives.go.kr/next/pen/viewHistory.do 2011. 4. 19.). 이에 따라 부산에는 1950년 7월 26일 경남지구 계엄사령부에 보도부가 신설되고 국방부 정훈국 차장이던 김종문(金宗文) 중령이, 제9사단 정훈부장이던 박석교(朴石橋) 대위가 보임관으로 임명되었다(「부산일보」 1950. 7. 27. 2면). 이들이 부산 지역의 언론을 담당하고 사전 검열을 통한 통제를 실시했던 것으로 보인다. 한국전쟁기의 언론은 전시 체제의 언론이 대부분 비슷하지만 이렇듯 정부의 강력한 통제하에 놓이게 되었다.

2) 「매일신문」과 「항도일보」 폐간

전시라는 비상 체제로 돌입하면서 그 이전부터 경영난에 허덕이던 신문들은 문을 닫을 수밖에 없었다. 전쟁 발발 직후인 1950년 7월 10일에는 「매일신문」이 자진 폐간되었다. 이 신문은 전술한 대로 1945년 11월 28일 「부산매일신문」이라는 제호로 창간되어 1948년 연초부터 「매일신문」으로 개제하여 발행하던 신문이었다. 만성적인 경영난을 이기지 못하고 자진해서 문을 닫고 만 것이다. 이 신문사의 시설은 주간잡지「이북통신」의 발행인이던 이북(李北)에 인수되어 1952년 6월 5일「중앙일보」가 창간되는 밑바탕이 되었다(김대상, 1981, 204쪽).

한편 1951년 2월에는 정부 수립 직후인 1948년 9월 27일에는「항도일보」도 문을 닫고 말았다. 이 신문은 창간 다음 해인 1949년 5월 29일 밤에 발생한 부산의 대화재로 사옥이 전부 타 버리는 큰 타격을 입고 사옥을 대청동 미공보원 뒤의 구 적십자병원 건물로 옮겨 발행했으나 그 이후 계속 운영난을 겪다가 이때에 폐간되고 만 것이다(김대상, 1981, 195-196쪽).

한편「자유민보」는 1950년 11월 19일 사옥 인근에서 발생한 화재로 인쇄 공장이 전소되어 신문 발행이 중단되는 사태를 겪어야 했다. 그러나 바로 속간을 위해 재건후원회를 조직하여 타사 공장을 빌려 12월 1일부터 속간할 수 있었다 (「부산일보」1950. 11. 29. 2면, 12. 1. 2면).

3) 중앙 일간지들의 부산 이전 발행

전쟁 발발과 함께 남한은 일방적으로 밀리면서 수도도 옮겨야 하는 상황이 전개되었다. 정부는 수도를 6월 27일에는 대전으로 옮겼다가 7월 16일에는 다시 대구로, 그리고 8월 18일에는 부산으로 이전하였다(최대권, 2000, 7-8쪽).

이러한 상황 속에서 서울의 언론들은 정상적으로 발행할 수 있는 여건이 되지 못했다. 3개월 뒤 9월 28일에 서울이 수복되면서 대부분 언론들은 서울에 복귀하여 속간할 수 있었다. 하지만 1951년의 1·4후퇴 이후에는 상황이 달랐다. 중공군의 개입 이후 후퇴가 시작되었기에 이때에는 정부도 바로 부산으로 이전하였고 신문들도 이번에는 미리 어느 정도 대책을 세울 수 있었다. 그리하여 비교적 빠르게 부산으로 이전하여 임시 사무실을 마련하고는 부산 언론사의 시설을 빌어 속간하였다. 부산에서「동아일보」는 1월 10일(김대상, 1981, 202쪽),「조선일보」는 2월 1일에 전시판을 속간했고(조선일보사, 2010, 594쪽),「서울신문」도 1월 16일에 속간호를 발행하였다(서울신문사, 2004, 361쪽). 1월 12일부터 대구에서 전시판을 발행했던「경향신문」도 그 뒤 부산으로 옮겨 4월 8일부터 발행하였다(경향신문사, 1996, 99쪽).

「동아일보」는 1·4후퇴 전부터 일부 사원들이 부산에 피난 내려와서 이미 「민주신보」 측의 협조를 받을 수 있도록 합의가 되어 있었다. 신문 용지도 서울에서 마지막으로 내려오는 사원들이 1, 2연씩 맡아서 총 33연의 용지를 가져왔기에 빠르게 속간할 수 있었다. 「민주신보」가 발행부수 3만 부를 모두 인쇄하고 난 이후 이 인쇄기로 「동아일보」를 인쇄했던 것이다. 이에 따라 서울에서는 석간으로 발행하였지만 부산에서는 조간으로 타블로이드 2면을 발행할 수밖에 없었다.

당시 전시판은 별다른 배급망을 이용하기 어려운 형편이므로 주로 가판에 의존하였다. 이러한 상황은 다른 중앙 일간신문들도 마찬가지였다. 그러나 「동아일보」의 비판적 논조 때문에 정부가 민주신보사에 압력을 넣어 1951년 9월 1일부터 「동아일보」는 중앙동에 있는 삼양사 2층을 연락사무소로 사용하면서 「부산일보」와 「자유민보」의 공장을 전전하며 신문을 제작하였다. 이듬해인 1952년 2월 2일부터는 시내 토성동 2가 7번지에 임시 사옥을 신축하여 자체 인쇄 시설도 갖추고 신문을 제작할 수 있게 되었으며 2월 15일부터는 지면도 배대판 2면으로 확대 발행하였다(동아일보사, 1978, 116-151쪽).

「서울신문」도 1950년 후반 전선에서 후퇴가 계속되자 편집국장 우승규를 비롯한 일부 사원을 선발대로 부산에 보내 전시판 신문을 발행할 준비를 하였다. 「국제신보」에서 인쇄를 하기로 협의가 되어 1951년 1월 16일에 타블로이드 2면으로 전시판 신문을 발행하기 시작하였다. 하지만 「서울신문」은 「국제신보」에서 인쇄를 지속하기 어려운 지경에 이르러 1951년 3월 초 더 이상 인쇄가 어렵다는 「국제신보」의 통보를 받고는 3월 8일부터 발행되지 못했다. 그 후 「서울신문」은 전쟁 중인 서울로 복귀하여 4월 6일부터 24일까지 진중 신문을 발행하였으며 7월부터 다시 속간호를 발행하였다(서울신문사, 2004, 360-369쪽).

한편 「조선일보」는 1950년 12월 26일 차후 직원들의 피난을 책임질 테니 최후까지 신문을 만들어 달라는 공보처의 요청에 따라 1951년 1월 3일까지 신문을 발행하다가 피난길에 올라 다른 신문에 비해 사전 준비를 하지 못했다. 대표 취체역이던 전택보(全澤珤)의 소유로 되어 있던 부산 남포동 2가 19번지 창고에 간판을 걸고 인쇄는「민주신보」공장을 빌어 2월 1일에 타블로이드 2면의 전시판 신문을 발행할 수 있었다. 그러나 인쇄 공장 사정으로 2월 18일부터 휴간에 들어갔다가 2월 22일자부터는 중앙동 4가 35번지에 있던「자유민보」사로 옮겨 2월 28일까지 발행하였다. 그 이후「조선일보」는 3월 14일 서울이 다시 탈환되자 복귀를 시도하여 4월 21일부터 서울에서 속간호를 내다가 다시 전세가 밀리면서 수원에서 전시판을 발행하였다(조선일보사, 2010, 592-599쪽).

「경향신문」은 가톨릭교회의 배려로 인쇄소를 임시 마련하여 신문을 제작하였지만 한계가 있어 신창동 1가 34에 있던 대한적십자사 부산지사 건물을 임대받아 5월 19일부터 여기서 인쇄를 시작하였다. 휴전 후인 1953년 8월 2일 서울 본사로 복귀할 때까지 이 사무실을 계속 사용하였다(경향신문사, 1996, 99쪽).

이 외에도 거의 대부분의 중앙 매체들이 부산에서 임시 발행을 시도하였다. 그러나 위에서 살펴본 바와 같이 제한된 인쇄 시설 등 여건의 미비로 정상적인 발행은 어려웠다. 단지「동아일보」와「경향신문」만이 전쟁 기간 중 부산에서 지속적으로 신문을 발행하였다. 특히「동아일보」는 임시 사옥까지 짓고 사원도 54명에 이르는 등 규모 있는 경영을 유지하였다(동아일보사, 1978, 150쪽).

4) 서울 언론인들의 부산 신문 참여

한편 이 시기에 피난 온 서울의 언론인들 중에는 부산의 신문에 필진으로 참여한 인물도 상당수 있었다. 이들은 전국적으로 지명도가 있는 인사들이 대부분이어서 부산 지역 신문의 판매 확대에도 큰 도움이 되었다.

「국제신보」는 논설위원을 대폭 확충하였다. 이때에 영입된 논설위원에는「태양신문」주필과 편집국장을 지낸 송지영을 비롯하여 동국대 교수였던 박상일, 경제학자였던 최호진과 조동필,「자유신문」과「평화신문」논설위원을 지낸 김영진 등 쟁쟁한 인물들이 포함되었으며 또한 유진오를 오늘날의 객원논설위원이나 고문에 해당하는 사빈으로 초빙하고 그 밖에도 곽복산, 오종식, 설의식 등 쟁쟁한 인물을 편집에 참여시켰다(국제신문사, 1997, 69, 108쪽).「민주신보」는 조선일보 주필 홍종인을 편집 고문으로 위촉하였다. 이러한 여건 속에서 부산의 「민주신보」와 「국제신보」는 「동아일보」, 「경향신문」, 「한국매일신문」
과 함께 5대지로 손꼽히는 위치로까지 부상하게 되었다. 발행부수 면에서 이들
신문은 3만 부 이내를 발행했던 중앙의 세 신문을 넘어서 8만 부까지 기록하게
되었다(김대상, 1981, 205쪽).

5) 새로운 신문의 창간

한국전쟁기에 정부를 필두로 많은 기업들과 언론사들이 부산으로 몰려오면
서 새로운 매체의 창간도 줄을 이었다. 대부분의 경우 자세한 정보들은 알려지지
않고 있지만 이 신문들은 대부분 서울을 비롯한 외지에서 온 사람들이 중심이
되어 당시 부산에 언론 시장이 활기를 띠자 창간을 시도했던 것으로 볼 수 있겠
다. 당시 신문 지면에 소개된 새로운 매체들을 살펴보기로 하자.

1951년 3월 29일에는 주간의 「전선신문」(戰線新聞)이 창간되었다. 제호로 보
아 이 신문은 당시 전쟁의 진행 상황에 대한 정보를 중심으로 운영된 매체였던
것으로 보인다(「부산일보」 1951. 3. 29. 2면). 1951년 5월 10일에는 「한국일일신
문」(韓國日日新聞)이 창간되었다. 창간 당시 이 신문사의 사장은 임종만(林鍾
萬), 편집국장 김재경(金在景), 업무국장은 강진화(康晋和)였다(「동아일보」
1951. 5. 3. 2면).

1951년 5월 21일에는 「RP」(Radio Press)라는 제호의 통신이 부산 중앙동
2가 45번지에서 창간되었다(『한국언론연표Ⅲ』 1951. 5. 21.). 창간 당시 사장
은 임원규(林元圭)였으며(홍일해, 1982, 35쪽) 주간 겸 편집국장은 성준덕(成俊
德)이었다(「동아일보」 1951. 5. 29. 2면). 그후 시사통신으로 명칭을 변경한 이
통신은 당시 외신의 신속한 전달이 어렵던 상황에서 창간되어 휴전이 성립되는
1953년도까지 전황 속보 등에서 앞서가는 매체가 되었다. 이를 바탕으로 1954년
에는 주식회사 체제로 개편하면서 편집진도 대폭 보강하는 등 사세를 확장해
나갔다(한국신문연구소, 1975, 628쪽). 1960년 5월에 서울로 사옥을 옮겨 계속
발행하다가 1980년 신군부에 의해 언론통폐합이 이루어질 당시 다른 통신사들
과 함께 연합통신사에 흡수되었다(김해식, 1994, 164쪽).

1951년 5월 말경에는 「삼일신문」이 창간을 시도하였다. 「국제신보」 1951년 5월 24일자를 보면 이 사실을 "그동안 준비중이던 三一新聞은 시내 부평동1가 15에서 근일 중 발간하리라 한다. 사장 李奎甲씨 부사장 宋敬永씨 논설위원 겸 편집고문 金碩浩씨"라고 보도하고 있다. 1951년 8월에는 주간 「세계신문」(世界新聞)이 매주 일요일 발간으로 창간었다. 사무실은 부산시 신창동 1가 17번지에 있었다(『한국언론연표Ⅲ』 1951. 8. 일자 미상).

1951년 9월 3일에는 「대한행정신문」이 주간으로 창간되었다(한국신문연구소, 1975, 655쪽). 이 신문은 1951년 8월 18일에 허가 제416호로 창간을 허가받았던 신문으로서 발행인은 임치원(林致遠)이었다(『한국언론연표Ⅲ』 1951. 8. 18.). 이 신문은 휴전 이후 서울로 옮겨 발행하다가 1960년 9월 7일부터 「행정일보」라 개제하여 발행하였으나 5·16 직후 시설기준 미달로 공보부령 제1호에 의해 등록이 취소되었다(한국신문연구소, 1975, 655쪽).

1951년 11월 30일에는 주간의 타블로이드판 「정경신문」(政經新聞)이 부산시 광복동 1가 130번지에서 창간되었다. 발행 겸 편집인은 송태희(宋泰熙), 인쇄인은 김두년(金斗年)이었다(한국신문연구소, 1975, 822쪽). 창간 당시 발행인 송태희는 1921년 강원도 횡성 출생으로 일본의 리츠메이칸대학을 졸업하고 해방 직후 청년활동을 하다가 자유당 강원도 정무부장을 역임한 인물이었다(「한국근현대인물자료」 http://db.history.go.kr/url.jsp?ID=im_107_20391 2011. 4. 25.).

1952년 4월 20일에는 동양통신(ORIENT PRESS)이 부산 광복동 1가 16번지에서 창간되었다. UP 통신과 계약을 체결하고 출범한 이 통신사는 사장은 양우정(梁又正)이었으며 발행인은 부사장 김성곤(金成坤)이 겸하였다. 창간 2개월 뒤인 그해 6월에는 사옥을 중앙동 80번지로 옮겨 연합신문사와 함께 사용하였다. 환도 후인 1953년 11월에는 서울로 복귀하여 발행(한국신문연구소, 1975, 630-631쪽)하다가 역시 1980년 언론통폐합 당시 연합통신에 흡수되었다(김해식, 1994, 164쪽).

1952년 6월 5일에는 대판 2면의 일간지 「중앙일보」가 부산시 대청동 3가 8번지에서 창간되었다. 전술한 대로 이 신문은 1945년 11월 28일에 창간되어 1948년 연초부터 제호를 「매일신문」으로 개제하여 발행하던 신문이 1950년 7월 10일

자진 폐간하자 이 시설을 이북이 인수하여 창간한 신문이다. 창간 당시 발행 겸 편집인쇄인은 이북, 사빈(社賓)은 이건혁(李健赫), 편집국장은 강영수(姜永壽)였다. 이 신문은 한국 신문으로서는 최초로 사빈 제도를 도입하였다. 사빈 제도란 일본 언론이 운용하고 있던 제도로서 일제기 조선총독부의 일어판 기관지 「경성일보」의 감독을 역임했던 도쿠도미 소호(德富蘇峰)가 일본의 「오사카 마이니치」 신문의 사빈을 역임한 것으로 기록되어 있다(「한국근현대인물자료」 http://db.history.go.kr/url.jsp?ID=im_215_10879 2011. 4. 25.). 국내에서는 「중앙일보」 보다 뒤인 1953년 연초에 「조선일보」 주필이던 홍종인(洪鍾仁)이 뉴욕의 신문 「옵서버」에 논설 사빈으로 1개월간 파견, 근무한 적이 있다(「동아일보」 1953. 1. 8.). 이러한 기록으로 볼 때 사빈 제도란 오늘날의 객원 기자나 고문에 해당되는 것으로 보인다.

「중앙일보」에서 사빈을 역임한 이건혁이라는 인물은 1901년 서울 출생으로 일본 와세다대학과 경성 법전을 졸업하고 「조선일보」 기자를 역임한 인물로서 해방 직후 「조선일보」 편집국장을 비롯하여 「대동신문」 이사 겸 편집국장과 「서울신문」 취체역 겸 편집국장, 문필가협회 간부 등을 역임했으며 1949년부터는 공보처 공보국장을 지낸 언론계 중진급 인물이다(「한국근현대인물자료」 http://db.history.go.kr/url.jsp?ID=im_108_01996 2011. 4. 25.). 「중앙일보」에 뒤이어 1952년 8월 1일에는 「국제신보」가 유진오를 사빈으로 초빙하였다(「국제신보」 1952. 8. 10. 1면 사고).

「중앙일보」는 휴전 후 서울 을지로 1가로 사옥을 옮겨 발행하다가 1957년 1월 1일부터는 「세계일보」라 개제하여 이기붕계를 지지하는 여당지였다. 4·19 혁명 이후 다시 「민국일보」라 개제하여 새출발하였으나 경영난을 이기지 못하고 1961년 폐간되었다(한국신문연구소, 1975, 657쪽).

1952년 6월 9일에는 주간의 「학생신보」가 부산에서 창간되었다. 창간 당시 사무실은 동광동에 있었으며 사장은 황성수(黃聖秀), 주간 함성식(咸成植)이었다(「동아일보」 1952. 6. 8. 2면).

1952년 9월 4일에는 일간지 「제일신보」가 부산에서 창간되었다. 이 신문은 환도 후 서울 동자동으로 이전, 발행하다가 1954년에 경제지로 전환하여 「산업

경제신문」으로 개제하였다. 이 신문은 경영난 때문에 1973년 9월에 대한무역협회에 인도되어 1973년 12월 21일부터는 「일간내외경제」라 제호를 바꾸어 발행되었다(한국신문연구소, 1975, 851쪽). 또한 1953년 4월 10일 부산에서 대한영화배급협회가 기관지로 「영화시보」를 창간하였다. 타블로이드판 2면의 순간으로 창간된 이 신문의 발행 겸 편집인쇄인은 안종화(安鍾和)였다(한국신문연구소, 1975, 947쪽).

6) 잡지의 창간

한국전쟁기 부산에서는 잡지 매체도 여러 종 창간되었다. <표 4-20>은 이 기간 동안 부산에서 창간된 잡지를 정리한 것이다.

<표 4-20>은 한국전쟁 기간 중 부산에서 창간된 잡지 중 학생들의 잡지나 대학, 혹은 전문 학회가 발행한 잡지를 제외하고 정리한 것이다. 표에서 알 수 있는 바와 같이 현재까지 파악된 것만 총 24종의 잡지가 이 기간 동안 부산에서 창간되었다. 이들 중 대부분은 환도 후 서울로 옮겨 갔지만 전쟁 기간 중 부산이 잡지 문화에서도 중심이 되었음을 알 수 있다.

그중 특기할 만한 것은 「희망」과 「사상계」이다. 대중오락지 「희망」을 창간한 김종완은 신문기자 출신으로서 해방 직후 「한성신문」, 「독립신문」 기자와 「대한일보」 조사부장을 지낸 뒤 1951년에 부산에서 희망사를 설립하여 첫 번째로 「희망」을 창간한 것이다. 그 이후에도 부산에서 「여성계」와 「문화세계」를 창간하였으며 휴전 이후 서울에서 「야담」(1953. 12.), 「주간희망」(1955. 12.) 등을 잇달아 창간하였다(한국잡지협회, 1995, 24쪽).

1960년대까지 한국의 잡지계뿐만 아니라 지성계를 대표하는 잡지로 평가받던 「사상계」는 원래 「사상」이라는 제호로 발행되던 종합교양지가 1952년 12월 제4호를 발행하고 중지된 상태였던 것을 이 사상사에 근무했던 장준하가 인수하여 1953년 4월에 제호를 바꾸어 재창간한 것이다. 창간호 지면의 맨 뒤에 실린 '편집후기'를 보면 "「사상」 속간을 위하여 편집하였던 것을 「사상계」란 이름으로 내여 놓게 된다"고 전후 사정을 밝히고 있다(「사상계」 1953. 4., 201쪽). 이

〈표4-20〉 한국전쟁기 부산에서 창간된 잡지 목록

제호	간별	성격	창간	발행인(기관)	비고	자료출처
코리아	월간	홍보	51.4.6	전시국민홍보외교동맹	영문	부 51.4.7
희망	월간	대중	51.4	金鍾琬(희망사)	광복동 1-1	연표
정계공론	–	종합	51.6	韓鍵洙(정계공론사)	–	총람
창조	–	–	51.8	–	–	연표
전시과학	–	과학	51.9	趙奎東(전시과학연구소)	–	총람
신생공론	–	–	51.10.1	金雨英(신생공론사)	부민동 1-18	총람
政經	월간	학술	51.10.	趙憲洪(대한정경학회)	–	총람
자유평론	–	종합	51.	구국총력연맹	–	총람
주간국제	주간	시사	51.1.12	국제신보사	–	국 52.1.11
전매	월간	전문	52.1.20	金東輝(대한전매협회)	–	총람
새벗	월간	종교	52.1	–	–	총람
대한행정	월간	특수	52.2	林致聖(대한행정신문사)	–	총람
수산	–	전문	52.5	(해양문화사)	–	부 52.5.23
도덕	월간	교양	52.7	玄始東(도덕사)	–	총람
여성계	월간	여성	52.7	김종완(희망사)	–	총람
파랑새	월간	아동	52.9	(협동문화사)	초량동 53	동 52.8.26
왙취타워	월2	종교	52.9	왙취타워성서책자협회	초량동 2-16	총람 421쪽
사상	월간	교양	52.9	李敎承(사상사)	중앙동 4-41	100년 312쪽
교회와사회	–	종교	52.	嚴燮	–	총람
創建	–	노동	52.	(창건사)	초량동 169	동 53.2.22
사상계	월간	교양	53.4	장준하(사상계사)	대교로 3-71	100년 102쪽
모던타임즈	–	–	53.6	모던타임스사	–	조 53.6.26
문화세계	–	문화	53.7.1	김종완(희망사)	–	연표
신시대	–	–	53.7	(문화신보사)	–	동 53.7.18

* 범례 : '연표'는 『한국언론연표』 해당 연월, '총람'은 한국잡지협회(1982, 570–571쪽), '100년'은 한국잡지협회(1995), '부'는 「부산일보」, '국'은 「국제신보」, '동'은 「동아일보」, '조'는 「조선일보」

사상계는 1955년경부터 신망 있는 대표적 학자와 문인들로 편집위원회를 구성하면서 그 영향력과 권위를 높여 나갔다. 특히 5·16 쿠데타 이후에는 박정희 정권 비판에 앞장서면서 한국 사회의 민주화에도 많은 영향을 미친 것으로 평가되고 있다. 1963년에는 발행부수가 6만 5,000부를 기록할 정도로 늘어났다. 박정희 정권 비판에 앞장 섰던 이 「사상계」는 결국 1970년 5월호에 게재된 김지하의 '오적'이 정부에 의해 문제시되면서 필자가 구속되고 잡지는 결국 지령 205호로 강제 폐간되고 말았다(한국잡지협회, 1995, 100쪽).

2. 한국전쟁기 부산의 언론 단체

1) 경남언론협회의 결성과 활동

한국전쟁 기간 동안 부산의 언론계가 중심 역할을 하며 활성화되는 것과 함께 언론인 단체들의 활동도 활발해졌다. 1950년 12월 2일 경남언론협회가 발기대회를 개최하고 12월 17일 결성대회를 열기로 결정하였다. 좌우익의 대립을 극복하고 1947년 12월에 결성된 부산신문기자구락부가 사실상 유명무실한 단체에 그치고 있다며 새로이 결성을 시도한 이 협회는 언론인의 신분 보장 문제에 공동 대처하고 상호 친목 도모를 목적으로 표방하였다. 「부산일보」의 김지곤(金之坤)이 위원장을 맡고 부산KBS의 탁창덕(卓昌悳)이 부위원장을 맡은 발기인회는 참가 대상을 부산에서 발행되는 일간지와 주간신문, 지방지 각사, 중앙지 지사 지국, 방송국, 그리고 각 문화기관으로 정하였다(「부산일보」 1950. 12. 5. 2면). 부산 지역 언론사뿐만 아니라 다른 지방지, 중앙지의 지사와 지국, 방송사 및 문화단체까지 포괄하는 광범위한 단체였음을 알 수 있다.

예정대로 12월 17일 부산 시내 미국문화관에서 개최된 결성대회에서 위원장에 김철수(金喆壽, 「자유민보」)를 비롯하여 부위원장에 김지곤(金之坤, 「부산일보」), 이만용(李萬鎔, 「민주신보」)이 선출되었으며 총무부장 정현진(鄭鉉震, 「대한신문」), 조직부장 박영환(朴永煥, 「자유신문」), 선전부장 장수봉(張壽奉, 「국제신보」), 재정부장 최동순(崔東洵, 「연합신문」)이 각각 선임되었다. 이외에도 경남도지사 양성봉(梁聖奉)을 비롯하여 관계 지도자와 부산 지역 신문사 사장들을 고문으로 위촉하였다(「부산일보」 1950. 12. 19. 2면).

결성대회에서 발표된 선언문을 통해 협회는 언론 자유의 중요성을 재삼 강조하면서 통일된 독립국가 건설과 국론 통일이 절실히 요구되는 시대적 과제에 언론이 힘써 부응할 것을 천명하였다(「부산일보」 1950. 12. 21. 2면). 언론인 총궐기대회를 겸한 이날 결성대회는 총궐기문도 낭독하고 북한 언론인들에게 보내는 메시지도 채택하였다(「부산일보」 1950. 12. 19. 2면).

2) 기타의 언론단체들

1951년 4월 18일에는 전국편집기자회가 부산에서 창립하였다. 이 단체는 "결전 승리 완수의 보도 사명과 편집 기술의 향상을 위한다"는 목적을 표방하였다. 간부사로 「동아일보」, 「경향신문」, 「민주신보」, 「국제신보」의 4사가 결정되었다(「동아일보」 1951. 4. 20. 2면). 이 편집기자회는 1952년 3월에 전개된 출판물법안 반대 운동에서 가장 앞장섰다. 후술하겠지만 국회가 언론 통제를 주된 내용으로 하는 출판물법안을 제정하려 시도하자 1952년 3월 24일 전국편집기자회는 가장 먼저 회의를 열고 이 법안의 문제점을 비판하면서 철회를 요구하는 건의서를 3월 26일 국회의장 및 관계 요로에 보냈다(「조선일보」 1952. 3. 28. 2면).

1951년 10월에는 중앙의 신문들이 부산으로 이전, 발행하고 있던 상황에서 부산에서 대한신문협회를 발족시키려는 시도가 이루어졌다. 10월 1일 부산의 중앙청 국무회의실에서 개최된 대한신문협회 발기회는 이 단체의 설립 목적을 언론창달을 위하여 회원 간 협조를 도모하고 신문인의 자기 향상을 기하는 데에 있다는 점을 천명하였다. 10월 중에 부산에서 창립총회를 개최하기로 하고 집행부도 구성하였다. 회장에는 「동아일보」의 최두선(崔斗善) 사장, 부회장으로는 한창우(韓昌愚, 「경향신문」 사장)와 오종식(吳宗植, 「서울신문」 주필), 김철수(「자유민보」 사장)가 선임되었다. 산하에 편집분과위원회와 업무분과위원회, 그리고 자격심사위원회를 두었다. 특히 신문 기자의 자격도 규정하였다. 그 내용을 보면 신문기자는 자격심사위원회에서 그 자격심사인정을 받아야 하며 기자의 자격은 전문학교 졸업자로서 2년 이상, 중등학교 졸업자로서는 5년 이상의 경험이 있는 자로 규정하고, 기자증명서교부는 일간신문 통신사 기자에 한한다고 규정하였다(「동아일보」 1951. 10. 3. 2면과 「부산일보」 1951. 10. 4. 1면).

이처럼 기자의 자격을 새삼 규정한 것은 사이비 기자들이 횡행하던 당시의 사회 분위기와 관련이 있는 것으로 보인다. 해방 직후부터 언론사의 수가 급증하면서 언론인 숫자도 늘었지만 그와 함께 가짜 기자증을 가지고 다니면서 공갈과 협박을 일삼는 사이비 기자들이 늘어나면서 사회문제화되다시피 했던 것이다. 이런 폐단 때문에 한때 언론사를 통폐합한다는 풍문이 나돌기도 했다(부산일보사, 1985, 94쪽). 이러한 배경 때문에 기자의 신분을 협회에서 규정하기에 이른 것으로 보인다.

그러나 이 대한신문협회는 전쟁의 혼란 속에서 예정대로 출범이 되지는 못했던 것으로 보인다. 그 이후에 출범이나 활동에 대한 기록을 찾아보기 힘들다. 전쟁이 끝나고 피해로부터 복구가 이루어지면서 안정을 찾게 된 1957년에 들어서 4월 7일에 한국신문편집인협회가 구성되고 6월 29일에는 한국일간신문발행인협회가 창립되었다. 5·16 후인 1962년 10월 13일에 한국신문발행인협회가 다시 출범하여 이 단체가 1966년 10월부터는 한국신문협회로 명칭을 변경하였다(한국신문협회, 1982, 462-467쪽).

이 시기에 각 부문별 및 출입처별 기자 단체도 다수 생겨났다. 시간적인 순서대로 정리해 보면 먼저 전쟁 발발 직후인 1950년 7월 3일에는 경남도정기자회(慶南道政記者會)가 발족하였다. 이 단체는 부산에서 발행하는 4개 일간신문의 도청출입기자들이 모여서 조직한 단체였다(「부산일보」 1950. 7. 4. 2면). 1951년 2월 4일에는 육군출입기자단이 경남지구 계엄민사부 기자실에서 임시총회를 개최하고 간부를 새로이 선임하였다. 새로 선출된 간사장은 이상대(李相大, 「부산일보」)였으며 간사는 이석용(이석용, 「민주신보」)이었다(「부산일보」 1951. 2. 4. 2면). 1951년 4월 3일에는 부산운수기자회가 총회를 개최하고 간사장에 김일택(金一澤, 「국제신보」), 간사에 장양(章良, 「민주신보」)을 선출하였다(「국제신보」 1951. 4. 5. 2면).

3) 출판물법안 반대 운동의 전개

한국전쟁기 부산에서는 수도와 중앙의 언론사들이 모두 부산으로 이전한 가운데 여러 가지 정치적인 사건과 파동도 많았지만 그중에서 언론과 관련하여 대표적인 사건이 바로 출판물법안 반대운동이다. 집권 이후 언론 통제에 대한 입법을 미루어 왔던 자유당 정부는 한국전쟁기 부산의 임시 수도 시절에 이 작업을 구체화하기 시작하였다.

이에 따라 1951년 7월부터 문교위원회에서 초안을 작성하고 7월 30일 각 신문사 편집국장을 초청하여 이에 대한 견해를 듣는 자리를 마련하였다. 이 법안의 주요 골자는 대통령이 임명하는 출판위원회를 두고 이 위원회의 결의를 통하여 발매, 배포 금지와 압수, 정간, 그리고 언론인에 대한 인신 통제를 가능토록 규정하였다. 이 법안의 내용이 알려지면서 「경향신문」은 바로 이어서 1951년 8월 1일자 사설에서 '괴물의 출판법안 타도!'라는 자극적인 제목으로 강도 높게 비판하면서 반대 의사를 천명하였다(『한국언론연표III』 1951. 7. 30-8. 1.). 이러한 반대 분위기 탓인지 정부의 시도는 일단 중지되었다(「동아일보」1952. 3. 24. 2면).

　계기가 된 것은 「동아일보」의 필화 사건이었다. 국민방위군 사건과 거창양민학살사건 등에 대해 비판적인 논조를 유지해 온 「동아일보」에 대해 정부는 1951년 9월 25일자 2면에 실린 국민방위군 사건 관련 기사를 문제 삼아 10월 4일과 8일, 31일에 편집인 고재욱(高在旭)과 기자 최흥조(崔興朝)를 소환하더니 11월 9일에는 급기야 불구속기소 처분하였다. 이때 적용한 법률이 바로 광무신문지법이었다(동아일보사, 1978, 123-149쪽). 정부로서는 언론을 통제할 다른 법적 근거가 없기에 일찍이 1907년 제정되어 일제기를 거치면서 한국 언론 통제의 기본 도구가 되어 왔으며 해방과 함께 폐기되었어야 마땅한 광무신문지법과 역시 일제기의 법 그대로인 형법 제5조 3항을 끌어다가 통제하려 시도했던 것이다. 형법의 조항은 일제가 태평양전쟁 말기에 언론을 억압하기 위하여 삽입한 조항으로 일제도 한 번도 사용한 적 없이 종전 후 폐기한 조항이다.

　이처럼 근거도 없는 정부의 언론 통제에 대해 언론계가 뜻을 모아 비판하고 나섰다. 1951년 11월 16일 정부 기자단과 국회 기자단, 법조 기자단이 공동으로 대통령과 국회의장, 대법원장에게 건의문을 제출하였다. 건의문에서 기자들은 광무신문지법과 형법 조항은 이미 효력이 말살되었다고 보아야 하기에 정부의 이번 조치가 부당함을 지적하였다(「동아일보」 1951. 11. 17. 2면).

　이러한 배경 속에서 정부는 1951년 하반기에 접어들면서 광무신문지법을 폐지하고 대신 출판물법안의 제정을 시도하고 나서게 되었다. 1951년 11월 21일에는 광무신문지법을 폐지하고 대신 이 출판물법안을 제정한다는 안을 국회법사위에 제출하였다. 이 법안은 1952년 3월 18일 법사위를 통과하여 본회의 상정을

남겨 두게 되었다. 이어 3월 19일 법사위는 광무신문지법의 폐지를 통과시켰다
(『한국언론연표Ⅲ』 1952. 3. 18.).

이처럼 정부의 언론 통제법 제정 시도가 구체화되면서 야당과 언론을 중심으로 반대 운동이 확산되었다. 3월 24일 전국편집기자회가 가장 먼저 회의를 열고 이 법안의 문제점을 비판하면서 철회를 요구하는 건의서를 3월 26일 국회의장 및 관계 요로에 보냈다(「조선일보」 1952. 3. 28. 2면). 뒤를 이어 26일에는 전국 일간지와 통신사의 주필, 편집국장들이 부산일보사에 모여 이 법안에 대한 반대 의사를 만장일치로 채택하였다. 이들은 이 출판물법안이 헌법이 보장하는 언론 자유를 유린하는 악법임을 지적하고, 이는 광무신문지법의 폐기 정신에도 위배 된다면서 그 철회를 요청하는 서한과 성명을 국회의장과 관계 방면에 보낼 것을 만장일치로 결의한 것이다.

이를 위해 「국제신보」, 「민주신보」, 「부산일보」, 「연합신문」, 「경향신문」, 합동통신, 「동아일보」 등 7개사의 주필 혹은 편집국장으로 상설 간사회를 구성하고 금후 전국 각지의 일간신문 통신사의 주필 편집국장을 전면적으로 규합하여 동법안 철회운동을 강력히 추진하기로 결의하였다. 같은 날 국회기자단도 비슷한 내용의 건의문을 국회의장에게 제출하였다(「동아일보」 1952. 3. 28. 2면). 이어 3월 30일에는 중앙청 기자단이 반대 성명을 발표하였다(『한국언론연표Ⅲ』 1952. 3. 30.).

이처럼 언론계의 일치된 반대 운동으로 정부의 시도는 벽에 부딪혀 이 법안을 철회시키는 성과를 낳았다.

〈사진4-11〉 편집기자회가 출판물법안 철회를 건의한 내용을 보도한 부산일보 지면(1952. 3. 27자 2면)

3. 한국전쟁기 부산 지역 주요 신문의 운영

앞에서도 언급한 바와 같이 전쟁에 돌입하면서 서울의 신문들이 신문 발행에
어려움을 겪어 부산으로 이전하여 임시로 전시판을 발행하는 사이 부산의 지역
신문들은 새로운 도약의 계기를 맞이하였다.

1) 「국제신보」

(1) 제호의 변경

1949년 9월부터 이연재가 사장에 취임하여 재정적 안정을 기할 수 있게 된
「산업신문」은 여러 가지 개혁을 통해 변화를 시도하였다. 특히 한국전쟁기 부산
의 언론이 새로운 전환기를 맞이하면서 이러한 개혁과 변화로 「산업신문」은
대폭적인 성장을 기록할 수 있었다.

전쟁 발발 얼마 뒤인 1950년 8월 19일에는 제호를 「국제신보」로 바꾸었다.
지령은 「산업신문」의 것을 계승하여 제1039호로 제호만 바꾸어 발행한 것이다.

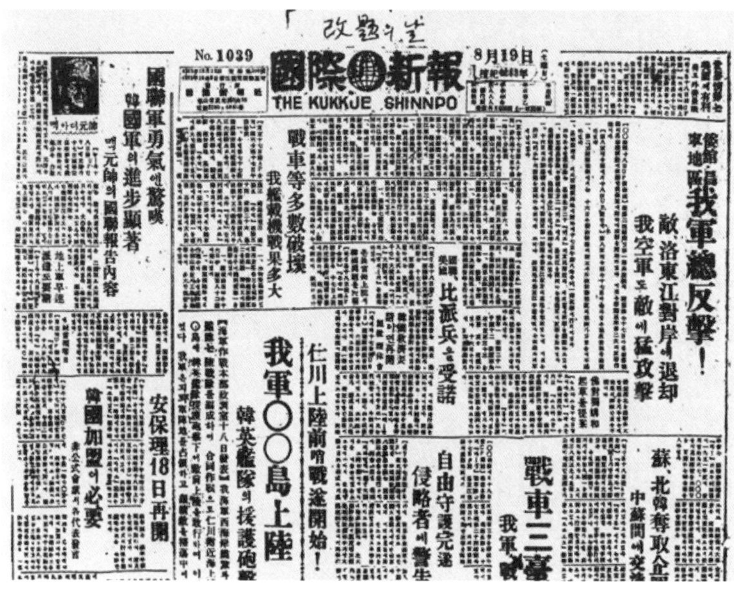

〈사진4-12〉
「국제신보」로
개제한 첫날 제1
면(1950. 8. 19.)

당시 제호를 바꾸게 된 것은 전시의 경남계엄사령부의 포고 때문이었다. 그 내용은 전시하에 특수지의 허가는 취소한다는 것이었다. 이에 따라 「산업신문」은 경남계엄사령부와 협의하여 제호를 바꾸면서 경제지의 성격을 벗고 종합일간지로 탈바꿈하게 되었던 것이다.

당시 '국제신문'이라 하지 않고 '국제신보'라 했던 것은 서울에서 발행된 적이 있던 '국제신문'과 차별화하기 위해서였다고 한다(국제신문사, 1997, 72쪽). 서울의 「국제신문」은 1948년 7월 21일 창간되어 상업적인 편집 전략으로 화제를 불러일으키며 한때 5대 신문으로 꼽히기도 하였으나 1949년 3월 4일자에 '경북폭동사건에 경북도지사 가담'이라는 제목의 기사가 문제시되면서 관련 기자들이 구속됨과 동시에 3월 6일 치안방해죄로 폐간 조치 당했다(한국신문연구소, 1975, 245쪽). 이처럼 부정적인 결말을 낳은 신문과 혼동될 우려 때문에 차별화를 시도했던 것이다.

(2) 사옥 이전

1952년 1월 28일에는 사옥도 신축, 이전하였다. 동광동에 있던 사옥에서 남포동 2가 28번지에 3층의 현대식 건물을 새로 짓고 이전한 것이다. 하지만 원래 귀속 재산이었던 건물을 1951년 9월에 양도받는 과정에서 매도인과 전 주인 사이에 다툼이 벌어지면서 소송으로까지 비화되었다. 이 소송에서 국제신문사는 1952년 8월 서울고등법원 판결에서 승소하였으나 원고 측은 대법원까지 상소하였다(「부산일보」 1953. 5. 8. 2면).

3년을 끈 이 소송에서 결국 「국제신문」은 승소하였지만 비용도 적지 않게 지출되어 재정적인 타격을 받을 수밖에 없었다(김형두, 1995, 160-161쪽).

(3) 외국 통신사와 계약 체결

전쟁 초기부터 외국의 방송, 즉 일본의 NHK와 미국의 소리, BBC, 모스크바 한국어방송, 북경방송 등을 이용하여 전황에 대한 정보 면에서 앞서 나가던 「국제신보」(국제신문사, 1997, 75쪽)는 한국 신문 최초로 최신의 외국산 통신 수신장비를 완비하고(한국신문연구소, 1975, 375), 곧이어 외국의 저명 통신사들과 연이어 정식 계약을 체결하였다. 이로써 「국제신보」는 외신을 통한 정보 제공 면에서 독보적인 지위를 확보해 나갔다.

1951년 7월 19에는 대만의 중앙통신 및 미국 뉴욕에 있는 NANA의 두 통신사와 독점 계약을 체결하였다(「국제신보」 1951. 7. 19. 1면 사고). NANA통신은 북아메리카신문연맹 즉 North American Newspapers Alliance의 약자로서 「뉴욕타임즈」의 기사와 관련 통신을 배포하던 통신사였다(『한국언론연표III』 1951. 7. 19.).

열흘 뒤인 1951년 7월 29일에는 마닐라와 동경에 본사를 둔 아시아 최대의 통신사 PANA通信(汎亞通信)과 특약을 체결하였다(「국제신보」 1951. 7. 29. 1면 사고). 이어서 1951년 9월 9일에는 프랑스의 세계적인 통신사 AFP와도 계약을 체결하였으며(「국제신보」 1951. 9. 9.) 1952년 5월 26일에는 영국의 대표적 통신사인 로이터와도 계약을 체결하였다(국제신문사, 1997, 86쪽).

이처럼 일련의 계약을 통해 외국의 여러 통신사와 네트워크를 구축한 「국제신보」는 외신 면에서 국내 어떤 신문도 추종하기 힘든 독보적 위치를 구축할 수 있었다. 전쟁이라는 특수 상황도 있었지만 이와 같은 혁신을 통해 「국제신보」는 급성장하여 당시 한국 최대 발행부수의 신문으로까지 오를 수 있었던 것이다.

(4) 세계통신사 설립

외국의 여러 통신사와 계약을 통해 정보의 다양성과 신속성 면에서 앞서가던 「국제신보」는 1953년 3월 18에는 세계통신이라는 명칭의 통신사를 설립하였다. 통신사 출범을 위해 3월 21일에는 기자 공채도 실시하여 7명을 선발하였으며 4월 1일에는 통신사가 공식 출범하였다(국제신문사, 1997, 99쪽). 통신사의 설립은 당시 「국제신보」가 다른 신문들보다 발 빠르게 외국의 저명 통신사들과 계약을 체결한 가운데, 이 통신사들로부터 얻은 정보를 국내 다른 매체들에게 제공하기 위한 것이었다고 볼 수 있겠다. 이 통신사는 환도 후 서울로 사옥을 옮겨 발행하였다. 후술하겠지만 이것이 환도 후 「국제신보」가 중앙지로 발돋움을 시도하는 발판이 되었다.

(5) 편집과 운영의 혁신

「국제신보」는 편집 면에서도 여러 가지 혁신을 시도하였다. 전쟁 발발 직후인 1950년 7월 2일 당시 「산업신문」은 일요화보판을 발행하였다. 이는 전쟁 발발 직전부터 준비하여 6월 24일에 사고를 통해 공지하였던 것으로 전쟁에도 불구하고 예정대로 7월 2일부터 시행에 들어간 것이다(국제신문사, 1997, 68쪽).

1950년 10월 1일부터는 연재 소설이 처음으로 게재되기 시작하였다. 연재된 작품은 정비석 작의 '인생화첩'이었다. 전술한 바와 같이 전쟁 전에 연재 만화가 등장하기는 하였으나 「국제신보」 지면에 연재 소설이 등장한 것은 이것이 처음이다. 이 연재는 오래 지속되지는 못하고 11월 17일 작가 사정으로 중단되고 말았다.

이보다 앞서 연재 만화도 다시 등장하였다. 1950년 11월 1일부터는 중단되었던 김일소 작의 만화 '허풍선'이 다시 연재되었으며 1951년 연초부터는 같은 작가의 만화 '미스 코리아'가 연재를 시작하였고 4월 25일부터는 '이웃사촌'이 연재를 시작하였다(국제신문사, 1997, 688-689쪽).

전시 상황에서 발 빠른 보도로 시장에서 선두주자로 부상해 가던 「국제신보」는 1951년 8월 들어서 10일에는 서부 경남판을 11일에는 중부 경남판을 발행하기 시작하였다(국제신문사, 1997, 688쪽). 이를 통해 경남 지역의 시장을 확대하려는 시도였다고 볼 수 있겠다.

이어 그해 창간 기념일인 9월 1일부터는 조간으로 타블로이드의 전시 가두판을 발행하기 시작하였으며 이날부터 2면을 순한글로 제작하기 시작하였으며 일요일에 2면을 증면하였다. 이러한 사세 확장과 함께 인쇄 시설의 확충이 필수적으로 뒤따랐다. 서면 분공장을 새로 마련하고 전지인쇄기를 설치하였으며 서울로부터 윤전기도 1대 구입하였다. 여기서 더 나아가 일본에 새로운 고속윤전기 2대를 발주하였다(국제신문사, 1997, 688쪽).

1952년 3월 24일에는 국내 신문사로서는 최초로 무선시설을 허가받았다. 이는 회사 내에 설치된 것으로서 보도용과 이동용 무선국이 설치되었다. 호출부호는 보도용이 HL092, 이동용이 HL091로서 보도용은 회사 내 외신부에 설치되었으며 이동용은 지프차에 설비되어 기사 전달의 신속과 편의를 도모할 수 있게 되었다(국제신문사, 1997, 86쪽).

1952년 4월 16일부터는 「국제신보」는 2판제를 단행하였다. 이 날자 지면의 사고를 보면 이때의 2판제는 1판이 상오 1시에 인쇄되어 시외 발송되었으며 시내 배포용의 제2판은 오후 5시에 인쇄되어 시내 독자들에게 배포되었다(「국제신보」 1952. 4. 16. 1면 사고).

한편 1954년 4월 16일에는 일본의 동경과 오사카에도 지사를 설치하여 배급망을 해외로까지 확대하였다. 그해 7월 10일에는 서울에도 임시 사무소를 설치하였다(국제신문사, 1997, 690쪽).

(6) 「주간국제」의 창간

이 시기 지속적으로 사업을 확장해 나가던 「국제신보」는 1952년 1월 12일에는 「주간국제」라는 제호의 주간 시사잡지를 창간하였다. 잡지의 판형은 46배판의 20면 분량이었다(『한국언론연표III』 1952. 1. 12.). 이 잡지는 시사문제뿐만 아니라 단편소설을 싣는 등 문화 관련 기사에도 비중을 두었다. 그러나 이 잡지는 주간으로 허가받았으나 당시 「국제신보」의 발행부수가 지속적으로 늘어나면서 용지난으로 발행 간격을 제대로 지키지 못하였다. 이러한 사정 때문인지 그 이유는 확실치 않으나 「주간국제」는 약 1년 뒤인 1953년 1월 31일 제18호를 발행하고는 폐간되고 말았다. 「주간국제」라는 제호는 후에 1978년 5월 19일 대중오락지로 성격을 바꾸어 다시 탄생하게 된다(국제신문사, 1997, 83쪽).

(7) 필화로 정간

한국전쟁기 승승장구한 「국제신보」는 앞서가는 전황 보도로 말미암아 정간을 당하기도 하였다. 문제가 된 기사는 1950년 10월 23일자의 1면 톱기사였다. 이 기사는 사진에서 보는 바와 같이 '國聯軍의 停止線/國境南32粁?/국군은 국경까지 공격명령'이라는 세 줄 제목으로 지도까지 곁들인 기사였다. 동경 발 UP 통신을 출처로 한 이 기사의 내용은 유엔군이 북한 지역을 완전히 수복하는 것이 아니라 서쪽으로는 청천강 하류의 신안주로부터 동쪽으로는 함흥, 흥남 지역을 잇는 이른바 맥아더 라인, 즉 국경 남쪽 32km까지만 북진할 계획이라는

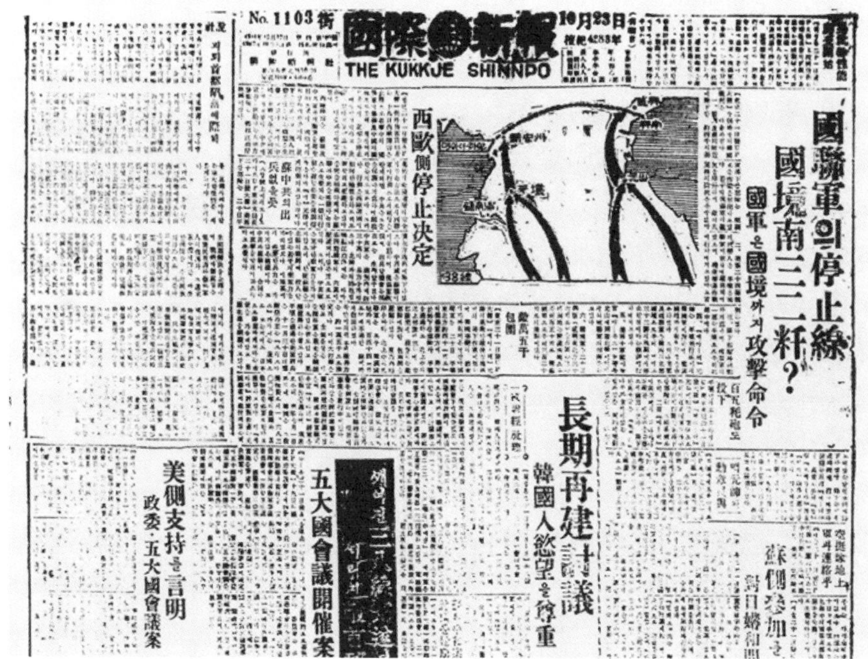

〈사진4-13〉 무기정간을 당한 문제의 「국제신보」 지면(1950. 10. 23.). '맥아더라인'을 설명하는 그림까지 제시하여 연합군은
국경 남쪽 32km까지만 진격하고 멈추리라는 관측이 있다는 내용을 보도하여 문제가 되었다.

것이었다.

　이 기사가 보도되자 계엄당국은 군사 기밀일 뿐만 아니라 국군 사기를 저하시
킬 위험이 있다 하여 바로 계엄법 위반으로 무기 정간 조치를 취했다. 그러나
이 정간은 오래가지는 않았다. 전황이 급변하여 전선이 청천강에도 못 이르고
후퇴를 하자 검열 당국도 3일 만에 속간 처분을 내리게 되었다(국제신문사,
1997, 74쪽). 이때 「국제신보」는 속간호인 10월 27일자에 사고를 통해 책임자를
문책, 인사 조치하였음을 밝혔다.

2) 「부산일보」

　「부산일보」도 국제신보와 마찬가지로 한국 전쟁기 도약할 수 있는 유리한
조건을 맞이하기는 하였지만 이 기간 중 내우외환을 겪으며 후발 주자인 「국제

신보」에 추월당하고 말았다.

(1) 미군의 사옥 강제 접수

1·4후퇴 직후인 1951년 1월 20일 미군 측에 의해 사옥 전부와 윤전기 2대를 강제로 징발당했다. 이로 말미암아 「부산일보」는 1월 21일자부터 신문을 발행하지 못하다가 남포동 임시 사옥으로 옮겨 1월 28일자부터 속간할 수 있었다. 비록 전시라고는 하지만 타국의 군대에 의해 언론사 시설을 강제로 징발당하고 신문을 발행하지는 못하는 초유의 사태가 벌어진 것이다.

속간호에서 「부산일보」는 '속간에 제하여'라는 제목의 사설에서 저간의 사정을 상세히 밝혔다. 주요 부분은 다음과 같다.

> 본사는 지난 20일 돌연 본사 사옥과 그 시설 일부를 미군 당국의 필요에 의하여 징발 당함으로 말미암아 일언의 예고조차 드릴 겨를도 없이 지난 21일부로 오늘까지 휴간하지 아니치 못하게 되었음은 결전 하 언론 보도의 중임을 맡은 언론인으로서 그 책임이 적지 않음을 자인하오며 예정보다는 늦었으나 오늘 속간에 제하여 저간의 경위를 여기에 밝혀 제언(諸彦)의 양찰을 비는 바입니다. 본사는 객년 10월부터 상호계약 아래 미군 기관지 「성조지」(STARS AND STRIPES)의 인쇄를 맡게 되었는데 본사로서는 UN군의 작전을 도웁는 영광에서 사옥 2실과 윤전기 1대도 전용으로 제공하는 등 만강(滿腔)으로 동지를 환영하고 할 수 있는 모든 편의를 도모하면서 동일한 보도 사명의 완수를 위하여 서로 협조하여 왔던 것입니다
> 그러다가 지난 17일 돌연 성조지측으로부터 사옥 2실과 윤전기 2대(그중 1대는 본보 인쇄에 사용중이었음)도 징발한다는 통고를 받었든 것입니다. 그 이유는 동지 인쇄에 지장이 많다는 것과 앞으로 업무가 확장된다는 것이었으므로 실정을 잘 아는 본사로서는 첫째로 앞으로 동지를 위하여 지장이 없도록 책임지고 노력하겠다는것 둘째는 앞으로 동지의 업무가 확장된다 하더라도 시간적으로나 설비상으로 여유가 충분하니 본보도 같이 인쇄할수 있으며 하여야 되겠다고 주장하고 절충을 거듭하든 중 지난 20일 이번에는

사옥 전부와 윤전기 2대의 징발 영장이 내리는 동시에 48시간 내에 철거하라는 명령을 받았던 것입니다.

시설을 강제로 징발한 사유는 미군이 발행하는 기관지 성조지의 발행을 위한 것이었음을 알 수 있다. 1950년 10월부터 성조지의 제작과 인쇄를 위해 사옥 일부와 윤전기 1대 등을 계약에 의해 사용하고 있었음에도 이때에 이르러 갑자기 2차례에 걸쳐 조건을 강화해 가면서 사옥 전체와 윤전기 2대를 1월 20일에 강제로 징발한다고 통고하면서 48시간 내에 철거하라는 명령까지 내린 것이다. 「부산일보」로서는 항변조차 하기 힘든 상황이었을 것이다. 하루아침에 사옥과 인쇄 시설을 잃은 「부산일보」로서는 신문을 발행할 수 없는 지경에까지 몰렸던 것이다.

사실 그동안 미군 기관지의 인쇄에 시설을 제공해 주면서 「부산일보」는 이점도 없지 않았다. 생생한 전장 사진들도 구할 수 있었으며 성조지 인쇄에 쓰는 베이클라이트판을 빌려 쓸 수 있어서 선명한 사진을 인쇄할 수 있었다. 또한 「부산일보」는 해방 이후 일제기 「부산일보」가 사용하던 윤전기 2대를 적산으로 인수하여 당시 신문사들 중에서 시설면에서는 가장 좋은 조건이었다. 하지만 용지난 때문에 이 윤전기를 제대로 사용 못하고 있다가 미군을 통해 용지도 구할 수 있게 되어 1951년 연초부터 윤전기를 가동하고 있었던 것이다.

이런 상황에서 「부산일보」는 남포동 2가 19번지의 옛날 다방 자리에 임시 편집국을 차리고 근처 창고를 빌어 활판인쇄로 속간호를 제작하였다. 이 임시 사옥도 개인 소유의 재산을 계엄사령부가 강제로 접수한 것이었다. 이후 4월 22일에 가서야 「부산일보」는 시내 충무로 3가 101번지 「부산신문」이 쓰던 사옥에 임시로 사옥을 마련할 수 있었다(부산일보사, 1996, 564-566쪽).

이렇게 사옥을 강제로 징발당했던 「부산일보」는 2년 가량이 지난 1953년 1월 27일에 징발령이 해제되어(부산일보사, 1996, 198쪽) 2월 13일 원래의 중앙동 사옥으로 복귀할 수 있었다(「부산일보」 1953. 2. 19. 1면).

(2) 조선방직 낙면(落綿) 사건과 3대 박찬현 사장 취임

사옥에서도 강제로 쫓겨나야 했던 「부산일보」는 또 다른 시련에 직면해야 했다. 당시 사장이던 김지태가 이사로서 사장직을 대행하고 있던 조선방직이 철퇴를 맞게 된 사건이 벌어진 것이다. 광목을 짜면서 순면만 사용해야 하는데 재생면 5%를 섞어 군납 복지의 질을 저하시켜 군 작전에 차질을 주고 결과적으로 이적행위를 했다는 혐의로 1951년 3월 조선방직 간부 20명을 포함한 관계자 50여 명이 구속되었다. 김지태 사장은 당시 국회의원 신분이었기에 불체포 특권에 따라 불구속 입건되었다.

이 사건은 당시 국회 내 소장파 의원들의 교섭단체인 민우회가 국민방위군 사건이나 거창 양민학살 등 정부의 실책을 규탄하고 진상 규명에 앞장서고 있었는데 그 민우회에 재정적 뒷받침을 하던 김지태를 탄압하고 조선방직 불하를 앞두고 이를 막기 위한 정치적 조작 사건이었다(부산일보사, 1996, 567쪽). 군사재판에서 출발해 민간 재판으로 이첩되어 진행된 재판에서 1951년 8월 28일 김지태 사장은 징역 10개월에 집행유예 1년 6개월을 선고받았으나 항소하여(「동아일보」 1951. 8. 30. 2면) 그해 12월에 대구 고등법원에서 무죄 판결로 종결되었다(부산일보사, 1985, 300쪽).

이 사건의 여파로 1951년 6월 30일 부산일보 김지태 사장은 회장에 취임하여 2선으로 물러났다. 김지태 사장으로서는 「부산일보」에 탄압이 미칠 것을 우려하여 그만두었다는 것이다. 후임 제3대 사장으로는 제헌의원을 지낸 바 있으며 사주인 김지태의 부산상고 동창인 박찬현(朴瓚鉉)이 취임하였다(부산일보사, 1996, 567-568쪽). 박찬현은 1917년 부산 출생으로 1941년 일본 메이지대학 법학부를 졸업하였으며 32세의 나이에 제헌국회의원이 되었다. 사장에 취임하기 직전에는 동아대 교수로 있었으며 언론 경력은 없던 인물이다. 1966년에 경향신문사 사장이 되었으며 이후에도 1958년 제4대와 1960년 제5대 국회의원, 그리고 1976년에는 유정회 소속으로 제9대 국회의원을 역임하였다. 이외에도 1977년 문교부 장관을 역임하는 등 정계의 비중 있는 인사였다(「한국역대인물종합정보시스템」, 한국학중앙연구원, http://people.aks.ac.kr/front/tabCon/ppl/pplView.aks?pplId=PPL_7KOR_A1917_1_0004770 2011. 5. 19.).

박찬현 사장 체제는 오래가지 못했다. 1년 남짓 뒤인 1952년 8월 10일 다시 김지태가 제4대 사장으로 복귀한 것이다. 이때의 복귀는 앞서 언급한 조선방직 사건이 빚어지자 그만두었다가 혐의를 벗게 되고, 후술하겠지만 박찬현 사장의 인사가 내부 반발을 불러일으켜 내분이 일자 다시 복귀한 것이다.

(3) 편집의 혁신

한국 전쟁기 「부산일보」도 「산업신문」과 경쟁적으로 편집의 혁신을 시도하였다. 먼저 전쟁 직후인 1950년 7월 2일부터는 종래 휴간하던 일요일에도 신문을 발행하기 시작하였다. 「부산일보」는 그 날짜 1면에 실린 사고를 통해 전쟁이라는 비상 상황에서 보도 사명을 완수하기 위해 일요일도 발행한다고 밝혔다.

뒤이어 「부산일보」는 전선에 종군기자를 파견하였다. 당시 양일봉(梁一峰)이 특파되었는데 그 취재 결과는 8월 16일자 2면에 '동맥 사수하는 용사를 찾아'를 필두로 가끔씩 전선의 생생한 소식을 지면을 통해 전하였다(부산일보사, 1985, 93쪽).

1951년 연초부터는 고속윤전기 인쇄를 시작하였다. 「부산일보」가 원래 일제기 「부산일보」의 사옥과 시설을 불하받은 중에는 고속윤전기도 2대 포함되어 있었다. 하지만 미군정기의 열악한 상황에서 타블로이드 2면을 발행하는 데에는 윤전기가 아니라 활판 인쇄기를 사용해 왔지만 전쟁 발발과 함께 부산이 한국 언론의 중심지로 부상하면서 1951년 연초부터 고속윤전기를 가동하여 인쇄를 시작했던 것이다. 그러나 이는 얼마 못 가 중단되어야 했다. 전술한 바와 같이 1951년 1월 20일 미군에 사옥과 시설을 강제 징발당했기 때문이다. 이후 임시 사옥을 전전하는 상황에서 「부산일보」는 새로운 시도를 할 형편이 못 되었다.

조선방직 사건으로 박찬현 사장이 취임하고 나서는 편집면의 쇄신을 시도하였다. 1951년 8월 15일부터 신활자 사용과 편집 체재 쇄신, 고속윤전기 사용, 통신망 확충, 편집기획위원제 신설, 조석간제 실시, 각 지방판 및 서울판 발행, 월 2회 증면 발행 등 다양한 혁신을 시도한다고 공고하였다(「부산일보」 1951. 8. 17. 2면). 이어 9월 1일에는 4면제를 단행한다고 지면을 통해 공지하였다. 다양한 의욕적 시도였지만 당시 전시하 임시 사옥에서 이러한 혁신이 실현되기에는 어려움이 따를 수밖에 없었다(부산일보사, 1996, 569쪽). 따라서 이 시도들은 제대로 실현되지는 못했던 것으로 보인다.

1952년 6월 8일부터는 2판제를 단행하였다(「부산일보」 1952. 6. 9. 2면). 아마 같은 해 4월 16일부터 「국제신보」가 2판제를 실시하는 데 자극을 받았던 것으로 보인다. 하지만 「부산일보」의 이런 시도는 오래가지 못하고 김지태 사장이 복귀하면서 2달여 만인 8월 12일부터 단판 조간제로 복귀하였다(부산일보사, 1996, 570쪽).

이 시기 「부산일보」는 만화와 소설 등의 연재를 시작하였다. 1951년 1월 12일부터는 박광현 작 연재 만화 '콩나물'을 6회에 걸쳐 연재하였고, 1월 18일부터는 같은 박광현 작의 만화 '박대포'를 11회에 걸쳐 연재하였다. 2월 24일부터는 김정한의 단편소설 '병원에서는'을 연재하였으며 같은 해 7월 11일부터는 이주홍 작의 희곡 '구원의 곡'을, 1952년 3월 10일부터는 김영순 작의 만화 '털털이'를 연재하기 시작하였다. 1952년 11월 5일부터는 김장수 작의 장편소설 '애증기로'의 연재를 시작하였다. 이 소설은 105회에 걸쳐 연재되었다(부산일보사, 1996, 894-896쪽).

(4) 인사의 내홍

창간 이래 사주도 바뀌고 경영진도 자주 바뀌자 이에 따라 인사의 불안정성도 커지면서 이를 둘러싼 내부 문제가 빚어지기도 하였다. 박찬현 사장이 취임하면서 피난 언론인과 문인들이 대거 편집국의 요직에 기용되었다. 편집국장에 심형택(沈亨澤), 편집국 차장 겸 편집부장에 조동훈(趙東勳), 사회부장에 시인인 김용장(金容章), 문화부 차장에 수필가 조경희(趙敬姬) 등이 편집국의 요직을 차지하고 신설된 편집기획위원을 겸했다. 이 중 조동훈, 김용장은 취임 직후 곧 사퇴하고 대신 역시 피난 언론인인 오요한(吳要翰)이 편집국 차장과 정경부장, 조사부장을 겸했으며 사회부 차장에 오소백(吳蘇白)이 임명되었다(부산일보사, 1985, 99쪽).

그러나 피난 언론인과 문인 중심의 편집국 체제가 업무에 효율성을 기하지 못하고 난맥상을 드러내 급기야 편집국원들의 반발을 불러일으키게 되었다.

1952년 2월 18일 편집국장 심형택의 경질을 바라는 건의서가 박찬현 사장에게 제출된 것이다. 건의서의 직접적 계기가 된 것은 1월 20일부로 취해진 인사 조치였던 것 같다. 이 인사 조치의 내용은 사회부와 문화부, 교정부의 세 부장이 파면되고 정경부와 사회부 두 명의 기자에게는 휴직 조치가 취해졌으며 국차장의 의원 면직 등이었다.

이에 반발하여 인사 조치를 당한 사람들이 주동이 되어 2월 18일 편집국장의 무능을 조목 조목 비판하면서 경질을 요구하는 건의서를 제출하기에 이르렀다. 건의서에서 이들은 국장의 무능을 다섯 가지에 걸쳐 제시하고 있다. 그 다섯 가지는 국장의 무능, 국장 책임 소홀로 인한 미연에 방지할 수 있는 사고의 빈발, 자리를 제대로 안 지켜 편집국 내 명령 체계 혼란 초래, 편집국 내 간부 인사 이동 사실조차 파악 못함, 편집 내규도 제대로 모르고 있다는 등이었다(「경향신문」 1952. 3. 5. 2면 광고, 『한국언론연표Ⅲ』 1952. 3. 5.에서 재인용).

이 파동 주동 멤버였던 전 사회부장 오소백과 전 사회부 기자 정영태(鄭永泰)는 「경향신문」 1952년 3월 5일자 2면에 광고를 통해 그동안의 전말을 자세히 소개하였다. 이 광고에서 이들은 건의서에 대한 회사 측의 무성의한 대응을 비판하면서 '그 국장에 그 사장'이라고 사장에게까지 공격의 화살을 돌렸다. 이들은 광고에 부산일보 잔류 언론인들의 건투를 빈다는 격려의 내용도 포함시켰다(「경향신문」 1952. 3. 7. 2면 광고).

이러한 난맥상 때문에 박찬현 사장 체제는 오래가지 못했다. 전술한 바와 같이 조선방직 사건이 무혐의로 종결되자 1952년 8월 10일에 김지태 사장이 다시 복귀하였다. 박사장의 사퇴 이틀 전인 8월 8일에는 심형택 편집국장을 비롯하여 편집국 내 13명을 포함하여 18명의 사원이 퇴사하고 박사장 취임 이전의 간부진 즉 백대진 편집국장과 박준관 취재부장 등이 복귀하였다(부산일보사, 1985, 100쪽).

4. 한국전쟁기 부산의 방송

1) 한국전쟁기 방송의 개관

(1) 전쟁 초기 방송의 오류

북한의 기습적 남침으로 시작된 전쟁에서 남한이 일방적으로 밀리는 가운데에서도 당시 방송은 널리 알려진 바와 같이 정부의 요구에 따라 실제 전황과는 전혀 다른 내용의 방송을 함으로써 국민들을 오도하고 방송사상 커다란 오점을 남겼다.

전쟁 발발과 함께 KBS는 정규 방송을 중단하고 전황 보도와 음악방송으로 일관하면서 우리 쪽에 불리하지 않다는 내용만을 방송하였다. 그러다가 6월 27일 아침 6시 뉴스에 정부가 수원으로 옮겼다는 뉴스가 갑자기 나가면서 민심이 술렁거리기 시작하였다. 뒤이어 이를 취소하라는 공보처의 지시에 따라 이 내용은 취소하고 우리 국군이 의정부를 탈환하고 반격에 나섰다고 보도하였다. 27일 밤 10시부터는 대전으로 비밀리에 처소를 옮겼던 이승만 대통령 담화를 방송하였다. 내용은 유엔이 돕기로 결정하였으니 국민들은 안심하고 고생이 되더라도 참고 견디어 달라는 것이었다. 이 담화는 녹음으로 여러 차례 반복 방송되었다.

(2) 중앙방송국의 이전

KBS는 북한군이 서울에 진주한 6월 28일 피난하여 수원을 거쳐 대전으로 옮겨 7월 14일 방송을 하다 다시 후퇴하여 대구와 부산을 전전하였다. 이런 상황에서 KBS는 최악의 상황을 고려하여 제주에 방송 시설을 설치하고 9월 10일부터 출력 50W로 방송하였다(한국방송공사, 1977a, 215-217쪽).

9·28 수복과 함께 서울로 복귀하였다가 1·4후퇴와 함께 다시 피난길에 올라 이번에는 부산에 정착하여 전시 방송을 운영하였다. 전쟁 발발과 함께 피난과 복귀를 거듭하며 정상적 운영이 어려웠던 중앙방송국은 임시 수도 부산에 정착하면서 다시 정상을 회복할 수 있었다.

2) 한국전쟁기 부산의 방송

(1) 전시 방송의 운영

전쟁 중에 하루 10시간 30분씩 방송이 실시되었다. 아침에 2시간 30분, 낮 2시간, 저녁 6시간씩 세 차례에 걸쳐 방송하였다. 이 중 뉴스가 하루 6회, 뉴스 해설은 2회로 전시이니만큼 전황과 관련된 보도가 중심이었다.

전쟁이라는 특수 상황 속에서의 방송을 위해 해상 이동방송도 실시하였다. 1951년 2월 300톤급의 이동 방송선을 도입하고 해상 방송대를 조직하였다. 이 방송선으로 서해안을 오르 내리며 300W의 출력에 650KHz로 적진을 향한 심리전도 수행하였다. 이 해상 이동방송은 1952년 11월까지 계속되었다(한국방송공사, 1977a, 217-218쪽).

(2) 청취권 확대를 위한 조치

당시 서울중앙방송국은 50KW의 출력으로 방송했지만 부산의 시설은 500W로 100분의 1에 불과하였다. 이 출력으로 청취권을 넓히는 데는 한계가 있을 수밖에 없었다. 그리하여 피난오면서 가지고 온 서울 연희송신소의 단파 5.2MHz 500W 송신기를 사용하여 1951년 1월 15일부터 단파로도 방송을 실시하였다(한국방송공사, 1977a, 313쪽). 그해 2월 27일부터는 주파수를 변경하여 500W용은 5,200KHz를 2,500KHz로, 300W용은 7,935KHz로 조정하였다. 1951년 8월 10일부터는 단파 출력을 500W에서 1KW로 증강하였으며 9월 12일부터는 중파 출력을 1KW로 증강하였다(한국방송공사, 1977b, 48-49쪽).

이어 1951년 3월 7일에는 일반 청취자의 수신상태를 개선하기 위하여 현재의 중파 650Kc를 800Kc로 변경, 실시하였다(「동아일보」 1951. 3. 8. 2면). 1952년 7월 19일에는 부산방송국의 송신시설 확장공사가 완공되었다. 이는 대전력(大電力) 송신시설 확장 계획의 일환으로 출력을 5KW로 증강하는 공사로서 당시 수영에 소재했던 송신소의 출력을 강화한 조치였다(『한국언론연표Ⅲ』 1952. 7. 19.).

(3) 지방방송에 관한 대통령령 공포와 인사 조치

1951년 4월 5일에는 국무회의의 의결을 거쳐 대통령령 제468호로 지방방송국 직제를 확정, 공포하였다. 이는 1950년 3월에 공포된 지방방송국 설치법 제4조의 규정에 의한 것으로 지방방송국의 국장은 서기관 혹은 사무관으로 하며 국장 이하에 사무관부터 각 직급별로 직제를 규정하였다.

같은 날 대통령령 제469호로 지방방송국의 명칭, 위치 및 관할지역이 규정, 공포되었다. 이는 설치법 제2조의 규정에 의한 것으로서 그 내용 중 부산에 관한 것을 보면 명칭은 부산지방방송국, 위치는 경상남도 부산시, 관할 구역은 경상남도 중의 부산시, 동래군, 김해군, 양산군, 울산군, 밀양군, 창녕군, 의령군, 합천군, 거창군으로 규정되었다(「관보」 1951. 4. 5.).

이에 따라 후속 인사 조치도 이루어졌다. 1951년 4월 29일자로 김중백(金仲伯)이 부산전파감시국장으로 발령되었으며 부산 전파감시국 감리과장에 홍명복(洪命福), 역시 전파감시국 기술과정에 장대인(張大仁)이 임명되었다(「관보」 제463호, 1951. 5. 1.). 이어 1951년 7월 30일에는 탁창덕(卓昌悳)을 서기관으로 발령하면서 부산지방방송국장에 임명하였고 이관수(李款秀)를 사무관의 방송 과장에, 황세연(黃世淵)을 기술과장에 임명하였다(「관보」 제513호, 1951. 8. 5.).

부산 방송국장을 맡았던 탁창덕은 1913년 경남 진주 출생으로 일본 메이지대학 법학부를 졸업하고 만주국 관리를 거친 인물이다. 해방 직후에는 부산에서 언론인 생활을 하여 부산매일신문사의 주필과 편집국장을 역임하였다(「한국근현대인물자료」, 국사편찬위원회 한국사데이터베이스, http://db.history.go.kr/url.jsp?ID=im_112_20003 2011. 5. 27.). 또한 이 시기 문인 활동에도 참여하여 1946년 6월에는 조선청년문학가협회 경남지부 준비위원으로 활동하였으며(「동아일보」 1946. 6. 15.) 전국문화단체총연합의 경남지부장을 지내기도 하였다(「한국근현대인물자료」, 국사편찬위원회 한국사데이터베이스, http://db.history.go.kr/url.jsp?ID=im_112_20003 2011. 5. 27.).

이어 1952년 9월 17일에는 기술과장으로 권오진(權五鎭)이 새로 부임하였으며(「관보」 제740호, 1952. 9. 19.) 같은 해 12월 16일에는 전파감시국 감리과장으로 조용환(趙鏞環)이 임명되었다(「관보」 제800호, 1952. 12. 19.).

(4) 「미국의 소리」 방송 중단 조치

1952년 6월 12일에는 이승만 대통령은 대통령령으로 「미국의 소리」 방송 중계를 금지토록 하는 조치를 취했다(「조선일보」 1952. 6. 15. 2면). 갑작스러운 이 조치는 당시 피난지 부산의 임시 수도에서 벌어졌던 이른바 정치파동과 밀접한 관련이 있다. 이승만 정권 초기의 여러 가지 실정으로 지지도가 떨어지면서 1950년 5·3 선거 결과 무소속 의원이 60% 이상 대거 국회에 진출하여 재선이 어려운 국면이었다. 이러한 상황에서 이승만은 대통령 직선제와 상하 양원제를 골격으로 하는 개헌을 시도하였으나 이마저 국회에서 부결되자 부산 일원에 계엄령을 선포하고 백골단과 땃벌떼 등의 폭력 조직까지 동원하여 국회 해산을 요구하고 야당 국회의원 50여 명을 국제공산당의 자금을 받았다는 혐의로 헌병대로 연행하는 등 탄압을 자행하였다(강만길, 1984, 182쪽). 이것이 이른바 부산 정치 파동이다.

이러한 일련의 사건들이 외신을 타고 전 세계에 보도되자 정부는 국민들이 진상을 알 수 있는 유일한 보도기관인 「미국의 소리」 방송의 중계를 정지해 버린 것이다(동아일보사, 1978, 167쪽). 당시 「미국의 소리」 방송에는 한국인들이 참여가 늘어나면서 국민들의 관심도 늘어 인기를 끌고 있었다고 한다(「부산일보」 1951. 10. 24.).

이 문제에 대해 미국 측은 즉각 항의하였다. 미국 대사관의 대변인은 '실로 경악하여 마지 않는다'면서 문서는 아니지만 구두를 통해 그 경위를 질문하였다(「조선일보」 1952. 6. 15. 2면). 이에 정부는 바로 금지 조치를 해제하고 「미국의 소리」 중계를 부활하였다. 정부 대변인은 방송중계 중지는 과오에서 나온 것이라고 하며 14일 밤부터 회복할 것이라고 발표하였다(「한국언론연표III」 1952. 6. 15.). 이틀 만에 끝나기는 했지만 이 사건도 국민의 알권리를 차단하려는 자유당 정권이 빚어낸 해프닝이었다.

제4절 휴전 이후의 부산 언론

1. 휴전 이후의 부산 언론계

1) 서울 언론들의 복귀

1953년 7월 27일 휴전이 성립되고 이를 전후하여 정부의 서울 복귀도 진행되었다. 이에 따라 부산으로 피난 와서 전시판을 발행했던 서울의 언론들도 대부분 서울로 복귀하였다. 그중에는 부산에서 여건이 안 되어 제대로 발행이 어려운 가운데 전황에 따라 일찍 복귀한 신문들도 있었다. 부산에서도 정상적으로 발행하며 영향력을 유지했던 「동아일보」도 1953년 8월 18일자까지 부산에서 발행하고는 서울로 복귀하였다(동아일보사, 1978, 181쪽). 뿐만 아니라 전술한 바와 같이 전쟁 기간 중 부산에서 새로이 창간되었던 신문들과 통신사들도 대부분 서울로 복귀하였다.

이와 함께 피난 와서 부산에서 언론 활동을 벌였던 언론인들도 대부분 서울로 복귀하였다. 이로써 부산의 언론들은 전쟁기에 지녔던 임시 수도에서 발행되는 중앙지로서의 성격도 퇴색되어 지면이나 발행 부수 면에서도 상당한 타격을 입게 되었다(부산직할시사편찬위원회, 1991, 564쪽).

2) 부산의 언론들과 부산 역전 대화재

휴전 이후 부산에는 원래부터 부산에서 발행되던 신문들만 남게 되었다. 즉 「민주신보」와 「부산일보」, 「국제신보」, 「자유민보」 등 4개의 신문만 남게 된 것이다.

그러나 휴전 이후 4달 만인 1953년 11월 27일 부산역 앞에서 대화재가 발생하여 엄청난 피해가 발생하였다. 이 화재로 당시 부산 역전 주변에 있던 언론사들도 커다란 피해를 입었다. 11월 27일 저녁 8시 20분경 영주동의 한 주택에서 난로 과열로 시작된 화재는 때마침 불어온 강풍을 타고 급속히 번져 부산 역전 일대를 화마로 뒤덮었으며 14시간 만인 다음 날 오전 10시 20분경에야 완전히 진화되었다. 이 화재로 일대 1,250여 호가 전소되었으며 피해액은 2천억으로 추산되어 그해 1월에 발생한 국제시장 화재의 100배에 이르는 엄청난 피해를 안겼다(「동아일보」 1953. 11. 29. 2면). 이 화재로 「자유민보」와 「민주신보」, 「부산일보」, 그리고 부산방송국의 사옥이 전소되었다. 이외에도 합동통신과 동양통신, 경제통신의 부산 지사 사옥들이 전소되는 피해를 당했다(「조선일보」 1953. 12. 1. 2면). 언론사 중에는 당시 남포동에 사옥이 있던 「국제신보」만이 화재의 피해를 입지 않았다.

졸지에 사옥을 잃은 이들 언론사들은 다른 언론사의 시설을 빌리는 등의 방법으로 신문 발간을 이어갔다. 「부산일보」는 「국제신보」의 사옥에서, 「민주신보」는 「중앙일보」의 사옥에서 타블로이드판으로 명맥을 이어 갔으며 부산방송국은 수영에 있는 미군 방송국을 이용하여 11월 28일 오후 5시부터 방송을 재개하였다(「조선일보」 1953. 12. 1. 2면).

이후 해방 이후 부산 언론계를 주도했던 「민주신보」는 부산 지방법원 앞의 부평동에 판잣집을 빌려 평판 인쇄로 복간했으나 쉽게 활기를 회복하지 못했다(부산직할시사편찬위원회, 1991, 565쪽). 「자유민보」는 화재 직후 대교로 3가 제5육군병원 옆에 임시 사옥을 마련하였다(「부산일보」 1953. 12. 3. 2면). 그러다가 다음 해인 1954년 2월에는 콘세트 내에 인쇄 공장을 응급 설치하여 계속 발행하였다(한국신문연구소, 1975, 285쪽).

이렇게 피해로부터 복구를 시도하기는 했지만 이때의 화재가 부산의 언론사들에 미친 타격은 매우 큰 것이었다. 특히 전쟁 기간 동안 특수를 누리다가 휴전 이후 퇴조를 겪고 있던 시점에서 닥친 이 화재의 충격파는 아주 심각한 것이었다. 화재의 피해를 입지 않았던 「국제신보」는 안정된 기조를 유지할 수 있었으며 김지태의 인수로 탄탄한 자본력을 확보한 「부산일보」는 화재 피해로부터 복구할 수 있었지만 나머지 신문들, 즉 「민주신보」와 「자유민보」는 좀처럼 그 타격을 극복하기 어려웠다.

「민주신보」는 1955년 1월에 주식회사 체제로 개편하고 실업가 박정관(朴正

寬)이 부사장에 취임한 것을 계기로 석간에서 조간제로 전환하는 동시에 윤전기를 도입하였다. 그해 5월에는 박정관이 사장에 취임하면서 사옥을 토성동 판잣집에서 동광동 2가의 일제기 야스다(安田)은행 건물로 옮기는 등 활로를 모색하였다. 「자유민보」도 1958년 5월에는 오랜 콘세트 시대에서 벗어나 대교동에 사옥을 마련하여 이전하고 독자 확장에 주력하였다. 하지만 이 두 신문은 끝내 활기를 되찾지 못하고 「자유민보」는 4·19 직후에 자진 폐간하였으며 「민주신보」는 5·16 이후 시설 기준 미달로 폐간하고 말았다. 이 신문들이 문을 닫게 된 주요 계기 중의 하나가 바로 1953년 11월의 이 대화재였다고 평가되고 있다(부산직할시사편찬위원회, 1991, 565쪽).

3) 새로운 매체의 출현

이 시기 부산에서는 여러 종의 매체가 새로이 창간되었다. 먼저 주간신문의 경우를 보면 한국전쟁기부터 발간된 부산시의 「행정시보」와 경남 경찰국의 「경남경찰공보」가 이 시기에도 계속 발행되었다. 「행정시보」는 창간 시점은 확인이 안 되지만 1951년 12월 1일자로 등록된 매체로서 1955년경 발행인은 부산의 언론인 석광수였다. 「경남경찰공보」도 창간 일자는 확인이 안 되며 등록 일자는 1951년 2월 25일이며 1955년경 발행인은 경남경찰국장 송관수(宋寬洙)였다(대한신문연감사, 1955, 326쪽).

휴전 이후 4종의 주간신문이 새로이 등장하였다. 이 4종의 신문 모두 창간 일자나 성격 등 구체적인 사항은 현재 확인이 안 된다. 다만 1955년에 발행된 『대한신문연감』(326쪽)을 보면 당시 부산에서 발행되던 주간신문의 목록이 제시되고 있을 뿐이다. 이 자료에 제시되었던 신문들 중 가장 먼저 등장한 것은 「주간해양」이다. 부산상선고등기술학교 교장 양귀진(梁貴珍)이 발행인으로 되어 있던 이 신문은 등록일이 1953년 7월 26일로 되어 있다. 휴전이 성립되는 하루 전인 것이다. 따라서 실제 창간은 한국전쟁 휴전 이후라고 볼 수 있을 것이다.

다음은 「교통시보」(交通時報)이다. 1954년 12월 31일자로 등록된 이 신문은 대륙교통주식회사 사장 서동락(徐東樂)이 발행인으로 되어 있다. 서동락은 정부 수립 직전인 1948년 7월 말경 「자유신문」 부산지사장을 맡았던 인물이다(「자유신문」 1948. 7. 27. 3면 사고). 1955년 2월 7일자로 등록된 「경남민보」(慶南民報)는 발행인이 최성웅(崔成雄)이며 사무실은 동광동 236으로 되어 있다. 그 밖에 자유당 경남도당이 발행하던 「자유시보」가 1955년 5월 27일자로 등록되었다.

이상에서 살펴본 바와 같이 이 시기에 발행되었던 주간신문은 대부분 부산시와 경찰국, 정당, 학교 등 공공 기관이 발행주체였음을 알 수 있다. 「교통시보」와 「경남민보」만이 민간에 의해 발행된 것으로 보인다. 「교통시보」는 언론인 출신 서동락이 경영인으로 있으면서 과거의 경력을 살려 업계 전문신문 발행을 시도했던 것으로 볼 수 있겠다. 「경남민보」만이 민간에 의해 발행되고 일반 대중에게 공개된 잡지였던 것으로 보이는데, 더 이상의 자료가 없어 확인은 불가능하다.

휴전 이후 1950년대 부산에서 잡지도 여러 종이 창간되었다. <표4-21>은 한국전쟁이 끝난 이후부터 4·19혁명 이전까지 부산에서 창간된 잡지 중 대학을 비롯한 각급 학교가 발행한 것을 제외한 목록이다. 현재 확인되는 것은 <표4-21>에서 보는 바와 같이 총 14종의 잡지가 창간되었다. 그러나 대부분 등록 일자만 확인될 뿐 실제 창간 시점은 확인되지 않고 있다. 종수가 많지는 않지만 여러 분야에 걸쳐 다양한 내용의 잡지가 발행되었다는 사실을 알 수 있다.

특히 영화잡지도 2종이 발간되었다는 점이 이채롭다. 극장문화협의회가 발행한 「극장문화」와 「취미와 영화」가 그것이다. 특히 「극장문화」는 전국적인 배포를 시도했던 것으로 보인다. 서울에서 발행되던 중앙지 지면의 '신간안내'란 등을 통해 이 잡지 발행 소식이 보도되었다. 「경향신문」 1954년 10월 3일자 4면의 '예원'(藝苑)란이나 「조선일보」 1954년 10월 2일자 2면의 '신간소개'란에 이 잡지 제3호가 부산의 극장문화사에서 발행되었다는 사실을 보도하고 있다. 이를 통해 극장문화협의회가 극장문화사라는 별도의 회사를 차려서 잡지를 발행했다는 것을 알 수 있다.

그러나 표에도 나타난 바와 같이 이 잡지들 대부분이 오래 지속되지는 못했다. 거의 대부분이 1950년대 후반이나 1960년대 초반에 폐간되고 말았다. 이로써

<표4-21> 휴전 이후 1950년대 부산에서 창간된 잡지

제호	간별	성격	창간	폐간	발행인(기관)	비고
경남공론	월간	기관	–	60. 11	경남도 공보과	53. 6. 5 등록
부흥	–	기술	53.	–	대한기술총협회	–
부산세관	월간	기관	54. 1	61. 7	부산세관통관사협회	60. 11 「세관보」로 게재
극장문화	월간	영화	–	–	趙甲伊(극장문화협의회)	54. 5. 5 등록
어린이나라	월간	아동	–	60. 5	章性熙	56. 2. 14 등록
자유노동	월간	노농	–	–	金谷厚	56. 10. 13 등록
부산교육	월간	교육	–	60. 11	吳庚仁(부산시교육위)	57. 3. 16 등록
부산경제	월간	경제	–	60. 11	申德均(부산상공회의소)	57. 5. 31 등록
신조문학	월간	문학	–	59. 9.	鄭相九	58. 1. 27 등록
淨土文化	월간	불교	–	61. 7	李法弘	58. 6. 26 등록
어린이세계	월간	아동	–	60. 12	崔大林	58. 7. 18 등록
교육계	월간	교육	–	61. 7	趙定滿	58. 10. 1 등록
취미와 영화	월간	영화	–	61. 7	朴英夏	58. 11. 1 등록
빛	월간	기관	–	61. 3	林憲一(대한실명자동지회)	59. 5. 13 등록

* 자료 : 한국잡지협회(1982, 571-585쪽), 대한신문연감사(1955, 337쪽)

당시 잡지 문화가 제대로 발전하기에는 어려운 여건과 풍토였다는 것을 추정할 수 있겠다.

4) 부산신문학원

1950년대 후반 부산에도 신문학원이 개설, 운영되었던 것으로 보인다. 이 신문학원은 해방 이후 한국의 언론 시장이 급격하게 성장하면서 여러 종류의 인쇄매체들이 생겨나고 스러져 갔지만 이를 제대로 운영해 갈 인력은 태부족이며 이를 제대로 교육시켜 양성할 시스템도 없는 토양에서 태동하였다. 그리하여 서울에서는 미군정기부터 조선신문학원이 설립되었다. 1946년 12월에 설립된 신문과학연구소가 중심이 되어 1947년 2월 18일에 인가를 받고 4월부터 언론인 양성 프로그램을 운영하였다(「조선일보」 1947. 2. 27. 2면).

부산의 신문학원이 1950년대 후반에 설립되었다는 사실은 「동아일보」의 기사를 통해 확인할 수 있다. 이 신문 1959년 8월 19일자 4면에 실린 1단 기사는

부산 신문학원의 졸업식 소식을 전하고 있
다. 기사에 의하면 8월 17일 제1회 졸업생
20명이 과정을 수료하고 실습을 위하여 시
내 각 신문과 통신, 방송사에 배치되었다고
보도하였다. 언제 개설되었는지 확인할 수
는 없지만 1회 수료생을 배출하였다는 사실
을 보도하고 있는 것이다. 이 기사를 통해
우리는 당시 부산신문학원의 운영 프로그램
도 대강은 짐작할 수 있다. 20명 정도의 학생
을 모집하여 교육을 시킨 후 시내 각 언론사
에 배치하여 실습 교육을 진행한 것으로 보
인다.

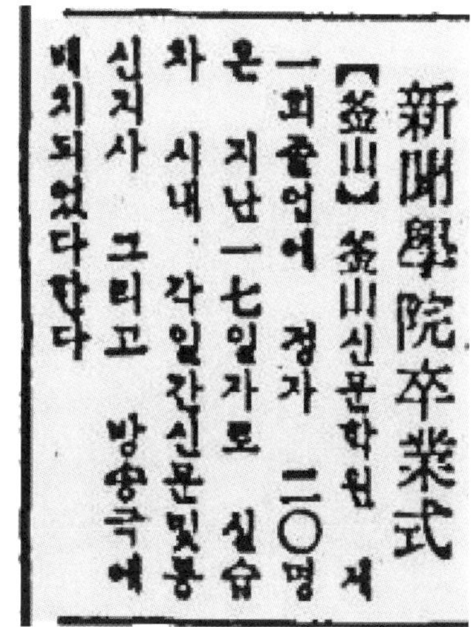

〈사진4-14〉 부산 신문학원 졸업식 기사(「동아일보」
1959. 8. 19. 4면)

이 신문학원에 관한 사항은 자료가 거의 남아 있지 않다. 다만 국사편찬위원회
의 「한국근현대인물자료」를 보면 시기는 불명확하지만 정기원(鄭基元)이 신문
학원 원장을 하였다는 기록이 남아 있다(http://db.history.go.kr/url.jsp?ID=im_
109_20228 2011. 5. 29.). 이 자료에 의하면 정기원은 1899년 황해도 은율 출신으
로 숭실전문을 졸업한 후 미국에 유학하여 프린스턴 대학에서 철학박사학위를
취득하고 같은 대학 교수를 지냈다. 그 후 미국방성 아세아정보국장을 지내다가
미군정청 고문관으로 내한하여 경남도지사의 통역관도 역임하였다. 그 후 부산
에서 출마하여 2대와 3대 국회의원을 지냈으며 자유당 경남도당 부위원장과
동아대 학장도 역임하였다. 이러한 경력으로 보아 미군정기 이후로는 부산을
주된 활동 근거지로 삼았던 것으로 보이는데, 그의 경력에 신문학원 원장을
역임하였다는 기록이 보인다. 그가 원장을 맡았던 신문학원이 바로 부산에 있었
던 신문학원이었던 것으로 볼 수 있겠다.

정기원이 학장을 맡았던 동아대는 일찌감치부터 신문학 교육에 관심을 가지
고 있었다. 1949년 11월 20일에는 동아대에서 신문학 공개 강의를 실시하여
일반인에게도 무료로 공개하였다. 이는 원래 14일에 개최 예정이던 것을 연기한
것으로 당시 강사는 서울의 설의식(薛義植, 새한민보 사장, 대한언론협회장),

곽복산(郭福山, 조선신문학원장대리), 전홍진(全弘鎭, 서울신문 편집국차장 겸 출판국장) 등이었다(『한국언론연표Ⅲ』 1949. 11. 20.). 이는 정규 교육 프로그램은 아니고 1회적인 것이었지만 당시 서울의 인사들을 초빙하여 무료 공개 강의를 실시할 만큼 동아대는 언론 교육에 적극적인 관심을 가지고 있었던 것이다.

이 부산 신문학원은 1961년경까지 존속했던 것이 확인된다. 「국제신보」 1961년 4월 28일자 석간 1면을 보면 당시 「국제신보」가 경영난 끝에 며칠 신문을 발행하지 못하다가 각계의 성원과 후원에 힘입어 속간한 즈음에 각계 인사들이 속간 축하 인사를 위해 신문사를 방문한 명단을 게재하였는데, 그중에 부산신문학원 원장 강대원(康大元)이라는 사람의 이름이 포함되어 있다. 이를 통해 당시에 이 신문학원이 원장이 바뀌어 계속 운영되고 있었다는 사실을 알 수 있다. 그 이후에 대해서는 현재 확인이 불가능하다.

2. 언론인들의 활동

1) 출입기자 단체들의 활동

정부 수립 이후에 설립되어 활동해 오던 문화 부문 기자들이 1953년 12월 7일 시내 일간지 4사의 문화·교육 부문 출입기자회가 재발족되었다. 이때에 참여한 4개 신문사 대표는 「민주신보」의 최현태, 「국제신보」의 주성하(朱成河), 「자유민보」의 조병소, 「부산일보」의 김경렬(金敬烈)이었다(「부산일보」 1953. 12. 10. 2면).

1954년 9월 3일에는 부산체육기자회가 정기총회를 개최하여 정관 일부를 수정하고 임원을 개편하였다. 새로 선임된 임원으로는 간사장에 편용택(片鎔澤, 「부산일보」), 간사에 정영모(鄭永模, 「국제신보」)와 이석용(「민주신보」), 최중규(崔重奎, 「자유민보」), 최항석(崔恒석, 스포-쓰사), 임사순(任士淳, 방송국) 등이었다(「부산일보」 1954. 9. 5. 2면). 이중 간사 최항석의 소속사로 되어 있는 스포-쓰사가 눈길을 끈다. 이는 1950년 4월에 창간된 「월간스포-쓰」를 지칭하는 것으로 보인다. 이는 제호로 보아 스포츠 분야 전문 월간 잡지인 것 같다. 「동아일보」 1950년 4월 5일자 2면의 '신간안내'란을 보면 이 잡지 창간호가 발행된 사실을 소개하고 있다. 발행처는 서울 종로구 관훈동 스포-쓰사로 되어 있다. 아마도 이 잡지도 당시 부산에 지사나 지국을 운영하며 배급과 부산의 체육계 소식을 취재하였으며 최항석이라는 인물이 그 역할을 맡았던 것으로 볼 수 있겠다.

2) 개정 선거법 반대 언론인 대회

1950년대 후반으로 오면 자유당의 독재가 심화되면서 야당지를 중심으로 한 언론의 비판 논조도 점차 고조되어 갔다. 이러한 분위기 속에서 1950년대 후반 부산에서도 언론을 탄압하려는 정부의 조치에 저항하는 언론인들의 활동이 전개되었다.

1958년 1월 21일 부산에서는 개정 선거법의 언론 독소조항에 반대하는 언론인대회가 개최되었다. 이날 대회는 1958년 1월 11일 서울에서 전국언론인대회가 개최된 것을 시초로 이어 19일부터는 전국 5개 도시를 순회하며 전국언론인대회를 개최하기로 결정한 데 따른 것이었다(「동아일보」 1958. 1. 20. 3면).

1958년 1월 21일 부산 시민관에서 개최된 언론인대회에는 서울에서 온 인사들과 함께 부산 각 신문사의 사장 그리고 중앙 언론사의 부산 지사 대표 등 언론계 주요 인사들이 모여 언론 조항에 대한 성토가 이어지고 결의문을 채택하였다(「동아일보」 1958. 1. 23. 3면).

이때 언론계가 이처럼 분노하였던 이유는 1957년도부터 선거법 개정 논의 끝에 만들어진 개정안에 언론 자유를 침해하는 독소 조항이 포함되었다는 이유 때문이었다. 논란이 된 문제의 독소 조항은 이때 만들어진 민의원선거법 제72조와 73조로서 그 내용은 다음과 같다(대법원종합법률정보, http://glaw.scourt.go.kr/jbsonw/jbson.do 2011. 6. 15.).

제72조(신문, 잡지등의 불법이용의 제한)

① 누구든지 어떤 후보자를 당선 또는 낙선시킬 목적으로 신문(통신포함 이하 같다) 잡지 기타 간행물의 경영 또는 편집을 담당하는 자에게 금품, 향응 기타 이익을 제공하거나 제공할 약속 또는 신입을 하고 어떤 후보자를 지적하여 선거에 관한 보도 기타 평론을 게재하게 할 수 없다.

② 신문, 잡지 기타 간행물의 경영 또는 편집을 담당하는 자는 전항의 이익의 제공을 받거나 받을 약속 또는 신입을 받고 어떤 후보자를 지적하여 선거에 관한 보도 기타 평론을 게재할 수 없다.

③ 전2항에 대한 선거운동에 관한 제한규정은 신문, 잡지가 선거에 관하여 보도 및 평론을 게재하는 자유를 방해하는 것은 아니다.

④ 누구든지 신문, 잡지등을 통상방법 이외의 방법으로 배부할 수 없다.

제73조(허위보도의 금지)

신문, 잡지 기타 간행물의 경영 또는 편집을 담당하는 자는 어떤 후보자를 당선 또는 낙선시키기 위하여 허위의 사실을 보도할 수 없다.

이 조항에 대해 언론계가 반대한 이유는 「동아일보」 1957년 12월 7일자에 잘 정리되어 있다. '명백한 언론자유의 침해'라는 주제목의 1면 톱기사에서 「동아일보」는 이 기사가 악용될 소지가 많다면서 그 문제를 다음과 같이 지적하였다. 먼저 72조의 문제는 "첫째, 언론기관이 각 입후보자에게 접근함으로써 선거 상황 보도에 활발을 기하는 데에 지장을 초래할 것이고 둘째, 선거부정 사건을 공평하게 보도하는 데에 암영을 던져줄 뿐 아니라 셋째, 언론기관에 아무런 과오가 없을 때에도 일방적인 '의혹'과 '간계' 등으로 인하여 당국으로 하여금 수시로 언론 담당자를 괴롭히게 함으로써 언론활동에 지장을 초래할 우려를 충분히 내포한 것으로 지적되고 있다"는 것이었다. 이어서 73조에 대해서는 "이 조문은 광무신문지법을 연상시킬 수 있는 극도의 위험성을 내포하고 있기 때문에 필연적인 재검토론이 대두되고 있다"는 것이다.

부산에서도 1957년 12월 16일 부산의 4개 일간지 기자들로 구성된 부산신문

기자회는 선거법의 문제가 된 제72조와 73조, 그리고 그 위반에 대한 처벌을 규정한 155조는 언론 자유를 보장한 헌법에 위배되는 위헌적인 조항이므로 삭제를 강력히 주장하는 성명을 채택하였다. 또한 부산 소재 언론사의 간부급들로 구성된 춘추회도 같은 날 회의를 개최하여 문제의 조항들을 삭제할 것을 강력히 주장하였다. 춘추회는 이어서 이를 삭제할 수 없다면 각 정당 대표에 대하여 상기법안의 국회 본회의 상정에 앞서 공개토론회를 개최할 것을 제의하였다(「부산일보」 1957. 12. 18. 1면).

이러한 반대 여론에도 불구하고 국회는 1958년 1월 1일 밤에 여야 공동으로 기습적으로 민의원선거법과 참의원선거법을 통과시켰다. 통과된 법안은 약간의 자구 수정을 했을 뿐 기본 내용은 그대로였다. 앞에서 인용한 법 조문 중 후보자라는 용어 앞에 '어떤'이라는 문구가 삽입되었으며 155조의 위반 처벌 조항에서 형량을 원안보다 약간 낮추었을 뿐이다(「동아일보」 1958. 1. 3. 석간 1면). 이러한 결과에 대해 전 언론계가 분노하면서 행동에 나섰던 것이다.

먼저 1월 5일에 한국신문편집인협회가 비난 성명을 발표한 데 이어 부산에서도 1월 7일 부산신문기자회와 춘추회가 회의를 개최하고 성명을 통해 편협의 선거법 비판 성명에 입장을 같이하면서 이 악법의 철폐를 위한 투쟁과 궐기를 전폭 지지한다고 밝혔다(「국제신보」 1958. 1. 9. 1면).

이어서 1958년 1월 18일에는 「경향신문」과 「동아일보」, 「조선일보」, 「한국일보」, 「평화신문」 등 5개 신문사와 동화통신, 합동통신이 공동으로 성명서를 발표하였다. '언론제한에 반대하는 공동성명'이라는 제목의 성명서에서 이들 언론사들은 문제의 조항에 대해 비판하면서 "국회와 정부가 지체없이 언론 제한 조항의 삭제에 입법 조치를 취해 줄 것을 주장"하면서 끝까지 투쟁하겠다는 의지를 밝혔다(「동아일보」 1958. 1. 18. 1면).

이러한 맥락 속에서 1958년 1월 21일에 부산에서 경남언론인대회가 개최되었던 것이다. 이날 대회에서는 4가지 요구 사항이 포함된 결의문이 채택되었으며 이 요구의 관철을 위하여 끝까지 투쟁할 것을 결의하였다. 결의문에서 요구한 4가지 사항은 첫째, 선거법안 중 제72조, 제73조, 제155조 및 제167조의 삭제를 다시금 강력히 요구한다. 둘째, 전항의 요구를 관철하기 위하여 우리는 모든 합법적 수단을 동원하여 최후까지 투쟁한다. 셋째, 언론의 자유를 침해하는 입법을 자행한 입법부에 그 책임을 추궁한다. 넷째, 공명선거는 언론 자유가 그 전제임을 확신하고 침해된 기본권의 탈환을 위하여 모든 시민과 더불어 총궐기할 것을 결의한다(「부산일보」 1958. 1. 23. 3면)는 것이었다.

이러한 국민적 반대와 문제 제기에도 불구하고 자유당 정권은 아무런 반응도 없이 1958년 5월에 치러진 민의원 선거를 이 개정 선거법으로 치르고 말았다.

3) 보안법 반대 운동

자유당 정부는 여기에 그치지 않고 1958년 하반기에는 다시 국가보안법 개정을 추진하여 정계가 시끄러워졌다. 여당인 자유당은 개정을 추진하는 반면 야당과 언론은 개정에 반대하면서 여론전을 전개하였다. 당시의 개정에는 여러 내용이 포함되어 있었지만 언론계로서는 이 안 제17조의 5항에서 '허위의 사실을 적시 또는 유포하거나 사실을 왜곡하여 적시 또는 유포함으로써 인심을 소란케 하여 적을 이롭게 하는 자는 5년 이하의 징역형에 처한다'고 규정한 조항이 언론 자유를 침해할 우려가 크다는 점(「조선일보」 1958. 11. 17. 조간 1면)에서 반대의 목소리를 높였다. 당시 언론들은 지면의 상당 부분을 할애하면서 보안법 반대 여론에 앞장섰다.

부산의 언론인들도 보안법 반대 투쟁에 동참하였다. 부산의 언론인 단체인 춘추회는 11월 27일 국가보안법 개정을 반대하는 성명을 발표하였다. 성명을 통해 춘추회는 "한국신문편집인협회에서 21일에 발표한 성명을 지지한다"고 전제하고 법안의 문제점을 첫째 '국가의 안전과 이익을 확보함을 목적'으로 한다고 규정되어 있으나 도리어 국가의 안전과 이익을 침해하는 것이며 둘째, 부단히 침투하는 간첩을 처벌하는 현행 법률의 불비를 보충한다는 것이 이 개정안의 근거인데 형법, 국가보안법, 국방경비법 기타 현행 법으로도 충분히 처벌할 수 있고 또 현재까지 처벌되었다고 지적하였다(「부산일보」 1958. 11. 29. 석간 2면).

또한 「부산일보」는 11월 28일자 석간 1면의 사설을 통해 '보안법은 「언론탄압」이 유일한 목적이다'라는 제목으로 보안법 개정안에 대해 강도 높게 비판하였다. 이어 29일자 석간 1면에서는 전체 면의 거의 대부분을 할애하여 보안법 개정에 대한 '지상공청회'를 통해 찬반 논란을 소상히 다루었다.

이러한 언론계의 반대 투쟁에도 불구하고 집권 자유당은 1958년 12월 24일 경위권을 발동하여 야당 의원들을 감금한 채 여당의원들만 참석한 가운데 통과시키고 말았다(「조선일보」 1958. 12. 25. 석간 1면).

4) 사이비 기자 문제

휴전 직후의 부산 언론계에서는 가짜 기자 문제가 상당히 심각했던 것으로 보인다. 1954년 7월 경남도 경찰국은 가짜 기자 적발 기간을 설정하여 단속에 나서기까지 하였다. 이러한 사실은 「조선일보」 지면을 통해 확인된다. 1954년 7월 13일 조간 2면에 실린 '가짜기자를 적발/부산서 취체주간설정'이라는 제목의 기사는 다음과 같이 보도하고 있다.

> 9일 하오3시 경남경찰국에서 발표한 바에 의하면 부산 시내에 가짜 기자가 범람하여 민폐를 끼치고 있는 실정에 비추어 지난 8일부터 14일까지 1주일간을 기하여 가짜 기자 취체기간을 설정하고 광범위하게 착수하였는데 이틀 동안인 9일 하오5시 현재 손정헌 외 57명에게 정식 구속영장을 발부하고 현재 구속 문초중이라 한다.

가짜 기자가 넘쳐나 민폐를 끼치기 때문에 경찰이 1주일간 기간을 정하여 집중 단속에 나선다는 것이며 이틀 만에 57명을 구속했다는 것이다. 하지만 57명 구속이라는 이 보도는 다소 과장이 있었던 것으로 보인다. 며칠 뒤인 7월 17일자에서 이때의 단속 결과를 종합 보도한 기사에 의하면 적발된 사람은 부산에서만 모두 240명이었는데 이들은 상인이나 실업가, 회사원, 불량배들이었고 대부분 경범죄로 구류 처분 혹은 훈방하였으며 9명은 병역 기피로 조사 중이라는 것이다(「조선일보」 1954. 7. 17. 조간 2면). 실제 중벌에 처하지는 않았지만 1주일 만에 단속에 걸린 숫자가 240명이라는 적지 않은 숫자였다는 것은 당시 부산 사회에 기자를 사칭하면서 악행을 일삼던 사이비 기자가 횡행하였다는 것을 말해 준다.

이 시기 부산에 이처럼 사이비 기자가 많았던 것은 한국전쟁 기간의 여파로 볼 수 있겠다. 전술한 바와 같이 한국전쟁 기간 중 서울의 언론사들도 거의 모두 부산으로 피난 와서 전시판을 발행하게 되자 부산에는 전국의 언론인들 대부분이 모여든 상황이 되었다. 여기서 문제가 된 것은 어려운 피난지 생활 때문인지 각 언론사들이 기자 신분증을 남발하여 기자뿐만 아니라 그 가족이나 친지, 친구들에게까지도 신분증을 발급해 주면서 여러 가지 부정적 결과를 초래 하게 되었다. 이로 인해 한국전쟁기의 부산은 신문 기자 신분증만을 소지한 사이비 기자들로 넘쳐났다. 이러한 상황에서 1951년 9월 공보처장 이철원(李哲源)은 담화를 발표하여 이로 인해 온갖 문제들이 파생되어 심각한 상황이니 앞으로는 절대로 신분증을 남발하는 일이 없도록 하며 불법 발급과 소지가 발각 되면 엄벌에 처한다고 발표할 정도였다(「동아일보」 1951. 9. 27. 2면). 이에 따라 각 언론사들은 순차적으로 자사 직원의 신분증을 갱신하면서 이를 지면에 공지 하고 그 이전에 발행된 신분증은 무효임을 공고하였다.

이처럼 한국전쟁 기간 동안 남발된 기자 신분증이 휴전 이후에도 일부 남아서 통용되면서 사이비 기자 문제를 일으켰던 것으로 볼 수 있겠다.

5) 자유당 정권의 부산 언론 탄압

자유당 독재가 말기로 접어드는 1950년대 후반에 접어들면서 정치권력의 언론 탄압은 부산 언론에 대해서도 자행되었다. 자유당 정권의 언론 탄압은 먼저 야당지에 대한 배포 방해로 나타났다. 다른 지역에서도 비슷한 사례가 많았지만 부산에서도 경찰이 「동아일보」 등 야당지의 독자들을 조사한다면 구독 중지하 고 여당지로 바꾸라고 협박하기도 하였다(「경향신문」 1956. 4. 15. 1면).

1956년 대통령 선거를 앞두고는 4월 4일 「자유민보」의 일부가 발송 도중 다시 본사로 회송되는 사건이 발생하였다. 이는 당시 부통령으로 입후보한 백성욱이 부산 시민 220명의 추천을 받아 서류를 접수시키려 하였으나 서면 근처 노상에서 괴한 2명에게 이 추천장을 강탈당한 사건을 「자유민보」가 보도한 때문이었다. 이 사건을 보도한 「자유민보」 4월 5일자 신문을 4월 4일 저녁에 부산역에서 열차편으로 마산, 진주 등지에 보냈는데, 그중 일부가 부산진역에서 경찰에 압수되어 다시 회사로 반송되었다는 것이다(「동아일보」 1956. 4. 7. 3면).

1956년 8월 2일에는 「민주신보」 기사에 불만을 품은 자유당 경남도당 간부가 이 신문의 박권흠 기자를 폭행한 사건이 발생하였다. 이 사건은 「민주신보」 7월 30일자에 실린 자유당 경남도당에 관한 기사가 거슬린다는 이유로 폭행한 것이다. 당시 「민주신보」 기사는 자유당 경남도당에 대해 5·15 선거 이후로 위원장이나 부위원장급은 한 번도 당 사무실에 나오지 않고 있으며 직원들은 2개월이나 월급을 받지 못해 불만이 많다고 보도하였다(「동아일보」 1956. 8. 5. 3면). 이 폭행 사건에 대해 경남도당은 유감의 뜻을 표하고 가해자로 하여금 사과하도록 하겠다고 밝혔다(「경향신문」 1956. 8. 4. 3면). 그러나 피해자인 박기자는 8월 8일 검찰에 가해자를 고소하였다(「동아일보」 1956. 8. 11. 3면).

이어 같은 해 9월 14일에는 「국제신보」 기자가 기사로 말미암아 경찰에게 폭행당하였다. 동래서 온천 지서의 순경이 자신의 비리 사실을 보도한 「국제신보」 온천 지국의 기자를 감금하고 폭행을 가했던 것이다(「경향신문」 1956. 9. 21. 3면).

1958년 4월 28일에는 서부산 경찰서 다대포 지서의 주임이 「경향신문」과 「동아일보」의 부산 지사장을 허위사실 유포와 무고죄로 고소하였다. 고소는 두 신문의 보도 내용을 문제 삼은 것인데, 문제의 기사는 당시 경찰이 야당의 선거 연설에서 박수 친 30명의 명단을 작성하고 협박하였다는 내용이었다(「동아일보」 1958. 5. 2. 3면). 이 사건은 얼마 뒤인 5월 17일 해당 지서 주임이 고소를 취하함으로써 일단락되었다(「경향신문」 1958. 5. 22. 3면).

1959년 5월 13일에는 치안국이 경남도경에 「부산일보」의 기사와 관련하여 진상을 파악하도록 지시한 사건이 벌어졌다. 이는 「부산일보」 5월 7일자 지면에 실린 조봉암 관련 기사에 대해서 경찰 당국이 조사에 나선 것이었다.

이처럼 자유당 정권 후반으로 오면서 언론 특히 야당지에 대한 탄압이 부산에서도 여러 가지 형태로 자행되었음을 알 수 있다.

3. 휴전 이후 주요 신문의 운영

1) 「부산일보」의 변화와 발전

(1) 부산역전 대화재와 복구

전술한 바와 같이 「부산일보」도 1953년 11월의 부산역전 대화재로 사옥을 소실당하는 엄청난 피해를 당해 한동안 정상적인 발행이 어려운 지경이었다. 그러나 김지태의 안정된 자본력을 바탕으로 「부산일보」는 단기간 내에 복구하여 정상화할 수 있었다.

우선 동광동 소재 대한제사 건물에 임시 사옥을 정했다가 12월 1일부터는 뼈대만 남은 중앙동 사옥에서 전 사원이 집무를 시작하였다. 인쇄는 며칠 동안은 「국제신보」의 시설을 빌려서 하다가 초량동 계문사인쇄소에서 타블로이드판으로 계속 인쇄하였다. 12월 10일에는 충무로 3가 101번지 임시 사옥에서 활판인쇄기 2대를 갖추고 배대판으로 복귀하였다. 다시 말해 편집국 업무는 중앙동 사옥에서 공무국은 충무로 임시 사옥에서 처리하였던 것이다.

이와 함께 내부 시설에 대한 복구도 진행되었다. 윤전기와 주조기를 수리하고 내부 구조와 건물 외관을 변경하는 작업도 병행하였다(부산일보사, 1996, 572-574쪽). 이러한 과정을 거쳐 「부산일보」는 빠르게 복구할 수 있었다.

그 직후인 1954년 7월 21일 부산일보사는 그동안 적산으로 불안할 수밖에 없던 사옥과 시설을 불하받기에 이르렀다. 당시 관재청의 사정 금액은 건물과 유동자산, 토지, 권리금 등을 다 합하여 16,236,950환이었는데 그중 전년도 대화재 손실액이 4,643,122환으로 산정되어 이를 제한 11,593,828환이 불하 가격이었으며 10년 분할 조건이었다(부산일보사, 574-575쪽). 이로써 부산일보사는 적산재산이라는 불안정한 상태를 벗어나 안정된 기반을 구축할 수 있었다.

(2) 오식 사건

1950년대 중반 「부산일보」는 당시 이승만 대통령에 관한 기사에서 오자가 나는 실수를 두 차례나 저질러 파문을 일으켰다. 먼저 1954년 11월 1일 「부산일보」는 1면에서 '국민투표제개헌시급/이대통령, 자유당의원에 강조'라는 제목의 머릿기사에서 본문 중 "李大領은 추곡 매상가격 결정에 있어 국회측 결정을 실시해 달라는 자유당의원의 요청을 충분히 검토 고려할 것을 약속하였다 한다"고 보도함으로써 '李大統領'을 '李大領'으로 오식하고 말았다.

그러나 이 실수는 뒤늦게야 발견되었다. 10여 일이 지난 뒤에서 발견되어 어쩔 수가 없는 상황이었고, 이 때문에 편집국과 공무국 간부 및 담당 문선공이 수사 당국에 불려가서 고의성 여부를 추궁받는 등 곤욕을 치르다 결국 문선공의 실수로 인한 단순 오식으로 마무리되었다. 그리하여 「부산일보」는 11월 15일자 1면에 사고를 게재하여 정정하였다.

그러나 「부산일보」는 그 이듬해 2월 초에 비슷한 실수를 또 범하고 말았다. 2월 1일자 1면에 게재된 '한일협상 재개 기운'이라는 주제목의 톱기사에서 오식이 빚어진 것이다. 아래 사진에서 보는 바와 같이 이승만 대통령의 인물 사진을 게재하며 '李大統領'이라고 단 사진 설명에서 '李'자가 거꾸로 새겨지고 만 것이

〈사진4-15〉 기사의 사진 설명에서 이대통령의 '李'자가 거꾸로 새겨져 있다(사진의 □ 부분. 부산일보」 1955. 2. 1. 1면)

다. 이번에는 이틀 뒤인 2월 3일자 1면에 사고를 통해 "상하로 뒤바뀌어 오식된데 대하여 삼가 진사하는 바입니다"라며 단순 정정을 넘어 사죄의 뜻을 밝혔다.

신문에서 오자가 가끔씩 빚어지는 실수이기는 하다. 당시 신문 제작은 기사 작성과 문선 과정, 그리고 교열을 거치며 오자와 탈자를 최소화하는 노력을 하지만 가끔씩 이런 실수가 어쩔 수 없이 빚어지게 되는 것이다. 하지만 그 실수가 최고위 권력층인 대통령과 관련된 것일 때, 때로는 커다란 파장을 몰고 오기도 하였다. 대표적인 것이 바로 유명한 '견통령' 사건이다. 이는 전쟁 중이던 1950년 8월 29일 「대구매일신문」이 1면 머릿기사 본문에서 '大統領'을 '犬統領'으로 오식하여 발행인이 구속되고 끝내 발행권도 가톨릭 대구교구재단으로 넘어가게 되었으며, 전북 이리의 「삼남일보」도 1953년 7월에 같은 오식 사건으로 관련자가 사법 처리되고 신문은 정간 처분을 받았던 일이 있다(김영호, 2004, 207쪽).

또한 1946년 3월 1일 청주에서 창간된 「국민일보」는 1953년 5월 20일 '대통령(大統領)'을 '견통령(犬統領)'으로 오식, 보도해 편집국 간부들이 구속되었으며, 같은 해 11월 28일 '한·일(韓日)'을 '일·한(日韓)'으로 잘못 표기해 군정법령 제88호에 의해 폐간되었다.(「다음백과사전」 http://100.daum.net/encyclopedia/view.do?docid=b02g2545a).17)

1955년 3월 15일에는 「동아일보」가 한미석유협정에 관한 기사에서 '고위층 재가 대기중'이라는 제목에서 난데없이 '괴뢰'라는 2단어가 추가되어 '괴뢰 고위층 재가 대기중'이라고 나감으로써 정간 처분과 함께 관계자가 사법 처리되었다(김영호, 2004, 204-209쪽).

이런 사례와 비교하면 「부산일보」는 다행히도 큰 제재 없이 넘어간 것임을 알 수 있다. 「대구매일신문」과 「삼남일보」, 「국민일보」의 사례는 오식의 내용 자체도 고약하지만 당시가 전쟁 중이었다는 상황이 작용하였을 것이다. 「동아일보」는 대표적인 야당지로서 정부에 대한 비판 논조의 선봉을 달렸기에 권력층으로서는

---

17) 이 신문은 1954년 3월 1일 「충북신보」로 이름을 바꿔 속간했다가 1960년 8월 15일 「충청일보」로 제호를 바꾸었다.

탄압의 빌미를 찾고 있던 중에 제대로 걸려들었던 때문이라고 볼 수 있겠다.

(3) 편집과 운영의 변화

이 시기에도 「부산일보」는 편집과 운영 면에서 여러 가지 혁신을 시도하였다. 1953년 8월 4일에는 일본 동경에 지사를 설치하여 김봉규(金鳳奎)를 지사장에 임명하였다(부산일보사, 1996, 897쪽).

「부산일보」는 1954년 4월 1일부터 2판제를 시행하고 있었는데 1955년 3월 28일부터는 이 2판제를 폐지하고 석간 단판제를 실시하였다. 1955년 3월 27일 1면에 게재된 사고를 통해, 부산일보사는 그동안 1판은 지방에, 2판은 시내에 배포해 왔으나 당시 언론계에서 조석간제가 확립되어 가는 추세이므로 이에 순응하여 1, 2판제를 폐지한다고 공지하였다. 이와 함께 앞으로 지방지로서의 특색을 보다 강화하겠다고 밝혔다. 이를 보면 당시 서울의 신문들이 조간과 석간을 모두 발행하는 상황에서 지방지가 1, 2판을 발행하는 것이 사실상 효과가 없다고 판단하였던 것으로 보인다.

1958년 9월 26일부터는 「부산일보」도 「국제신보」와 함께 조석간제를 도입하였다. 조간 2면과 석간 4면을 발행하기 시작한 것이다. 석달 뒤인 그해 12월 28일에는 다시 조석간 8면으로 증면하였다(부산일보사, 1996, 901쪽).

당시의 용지 사정이나 인력, 시설 등의 면에서 쉽지 않은 여건이었지만 전체 한국 언론계의 흐름에 동참한 것이라고 하겠다. 산업의 기반과 사회적 인프라는 취약하였지만 당시 신문산업은 경쟁이 없는 가운데 매체 시장을 독점하던 상황이었다. 전쟁으로 한때 주춤하였지만 그 피해로부터 복구되어 신문산업이 빠르게 성장해 가면서 경쟁의 양상이 증면으로 나타났던 것으로 볼 수 있겠다.

1957년 8월 4일에는 견습 기자를 공채하였다. 전술한 바와 같이 1946년 9월 10일 창간하기 직전에도 공개 채용을 실시하여 5명의 기자를 채용한 바 있었지만 그 이후 중단되었다가 이때 다시 시도된 것이다. 이때의 공채에서는 모두 6명의 견습기자가 채용되었다(부산일보사, 1996, 575쪽).

(4) 부일영화상 제정

「부산일보」는 1958년 1월 부일영화상을 제정, 시행하였다. 이때는 한국 영화의 전성기라고 평가될 정도로 영화가 대중들의 사랑을 받던 시절이기는 했지만 서울에서도 영화상 제도가 없던 상황이었다. 1959년에 문교부 고시로 발표된 국산영화 보호육성 계획의 일환으로 우수국산영화를 선정하는 제도가 2회에 걸쳐 시행되었다가 1961년에는 영화 관련 업무가 공보부로 이관됨에 따라 '우수 영화상'이라는 명칭으로 바뀌어 공보부 주최로 시행되었으나 단 1회로 끝났다. 이것이 1962년부터는 대종상이라 명칭을 바꾸어 오늘에 이르고 있다(대종상 홈페이지 참조 http://www.daejongsang.com/10_hist/his_02.asp 2011. 7. 7.). 따라서 「부산일보」가 1958년 연초부터 영화에 대한 이러한 시상 제도를 도입한 것은 매우 선구적인 조치라고 평가할 수 있겠다.

「부산일보」 1월 28일자 4면에 실린 부일영화상 관련 사고를 보면 이 상의 제정 취지는 "영화의 급속한 발전을 도모하고 관객들의 감상 안목을 높이기 위한" 것이었다. 전년도 부산 시내 극장에서 개봉된 영화를 대상으로 하며 선정 방법은 일반 투표와 심사위원단의 이원적 평가로 실시하였다. 일반인들의 투표 는 「부산일보」 지면에 2월 5일과 6일자에 수록된 투표 용지를 사용하여 투표하 도록 하였다. 수상 부문은 국내 영화와 외국 영화의 2개 부문으로 나누어 최우수 작품과 감독, 남녀배우 연기, 상영극장상을 수상하였으며 외국 영화의 수입사에 대해서도 시상하였다(「부산일보」 1958. 1. 28. 4면).

그해 3월 27일에 거행된 제1회 부일영화상 시상식에서는 최우수 작품상에 '잃어버린 청춘'이, 최우수 남우상에는 김승호, 최우수 여우상에는 주증녀, 최우수 감독상은 유현목을 비롯하여 모두 11개 부문에 걸쳐 수상자가 선정되었다. 이 부일영화상은 해를 거듭할수록 인기를 더하면서 이에 따라 시상 부문도 점차 확대되어 1973년에는 21개 부문에 걸쳐 수상이 이루어졌다. 그러나 1960년대 후반부터 텔레비전의 보급이 점차 확대되면서 영화 산업은 상대적으로 위축되기 시작하는 가운데 서울에서 시행하는 영화상들에 밀리면서 이 부일영화상도 1973년 제16회로 중단되고 말았다(부산일보사, 1996, 730-731쪽).

그러나 최근 부산국제영화제가 성공적으로 정착하고 부산이 영상 도시로 도약을 시도하는 사회적 분위기 속에서 2008년도부터 이 부일영화상이 35년 만에 다시 부활되었다(부산일보 홈페이지 http://www.busan.com/w2010/builfilm/011.html 2011. 7. 7.).

(5) 「국제신보」와 분쟁

1959년도에는 「부산일보」와 「국제신보」 두 신문 사이에 법적 분쟁이 발생하였다. 이 사건에 대해서는 「조선일보」가 1959년 8월 19일자 석간 3면에 1단 기사로 짤막하게 보도하였다. '고소 취하로 일단락/부산 두 신문의 분쟁'라는 제목의 이 기사 전문은 다음과 같다

> 부산일보 사장 김지태씨와 국제신보 사장 김형두씨간에 전개된 주권(株權) 확인 청구의 민사와 배임 등 형사 사건은 고소인 김씨로부터 18일 하오 3시 법정대리인인 변호사를 통하여 정식 취하함으로써 부산일보사와 국제신보사와의 경쟁은 종지부를 찍었다.

두 신문 사이에 주식 소유를 둘러싸고 분쟁이 발생하여 법정에까지 갔다가 소를 취하함으로써 일단락되었다는 내용이다. 이 사건의 자세한 내막에 대해서는 김형두 자서전에 소개되고 있다. 김형두의 회고(1995, 181-185쪽)에 의하면 당시 부산일보사의 김지태가 「국제신보」의 주식을 은밀하게 사 모으기 시작했다는 것이다. 이에 「국제신보」 측에서 주권을 팔기로 한 사람들을 찾아서 그만큼의 돈을 주고 주권을 물러 받는 방법으로 방어에 나섰다. 그러자 「부산일보」 측에서 이 건을 법정에까지 끌고 갔다는 것이다. 고소의 내용은 「국제신보」의 대표이사가 남의 주권을 횡령하였으며 회사 경영에서 불법과 부정한 방법을 사용했다는 주장이었다.

이 사건은 1950년대 중반 이후 두 신문이 부산의 언론계를 선도하는 지위를 구축하면서 경쟁을 벌여 나가던 과정에서 빚어진 것이라 볼 수 있다. 법적인 문제는 소 취하로 일단락되기는 하였지만 두 신문사 간의 경쟁에서 빚어지는 갈등 관계는 이렇듯 뿌리가 깊은 것이었음을 알 수 있다.

두 신문의 관계는 「부산일보」가 먼저 창간이 되고 「국제신보」는 1년 늦게 창간한 후발 주자였다. 하지만 전술한 바와 같이 「부산일보」가 적산을 기반으로 출발하여 시설 면에서 유리한 조건이었지만 미군정기와 한국 전쟁기에 이 적산이 문제가 됨으로써 굴절을 겪는 사이 후발 주자 「국제신보」가 기반을 구축하면서 따라잡게 된 것이다. 이후 「부산일보」가 김지태의 탄탄한 자본력을 바탕으로 만회하려고 경쟁을 선도하고 「국제신보」는 이를 방어하면서 양자 간에 치열한 경쟁이 전개되었던 것이다.

2) 「국제신보」의 변화와 발전

(1) 서울 진출 시도와 세계통신 재창간

한국 전쟁 기간 중 비약적인 발전을 이루었던 「국제신보」는 휴전 이후에도 이러한 성장세를 유지하였다. 더구나 전술한 바와 같이 1953년 11월의 부산역전 대화재에서 다른 언론사들이 대부분 커다란 피해를 입었음에도 당시 남포동에 소재하던 「국제신보」는 화재와 무관하게 성장세를 지속할 수 있었다.

「국제신보」는 1953년 3월부터 창간 운영하던 세계통신사를 같은 해 9월 13일부터 서울로 옮겨 재창간하였다. 사장에는 당시 국제신보 사장이던 이연재가 겸하였으며 전무에 김형두, 상무 박제식(朴濟植), 총무국장 고영(高英), 편집고문 곽복산(郭福山), 편집국장 김광섭(金光涉)의 진용으로 출범하였다.

서울에 자매 회사를 설립한 「국제신보」는 전국지화를 시도하였다. 당시 경영의 핵심적 역할을 했던 김형두는 "피난 중에 국제신보의 애독자였다가 서울로 환도한 사람들을 서울판 국제신보의 애독자로 연장해 받아들이면 우리 국제가 그야말로 중앙지로 발판을 굳히게 되는게 아닌가" 하는 생각을 하게 되었다는 것이다. 마침 서울에서 발행되던 「태양신문」이 경영난을 이기지 못해 매도하려 한다는 소식을 접하고는 이의 매수에 나섰다. 그러나 서울에서의 자금 조달이 어려워 부산으로 내려와 자금을 마련하고 다시 상경했더니 이미 「태양신문」은 장기영이 인수하였더라는 것이다(김형두, 1995, 159쪽). 장기영은 이를 인수하여 「한국일보」라고 제호를 바꾸어 1954년 6월 9일에 창간하여(한국신문연구소,

1975, 515쪽) 오늘에 이르고 있다.

「태양신문」의 인수에 실패한 국제신보사는 다시 공보처에 「국제신보」의 서울 발간 허가를 신청하였다. 그러나 공보처가 허가해 주지 않음으로써 서울에서 발간하여 전국지화하려는 시도는 끝내 실패하고 말았다(김형두, 1995, 159쪽).

(2) 일본 상품 광고로 물의

1954년 1월 「국제신보」는 광고면에 일본 상품 광고를 게재함으로써 작은 파문을 일으켰다. 오랜 기간 동안 일본의 식민지배를 받고 이로부터 해방된 지 얼마 안 된 당시 사회의 반일감정은 매우 높았을 것이다. 전술한 1948년도의 「민주중보」 일인래조설 기사 파문도 이런 사회적 분위기를 잘 보여주는 사례이다. 이와 같은 사회적 분위기 속에서 「국제신보」가 광고란에 일본 상품의 광고를 게재한 것이 사회적 비판에 직면하며 파문을 불러일으켰던 것이다.

문제의 광고는 「국제신보」 1954년 1월 24일자 제2면 광고란에 5단통으로 게

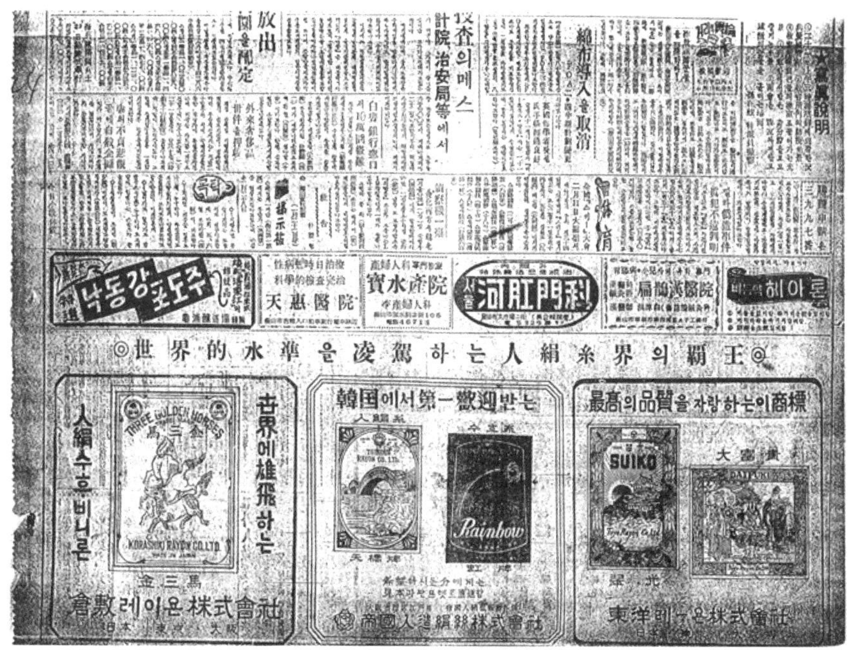

〈사진4-16〉 일본상품 광고로 물의를 빚은 「국제신보」 1954. 1. 24. 2면 광고란

재되었다. <사진 4-16>은 문제의 광고이다. '세계 수준을 능가하는 인견사계의 패왕'이라는 헤드 카피 아래 일본 섬유계의 세 회사를 광고하고 있다.

이 광고가 나가자 당시 서울에서 발행되던 언론 전문신문인 「비판신문」이 2월 8일자 지면을 통해 문제를 제기하고 나섰던 것이다. '일제경제의 재침략성을 선도'라고 강한 비판적 톤의 제목으로 보도하였다. 기사에서 「비판신문」은 일본 상품의 광고를 게재한 것 자체도 문제가 되지만 더구나 광고 문안도 일본 회사의 요구를 그대로 수용하여 '세계 수준을 능가'한다며 일본 상품의 우수성을 표현하거나 '한국이 제일 환영'한다는 표현을 사용하여 민족 정서상 수용하기 어려운 기사라고 강하게 비판하였다.

일본의 식민지배를 36년간이나 받았다는 역사적 기억이 아직도 생생한 그 당시 반일 감정이 대단히 높은 사회적 분위기 속에서 「국제신보」가 일본 상품의 광고를 매우 긍정적인 카피로 게재하자 사회적 비판을 불러일으켜면서 물의를 빚었던 것으로 해석할 수 있겠다.

(3) 편집과 운영의 변화

한국전쟁기 임시 수도 부산에서 활기를 띠던 신문계를 선도했던 「국제신보」는 휴전 이후에도 다른 언론사들이 1953년 11월 대화재의 피해로 어려움을 겪는 가운데 화재와 전혀 무관했기에 지속적인 성장세를 유지할 수 있었다. 1953년 10월부터는 활자를 새로이 바꾸면서 지면을 일신하였다. 이어 1954년 10월부터는 당시 1일 2면을 발행하던 체제에서 일요판을 배판 4면으로 발행하기 시작하였다. 1956년 들어서는 5월의 정부통령 선거 기간부터 배대판 발행을 시작하여 격일제로 발행하다가 10월 23일부터는 매일 배대판 발행을 정착시키는 지면 혁신을 단행하였다. 당시는 신문 용지난으로 지면 발행이 여의치 못했던 상황이었다(국제신문사, 1997, 103-104쪽).

「국제신보」는 1955년부터 기자 공채를 실시하였다. 그해 3월 2일에는 4명의 수습 기자를 채용하였다. 이어 1958년에도 기자 공채를 실시하여 그해 11월 4일에 19명의 기자를 채용하였다(국제신문사, 1997, 691-694쪽).

1957년 창간 10주년을 맞은 「국제신보」는 9월 7일 임시 주주총회를 개최하여 그동안 실질적으로 신문사 운영을 책임져 왔던 김형두가 사장에 선임되었다. 그동안 사장을 맡아 왔던 이연재는 회장에 취임하였다.

김형두가 사장에 취임한 이후인 1958년 9월 26일에는 조간 2면 석간 4면의 조석간 발행 체제를 도입하였다. 당시 재정 상황이 여의치 않았던 「국제신보」로서는 쉽지 않은 결정이었지만 서울의 신문들이 모두 조석간 발행하는 가운데 경쟁지인 「부산일보」도 조석간 발행제를 도입한다는 사실을 알게 되면서 「국제신보」로서도 외면할 수 없는 상황이었다(국제신문사, 1997, 122-125쪽). 이어 1959년 1월 1일부터는 조석간 8면으로 다시 증면하였다(「국제신보」 1958. 12. 24.).

1959년 6월 14일부터는 「소년국제」를 타블로이드 4면으로 발행하여 매주 일요일자 조간과 함께 배달하였다. 또한 1959년 7월 8일에는 새로운 사옥을 완공하여 입주하였다. 신사옥은 시내 대교로 2가 69번지에 위치하였다(국제신문사, 1997, 128쪽).

(4) '시민위안의 밤' 행사에서 일어난 참사

1958년부터 「국제신보」는 시민위안 행사를 주최하였다 1958년 5월 27일 구덕운동장에서 개최된 행사가 성황리에 마무리되자 그 다음 해인 1959년에는 7월 1일에 제2회 시민위안의 밤 행사를 개최하려 하였으나 사정상 연기되어 7월 17일에 개최되었다.

오후 3시부터 다채로운 프로그램으로 진행된 이날 행사는 오후 8시가 지나 갑자기 소나기가 쏟아지자 비를 피하려는 소동이 일어나면서 군중들이 한꺼번에 몰려 대참사를 빚게 되었다. 그 다음날까지 48명이 죽고 수백 명이 부상을 당하는 대참사였다(「동아일보」 1959. 7. 18. 3면).

뜻하지 않은 대참사로 「국제신보」는 엄청난 후폭풍을 겪어야 했다. 사고 다음날인 7월 18일자 1면에 '근고(謹告)'라는 제목의 사과문을 게재하였으나 시민들의 항의와 비난이 빗발쳤다. 경찰도 안전 조치가 소홀했다고 문제 제기를 하였으며 마침내 국회에까지 비화되어 특별조사단이 구성될 정도였다(김형두, 1995, 194쪽). 이와 함께 각계의 조의금도 답지하여 9월 3일까지 계속된 성금 모금액이

1천 1만 2,877환에 이르렀다고 한다(국제신문사, 1997, 133쪽). 이 사고는 사망자만 총 67명에 이르는 대형 사고였다. 국제신문사는 이 사고로 유명을 달리한 피해자들의 넋을 위로하기 위해 행사장이었던 구덕운동장 한편에 위령탑을 세웠다(「국제신보」 1963. 9. 2. 3면).

(5) 태풍 사라호의 피해

1953년 부산역전 대화재 당시에도 전혀 피해를 입지 않았던 「국제신보」가 1959년 9월에 닥친 태풍 사라호에는 뜻하지 않게 커다란 피해를 입고 말았다. 그해 9월 16일 밤부터 17일 새벽 사이에 남해안 일대를 강타해서 막대한 피해를 입힌 이 태풍에 의해 「국제신보」는 송도 해안의 남항 방파제 근처에 있던 용지 창고가 침수되어 50여 톤의 용지를 유실하는 피해를 입고 말았다(국제신문사, 1997, 565쪽).

당시의 신문 용지난은 언론계가 안고 있던 보편적인 문제였다. 제지 산업의 기반은 취약한 가운데 신문들은 경쟁 관계 속에 증면하고 조석간 체제에 돌입하는 등 만성적인 용지난에 시달리고 있던 상황이었다. 1958년경 신문산업의 용지 자급률은 3%가 채 못 될 정도였다고 한다(주동황 외, 1997, 63쪽). 전적으로 수입에 의존하고 있던 실정이었다. 이러한 상황에서 용지 창고가 침수당하고 50여 톤의 용지를 잃은 것은 막대한 타격이 아닐 수 없었다. 이에 「국제신보」는 9월 18일 조간을 2면으로 발행할 수밖에 없었다. 이때부터 경영의 어려움은 점차 가중되어 갔다.

4. 휴전 이후 부산의 방송

1) 부산역전 대화재와 부산방송국

부산방송국도 1953년 11월 27일의 부산역전 대화재로 청사 시설이 전소당하는 피해를 입었다. 당장 방송을 진행하기 어려운 상황이어서 부산방송국은 다음

날인 11월 28일부터 시내 수영에 있던 미극동군사령부이동방송중대의 중계로 오후 3시부터 방송을 계속할 수 있었다(「부산일보」 1953. 11. 29. 2면). 임시 방송의 주파수는 중파 800KHz, 출력은 500W였다(한국방송공사, 1977b, 52쪽).

이후 부산방송국은 미군 측의 원조 속에 청사 복구 공사에 착수하였다. 공사가 1954년 7월에 완공되어 7월 24일에는 공보처 차장 최석주(崔錫柱)가 참석한 가운데 건물 인수식을 거행하였다(「조선일보」 1954. 7. 26. 3면). 그러나 이때에도 내부의 각종 장비가 복구되지는 못했던 것으로 보인다. 그 이후로도 미군 시설을 이용한 임시 방송은 상당 기간 지속되었다.

2) 방송 중단 사태

이렇게 미군의 시설을 빌려 진행된 임시 방송이 급기야는 중단되는 사태까지 벌어지고 말았다. 1955년 6월 1일에는 미군 장비의 고장으로 방송이 여러 날 중단되는 초유의 사태를 빚고야 말았다. 「부산일보」 1955년 6월 5일자 3면을 보면 '벙어리 HLKB 진단서'라는 주제목 아래 '빌려쓰던 미군기재 고장/10키로 송신기 수리되어도 출력이 문제'라는 부제목으로 이 사고의 내막을 자세하게 면톱기사로 보도하였다. 이 기사에 의하면 부산방송국은 1953년 11월의 화재 이후 미 극동사령부 소속 이동방송중대의 중계로 방송을 계속해 왔으나 5일 전 이 시설마저 고장이 나서 결국 방송이 중단되는 사태까지 빚어지면서 보도 당시 5일째나 방송이 중단되는 사태가 지속되었다고 보도하였다. 이러한 초유의 사태를 「부산일보」는 '벙어리 방송'이라고 풍자적으로 비판하고 있는 것이다.

더구나 이 미군중대 역시 조만간 철수가 예정되어 있어 자체 시설을 속히 완료하라는 통첩을 1년 전부터 받아 왔다며 미군 시설 고장은 기술자 부족으로 수리가 지연되고 있으나 수리가 완료되는 대로 철수일까지는 방송을 할 예정이지만 언제 재개될지는 현재로서 불확실하다는 것이다. 미국으로부터 10킬로 송신기를 도입하여 당시 공사가 진행 중이므로 예정대로 잘 진행되면 6월 21일부터는 부산방송국의 기능이 부활될 수도 있다는 것이다. 이 송신기를 이용하기 시작하더라도 당시의 우리 기술로는 이 기계를 제대로 활용하지 못하고 1~2킬로 정도의 출력밖에 낼 수 없다는 것이 문제라며 경남 산간 지역 등은 여전히 방송의 혜택을 보기 어려우리라는 것이다.

유례를 찾아보기 힘든 이 방송 중단 사태는 화재라는 천재지변으로부터 비롯된 것이기는 하지만 비상시에 대한 대비책이 전무하였던 당시의 열악한 환경에도 중요한 원인이 있다고 하겠다. 이때의 방송 중단이 얼마나 더 오래갔는지, 언제부터 어떻게 방송이 재개되었는지는 더 이상의 정보가 없어 현재 확인이 안 된다.

3) 방송 시설의 복구와 출력 강화

이후 부산방송국은 새로 도입한 10KW출력의 송신 장비를 6월 25일에 설치, 완료하였다(방송문화연구실, 1961, 68쪽). 그러나 청사의 복구는 이루어지지 못했다. 이때에는 앞의 「부산일보」 기사대로 10KW출력의 송신 장비를 갖추기는 했지만 출력을 최대한 높이지는 못했던 것으로 보인다. 1955년 8월 25일에는 다시 출력을 1KW에서 5KW로 증강하였다(한국방송공사, 1977b, 55쪽).

청사 재건 공사는 1956년 11월 15일에 정부 예산으로 기공되어 지하 1층, 지상 2층 규모로 그해 12월 31일에야 준공되었다(한국방송공사, 1977a, 324쪽). 아마도 이때에나 모든 방송 기능이 정상화될 수 있었을 것으로 보인다. 1957년 2월 9일에는 출력을 다시 10KW로 증강하였다(한국방송공사, 1977b, 63쪽).[18]

4) 부산방송국의 운영과 편성

1956년 8월 하순경에는 부산방송국장이 교체되었다. 그동안 국장을 맡아 왔던 탁창덕은 공보실 방송관리국 관리과로 발령 났으며 후임에는 그동안 광주방송국장을 맡았던 변천수(卞天壽)가 새로 임명되었다(「경향신문」 1956. 8. 24.

---

18) 같은 자료 69쪽을 보면 1957년 11월 5일에도 부산방송국 출력이 5KW에서 10KW로 증강된 것으로 나와 있다. 어느 날짜가 정확한 것인지는 현재 확인이 안 된다.

1면). 변천수의 후임으로는 언제부터인지는 확인이 안 되지만 안순석(安珣錫)이 부임하여 1957년 12월에 재임하고 있었다(한국방송공사, 1977a, 234쪽).

얼마 뒤인 1958년 2월에는 김석호(金奭鎬)가 부산방송국장으로 임명되었다(「경향신문」 1958. 2. 3. 2면). 그러나 김석호는 얼마 뒤인 4월 말경 다시 교체된 것으로 보인다. 「동아일보」 1958년 4월 30일자 1면을 보면 회사 내방객을 소개하면서 김석호가 퇴임 인사차 동아일보사를 방문했다고 짤막하게 보도하고 있다. 그 후임으로 누가 부임하였는지는 현재 확인이 안 된다.

1957년 12월 20일부터는 서울의 KBS가 서울지방방송국에서 서울중앙방송국으로 개칭하면서 지방국들도 방송국 앞의 '지방'이라는 용어를 없애도록 개칭하였다. 다시 말해 부산지방방송국에서 부산방송국으로 공식 명칭이 바뀐 것이다(한국방송공사, 1977a, 234쪽).

1957년 10월 1일부터 주간기본방송순서가 개편되었다. 이 시기에도 지방 방송국들은 대부분 서울의 중앙방송을 중계하고 일부 로컬 프로그램을 방송하였다. 이때 지방국들은 평균 3시간 정도 로컬 프로그램을 제작, 방송하였다. 그러나 부산은 중계 상태가 좋지 않아 다른 지역보다 로컬 프로그램의 비중이 높았다(한국방송공사, 1977a, 225쪽). 특히 부산방송국은 1958년 3월 10일에는 자체

〈표4-22〉 1958년 9월 부산방송국의 편성표

아침 프로	저녁 프로
05 55 방송순서 예고	05 00 뉴스
06 00 지방 뉴스	05 15 저녁 음악
06 40 오늘도 명랑하게	06 00 어린이 시간
07 00 미국의 소리 중계	06 40 신문 논평
07 35 오늘의 수첩	07 10 시사 해설
08 10 즐거운 멜로디	07 55 연속극
08 30 일기예보	08 00 수요일밤의 향연
09 00 라디오 유치원	08 30 명작극장
10 05 명곡감상 시간	09 10 이 주일의 음악가
11 15 가벼운 리듬	09 40 연속 소설낭독
	10 00 종합뉴스
	10 15 일기예보
	10 20 조용한 멜로디
	11 00 음악의 샘

제작 프로그램만으로 종일 방송을 실시하였다. 이는 국내 지방국으로서는 최초였다(한국방송공사, 1977b, 72쪽). 한편 1958년 12월 13일에는 이대통령 방월 귀국 기념 부산시민 환영대회 실황을 부산방송국이 주관하여 전국에 중계방송을 실시하였다(한국방송공사, 1977b, 80쪽).

<표4-22>는 1958년 9월경 「부산일보」 지면(9월 25일자 4면)에 소개된 부산의 KBS 방송국 프로그램 편성표이다. 아침 방송은 6시에 시작하고 오후에 쉬었다가 저녁 5시에 저녁 방송을 시작하였다. 이 자료만 가지고는 어느 것이 로컬 프로그램인지를 확인하기가 어렵다.

5) 부산문화방송의 개국

(1) 부산문화방송 개국의 배경

이 시기 부산의 방송에서 중요한 사건은 한국 최초의 민간 상업방송인 부산문화방송이 개국했다는 사실이다. 출범 이래 국영 KBS의 독점으로 운영되어 오던 한국 방송계는 1950년대 중반 이후부터 새로운 형태의 방송들이 등장하면서 변화의 계기를 맞게 되었다. 1954년 12월 15일에는 기독교방송이 개국하였다. 종교방송이라는 제한된 영역이기는 했지만 국영방송 독점체제에서 처음으로 등장한 민간 방송이었다. 기독교방송의 설립 움직임은 일찌감치 시작되었다. 1948년 12월 17일 기독교연합회가 산하에 음영위원회를 설치하고 방송국 설립을 추진하였다. 그러나 6·25사변으로 중단되었다가 휴전 후인 1954년 4월 2일 호출부호 HLKY, 주파수 700KHz, 출력 5KW로 허가를 얻어 그해 12월 15일에 개국하게 된 것이다. 또한 1956년 5월 12일에는 최초의 텔레비전 방송국인 HLKZ-TV가 개국하였다. 당시 상업 텔레비전 방송이 운영될 만한 산업이나 기술 등 제반 여건이 전혀 갖추어지지 않은 가운데 미국 RCA사의 지원 속에 서둘러 개국하였던 것이다(한국방송개발원, 1995, 47-51쪽).

이처럼 방송계의 지평이 변화되고 있는 가운데 부산에서 최초로 민간 상업 라디오 방송이 등장한 것이다. 부산에서 최초의 상업방송이 생긴 것은 일본의 방송과 밀접한 관련을 맺고 있다. 지리적으로 일본과 인접한 부산 지역에서는

1951년 개국한 후쿠오카의 '라디오 큐슈(RKB)'와 1954년에 개국한 '큐슈 아사히 방송(KBC)'이 수신 가능했다(박재용, 1993, 21쪽). 따라서 이 지역민들은 일본의 상업방송에 어느 정도 익숙해 있으면서 일본 방송의 영향에 노출되어 있던 상황이었다.

이러한 상황에서 부산의 실업인 김상용은 라디오 상회를 운영하던 정환옥의 권유를 받아들여 상업방송을 세울 결심을 하게 되었다. 방송사 설립을 권유했던 정환옥도 당시 시민들이 국영 KBS는 외면하고 일본 방송을 많이 듣는 사실에 주목하여 시민들이 원하는 방송국이 필요하다고 생각하였으며 사업적 가능성도 있다고 판단했다고 회고한 바 있다(김민남 외, 2002, 162쪽). 당시 이처럼 일본 방송이 인기를 끌었던 상황을 보고 사업적 가능성이 있다고 판단했던 것으로 보인다.

그러나 1957년 8월 김상용 개인 명의로 체신부에 제출한 설립허가원은 그해 12월 '시설 및 구비조건 미비'라는 이유로 반려되었다. 바로 이어 1958년 1월에 '부산문화방송국 창립발기인회'를 조직하여 재차 허가 신청을 했으나 좀처럼 허가는 나지 않았다. 정부가 이처럼 허가를 꺼린 배경을 『부산문화방송50년사』(2009, 20쪽)는 "정부의 직접 관장 하에 있지 않는 방송을 이단시하여 개인이 민간 방송국을 세운다는 것을 못마땅하게 생각하는 공보처의 관료적 고정관념이 문제였다. 아울러 상업방송은 저속해질 우려가 있으며 광고 방송으로 인해 낭비 풍조가 만연될 수 있다는 우려" 때문이었던 것으로 해석하고 있다.

그러나 김상용과 정환옥이 백방으로 노력한 끝에 1958년 7월 14일부로 <상업

〈사진4-17〉 부산문화방송 설립의
두 주역, 김상용(좌)과 정환옥(우)
* 출처 : 좌는 부산문화방송(2009, 19쪽),
우는 중앙일보사(1985, 711쪽)

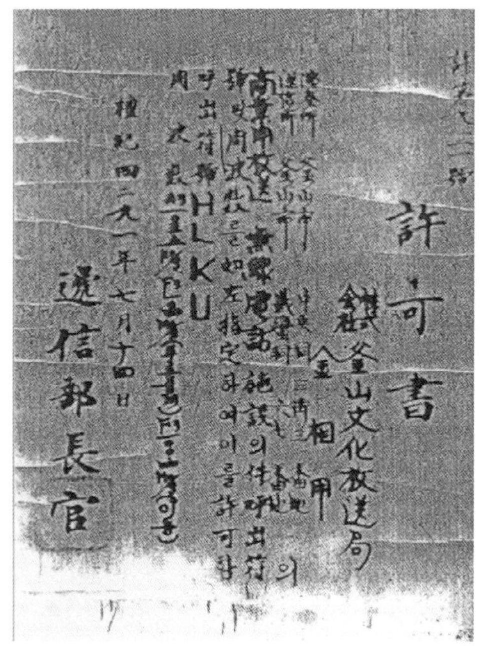

〈사진4-18〉 부산문화방송 설립 허가서
* 출처 : 부산문화방송(2009, 21쪽)

용방송무선전화시설허가>와 <상업용방송 송신무선전화시설허가>를 받아 냈다. 「동아일보」 1958년 7월 18일자 3면을 보면 '민간상업방송/부산에 처음 등장'이라는 제목으로 "부산에 처음으로 민간 상업 사설방송국이 김상용(金相用) 씨의 주관으로 불원 발족케 되었다고 한다. 지난 14일자로 체신부의 허가도 얻었다는데 부산 시내 감만동에 송신소를 설치하는 한편 중앙동에 있는 4층 건물을 방송국으로 사용, 불원 방송을 개시할 것이라 한다"고 보도하였다.

그해 8월 25일에 자본금 2억 원의 「주식회사 부산문화방송국」을 설립하고 김상용이 사장에 정환옥이 상무에 취임하였다(부산문화방송, 2009, 21쪽). 이후 1959년 3월 30일부터 4월 7일까지 시험전파를 발사(「동아일보」 1959. 4. 10.)하고 1959년 4월 15일 개국할 수 있었던 것이다. 개국 당시 부산문화방송국은 호출부호 HLKU, 방송회관은 부산시 중앙동 소재 스튜디오 4개와 194석을 갖춘 공개홀, 미 콜린스 회사제 최신 기재로, 설비 출력 12W, 주파수 1,035Kc이었다(「동아일보」 1959. 4. 13.).[19]

(2) 부산문화방송의 운영

부산문화방송은 시험 방송 기간부터 '즐거운 프로그램', '무료봉사' 등 국민에게 즐거움을 선사하고 봉사하는 방송국이라는 이미지를 강조하였다. 상업방송

---

[19] 「동아일보」 1959년 4월 13일자 기사에 의하면 당시 서비스 에어리어는 서울, 춘천 지역까지 청취가 가능했다고 하며 「경향신문」 1959년 4월 14일자 기사는 목포에서도 청취 가능했다고 보도하였다.

으로서 연예·오락 프로그램을 강화하여 청취자들의 인기를 끄는 데 주력하였다. 대중음악방송에 치중하면서 서구 문물의 수용에도 적극적인 자세를 취했다(박재용, 1993 : 22-4).

그럼에도 불구하고 부산문화방송의 경영은 순조롭지 못했다. 창사 이후 주식대금 불입이 순조롭지 못한 가운데 시설투자만 일방적으로 계속되었다. 또한 인기가 높은 프로그램을 서울에서 제작해 오는 데서 생기는 과다한 경비 부담 등으로 인해 경영은 날로 악화되었다. 뿐만 아니라 이미 광고를 계약한 광고주들도 일반 경제사정에 비추어 광고요금이 고율이라는 이유로 방송 중단

〈사진4-19〉 부산문화방송 개국 당시 사옥
* 출처 : 부산문화방송(2009, 22쪽)

을 요청해 오는 사례까지 나타났다. 그리하여 개국 첫해인 1959년 말까지 누적 적자가 800만 환에 이를 정도였다.

이러한 경영난 속에 부산문화방송의 경영권은 얼마 안 가 「부산일보」와 조선 견직을 경영하던 김지태에게 넘어가고 말았다. 1960년 4월 7일 열린 정기 주주총 회에서 김상용은 자신의 소유 주식을 김지태에게 넘겼다. 「부산일보」의 사주가 부산문화방송을 인수함으로써 이는 한국 최초의 신문과 방송 겸업의 사례가 되었다(부산문화방송, 2009, 30-31쪽).

(3) 부산문화방송 개국의 의미

1959년도에 개국한 부산문화방송은 한국 방송사에서 최초의 상업방송이었다는 점에서 의의를 지닌다. 1954년도에 기독교 방송이 최초의 민간방송으로 등장하기는 하였지만 이는 선교를 주 목적으로 하는 종교 방송이라는 특수성을 지니고 있었다. 이런 의미에서 1959년 부산문화방송의 개국은 본격 상업방송의 시대

를 열었다는 의의를 지닌다.

부산문화방송의 개국을 계기로 민간 상업방송들이 속속 뒤를 이었다. 부산문화방송 사장인 김상용은 부산문화방송 개국 직후인 1959년 6월 18일에 <허가 제9250호>에 호출부호 HLKC, 출력 5KW, 주파수 905KHz로 서울에 방송국을 설치할 수 있다는 허가를 받았다. 김상용이 이렇게 서울 진출을 도모했던 것은 당시 주요 프로그램을 대부분 서울에서 제작해 오다 보니 제작비 부담이 과도해져 이 부담을 경감시키기 위해서 추진하였다고 한다(부산문화방송, 2009, 38쪽). 허가를 받자마자 서울문화방송은 개국을 위한 준비에 착수하였다. 그리하여 충무로 2가에 스튜디오를 지을 예정이었으며 송신소는 영등포에 건설할 예정이었다(「동아일보」 1959. 6. 30.).

그러나 4·19혁명으로 개국 준비에 차질을 빚더니 5·16 쿠데타 이후에 허가가 취소되어 버렸다(박재용, 1993, 41쪽). 그리하여 후속 상업방송의 개국은 5·16 이후로 미루어졌다. 이와 같이 부산문화방송의 개국은 국영라디오가 독점적으로 운영하던 시대를 벗어나서 경쟁의 시대로 들어가게 되는 계기가 되었다고 평가할 수 있겠다.

6) 부산기독교방송의 개국

1954년 12월에 개국한 기독교방송이 본궤도에 오르고 국영방송과 차별화된 보도로 인기를 끌었다. 기독교방송은 개국 초기에는 주로 KBS의 뉴스를 중계하는 데 머물렀으나 1958년 2월 1일부터 동화통신사와 제휴하여 뉴스를 자체 제작하기 시작하면서 KBS와 차별화된 모습을 보여 주기 시작했다. 이러한 바탕 위에서 1959년부터는 지방으로 방송망을 확대하기 시작하였다. 그해 3월 26일에 대구 기독교방송이 개국한 데 이어 1959년 12월 23일에는 부산 기독교방송이 개국하였다. 호출부호는 HLKP 주파수 1,475KHz, 출력 250W였다(한국방송공사, 1977a, 748-753쪽).

부산 기독교방송국의 설립은 부산기독교연합운영위원회가 주체가 되었으며 시내 영도구 영선동 4가 200번지 소재 연세대학 내에 임시방송국을 설치하고 개국하였다(「동아일보」 1959. 12. 23.). 여기서 영선동의 연세대학이란 한국전쟁 기간 중인 1951년 10월 3일에 부산으로 피난 와서 영도로 이전, 운영한 것이 환도 이후에는 분교로 운영되다가 1959년 2월 19일 실업초급대학으로 발족한 것이었다. 이 초급대학은 이후 1963년 12월 3일부로 연세대학교 가정대학으로 개편되어 1966년 2월 부산에서 서울로 이전하였다(연세대 홈페이지 연표 참조 http://www.yonsei.ac.kr/contents/intro/chronology_3.html 2011. 7. 13.). 1959 년 12월 부산 기독교방송국 개국 당시에는 연세 실업초급대학 시절이었던 것이다.

7) 1960년 상반기 부산 지역 방송의 편성

전술한 대로 1959년부터 부산 지역은 3개의 라디오 방송국이 운영되는 체제 로 돌입하였다. 그만큼 청취자들로서는 다양한 프로그램을 선택해서 청취할

〈표4-23〉 1960년 3월의 부산 지역 방송 프로그램 현황

HLKB(820KC)	HLKU(1035KC)	HLKP(1475KC)
뉴스 오전 6시, 8시, 10시, 12시 오후 1시 3시 10시	뉴스 오전 6시55분 오후 6시 55분 9시 50분	뉴스 오전7시 오후 7시 9시 오전 06 30 영어성경
오전 07 20 계절의 향기	오전 06 30 아침의 메아리	07 15 소설낭독
오전 09 00라디오 유치원	06 45 어깨동무내동무	07 30 찬송가얘기
오전 09 20 명곡감상	07 40 주부수첩	07 45 희망의리듬
오전 10 15 주부시간	08 15 노래없는동요	오후 06 20 진리의 ○○
오전 12 05 직장음악	오후 12 05 골든바라이어티	06 40 작은음악회
오후 05 45 해외토픽	06 00 어린이시간	07 10 저녁멜로디
06 00 어린이 시간	07 20 방송음악회	07 30 연속소설
07 20 합창	08 00 힛트파레이드	07 45 음악싸롱
08 00 가정오락회	08 30 민요시간	08 00 연속극
09 10 추억의멜로디	09 00 라디오부릿치	08 30 명곡을 찾아서
09 40 방송소설	09 15 유혹의 댄스파티	09 15 영화평론
09 55 오늘의 화제	09 30 고전악연회	09 30 소망의 시간
10 10 라디오게시판	10 10 라디오수필	10 00 명상
10 30 주간경제	10 10 밤의 향연	10 10 흐르는 멜로디
11 20 음악의 샘	10 20 크라식 궁전	

수 있는 시대가 된 것이다. 표<4-23>은 「국제신보」1960년 3월 25일자 4면에 게재된 당시의 라디오 방송 프로그램 편성표이다.

당시 부산KBS와 부산기독교방송은 서울의 프로그램을 대부분 중계하였을 것이며 부산문화방송은 전부 자체 제작했을 것이다. 기독교방송은 종교 방송이라는 특수성 때문에 뉴스를 제외하고는 음악과 종교 관련 프로그램이 대부분이다. 부산KBS와 부산기독교방송은 프로그램 구성 면에서는 별 차이가 없어 보인다. 뉴스의 비중은 부산KBS가 높으며 대부분 음악 프로가 많고 어린이와 주부 대상 프로그램도 눈에 띤다. 상업방송이었던 부산문화방송의 프로그램 중에는 '골든바라이어티'나 '라디오부릿치' 등 외래어가 사용된 게 많으며 '유혹의 댄스파티'처럼 자극적인 제목을 사용한 프로그램도 있다는 점이 특색이다.

제3장 4·19혁명과 제2공화국기 부산 언론

제1절 제2공화국기 한국 언론과 부산 사회

1. 제2공화국기 한국 언론

자유당 독재정권의 부정부패는 1960년 3월 15일의 선거에서 극에 달한 모습을 보여 주었다. 이 3·15 부정선거는 곧 경제의 파탄으로 민생고에 시달리고 있던 민중들의 직접적인 저항을 불러일으켰다. 이것이 바로 4·19혁명이다.

4·19혁명에서 가장 중요한 역할을 한 것이 바로 당시의 언론이라고 할 수 있다. 자유당의 엄중한 탄압 속에서도 권력에 대한 비판적인 논조를 견지해 온 당시의 언론들이 없었다면 4·19혁명의 과정에서 나타난 민중들의 적극적인 참여는 아마도 불가능했을 것이다. 당시 언론의 비판적인 논조가 있었기에 민중들도 상황에 대한 비판적인 인식이 가능했을 것이며, 이를 토대로 하여 민중들이 정치투쟁에 주체적으로 참여할 수 있었던 것이다.

4·19의 승리로 쟁취된 자유의 바람은 언론계에도 불어왔다. 허정을 수반으로 한 과도정부는 1960년 7월 1일 법률 제553호로서 '신문 및 정당 등의 등록에 관한 법률'을 공포하였다. 이것은 신문, 잡지 등에 대한 등록제를 의미하는 것이었다. 이로써 미군정 법령 제88호는 사실상 폐기되었고 정기간행물에 대한 허가 제도 폐지되었다(한국사회언론연구회, 1996, 69-70쪽).

이와 같이 문호가 개방되자 전국 각지에서 신문을 비롯한 각종의 통신과 잡지들이 쏟아져 나왔다. 그리하여 4·19 전에는 41종에 불과하던 일간신문의 수가 1961년 2월 28일 현재 112개로 늘어났으며 주간신문이나 잡지 등 다른 정기간행물들도 이 기간 중에 2배 내지 3배로 늘어났다. 아래의 표는 4·19혁명 직전부터 1961년 2월 말까지 언론 발행 상황의 변화를 정리한 것이다. 표 중 '고발' 항목은 창간 예정일을 세 차례나 지키지 못하거나 휴간 신고도 없이 납본 의무를 다하지 않은 간행물에 대하여 국무원 사무처가 검찰에 고발 조치한 정기 간행물들을 말한다. 1961년 현재 발행 중인 간행물만 해도 4·19혁명 이전의 2배가 넘는다.

<표4-24> 제2공화국기 정간물 등록 및 발행 상황

구분	4·19전 등록	4·19후 등록	자진폐간	고발	제호변경	발행중
일간지	41	83	12	30	3	112
주간지	136	377	44	60	38	469
통신	14	271	24	32	9	261
월간	400	88	30	–	8	458
기타	118	66	9	–	10	175
계	709	885	119	112	95	1,475

* 자료 : 「편집인협회보」, 제6호, 1961. 4. 5.

이처럼 4·19 이후 언론의 자유가 꽃피었다고는 하나, 이것도 분단체제하에서 지배 이데올로기의 한 축을 이루고 있는 반공 이데올로기의 한계를 벗어나지는 못했다. 이러한 사실은 1961년 2월 13일 창간된 「민족일보」의 경우에서 확인할 수 있다. 혁신세력을 대변하는 이 신문은 곧 보수세력의 반발에 부딪치게 되었고, 장면 내각은 당시 이 신문을 인쇄하던 서울신문사에 압력을 행사하여 인쇄를 거부하도록 하는 억압 조치를 취했다. 이 신문은 이와 같은 탄압에도 불구하고 계속 발간되다가 5·16쿠데타 이후 간부들이 실형을 선고받고는 폐간되고 말았다(한국사회언론연구회, 1996, 69-70쪽).

2. 4·19혁명과 부산 언론

1) 부산의 신문과 4·19혁명

혁명이나 전쟁 등 대사건의 와중에는 매스 미디어의 역할이 중대한 관건이 되기 마련이다. 매스 미디어가 급격한 변동의 와중에서 어떤 태도를 취하느냐가 사태의 전개에 핵심적인 관건이 되기 때문이다. 자유당 독재에 항거하여 국민들이 광범위하게 참여하여 이루어진 4·19 혁명의 과정에서 부산 지역의 언론은 두드러진 역할을 보여 주었다. 이는 4·19의 도화선이 되었던 마산과 지리적으로 가까웠다는 점도 있지만 부산의 신문들이 자유당 독재정권에 대해 비판적 논조를 견지하였으며, 당시 막 생겨난 상업방송인 부산MBC가 국영방송인 KBS와는 전혀 다르게 신속하고 공정한 보도를 통해 기민한 대응을 보여 주었기 때문이다.

당시 「부산일보」는 4·19의 직접적 도화선이 되었던 3·15 마산의거 때 행방불명된 김주열 군이 시체로 마산 앞바다에 떠 있는 사진을 신문으로서는 최초로 보도하였다. 3·15 마산의거 이후 행방을 알 수 없던 김주열이 4월 11일 마산 앞바다에서 머리와 눈에 최루탄이 박힌 참혹한 시체로 떠올랐다. 이 참혹한 시체의 적나라한 사진을 「부산일보」가 4월 12일자 지면에 가장 먼저 보도하였다. 이 사진이 AP통신을 통해 전세계에 전파되어 자유당 정부의 무자비한 탄압과 한국 사태의 심각성을 널리 알리는 계기가 되었다. 당시 미국 대통령 아이젠하워는 이 사진에 충격을 받고 국무장관에게 성명 발표를 지시한 것으로 알려졌

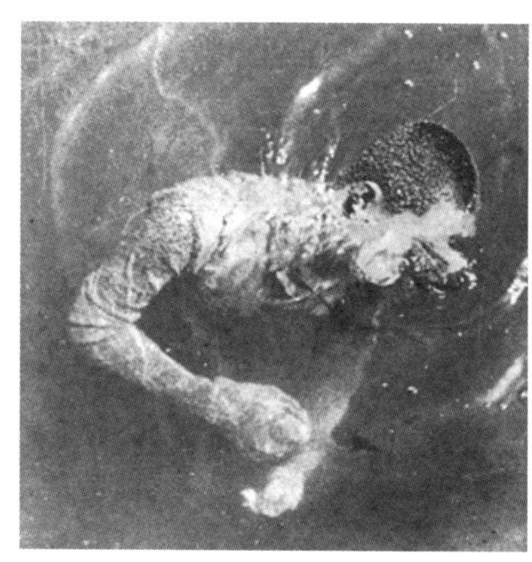

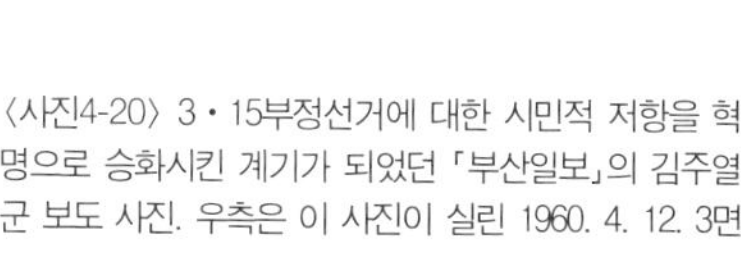

〈사진4-20〉 3·15부정선거에 대한 시민적 저항을 혁명으로 승화시킨 계기가 되었던 「부산일보」의 김주열 군 보도 사진. 우측은 이 사진이 실린 1960. 4. 12. 3면

으며 이 사진은 그해 퓰리처상 후보로까지 거론될 정도였다(3·15의거사 편찬
위원회, 2004, 341쪽). 이 사진은 3·15 부정선거에 대한 항의 시위를 더욱 격렬
하게 만들어 4·19 혁명의 불씨가 되었다고 평가되고 있다(김승현, 2000, 43쪽).

한편 「국제신보」도 부패한 자유당정권에 대한 비판 논조로 4·19혁명에 적지
않은 기여를 하였다. 대표적인 예로 1961년 3·15선거를 눈앞에 두고 학생들의
시위가 벌어지던 3월 7일에 '학생에게 데모할 자유를 주라'는 제목의 사설을
실은 것을 들 수 있다. 이 사설에서 「국제신보」는 민주주의에서 의사표현의
한 형식인 데모를 막을 명분은 없는 것이며, "학생의 데모가 문제인 것이 아니고
그러한 데모를 있게끔 한 사회상태가 문제인 것"이라는 주장을 펼쳤다. 「부산일
보」도 3월 17일자 석간에 실린 '세론'란을 통해 '전우의 시체를 넘고 넘어'라는
제목으로 시위대를 향해 발포까지 했던 정부의 과잉 대응을 비판하였다. "데모는
헌법에서 보장되는 기본 자유인데 투석과 발사가 나쁜 것"이라고 비판하였다.

2) 부산의 방송과 4·19혁명

방송매체의 경우도 부산 지역의 매체들이 4·19혁명에 적지 않은 기여를 한
것으로 평가되고 있다. 4·19의 전개 과정에서 국영방송인 KBS는 침묵으로
일관해 청취자들로부터 외면당한 반면 민간 방송인 부산문화방송과 CBS는 기
민한 대응으로 사태 전개에 중요한 역할을 하면서 국민들의 호응을 불러일으켰
던 것이다(정순일, 1991, 56-57쪽.).

부산문화방송은 기동성과 현장성을 충분히 살린 속보로 방송매체의 장점을
최대한 발휘하였다. 3·15 마산 의거 첫날부터 현장의 상황을 녹음하여 이 테이
프를 부산으로 보내어 방송하였다. 4월 11일에는 전술한 김주열 군 시체의 인양
소식을 부산문화방송이 4월 11일 최초로 특종 보도하였다. 이후 시위가 더욱
격화되는 가운데 부산문화방송은 이 상황을 계속 녹음을 통해 생생한 현장을
중계하였으며 김주열 군 어머니의 육성 인터뷰도 전파를 통해 방송하였다(부산
문화방송, 2009, 32-35쪽). 4월 18일의 고려대생 데모 상황이나 4월 19일의 서울
상황도 부산문화방송은 서울 지사에서 현장을 녹음해 방송하였다(정순일, 1991.

57-58쪽).

그해 4월 초 부산일보사의 김지태가 부산문화방송 주식을 인수하고 회장에 취임하여 자매회사 관계가 되자 4·19혁명의 전개 과정에서 부산문화방송의 마이크를 부산일보 사장실에 설치해 놓고 양사 합동으로 신속한 보도에 총력을 기울였다(부산일보사, 1996, 253쪽).

이처럼 4·19혁명의 전개 과정에서 부산의 신문과 방송이 커다란 기여를 하였다. 그리하여 '4·19는 부산의 신문 방송들이 불지른 것이다'라는 평가까지 나올 정도였다. 이러한 부산 언론의 활약은 당시 자유당 정권의 무지막지한 언론 탄압과 위협(부산직할시사편찬위원회편, 1991, 568-569쪽) 속에서 나온 것이었기에 더욱 그 의의를 높게 평가할 수 있겠다.

3) 4·19혁명 취재에 대한 탄압

3·15 마산 의거에서 비롯된 4·19혁명을 취재하는 과정에서 자유당 정권은 부산의 언론인들에게 갖가지 탄압을 자행하였다. 3월 15일 마산 의거를 취재 중이던 「국제신보」 기자가 경찰들에게 폭행당하는 사건이 발생하였다. 3·15의거 취재를 위해 파견되었던 「국제신보」 사회부의 정영모, 이상윤 기자와 사진기자 이영조 등이 마산 시내 파출소에 3시간 동안 감금당하면서 구타를 당하여 전치 3주의 부상을 당하였다. 이에 부산 시내 언론사 간부들로 구성된 춘추회는 3월 18일 엄중 항의하면서 해당 경찰을 엄벌에 처할 것을 요구하였다(「동아일보」 1960. 3. 19. 3면). 그러나 경찰이 적절한 후속 조치를 취하지 않자 3월 22일 「국제신보」는 경찰 당국의 무성의한 조치에 엄중 항의하고 경찰의 맹성을 촉구하는 성명을 발표하였다(「동아일보」 1960. 3. 23. 3면). 이에 경남 도경은 2명의 경찰관을 파면 조치하였다(「동아일보」 1960. 3. 27. 3면). 한편 이 과정에서 경남 도경의 경찰이 국제신보사 편집국에 들어와 원고를 빼앗으려 시도한 사건도 발생하였다. 그러나 사장 김형두와 간부들의 반발로 이 시도는 무위에 그치고 말았다(김형두, 1995, 223-224쪽).

한편 전술한 바와 같이 3·15의거를 생생하고 현장감 있는 보도로 앞장선 부산문화방송에 대해서도 정권의 탄압이 자행되었다. 당시 부산문화방송 보도과장이던 전응덕의 회고에 의하면 3·15 의거에 관한 첫 보도가 나간 이후 경찰이 회사로 들이닥쳐 온갖 위협을 가하면서 녹음테이프의 일부를 빼앗아 갔다. 4월 11일 김주열 열사의 시체가 인양된 이후 다시 시위가 격화되자 압력은 더욱 거세어져 부산 경찰은 문화방송의 전화선을 모두 차단하였다. 4월 18일 서울 고대생들의 시위 소식이 방송된 직후에는 부산의 중부경찰서장이 방송사에 들어닥쳐 권총을 휘두르면서 위협을 가하였다. 이에 담당 PD가 항의하였고 이 상황이 그대로 방송에 나가기도 했다는 것이다(전응덕, 2002, 68-91쪽).

제2절 제2공화국기 부산 언론

1. 4·19혁명 이후 부산 언론의 변화

1) 「자유민보」의 폐간

4·19혁명으로 자유당 독재정권이 무너지고 민주당 정권이 수립되면서 언론계에 자유의 바람이 불어왔다. 4·19혁명에 중요한 기여를 했던 부산의 언론들은 자유언론의 시대를 맞이하게 되었다. 앞서 이 시기 정기간행물의 창간 붐이 일었다고 했지만 대부분은 서울 중심이었고 지방의 경우는 그다지 두드러진 변화를 보이지 않았다. 부산에서도 오히려 일간 신문 하나가 이 시기에 문을 닫고 말았다. 바로 「자유민보」다. 이 「자유민보」는 사장 김철수가 자유당 경남 도당 위원장으로 4·19혁명을 맞이했고, 또 그간의 보도태도가 친여적이라는 이유 때문에 독자들의 지지를 잃어 1960년 6월 창간 14년 만에 자진 폐간했다(부산직할시사편찬위원회 편, 1991, 569쪽). 1950년대 경영난 속에서도 소유주의 정치 성향에 바탕을 둔 여당지적 성향으로 버텨 왔지만 자유당 정권이 무너지자 더 이상 버티기 힘들어 폐간했던 것으로 볼 수 있겠다.

2) 「민주신보」의 경영난

해방 직후 부산에서 제일 먼저 창간되었던 「민주중보」의 뒤를 이은 「민주신보」는 이 시기에도 여러 가지 경영의 어려움을 극복하지 못했던 것으로 보인다. 그러한 상황에서 1960년 6월 3일에는 기사에 불만을 품은 시민들에 의해 신문사 편집국이 점령당하는 사태를 당하였다. 「동아일보」 1960년 6월 4일자 3면에 실린 '또 짓밟힌 신문사'라는 제목의 기사에 의하면 6월 3일 오전 양정동 피난민 수용소 거주민 100여 명이 동광동 소재 「민주신보」 사옥에 난입하였다가 출동한 경찰에 의해 해산되었다는 것이다. 이 사건으로 주민 4명이 구속되었으며 양정 동민들은 구속자를 구출하기 위한 데모를 계획하였던 것으로 알려졌다(「동아일보」 1960. 6. 5. 3면).

한편 이 시기 「민주신보」는 1960년 12월 「신문 및 정당 등의 등록에 관한 법률」에 규정되어 있는 납본의 의무를 제대로 지키지 않아 국무원 사무처에 의해 고발되었다. 이때 전국 39개 신문 및 통신사가 고발 조치되었는데 「민주신보」도 여기에 포함되었던 것이다. 이 법률에 의하면 신문 등을 발행하였을 경우에는 각 2부를 국무원 사무처장에서 제출 또는 우송하여야 하며 발행치 못하였을 경우에는 그 사유와 차호 발행 예정일을 보고하여야 한다고 규정되어 있다. 이 의무를 위반하거나 허위의 등록이나 보고를 한 경우에는 20만 환 이하의 벌금에 처하도록 규정하고 있다(「동아일보」 1960. 12. 7. 3면). 이 조항에 저촉되어 「민주신보」는 다른 신문들과 함께 고발 조치되었던 것이다. 이 사실로 미루어 볼 때 당시 「민주신보」는 경영난 때문에 신문을 정상적으로 발행하기 어려운 상황이었던 것으로 볼 수 있겠다.

3) 새로운 잡지의 창간

이 시기 잡지가 새로 창간된 것으로는 현재 5종이 확인된다. 아래의 표는 제2공화국기 부산에서 새로 창간된 잡지를 정리한 것이다. 대부분 간행물에

대한 등록제가 실시된 1960년 7월 이후에 등록, 창간했음을 알 수 있다. 하지만
이 잡지들도 부산상공회의소가 발행한 기관지 「부산상의월보」를 제외하고는
대부분 1961년의 5·16쿠데타 직후 폐간되어 단명에 그치고 말았다.

<표4-25> 제2공화국기 창간된 부산의 잡지

제호	간별	성격	창간	폐간	발행인(기관)	비고
부산상의월보	월	기관	–	68.10.	朴善琪(부산상공회의소)	60. 7. 등록
새인물	월	평론	–	61.7.	金昌乙	60. 7. 등록
新聲	월	지방	60.9.	61.7.	李召洛	
新世代	월	지방	60.9.	61.7.	張龍春	
野聲	–	종교	61.	–	복음전도사	

* 자료 : 한국잡지협회(1982, 586–592쪽)

4) 언론노조운동의 대두

이 시기 부산의 언론에서 또 하나 빠뜨릴 수 없는 사실은 4·19혁명 이후의
민주화 분위기 속에서 언론노조운동이 대두되었다는 사실이다. 당시 언론 부문
에서 가장 먼저 노동조합이 결성된 곳은 바로 대구의 「대구일보」였다.[20] 「대구
일보」는 그해 5월 15일에 노동조합을 결성하였다(한국노동조합총연맹, 1979,
527쪽). 6월에 들어서면서 이 움직임을 확산되어 6월 17일에 서울의 「연합신문」
에 노조가 결성되었으며(「동아일보」 1960. 6. 18. 3면)[21] 6월 22일에는 서울의

---

20) 송건호(1990, 125쪽)는 부산 지역에서 가장 먼저 신문사 노조가 성립되어 5월 중에 부산의
모든 신문사에 노조가 결성되었고 다음은 대구의 「대구일보」와 「영남일보」, 「대구매일신문」
등에서 연이어 노조가 결성되었으며 뒤이어 서울에서도 「연합신문」을 필두로 「자유신문」, 「평
화신문」, 「국도신문」 등에 노조가 결성되었다고 서술하였다. 그러나 후술하겠지만 이는 사실과
다른 것으로 보인다. 부산에 언론인 노조가 생겨난 것은 그해 9월 4일이다. 또한 「동아일보」
1960년 6월 12일자 3면에 실린 '공백상태의 노동위'라는 제목의 기사를 보면 4·19 이후부터
당시까지 새로 결성된 17개의 노조의 명단을 소개하고 있는데 여기에 「대구일보」의 노조만
소개될 뿐 부산의 신문사에 노조가 결성되었다는 내용은 없었다. 따라서 1960년 5월에 부산에
서 가장 먼저 신문사 노조가 만들어졌다는 것은 사실과 다른 것으로 보인다.
21) 「동아일보」는 이 사실을 보도하면서 "우리나라에서 처음으로 신문사 노동조합을 결성하였다"
고 언급하여 사실 관계에서 오류를 범하였다.

「평화신문」에도 노조가 결성되었다(한국노동조합총연맹, 1979, 527쪽).

부산에 언론 노동조합이 결성된 것은 6월 19일이다. 「국제신보」 1960년 6월 19일자를 보면 '오늘 하오 결성/언론출판노조'라는 1단의 제목으로 "부산지구 언론출판노동조합 결성대회가 19일 하오 2시 시내 중구 광복동 미화당 홀에서 열린다. 부산지구의 모든 언론 출판계인이 참가하게 될 이 노종조합은 4월혁명의 선봉을 선 언론출판인의 권익을 옹호하기 위한 것이다"라고 짤막하게 전하고 있다. 200여 언론출판계 노동자가 참가한 가운데 열린 6월 19일의 결성대회에서 투표를 통해 위원장에 김봉달(金奉達, 국제인쇄), 부위원장에 김창수(金昌守)와 윤봉룡(尹鳳龍, 「국제신보」 공무국), 김희영(金熙英, 「민주신보」 공무국) 등 3인이 선출되었다(「국제신보」 1960. 6. 20. 3면).

이 기사들의 내용으로 보아 이는 언론인들의 노동조합이 아니라 부산의 출판과 인쇄 분야 노동자들이 결성한 조직으로 보인다. 여기에 신문사 공무국 종사자들도 함께 참여했던 것으로 볼 수 있겠다.

부산 지역 언론인들의 노조가 결성된 것은 1960년 9월 4일이다. 이날 부산 지역의 일간신문과 방송사의 소속 언론인들은 오후에 각 단위 노동조합을 결성하고 저녁 6시에 시내 동광국민학교 강당에 모여 부산지구 신문방송종업원노동조합연합회를 결성하였다. 이날 대회에서 언론인들은 '언론의 창달과 그들의 사회적 경제적 지위 향상을 위해 투쟁할 것을 널리 선언하고 강령과 규약을 채택하였다. 이날 선출된 연합회와 각 단위 노조의 임원은 다음과 같다(「국제신보」 1960. 9. 5. 조간 3면).

◇ 연합회

  △ 위원장: 주종실(周鍾實, 민주)

  △ 부위원장: 권오현(權五賢, 부산), 변해견(邊海見, 국제), 이성규(李成珪, 문화방송)

  △ 운영위원: 박권흠(朴權欽, 민주), 배봉수(裵鳳秀, 부산), 정영모(鄭永謨, 국제), 주성하(朱成河, 국제), 조재필(趙載弼, 문화방송)

  △ 감사위원: 김성조(金聖祚, 민주), 김흥수(金興洙), 서보영(徐輔榮, 문화

방송)

◇ 민주신보: 위원장 홍선일(洪善一), 부위원장 김명덕(金命德)
◇ 부산일보: 위원장 권오현, 부위원장 신의수(申義洙)
◇ 국제신보: 위원장 윤봉룡(尹鳳龍), 부위원장 김용기(金鎔琦), 백남규(白南奎)
◇ 문화방송: 위언장 이성규, 부위원장 서보영, 최삼수(崔三洙)

당시 부산의 3개 신문사와 KBS 부산방송국을 제외한 1개 방송사에 모두 언론노조가 출범하였다. 이는 1960년 5월 대구를 시초로 6월에 서울의 언론사에 노조가 생기고 부산의 출판 인쇄 분야도 노동조합이 생겨나며 각 분야 노조들이 활성화되는 사회적 분위기 속에서 태동된 것이다. 이를 바탕으로 부산 지역의 언론사 노조연합회가 결성된 것이다.

2. 제2공화국기 주요 신문의 운영

1) 「부산일보」

(1) 동아대 학생들의 부산일보 습격 사건

1960년 6월 1일 오전 10시 반경 동아대생 다수가 부산일보사 편집국에 몰려들어가 서류와 기물을 파괴하여 그 날치 석간을 발행하지 못하는 초유의 사태가 발생하였다. 「조선일보」 이 날자 석간 보도에 의하면 「부산일보」에 몰려간 동아대생은 천여 명에 이르며 이들이 난동을 부린 이유는 「부산일보」 5월 17일자 사설과 5월 31일자 '학생들이 학장의 배격운동 추진'이라는 요지의 기사가 사실과 다르기 때문이었다는 것이다.

이 과정에서 동아대생들은 부산일보 편집국의 언론인들에게 폭력을 행사하여 부상자가 발생케 하였으며 취재에 나선 다른 언론사 기자들에게도 폭력을 휘두르고 카메라를 탈취하기도 하였다. 나아가 학생들은 편집국장 이상우와 편집부국장 신예균을 감금하고 자신들이 작성한 내용을 호외로 발행할 것을 강요하여 호외 10만 장을 인쇄하여 부산 시내에 배포하기까지 하였다(「조선일보」 1960. 6. 2. 조간 3면). 신문사 편집국을 폭력으로 점거하고 파괴하는 것도 있어서는 안 될 일이었지만 더구나 언론인들을 협박하여 자신들의 요구대로 호외를 발행토록 하여 이를 배포까지 했다는 것은 그야말로 유례를 찾아보기 힘든 폭거라 하지 않을 수 없다.

동아대생들이 이처럼 신문사에 폭거를 행한 것은 기사에 대한 불만이었다. 직접적인 계기가 된 것은 5월 31일자 석간 3면에 실린 1단 기사였다. '총장배척운동/동아대생들이'라는 제목의 이 기사는 "동아대학교 문리과대학을 위주로 한 전교생이 동교 총장 정재환씨의 독재성을 지적하고 사퇴를 요구하는 연판장 서명을 31일 상오부터 진개했다. 이는 앞서 문교부로부터 재단 이사장과 학원 대표자는 겸할 수 없다고 규정한 데도 원인이 있으며 또한 정총장의 지나친 학원 내의 독재성이 날로 심해감에 기인한다고 알려졌다"는 내용이다.

이날의 사태에 대해 동아대학교 정재환 총장은 이번 학생들의 행위가 "근 7년동안 품어왔던 숙원의 보복 행위"라면서 "자기도 동감"으로 생각한다고 밝혔다(「조선일보」 1960. 6. 2. 석간 3면). 다시 말해 동아대생들의 습격 사건은 하나의 기사만을 문제삼은 것이 아니라 「부산일보」에 대한 오랜 불만 끝에 나온 것이라는 말이다. 사건 얼마 전인 5월 17일자 사설에서도 「부산일보」는 '사학의 기업성을 고발한다'는 제목하에 부산 소재 혜화여고의 사례와 함께 동아대 사례를 거론하면서 강도 높게 비판한 바 있다.

한편 초유의 사태를 당한 「부산일보」 사원들은 사태 직후인 1일 오후 긴급 사원회의를 소집하여 다음의 5개항을 결의하고 농성에 돌입하였다. 결의 사항은 다음과 같다.

一. 6월 1일 일부 동아대 학생 중 불법적으로 자행한 본사 시설 파괴분자를 악질 난동자로 규정, 당국은 이들을 엄벌에 처하라.

一. 집단 테로단의 협박으로 강박에 의한 사원 일동의 호외 사과문 및 동일 내용의 방송 등은 무효임을 만천하에 공포한다.

一. 동아대학 일부 학생들의 이번 난동은 4월 의거 학생정신에 역행한 것으로
　　규정함. 이러한 무법이 시정될 때까지 전사원은 농성투쟁에 돌입한다.

一. 동아대학교 총장은 금번의 테로 행위에 총책임을 지라.

一. 불의의 사태로 6월 1일 석간 이후 신문발행을 못하는 점을 독자 및 전국민
　　에게 깊이 사과한다(「동아일보」 1960. 6. 3. 3면).

이 사건이 당시 한국 사회에 던진 충격파는 대단히 큰 것이었다. 서울의 각
언론들도 연일 이 사건을 집중적으로 다루면서 1면 톱과 사설로도 여러 차례
다루어 강도 높게 비판하였다. 「경향신문」은 6월 2일자 사설에서 '언론에 대한
폭행은 민주혁명에 대한 역행이다'라는 제목으로 강도 높게 비판하였으며 「동아
일보」도 6월 3일자에서 1면 톱으로 당시 허정 수반이 이 사건에 대해 언급한
것을 인용하면서 '사월정신의 모독'이라는 제목을 달았다. 그 날짜 사설에서도

〈사진4-21〉 위는 동아대생의 데모 광경, 아래는 부산일보 사원들의
농성 현장
* 출처 : 「조선일보」 1960. 6. 2. 조간 3면

'파괴적 데모는 불가'라는 제목으
로 비판하였다. 「조선일보」도 6월
2일자 사설에서 '모든 집단폭행 특
히 언론기관 파괴는 4월혁명 모독'
이라는 제목으로 강하게 비판하였
다. 6월 2일 서울의 외신기자 클럽
은 이 사태에 대한 성명서를 발표
하여 깊은 우려와 유감을 표시하
였다(「동아일보」 1960. 6. 3. 3면).
정치권도 이 문제에 대해 즉각
반응을 보였다. 당시 과도정부 수
반 허정이 1960년 6월 2일 열린 정
례 기자회견에서 이 사건에 대해
언급할 정도였다. 이 회견에서 허
정 수반은 "이 사건은 당지의 계
엄당국과 검·경이 조사하고 있으

며 앞으로 폭력으로 법질서를 파괴하는 것은 단호히 처단할 것"이라고 강경한 입장을 발표하였다. 국회에서도 문제가 되어 사태를 방치한 치안 당국에 책임을 추궁하였다(「경향신문」 1960. 6. 2. 1면). 또한 당시 법무장관과 문교부 차관도 '4·19 정신을 퇴색시키는 폭력 사태에 대해 형법과 학칙으로 엄단하겠다'는 방침을 밝혔다(「조선일보」 1960. 6. 3. 석간 3면).

사태의 여파가 이처럼 크게 확산되면서 언론계도 하나같이 비판 일색이며 정치권도 엄단 방침을 밝히자 동아대학 정재환 총장은 6월 2일 오후 1시경 옥외 농성 중인 「부산일보」 사원들에게 무조건 사과하고 학생들의 잘못은 학교 측에서 책임질 것을 약속하였다. 이로써 12시간 동안 농성을 계속했던 2백여 명의 「부산일보」 사원들은 이날 오후 1시 반에 해산하였다(「조선일보」 1960. 6. 3. 조간 3면)

한편 부산일보사에서는 파괴된 사내를 정리하고 6월 2일 임시호를 타블로이드판으로 발간하여 3일 석간부터는 정상적인 지면 제작을 할 것이라고 밝혔다. 그리나 동사의 편집책임자는 정총장이 학생들 '테러' 사건을 7년간 숙원의 보복 행위로 감행했다는 발언을 문제화시키겠다고 하면서 그 진상을 규명하여 숙원의 원인을 가려내겠다고 말했다(「조선일보」 1960. 6. 3. 조간 3면).

한편 검찰의 수사 결과 이 사건은 동아대 측의 사주로 학생들을 동원해서 빚어진 사태로 밝혀졌다. 학교 재단 측과 인척 관계인 교수가 나서서 학생들을 배후 조종하였으며 학교 직원들이 버스를 대절하여 학생들을 수송하고 점심도 제공하였다는 것이다. 사건을

〈사진4-22〉 속간된 1960년 6월 2일자 「부산일보」 임시호

배후 조종한 혐의로 동아대 조향 교수가 구속되었으며 학교의 경리주임 등 직원 3명이 버스 대절 비용과 점심 값을 지불한 것과 관련하여 입건되었고 학교 목공 1명은 윤전기를 부순 혐의로 입건되었다(「조선일보」 1960. 6. 4. 석간 3면). 학생들 중에는 법대생 1명이 구속되었다(「조선일보」 1960. 6. 8. 조간 3면). 배후 조종 혐의를 받았던 조향 교수는 동아대 총장 정재환과 처남 매부지간으로서 평소에도 학교에 대해 과잉 충성하는 것으로 평가되던 사람이었다고 한다(「동아일보」 1960. 6. 3. 3면).

한편 동아대 학생들은 교내에서 단식 농성, 무언 투쟁 등 「부산일보」에 대한 저항을 지속적으로 전개하였던 것으로 보도되었다. 학생들은 그동안 「부산일보」가 여러 차례에 걸쳐 자신들에 대해 잘못된 기사를 게재하였다는 주장이었다(「동아일보」 1960. 6. 8. 3면).

이 사건은 사학의 비리를 보도한 언론의 내용에 불만을 품은 대학과 개인의 공명심이 작용하여 부산 언론, 나아가 한국 언론의 역사에 씻을 수 없는 오점을 남긴 사례로 기록될 것이다.

(2) 김지태 사장의 자유당 부정선거 자금 파동

4·19혁명 직후인 1960년 5월에 3·15 부정선거의 자금이 사회적 논란이 되었다. 부산에서도 이 문제가 불거져 논란이 되었다. 다시 말해 자유당이 부정선거를 행하는 데에 당시 기업들이 선거 자금을 제공한 사실이 문제가 된 것이다. 부산에서는 이 사실이 4·19혁명의 과정에서 자유당 도당 사무실을 습격한 데모대에 의해 '선거자금 수집명세서' 등의 서류가 발견되면서 표면화되었다. 부산의 주요 기업체들이 대부분 포함되었던 이 명단에 부산일보사 김지태 사장의 이름도 등장하였다. 김지태는 1,500만 환을 선거 자금으로 제공한 것으로 알려졌다(「동아일보」 1960. 5. 23. 3면). 이 보도가 나가자 김지태 사장은 26일 부정선거 자금을 낸 사실이 없다고 부인하였다(「경향신문」 1960. 5. 27. 3면).

그러나 뒤이어 5월 31일 검찰이 발표한 바에 의하면 3·15 부정선거에서 국내 굴지의 대기업들이 선거 자금을 사실이 적발되었다. 약 100여 개 기업, 총 62억 9,185만 환에 이르는 규모인데, 그중에 부산일보사 김지태 사장이 2회에 걸쳐

5천만 환의 선거 자금을 제공한 것으로 밝혀졌다(「동아일보」 1960. 6. 1. 석간 3면). 이 사건으로 산업은행 총재 박용익 등 6명이 기소되었으나 김지태는 기소 명단에서는 빠져 일단락되었다(「동아일보」 1960. 6. 1. 조간 3면).

2) 「국제신보」

(1) 기독교 방송과 뉴스 특약

1960년 9월부터 「국제신보」는 새로운 시도를 하였다. 9월 4일부터 부산의 기독교방송국과 특약을 맺어 「국제신보」의 뉴스를 라디오 방송을 통해서도 제공하기로 한 것이다. 「국제신보」 1960년 9월 3일자 1면에 실린 사고를 통해 이 소식을 자세히 전하고 있다. 이 사고에 의하면 9월 4일부터 하루 3회에 걸쳐 10분씩 뉴스 방송을 한다는 것이다. 방송 시간은 오전 8시와 오후 7시, 8시의 3회이며 담당 아나운서는 KBS 산하 각 방송국에서 10년간 근무하다 기독교방송으로 옮긴 인물이었다. 부산 기독교방송국은 그동안 서울 KBS의 뉴스를 하루 2회 중계하다가 금번 「국제신보」와 특약을 맺게 되었다는 것이다.

이는 기독교방송과 「국제신보」 양측의 입장이 맞아떨어지면서 이루어진 것으로 분석할 수 있겠다. 기독교방송국 입장에서는 자체 취재 기능은 없었지만 신문과 제휴함으로써 보도 기능도 보다 내실을 기할 수 있다. 한편 「국제신보」는 자사의 활동 영역을 넓혀 홍보 효과도 기대할 수 있다는 점도 중요했겠지만 보다 직접적으로는 「부산일보」와의 경쟁 관계가 주된 요인이 되었던 것으로 보인다. 다시 말해 「부산일보」의 사장 김지태가 1960년 4월에 부산문화방송을 인수하여 신문과 방송의 겸영체제로 들어가자 이를 의식하여 이루어진 것으로 볼 수 있다는 말이다.

(2) 경영난과 휴간

새로운 시도에도 불구하고 「국제신보」의 고질적이었던 경영난은 4·19혁명 이후에도 변화가 없었다. 오히려 더욱 어려워져 김형두(1995, 234-235쪽)는 당시의 경영난이 최악의 상태였다고 회고하고 있다. 사회가 혼란스러운 가운데 신문의 숫자는 늘어 신문 용지 품귀 현상은 악화되고 가격도 폭등하니 신문의 경영이 어려워질 수밖에 없었다는 것이다.

이러한 경영난 속에 급기야 「국제신보」는 신문을 제대로 발행하지 못하는 휴간 사태를 맞고야 말았다. 1961년 4월 24일자 신문을 인쇄하는 과정에서 용지가 떨어져 일부 지역에는 신문이 배달되지 못했고 4월 25일자 조석간은 전혀 인쇄를 시도조차 못한 상황이었다. 이러한 사실은 「국제신보」는 1961년 4월 26일자 1면 좌측 상단에 '삼가 사과를 올립니다'라는 제목의 박스로 독자들에게 사과와 함께 경위를 해명한 것으로 알 수 있다.

이 난을 통해서 비통한 어조로 독자들에게 사과의 뜻을 표명한 「국제신보」는 1959년의 구덕운동장 사고와 사라호 태풍 피해 이후 어려움을 겪고 있는 가운데, 1960년도까지 톤당 21만 환하던 신문용지가 당시는 30만 환으로 급등하는 바람에 매월 900만 환 상당의 적자를 보게 된 상황 때문에 휴간까지 이르게 되었다고 경위를 설명하였다.

당시의 휴간은 4월 26일에도 석간을 인쇄하지 못했으며 27일의 조간도 쉬고 27일 석간부터 속간할 수 있게 되었다(「국제신보」 1963. 9. 3. 7면). 이때 속간할 수 있었던 것은 후술할 독자들의 의연금도 적지 않게 보탬이 되었겠지만 그보다도 「한국일보」 발행인이던 장기영의 도움이 결정적이었다고 한다. 1960년 7·29 선거와 8·13 재선거를 통해 참의원에 당선된 「국제신보」 사장 김형두는 당시 주로 서울에 머물면서 의정 활동을 하고 있었다. 「국제신보」가 어려움을 겪던 중에 장기영이 김형두에게 아무런 조건 없이 신문용지 20톤을 결재해 주고 앞으로 3개월 동안 용지 공급 대금을 제지업자에서 수표로 결재해 주었다는 것이다(김형두, 1995, 240-243쪽).

장기영의 이러한 도움은 「국제신보」가 속간하여 정상 발행하는 데 커다란 도움이 되었다. 시장이 다소 차이가 있기는 하지만 크게 보아 경쟁관계라 할 수 있는 동업자 장기영이 이처럼 경영난에 처한 「국제신보」에 무조건적인 도움을 준 것은 유례를 찾아보기 힘든 사례라 하지 않을 수 없다.

(3) 독자들의 격려 운동과 의연금

이어 그 다음 날인 4월 27일자 1면에서는 '삼가 아룁니다'라는 종업원 일동의 메시지를 게재하여 독자들의 성원을 호소하였다. 그 전문은 다음과 같다.

애독자 여러분께 삼가 아뢰옵니다. 가난한 나라의 가난한 신문이 연속된 타격으로 인해서 부득이 며칠 동안을 쉬지 않을 수 없었습니다. 그동안 우리 종업원 일동의 슬픔과 고민이란 이루 형언할 수 없었고 보다도 애독자 여러분을 배신한 것 같은 죄스러운 심정 때문에 안절부절했던 것입니다. 이제 우리 종업원 일동이 보급소와 기자 공장노무자 일치 단결해서 살을 깎고 뼈를 에이는 노력으로 다시 「국제신보」를 속간하기에 이르렀습니다. 보잘것 없는 신문이기는 하지만 막상 없어지고 보니 거리는 허전하고 한꺼번에 눈과 귀를 잃은 것 같더라는 애독자의 격려와 기대에 보답하고자 굶주린 창자를 쥐고라도 최선을 다할 각오는 든든합니다. 그리고 어떠한 시위에도 굴하지 않고 어떠한 권력에도 굴하지 않던 투혼을 거듭 강화시켜 언론의 진정한 사명을 다할 작정입니다.

신문이라고 해서 모두 언론의 사명을 다하는 것은 아닙니다. 더욱이 정부의 시책이 민심을 잃고 국제정세가 단단해지면 백성을 그릇 지도하는 사이비 언론이 팽창하는 법이며 그 피해가 민족영년의 대계를 망치게 하는 경우도 비일비재한 것입니다.

이러한 것을 경각하고 우리 「국제신보」는 언제나 민족의 정론을 고집하고 끝끝 투쟁할 것이며 언제나 짓밟히는 국민의 권익을 옹호할 것이며 쇠잔한 서민들과 더불어 슬픔과 기쁨을 같이 나눌 것입니다. 이 신문의 가난함이 곧 겨레의 가난함이며 이 신문의 수난이 곧 겨레의 수난임을 이해하시고 애독자 여러분의 성원과 지도를 거듭 바라는 바입니다. 「국제신보」는 여러분의 신문입니다. 앞으로 어떠한 일이 있더라도 이 「국제신보」를 잊지 마옵시고 곤란할수록 안타까이 여기시는 여러분의 애정있기를 눈물로써 호소하옵니다.

비장하고 애절한 어조로 독자들의 성원을 호소하는 글이다. 그런데 이 호소문
이 실린 지면에서 눈길을 끄는 것은 바로 옆에 '본보속간격려금'이라는 2단 크기
의 제목과 함께 부민동에 사는 이권기(李權基)라는 사람이 일금 2만 환을 보냈
다는 사실이 게재되어 있다는 점이다. 아마도 그 전날 지면에 실린 사과문을
보고 안타까이 여긴 독자가 자발적으로 성금을 보낸 것으로 보인다.「국제신보」
사원들도 전혀 예상치 못했던 이 사례를 보고 고무되어 바로 이 날짜 지면에
독자들의 성원과 애정을 호소하는 글을 게재하게 된 것으로 보인다.

이날을 계기로「국제신보」를 돕기 위한 독자들의 격려 편지와 함께 성금이
쇄도하기 시작하였다. 바로 다음 날인 4월 28일자 1면에는 다시 종업원 일동의
인사말이 '감사합니다'라는 제목으로 게재되었다. 이 인사말은 "애독자 여러분!
여러분의 애호가 있기에 신문이 있다는 걸 이미 알고는 있었습니다. 그러나
2, 3일 동안을 휴간하고 오늘 겨우 속간하게 이르는 이 순간처럼 여러분의 돈독
한 애정을 뼈저리게 느껴 본 적은
없습니다. 수많은 격려의 편지와
우리를 도우려고 보내온 금품 등
을 앞에 놓고 우리 종업원 일동은
감격의 눈물을 흘리며 어떠한 어
려운 고비를 박차고라도 여러분의
기대에 보답해야겠다고 맹세를 나
눴읍니다"라고 벅찬 감정을 숨기
지 않고 있다.

이 인삿말에도 언급된 바와 같
이 여러 독자들의 격려 편지와 성
금이 답지했음을 알 수 있다. 실제
이 날짜 지면에도 1면 우측 하단에
전날과 같은 '본보속간격려금'이
라는 제목으로 작게는 500환부터
많게는 2만 환까지 격려금을 보내

〈사진4-23〉 독자들의 성금에 감사를 표한「국제신보」지면(1961.
4. 28. 조간 1면). 중앙에 '감사합니다'라는 제목의 사고와 우측 하단에
성금 내역이 게재되어 있다.

준 세 사람과 함께 제과점으로 보이는 '부산뉴욕'에서 양과자 7뭉치를 보낸 사실을 기록하고 있다. 말미에는 누계 4만 1,500환과 양과자 7뭉치라는 집계도 기록하였다.

그 다음부터 매일 지면에는 1면, 나중에는 3면으로 옮겨서 '감사합니다'라는 제목으로 독자들의 성금 내역을 게재하였다. 주로 부산 지역의 시민들이 계층을 초월하여 의연금에 참여하였다. 경남의 초중등교원노조는 4월 27일 임시 이사회를 열고 3천여 명의 노조원들 1인당 1천 환씩 성금을 모으기로 결정하였다(「경향신문」 1961. 4. 29. 조간 3면). 당시 의연금 내역은 「국제신보」 1961년 5월 7일자 지면까지 소개되었다.

이처럼 경영난으로 휴간하지 않을 수 없는 지경에 이른 「국제신보」를 독자들이 자발적으로 나서서 돕기 운동을 펼친 것은 역사적으로 매우 중요한 의미를 지니는 사건이다. 개화기 언론사를 보면 1903년 「황성신문」이, 그리고 1907년에 「제국신문」이 경영난으로 신문을 정간할 지경에 이르자 전국의 독자들이 격려 편지와 함께 의연금을 보냈던 선례가 있기는 하다. 「국제신보」의 이 사례는 해방 이후 한국 언론사에서 최초의 수용자 운동으로 평가할 만하다. 그동안에는 1964년 언론윤리위원회법 반대 운동에 각 사회단체와 대학생들이 참여했던 것을 해방 이후 첫 번째 수용자 운동으로 평가해 왔다(채백, 2005).

1961년 부산에서 전개되었던 시민들의 「국제신보」 살리기 운동은 지역 신문이다 보니 참여 지역이 부산으로 한정되었고, 대부분 시민들의 자발적 참여가 중심이었지만 교원노조가 조직 차원에서 참여하기도 하였다. 따라서 이 사례는 수용자들이 언론에 대해서 집단적인 행동을 보였다는 점에서 수용자 운동으로 평가할 수 있겠다. 이러한 수용자들의 운동은 그 언론의 역할에 대한 긍정적 평가가 밑바탕이 되어야 비로소 가능한 것이다.

3. 2공화국기 부산 방송

1) 2공화국의 방송 정책과 현황

(1) 제2공화국의 방송 정책

2공화국기 방송에는 커다란 변화는 없었다. 당시 정부도 방송에 대해서는 뚜렷한 정책 조차 수립하지 못한 상태였다(정순일, 1991, 75쪽). 단지 이 기간 중에는 두개의 민간 상업방송 허가가 났다는 점을 지적할 수 있다. 먼저 상업방송 허가를 받은 곳은 「동아일보」였다. 1961년 1월 16일 라디오동아는 체신부로부터 '상업용 방송 무선전화 시설' 허가를 받았다. 호출부호는 HLKJ, 주파수는 1,230 KHz였다. 그 다음이 서울민간방송주식회사였다. 이 서울민간방송은 1961년 1월 28일 호출부호 HLKV, 주파수 1,380KHz로 허가를 받았다. 이 두 방송이 2공화국기에 허가를 받았지만 개국한 것은 5·16 이후였다. 동아방송이 1963년 4월 25일, 서울민간방송이 1961년 12월 2일에 각각 개국하였다(한국방송개발원, 1995, 61쪽).

한편 2공화국기에는 독재정권하에서 국영방송이 보여 주었던 편파 방송에 대한 반작용으로 방송중립화 운동이 등장하였다. 이는 4·19혁명 직후인 26일 서울중앙방송국의 아나운서들이 방송중립화와 편파방송 거부를 선언하면서 시작되었다(「동아일보」 1960. 4. 27. 3면). 이 운동은 민영화 움직임으로 발전하였으며 이 과정에서 방송관리법안을 만들려는 시도도 이루어졌다. 당시 민의원의 이종남 의원 외 11명이 전문 40조로 된 법안을 1960년 5월 31일 국회에 제출하였다. 이 법안은 방송의 중립화를 규정하고 국영방송을 특수법인체로 하는 것을 규정하고 있었다. 그러나 법안의 전반부에서만 방송의 민주화를 언급하고 있을 뿐 주무부처 장관의 방송에 대한 감독권이 막강하여 방송의 독립성을 위협할 우려가 있다는 이유로 방송인과 평론가들로부터 강한 반발을 불러일으켰다(한국방송공사, 1987, 322쪽). 이 법안은 곧 4대 국회가 해산됨에 따라 자연스럽게 폐기되고 말았다.

1960년 7월 1일 법률 제552호로 정부 기구가 개편되면서 공보 기구는 신설된 국무원 사무처의 공보국과 방송관리국으로 개편되었는데 방송관리 업무는 국무원 사무처의 공보국과 방송관리국으로 개편되었다. 이에 따라 방송관리 업무는 국무원 사무처 방송관리국 소관이 되었다(한국방송공사, 1977a, 359쪽).

그후 7·29 총선으로 구성된 2공화국 정부가 방송관리법안을 기초해 법제국의 심의를 마치고 각의에 상정하였다(한국방송공사, 1977a, 361쪽). 이 법안은 방송순서 편집의 자유권과 편성의 기준을 규정하는 등 전해의 법안에 비해 발전된 내용을 담고 있었다(정순일, 1991, 69). 그러나 이 법안도 곧 5·16쿠데타가 발발함으로써 무산되고 말았다.

(2) 제2공화국기 라디오 보급 실태

다음의 표는 제2공화국기를 전후한 시기 라디오 보급 실태의 변화를 정리한 것이다. 이 시기 라디오 보급은 대폭 증가하였다. 1959년 전국 31만 4천여 대에서 1960년에는 42만여 대로 늘어났으며 1961년에는 다시 64만 2천여 대로 늘었다. 2년 사이에 2배 넘게 증가한 것이다. 특히 이 시기 라디오 보급 증가는 서울보다도 대부분의 지방에서 두드러지게 나타났다. 제주도를 제외하고는 대부분 2배 넘는 증가율을 보였다. 경남 지역만 보더라도 4만 3천여 대에서 8만 3천여 대로 1.9배로 증가하였다.

지방의 이러한 라디오 보급 증대는 1950년대 후반부터 시행된 정부의 농어촌 라디오보내기 정책에 힘입은 바가 크다. 정부는 라디오 보급에서 도시와 농촌의 격차가 두드러지게 나타나서 농촌에는 수신기가 한 대도 없는 부락들이 많은 실정이었다. 이러한 격차를 줄이기 위해 1950년대 말부터 농어촌에 라디오를 보내는 정책을 시행한 것이다(한국방송개발원, 1995, 60쪽). 또한 1957년부터는 라디오 수신기의 국내 생산도 가능해졌다. 1957년에 삼양전기, 1958년에 금성사가 생산업체를 설립하여 국내 생산에 돌입하게 되었다(한국방송공사, 1977a, 248쪽). 이로써 라디오의 보급이 본격화될 기반이 만들어진 것이다. 이와 같이 제한된 보급 상황이었지만 라디오 방송은 1950년대 후반부터 국민들의 사랑을 받으면서 새로운 문화 생활로 정착되어 갔다(한국방송개발원, 1995, 60쪽).

<표4-26> 1960년 전후 라디오의 보급 실태

행정구역별	1959	1960	1961
전국	314,685	420,414	642,758
서울특별시	112,085	135,334	188,755
경기도	42,927	63,437	104,958
충청북도	9,559	12,322	22,972
충청남도	26,548	25,378	53,161
전라북도	19,551	31,680	44,648
전라남도	16,233	25,484	37,449
경상북도	27,292	39,043	67,532
경상남도	43,468	65,901	83,501
강원도	14,558	21,835	37,125
제주도	2,463	...	2,657

* 자료 : 국가통계포털(http://www.kosis.kr)

2) 제2공화국기 부산의 방송

(1) 김지태 인수 후의 부산문화방송

전술한 바와 같이 1960년 4월 7일 열린 정기 주주총회에서 설립자 김상용은 자신의 소유 주식을 김지태에게 넘겼다. 그러나 사장은 안상수가 그대로 유지하였으며 4월 8일에 속개된 총회에서 김지태는 회장에 김종한이 전무에 취임하였다. 이날 총회에서 출력을 10KW로 증강하고 서울의 상업 방송국 설립과 별도로 대구와 진주에도 네트워크 방송국을 건설하기로 의결하였다. 이에 따라 부산문화방송은 그해 9월과 10월에 대구와 진주에 기술진을 보내 현지 기초 조사를 실시하였다(부산문화방송, 2009, 37쪽).

이 시기 부산문화방송은 서울에서 열린 축구 경기를 실황중계하였다. 1960년 10월 21일부터 23일까지, 11월 7일부터 7일까지 두 차례에 걸쳐 서울에 중계반을 파견하여 아세아축구선수권대회를 중계하였다. 「동아일보」 1960년 10월 19일자를 보면 이 사실을 다음과 같이 보도하고 있다. "부산문화방송국에서는 현재 서울에서 열리고 있는 제2회 아세아축구대회의 실황을 중계하기 위하여 3명의 아나운서를 서울로 파견하리라 한다. 첫 중계는 오는 21일 한국 대 중국의 경기

실황이고 23일의 중국 대 이스라엘의 경기도 중계하게 되리라는데 이는 우리나라 민간방송으로는 최초의 장거리 중계가 되는 것이다." KBS 라디오가 부산에서 전국에 중계한 적은 있지만 민간 방송으로는 최초라고 그 의의를 평가하고 있다.

한편 그해 7월 29일에 치러진 총선과 지방자치 선거에서는 개표 실황을 철야로 생중계하였다. 이는 선거를 중계방송한 것으로는 최초의 사례가 된다(부산문화방송, 2009, 380쪽).

(2) 총리의 표창장 수여

부산문화방송은 자유당 정권기와 4·19혁명 과정에서 공정하고 신속한 보도를 통해 기여한 공로를 인정받아 1960년 12월 30일 장면 국무총리로부터 기독교방송국과 함께 표창을 받았다. 표창 사유는 '독재정권의 간섭과 억압 아래에서도 방송이 지닌 공정성과 속보성을 발휘하여 방송문화 발전에 이바지'했다는 것이었다(「조선일보」 1960. 12. 31. 조간 3면).

제4장 박정희 정권기의 부산 언론

제1절 박정희 정권기의 한국 언론과 부산 사회

1. 박정희 정권의 언론정책과 한국 언론의 대응

1) 박정희 정권의 언론 정책

1961년 5월 16일의 군사쿠데타는 4·19혁명으로 시작된 민주화에 찬물을 끼얹고 군부독재의 출발을 알리는 신호가 되고 말았다. 쿠데타의 주역들은 곧바로 계엄령을 선포하고 언론검열에 들어가 5월 23일에는 1,170개사에 달하는 언론기관을 폐쇄시켰다. 이는 '언론기관 정화'라는 명분을 내세웠으나 사실상 언론을 약화시키기 위한 조치였고 자연스럽게 신문의 과점 체제를 제도화시키는 계기가 되었다.

1962년 6월 군사정부는 '언론을 기업으로 육성하고 그 내용을 향상'시킨다는 요지의 새로운 언론정책을 공포하였다. 이는 이후에도 박정희 정권 언론정책의 기본이 되었다. 언론을 통제하기 위해 정치적·법적 조치를 강구하는 한편 언론기업에 여러 가지 경제적 혜택을 부여함으로써 기업적 성장을 가능케 하는 통제와 회유의 양면적 정책을 펼쳐 나갔던 것이다. 군사정부의 언론정책에는 또한 시설기준이라는 것이 규정됨으로써, 신문발행인은 고성능 윤전기를 비롯해 신문발행에 필요한 모든 시설을 갖추어야 했다. 이 조치로 말미암아 사실상 자본력을 지닌 자본가계급만이 신문을 발행할 수 있게 되었으며, 새로운 신문의 출현은 매우 어렵게 되어 버렸다(한국사회언론연구회, 1996, 71-72쪽).

이러한 기본정책에 입각하여 군정연장과 선거 그리고 한일회담 등을 거치면서 박정희 정권은 비판적 논조를 보이는 신문들에 대한 탄압을 강화하였다.

1964년에는 한일회담에 반대하는 언론을 규제하기 위해 ‘언론윤리위원회법’의 제정을 시도하였다. 이에 언론계는 정부의 압력에 의해 일부 언론사주들이 미온적인 태도를 보였음에도 불구하고 기자들이 중심이 되고 시민단체들이 참여한 가운데 반대운동을 전개하여 결국 이 법의 시행을 보류시키고 말았다(채백, 2005, 144-164쪽).

이와 같이 ‘언론윤리위원회법’의 시행은 보류시켰으나, 이를 계기로 언론은 권력에게 서서히 굴복하기 시작했고, 이후 박정권은 서울의 3대 야당지를 갖가지 수단을 동원하여 굴복시켰다. 「경향신문」은 1965년도에 강제 경매처분의 형식으로 탈취하여 어용지로 만들었고, 「조선일보」에 대해서는 1968년 호텔 건설을 위한 현금차관이라는 특혜로 포섭하였으며, 마지막 남은 「동아일보」는 1968년 기사를 반공법 위반으로 몰아 편집진과 간부들을 구속하면서 굴복시키고 말았다(주동황 외, 1997). 이리하여 언론은 권력과 유착하게 되는 결과를 맞았다.

이후에도 박정희 정권은 언론인에 대한 연행이나 구속, 테러 등의 물리적 방법을 동원해 언론계에 공포 분위기를 조성하여 비판적 언론의 싹을 틔우기 어렵게 만들었다. 1960년대 후반부터는 정부 기관원이 언론사에 상주하면서 지면 편집에 직접 간섭함으로써 사실상의 사전 검열을 자행하였다.

1971년 12월 17일에는 문공부 장관의 공한에 대한 응답 형식으로 한국신문협회가 ‘언론자율정화에 관한 결정사항’을 공포하였다. 여기서 핵심적 내용은 프레스카드제의 실시이다. 이는 국가가 기자의 지격을 심사, 허가하고 나아가 기자의 동태를 파악하기 위한 장치로서 파시즘체제에서 전형적으로 나타나는 기자 통제의 방식이다. 이 제도의 실시로 지방주재 기자의 대폭적인 집단 해고가 이루어졌다. 이때에 모두 2,287명의 기자가 프레스카드를 발급받지 못해 해고되어 32.3%에 이르는 기자가 도태되었다. 또한 뒤에서 상술하겠지만 이 프레스카드제와 함께 지방 언론의 취재와 보급을 제한하는 조치도 이루어졌다(김해식, 1994, 123-137쪽).

1972년 유신체제로 들어서면서 박정희 정권의 언론 통제는 더욱 강화되었다. 언론의 비판을 봉쇄하는 데 그치지 않고 더 나아가 언론을 유신체제의 정당화와

홍보에 적극 동원하였다. 1972년과 1973년에는 언론통폐합을 실시하였다. 1972
년에는 3월 30일 「대구일보」가 폐간되었으며 4월 1일에는 「대구경제일보」가
경영난을 이유로 폐간되었다. 1973년에도 3월 28일 「한국경제일보」가 폐간된
것을 필두로 동화통신과 「대한일보」, 「호남매일」, 「AK뉴스」가 폐간되었다. 대
전의 「대전일보」와 「중도일보」는 「충남일보」로 단일화되었으며, 「전북일보」와
「전북매일」, 그리고 「호남일보」는 「전북신문」으로, 「경기일보」와 「경기매일」,
「연합신문」은 「경기신문」으로 통합었다.

　또한 이 시기에는 국회의원 정수의 3분의 1을 대통령이 추천하기로 되어 있는
헌법상 규정을 이용해 언론인들이 대거 정계로 진출하였다. 또한 1973년 3월
20일에는 정부 부처의 직제를 개정하면서 기존의 공보담당관을 공보관, 즉 대변
인으로 바꾸면서 직급도 격상시키고 그 자리에 언론계 인사를 대거 기용하였다
(김해식, 1994, 134-144쪽). 이처럼 언론인을 정관계로 진출시키는 제도는 언론
을 정권에 대해서 더욱 취약하게 만들었다.

2) 언론기업의 성장

　제3공화국 이후로는 경제성장과 언론에 대한 정부의 경제적 특혜정책에 힘입
어 각 언론사들이 기업으로서 비약적인 성장을 기록하게 되었다. 경제적 특혜의
가장 대표적인 것이 현금차관의 제공이었다. 현금차관을 당시의 일반적 이자율
보다 훨씬 저리로 제공받은 각 신문사들은 고속윤전기를 도입하고 사옥을 신축
하는 등 자본축적을 할 수 있는 기반을 마련하여 기업으로서 착실한 성장을
기할 수 있게 되었다(주동황 외, 1997). 그리하여 1960년대를 보면 이 기간 중
경제의 성장률은 연평균 8-10% 정도인 반면 언론기업들의 성장률은 평균 20%
정도로 나타나고 있다(한국사회언론연구회 편, 1996, 73쪽).

　이 시기 서울의 일간신문사들은 카르텔체제를 형성하여 이를 통해 소모적인
경쟁을 지양하고 공동의 이익을 위해 보조를 같이하면서 기업화의 길로 매진하
였다. 이 카르텔은 1962년 10월 13일에 결성된 한국신문발행인협회가 중심이
되었다. 이를 통해 신문사들은 구독료나 광고료, 증면 등에 공동 보조를 취하였

다. 박정희 정권은 이 카르텔의 형성을 방조함으로써 언론 통제의 주요 메커니즘으로 기능하게 되었다. 이를 통해 신문업계는 1966년 신문 용지난 타개를 위해 용지의 수입량을 대폭 늘리면서 그 관세율을 30%에서 4.5%로 파격적으로 낮추어 커다란 특혜를 제공하였다. 또한 시설과 운영 자금에 대한 은행 융자도 실시하여 군사정부 시절인 1962년에는 시중 금리가 연 48%임에도 불구하고 신문사들은 연 26%의 파격적인 조건에 융자를 받을 수 있었다. 1967년 초에는 이를 또다시 대폭 인하하여 연 18%로 조정하였다(김해식, 1994, 105-130쪽).

이와 같이 언론과 권력이 유착하고 언론기업의 성장이 이루어지면서 언론의 상업주의적인 경향이 심화되기 시작하였다. 1965년에 창간된 「신아일보」와 「중앙일보」는 처음부터 상업주의를 표방하고 나섰으며, 각 중앙지들은 1960년대 말부터 경쟁적으로 주간지를 창간하기 시작하면서 선정적인 주간지의 붐을 이루기도 하였다. 주간지 발행은 신문의 상업주의적 동기와 국민들에 대한 권력의 탈정치화 의도가 맞아떨어진 경우였다(한국사회언론연구회, 1996, 73쪽). 이렇듯 언론의 기업적 성장이 가속화되면서 권력과 언론의 유착관계는 더욱 심화되었고 언론의 독립과 자유는 구조적으로 더욱 취약해져 갔다.

3) 언론자유수호운동

언론이 자신들에게 주어진 본래의 사회적 역할은 도외시한 채 이윤 추구에만 몰두하자 언론에 대한 민중들의 비판적 인식은 높아만 갔다. 이러한 비판적 인식은 언론에 대한 불신으로 이어졌으며 급기야는 대학생들에 의해 언론 화형식이 치러지는 사태가 벌어지게 되었다. 1971년 3월 26일 학생들은 동아일보 앞에서 언론의 화형식을 치르고, 언론의 무기력과 타락에 대해 강력하게 경고하였다.

이러한 민중들의 불만 폭발은 언론현장에서 일하는 일선 기자들에게는 치명적인 자극이 되었다. 그리하여 1971년 4월 15일에 「동아일보」 기자들은 마침내 기자적 양심에 따를 것을 천명하여, 당국의 압력을 배격하고 기관원의 출입을 거부한다는 내용의 '언론수호선언'을 하기에 이르렀다. 이 선언은 다른 신문에도 직접적인 자극이 되어 서울의 모든 신문사와 방송사, 통신사 기자들이 뒤를 이어 언론자유수호선언을 하였으며 일부 지방의 신문들도 참여하였다.

4) 유신체제하의 언론

이렇게 시작된 기자들의 언론자유운동은 1970년대 전반을 통하여 단속적으로 이어졌다. 그리하여 1974년에는 보다 근본적이고 효율적인 투쟁을 위해 언론노조설립운동으로까지 발전되었다. 1974년 3월 「동아일보」 노조의 결성과 12월 「한국일보」 노조의 결성이 그것이다. 이러한 기자들의 언론 노조 결성 움직임은 정부와 회사 측의 탄압으로 실현되지는 못했지만 그해 10월의 제2차 언론자유실천운동의 밑거름이 되었다(채백, 2005, 190-191쪽).

한편 기자들의 이러한 운동에 대해 정부는 1971년의 비상사태선포와 1972년의 10월 유신, 그리고 이어진 긴급조치 등 강력한 억압정책으로 일관하였다. 특히 1974년에는 이 시기의 언론운동에 앞장서 온 「동아일보」에 대하여 광고탄압을 자행하였다. 광고주에 압력을 행사하여 「동아일보」에 광고를 싣지 못하도록 하였던 것이다. 이러한 정부의 극단적인 탄압에 민중들은 격려광고로써 언론자유수호운동을 지지하고 이에 동참하였다.

1970년대 초반 일선 기자들과 간부들에 의해 주도된 언론자유운동은 민중들의 지지와 후원을 받았으나 정부의 무자비한 탄압과 정부의 압력에 굴복한 언론사주들에 의해 1975년 「동아일보」와 「조선일보」의 기자들이 대량 해고됨으로써 막을 내리게 되었다. 이때의 언론인 대량 해고는 해직 언론인들이 중심이 된 '동아언론자유수호투쟁위원회'와 '조선언론자유수호투쟁위원회'를 낳았고 이 단체들에 의해 제5공화국기까지 언론운동이 전개되며 이는 또한 6월항쟁 이후인 1988년 「한겨레신문」이라는 진보적 신문이 출현하는 하나의 단초가 되었다.

언론자유수호운동이 막을 내린 이후 언론은 유신체제 내에서 안주하면서 권력의 시녀 역할을 하게 되었다. 비판적 논조가 사라진 차원에 머무는 것이 아니라 이 시기 언론들은 유신 체제의 정당성을 적극적으로 홍보하는 역할까지 하게 되었다. 또한 권력에 의한 경제적 특혜와 언론인들은 정부 각 부처의 공보관이나 유정회 국회의원 등 요직에 발탁함으로써 언론인들이 권력에 순응하는 경향은 더욱 강화되었다(한국사회언론연구회, 1996, 74-75쪽).

2. 박정희 정권기 부산 사회

1) 인구 현황

박정희 정권이 집권한 이후 한국 사회는 본격적인 산업화의 길로 들어서게 되었다. 도시를 중심으로 산업화가 이루어지면서 이농 현상과 인구의 도시 집중이 점차 심화되어 갔다. 특히 부산은 1963년 1월부로 직할시로 승격되었다. 박정희 정권이 정식으로 출범하기 전인 1962년 11월 14일 열린 최고회의 상임위원회는 행정구역 개편안을 확정지었는데, 이 안에 부산을 정부 직할시로 승격하며 권역은 경남 동래군의 구포읍과 사상면, 북면 및 기장면 송정리를 편입하며

〈표4-27〉 박정희 정권기 시도별 인구 현황

시도별	1960	1966	1970	1975	1980
	인구	인구	인구	인구	인구
전국	24,989,241	29,159,640	31,435,252	34,678,972	37,406,815
서울	2,445,402	3,793,280	5,525,262	6,879,464	8,350,616
부산	-	1,426,019	1,876,391	2,450,125	3,156,931
경기	2,748,765	3,102,325	3,353,272	4,034,707	4,930,335
강원	1,636,767	1,831,185	1,865,426	1,860,768	1,790,226
충북	1,369,780	1,548,821	1,480,338	1,521,348	1,423,381
충남	2,528,133	2,902,941	2,858,202	2,947,023	2,954,662
전북	2,395,224	2,521,207	2,431,892	2,455,093	2,286,720
전남	3,553,041	4,048,769	4,004,832	3,982,752	3,778,777
경북	3,848,424	4,472,895	4,555,866	4,855,852	4,952,012
경남	4,182,042	3,175,146	3,118,634	3,278,718	3,320,546
제주	281,663	337,052	365,137	411,486	462,609

* 자료 : 국가통계포털(http://www.kosis.kr)

다음 해인 1963년 1월 1일부터 시행하는 것으로 결정되었다. 부산을 직할시로 승격시키려는 움직임은 1949년 지방자치법이 제정될 때부터 부산 내에서 태동되었다. 그러나 서울특별시와 경상남도 측의 반대에 부딪쳐 난항을 겪었다. 1950년대 후반부터는 이를 범시민운동적 차원에서 전개해 오다가 5·16쿠데타 이후에 결실을 보게 된 것이다(부산직할시사편찬위원회, 1989, 1187-1188쪽).

이후 부산의 인구는 꾸준한 증가세를 유지하였다. 1963년의 직할시 승격과 함께 경남 일부 지역이 편입되면서 인구가 전년 대비 7.1%의 성장을 기록하였으며 1978년에도 행정 구역 개편으로 경남 김해 지역 일부를 편입시키면서 6.7%의 증가를 기록하였다(부산직할시사편찬위원회, 1989, 1257쪽). 그 외에도 1960년대와 1970년대의 부산 인구는 해마다 꾸준한 증가세를 유지하였다. 위의 표에서 보는 바와 같이 1966년 1,426,019명에서 1980년 3,156,931명으로 2.2배로 증가하였다.

2) 경제적 상황

주지하는 바와 같이 5·16쿠데타로 박정희가 집권한 이후 1962년부터 제1차 경제개발 5개년계획을 실시하면서 한국 사회는 본격적인 산업화의 길로 들어섰다. 이 경제 개발 초기 부산은 유리한 입지 조건 즉 항만과 교통의 요충지라는 점, 그리고 수출 산업의 기반이 있었기에 크게 발전할 수 있었다. 1966년부터 1976년까지를 보면 전국의 연평균 경제성장률은 9.0%인 반면 부산의 경제성장률은 연평균 13.0%로서 훨씬 높은 성장세를 보여 주었다(부산상공회의소 부산경제연구원, 1989, 934-936쪽).

이러한 조건 속에서 부산은 전국 경제에서도 중요한 비중을 차지하였다. 다음의 표는 박정희 집권 기간 중 부산 경제의 전국 비중 추이를 정리한 것이다. 인구의 비중도 1965년 4.9%에서 1980년 8.3%로 늘었지만 경제적인 면에서는 인구 비중을 상회하는 비중을 차지하였음을 알 수 있다.

반면 부산 제조업의 부가가치 비중은 이 기간 중 점차 감소해 왔다. 이는 부산 경제의 구조적 면과 깊은 연관이 있다. 부산의 산업이 대부분 합판과 신발,

〈표4-28〉 부산 지역 경제의 전국 비중 추이

	1965	1970	1975	1980
인구	4.9	5.7	7.0	8.3
제조업체수	9.8	8.6	11.1	11.8
제조업취업자	18.1	15.9	17.7	15.5
제조업부가가치	17.5	15.0	11.3	11.1
수출실적	21.4	26.3	24.1	18.2
예금은행 예금	11.0	10.4	10.3	8.8
예금은행대출금	15.1	8.6	9.1	8.6
어음교환액	–	12.0	10.4	15.6
시민총생산	7.0	9.4	9.5	9.4

주 : 1965년의 제조업 관련 지표는 1966년도 수치임
　　시민 총생산의 1990, 1995년 수치는 지역 총생산으로 계산한 것임
　　시민 총생산 1995년 수치는 1994년 것임
* 자료 : 부산시, 『부산경제지표』 1989 ; 부산상의, 『부산지역경제지표』 각년도에서 작성, 김석준(1997, 3쪽)에서 재인용

의류 등 노동집약적인 산업 위주이기 때문에 1968년경까지는 부산의 제조업이 전국 평균을 상회하는 급성장세를 보였지만 그후 전국 비중이 정체 내지는 감소하면서 부가가치가 감소하는 현상이 나타난 것이다(부산상공회의소 부산경제연구원, 1989, 939-940쪽).

제2절 박정희 정권기의 부산 언론

1. 5·16쿠데타와 부산 언론

1) 군사정부의 언론정책과 지역 언론

5·16쿠데타로 집권한 군사정부는 언론에 대해 대대적인 통제 조치에 나섰다. 전술한 바와 같이 1962년 6월 28일 군사정부는 '언론을 기업으로 육성하고 그 내용을 향상'시킨다는 요지의 새로운 언론정책을 공포하였다. 언론의 자유와

책임, 언론인의 품위와 자질, 언론기업의 건전성, 신문체제의 혁신, 언론 정화의 5개항으로 이루어진 이 언론 정책 기본 방침은 이후 박정희 정권 언론 정책의 핵심을 이루는 것이다. 언론의 자유보다는 책임과 품위를 강조하고 이를 위해 언론을 정화, 혁신하고 기업의 건전성을 제고한다는 것이다.

이어 그해 7월 30일에는 이 기본 방침을 보다 구체화하는 언론정책 시행기준을 발표하였다(「동아일보」 1962. 8. 1. 조간 1면). 이 시행기준은 당시 한국 언론에 즉각적인 변화를 초래하는 항목들이 다수 포함되어 있었다. 이중에는 지방 언론에 영향을 준 요인들도 다수 포함되었다.

먼저, 단간제와 증면이다. 당시 신문들은 대부분 조석간 체제로 발행되고 있었다. 부산의 신문들도 마찬가지였다. 그러나 군사정부의 이 규정에 의해 1962년 8월 13일까지 조간과 석간 중 택일하여 단간제로 운영하며 일요일에는 신문 발행을 하지 못하도록 하였다. 발행 면수에 대해서는 서울의 일간지는 하루 12면 이상, 인구 30만 이상 도시의 일간지는 하루 8면 이상, 기타 지역은 하루 4면 이상으로 규정하였다. 부산의 경우는 인구 30만 이상의 도시에 해당되어 하루 8면 이상을 발행해야 했다.

다음은 시설 기준이다. 이는 신문과 통신의 발행 자격을 일정한 수준의 인쇄 시설을 갖춘 자에게만 인정함으로써 시장 참여를 제한하는 것이었다. 뒤에 가서 상술하겠지만 이 시행기준에서 규정한 시설 기준은 서울특별시는 윤전기 3대 또는 매시간당 타블로이드 배대판 4면 기준 7만 부 이상 인쇄 능력의 윤전기 1대 이상 소유 신문사, 인구 30만 이상 도시는 윤전기 2대 또는 매시간 당 타블로이드 배대판 4면 기준 4만 부 이상 인쇄 능력의 윤전기 1대 이상 소유 신문사, 기타 지역은 윤전기 1대 이상을 가진 신문사로 정하였다. 이 기준에 미달할 경우는 60일 이내에 자체 정비 또는 통합한다고 공포하였다. 자세한 맥락은 후술하겠지만 이 규정에 의해 부산의 「민주신보」도 문을 닫고 만 것이다.

기자들의 급료 수준에 대해서도 기준을 정하였다. 서울의 언론사에 근무하는 경력 3년 이상의 중견 기자 봉급을 월 1만 원 이상으로 규정하였다. 인구 30만 이상의 도시에서는 20%를 감하고 기타의 도시는 30%를 감한 금액을 기준으로 정하였다. 이에 따라 부산의 언론사 3년 경력 기자의 월급은 1만 원 이상 확보해야 했다는 말이다.

다음은 지방의 언론에 가장 직접적인 영향을 준 규정으로서 지사와 지국의 취재 활동을 제한하였다. 지사나 지국에서 취재 활동을 지사장이나 지국장 혹은 본사의 특파원만이 할 수 있도록 제한한 것이다. 이는 후술하겠지만 한국전쟁 이후부터 특히 제2공화국기에 사이비 기자 문제가 사회적 이슈가 되었으며 지방의 경우 더욱 극심했기 때문에 나온 조치라고 보인다. 하지만 일제기부터 지사나 지국이 기자를 고용하여 자체 취재를 했던 것이 이 규정에 의해 불가능하게 바뀌면서 지방의 언론 활동을 위축시키고 말았다.

이러한 여러 가지 조치와 함께 언론사 경영 안정을 위해 시설 확장이나 운영에 필요한 자금을 융자해 주도록 하면서 채무 변제 기한을 완화시켜 주도록 하였다. 이 시행 기준은 한국 언론 전반에 대해서도 커다란 영향을 미치면서 언론 활동의 영역을 축소시키는 결과를 가져왔듯이 지방 언론에 대해서도 마찬가지로 활동을 위축시키는 결과를 초래하였다.

이렇듯 쿠데타 직후 2년여에 걸친 군사정부 시절 여러 가지 조치로 언론을 통제하여 1963년 2월경에 이르면 전국의 언론 매체 발행은 대폭 축소되는 결과를 낳았다. 다음의 표는 1963년 2월 1일 현재 전국의 정기간행물 현황을 정리한 것이다.

<표4-29> 군사정부 후기의 정기간행물 현황

지역	일간	일요신문	통신	주간	월간	기타	계
서울	12				155	69	283
경기	3			34	2	1	6
충북	1				2		3
충남	2						4
전북	3				3	2	7
전남	4	1	12			1	5
경북	4					1	14
경남	4				5	4	14
강원	1			1	8	2	1
제주	2						2
계	36	1	12	35	175	80	339

* 자료 : 「신문편집인협회보」 제8호(1963. 4. 5.)

표에서 보는 바와 같이 1963년 2월 1일 당시 전국에 339개 정기간행물이 발행되고 있었다. 이는 앞에서 제2공화국기를 서술하면서도 논한 바와 같이 1961년 2월 말 당시 전국에서 1,475개 정기간행물이 발행되었던 것과 비교하면 1,100개가 넘는 간행물이 사라져 23.0%의 수준에 불과할 정도로 시장이 축소되었다. 일간지의 경우를 보면 112개에서 36개로 줄어 32.1% 수준에 불과하다. 특히 주간잡지가 469종에서 35종으로 434종이 폐간되어 7.5% 수준으로 축소되었음을 알 수 있다.

이 자료에서 특히 주목할 것은 군사정부의 언론 통제 조치를 거치면서 서울 집중이 현저하게 나타나기 시작했다는 것이다. 물론 과거에도 서울이 가장 많은 정기간행물을 발행하는 지역이기는 했지만 위의 표에서 보는 바와 같이 전체 339종의 정기간행물 중 283종이 서울에 집중되어 83.5%라는 압도적 비중을 차지하게 되었다. 일요신문과 통신은 100% 서울에만 집중되었으며 주간잡지도 경북에서 1종이 발행될 뿐 나머지는 전부 서울에서 발행되었다.

이러한 결과는 군사정부가 시설 기준 등을 적용하여 신문을 통폐합함으로써 자본력과 시장 규모 등 여러 면에서 유리한 조건에 있는 서울의 매체들이 상대적으로 많이 살아남았으며 지방의 매체들은 더 많이 사라져 갔음을 알 수 있게 해 준다.

2) 언론인 체포령과 구속

5·16 직후 혁신계 인사, 대학 교수와 함께 언론인들에게도 체포령이 내려졌다. 「부산일보」와 「국제신문」의 주필과 논설위원들에 대한 체포령이 내려져 「부산일보」의 황용주(黃龍珠) 주필과 박두석(朴斗錫), 김정한(金廷漢), 최종식(崔鍾軾) 논설위원, 그리고 이상우(李相佑) 편집국장이 체포되었다. 이들 중 박두석과 최종식 두 사람이 구속되었으며 황용주 주필과 이상우 편집국장은 휴직처분되고 최세경 상임 논설위원과 김정한 손풍산(孫楓山), 최종식 논설위원이 해임 조치되었다. 휴직했던 황용주 주필과 구속되었던 박두석, 최종식 논설위원은 60여 일간 조사를 받고 풀려나 황주필은 1962년 7월에 부산일보 사장 겸

주필로, 박 논설위원은 편집국장으로 복귀하였다. 황사장은 김정한 전 논설위원을 상임 논설위원으로 발령했다(부산일보사, 1996, 271-273쪽).

「국제신보」도 이병주 주필과 변노섭 논설위원이 체포, 구속되었다. 변노섭 위원이 체포된 것은 5월 19일이며 이병주도 비슷한 시기에 체포된 것으로 보인다(국제신문사, 1997, 151쪽). 이들에게는 경남 교원노조의 고문을 맡고 중립화 통일 및 남북한 학생회담을 지지, 동조하는 등 반국가행위를 하였다는 혐의가 적용되어(「동아일보」 1961. 11. 17. 석간 2면) 그해 12월 7일 징역 10년을 선고받았다. 이병주는 「새벽」이라는 잡지의 1960년 12월호에 실린 '조국의 부재'와 1961년 4월 25일에 발간된 『중립의 이론』이란 책자 서문의 일부 표현을 문제 삼았으며 변위원도 『중립의 이론』과 여러 집회에서 행한 연설을 문제 삼았다고 한다(국제신문사, 1997, 151쪽).

한편 「국제신보」 사원 일동은 이들에게 관대한 처분을 바란다는 진정서를 혁명재판소에 제출하였다(「동아일보」 1961. 12. 8. 조간 3면). 이들은 다시 대법원에 상고하였으나 1962년 2월 2일 대법원으로부터 상고 기각 판결을 받아 징역 10년의 형이 확정되었다(「경향신문」 1962. 2. 2. 석간 2면). 이들은 부산교도소에서 형을 살다가 1964년에 민정 이양 후 특별사면으로 풀려났다(국제신문사, 1997, 151쪽).

또한 부산일보사에는 병역기피자에 대한 직장 추방령에 따라 1961년 6월 30일자로 20명의 편집국원이 휴직 처분되었으며 40여 명은 감봉 처분을 받았다(부산일보사, 1996, 905쪽). 제2공화국 시절인 1961년 연초부터 정부는 병역미필자를 공직에서 축출한다는 방침을 정하고 1961년 1월 20일 전국의 공무원 640명을 해임 조치하였다(「동아일보」 1961. 1. 22. 조간 3면). 5·16 후에 군사정부가 이를 더욱 확대하여 공무원들에게도 추가로 해임 조치를 취하여 6월 중순경까지 전국에서 2만 명의 공무원이 옷을 벗었으며(「경향신문」 1961. 6. 18. 조간 1면) 사법부, 교사 등 공직의 각 분야로 확대 실시하였다(「경향신문」 1961. 6. 19. 3면, 6. 22. 2면). 이러한 조치가 언론계에도 적용되어 부산일보사의 많은 직원들이 휴직, 감봉 등의 조치를 받았던 것이다.

3) 사이비 기자 단속

한편 1961년 5월 말에는 이른바 사이비 기자에 대해 철퇴가 가해졌다. 이 사이비 기자 문제는 전술한 바와 같이 한국전쟁기부터 사회문제시되었으며 특히 제2공화국기에는 심각한 사회문제로 정치권에서 심각하게 거론되기도 할 정도였다. 「경향신문」은 1961년 3월 17일자 사설에서 '언론의 정화와 그 문제점'이라는 제목으로 이 문제가 특히 지방에서 매우 심각하다고 지적하였다.

5·16쿠데타에 성공한 직후부터 계엄사는 사이비 기자 구속에 나섰다. 5월 26일 전방 계엄사령부가 강원도 지역 관내에서 사이비 기자 70명을 구속(「동아일보」 1961. 5. 27. 석간 2면)한 것을 시초로 각 지역에서 사이비 기자 구속이 줄을 이었다. 당시 내무부장관은 1961년 6월 3일에 열린 기자회견에서 당면 문제에 대해 언급하며 사이비 기자 문제에 대해서도 일반 기자와 구분하여 '철저히 단속'하겠다는 방침을 밝혔으며(1961. 6. 3. 석간 3면) 6월 5일에는 심홍선 공보부장도 언론의 협조를 당부하는 담화를 발표하며 "사이비 언론인의 행패는 반국가적인 것"이라면 엄벌 방침을 밝혔다(「동아일보」 1961. 6. 5. 석간 1면).

당시 부산과 경남 지역에서도 사이비 기자 검거 선풍이 불었다. 5월 30일 경남 경찰국은 사이비 기자 20명을 트럭에 태우고 '나는 공갈기자입니다'라는 플래카드를 내걸고 20명 모두 등에 자기 이름과 '공갈기자'라고 써붙이고는 시내를 일주한 후 계엄사무소 고등군법회의에 인계했다고 한다(「조선일보」 1961. 5. 31. 조간 2면). 부산과 경남 지역에서는 총 120명이 구속되어(부산직할시사 편찬위원회, 1991, 577-578쪽) 이들 중 20명에 대해서 공갈, 사기 등의 혐의로 최고 10년 최하 1년의 실형이 선고되었다(「조선일보」 1961. 6. 2. 조간 2면).

이러한 사이비 기자 문제 때문에 군사정부는 1962년 6월 28일에 언론정책 기본방침 5개항과 세부방침 20개항을 발표하면서 세부방침 제20항으로 무보수 기자의 채용과 존속을 엄금한다고 규정하고 기본 방침 제5항의 '언론정화' 조항에서 "언론인의 과거를 일절 불문에 붙이되" 새로운 부정과 비행, 과거 부패 언론인이 다시 비행을 저지를 경우는 더욱 엄격히 의법 조치한다고 규정하였다 (「동아일보」 1962. 6. 29. 석간 1면). 7월 30일에 공표된 언론정책 시행기준에서 전술한 바와 같이 지사, 지국의 취재 활동을 제한한 것도 바로 이 사이비 기자의 발생 소지를 차단하자는 의도라고 볼 수 있겠다.

4) 「부산일보」의 소유권 강탈

5·16쿠데타로 박정희가 집권한 직후 「부산일보」는 커다란 변화의 소용돌이를 맞게 되었다. 사장 김지태는 1962년 6월 20일 부산일보와 부산문화방송, 한국문화방송의 주식 전부와 부일장학회 운영권, 그리고 부산 서면 일대의 토지 10만 평을 포기한다는 각서에 서명하였다. 그러나 이는 당시 박정희의 지시에 의해 중앙정보부가 나서서 강압적인 분위기 속에서 이루어진 것이었다. 이 자산을 모태로 하여 5·16 장학회가 출범하였으며 이 장학회가 「부산일보」와 문화방송의 소유주로 부상하게 된 것이다.

1961년 5월 16일의 거사를 앞둔 그해 3월 부산의 2군 부사령관으로 있던 박정희는 대구사범 동창이던 당시 「부산일보」 주필 황용주를 통해 「부산일보」 사장 김지태에게 거사 자금 500만 환을 구해 달라고 요청하였다는 것이다. 그러나 무슨 이유 때문인지 황용주는 이 말을 김지태에게 전하지 않았다고 한다. 조급했던 박정희는 이후 「부산일보」 사장실을 직접 찾아갔으나 김지태를 만날 수 없었다는 것이다(「시사저널」 771호, 2004. 7. 27 http://www.sisapress.com/news/articleView.html?idxno=6087 2011 8. 10.). 이것이 빌미가 되어 이른바 괘씸죄로 「부산일보」는 5·16쿠데타가 성공한 이후 엄청난 불이익을 당하게 되었던 것이다.

5·16쿠데타 주체 세력은 부정축재자를 조사하면서 김지태를 압박해 들어갔다. 6월 15일 국가재건최고회의 부정축재조사단이 발표한 제3차 조사 결과에 김지태는 정치자금 5천 100만 환을 제공하였다는 혐의로 포함되었다(「동아일보」 1961. 6. 16. 석간 1면). 이후 6월 23일까지 주어진 자수 신고 기간에 총 57명이 자진 신고하였는데, 김지태도 여기에 포함되었다(「경향신문」 1961. 6. 25. 조간 1면). 이때에 김지태는 구속되었다가 1차 조사를 받고는 6월 30일에 1차 석방된 9명의 명단에 포함되었다(「부산일보」 1961. 7. 1. 조간 1면).

계속된 조사에서 김지태의 부정축재 금액은 조세 포탈도 추가되면서 더 늘어나 8월에 발표된 최종 금액은 9억 2천만 환으로 발표되었으나(「경향신문」1961. 8. 13. 석간 1면) 이후 최고회의 측은 축재 금액을 대부분 탕감해 주었는데 김지태도 최종 확정된 것은 4억 환이었다. 이때 부정축재자로 발표된 국내 기업인들은 7월 17일 경제재건촉진회를 구성하였는데 김지태도 감사로 참여하였다(「경향신문」1961. 8. 15. 조간 1면).

이렇게 일단락되는 듯했으나 1962년 들어 다시 김지태를 압박하기 시작했다. 이를 위해 당시 중앙정보부 부산지부는 치밀하게 사전 조사를 하였다고 한다. 과거 김지태가 거느리고 있던 사람들이나 개인적 원한을 품은 사람들까지 물색하여 치밀하게 방증을 수집하였다는 것이다(「국제신보」1964. 5. 2. 7면).

1962년 3월 28일 중앙정보부 부산지부는 부산일보사의 김지태 사장과 윤우동 전무를 비롯하여 부일장학회 및 한국생사, 조선견직의 관계자 11명을 입건하였다. 이중 김지태에게 적용된 혐의는 부정축재처리법 위반과 국내재산해외도피방지법 위반 등 9개 항목에 걸친 것이었다(「동아일보」1962. 3. 29. 3면).

김지태의 부인도 해외여행에서 돌아올 때 시가 100만 원 상당의 다이아몬드를 신고 없이 가져왔다는 이유로 구속되었다. 당시 김지태는 일본에 체류 중이었다. 김지태는 자신에 대한 조사가 은밀히 진행되는 것을 알고 일본으로 피신차 출국하였던 것이다. 이에 정보부는 김지태의 측근을 통해 회유하여 귀

〈사진4-24〉 김지태 사건의 비화를 다룬 「국제신보」의 '흘러간 비화' 제1회(1964. 5. 2.)

국을 종용하고는 귀국과 함께 구속한 것이다(「국제신보」 1964. 5. 2. 7면).

이어 1962년 5월 24일 경남지구 계엄고등군법회의는 김지태에게 징역 7년을, 김지태의 부인 송혜영에게는 벌금 1,600만 환, 윤우동에게는 5년 등 관계자 9명에 실형을 구형하였다(「동아일보」 1962. 5. 25. 3면). 그러나 얼마 뒤인 6월 22일에 경남지구 계엄고등군법회의의 검찰관은 피고 전원에 대한 공소를 취하하였다. 취하 사유는 "피고 전원이 그들의 죄상을 뉘우치고 경제개발계획 등 혁명대열에 적극 참여할 가능성이 보이기 때문"이라는 것이다(「동아일보」 1962. 6. 23. 3면).

그러나 군법회의 검찰의 구형이 있던 약 한 달 뒤인 6월 20일에 전술한 바와 같이 언론사 등의 재산을 포기하고 국가에 헌납한다는 각서에 서명을 한 것이다. 그 바로 이틀 뒤에 공소 취하가 이루어진 것이다. 이 사실에 대해 김지태(1976, 202-203쪽)는 자신의 자서전에서 다음과 같이 언급하였다.

소내에서 측근 모씨로부터 내 기업체 중 문화사업체에서 손을 떼라는 말을 들었다. 내가 끝까지 결백을 주장하고 맞서는 경우를 생각해 보니 나 개인보다도 우선 산하 기업체 간부들이 희생을 당하는 데다가 기업경영이 엉망이 되어 수천 종업원이 실직하게 될 것이 안타까웠다. 신문사나 방송국은 공영사업이므로 누가 경영하든 이 나라 메스컴 발전에 이바지 할 수만 있다면 된다는 심정으로 협상에 응할 심산이 섰다. 그러나 구속된 조건 아래 그런 서류를 작성한다는 것은 옳지 못하니 석방된 연후에 약속을 이행하겠다고 버티었으나 막무가내하로 어느날 작성해 온 각종 양도서에 강제로 날인이 이루어진 것이다.

수감 중 '측근 모씨'로부터 처음 그 말을 들었다는 것이다. 사후에 밝혀진 바에 따르면 당시 박정희의 직접 지시에 의해 당시 중앙정보부 부산지부장이던 박용기가 실제 과정을 주도했다고 한다. 박용기의 증언에 의하면 박정희가 1962년 연초에 만난 자리에서 김지태를 조사하라고 직접 지시했다는 것이다. 당시 박정희는 김지태에 대해 '「부산일보」 및 문화방송을 미끼로 부정축재 및 탈세

자'이며, '혁명사업에 비협조적'이라는 인식을 가지고 있어 '철저하게 조사'하라
고 지시했다는 것이다(「한겨레」 2004. 8. 16. 1면).

몰수된 김지태의 재산 중 서면의 토지는 국방부에 무상으로 양도하였으며 나
머지 재산을 바탕으로 1962년 7월에 5 · 16장학회를 설립하였다(http://www.oh
mynews.com/NWS_Web/view/at_pg.aspx?CNTN_CD=A0000269761.　2011.
8. 10.). 5 · 16장학회는 부산일보사가 운영하던 부일장학회를 개편하는 형식으
로 부산일보사와 부산문화방송, 한국문화방송의 전 주식을 기부받아(부산일보
사, 1996, 598쪽) 1962년 7월 7일 창립총회를 개최하여 이사장 이관구(李寬求)와
윤일선(尹日善) 등 7명의 이사를 선임하고는 발족하였다(「부산일보」 1962. 7.
8. 조간 3면). 이로써 김지태는 1962년 7월 22일자로 「부산일보」와 부산문화방송
사장직을 사임(「부산일보」 1962. 7. 22. 석간 1면)하고 「부산일보」 후임 사장에
는 1962년 7월 31일 황용주가 취임하였다.

〈사진4-25〉 소유권 변동과 김지태 사장 사임을 알리는 「부산일보」(1962. 7. 22.) 사고

이와 같은 소유권의 변화는 지면에도 영향을 미쳐 「부산일보」는 이후 독자들
로부터 '여당지'라는 평가까지 받게 되었다(부산일보사, 1996, 626쪽.). 5 · 16장
학회 소유가 되어 버리고 나니 박정희 정권에 대한 비판과 견제는 전연 기대하기
힘든 관계가 되어 버렸던 것이다.

5) 「민주신보」의 폐간

　5·16 쿠데타와 함께 해방 이후 부산에서 「중보」라는 제호로 가장 먼저 창간된 「민주신보」가 문을 닫게 되었다. 1961년 5월 16일의 쿠데타에 성공하자마자 군사정권은 언론에 대한 정비에 착수하였다. 5월 23일의 국가재건최고회의 포고 제11호를 공포하여 신문과 통신의 발행자격을 제한하였다. 이 포고의 내용은 네 가지였다. 첫째, 신문을 발행하려는 자는 신문 제작에 소요되는 제반 인쇄 시설을 완비한 자에 한하며 둘째, 통신을 발행하려는 자는 통신 발행에 필요한 송수신 시설을 구비하여야 하고 셋째, 등록 사항을 위반한 정기 및 부정기 간행물은 이를 취소하며 넷째, 신규 등록은 당분간 접수하지 않는다는 것이었다(정태진 편, 1961, 29쪽).

　이어 5월 28일에는 공보부령 제1호를 발표하여 시설 기준을 구체화하고 이에 따라 존속할 언론사의 명단을 발표하였다. 이 내용을 보면 신문사의 시설 기준은 서울과 지방을 구분하였는데, 서울 소재 신문사는 '윤전기 및 조판시설', 지방 신문사는 '활판 인쇄기 및 조판 시설을 갖추어야만 신문을 발행할 수 있도록 규정하였다. 이에 따라 시설기준을 갖추지 못한 언론사가 일제히 정비되었다. 신문은 중앙지가 49개, 지방지가 27개 등 76개사가 사라졌고, 통신은 305개, 주간지가 453개 없어졌다. 살아남은 언론기관은 신문사 중 중앙지가 15개, 지방지가 24개였으며, 통신사가 중앙의 11개, 주간지가 중앙의 31개, 지방의 1개였다. 이 조치는 계속 발간할 수 있는 언론사의 명단도 함께 공표하였다. 여기에는 부산의 3개 신문사 즉 「부산일보」, 「국제신보」, 「민주신보」가 포함되었다(정태진 편, 1961, 66-68쪽).

　군사정부는 1962년에 들어 6월에 전술한 '언론을 기업으로 육성하고 그 내용을 향상'시킨다는 것을 요지로 하는 언론정책의 근간을 발표한 데 이어 7월 30일에는 언론정책 시행 기준을 발표하였다. 이 시행 기준은 민정 이양 직전에 공포된 <신문·통신 등의 등록에 관한 법률>의 근간을 이루는 것으로서 이때에는 이미 박정희 정권 언론 정책의 핵심적 골격이 마련된 것이다(김해식, 1994, 100-102쪽). 전술한 바와 같이 이 시행 기준에서 시설 기준을 다시 구체화하면서 더욱 강화시켰다. 이에 따라 부산은 인구 30만 이상 도시에 해당되어 윤전기 2대 또는 매시간당 타블로이드 배대판 4면 기준 4만 부 이상 인쇄 능력의 윤전기 1대 이상 소유 신문사로 규정되었다. 이 기준에 미달할 경우는 60일 이내에 자체 정비 또는 통합한다고 공포하였다.[22]

「민주신보」는 바로 이 조항에 의해 폐간해야 했던 것이다. 부산의 경우 인구 30만 이상의 도시에 해당되어 그 기준에 미달됨으로써 「민주신보」는 이 시행 기준 발표 직후인 1962년 8월 1일자를 발행하고는 자진 폐간의 형식으로 폐간한 것이다. 「조선일보」 1962년 8월 1일자 석간은 1면 하단에 '민주신보 자진폐간'이 라는 2단의 제목으로 다음과 같이 보도하였다

> 부산에 있는 동업 민주신보는 지령 5천6백33호로써 1일 상오 석간을 마지막으로 자진 폐간했다. 동신문은 1945년 9월 1일자로 발간한 이래 16년 11개월 간 꾸준히 사회의 목탁 역할을 다해오다가 1953년 12월 27일 부산역적 대화재로 시설을 소실당한 이래 사세를 만회하지 못해 이번 정부의 언론시책 발표와 동시에 시설을 갖출 능력이 없어 자진 폐간한 것이다.

앞서 조석간 6면을 발행해오던 「민주신보」는 1961년 10월 1일부터 석간 4면만을 발행하기 시작하였다(「동아일보」 1961. 10. 1. 3면). 재정난 때문에 지면도 축소하여 발행했던 것이다. 또한 1962년 3월에는 「민주신보」 지면에 실린 기사 때문에 기자가 구속된 사건도 발생하였다. 3월 22일자 석간 3면에서 '실패한 무기여 잘가거라'는 제목으로 일본에 무기를 밀수출하려다 검거된 사건을 보도한 기사를 문제 삼아 이 신문사 취재부장 박권흠(朴權欽)과 중부산경찰서 출입기자 김응제(金應濟) 두 사람을 최고회의령 제15호 및 포고령 1호 위반 혐의로 구속하였다(「조선일보」 1962. 3. 25. 조간 3면). 두 사람은 29일로 훈방되었다(「조선일보」 1962. 3. 31. 조간 3면).

---

22) 이 시설 기준은 자본력을 갖춘 집단들에게만 신문을 발행할 수 있도록 함으로써 새로운 시장 참여를 제한하는 진입 장벽이 되어 1992년 위헌 판결을 받아 폐기될 때까지 한국 언론의 발전을 제약하는 규제 요인이 되었다.

이렇게 어려움을 겪던 「민주신보」가 군사정부의 언론정책 시행 기준이 발표되자마자 자진 폐간을 선언하고 간판을 내리고 말았던 것이다. 형식은 '자진 폐간'이었지만 폐간하지 않을 수 없는 상황이었던 것이다. 이로써 해방 직후 부산에서 「중보」라는 제호로 가장 먼저 창간되어 「민주중보」를 거쳐 「민주신보」라는 제호로 부산의 언론계를 주도해 오던 대표적 신문이 문을 닫게 되었다. 그리하여 부산에서는 「국제신보」와 「부산일보」의 양 신문 체제로 들어서게 되었다.

6) 단간제 실시

1962년 7월 30일에 발표된 언론정책 시행 기준의 단간제 조항에 따라 전국의 언론사들은 2주 뒤인 8월 13일까지 양자 택일의 정책 결정을 해야 했다. 부산의 두 신문도 예외일 수 없었다.

「국제신보」는 군사정부의 이 언론 정책에 발빠르게 대응해 갔다. 단간제로 전환하도록 규정한 언론정책 시행기준이 7월 30일에 공표되기 이전인 7월 24일부터 「국제신보」는 석간제를 선택하고 시행에 들어갔다. 이는 당시로서 전국 최초였다(국제신문사, 1997, 155쪽). 「국제신보」가 이처럼 세부 지침이 공표되기도 전에 단간제를 선택한 것은 그 전달인 6월 28일에 공표된 언론정책 기본방침의 4번째 조항 '신문체제의 혁신' 항목에서도 이 내용이 포함되어 있기 때문에 가능했던 것이다. 즉 기본방침의 발표를 보고 시행기준이 공표될 것을 예측하여 미리 단간제를 선택했던 것이다. 이 언론정책 기본방침의 4번째 항목은 "보도 편중의 현 신문체제에서 탈피하고 대중계몽과 교양을 위한 대폭 증면 편집으로써 신문 체제의 일대 혁신을 기하며 일방 조석간겸발행의 경향을 조절하여 조간지, 석간지의 전문사 육성을 기함으로써 신문증면과 더불어 내용의 충실을 기한다"고 규정하였다.

이를 보고 「국제신보」는 7월 24일부터 석간제를 도입했던 것이다. 그 날짜 1면에서 사고를 통해 「국제신보」는 그 배경을 다음과 같이 설명하였다.

(전략) 정부에서는 이러한 비정상적인 신문사 운영을 바로잡기 위해 단간제 발행을 권장하는 언론정책을 발표하고 불일 이에 대한 세칙을 공표하리라는 것도 독자 제현이 잘 알고 계시는 그대로입니다. 폐사에서는 지금까지 걸어온 정상적이 못된 신문사 운영을 정상화시키는 뜻에서 정부의 방침을 그대로 받아들여 세칙 발표에 앞서 오늘(24일)부터 석간 전문지(8면)로서 단간발행을 결정코 첫 신문을 독자 제현께 보내 드리는 바입니다. 타지도 불일 단간발행을 보게될 것입니다만 폐사가 타지에 앞서 첫 스타트를 하게 된 것입니다. (중략) 석간이라하면서 실로 畫刊을 내고 있던 비정상적인 종전의 석간과는 달리 그날의 뉴스를 남김없이 담을 수 있도록 편집 마감시간을 늦추어 부산 시내 독자에게는 하오 6시부터 7시, 지방 독자에게는 원근에 따라 제날 밤이나 익일 새벽에 배달될 수 있도록 할 것입니다.

신문사 운영을 정상화한다는 명분으로 정부의 시책에 호응하여 석간제를 일찍 도입한다고 공지하고 있다. 특히 석간제로 전환하면서 마감 시간을 늦추어 배달이 늦게 되더라도 그날의 뉴스를 최대한 반영하겠다는 방침을 밝히고 있다.

한편 「부산일보」는 이보다 늦은 8월 20일부터 석간제를 도입하였다. 「부산일보」는 언론정책 시행기준이 제시했던 시한인 8월 13일보다도 1주일 늦게 석간 8면제를 도입한 것이다. 「부산일보」는 8월 13일자 석간 1면의 사고를 통해 8월 20일부터 석간 단간제를 실시한다고 공지하였다. 단간제와 함께 2판제를 시행하였다. 1판은 지방판으로서 지방과 가두판매, 2판은 시내판으로 구분하여 발행하기로 한 것이다(「부산일보」 1962. 8. 20. 석간 1면).

이어 「부산일보」는 단간제 시행 전날인 8월 19일자 석간 1면의 사고를 통해 단간제를 실시하는 대신 9월부터 실시될 부산문화방송의 프로그램 개편 시에 '부일뉴스' 시간을 늘려 방송함으로써 시민들의 정보 욕구에 부응하겠다는 방침을 밝혔다. 하루 6회 즉 오전 6시 55분과 8시 55분, 11시 55분, 오후 12시 55분과 5시 55분, 9시 50분에 부일뉴스를 방송하기로 한다는 것이다. 이 공지가 나가던 당시는 부산문화방송의 뉴스 프로그램은 하루 4회 오전 6시 50분과 11시 55분, 오후 5시 55분과 10시 30분에 방송되었다(「부산일보」 1962. 7. 14. 조간 2면).

즉 하루 4회 방송하던 것을 하루 6회로 시간을 늘려 방송하겠다는 것이다.

이로써 부산의 두 신문은 모두 석간을 선택한 것이다. 당시 이렇게 석간을 선택하게 된 것은 중앙지의 지방판이 그 전날 인쇄되어 대부분 아침에 배달되기 때문에 이와 차별화하기 위한 것이었다고 볼 수 있겠다.

7) 1960년대 초반의 신문 보급 현황

다음으로는 5·16쿠데타를 전후한 1960년대 초반의 신문 보급 현황을 살펴보기로 하자. 1960년대 초에는 공보부가 전국의 신문 보급 현황을 조사한 자료가 남아 있어 당시의 보급 상황을 알 수 있게 해 준다. 다음의 표는 1961년도 전국 도별 및 경남 지역의 신문 보급 현황을 정리한 것이다.

〈표4-30〉 1961년도 전국 신문보급 실태

시도	합계	조선	동아	경향	한국	민국	서울일일	기타중앙지	지방지	일본신문	외국신문
총계	747,256	102,591	179,825	61,681	134,281	1,178	1,068	6,173	187,278	875	2,306
서울	204,313	35,952	73,091	18,687	52,574	10,402	8,056	2,352	1,192	451	1,556
경기	72,436	15,818	22,733	7,262	16,624	2,725	3,625	889	2,608	12	140
충북	22,975	4,191	4,301	2,563	5,586	1,673	2,132	518	1,986	4	21
충남	47,838	9,772	8,461	5,593	9,864	2,898	3,354	1,469	6,281	93	53
전북	43,709	5,874	7,855	3,048	7,858	2,270	2,544	1,997	12,168	18	77
전남	55,044	5,752	10,200	4,008	11,098	2,544	2,257	1,432	17,648	69	36
경북	92,957	5,685	16,377	5,477	7,502	3,179	2,904	2,076	49,574	45	138
경남	147,715	6,703	26,717	8,954	7,946	2,841	2,945	3,448	87,734	179	248
강원	54,579	12,634	9,203	5,414	13,931	2,606	3,099	1,762	5,892	4	23
제주	5,690	210	887	675	1,298	40	152	230	2,195	-	3

* 자료 : 공보부 조사국(1961, 9쪽)

1961년 당시 전국적으로 747,256부가 보급되고 있었으며 경남은 147,715부로서 전체의 19.8%를 차지하고 있다. 전술한 1960년경 인구 현황에서 경남 인구가 전국의 16.7%를 차지하고 있던 사실을 고려하면 경남의 신문 보급은 인구 비중을 상회하는 높은 비율이라고 할 수 있다. 당시의 가구당 보급률을 보아도 전국의 경우 천 가구당 170가구임에 비해 경남은 200으로서 전국 평균을 상회하는 보급률이었다(국가통계포털 http://www.kosis.kr/).

당시 서울에서 발행되던 신문들의 보급 부수는 「동아일보」가 가장 많았으며 그 뒤 「한국일보」와 「조선일보」, 「경향신문」의 순이었는데, 경남 지역을 보면 지역신문이 87,734부로서 전체의 59.4%를 차지하고 있다. 다시 말해 중앙지들보다도 지역지가 더 많이 보급되고 있었다는 말이다. 물론 당시 경남 지역의 일간신문 발행 현황은 앞에서 살펴본 바와 같이 1959년에는 6종이었다가 1963년이면 4종으로 줄어든다. 줄어든 2종은 부산의 「자유민보」와 「민주신보」이다. 표에서 제시된 1961년도이면 「자유민보」가 폐간한 이후이며 「민주신보」는 폐간하기 전 해이다. 따라서 1961년 부산에서 발행된 일간신문은 5종이었던 사실을 고려하면 당시 경남 지역 신문의 보급은 1개사 평균 17,500부를 상회하는 수치이다.

또한 이 시기까지만 하더라도 중앙지보다도 지역 신문의 보급이 더 활발하였다. 중앙지의 경남 지역 보급 부수를 전부 합쳐도 59,554부로서 지역 신문의 보급 부수의 67.9%에 불과하다. 당시 중앙지의 경남 지역 보급을 보면 「동아일보」가 이 지역에서도 26,717부로 가장 많았으며 다음은 「경향신문」이 8,954부였다. 그 뒤를 「한국일보」와 「조선일보」가 잇고 있다. 「경향신문」이 전국 보급에서 4위였던 사실과 비교하면 경남 지역 보급이 상당히 높은 편임을 알 수 있다. 도별로 보아도 호남 지역을 제외한 전 지역에서 1위는 「동아일보」이지만 「경향신문」이 2위를 차지한 것은 경남 지역이 유일했다.

자유당 정권기 대표적 야당지였던 「경향신문」은 1959년에 폐간당했다가 4·19혁명 직후인 1961년 4월 27에 복간되었다. 이 공백으로 말미암아 보급에 커다란 타격을 받았던 것이다. 하지만 경남 지역에서는 「동아일보」에 이어 2위를 차지한 것을 보면 그만큼 경남 지역의 야당 성향이 높았음을 보여 주는 것이라고 하겠다.

또한 경남 지역의 신문 보급에서 일본 신문의 보급이 타 지역에 비해 상대적으로 많았던 점도 특기할 만하다. 표에서 보듯이 서울이 절반 이상을 차지하고 있지만 그 다음으로는 경남이 다른 도에 비해 많은 부수가 보급되고 있었다. 이는 부산과 경남 지역에서 당시 일본 방송을 청취하고 있었던 사실과도 연관이 있는 것으로 볼 수 있겠다.

아래의 표는 공보부가 1963년도에 전국신문실태를 조사한 결과이다. 전국의 신문 보급 부수는 790,261부로서 1961년에 비해 4만 3천 부 가량 증가하여 5.8%의 증가율을 보였다. 이때에는 부산이 직할시로 독립함으로써 부산과 경남이 따로 제시되어 있다. 부산과 경남을 합한 보급 부수는 128,215부로서 19,500부가 줄어 13.2%의 감소율을 기록하였다. 이러한 감소는 군사정부 시절에 이루어진 언론통폐합으로 여러 신문들이 폐간됨에 따른 결과로 볼 수 있겠다.

〈표4-31〉 1963년도 전국 신문보급 실태

시도	합계	조선	동아	경향	한국	서울	대한	각 지방지	일본 신문	외국 신문	일요
총계	790,261	108,349	183,510	68,890	140,776	48,740	17,532	193,651	864	1,207	11,553
서울	223,658	39,579	81,772	19,497	56,704	12,312	4,786	444	428	635	2,673
부산	73,033	1,570	10,503	1,898	2,878	970	324	53,581	155	116	231
경기	76,286	15,874	20,799	7,746	18,213	4,907	1,132	4,557	24	53	1,549
강원	59,898	14,415	7,541	5,529	13,294	4,416	2,105	10,777	6	18	932
충북	29,750	5,474	4,064	3,544	5,696	3,642	1,360	4,374	11	50	761
충남	44,260	8,638	7,254	5,714	8,111	4,205	1,032	7,584	12	47	779
전북	43,488	4,167	8,362	3,898	6,929	2,795	1,735	14,274	21	80	597
전남	70,519	7,106	10,803	6,476	11,130	4,762	2,005	25,131	25	52	1,512
경북	108,099	7,327	20,861	9,120	10,680	6,170	1,856	47,706	166	133	1,610
경남	55,182	3,785	10,937	4,831	5,799	3,791	1,150	23,067	15	23	909
제주	6,088	414	614	637	1,342	770	47	2,156	1	–	–

* 자료 : 공보부 조사국(1963, 11-12쪽에서 발췌)

중앙지의 보급은 부산의 18,143부와 경남의 30,293부를 합쳐서 모두 48,436부를 기록하였다. 이는 부산, 경남 지역 전체 신문 보급의 37.8%의 비중을 차지하는 것이었다. 반면 지방지의 보급은 부산의 53,581부와 경남의 23,067를 합쳐 75,648부로서 전체의 59.0%를 차지하였다. 지역 신문의 비중은 1961의 59.4%와 거의 같은 수준이었다고 할 수 있다. 부산의 경우 이때에는 「부산일보」와 「국제신보」의 2종만이 발행되고 있던 때이므로 두 신문이 평균 2만 7천에 약간 못 미치는 부수였다. 이는 당시 최대 중앙지 「동아일보」의 지역 보급 부수 10,503부보다도 2.5배 가량 많은 부수이다.

한편 1961년의 자료와 비교하면 중앙지의 부산, 경남 지역 보급은 1961년의 59,554부보다 11,118부가 줄어 18.7%의 감소율을 기록하였다. 지역 신문의 경우는 1961년의 87,734부에서 12,086부가 줄어 13.8%의 감소율을 기록하였다. 1961년에 비해 줄어든 절대 부수는 지역지가 다소 많았으며 비율은 중앙지가 다소 높은 것으로 나타났다. 이는 부산과 경남 지역 신문 보급이 전반적으로 감소했음을 의미한다.

중앙지의 부산, 경남 지역 보급 현황을 보면 두 지역 모두 「동아일보」가 가장 많이 보급되었으며 그 다음으로 「한국일보」와 「경향신문」의 순이었고 부산 지역은 「조선일보」가 4위, 경남 지역은 「서울신문」이 4위였다. 1961년에 비해 「경향신문」의 보급 비중이 다소 감소한 것이 눈에 띈다. 이 신문의 1961년 지역 보급 부수는 8,954부였지만 1963년에는 부산의 1,898부와 경남의 4,831부를 합쳐 6,729부로서 2,225부가 감소하여 24.8%의 감소율을 기록하였다. 이러한 변화의 배경이나 원인을 설명하기는 어렵지만 박정희 정권의 출범 이후 이 지역의 야당 성향이 다소 감소한 것으로 볼 수 있겠다.

8) 박정희 정권기 정기간행물 발행 실태

다음의 표는 박정희 집권 기간 동안 전국에서 발행된 정기간행물의 실태를 정리한 것이다. 5·16쿠데타 직전 1,567종에서 그해 말에는 344종으로 대폭 감소하였다. 5·16 직후의 언론통폐합에 의해 약 22% 정도의 간행물만이 살아남았고 나머지는 대부분 문을 닫아야 했던 것이다. 1962년 이후로는, 일간신문과 통신은 1970년대 초반의 통폐합으로 다시 감소하였으나 주간과 월간 등이 꾸준한 증가 추세를 보여 주었다. 그리하여 1980년 연초에는 1,476종으로 1961년 말의 344종에 비해 약 4.3배로 늘어났다.

1979년 연초의 현황을 보면 전체 1,428종 가운데 경제산업, 과학기술 분야의 간행물이 681종으로 전체의 47.7% 정도를 차지하였다. 지역별로는 기관이나 단체들이 내는 기관지를 제외하고는 전국 간행물의 86%에 이르는 551종이 서울에 집중되었으며 그 다음으로는 경기가 19종, 전남이 13종 부산이 12종의 순이었다(「동아일보」 1979. 4. 17. 5면).

<표4-32> 박정희 정권기 정기간행물의 발행 추이

시기	일간	통신	주간	월간	기타간	합계
1960.12.31.	112	237	429	433	167	1,378
1961.5.1.	115	308	487	464	193	1,567
1961.12.31.	38	12	33	178	83	344
1962.7.1.	33	12	34	175	81	335
1963.12.31.	34	8	38	156	82	318
1964.8.25.	35	9	55	270	106	475
1965.12.31.	39	10	104	352	164	669
1966.12.31.	42	10	76	334	142	604
1967.12.31.	43	10	81	340	145	619
1968.12.31.	43	10	93	367	150	663
1969.12.31.	43	10	94	388	168	703
1970.12.31.	44	11	101	405	179	740
1971.12.31.	44	7	100	469	232	852
1972.12.31.	42	6	100	440	238	827
1973.12.31.	37	6	112	485	275	915
1974.12.31.	37	6	115	527	294	979
1975.12.31.	37	7	114	637	406	1,201
1976.12.31.	37	7	114	705	427	1,290
1978.1.1.	37	7	117	695	581	1,337
1979.1.1.	36	7	119	745	521	1,428
1980.1.1.	36	7	121	768	544	1,476

* 자료 : 한국잡지협회(1982, 120쪽)

2. 박정희 정권기의 부산 언론계

1) 1971년의 지방 언론 통제 정책

앞서 지적한 1971년 12월의 '언론자율정화에 관한 결정사항'으로 프레스카드 제와 함께 지방 신문의 취재와 보급 활동을 대폭 제한하는 조치가 이루어졌다. 이 조치는 그해 12월 7일 박정희 정권이 선포한 국가비상사태에 즈음하여 언론 인들이 정부 시책에 호응한다는 명분에서 결의, 발표한 것이었다(한국신문협회,

1982, 484-486쪽.). 7개항에 이르는 이 결정사항의 전문은 다음과 같다(「동아일보」 1971. 12. 20. 1면).

<언론자율정화에 관한 결정사항>

한국신문협회 회원사 일동은 그동안 언론계의 자율적 정화와 경영의 합리화를 모색해 왔습니다. 자유언론의 책임과 건전한 민주언론의 신장 발전을 기하여 사회의 기대에 부응하고자 1971년 12월 17일 한국신문협회 이사 감사 연석회의 결의로써 다음과 같이 그 방안을 결정하고 이에 공표하는 바입니다.

一. 지사 지국 보급소 설치
  - 서울에서 발행하는 일간 종합지는 부산직할시 및 도청 소재지에 지사, 시청 소재지에는 지국, 기타 지역에는 보급소를 설치한다.
  - 지방에서 발행하는 일간종합지는 자도(自道)내에 한하여 시청 소재지에 지사, 기타 지역에 보급소를 설치하고 서울특별시에는 지사를 설치한다.
  - 서울에서 발행하는 경제지는 도청 소재지에 지사, 기타 지역에는 보급소를 설치한다.
  - 지방에서 발행하는 경제지는 자도내의 시 소재지에 지사, 기타 지역에는 보급소를 설치한다.

二. 지방 주재기자의 배치
  - 서울에서 발행하는 일간 종합지 주재기자의 인원수는 45명을 상한선으로 하고 기자의 배치는 도청 소재지와 시청 소재지에 한하여 적의 배치한다.
  - 지방에서 발행하는 일간 종합지 주재기자는 자도 내의 시청 소재지와 군청 소재지에 한하여 배치하되 그 인원수는 자도내 시 군 수자를 초과하지 않는다. 지방 일간 종합지의 서울 지사 주재기자는 3명 이내로 한다.

- 경제지의 주재기자=서울에서 발행하는 경제지의 주재 기자는 도청 소재
  지에 1명, 중요 경제 지역에 1명씩을 배치하되 전 주재 인원수는 15명을
  초과하지 않는다. 지방에서 발행하는 경제지는 자도내 시 소재지에 한하
  여 1명씩 배치하되 자도내 시의 수를 초과하지 않는다.
- 경제지의 출입 범위=경제지 기자의 출입 범위는 관 민 경제기관에 한하
  고 지방에서 발행하는 경제지는 자도내 관 민 경제기관에 한한다.

三. 취재와 보급의 분리
  - 지사장 지국장 보급소장은 취재 임무에 종사하지 않는다.

四. 기자의 제(諸)보수
  - 본사 기자와 지방주재기자의 제보수는 차등을 없게 하며 대폭 개선한다.

五. 프레스카드제 실시
  - 프레스카드제를 실시하여 기자의 취재활동에 있어서 사회적 공신력을
    높인다. 프레스카드의 발행은 각사 발행인의 신청에 따라 한국신문협회
    추천에 의거 문공부가 발행한다.

六. 신문윤리강령 준수
  - 신문윤리위원회의 윤리강령과 모든 결정사항은 엄격히 준수한다.

七. 이상의 결정은 1972년 1월 1일부터 실행한다.

1971년 12월 17일
한국신문협회

그동안 이 조치를 논하면서 대부분 프레스카드제 중심으로 논의가 이루어졌
지만 실제 이 결정 사항 중에 프레스카드제는 다섯 번째 항목에 나오고 그보다

言論自律淨化에 관한 決定事項

〈사진4-26〉 신문협회의 결의사항을 보도한 「동아일보」 지면
(1971. 12. 20. 1면)

앞서 신문의 유형과 발행 지역별로 취재와 보급 범위를 제한하는 조치들이 대부분을 차지하고 있다.

주요 내용은 지사, 지국, 보급소의 위치와 범위를 한정시키면서 지방 일간지의 경우는 서울에 지사를 설치하고, 그 외에는 해당 도내에만 설치할 수 있도록 제한하였다. 또한 지사장과 지국장, 보급소장은 취재 활동을 금지시켰다. 주재 기자를 두어 취재 활동을 할 수 있게 하였으나 그 숫자도 엄격히 제한하여 자도 내의 시군 수를 넘지 못하도록 일률적으로 규제한 것이다.

이는 자본주의 사회에서 자유로워야 할 기업 활동이 정치권력이라는 외부적 강제에 의해서 그 활동과 배포 범위까지 제한하는 폭압적 조치였다고 할 수 있겠다. 이 조치에 따르면 부산에서 발행하는 두 신문들은 부산과 경남 지역에만 배포할 수 있다는 말이 된다. 이는 신문의 경영뿐만 아니라 편집과 운영 전반에 커다란 타격을 주는 조치인 것이다.

이 조치로 막대한 타격을 입게 된 각지의 지방 신문들은 거세게 반발하였다 (부산일보사, 1996, 630~631쪽). 그리하여 한국신문협회는 1972년 1월 18일 이사회를 열어 이 조항의 내용을 개정하였다. 개정 내용은 지방에서 발행하는 전국지 즉 부산의 두 신문과 대구의 「매일신문」, 광주의 「전남일보」와 「전남매일」의 5개지는 2개도에 한해서 지사와 보급소를 둘 수 있도록 하였다. 이 신문들은 인접도에도 보급소를 설치할 수 있도록 바꾸었다. 이에 따라 부산의 신문들은 경남과 경북에 보급할 수 있게 된 것이다. 추가된 도에 대해서도 자도의 경우와 마찬가지로 시청 소재지에 지사, 기타 지역에 보급소를 설치할 수 있도록 하였다 (「기자협회보」 제216호, 1972. 1. 21.). 이어 그해 3월에 열린 신문협회 이사회에서는 이 관련 조항을 다시 수정하여 위의 5개 지방 신문사들의 경우 인접도에도 주재 기자를 둘 수 있도록 바꾸었다(「기자협회보」 제223호, 1972. 3. 10.).

이러한 개정에도 불구하고 이 조치로 인하여 지방지들은 시장이 대폭 축소되면서 그야말로 지방지로 남을 수밖에 없는 결과가 되고 만 것이다. 이에 따라 1970년대 이후로는 중앙 일간지에 의한 지방 시장 잠식이 더욱 가속화되었다. 특히 1970년 7월 경부고속도로가 개통함으로써 중앙일간지의 지방 시장 잠식이 한결 수월해졌다. 고속도로의 개통으로 전국 시장을 목표로 하는 중앙 일간지들의 신문 발송시간이 단축됨으로써 지방지들이 지방의 시장 내에서도 상대적 우위를 잃어버렸던 것이다(김남석, 1994, 108-109쪽).

2) 용지난과 발행 면수의 변화

5·16쿠데타부터 제3공화국 초기 신문의 발행은 변화가 대단히 많았던 기간이다. 앞서 서술한 대로 정책 차원의 통제 조치에 의해 통폐합이나 강제적 조치들도 많았지만 용지난에 의해 신문의 발행 면도 안정되지 못하고 여러 차례 변화를 겪어야 했다.

박정희 정권이 통폐합에서 살아남은 언론들에 대해서는 여러 가지 혜택을 제공하였고 그 일환으로 신문 용지 관세도 대폭 감해 주었다. 하지만 1960년대 초반의 신문 용지난은 심각한 것이었다. 원료가 되는 원목이 고갈되어 제지공장들은 문을 닫아야 할 지경이라서 가격을 폭등할 수밖에 없었다는 것이다(「동아일보」 1962. 3. 29. 1면). 이에 정부는 새로이 벌채 허가량을 늘일 것을 검토하는(「동아일보」 1962. 4. 3. 2면) 한편 수입 용지에 관세를 면해 주기도 하였다(「동아일보」 1962. 4. 7. 1면).

하지만 근본적인 해결책은 요원할 수밖에 없었다. 이러한 용지난은 미 군정기부터 지속적으로 존재하던 문제였다. 이 문제의 근본 원인은 언론 시장의 확대를 뒷받침할 만한 국내 제지 산업의 발달이 미흡했기 때문이다. 국내 제지 산업은 원목을 확보하는 데 어려움이 많았기 때문에 한계가 있을 수밖에 없고 수입에 의존도를 높이려고 해도 관세를 제외하더라도 당시 수입가가 국내 생산 용지의 가격보다 더 높아서 언론사들이 외면하였다는 것이다. 이러한 상황에서 발행인협회가 중심이 되어 여러 차례 정부에 요구도 하고 휴간 결의도 하는 등 목소리를 높였지만 근본적인 대책이 마련되기는 어려웠다(「경향신문」 1965. 11. 24. 2면).

그리하여 신문계는 발행 면수를 줄이는 조치를 취할 수밖에 없었다. 이 시기 발행 면수의 변화 등은 신문발행인협회의 결정에 의해 언론계가 같이 움직였다. 이에 따라 부산의 두 신문들도 1960년대 초반 여러 차례 발행 면수를 줄이는 조치를 취하였다가 일시적으로 용지난이 해결되면 다시 증면과 감면을 되풀이하는 혼란상을 보여 주었다.

1961년 6월 1일부터는 한국신문발행인협회가 5월 22일에 결정한 감면 계획에 따라 그동안 주 48면에서 주 42면으로 감면하기로 하였다. 이에 따라 매일 조간은 2면씩, 일요일 조간은 4면을 발행하기로 결정한 것이다(「부산일보」 1961. 5. 31. 석간 1면). 그해 말에는 다시 증면을 실시하였다. 한국일간신문발행인협회의 결의에 따라 1961년 12월 24일부터 「국제신보」는 매일 8면 일요일 4면 주 52면을 발행하기로 결정(「국제신보」 1961. 12. 24. 석간 1면)하였으며 「부산일보」는 12월 15일부터 독자적으로 조간4면제로 환원하는 증면을 실시하였다(「부산일보」 1961. 12. 14. 석간 1면). 그러나 얼마 뒤 신문발행인협회의 결의에 따라 주 48면제로 변경하였다. 이에 따라 매주 수요일과 토요일 조간은 2면, 일요일을 포함한 나머지 요일은 조간과 석간 각 4면씩 발행하기로 결정하였다(「부산일보」 1961. 12. 20. 조간 1면).

1964년 2월 3일에는 다시 주 40면으로 감면하였다. 신문발행인협회의 결정에 따라 종래 매일 8면을 발행하던 신문은 주 40면으로, 매일 6면을 발행하던 신문은 주 30면, 매일 4면 발행의 신문은 주 20면으로 감축하기로 결정하였다(「국제신보」 1964. 2. 1. 1면). 같은 해 8월 3일부터는 다시 32면으로 감축해야 했다. 이때의 감면 조치도 한국신문발행인협회의 결의에 따라 취해진 것이었다. 이때의 감면 조치와 함께 부산의 두 신문 즉 「부산일보」와 「국제신보」는 마감 시간을 연장하기로 합의했다. 석간으로 발행하다 보니 오후에 벌어진 사건이나 정보가 지면에 반영되지 못하는 경우가 많아서 두 신문은 그해 8월 1일부터 마감 시간을 연장하여 뉴스의 속보성을 최대한 살려 나가는 데에 합의했던 것이다(「부산일보」1964. 7. 31.).

3. 박정희 정권기 부산 언론인들의 활동

1) 언론윤리위원회법 투쟁 동참

군사정부 시절 언론에 대한 여러 가지 통제 조치를 취했던 박정희 정권은 제3공화국 출범 이후인 1964년 언론에 대한 통제를 제도화하기 위해 언론윤리위원회법을 제정하려 시도하였다. 이 법은 언론이 자율적으로 추구해야 할 윤리의 문제를 법률에 의해 타율적으로 규제하려는 문제를 안고 있는 법안이었다. 이에 대해 언론계를 중심으로 시민단체들도 참여하여 철폐투쟁위원회를 결성하고 반대 운동을 전개하였다.

언론윤리위원회법 철폐를 위한 투쟁이 1964년 8월 초 전국으로 확산되면서 부산의 언론인들도 동참하였다. 8월 3일 신문편집인협회가 반대 성명을 발표한 것을 필두로 8월 4일부터는 부산, 광주, 대전, 원주 등 지방의 각 언론인 단체들도 이 대열에 동참하였다. 부산에서는 법조기자단과 경남도청 기자단이 먼저 철폐투쟁에 동참할 것을 선언하였다(「동아일보」1964. 8. 5. 1면). 경남도청 기자단은 8월 5일 오전 임시총회를 열고 편협의 성명을 전폭적으로 지지하며 이 법의 철폐 투쟁에 적극 호응할 것을 만장일치로 결의했다(「경향신문」1964. 8. 5. 1면). 부산에서는 9월 3일 「국제신보」 기자들이 이 법의 철폐를 주장하는 결의문을 채택하고 끝까지 투쟁하겠다는 의지를 밝혔다. 이에 대해서는 뒤에서 자세히 논하고자 한다.

2) 한국기자협회 부산 지부의 출범과 활동

(1) 기자협회 부산 지부의 출범과 운영
언론윤리위원회법을 반대하는 투쟁 과정에서 새로이 한국기자협회가 태동하였다. 이는 반대 운동 과정에서 발행인들이 권력에 취약한 모습을 보이자 기자들이 단결의 필요성을 절감하면서 출범한 것이다. 한국기자협회는 1964년 8월 17일에 전국의 신문과 방송, 통신에 종사하는 기자들을 포괄하여 출범하였다. 여기에 「부산일보」와 「국제신보」도 각기 47명의 기자가 회원으로 참여하였다(한국기자협회, 1994, 172쪽).

이어 각 시도별로 지부가 결성되었다. 부산과 경남은 1964년 10월 26일 한국기자협회 부산시 및 경남도지부가 결성되었다. 부산일보사에서 개최된 결성식에서 초대 지부장에 「국제신보」 정경부의 김용기(金鎔琦) 차장이(한국기자협회, 1994, 832쪽), 부지부장에 「부산일보」 김응제(金應濟)이 선출되었다(「경향신문」 1964. 10. 27. 3면). 이어 1967년 4월 1일에는 한국기자협회 경남도지부가 부산시지부와 분리됨에 따라 부산은 김용기 지부장이 연임되고 경남 지부장에 「경남일보」 임원산(林元山) 정경부 차장이 선출되었다(「기자협회보」 제25호 1967. 5. 15.).

<표4-33> 박정희 정권기 한국기자협회 부산지부장 명단

재임기간	성명	소속	출처*
64.10.-68.4.	金鎔琦	국제 정경부 차장	삼십년사(832) 회보67.5.15.
68.4.-69.5.	李哲昊	국제 서울사무소	회보68.5.15.
69.5.-71.4.	張盛洛	국제 정치부 차장	회보69.5.9, 70.4.10.
71.5.-72.4.	金守性	부산	회보71.5.21.
73.4.-74.4.	金元圭	부산 제2사회부 차장	회보73.4.27.
74.4-75.12	千冀鎰	국제 외신부 차장	회보74.5.17.
75.12.-76.5.	金應文	국제 외신부	회보76.6.1.
77.3.-78.6.	黃潤植	부산 사회부	회보77.4.1.
78.6.-79.5.	張良守	국제 사회부	회보78.6.30.
79.5.-80.5.	李仁珩	부산 사회부 차장	삼십년사(888)

* 출처에서 회보는 「기자협회보」의 발행일자, 삼십년사는 『기자협회삼십년사』의 쪽수를 말함

초대 회장 김용기와 3대 장성락이 연임하였지만 그 외에는 대부분 1년을 임기로 교체되었다. 1970년도까지는 회장이 각 지부장을 임명하였으나 1971년부터 각 지부에서 지부장을 선출하도록 규약이 개정되었다. 이 때문인지는 확실치

않지만 이 해에는 부산과 경남이 다시 통합되어 지부장에 「경남매일」의 이생세 (李生世)가 선출되었다. 그러나 그 다음 해부터 다시 부산과 경남의 지부장이 별도로 선출되었다.

부산 지부장 외에 부산의 언론인이 한국기자협회 회장을 맡기도 하였다. 1973 년 3월 31일 열린 제10차 전국대의원대회에서 제10대 회장에 「부산일보」 서울 지사의 정치부 박기병 차장이 선출되었다(「동아일보」 1973. 4. 2. 7면). 박기병은 1978년 3월 31일에 열린 전국대의원대회에서 다시 제17대 회장으로 선출되었다 (한국기자협회, 1994, 884쪽).

(2) 기자 급여 인상과 권익을 위한 활동

박정희 정권기 한국기자협회는 언론사의 노동조합이 없는 상황에서 기자들의 권익을 위한 중심 단체로서 여러 가지 사업을 펼쳐 나갔다. 1960년대 후반 기자협회는 최우선 사업의 하나로 기자들 급여 인상 문제를 설정하고 여러 사업을 벌였으며 이에 따라 기협 부산지부도 실태 조사를 벌이는 등 급여 인상을 위한 활동에 적극적으로 나섰다.

당시 언론인들의 급여 수준은 매우 열악했던 것으로 알려져 있다. 기자협회는 출범 직후부터 이 문제에 관심을 갖고 여러 차례 기관지 「기자협회보」 지면을 통해 문제 제기를 하였으나 별 변화가 없자 1968년 11월 지방의 실태 조사에 착수하였다. 각 지방의 지부를 통해 조사를 벌인 결과 지방의 회원 1,383명 중 적어도 절반 정도가 면세점 이하의 급여 수준으로 밝혀졌다.

이 같은 사실은 당시 문공부의 조사 결과와도 일치하는 것이었다. 문공부가 지방 일간지의 유급 기자들 보수 실태를 조사한 결과에서도 53%가 면세점 이하로 나타났던 것이다(「기자협회보」 제62호, 1969. 1. 10.). 서울의 기자들은 지방보다는 조금 나은 형편이었지만 타 업종에 비하면 매우 열악한 것이었다. 당시 언론계의 최고 초봉이 2만 원 정도였지만 이는 은행과 비교하면 절반 정도에 불과하며 다른 유수 기업체에 비해서도 1~2만 원 적은 수준이라는 것이었다 (「기자협회보」 제100호, 1969. 10. 3.).

이 열악한 급료 수준의 문제를 해결하기 위해 한국기자협회는 1969년 연초

2대 권익 사업의 하나로 '급료 인상' 문제를 설정하고 이에 총력을 기울이기로 하였다. 협회는 그 최우선 목표를 면세점 이하에 신음하는 다수의 지방 회원들 급여 수준을 최소한 면세점을 넘는 수준이 되도록 가능한 모든 방안을 동원하기로 하였다(「기자협회보」 제62호, 1969. 1. 10.).

이에 따라 몇 개 언론사들이 급여를 인상하기는 했지만 근본적인 변화는 없었던 것으로 보인다. 기자협회는 1970년에도 3대 역점 사업 중의 하나로 급료 인상을 내걸고 이번에는 문공부와 국세청의 협조로 전국 기자들의 급료 실태를 조사하였다. 이 조사 결과 전체 언론인 4천 33명 중 26.2%에 해당하는 1천 56명이 면세점인 월 1만 원 이하로 나타났으며 지방 언론사는 그 비율이 더욱 높아 45.1%에 이르는 것으로 밝혀졌다. 이때의 조사 결과에는 부산 지역 언론사들의 급여 실태도 포함되었다. 다음의 표는 부산의 두 신문사 급여 실태(수당 제외)만을 발췌하여 정리한 것이다(「기자협회보」 제121호, 1970. 3. 13).

〈표4-34〉 1970년경 부산 지역 신문사 급여 현황

회사		미확인	면세점 이하	1만 원 이상	2만 원 이상	3만 원 이상	계	자료 구분
국제	본사			9	6	4	19	70년 1월 차장 이하
	주재	11		10			21	
부산	본사		2	37	26	39	104	69년 11월 사장 이하
	주재	1		14			15	

표에서 알 수 있는 바와 같이 부산의 두 신문사는 면세점 이하는 「부산일보」에 2명이 있었던 것으로 밝혀졌다. 「국제신보」는 주재 기자 중 미확인이 11명이었지만 본사에는 면세점 이하가 1명도 없었다. 이는 다른 지방 언론사들에 비해서는 상대적으로 괜찮은 수준이었던 것으로 보이지만 전체적으로 보았을 때는 1969년도 도시 노동자 최저생계비 2만 5천 원(「기자협회보」 제105호, 1969. 11. 14.)에 못 미치는 사람들이 태반이었음을 말해 준다. 다시 말해 전반적으로 부산의 신문사들도 급여 수준이 매우 열악함을 벗어나지 못하고 있었다고 하겠다.

이처럼 기자들의 급여 수준이 워낙 열악하였기 때문에 뒤에 가서 상술하겠지

만 「부산일보」는 1969년 10월에 기자들이 파업을 벌이기까지 하였다. 기자협회의 이러한 노력에 의해 각 언론사들은 조금씩 급여를 인상하기는 하였다. 1972년도에 기자협회가 조사한 자료에 의하면 지방 언론사 중에는 부산의 두 신문이 가장 높은 수준인 것으로 나타났다. 「부산일보」가 편집국원 114명의 평균이 4만 3천 913원이었으며 「국제신보」는 편집국 121명의 평균이 4만 1천 425원으로 집계되었다(「기자협회보」 제241호, 1972. 7. 14.). 하지만 언론계 급여 수준이 근본적으로 개선되는 것은 제5공화국 출범 이후의 일이다.

기자협회는 기자 본연의 업무를 벗어나면서 그 권익을 침해하는 활동에 대해 문제 제기를 하면서 기자들의 권익을 옹호하기 위한 활동을 벌여 나갔다. 그 대표적인 사례는 1969년 5월 20일 기자협회 부산지부는 각사 사장과 지사장들에게 공한을 보내 사주들이 기자들에게 부당행위를 하는 것에 대해 항의하였다. 이는 신문사 경영진이 기자들에게 자사 주최 각종 행사의 입장권을 할당하여 판매토록 하는가 하면 신문 부수 확대를 강요하는 등의 사례에 대해 기자들의 입장을 대변하여 항의하면서 이러한 사례가 없도록 촉구하는 내용이었다. '기자의 품위 유지 및 권익 옹호를 위한 협조 의뢰'라는 제목의 공한에서 기자협회는 앞으로 어떠한 경우에도 기자들을 상행위의 수단으로 동원하거나 이용할 수 없다고 전제하면서 그 구체적인 예로 매표행위, 책임제 부수 확장, 광고 청탁, 교재 보급과 기타 이에 유사한 사업에 기자를 동원하는 일을 일절 거부한다고 선언한 것이다. 이러한 입장 표명이 있자 문공부는 일부 신문사 지방 지사들이 언론기관 본래의 사명을 저버리는 상행위에 급급하고 있다고 지적하며 이의 시정을 촉구하였다(「기자협회보」 제83호, 1969. 6. 6.).

(3) 사이비 기자 문제

기자협회는 1970년 3대 역점 사업으로 '사이비 기자 일소'와 '급료 인상' '기자 신분 보장'을 내걸었다. 이에 따라 기협은 자체 전국 조직망을 통해 무자격 회원의 색출해 내고 자체 정비할 것을 지시하는 한편 내무부와 문공부에도 적극 협조해 줄 것을 요청하였다(「기자협회보」 제113호, 1970. 1. 16.). 이에 따라 내무부는 각종 사이비 언론단체의 간판을 철거하도록 산하 각급 경찰서에 지시하였다(「기자협회보」제117호, 1970. 2. 13).

기자협회가 이 문제를 들고 나온 것은 그 몇 해 전부터 기자들의 권익 신장의 일환으로 급료 실태를 조사한 결과 지방의 기자 상당수가 무급으로 일하고 있다는 사실이 밝혀진 데 따른 것으로 보인다. 전술한 바와 같이 5·16쿠데타 직후부터 박정희 정권은 사이비 기자 일소에 착수하여 대대적인 조치를 취한 바 있다. 그러나 시간이 지나면서 이 문제가 다시 고개를 들고 불거져 나온 것으로 보인다.

한국기자협회가 이 사업을 본격 추진하기 이전부터 부산 지부는 이 문제의 해결에 나섰다. 부산 지부는 1965년에 사이비 기자의 행패를 봉쇄하기 위해 각 회원사 지면을 통해 경고문을 게재토록 하는 한편 각급 학교장과 시군교육장 등에게 공한을 보내 협조를 요청했다(「기자협회보」제5호, 1965. 4. 15.). 1969년 10월 1일 각 기관장들에게 공문을 보내 사이비 기사 일소를 위해 기협회원 명단을 통고하면서 이들에게만 취재 편의와 기자실을 제공해 줄 것을 요청하였다(「기자협회보」103호, 1969. 10. 31.).

1970년도 들어 기협이 역점 사업으로 추진하면서 부산 지부도 자체 조사에 나선 결과 「산업경제신문」부산 지사는 기자들에게 월급은 한 푼도 주지 않으면서 지사 운영의 경비를 1인당 4천 원씩 부담시켜 왔으며 책상 등 집기도 개인 부담으로 하였다는 사실이 밝혀졌다. 이에 따라 기협은 이 신문의 회원 가입을 일체 보류시키기로 결정하고 국세청을 통해 보다 더 자세히 조사하기로 하였다(「기자협회보」제119호, 1970. 2. 27.).

이 「산업경제신문」은 1952년 9월 4일 부산에서 「제일신보」라는 제호의 일간 지로 창간되었다. 환도 후 서울 동자동으로 이전, 발행하다가 1954년에 경제지로 전환하면서 「산업경제신문」으로 개제하였다. 이후 경영난 때문에 1973년 9월에 대한무역협회에 인도되어 1973년 12월 21일부터는 「일간내외경제」라 제호를 바꾸어 발행되었다(한국신문연구소, 1975, 851쪽).

1973년에 경영난으로 회사를 넘긴 것을 보면 문제가 된 1970년 당시도 「산업 경제신문」의 경영 상태가 좋지는 않았던 것으로 볼 수 있다. 하지만 지사의 이러한 변칙적 운영은 본사의 방침과는 무관하게 지방의 지사 차원에서 이루어진 것으로 보인다. 이러한 부산기협의 문제 제기에 대해「산업경제신문」본사의 기협 분회는 긴급 임시총회를 소집하고 비합리적 경영의 시정과 지방 주재기자 임금을 본사가 직송할 것 등을 경영진에 강력히 요청하였다. 한편 회사 측은 기자들의 요구를 수용하면서 면세점 이하의 급여는 1월부터 소급 인상하고 앞으로 지방 주재기자의 정원제를 실시할 것과 부산 지사장의 문책 해임시켰다고 밝혔다(「기자협회보」제120호, 1970. 3. 6.).

(4) 기자 테러 사건에 대응

박정희 정권기에는 군인들이나 경찰이 언론인에 대해 폭행을 가하는 사례가 심심치 않게 발생하였다. 부산 지역에서도 마찬가지였다. 이러한 사건에 대해 기자협회는 적극적으로 대처해 나갔다.

1965년 7월 29일 김해에서 신문 보도에 불만을 품은 부산 방첩대의 무장 군인들이 김해 경찰서에 난입하여 취재 중이던「부산일보」의 최임조 기자와「경향신문」강한필 기자 2명을 방첩대로 강제 연행하여 가혹 행위를 가한 사건이 발생하였다(한국기자협회, 1994, 835쪽). 이에 한국기자협회 부산경남 지부는 29일 성명을 발표하여 이 사건을 '사원(私怨)으로 병력을 동원한 불법행위'라고 강력하게 규탄, 항의하였다(「동아일보」1965. 7. 29. 7면). 이 사건에 대해서는 뒤에서 다시 상술하고자 한다.

1969년 6월 23일에는 문화방송 김광조 기자가 북부서 수사계장에게 폭행당하는 사건이 발생하였다. 이에 기협 부산지부는 27일 시경국장을 방문하여 항의하고 응분의 조치를 취할 것을 요구하였다(「기자협회보」제87호, 1969. 7. 4.).

이러한 기자 폭행 사건은 비단 부산만의 문제가 아니었다. 다른 지역에서도 이러한 사건이 빈발하였다. 이에 한국기자협회는 1969년 9월 각 시도 지부에도 법률 고문 1명씩을 위촉하여 이러한 기자 폭행 사건에 대처하도록 하였다(「기자협회보」제97호, 1969. 9. 12.). 이에 따라 부산지부는 부산의 변호사 서윤학을 법률 고문으로 위촉하였다(기자협회보」제99호, 1969. 9. 26.).

그럼에도 불구하고 기자들에 대한 폭행 사건은 그치지 않았다. 1971년 4월 13일「부산일보」강호길 기자가 교통경찰관의 비행을 목격, 취재하던 중 강제로 경찰서까지 연행되어 폭행당하는 사건이 발생하였다(「기자협회보」 제178호, 1971. 4. 23.). 1972년 9월 7일에는 동부산경찰서 수사과 순경이 「부산일보」 이해원 기자를 수갑을 채우고 폭행하는 사건이 발생하였다. 이에 기협 부산시지부는 그 다음 날 시경을 방문하여 항의하였다(「동아일보」 1972. 9. 9. 7면). 이에 부산 시경은 9월 8일 문제의 순경을 파면하고 입건 조치하였다(「기자협회보」 제250호, 1972. 9. 15.). 1974년 9월 19에는 울산 현대조선소 난동 현장을 취재하던 「동아일보」 부산 주재기자 박문두가 경찰들에게 집단 구타를 당해 전치 3주의 중상을 입는 사건이 발생하였다. 이에 9월 23일 기자협회 부산지부는 경남도경 국장을 방문하고 엄중 항의했다(「동아일보」 1974. 9. 24. 7면).

3) 부마항쟁과 부산 언론

1979년 10월 16일에 부산과 마산 지역에서 발발한 부마항쟁은 잘 알려진 대로 박정희 정권의 몰락을 가져오는 계기가 되었다. 그 과정에서 부산의 언론사들은 시위대의 공격을 받아야 했다. 이는 박정희 정권의 철권 통치하에서 언론이 통제된 가운데 언론들은 침묵 내지는 자발적 협조를 하는 가운데 이에 대한 시민들의 불만과 비판 의식이 높아만 갔던 때문이었다. 언론이 본연의 역할과 기능을 제대로 하지 못한다는 비판 의식이 바탕이 되어 항쟁의 전개 과정에서 언론사에 대한 공격으로 나타났던 것이다.

1979년 10월 16일과 17일 양일간 전개된 항쟁 과정에서 모두 28회에 걸쳐 공공기관이 피습을 당했으며 그중 언론사는 세 곳이 모두 다섯 차례 공격을 받았다. 피습당한 언론사는 부산문화방송과 한국방송공사, 부산일보사였다. 16일에는 부산일보사와 부산문화방송이 공격을 받아서 기물이 파손되었으며 17일에는 이 두 언론사 외에 한국방송공사 부산방송국도 공격을 당했다. 당시 시위대가 외친 구호는 '유신정권의 시녀 노릇을 하지 말라'는 것이었다고 한다.

「국제신보」와 기독교방송은 피습당하지 않았다. 「국제신보」는 사옥의 위치가 바로 부산시 경찰국 바로 옆에 있었다는 이유도 있었고, 그래도 「부산일보」보다는 야당지적 성격이 있었다는 요인도 작용했을 것으로 해석되고 있다. 반면 기독교방송은 10월 16일에 항쟁의 발발 사실을 유일하게 보도했다는 점이 작용했을 것으로 해석되고 있다(차성환, 2011, 22-25쪽).

이처럼 부마항쟁의 전개 과정에서 부산의 언론사 대부분이 시위대에 공격을 받아서 기물이 파손되었다는 것은 박정희 정권기 언론에 대한 시민들의 인식과 평가를 잘 보여 주는 것이라고 하겠다.

4) 박정희 정권기 부산의 주간신문과 잡지

한편 이 시기 부산에서는 주 2회 간행 신문도 창간되었다. 1969년 12월 21일에 창간된 「부산경제신보」가 그것이다. 이 신문은 경제분야 전문지로서 주 2회 4면을 발행하였다. 사무실은 부산시 동구 수정동 1의 45에 있었다. 조약슬(趙若瑟)이 발행인 겸 편집인이던 이 신문은 지역 경제인들의 대변지 역할을 자임하였다(한국신문연구소, 1975, 945쪽). 이 신문은 1980년 7월 신군부가 단행한 제1차 정기간행물 정비에서 등록 취소되어 문을 닫아야 했다. 폐간할 당시 대표자는 정충경(鄭忠京)으로 되어 있었다(「동아일보」 1980. 7. 31. 1면). 이보다 앞서 그 전 해인 1968년 1월 5일에는 부산상공회의소의 기관지 「부산상의뉴스」가 창간되었다. 이 신문은 순간으로 1회 4면 발행되었다(한국신문연구소, 1975, 947쪽).

박정희 정권기에도 부산 지역에서 다양한 종류의 잡지가 다수 창간되었다. 다음의 표는 1982년도판 「한국잡지총람」의 자료를 토대로 부산에서 창간된 잡지들의 목록이다. 총 44종의 목록이 현재 확인되고 있다. 앞에서도 언급한 바 있지만 「동아일보」 1979년 4월 17일자 5면에 실린 국내 정기간행물 분석 기사에 의하면 1979년 연초 기관지를 제외하고 부산에서 12종이 발행되고 있었다고 한다. 서울이 551종으로 전국의 86%를 차지하였으며 그 다음으로는 경기가 19종, 전남이 13종, 부산이 4위였다(「동아일보」 1979. 4. 17. 5면). 기관지를 제외한 부산의 12종이 어떤 잡지였는지는 현재로서 제대로 파악이 안 된다.

아래의 표에 제시된 잡지 대부분이 단명에 그쳤다는 점이 특징이다. 박정희 정권기에 창간되어 이 자료가 만들어진 시점인 1980년대 초반까지 계속 발행되고 있던 잡지는 10종에 불과하였다. 나머지는 대부분 오래 지속되지 못하고

문을 닫고 말았다. 이렇게 잡지가 단명에 그치고 말았던 것은 광고를 통해 뒷받침할 산업적 기반도 취약하였으며 독자 시장도 아직 미약했기 때문이라고 볼 수 있다.

하지만 다양한 분야의 잡지가 시도되었다는 사실은 평가되어야 할 것이다. 상공회의소 같은 기관단체의 기관지나 회지뿐만 아니라 업계의 전문지뿐만 아니라 시사, 어린이, 종교, 지방 등 다양한 종류의 잡지가 시도되었다. 특히 1970년대 후반으로 오면 기업들도 홍보를 위해 사보를 발행하기 시작하였다는 점이 주목할 만하다.

<표4-35> 박정희 정권기 부산 지역 창간 잡지 목록

제호	간별	성격	창간	폐간	발행인(기관)	비고
부산한의회보	계	기관	62.7.		대한한의사협회 부산시지부	82년 발행중
교육경남	계	기관	64.5.	–	경남교육위원회	
世紀評論	월	평론	64.6.	64.	金祥奉	
月刊劉氏	월	기관	–	65.5.	劉淳浩	64.6.23. 등록
복지사회	월	사회	–	62.2.	金世煥	64.7.4. 등록
現時代	월	지방	–	66.9.	朴在守	64.10.16. 등록
大韓道政公論	월	특수	65.3.	67.3.	李壽石	65.1.13. 등록
新語	연	會誌	65.5.	–	鄭景鎭	
월간대한공보	월	화보	65.6.	66.2.	정복기	65.6.16. 등록
釜山市政	반년		65.8.	–	부산시정조사연구위원회	
東亞政論	월	종합	65.9.	68.4.	강승	67.2. 계간으로
개혁주의	월	종교	65.10.	–	홍반식(고려신학교)	
道政公論	–	기관	65.		대한도정공론사	
문학시대	월	문학	66.5.	66.12.		65.5.2. 등록
수산한국	월	수산	66.10.	67.3.	성한경	66.9.21. 등록
실업계	월	실업	66.12.	–	徐三道	66.12.17. 등록
월간海技	월	기관			한국해기사협회	67.1.24. 등록
책임사회	월	지방	67.9.	68.7.	劉瀅心(책임사회사)	67.8.26. 등록
월간민주	월	지방	–	70.2.	金一澤(민주월보사)	68.2.22. 등록
미네르바	연	교지	68.	–	한성여자대학학생회	
부은뉴우스	월	사보			부산은행	68.10.8. 등록 81년 발행중
뉴부산	월	시사	–	70.4.	曺東環	69.4.22. 등록
향토문화	연	지방	69.4.	–	朴元枃	

녹등	계		–	70.10.	박찬수	70.1.13. 등록
가야	월	지방	–	71.1.	이상길	70.9.14. 등록
부산경영	월	경제	71.11.	72.6.	김창을	71.9.8. 등록
부산보건생활	격월	보건	70.7.	76.8.	김옥자	
진양사보	격월	사보	–	–	양규모	82년 발행중
부산의사회지	월	의학	72.7.	77.11.	이종덕(부산시의사회)	
우리와아동	계	기관	73.8.		한국아동복지회	82년 발행중
부산상공	월	기관	74.2.		부산상공회의소	82년 발행중
고신대학보	반년	교지	74.9.	80.7.	고려신학대학	
선통회보	월	기관			한국선박통신사협회	75.8.20. 등록 81년 발행중
道友	월	종교	76.4.		許兌圭(월간도우사)	82년 발행중
부산보건	격월	보건	76.11.	79.9.	김호근	
재부사천향우지	연	기관	76.11.	79.9.	재부사천향우회	
부은조사		금융			부산은행	77.1.17. 등록
사보又醒		사보			우성식품	77.1.26. 등록
부산약사회보	월	기관			부산약사회	77.3.28. 등록 81년 발행중
동명	월	사보	77.3.	80.7.	姜錫鎭(동명목재상사)	
부산의사회지	월	기관			부산의사회	78.1.26. 등록 81년 발행중
남양어망	계	기관	–	–	홍순기	82년 발행중
어린이문예	월	아동	79.7.1.		부산문화방송가야문화연구소	82년 발행중
동의대학보					동의대학	78.1.20. 등록 81년 발행중

* 자료 : 한국잡지협회(1982), 문화공보부(1981)

4. 박정희 정권기 부산 지역 주요 신문의 운영

1) 「국제신보」

(1) 경영난과 5·16쿠데타

1950년대 후반부터 지속된 「국제신보」의 경영난은 좀처럼 극복되지 못하였다. 전술한 바와 같이 1960년도에 휴간해야 할 처지에 몰리자 독자들이 성금을 보내 주었고, 장기영의 도움으로 위기를 극복하기도 했지만 이는 일시적인 방편에 그쳤다. 더구나 제2공화국기 신문들의 경쟁은 「국제신보」의 경영을 더욱 어렵게 만들어 갔다. 이때의 어려운 사정은 당시 사장 김형두가 1962년 9월 회사를 그만두기로 결정하고 신문 지면에 '본지를 떠나면서: 15년간 아껴준 독자에게'라는 제목으로 4회에 걸쳐 게재한 수기에 잘 기록되어 있다. 이를 보면 5·16 직전인 1961년 4월경에도 회사 간부들에게 김형두는 새로운 투자자를 물색하여 사장직을 넘겨주겠다는 의사 표시를 하였다고 한다(「국제신보」 1962. 9. 17).

그러던 중 5·16쿠데타가 발발하였다. 정치 상황이 급변하게 되자 「국제신보」 측도 새로운 기대를 갖게 되었던 것 같다. 5·16쿠데타에 대해서 「국제신보」는 지지하는 입장을 표명하였다. 이를 당시 사장이던 김형두(1995, 244-245쪽)는 다음과 같이 회고하고 있다.

> 4·19민중 혁명의 덕에 집권당이 된 민주당은 정권을 잡기는 했지만 뚜렷한 국가 건설의 의욕이 없었다. 사회 질서가 극도로 어지럽고 경제는 거의 파산 상태에 있었는데, 뚜렷한 정책 하나를 내놓지 않고 소위 말하는 민주당 신, 구파의 파벌 싸움만 하는 형편이었다.
>
> 장면 정권에 기대할 것이 없다는 결론이 나왔다. 그렇다고 정권 교체의 방법이 쿠데타로 이룩되는 것은 바람직한 일이 아니었지만 현재로서는 도리가 없지 않은가도 싶었다. 여기까지 생각한 나는 단호히 군사혁명을 지지하는 방향으로 신문을 만들라는 지시를 내렸다.

제2공화국기의 혼란상 때문에 더 이상 기대하기 힘들다고 판단하여 5·16 지지로 입장을 정리했다는 말이다. 또한 이것이 「국제신보」의 재건에도 호기가 될 것으로 판단하였다(「국제신보」 1962. 9. 18. 2면).

이러한 맥락에서 「국제신보」는 '건설판'이라는 면도 새롭게 만들었다. 「국제신보」는 국내의 다른 어떤 신문보다도 먼저 1961년 12월 13일부터 4면을 건설판으로 배정하여 당시 군사 정부가 표방하였던 이른바 '국가 재건 사업'과 관련된

소식을 중심으로 지면을 구성하였다. 12월 13일자 1면에 실린 사고를 통해 이를
다음과 같이 공지하였다.

> 혁명과업을 성공적으로 이끌어나가는 첩경은 바로 가난을 극복하고 경제
> 부흥을 성취하는데 있습니다. 국가재건의 벅찬 현실 앞에 직면한 이때 본지
> 는 이 역사적 과업의 선구적 역할을 담당하고 나설 각오와 결의 아래 12월
> 13일부터 석간 2면의 건설 뉴스를 확대하여 4면과 교체하고 그 전면을 충당
> 하기로 했습니다. 국토 건설의 생생한 모습을 신속, 충실히 보도함은 물론
> 모든 건설사업 분야에 대한 과감하고 적나라한 비판도 아울러 가하고자 하는
> 것입니다.
> 국내 신문 중 처음으로 시도되는 폐사의 이 건설판 발행에 있어 국민 여러분
> 의 많은 편달과 성원을 바라마지 않습니다.

〈사진4-27〉 「국제신보」에 건설판이 실린 첫 지면(1961. 12. 13. 석간 4면)

2면에 실리던 건설뉴스란을 확대하여 석간 4면의 전면을 할애한다는 내용이다. 이는 김형두 사장의 정치적 판단에 따른 것이라고도 볼 수 있겠지만 당시의 경영난 속에서 나온 고육지책의 측면도 있는 것으로 보인다. 또한 「국제신보」는 전술한 대로 단간제로 전환하는 데에서도 당국의 언론정책 시행 기준이 발표되기 이전인 1962년 7월 24일부터 전국 최초로 석간의 단간제를 도입하였다(국제신문사, 1997, 155쪽).

이러한 군사정부에 대한 기대와 협조에도 불구하고 「국제신보」는 좀처럼 경영난을 극복하기 어려웠다. 폐간이라는 극단적 생각까지 해야 했던 김형두(「국제신보」 1962. 9. 18. 2면)는 1962년 초부터 새로운 투자자를 물색하기에 나섰다. 이에 부산상공회의소를 중심으로 동명목재 등의 부산 몇몇 기업들이 모여 대책을 논의하였으나 이마저도 성과없이 무산되고 말았다(「국제신보」 1962. 9. 21. 2면).

거기다가 이 시기에는 사장 김형두에게 개인적으로도 여러 가지 불상사가 겹쳤다. 제2공화국기에 1960년 8월 선거를 통해 무소속으로 참의원에 당선되었던 김형두는 5·16 후 군사정부가 제정한 정치정화법의 심사 대상에 올라 중앙정보부에 소환되는 등 고초를 겪었다. 1962년 5월 적격자로 판정(「동아일보」 1962. 5. 31. 조간 1면)이 나기는 했지만 그 외에도 개인적으로도 좋지 않은 일이 겹쳤던 것 같다. 뿐만 아니라 1961년 8월 15일에는 부산시의 의뢰로 광복절 기념행사를 송도해수욕장에서 개최하였는데 여기서 또다시 중학생 3명이 익사하는 사고가 발생하고 말았다(김형두, 1995, 252-258쪽).

이러한 여러 가지 불행이 겹치면서 김형두는 아마 1962년 5월경 사장 자리를 사퇴한 것으로 보인다. 『국제신문오십년사』에는 재임 기간을 후임 오종식(吳宗植) 사장이 취임하기 직전인 1962년 11월 21일까지로 서술하고 있지만 1962년 8월 7일자 「경향신문」 조간 2면 '전환점에 선 언론계'라는 기사를 보면 김형두 사장이 약 3개월 전에 물러나고 자치 형식을 취하고 있다고 서술하고 있다. 이 기사는 언론정책 시행기준 시행일 8월 13일을 6일 정도 앞두고 각 언론사의 대비 현황을 소개하는 내용이었다. 이 기사에 의하면 김형두 사장이 1962년 5월경에 사장직을 그만두고 후임 사장은 결정되지 않은 상태라는 말이 된다.

이로써 창간 과정부터 주역의 역할을 해왔던 김형두가 15년 만에 「국제신보」에서 손을 떼게 되었던 것이다.

(2) 럭키그룹의 인수와 운영 개선

「국제신보」가 새로운 투자자를 찾게 된 것은 그로부터 2년 가량이 지난 뒤였다. 국내 굴지의 기업 럭키그룹이 인수하게 된 것이다. 1964년 11일에 열린 주주총회에서 구인회(具仁會)가 회장에 서정귀(徐廷貴)가 대표이사 사장에 취임하였다(국제신문사, 1997, 167-168쪽). 럭키그룹에 인수되는 과정에 대해서는 현재 잘 알려지지 않고 있다.

소유권이 바뀐 이후 「국제신보」도 주로 외부 인사들이 사장을 맡게 되었다. 럭키그룹의 인수와 함께 사장을 맡은 서정귀는 박정희와 같은 대구사범 출신으로서 민주당 소속으로 제4대와 5대 민의원을 역임하였으며 2공화국기에 재무부 차관을 역임한 인물이다(「한국근현대인물자료」 국사편찬위원회 한국사데이터베이스 http://db.history.go.kr/url.jsp?ID=im_107_30092 2011. 9. 19.).

서정귀의 뒤를 이어 1967년 5월 사장에 취임한 이흥배(李興培)는 일제기 고등고시 행정과를 거쳐 관료 생활을 오래 했던 인물로서 해방 후 경상남도의 상공국장 등 요직을 거친 인물이었다(「한국근현대인물자료」 국사편찬위원회 한국사데이터베이스 http://db.history.go.kr/url.jsp?ID=im_108_22254 2011. 9. 19.). 이흥배의 뒤를 이어 1970년 8월에 취임한 하종배 사장은 「산업신문」 시절부터 기자 생활을 시작하여 20년 동안 근무하다 서정귀 사장 취임부터 전무를 맡았던 인물로서 1967년 사임하고 경향신문사로 옮겼었다(국제신문사, 1997, 221쪽). 1976년에 사장을 맡은 구자학(具滋學)은 당시 럭키그룹 회장이던 구자경의 동생이다. 하종배 사장만이 내부에서 기자 생활을 오래했던 인물이지만 사장으로 발탁될 때는 외부에서 영입하는 형식이 되었다.

안정된 자본력을 지닌 기업의 뒷받침을 받게 된 「국제신보」는 경영의 안정을 찾을 수 있었다. 이에 따라 「국제신보」는 여러 가지 새로운 시도를 전개하면서 부산의 언론계를 선도해 나갔다. 특히 경쟁지인 「부산일보」가 5・16장학회에 인수되어 당시 권력과 밀착된 구조를 지니게 되었지만 「국제신보」는 그러한 면에서 상대적으로 자유로운 상황이었다.

1964년 12월 10일부터는 부산에서 개국하는 동양텔레비전 부산방송국과 손을 잡고 이 전파를 통해 '국제신보 뉴스'라는 제목의 프로그램을 편성하여 방송하게 되었다. 전술한 바와 같이 4·19혁명 직전에 김지태가 부산문화방송을 인수하여 「부산일보」와 자매 회사 관계가 되고 방송을 통해 신문 뉴스를 보도하자 「국제신보」도 1960년 9월부터 기독교방송과 제휴하여 전파를 통해 뉴스를 보도하기 시작하였다. 그러한 맥락에서 동양텔레비전방송이 부산에서 가장 먼저 TV방송을 실시하게 되자 「국제신보」가 발빠르게 대응하여 제휴 관계를 맺은 것이다. 이를 위해 「국제신보」는 방송보도반을 신설하고 연중무휴로 뉴스 방송을 실시하기로 하였다(「국제신보」 1964. 12. 10. 1면).

1965년 3월에는 제1회 국제가요대상을 동양텔레비전방송국의 후원으로 시행하였다. 이 행사는 '디스크대상'을 필두로 가요와 민요, 상송, 보칼그룹 등 여러 장르를 포괄하여 총 12개 분야에 걸쳐 심사위원회의 심사와 일반인들의 투표를 거쳐 수상자를 선정, 상을 주도록 되어 있었다(「국제신보」 1965. 3. 27. 1면). 「국제신보」가 가요 분야의 이벤트를 기획하게 된 것은 「부산일보」가 1958년부터 부일영화상을 시행한 것이 하나의 자극제가 되었던 것으로 볼 수 있겠다.

1967년 9월 1일 창간 20주년을 맞이해서는 편집 면에서도 변화를 시도하였다. 그동안 「국제신보」는 다른 신문들과 달리 제호가 1면 상단 중앙에 가로로 인쇄되었다. 지면 편집은 세로짜기였지만 제호만은 가로쓰기인 독특한 스타일이었다. 그러나 창간 20주년을 맞이해서 새로이 활자도 바꾸면서 제호를 1면 상단 우측에 세로로 인쇄하는 형식으로 바꾼 것이다(국제신문사, 1997, 208-209쪽).

(3) 윤리위원회법 반대 투쟁

1964년 9월 전술한 언론윤리위원회법 철폐 투쟁에 「국제신보」 기자들도 참여하였다. 그해 8월부터 언론계를 중심으로 시민단체들도 참여하여 철폐투쟁위원회를 결성하고 반대 운동을 전개하였다. 그러나 정부가 강경 방침으로 나오자 5개 신문사 즉 「경향신문」과 「동아일보」 「조선일보」, 「대구매일」, 「대한일보」만이 반대 입장을 고수하였고 나머지 언론사들은 반대에서 찬성으로 선회하였다(채백, 2005, 144-158쪽). 부산의 「부산일보」와 「국제신보」도 한국신문발행인 협회가 행한 서면 조사에서 찬성 입장을 표명하였다.

이에 대해 「국제신보」 기자들이 반기를 들고 나섰다. 「국제신보」 기자들은 1964년 9월 3일 회의를 열어 한국편집인협회와 한국기자협회의 결의를 찬성한 다는 입장을 결정하고 정부의 보복 행위 중지를 요구함과 동시에 악법 철폐를 위해 끝까지 투쟁할 것을 결의하였다. 다음은 결의문의 내용이다(「국제신보」 1964. 9. 3. 1면).

언론인의 올바른 자세 견지를 다짐해온 우리 국제신보 기자 일동은 소위 언론 윤리위원회법의 제정과 시행 과정에서 항상 우리들이 그 일원인 한국신문편집 인협회와 한국기자협회의 결의에 호응, 실질적인 철폐 투쟁을 벌여왔다.
그러나 정부는 오히려 민주주의의 기본에 역행하는 처사를 감행하는 것을 보고 우리의 태도를 다시 한번 밝히면서 다음과 같이 결의한다.
① 정부의 언론윤리위원회법의 강행을 보류하고 아울러 언론윤리위원회 소 집에 반대한 신문에 취한 구독 금지, 특혜 조치 철혜 등 반민주적인 보복 조치를 즉각 중지하라.
② 국회는 팽배한 일반 여론과 언론계의 정당한 반대를 직시하여 이번 회기 중에 언론윤리위원회법을 폐기토록 하라.
③ 우리 국제신보 기자 일동은 초지일관 어떠한 여건의 장애에도 굽히지 않고 언론윤리위원회법의 철폐와 언론자유 수호에 우리의 목적을 이룰 때까지 끝까지 투쟁을 계속한다.

이러한 국제신보 기자들의 결의에 대해 한국기자협회는 전문을 통해 지지와 성원을 보냈다(「국제신보」 1964. 9. 3. 1면). 이때 지방에서는 「영남일보」와 「대 전일보」 및 「중부일보」도 언론윤리위원회법에 반대한다는 입장을 천명하였다 (「동아일보」 1964. 9. 3. 1면).

여기서 한국신문편집인협회는 이 반대 운동의 구심점이 되었던 단체이다. 이 법안이 야당의원들이 퇴장한 가운데 그해 8월 2일에 가결되자 바로 8월 3일에 이 법을 악법이라 규정하며 이의 폐기를 위해 끝까지 투쟁할 방침임을 밝힌 바 있다. 또한 8월 하순에 전술한 발행인협회의 서면 조사가 실시되어 대부분 언론사 발행인들이 찬성하자 이에 대해 반대 입장을 다시 천명한 바 있다. 한국 기자협회는 이 반대 운동을 계기로 그해 8월 17일에 새로이 발족한 단체로서 마찬가지로 반대 입장을 밝힌 바 있다.「국제신보」기자들은 이 두 단체의 입장을 지지한다고 밝힘으로써 반대 의사를 천명한 것이다. 또한 여기서 보복 행위라는 것은 이 법에 대해 반대 입장을 밝힌 신문사들에 대해 정부가 압박하는 통제 조치를 취한 것을 말한다. 그해 9월 1일부터 각 정부 기관들로 하여금 이 신문들을 구독하지 말 것과 신문 용지 배정과 융자 등을 금지하며 광고 수탁을 금지하도록 각계에 유, 무형의 압력을 가한 것을 말한다(채백, 2005, 152-158쪽). 이러한 보복 행위도 중지할 것을 요청하는 한편 악법 철폐운동에 끝까지 동참하겠다는 투쟁 의사를 밝힌 것이다.

이 법안은 1964년 9월 8일 언론계 대표들이 유성에서 박정희 대통령을 만난 자리에서 유보하기로 결정되었다(채백, 2005, 162쪽).

(4) 언론자유수호 운동

1970년대 초반 서울의 언론인들이 중심이 되어 박정희 정권의 언론 통제에 저항 의지를 밝히고 언론의 자유를 지켜 내겠다는 언론자유수호 운동이 전개되었다. 이는 박정희 정권이 언론에 대해 한편으로는 통제하고 탄압하며 다른 한편으로는 경제적 혜택을 제공하는 가운데, 야당지들도 굴복하여 언론이 본연의 임무는 도외시한 채 상업적 경쟁에만 치중하던 상황에서 촉발되었다. 이러한 상황은 대학생들에 의해 언론 화형식이라는 극단적 형식까지 낳고 말았다.

먼저 타겟이 된 것은 선정성의 경쟁을 벌이고 있던 주간지들이었다. 서울대학교 문리대 내의 종교 서클인 기독학생회는 1969년 6월 10일 교내에서 집회를 열고 탈선 매스컴 화형식을 벌이고는 불매운동을 벌일 것을 결의하였다. 1971년 3월 24일에는 서울 법대생들이 교내에서 언론인을 규탄하는 자유성토대회를 열고 이어서 언론화형식을 거행하였다. 학생들은 이에 그치지 않고 신문사 앞에서 화형식을 시도하였다. 서울대학생들이 3월 26일 오후 3시 동아일보사 앞에서 언론을 규탄하는 집회를 열고 언론화형식을 시도하였다. 그러나 긴급 출동한 경찰들에 의해 집회는 10분여 만에 무산되고 말았다.

하지만 이 언론화형식이 현장의 언론인들에게 던져 준 충격은 대단한 것이었다. 이에 대한 반응으로 기자들의 언론자유수호선언이 나오게 된 것이다. 언론화형식이 시도된 얼마 뒤인 그해 4월 15일 「동아일보」의 일부 기자들이 '언론자유수호선언'을 한 것을 기화로 바로 뒤이어 4월 16일에는 「한국일보」 기자들이 참여하였으며 4월 17일에는 「조선일보」와 「대한일보」, 「중앙일보」 기자들도 언론자유선언 대열에 참여하였다. 19일에는 「경향신문」과 문화방송, 「신아일보」가 선언에 동참하였다. 그 후로도 「현대경제」, 「일요신문」(4월 20일), 「합동통신」(4월 21일), 「산업경제」(4월 23일), 「동화통신」(4월 26일)의 기자들이 뒤를 이었다(채백, 2005).

이러한 언론자유수호 선언의 물결이 지방에까지 이어지면서 부산의 「국제신보」 기자들도 나서게 되었다. 1971년 5월 3일 「국제신보」 기자들은 사내에서 모임을 열어 언론자유 수호의 결의를 선언하였다. 선언문 전문은 다음과 같다(「기자협회보」 제180호, 1971. 5. 7.).

우리는 언론인이면서 언론의 책임을 다하지 못한 것을 통감하고 오늘날 언론이 처해있는 현실을 직시, 언론 본연의 사명인 진실한 보도와 공정한 논평만이 국가와 민족의 이익에 이바지한다는 것을 재확인하여 편집제작권의 독립을 되찾을 것을 엄숙히 선언한다.
오늘날 언론부재 언론불신의 사회풍조가 팽배하게 된 것은 끊임없는 외부의 유형무형의 압력과 간섭 및 우리들 스스로의 좌절감에 사로잡힌 결과임을 가슴아프게 생각하고 꺼질듯한 언론자유의 수호를 위해 다음과 같이 결의한다.

一. 우리는 외부의 압력과 내부로부터의 어떠한 간섭도 단호히 배격하고 오직 기자적 양심과 긍지로써 신문 제작에 임한다.
一. 우리는 부정부패의 도도한 탁류에 휩쓸리지 않고 언론 본연의 사명에 투철하기 위해 깊이 오늘을 자책하고 반성하여 민주언론의 재건에 헌신

한다.

　一. 우리는 신문 제작에 부당히 간섭하기 위한 외부 인사의 사내 무상출입을
　　단호히 거부한다.

　一. 우리는 우리의 정당한 외침이 관철될때까지 뭉쳐 실천할 것을 다짐한다.

서기 1971년 5월 3일
국제신보사 기자 일동

그러나 이때의 언론자유수호운동은 오래 지속되지 못했다. 그해 10월의 위수령 발동과 12월의 국가비상사태 선언, 그리고 1972년의 계엄령 및 10월 유신 선포 등 초강압적인 정책이 연이어 펼쳐지면서 위축되고 말았다. 그러자 대학생들이 또다시 언론인의 각성을 촉구하고 나섰다. 대학가의 시위 현장에서는 언론이 거의 빠짐없이 규탄의 대상으로 등장하곤 했다.

그리하여 1973년 10월에는 「경향신문」부터 언론의 본분을 다할 것을 선언하기 시작하였다. 이때에도 경향신문을 기점으로 해서 각 언론사 기자들이 뒤를 이어 같은 취지의 언론자유수호선언문을 채택하였다. 이때의 기자 운동을 1971년의 그것과 구분하여 제2차 언론자유실천운동이라 하기도 한다.

1974년 들어 「동아일보」와 「한국일보」가 노조 설립을 시도하는 등 이 언론자유실천운동이 확대되기 시작하자 정부는 이에 대한 탄압의 강도를 높여 나갔다. 이에 「동아일보」 기자들은 1974년 10월 24일 자유언론실천선언을 하였으며 그 다음날 「한국일보」 기자들이 민주언론 사수를 선언하는 내용의 결의문을 채택하였다. 이것이 계기가 되어 다시 다른 언론사로 파급되어 전국 30여 개 언론사 기자들이 언론자유수호를 결의하게 되었다. 이들의 결의는 사실보도, 기관원 출입금지, 언론인 연행거부 등 거의 동일한 내용이었다(채백, 2005).

「국제신보」 기자들도 이 대열에 동참하였다. 1974년 10월 25일 상오 11시 「국제신보」 기자 일동은 편집국에서 긴급 모임을 열고 「동아일보」를 중심으로 한 언론자유수호운동과 관련하여 논의한 결과 3개항의 결의문을 채택하였다. 그 결의문은 다음과 같다(「국제신보」 1974. 10. 25. 7면).

① 우리는 그동안 알릴 권리와 의무를 다하지 못했던 점을 통감하고 진실한
  보도로써 언론인의 사명을 다할 것을 다짐한다.
② 우리는 언론인이 연행되고 있는 최근의 사태를 중시하고 즉각적인 시정을
  요구한다.
③ 우리는 사실을 보도한 이유 때문에 인권을 침해당한 동료에게 성원을
  보내며 외부로부터의 어떠한 편집 간섭도 배격할 것을 결의한다.

그동안 언론 본연의 역할을 제대로 하지 못한 점에 대한 반성과 최근의 언론
탄압에 대한 항의의 의사가 담겨 있다. 「국제신보」 기자들은 성명에 그치지
않고 기자협회 분회가 중심이 되어 언론자유수호실천대책위원회를 결성하고
11월 30일 첫 모임을 열었다. 이날 모임에서는 위원장에 편집부 김영훈(金榮勳)
기자를 필두로 부위원장에 한영규(韓英奎, 교정부), 설정수(사회부), 총무에 조
갑제(趙甲濟)를 선출하였다. 또한 「밝힘」이라는 제호의 회람을 주 1회 정도 발
간할 것과 언론 자유의 침해 사례 조사 및 보고 등 구체적 실천 사항을 결의했다
(「기자협회보」 339호, 1974. 12. 6.).
　이어 1975년 1월 15일에 「국제신보」 기자들은 당시 진행되고 있던 「동아일
보」에 대한 광고 탄압 사건과 관련하여 언론 수호를 다짐하는 결의문을 다시
한 번 채택하였다.　이때의 결의 내용은 다음과 같다(「기자협회보」 제344호,
1975. 1. 17.).

한국기자협회 국제신보 분회원 일동은 1974년 10월 25일 채택한 언론자유수호
결의문의 정신에 따라 최근의 언론자유 침해사태를 중시, 언론인의 사명감에
입각한 사실 보도에 앞장설 것을 다짐하면서 다시 다음과 같이 결의한다.

① 우리는 언론자유수호운동을 더욱 힘차게 밀고 나가기 위해 고통속에 있는
  국민 사이로 파고들어가 사회부조리를 파헤치고 독자들의 궁금증을 풀어
  줄 현실적, 비판적, 사회고발적인 기사를 적극적으로 보도한다.

② 우리는 최근 동아일보에 가해지고 있는 광고 압력과 언론인의 연행 사태
를 중대한 언론자유 위협으로 간주, 즉각적인 시정을 촉구함과 동시에
동아의 고충을 우리의 아픔으로 이해하고 계속 언론자유실천을 위해 투
쟁한다.

이 결의문에서도 언론 본연의 환경 감시 기능을 위해 최선을 다하겠다는 의사
와 동아일보 광고사태에 대한 항의 의사를 밝히고 있다.「국제신보」기자들은
이 선언 이후 대책위가 중심이 되어 실제로 '비판적 기사 발굴 운동'을 벌여
1월 17일 전체 주간 모임을 열어 구체적 실천 방안을 모색하는 활동을 전개하였
다. 이날 모임에서 기자들은 매주 금요일 전체 회의를 열어 국민들이 궁금해하는
문제나 평소 기사하해야 한다고 생각했던 사회 부조리를 발표, 의견 교환한
다음 이를 종합하여「밝힘」에 싣기로 결정하였다. 이러한 활동이 신문 제작에
도움이 되리라는 데에 의견의 일치를 보았다(「기자협회보」제345호, 1975. 1.
24.).
　그러나 유신체제의 철권통치하에서 기자들의 이러한 저항은 오래 지속되지
는 못했다. 널리 알려진 대로 서울의 언론에 대해서는「동아일보」의 광고탄압
사태로 이어져, 독자들의 격려광고 운동을 불러일으켰으며, 이마저도 권력에
굴복한「동아일보」와「조선일보」의 사주들이 기자들을 대량 해고함으로써 막
을 내리고 말았다.「국제신보」기자들의 이러한 언론자유수호 운동도 당시의
철권통치하에서 저항의 의사를 표시했다는 의의는 인정되어야 하겠지만 별다른
성과를 거두지는 못했던 것으로 평가할 수 있겠다.

(5) 기자 연행 사건

언론자유수호 운동의 바로 뒤를 이어 1975년 2월 3일에는 기사를 문제 삼아
「국제신보」의 장양수(張良守) 기자가 당국에 연행되는 사건이 발생하였다. 장
기자는 이 신문 2월 1일자에서 부산시 공무원의 학위논문을 인용하여 부산 시청
공무원의 42%가 음성 수입에 의존하고 있다고 보도한 내용을 문제삼았던 것이
다. 이에 기자협회 국제신보분회는 긴급 회의를 열어 이 사실을 언론 자유에

대한 침해로 규정하고 장기자가 귀사할 때까지 농성하기로 결의하였다. 기자협회 부산지부도 이를 중대한 언론 침해로 주시하며 즉각 연행을 풀도록 촉구하고 엄중 항의하기로 결의하였다(「국제신보」 1975. 2. 3. 1면). 야당인 신민당도 대변인을 통해 이 사건은 '정치 보복'이라는 요지의 항의 성명을 발표하였다(「조선일보」 1975. 2. 5. 1면). 장기자가 2월 4일 풀려나 귀사하자 「국제신보」 기자들도 농성을 풀었다(「동아일보」 1975. 2. 4. 7면).

(6) 「국제신문」으로 제호 변경

1977년 6월 1일부터 「국제신보」는 제호를 「국제신문」으로 변경하였다. 당시 새로운 사옥 신축에 들어가고 고속윤전기를 도입하는 등 여러 가지 변화를 시도하고 있던 「국제신보」로서는 시간당 25만 부 인쇄능력의 윤전기를 가동하는 것과 때를 맞춰 제호를 변경하였다. 변경 사유를 「국제신보」 측은 독자들에게 더 친근감을 주고 부르기 쉽게 하기 위해서라고 밝히고 있다(「국제신보」 1977. 5. 31. 1면).

〈사진4-28〉 변경된 제호 「국제신문」으로 발행된 첫 지면(1977. 6. 1.)

(7) 「주간국제」 창간

1978년 4월 26일에는 자매지 「주간국제」를 창간하였다. 그해 3월 20일자 「국제신문」 1면 중단에 큼지막한 사고를 통해 타블로이드 32면으로 4월 말에 창간한다고 공지하였다. 「주간국제」의 실제 창간 날짜는 확실치는 않다. 『국제신문 오십년사』(572쪽)는 「주간국제」의 창간을 5월 19일로 서술하고 있으나 이 신문 1978년 4월 26일자를 보면 1면 좌측 하단에 「주간국제」 창간호 돌출 광고가 게재되어 있다. 이 광고에는 창간호의 주요 내용까지 소개하고 있다.

〈사진4-29〉「주간국제」 창간과 지사 모집을 알리는 광고
(「동아일보」 1978. 4. 13. 3면)

이 「주간국제」는 부산뿐만 아니라 전국 배포를 시도했던 것으로 보인다. 중앙지 지면에 광고도 하였다. 「동아일보」 1978년 4월 13일자 3면을 보면 하단의 통단으로 「주간국제」가 4월 중에 창간된다는 사실을 광고하고 있다. 이 광고는 「주간국제」가 '국제 30년의 결정'으로서 '국제신문의 전통과 권위가 이룩한 보너스'라면서 이 잡지의 성격을 '흥미와 오락, 정보, 교양, 품격의 5중주'로서 '온 가족이 함께 읽는 밝고 재미있는 유익한 주간지'라고 규정하고 있다. 이와 함께 이 광고는 전국에 지사를 모집한다는 내용도 포함하고 있다. 대전과 광주, 전주, 수원, 인천, 춘천, 제주, 청주의 8개 지역에 지사를 모집한다는 것이다. 전국적인 지사망을 설치하여 전국적 판매를 지향하였음을 알 수 있다.

이후에도 가끔씩 「주간국제」는 중앙지 지면을 통해 광고를 시도하였다. 「동아일보」 1978년 7월 14일자 1면에도 좌하단의 돌출 광고로 제12호의 주요 내용을 광고하고 있다. 이 「주간국제」는 1980년도의 언론통폐합 과정에서 폐간되고 말았다.

2) 「부산일보」

(1) 5·16장학회 인수와 운영상 변화

전술한 바와 같이 5·16쿠데타 직후부터 「부산일보」에는 정치 권력의 입김이 폭풍처럼 불어닥치면서 엄청한 회오리를 몰고 왔다. 강제로 소유권을 포기해야 했고, 부산일보사는 부산문화방송, 한국문화방송과 함께 5·16장학회에 인수되고 말았던 것이다. 이에 따라 사장 김지태는 1962년 7월 22일자로 그만두고(「부산일보」 1962. 7. 22. 석간 1면) 후임 사장에는 7월 31일 황용주가 취임하였다. 이어 경영진도 새로이 구성하여 5·16장학회 회장 이관구가 회장, 부사장에 장수봉, 취체역 편집국장에 박두석이 각기 취임하였다(「부산일보」 1962. 8. 13. 석간 1면).

이와 같이 「부산일보」의 소유권이 박정희 정권으로 넘어감으로써 「부산일보」는 경영상의 안정은 지속적으로 누리겠지만 지면 논조에는 커다란 영향을 받지 않을 수 없게 되었다.

이후로는 부산일보사의 사장도 대부분 친정부적인 외부 인사의 영입으로 이루어졌다. 1963년 7월 사장에 취임한 박준규는 그해 12월 출범한 제6대 국회에 민주공화당 소속으로 서울 성동구에서 당선되었다(「한국근현대인물자료」 국사편찬위원회 한국사데이터베이스 http://db.history.go.kr/url.jsp?ID=im_106_30236 2011. 9. 19.). 당선 직후 사표를 낸 박준규의 후임으로는 최세경(崔世卿)이 임명되었다. 최세경은 사내에서 1958년에 기획조사부장을 역임하였고 4·19혁명 직후부터 5·16쿠데타 직후까지 논설위원을 역임한 인물이다(부산일보사, 1996, 830-833쪽). 그러나 5·16 후에는 국가재건최고회의 의장고문과 공보부 차관을 역임하였으며 민주공화당 창당준비위원으로 참여한 인물로서 1971년부터는 제8, 9대 국회의원을 역임하였다(「한국근현대인물자료」 국사편찬위원회 한국사데이터베이스 http://db.history.go.kr/url.jsp?ID=im_110_30192 2011. 9. 19.).

최세경 사장의 후임으로 1971년 6월에 취임한 김동욱(金東郁) 사장은 부산 출신으로 부산 지역에서 3대부터 5대까지 국회의원을 역임하였으며 1967년부터는 부산일보사 고문을 맡고 있던 인물이었다(부산일보사, 1996, 621쪽). 1973년에 김동욱 사장이 신병으로 사망하자 그 후임에 왕학수(王學洙)가 취임하였다. 왕학수는 박정희 대통령과 대구사범 동기로서(「한겨레」 2007. 6. 9. http://www.hani.co.kr/arti/society/society_general/214748.html 2011. 9. 19.) 일제기 일본 소피아(上智)대학을 졸업하고 1948년부터 1970년까지 고려대 교수를 지내다가 1970년에 영남TV방송 사장을 거쳐 1971년 대구문화방송 사장으로 있던 인물이다(「한국역대인물종합정보시스템」 한국학중앙연구원, http://people.aks.ac.kr/front/tabCon/ppl/pplView.aks?pplId=PPL_7KOR_A1917_1_0007642 2011. 9. 19.).

이처럼 대부분 당시 집권 세력과 가까운 인물들이었으며 최세경 사장만을 제외하고는 모두 외부 인사들이 영입되는 형태였다. 이러한 상황에서 박정희 정권기 「부산일보」는 독자들로부터 '여당지'라는 평가를 면키 어려웠다고 할 수 있겠다(부산일보사, 1996, 626쪽.).

한편 그 사이에 개국한 서울의 한국문화방송도 자매 관계이기 때문에 신문과 방송 겸영의 형태로서 「부산일보」는 취재와 보급 면에서도 매우 유리한 조건에 놓이게 되었다(「부산일보」 1962. 1. 1. 2면). 1962년 8월의 단간제 실시로 신문의 발행이 축소되면서 9월부터 방송 전파를 타는 뉴스 시간을 하루 6회로 늘렸다(「부산일보」 1962. 8. 19. 석간 1면).

1964년 9월 1일에는 「소년부일」을 창간하였다. 그동안 주 1회 어린이면을 '소년부일'이라는 면 제목으로 운영해 오던 것을 독립된 매체로 창간한 것이다. 이, 「소년부일」은 타블로이드판 4면으로 격일간으로 발행되었다(「부산일보」 1964. 8. 31. 1면). 그러나 이 「소년부일」은 창간 10개월 만인 1965년 6월 30일 경영상의 어려움으로 폐간되고 말았다. 이후 어린이면은 다시 본지에 주 1회씩 실리게 되었다(부산일보사, 1996, 286-287쪽).

한편 1971년 12월의 언론자율정화 조치로 부산 지역 신문의 배포 범위가 부산, 경남과 인접도인 경북까지로 한정되자 「부산일보」는 종래의 4판제에서 5판제로 확대 실시하여 경북판을 추가로 발행하였다. 당시의 5판 발행 현황은 다음과 같다(부산일보사, 1996, 622-623쪽).

　　△1판: 울산, 김해, 밀양 등 동부 경남
　　△2판: 마산, 진해, 충무, 창원, 함안, 창녕, 의령, 고성, 통영, 거제 등 중부
　　　　　경남 지역
　　△3판: 부산

　　△4판: 진주, 사천, 하동, 함양, 합천, 거창, 산청, 남해 등 서부 경남 지역
　　△5판: 경북 일원 및 기타 지역

　이는 경북까지만으로 한정되자 제한된 시장을 더 파고들어 보려는 시도로 보인다. 다시 말해 경북 지역의 정보를 보완함으로써 그 지역 주민들을 독자층으로 끌어 들이기 위한 조치라 할 수 있겠다.

(2) 월남전 관련 기사 필화

　1965년 들어 「부산일보」는 월남전 관련 기사가 문제되면서 필화를 겪었다. 그해 1월 26일 국회는 비전투병력 2천 명의 파월 동의안을 통과시켰다. 1964년 9월 22일 이동외과병원과 태권도 교관단을 1차로 파월한 지 4개월 만에 2차 파병안이 국회의 동의를 얻은 것이다. 이러한 분위기 속에서 「부산일보」는 2월 6일부터는 '불길 속의 월남'이라는 제목의 기사를 번역, 연재하였다. 호주의 월프레드 바지트 기자가 베트콩을 직접 취재한 기사를 번역 전재한 이 기사에 대해 당국은 월남 참전의 의미를 부정하는 요소가 강하다는 이유로 문제를 삼았다. 이로 인해 최주식(崔周植) 편집국장이 연행되어 조사를 받았다(부산일보사, 1996, 289-290쪽). 이 기획은 2월 8일과 9일, 11일에 게재되고는 중단되고 말았다.

　1965년 4월 21일 신문윤리위원회는 전체 회의를 열고 「부산일보」 필화 건에 대하여 3단 이상의 기사로 해명, 사과하도록 결정하였다. 윤리위는 이 결정에 대해 일본 「마이니치신문」의 기사를 번역, 전재한 이 기사는, 필자인 월프레드 바지트 기자가 '용공적인' 인물로서(「조선일보」 1965. 4. 24. 1면) 2차 세계대전과 한국전쟁, 중국혁명, 인도차이나 전쟁 등을 공산주의적 입장에서 취재 보도한 이색 보도로 유명한 인물이라는 점과 「마이니치신문」은 월남 측과 베트콩 측의 입장을 병행 소개하였음에도 불구하고 「부산일보」는 베트콩의 입장만을 소개함으로써 편파적인 보도라는 점, 그리고 일부의 삭제, 개작, 과장 등으로 독자를 현혹케 하였다는 것이었다(「동아일보」. 1965. 4. 23. 3면).

　그러나 여기에 그치지 않고 중앙정보부 영남분실은 5월 12일 최국장과 번역

책임자였던 조사부 차장 김병대(金炳大)를 반공법 위반 혐의로 구속하였다(「경향신문」. 1965, 5. 13. 1면). 이에 대해 언론 관련 단체들이 문제 제기를 하고 나섰다. 신문윤리위원회와 편집인협회, 기자협회는 긴급 회의를 열어 진상 조사에 착수하는 한편 윤리위와 편협의 대표들이 문공부장관과 정보부장을 방문하여 엄중 항의하였다(「조선일보」 1965. 5. 14. 1면). 얼마 뒤인 5월 17일 두 사람은 석방되었다(「경향신문」. 1965. 5. 18. 3면).

(3) 육군방첩대 군인들의 기자 폭행 고문 사건

1965년 7월에는 「부산일보」 기사에 불만을 품은 군인들이 기자를 폭행하고 강제로 납치하여 고문까지 함으로써 전 언론계에 커다란 파문을 일으키고 정치권으로까지 비화되었던 사건이 발생하였다. 문제의 발단이 된 기사는 「부산일보」 1965년 7월 26일자 사회면에 실린 '만취장성이 행패'라는 제목의 4단 기사였다. 이 기사는 김해공병학교장과 휘하 참모들이 술에 취해 경찰들에게 시비를 걸고 상해를 입힌 사건을 보도한 내용이었다. 이 기사가 나간 3일 뒤인 7월 29일 새벽에 부산일보사 김해 지구 특파원인 최임조(崔林祖) 기자와 「경향신문」 권도호(權度鎬) 두 기자, 그리고 김해경찰서 순경 1명이 자택에서 괴청년들에 의해 공병학교를 거쳐 육군방첩대로 연행되었다. 그후 10여 시간 동안 감금 상태에서 폭행과 고문을 당하고 경위서와 각서까지 쓰고 나서 풀려났으나 의식을 잃은 상태로 입원하는 사태가 발생하였다(「동아일보」 1965. 7. 30. 3면).

이 사건은 즉각 엄청난 파문을

〈사진4-30〉 김해 사건을 집중보도한 「부산일보」의 사회면(1965. 7. 30.)

불러일으켰다. 「부산일보」는 사건 당일인 7월 29일자 신문에서부터 사회면에 부톱으로 사건의 경과와 각계의 반응을 상세하게 보도하였으며 사설에서도 ‘김해는 무법천지인가’라는 제목으로 강하게 비판하면서 이 사건의 사후 처리를 예의주시하겠다고 밝혔다. 그 다음 날인 7월 30일자에서도 ‘정치문제화’라는 제목의 1면 톱으로 이 사건에 대해 여야가 한 목소리로 이슈화하고 있다고 보도하였다. 7월 31일자에서도 사회면 톱으로 관련 기사를 보도하였고 김해에 입원 중이던 최기자의 수기도 보도하였다.

서울의 언론들도 이 사건을 면톱과 사설 등 많은 지면을 할애하여 상세하게 보도하는 한편 군경합동조사반이 편성되어 현지에 파견되고 신문편집인협회도 이 사건에 중대한 관심을 표명하면서 긴급대책위를 구성하고 조사단을 파견하기로 결정하였다. 국회 국방위에서도 문제가 되어 여야의원들이 한목소리로 엄벌을 요구하며 관계자 전원 구속 요구까지 나왔다(「동아일보」 1965. 7. 30. 3면). 또한 기자협회도 7월 30일 성명을 발표하여 관계자를 엄중 조치할 것과 진상 공개를 요구하였다(「동아일보」 1965. 7. 31. 7면).

군경합동조사반이 7월 31일 조사 결과를 발표하였으나 기자협회와 편집인협회는 진상을 왜곡하고 상식에 벗어난 처리라고 강하게 반발하며 공동으로 독자적인 조사단을 구성하였다(「동아일보」 1965. 8. 2. 3면). 이 조사단은 현지 조사를 거쳐 8월 6일 조사 결과를 발표하였으며 각 언론들은 이 발표 전문을 싣는 등 대서 특필하였다(「경향신문」 1965. 8. 6. 2면). 특히 「동아일보」는 8월 7일자 사설에서 ‘김해사건과 보도의 자유’라는 제목으로 이 사건을 강하게 비판하였으며 동일자 3면은 ‘카키색이 빚은 무법천지’라는 제목으로 전면을 할애하여 사진과 함께 자세하게 보도하였다.

이러한 사회적 반발과 문제 제기에도 불구하고 이 사건은 핵심 인물인 공병학교장 정극서(鄭極徐) 준장이 예편하는 수준에서 봉합 처리되었다(「경향신문」 1965. 12. 9. 3면).

(4) 급료 인상 파업

1969년 10월에는 「부산일보」 기자들이 급료의 대폭 인상을 요구하며 파업을 벌였다. 기협 부산일보분회는 1969년 9월 25일 현행 봉급의 65%를 인상해 달라는 건의서를 사장에게 제출하여 10월 20일까지 회신해 줄 것을 요구하였다. 그러나 아무런 회신도 없이 특별 보너스를 주겠다는 언질만을 주자 기자들은 그렇다면 200%의 보너스를 요구하였다. 하지만 이에도 아무런 회신이 없자 10월 25일 아침 편집국의 기협 회원 전원이 사표를 제출하고 신문 제작 거부에 들어갔다.

그러나 이 파업은 그날 오후 기자들과 회사 측이 합의함으로써 일단락되었다. 합의한 내용은 연내에 100% 보너스를 2회에 나누어 지급하고, 내년 3월 정기 승급시 현행보다 20% 인상된 선에서 승급시키겠다는 내용이었다. 또한 이 사건에 대해서는 일체 불문에 붙이기로 하였다. 이날의 파업으로 당일자 신문은 제때 제작되지 못하고 일부 간부들과 공무국 직원들에 의해 시내판과 지방판이 합판으로 제작되어 뒤늦게 배달되었다(「기자협회보」 제103호, 1969. 10. 31.).

「부산일보」 기자들의 파업은 전술한 바와 같이 1960년대 후반부터 기자협회가 중심이 되어 기자들의 저임금 문제를 중점 사업으로 추진하는 과정에서 발생하였던 것이다. 당시 「부산일보」의 급여가 구체적으로 어느 정도 수준이었는지는 확실치 않다. 기협의 「부산일보」 분회장이던 정리부 차장 이창우(李昌雨)가 「기자협회보」 제105호(1969. 11. 14.)에 게재한 '부산일보 쟁의의 전말: 기자의 대우는 개선돼야 하고 향상될 수 있다'는 제목의 글을 보면 「부산일보」의 급여 수준도 매우 열악한 수준이었음을 알 수 있다. 이 글에서 이창우는 「부산일보」 기자들 태반이 경제기획원이 발표한 도시 노동자 최저 생활비 2만 5천 원에 미달되며 10대 재벌 기업의 운전기사나 교환수의 월급에도 못 미치는 수준이라고 밝혔다.

이때의 파업에서 합의된 내용에 따라 「부산일보」는 1970년 4월부터 급여를 30% 인상하였다. 이에 따라 기자 초봉은 2만 원, 수석 기자가 38,300원, 차장급이 4만 원에서 4만 6천 원, 부장급이 4만 8천 원에서 5만 6천 원을 받게 되었다(「기자협회보」 제128호, 1970. 5. 1.).

(5) 오일 쇼크와 경영난, 그리고 기자들의 판매 요원화

1970년대 초반 세계 경제를 몰아친 오일 쇼크는 신문사 경영에도 어려움을 몰고 왔다. 이에 1973년 4월 30일 새로 취임한 「부산일보」 사장 왕학수(王學洙)는 '전사원의 판매요원화'를 추진하며 5월 말부터 기자들을 판매 지원과 광고 확장에 동원하였다. 6월 20일에는 외신부 기자를 판매부로 발령을 내자 편집국 기자들의 불만이 폭발하였다. 기자협회 부산일보분회는 그날 바로 철야 농성에 돌입하며 그 다음 날인 21일자 신문 제작을 거부하기로 결의했다.

기자를 판매에 동원하는 인사 조치에 대한 불만이 계기가 된 이 농성과 제작 거부는 그동안 경영진의 편집권 침해와 권력의 언론 통제에 대한 누적된 문제 의식이 바탕이 되었다. 기자들이 경영진에 요구한 내용은 편집국원의 타국 전출 금지와 편집권 침해 방지, 보너스 인상, 기관원의 편집국 출입금지의 네 가지였다(부산일보사, 1996, 314-315쪽).

기자들의 이러한 요구는 당시의 시대적 분위기와 「부산일보」의 소유권 성격상 받아들여지기 어려운 것이었다. 그러나 기자들이 이때에 요구한 내용을 보면 1971년도 제1차 언론자유수호운동에서 각 언론사 기자들이 공통적으로 내걸었던 '기관원의 출입금지'도 포함되어 있다. 이를 보면 1971년도에 아무런 움직임 없이 그냥 지나쳐야 했던 「부산일보」 기자들이 1973년도 기자의 권익과 명예에 관련된 문제를 계기로 폭발하면서 평소에 누적되어 온 불만과 문제 의식이 함께 표출된 것으로 볼 수 있겠다.

(6) 언론자유수호선언

1974년 10월에는 「동아일보」를 필두로 언론계에서 전개된 2차 언론자유수호 선언에 「부산일보」 기자들도 동참하였다. 「부산일보」의 기자 일동은 10월 25일 오후에 편집국에서 언론자유수호선언 대회를 열고 3개항의 결의문을 채택하였다. 결의의 내용은 다음과 같다(「부산일보」 1974. 10. 26. 7면).

① 국민의 편에 선 사실보도로 언론인의 사명을 다한다.

② 사실보도에 충실하기 위하여 외부의 작용을 일체 배격한다.

③ 국민 각계각층의 의사가 고루 반영되도록 취재·편집·보도의 자유 확보
에 최선을 다한다.

그러나 「부산일보」 기자들의 언론자유수호 선언은 1974년 10월에 1회성으로
그치고 말았다.

〈사진4-31〉 「주간부산」 창간호를 홍보하는 「부
산일보 지면」(1978. 5. 31.). 7면 하단에 돌출광고
로 게재되었다.

(7) 「주간부산」 창간

「부산일보」는 1978년 6월 1일 자매지인 타
블로이드판의 「주간부산」을 창간하였다. 이를
위해 부산일보사는 그해 4월 29일 편집국에 주
간부를 신설하고 준비를 시작하여 6월에 창간
한 것이다. 경쟁지인 「국제신문」이 1978년 4월
26일에 「주간국제」를 창간하자 이에 뒤질세라
「부산일보」도 뒤이어 창간한 것으로 보인다.
「주간부산」은 1980년 1월부터는 서울지사에
도 주간부를 신설하고 서울의 연예인들을 집
중 취재하여 지면에 반영하였다. 그러나 1980
년도에 이루어진 전두환 정권의 언론통폐합
과정에서 1980년 7월 30일에 등록이 취소되어 1980년 8월 10일 지령 112호를
끝으로 폐간되고 말았다(부산일보사, 1996, 349쪽).

5. 박정희 정권기 부산 지역의 방송

1) 박정희 정권의 방송 정책

(1) 방송 정책

5·16쿠데타 직후인 1961년 5월 20일 군사정부는 제2공화국 치하에서 국무원

사무처에 속해 있던 공보실을 공보부로 승격시키고, 이어 6월 22일 정부조직법을 개정하면서 공보부장을 장관으로 승격시켰다(한국방송공사, 1997a, 340쪽). 또한 1961년 8월에는 '공보목표, 정책, 지침 및 공보활동의 방침과 구체적 방안'을 발표하였다. 이 중 공보목표는 6개항으로 이루어졌는데 제1항은 '국가의 기본 정강과 정부시책을 정확 신속하게 홍보 선전한다'고 천명하고 있으며 제2항은 '반공태세의 강화에 공보매개체를 총동원한다'는 입장을 밝히고 있다(문화공보부, 1979, 43-44쪽). 이는 군사정권의 홍보정책으로서 방송정책의 토대가 된 것이었다. 이러한 조치들은 정권의 홍보와 선전을 위해 방송을 적극적으로 이용하겠다는 입장을 담고 있는 것이라 할 수 있다.

또한 군사정부는 자유당 정권 후반기부터 시작된 라디오 수신기와 스피커 보급운동도 계속 추진해 나갔다. 이는 강력한 홍보매체가 되는 라디오 수신기 보급의 확대를 통해 방송의 저변을 강화하고 그 영향력을 확대하려는 조치라 할 수 있겠다(한국방송개발원, 1995, 64쪽).

한편 군사정부는 방송관리를 법제화하려는 시도를 본격적으로 펼쳐 나갔다. 먼저 군사정부는 1961년 8월 24일 법률 제692호로 유선방송수신관리법을 제정하였다. 농어촌에 라디오 수신기와 스피커 보내기 운동의 연장선상에서 제정된 이 법은 유선방송수신사업을 하고자 하는 자는 공보부 장관의 허가를 받아 국영방송의 중계나 재방송만을 하도록 규정하고 있다. 유선으로 연결된 소규모의 방송시설이 국영방송 중계 외의 다른 목적에 이용되지 못하도록 법으로 제한한 것이었다.

1962년 12월 2일에는 신설된 KBS-TV의 재정적 어려움을 해결하기 위해 「국영텔리비전 방송사업 특별회계법」과 「국영 텔리비전 방송사업에 관한 임시조치법」을 공포하였다. 이중 전자는 KBS 텔레비전을 특별회계로 하여 독립채산제로 운영하도록 한 것이며 후자는 유료 광고방송도 하고 시청료도 징수할 수 있도록 규정한 법이다(한국방송공사, 1987, 317쪽). 국영 텔레비전 방송이면서도 광고방송을 실시할 수 있는 법적 근거를 마련한 것이다. 이러한 법적 장치들에 의해 KBS-TV는 1963년 1월부터 광고방송을 실시하게 되었으며 동시에 시청료도 징수할 수 있게 되었다. 국영방송으로서 시청료도 받으면서 유료 광고

방송도 실시하는 왜곡된 방송형태를 지니게 되었다.

이어 1961년 12월 20일에는 전파관리법이 국가재건최고회의를 통과, 공포되었다. 전파의 효율적인 관리를 위해 제정된 이 법은 방송의 인허가와 관련된 기본 사항을 규정하고 있다. 즉 무선국을 개설하려는 자는 체신부 장관의 허가를 얻도록 규정한 것이다(한국방송공사, 1977a, 361-363쪽).

방송에 대한 관리를 제도화하려는 시도들은 방송법의 제정으로까지 이어졌다. 민영방송들까지 연이어 생기면서 국영과 민영을 망라하여 방송 전반을 규제하는 법적 장치의 필요성이 대두되었다. 이에 따라 1964년 1월 1일부터 방송법이 제정되어 시행되었다(한국방송개발원, 1995, 94쪽).

이와 같이 방송 관련 법제들이 속속 제정, 공포된 것은 방송에 대한 관리를 법제화하여 방송에 대한 국가의 영향력을 유지하고 강화하려는 시도로 해석할 수 있겠다.

(2) 텔레비전 시대의 본격 개막

5·16쿠데타 이후의 한국 방송계에서 가장 큰 변화라면 바로 TV시대가 본격적으로 막을 올렸다는 점일 것이다. 일찌기 1956년도에 출범한 HLKZ-TV는 여러가지 어려운 여건 속에서 1959년도에 문을 닫고 말았다. 그러나 5·16쿠데타 직후 국영인 KBS가 1961년 12월 31일 텔레비전 방송을 개국함으로써 이 땅에 본격적인 텔레비전 시대가 개막된 것이다.

당시 쿠데타세력이 이처럼 몇 달 만에 TV를 개국한 것은 정치적 필요에서였던 것으로 알려지고 있다. 자신들의 쿠데타 행위를 정당화시키기 위한 대국민 홍보의 필요성에서 새로운 매체인 TV를 서둘러 도입했던 것이다(한국방송개발원, 66-67쪽).

당시 정부는 1961년 8월 14일 국영 텔레비전 창설 계획을 확정하고 공보부와 서울 중앙방송국이 중심이 되어 12월 24일 크리스마스 전야 개국을 목표로 텔레비전 방송국 설립 작업을 적극적으로 추진하기 시작하였다. 이로부터 약 4개월 만인 1961년 12월 31일 호출부호 HLCK, 채널 9로 정식 개국하였다(한국방송공사, 1997, 383쪽).

KBS-TV의 뒤를 이어 상업 텔레비전 방송국들이 등장하기 시작하였다. 1962년 12월 31일 김용우는 텔레비전 방송국을 위한 무선국 설립가허가를 받았다. 이것이 바로 동양 텔레비전 방송의 모태가 되었다. 이때의 가허가 내용은 서울(호출부호 HLCX, 채널 7, 출력 10KW)뿐만 아니라 부산(호출부호 HLSX, 채널 9, 출력 5KW)에서도 방송을 할 수 있도록 하고 있다. 김용우는 이와 같이 허가는 받았으나 자본이 없어 삼성재벌의 이병철에게 공동 설립을 제의하였으며 이것이 받아들여져 삼성재벌이 1963년 2월에 동양텔레비전방송주식회사를 설립하고 1964년 12월 7일에 동양TV(호출부호 HLCZ, 채널 7)를 개국하였으며 12월 12일에는 부산국(HLKZ, 채널 9)이 개국한 것이다. 또한 1969년 8월 8일에는 MBC-TV(호출부호 HLAC, 채널 11)가 개국하였으며 다음 해인 1970년 1월 24일에는 부산국(호출부호 HLAD, 채널 12)도 개국하였다(KBS, 1997, 392-442쪽).

이와 같이 국영인 KBS가 텔레비전 방송을 시작함으로써 이것이 계기가 되어 상업 TV도 뒤를 이어 이 땅에 본격적인 TV시대가 막을 열었던 것이다.

(3) 민간상업방송의 활성화

1960년대 초반 방송계에 나타난 새로운 흐름은 민간 상업방송의 시대가 본격화되었다는 점이다. 이미 1959년도에 부산문화방송이 상업방송의 시대를 열기는 하였지만 서울에서 상업방송이 속속 생겨나면서 본격적인 활동을 벌인 것은 1960년대 초반부터의 일이다.

1960년대에 가장 먼저 개국한 민간 상업방송은 한국문화방송이다. 1961년 12월 2일 호출부호 HLKV, 출력 10KW, 주파수 900KHz로 개국하였다. 문화방송은 부산문화방송에 이어 두 번째로 설립된 민간상업방송으로서 부산문화방송과는 처음부터 네트국으로 했다는 점이 특징이다. 즉, 부산문화방송국과는 운영 및 기구는 독립성을 지닌 별개의 회사로 존재하지만 계약에 의해 프로그램의 반 정도를 제공하는 관계를 정립한 것이다(한국방송공사, 1977a, 849쪽).

문화방송의 허가에 앞서 1961년 1월 16일, 「동아일보」는 '상업용 방송무선전화시설'을 허가받았다. 호출부호는 HLKJ, 주파수 1,230KHz, 출력 10KW였다.

동아방송은 독립된 회사나 법인을 설립한 것이 아니라 동아일보사 내의 일개 국으로 출발하였다. 동아방송의 개국은 1963년 4월 25일에야 가능했다. 1964년 5월 9일에는 라디오서울이 개국하였다. 호출부호는 HLCZ, 주파수 1,380KHz, 출력 10KW였다. 이 라디오 서울이 후에 삼성재벌에 인수되어 동양방송의 모태가 되었다(한국방송공사, 1997, 358-364쪽).

이와 함께 FM방송도 시작되었다. 1965년 6월 26일 서울FM방송이 개국하였으며, 문화방송도 1971년 9월 19일 FM방송을 개국하였다. 부산문화방송도 1970년 4월부터 FM방송을 시작하여 1972년 3월부터는 스테레오방식으로 전환하였다.

또한 1960년대 후반부터 지역의 민영방송들도 다수 등장하였다. 1968년부터 1971년 사이에 전국 주요 도시에 그 지역 연고를 가진 정치 실세들이나 실업인, 그리고 지방 신문사 등이 제휴하여 독자적인 지역 민영방송을 설립하게 되었다. 이 지역의 방송사들은 독자적인 제작 능력을 갖추지 못하고 있었기 때문에 자연히 서울의 방송사들과 제휴 관계를 맺지 않을 수 없었다. 그 결과 서해방송과 전일방송은 동양방송과 제휴를 맺고 나머지 방송사들은 모두 문화방송과 제휴를 맺게 되었다. 문화방송과 제휴한 이 방송사들은 1971년 10월을 기하여 문화방송 네트워크 가맹계약에 따라 회사 명칭을 문화방송으로 변경하고 ○○문화방송주식회사로 바꾸어 부르게 되었다(한국방송개발원, 1995, 99-101쪽).

이와 같이 1960년대 초반에는 여러 민간 상업방송들이 허가를 받고 개국을 함으로써 본격 상업방송이 시작되었다. 그리하여 국영 방송 독점의 제도에서 국영방송과 상업방송이 공존하면서 경쟁하는 시대로 돌입하게 된 것이다.

(4) 유신 체제하의 방송

박정희 정권은 1972년 10월 17일 전국에 비상계엄을 선포하고 12월 27일 유신헌법을 공포함으로써 대통령의 권한을 대폭 강화하여 영구 집권을 도모하는 유신 체제를 출범시켰다. 이와 함께 언론에 대한 통제 강도를 한층 높였으며 언론은 이에 대체로 순응하였다. 특히 방송은 거의 정치권력의 홍보매체화되었다. 박정희 정권의 주요 동원이데올로기였던 새마을운동을 홍보하여 확산시키는 데에 방송은 앞장섰다. 각 방송사들은 사내에 새마을 방송 관련 전담 기구를 설치하여 방송을 실시하였다. 제도적 강제와 방송사의 자발적 협조가 맞물려 이 시기 방송은 매일 저녁 새마을 관련 프로그램을 여러 개씩 방송했다.

이 시기 방송에서 또 하나 중요한 사실은 KBS의 공사화이다. 1972년 12월 유신 체제하의 비상국무회의는 한국방송공사법을 확정, 공포함으로써 KBS 공사화의 법률적 기초를 마련하였으며 이듬해인 1973년 3월 KBS는 자본금 248억 원 전액을 국가가 투자하는 공공법인으로 재출발하였다. 제도적 외양은 바뀌었지만 실질적인 면에서는 국영이나 별 차이가 없었다. 공사화 이후 KBS가 표방했던 방송의 목표를 보아도 '총화 안보체제의 강화, 자주 평화통일의 기반 구축, 약진 한국상의 해외 홍보, 건전한 사회 풍토의 조성'으로서 국영과 별 차이를 찾아보기 힘든 목표였다(한국방송개발원, 1995, 126-146쪽).

2) 박정희 정권기 부산 지역의 방송

(1) KBS 부산방송국의 운영

5·16쿠데타 직후 KBS의 지방 방송국은 부산을 비롯하여 모두 15개 지역에서 운영되고 있었다. 1961년 6월 22일 정부조직법이 개정되면서 각 지방방송국의 장은 도청 소재지의 경우는 서기관, 그 외의 지역은 사무관으로 보하며 서무과, 방송과, 기술과를 두도록 규정하였다. 그러나 그간의 KBS 지방방송국은 방송과와 기술과의 편제를 유지해 왔고 인원도 30명을 넘었던 부산을 제외하고는 모두 10~20명 수준이어서 기구 확장 없이 과를 증설한다는 것이 당시로서는 큰 의미가 없었다. 이에 따라 얼마 뒤인 그해 10월 다시 지방방송국 직제를 개정하여 서무과를 폐지하였다. 그리하여 지방방송국의 직제는 공사화되기 이전까지는 국장 밑에 방송과와 기술과, 송신소 및 중계소를 두고 있었다.

KBS부산방송국에 인력 현황을 보면 1961년에는 국장 박홍래(朴洪來)를 비롯하여 방송과에 아나운서 6명, 기자 3명, 기타 직원 8명, 기술과에 8명, 그리고 동래송신소에 8명이 근무하였다(자세한 명단은 한국방송문화협회, 1961, 472쪽에 소개되어 있다). 1964년에는 국장 한남석(韓南錫)을 비롯하여 41명이 근무하었다. 방송과에 편성계와 보도계, 방송계를 두었다. 편성계에는 계장과 직원 1명, 보도계에는 계장 외에 기자 4명, 방송계에 계장과 아나운서 5명이 재직하고 있었다. 기술과에는 과장을 비롯하여 9명이, 동래송신소에 7명이 재직하였으며 1962년에 개소한 진주중계소에 4명이 근무하고 있었다(한국방송사업협회, 1965, 173-174쪽).

박정희 정권기 KBS부산방송국장의 변천을 보면 1961년 6월 하순 서기관 배준호(裵俊鎬)가 임명되었으며(「동아일보」 1961. 6. 25. 1면) 얼마 뒤에 전술한 박홍래로 바뀐 것으로 보인다. 1963년 4월 29일부로 서기관 조성길(趙星吉)이 부산방송국장에 임명되었다가(「동아일보」 1963. 4. 30. 2면) 1965년에 한남석(韓南錫)이 부산방송국장 대리로 임명되었다(「경향신문」 1966. 4. 12. 2면). 한남석은 1967년 1월에 정식 국장으로 발령받았다(「경향신문」 1967. 1. 10. 2면). 1969년 9월에는 장기범(張基範)이 부임하였으며(「동아일보」 1969. 9. 12. 2면) 1970년 9월 25일에는 장상규(張相奎)로 바뀌었다(「동아일보」 1970. 9. 26. 2면). 1972년 2월 25일에는 김득성(金得成)이 부산방송국장에 부임하여(「동아일보」 1972. 2. 25. 2면) 공사화 이후인 1973년 3월 14일 김득성이 유임되었다(「경향신문」 1973. 3. 14. 2면). 1975년 2월경에는 김동석(金東錫)이 부산방송국장으로 임명되었다(「동아일보」 1975. 2. 15. 5면).

이 시기에도 방송의 운영은 서울 중심으로 이루어지고 있었다. 1962년도 KBS의 총예산 구성을 보면 시설비가 43.6%로 가장 많고, 서울중앙방송국이 17.4%, 서울TV방송국이 11.4%, 서울국제방송국이 9.3%인 데 비해 부산방송국은 3.9%, 광주방송국은 1.0%, 남원방송국이 0.5%였다. 시설비가 이렇게 많은 비중을 차지한 것은 당시 텔레비전의 도입으로 여러 가지 설비와 장비들이 요구되었기 때문이다. 반면 지방 방송들은 예산 면에서도 극히 일부분만을 차지하는 매우 취약한 구조임을 알 수 있다(한국방송공사, 1997, 346-347쪽).

1960년대 초 지방방송들의 방송 현황을 개략적으로 살펴본 것이 다음의 표이다. 표를 보면 지방 방송들의 경우 자체 제작 프로그램은 일부에 불과하고 대부분의 프로그램을 중앙에 의존하고 있음을 알 수 있다. 이러한 상황은 비단 1960년대 초반뿐만 아니라 현재에까지도 이어지고 있다. 부산은 그래도 1960년대

〈표4-36〉 1960년대 초 지방방송국의 현황

방송국명	호출부호	전체 방송시간	자체 방송시간	비 고
부산방송국	HLKB	19시간	9시간 30분	지방 유일의 연속극 방송
광주방송국	HLKH	21시간	3시간 30분	전속 경음악단, 합창단 운영
전주방송국	HLKF	17시간	3시간 20분	KF극회와 KF합창단 운영
대전방송국	HLKI	16시간 30분	3시간	KI전속 극회 운영
춘천방송국	HLKM	17시간	2시간 47분	군인 대상 프로가 많음
청주방송국	HLKQ	17시간	3시간	경음악단, 극회, 합창단 운영
대구방송국	HLKG	14시간	4시간 30분	토요일은 자체 제작 7시간
제주방송국	HLKS	16시간	3시간 30분	다양한 지역사회 봉사활동
강릉방송국	HLKR	19시간	3시간	자정 이후 90분 대북방송
마산방송국	HLKD	16시간 30분	2시간 19분	논설위원제도 운영
목포방송국	HLKN	16시간 24분	2시간 30분	어민 대상 프로 방송
남원방송국	HLKL	16시간	3시간	전속 국악단, 극회, 합창단
속초방송국	HLCS	12시간 30분	1시간 30분	자국 프로가 가장 적음
여수방송국	HLCY	15시간	3시간	경음악단, 어린이밴드 운영
포항방송국	HLCP	15시간 30분	2시간 30분	경음악단, 어린이 노래회

* 자료 : 한국방송공사(1987, 342-345쪽)

초반 다른 지역보다는 자체 제작 프로그램의 비중도 높아서 절반 정도를 차지하였으며 지방 방송 중에는 유일하게 자체 연속극을 방송하고 있었다.

1964년의 자료를 보면 부산방송국의 자체 제작 프로그램 비율은 34%로 감소하였다(한국방송사업협회, 1965, 169쪽). 이는 점차 서울 의존도가 높아가는 경향의 산물로 볼 수 있겠다. 그러나 KBS부산방송국은 자체 제작의 비중은 낮아졌지만 이 프로그램들은 주로 황금시간대에 방송되었다고 한다. 이 황금 시간대만을 보면 자체 제작 프로그램의 비율은 77%에 이른다는 것이다. 그러나 교양 위주의 방송을 하던 KBS는 자체 제작 프로그램도 대부분 농어촌을 위한 프로그램이나 상공인의 PR 성격의 프로그램이 대부분이어서 시청자들에게 어필하지는 못한다는 평가를 받고 있었다(「부산일보」 1964. 11. 14. 5면).

전술한 바와 같이 1961년말에 KBS-TV가 개국하였다. 그러나 서울 지역에만 방송이 되었을 뿐 지방에 TV방송망이 확장된 것은 한참 뒤의 일이다. KBS-TV의 개국 이후 정부는 그해 안에 부산을 비롯한 지방의 5대 도시에도 텔레비전 중계소를 설치하겠다고 밝혔다(「동아일보」 1962. 1. 26. 4면, 1962. 6. 24. 3면).

그러나 정부의 언명에도 불구하고 당시 공보부 장관은 그해 8월 부산의 TV중계는 아직 기술 조사 단계라고 밝힘으로써 조속히 실현되기는 어렵다는 입장을 밝혔다(「경향신문」 1962. 8. 19. 3면).

1964년 초에도 공보부는 지방민들이 텔레비전 방송을 시청할 수 있도록 하기 위해 부산 등 주요 도시에 중계탑을 세울 예정이며 이는 빠르면 2년 이내에 실현될 수 있을 것이라고 발표하였다(「동아일보」 1964. 1. 18. 5면). 그러나 실제로 지방 도시에 TV중계시설이 설치된 것은 1966년 8월 15일부터였다.

이때에도 부산과 제주는 제외되고 대전, 대구, 광주, 청주, 전주 등 5개 도시에만 설치되었다(「경향신문」 1966. 8. 16. 3면). 이때에 부산이 제외된 이유는 명확치 않다. 후술하겠지만 부산에 TV시대를 연 것은 상업방송은 동양TV에 의해서 1964년 12월의 일이었으며 KBS-TV가 부산에 중계소를 개설한 것은 1968년 4월 10일의 일이었다. 그러나 이때 중계소는 일본 NHK의 협조를 얻어 멕시코 올림픽을 생중계 혹은 녹화중계하기 위한 것이었다. 당시 부산TV의 호출부호는 HLAB, 채널 5였다(한국방송공사, 1977a, 543쪽). 이로써 부산에서도 서울의 KBS-TV를 시청할 수 있게 된 것이다

서울 KBS-TV의 프로그램을 중계하던 부산KBS는 부산연주소를 1972년 11월 15일 완공하여 자체 프로그램 제작이 가능하게 되었다. 이때부터 부산 KBS-TV는 매일 오후 7시 25분부터 5분간 자체 뉴스를 방송하며 수요일의 '어린이시간(오후 6시 30분-7시)', 토요일의 '주부시간(오후 5시 30-6시)', 일요일의 'TV응접실(오전 8시 10분-8시 30분)' 등 1주당 약 2시간의 자체 제작 프로그램을 방송하게 되었다(「동아일보」 1972. 11. 7. 8면).

(2) 일본 TV의 붐

1960년대 초반 부산에서 일본 TV의 붐이 일었다. 일본의 라디오 방송도 부산 지역에서 꾸준히 청취되면서 인기를 끌었지만 1962년 9월 1일 일본 대마도의 이즈하라에 TV중계소가 설치 운영을 시작함으로써 부산에서 일본 TV방송의 시청도 가능해진 것이다. 이즈하라 중계소는 일본의 NHK와 ABC(朝日放送)의 두 채널을 중계하였다.

이에 따라 부산 시내 약 500~600대로 추산되는 텔레비전 수상기마다 주야로 온 가족이 모여 앉아 일본 TV방송을 시청한다는 것이다. 이렇게 텔레비전 붐이 일면서 수상기 가격도 덩달아 올라 TV방송 이전보다 20~30% 정도가 오른 가격임에도 없어서 못 팔 정도였다고 한다. 이렇게 텔레비전 붐이 급속히 확산되는 것은 1961년 말에 개국한 KBS-TV가 아직 지방에는 전혀 시청이 불가능한 상황이었다는 점도 중요한 원인이 되었다(「경향신문」 1962. 10. 22. 6면). 부산에서 서울의 텔레비전 방송도 수신이 안 되는 상황에서 일본 TV방송의 수신이 가능해지자 일본 TV 붐이 일었던 것이다.

이러한 일본 TV 붐은 1963년 들어 시청 가능한 채널도 늘어나면서 더욱 확대되었다. 대마도 중계소가 나가사키방송(NBC)과 후쿠오카방송(KBC) 등 일본의 상업TV방송들도 중계하기 시작하면서 일본 TV 붐이 더욱 확산된 것이다. 이에 따라 수상기의 급격한 증가를 가져왔을 뿐만 아니라 일본 문화의 무분별한 수용이라는 사회문제를 낳게 되었다.

1962년 말경 부산의 수상기 대수는 880여 대로 추산되었지만 1963년 3월 초에는 1,800여 대로 몇 달 만에 1천 대 정도가 늘어났다. 이는 부산뿐만 아니라 동남해안에 접한 경남의 울산과 마산, 진해, 충무 등으로도 확대되어 이 지역을 합하면 3천여 대 정도로 추산될 정도였다. 수상기 판매 업소도 1962년 말경 부산 시내에 15~16개소였으나 이듬해 3월에는 30~40개에 이를 정도로 급증하였다. 이처럼 일본 TV 프로그램이 인기를 끌면서 청소년들 사이에 일본 사무라이를 모방하는 문화가 성행하여 중학생들 사이에 살인에까지 이르는 사건도 발생할 정도였다(「경향신문」 1963. 3. 26. 6면). 또한 어른들 사이에는 일본의 대중가요가 애창되곤 했다는 것이다(「동아일보」 1963. 9. 4. 5면).

이러한 현실은 사회적으로 우려할 만한 풍조로서 언론에 의해서 다루어졌다. 「경향신문」 1963년 3월 27일자 '여적(餘滴)'란은 부산, 경남 지역의 일본 TV 붐을 우려스러운 논조로 언급하면서 지역 주민들의 자숙도 필요하지만 하루빨리 국영 TV방송을 시청할 수 있는 환경을 조성하는 것이 필요하다고 주장하였다. 이러한 여론에도 불구하고 일본 TV 붐은 1964년 동경올림픽을 앞두고는 계속 확대되어 특히 1964년에 오면 서울의 부유층들이 올림픽 경기를 시청하기 위해 부산에 셋방을 얻는 기현상까지 낳았다고 한다(「경향신문」 1964. 1. 15. 7면). 이에 따라 셋방 가격도 올랐으며 젊은이들 사이에서는 올림픽을 보기 위해 일본어를 배우려는 사람이 늘어 시내에 일어 교습소도 늘어나고 있다는 것이다 (「경향신문」 1964. 9. 26. 7면).

1964년 하반기 부산 지역에는 TV방송국이 없음에도 불구하고 4천 대 정도의 텔레비전 수상기가 있었던 것으로 추산되었다. 당시 공보부는 2,500~2,600정도로 추산하고 있었지만 「부산일보」에 의하면 4천 대 정도라는 것이다. 이 수상기들은 대부분 일본 텔레비전 방송을 시청하고 있었다. 당시 일본 TV방송으로는 NHK-TV와 NHK 교육TV, 그리고 NBC-TV 등 서너 개의 일본 TV방송이 시청 가능했다는 것이다. 그해 10월에 개최된 동경올림픽의 경우 서울의 KBS TV 시청자들은 하루에 39분 시청하는 데 그칠 수밖에 없었지만 부산의 시청자들은 일본 방송을 통해 거의 하루 종일 시청할 수 있었다는 것이다(「부산일보」 1964. 10. 10. 6면).

부산의 이러한 일본 TV 붐은 1968년 멕시코올림픽 당시에는 양국 방송 관계자가 합의하여 일본 TV를 수신하여 부산을 거쳐 서울까지 중계하기로 합의하기에 이르렀다. 그해 7월에 동경에서 열린 한일방송전문가 회의에서는 일본 NHK가 멕시코 올림픽 실황을 직접 수신하고 이를 큐슈의 후쿠오카와 대마도, 부산을 거쳐 서울까지 동시 중계하기로 합의하였다. 이 회의에서는 이 밖에도 한국 제작진의 일본 연수 파견과 한국을 지칭하는 방송 용어를 '조센'에서 '강코쿠(한국)'로 바꾸고 NHK 교향악단의 방한과 한국 국군의 날 실황 일본 중계, 그리고 양국 간 프로그램 교환에 합의하였다(「동아일보」 1968. 7. 17. 4면).

부산의 일본 TV 붐은 한국 TV방송이 본격적으로 방송을 실시하고 난 이후에도 큰 변화 없이 여전하였다. 1971년도에 부산 지역 시청자들을 대상으로 시행되었던 한 조사에 의하면 저녁 황금시간대에 한국 TV방송이 아니라 일본 TV방송을 시청하는 비율이 22% 정도로 나타났다는 것이다. 심지어 일어를 해독 못하는 젊은 층들도 일본 TV방송을 즐겨 본다는 것이다. 이 조사에서는 일본 TV 붐은 광고나 프로그램을 통해 일본 상품에 대한 선호도와 구매 욕구를 높인다는 것도 밝혀졌다(「동아일보」 1973. 4. 23. 7면). 한국 TV방송이 안 나올 때에는 대체재

적 역할을 하면서 붐이 조성되었
지만 한국 TV방송이 본격화한 이
후에는 비교 우위의 차원에서 이
붐이 그대로 유지되었던 것으로
볼 수 있다. 일본의 NHK나 상업
방송들의 프로그램이 한국 TV의
프로그램들보다 더욱 화려하고 재
미가 있어 시청자들을 쉽게 끌어
들였던 것으로 볼 수 있겠다. 또한
당시의 기성세대층은 식민시대를
경험하였기 때문에 일본어와 일본
문화에 익숙하다는 점도 중요한
요인이 되었을 것이다.

이처럼 부산의 일본 TV 붐이 식
을 줄 모르자 정부는 1972년 9월

〈사진4-32〉 부산의 일본 TV 붐을 다룬 「동아일보」 기사
(1974. 1. 17. 6면)

부산 지역 TV방송의 채널을 변경하여 일본 TV방송을 차단하려 시도하였다.
종래 채널 12이던 MBC-TV를 채널 11로, 9번이던 TBC-TV를 채널 7로 변경하
여 각기 일본의 NBC-TV, NHK-TV와 채널을 중복되게 조정하였다. 이로써
일본 채널의 수신을 어렵게 만들려는 의도였다(「동아일보」 1974. 1. 17. 6면).
이 조치는 일본 TV 붐을 완화시키는 데에 어느 정도 효과를 거두었을 것이다.

그러나 1973년 들어 또 다른 맥락에서 일본 TV 붐이 재점화되었다. 이는
바로 정부의 낮 방송 폐지 조치 때문이었다. 그해 12월 3일부터 정부는 오일쇼크
를 맞이하여 자원 절약 차원에서 TV방송 시간을 대폭 줄이는 조치를 취했다.
아침 7시부터 11시까지 하던 오전 방송을 전면 폐지하고 오후 5시 30분부터
시작하던 저녁 방송도 오후 6시부터 11시까지로 단축하였다.

그러자 부산 시민들 중 상당수는 낮시간 동안 일본 TV를 보게 되었으며 일본
TV시청을 위해 수직 안테나를 새로 설치하는 사람들도 부쩍 늘어났다는 것이
다(「동아일보」 1974. 1. 17. 6면). 국내 방송용인 수평 안테나에 5천 원짜리 수직

안테나만 보태면 일본 TV 화면을 선명하게 수신할 수 있다는 것이다(「동아일
보」 1974. 1. 21. 1면).

(3) 동아방송 부산 지국 설립 시도

1963년경부터 서울의 방송들도 지방 네트워크 확장을 시도하였다. 동아방송
과 라디오서울이 부산 등 지역에 네트워크 방송국을 설치하려 시도했지만 정부
는 인구 50만에 방송국 1개라는 원칙을 내세우며 인가해 주지 않았다. 인구
130만의 부산에는 기존의 KBS, MBC, CBS 세 개면 족하다는 것이다. 그리하여
라디오서울은 부산에 지국 설치가 여의치 않자 부산의 기독교방송에 자사 프로
그램을 판매하기도 하였다(「부산일보」 1964. 11. 14. 5면).

동아방송은 부산 지국의 설립 신청을 계속 시도하였다. 그러나 정부가 번번이
이를 인가하지 않자 이 문제가 국회에서도 지적되었다. 1965년 11월에 열린
공보부에 대한 국정감사에서 야당 의원들은 정부가 이를 불허하는 것은 언론
탄압의 일환이 아니냐고 추궁하였다(「경향신문」 1965. 11. 6. 1면). 또한 「동아일
보」는 1966년 1월 21일자 사설에서 '정부는 왜 민영방송을 위축시키려는가'라는
제목으로 정부가 민영방송의 신설을 허용하지 않는 것을 강하게 비판하면서
이것이 "차기 선거를 위하여 자유언론을 억압하고 정부 비평을 색원(塞源)시키
려는 계획이 아니기를 우리는 원한다"고 입장을 밝혔다.

이 문제는 1968년도 국정감사에서도 다시 거론되었다. 신민당의 정상구 의원
이 부산의 부산문화방송도 관영방송이나 마찬가지로서 민방이 없는 셈인데 이
를 허용하지 않는 이유는 무엇이냐고 추궁하였다. 이에 홍종철 문공부 장관은
동아방송 이전에도 부산에 민방 신청이 3건 들어와 있다며 이를 모두 허용하면
부산에 방송이 8개가 되기에 곤란하다는 요지로 답변하였다(「동아일보」 1968.
10. 10. 1면).

동아방송은 1963년부터 1974년까지 총 8차례에 걸쳐 지방국의 설치 인가를
신청하였으나 정부는 여러 가지 이유를 들어가면서 이를 끝내 불허하였다(「동
아일보」 1975. 2. 8. 5면). 하지만 이 기간 중 KBS의 지방국 신설이나 MBC와
TBC의 지방 TV국 신설 등이 이루어진 것을 보면 동아방송에 대한 정부의

태도는 과거 대표적 야당지라는 성향, 그리고 1970년대 언론자유 수호운동에 앞장 선 언론사이기 때문에 불허한 것이라고 볼 수밖에 없을 것이다.

(4) 부산 민간방송의 운영

전술한 바와 같이 5·16쿠데타 이후 박정희 정권이 김지태 소유의 언론사를 강제로 넘겨받으면서 부산문화방송도 함께 5·16장학회 소유로 넘어가게 되었다. 이에 따라 1962년 8월 12일 임시 주주총회를 열어 새로운 경영진을 선임하였다. 그러나 이때에 경영진 구성을 보면 사장 안성수와 이사 정환옥, 김종만 등 핵심 인물은 그대로 유임하였다. 경남도청 산업국장에서 퇴직하여 1959년 9월 23일부터 사장을 맡은 안성수는 1971년 6월 김종신에게 넘겨줄 때까지 사장으로 10년 넘게 재임하였다.

5·16장학회에 소유권을 넘겨야 했던 부산문화방송은 그 이후 관영방송이나 마찬가지라는 평가를 받게 되었다(「동아일보」 1968. 10. 10. 1면). 이 시기 부산문화방송의 프로그램은 상당 부분을 서울의 문화방송에 의존하게 되었다. 1964년을 보면 부산문화방송은 아래의 표에서 보는 바와 같이 반 이상의 프로그램을 서울에 의존하여 55.6%를 차지하였고 자체 제작 비율은 44.4%였다. 다음의 표는 시급별 자체 제작 프로그램의 비율을 정리한 것이다.

<표4-37> 부산문화방송의 자체 프로그램 현황(1964년)

시급	서울 프로		자체 프로	
	시간	%	시간	%
A	1,585	20.0	575	7.2
B	1,285	16.1	155	1.9
C	1,560	19.5	1,980	24.8
D	–		840	10.5
계	4,430	55.6	3,550	44.4

* 자료 : 한국방송사업협회(1965, 375쪽)

당시 부산문화방송국의 편성을 보면 저녁 시간의 황금 시간대는 대부분 서울 제작 프로그램이 차지하고 자체 제작 프로그램은 주변 시간대에 머물고 그 내용도 시청자의 관심과 흥미를 끌지 못하는 것이 대부분이었다고 한다. 즉 저녁 7시부터 10시까지의 황금 시간대에 자체 제작 프로그램은 30분짜리 공개방송 프로그램과 10분짜리 '라디오 브릿지' 2개뿐이었다는 것이다(「부산일보」 1964. 11. 14. 5면).

1963년 9월 2일 부산문화방송은 출력을 10KW로 증강하여 감만동 송신소에 설치하였다. 이로써 서비스 지역이 확장되어 방송 시간도 늘어나 하루 19시간 방송 체제로 들어갔다. 종일 방송 체제로 돌입하면서 송신소도 광안동으로 확대, 이전하였다. 1966년에는 다시 출력을 부산KBS의 수준인 50KW에 맞추기로 방침을 정하고 이를 추진하여 1969년 1월 1일부터 우선 출력 20KW로 증강하여 방송을 실시하였다.

이와 함께 FM방송을 추진하기 시작하였다. 1965년 6월 서울FM방송이 개국한 것에 자극을 받아 1966년 6월에 허가를 신청하여 1968년 2월에 호출부호 HLKU, 주파수 88.9MHz로 인가를 받았다. 그러나 당시 방송기기나 FM수신기 보급 상황 등의 여건 때문에 연기되어 1970년 4월 15일부터 방송을 시작하였으며 1972년 3월 1일에는 스테레오 방송을 시작하였다. 또한 이 시기 부산문화방송은 서울 문화방송을 중심으로 지방의 19개 문화방송들이 제휴국 관계를 맺은 네트워크 체제를 구성하게 되었다(부산문화방송, 2009, 45-53쪽).

한편 미국의 시청각위원회의 자금 지원으로 설립, 운영되어 오던 기독교방송은 그 지원 자금이 연차적으로 감소하면서 자립 경영 체제를 갖추어야 했다. 이에 따라 산하 각 방송국에 운영위원회를 구성하여 가장 먼저 1962년 1월 13일 부산국이 윤부병을 위원장으로 위원회를 결성하였으며 그해 6월 30일에는 법인체로 전환하였다. 또한 자립 경영의 기반을 갖추기 위해 상업방송의 허가를 신청하여 1962년 10월 10일 인가되었다. 이에 따라 30% 이내에서 상업방송을 할 수 있게 되었다(한국방송공사, 1977a, 747-750쪽). 이로써 복음방송과 보도 위주의 방송만을 해 오던 기독교방송은 제한된 범위 내에서나마 편성의 다양성을 기할 수 있게 되었다.

부산기독교방송은 1968년 4월 13일에는 출력을 10KW로 증강하고 새 송신소를 완공하였다. 이로써 부산기독교방송은 경남권까지 가청지역으로 포괄하게 되었다(「경향신문」 1968. 4. 13. 5면).

(5) TV시대의 개막

서울의 뒤를 이어 부산에도 TV시대가 막을 열었다. 전술한 바와 같이 일본 TV 붐이 일고 있던 부산에서 TV시대를 연 것은 KBS에 앞서 동양방송(D-TV)이었다. D-TV부산국은 1962년 12월 31일에 서울국과 함께 인가를 받았다. 인가 당시 호출부호는 HLSX, 채널 7, 출력은 영상 5KW, 음향 1KW였다. 부산에 D-TV 설립 인가가 서울과 함께 났던 것은 당시 부산의 일본 TV 붐에 대응하기 위한 정책적인 고려가 자리하고 있었다. 이에 따라 채널도 당시 일본 NHK와 같은 7번으로 인가해 주었던 것이다(한국방송공사, 1997, 395쪽).

삼성재벌과 럭키재벌의 공동 투자로 출범한 동양TV는 1964년 말에 개국을 목표로 준비에 들어갔다. 동양TV는 부산에서는 당시 부산 일원의 일본 TV 붐 때문에 일본 방송들과 경쟁하지 않으면 안되는 상황이었다. 실제로 동양TV 가 NHK TV를 막기 위해 부산 지역 채널을 7로 정하려 하였으나 당시 여론조사에서 70.2%가 반대할 정도였다는 것이다. 그리하여 동양TV 는 채널을 9번으로 정하였다(「부산일보」 1964. 10. 10. 6면). 또한 동양TV는 당시 시험전파를 발사 중이었으나 동경 올림픽 기간 중에는 이 시험 전파도 중단해야 했다. 이유는 시민들이 일본 TV를 통해 동경 올림픽을 시청하는 데에 장애가 되지 않기 위해서였다(「동아일보」 1964. 10. 11. 2면).23)

1964년 5월 21일 김한기(金漢基)가 부산국장 에 임명되어 당시 부산 대교동에 있던 「국제신

〈사진4-33〉 개국 당시 동양TV 부산지사 사옥
* 출처 : 중앙일보사(1985, 787쪽)

---

23) 동경올림픽 기간 중에는 박정희 대통령도 10월 24일 유엔의 날을 맞아 전몰장병 추념식에 참석코자 부산을 방문했는데, 또 다른 방문 목적은 올림픽 시청이었다고 한다. TV를 통해 우리 선수가 메달 따는 장면을 보고 싶어서 왔다는 것이다(「경향신문」 1964. 10. 24. 2면).

보」사옥의 3층을 스튜디오로 개축하는 공사를 하는 한편 중앙동에 사무실을 마련하여 개국 준비에 착수하였다. 그후 1971년 6월에 중앙동 4가 19번지에 새 사옥을 마련하여 방송 시설을 확장할 수 있었다(한국방송공사, 1977a, 840쪽).

준비 과정에서 당시는 방송 기자재를 외국으로부터 수입하는 것이 불가능[24] 했으므로 국내에서 조립이나 제작한 기자재들을 사용하다 보니 출력 등이 계획보다 현저하게 떨어져 개국시 영상은 500W, 음향은 250W로, 호출부호도 HLKE로 바꾸어야 했다. 1964년 12월 들어 하루 3시간씩 시험방송을 실시하다가 그해 12월 12일 개국하였다(한국방송공사, 1997, 395쪽). 이로써 부산에서도 일본의 TV 방송이 아닌 한국의 TV 방송을 시청할 수 있게 된 것이다.

개국 후 저녁 6시부터 10시까지 4시간 방송 예정이었는데 그중 1시간을 로컬 프로그램으로 방송할 계획이었다. 이 로컬 프로그램은 지역 뉴스와 교양, 어린이 방송, 시민 출연의 공개 방송 등으로 구성하며 오락 프로그램은 서울에서 제작된 프로그램을 방영할 예정이라는 것이다(「부산일보」 1964. 10. 10. 6면). 그러나 개국 후 실제로는 이 계획대로는 되지 못하였고 자체 제작 프로그램은 전체의 약 17% 정도였다고 한다. 나머지 프로그램들은 서울로부터 항공이나 철도로 우송하여 방송하였다. 이 때문에 「쇼쇼쇼」 같은 주 단위 프로그램은 1주일 늦게 방송할 수밖에 없었다고 한다(한국방송공사, 1977a, 841쪽).

D-TV는 1965년 8월 2일 회사명을 중앙텔리비젼방송주식회사(JBS-TV)로 바꾸었다가 1966년 8월 15일부터는 다시 동양방송(TBC)로 바뀌면서 TBC-TV라는 명칭으로 고정되었다(한국방송공사, 1977a, 807쪽).

TBC-TV는 보도 부문에서 서울의 뉴스 프로그램이 동시 중계가 안 되었으므로 자체 제작해야 했다. 1971년 7월에는 같은 삼성그룹 계열사인 중앙일보 부산지사 취재부와 통합하였다(한국방송공사, 1977a, 842쪽).

TBC-TV는 1972년 4월 10일부터 아침 방송 2시간 동안 서울과 부산 동시 방송을 실시하였다. 체신부와 AFKN의 협조로 마이크로웨이브를 사용하여 가

---

24) 당시 방송용 기자재는 불요불급품이라는 이유로 상공부로부터 수입 허가를 받지 못했다(한국 방송공사, 1977a, 806쪽).

능했던 것이다. 이 동시방송은 아침 6시 20분부터 8시 20분까지 '희망의 새아침'을 비롯하여 4개 프로그램에서 시도되었다(「동아일보」 1972. 4. 10. 8면). 그러나 이 시도도 관계 당국의 조치로 인해 5월 26일에 중단되고 말았다(한국방송공사, 1977a, 840쪽).

전술한 대로 1968년에는 KBS-TV가 부산에 중계를 시작하였고 이어 1970년 1월 24일에는 부산MBC-TV가 개국하였다. 이로써 부산에서도 세 개의 TV방송을 모두 시청할 수 있는 단계로 접어들게 되었다.

부산문화방송이 TV방송국을 추진한 것은 1966년도부터였다. 서울 문화방송이 1966년 6월 22일에 허가를 받고 곧바로 부산에 직할 텔레비전방송국을 설치하기 위한 허가를 받게 되었다. 부산국은 호출부호 HLAD, 채널 12였다. 그러나 당시의 허가 조건도 광고를 할 수 없다는 것이었을 뿐만 아니라 여러 가지 준비 과정의 어려움 때문에 연기를 거듭하다가 1970년 1월에야 방송을 시작할 수 있었다(부산문화방송, 57-59쪽).

부산의 문화방송TV는 전술한 대로 서울 문화방송의 직할국으로 개국하여 개국 당시 하루 6시간의 정규 방송 중에서 주 평균 23% 정도를 자체 제작하였다. 그러나 최소한의 시설과 장비만으로 개국한 직할국 체제로는 여러 가지 한계가

〈사진4-34〉 부산문화방송TV 개국 축하 공연
* 출처 : 부산문화방송(2009, 59쪽)

많아 한국문화방송은 부산TV국을 독립법인체로 전환할 계획을 세웠다. 이에 따라 1971년 9월에 당시 부산의 유력 기업 럭키그룹이 인수하여 9월 22일자로 부산문화TV방송주식회사를 설립하고 10월 1일자로 당시 「국제신보」 사장이던 하종배가 취임하여 양 언론사 사장을 겸임하였다. 설립 당시 주식 소유 현황은 「국제신보」와 연암문화재단, 기타 개인 주주가 각기 28.33%씩을 소유하여 럭키 그룹 계열이 85%를 차지하였고 나머지 15%를 한국문화방송이 소유하였다(부산문화방송, 59-61쪽).

부산문화방송의 라디오방송은 「부산일보」의 김지태가 인수하면서부터 자매 관계를 맺어 5·16장학회에 함께 넘어갔으며 TV방송은 럭키그룹에 인수됨으로써 「국제신보」와 자매 관계를 맺게 된 것이다. 이로써 부산의 양대 신문이 모두 방송사와 겸영 형태를 취하게 되었다.

(6) 부산의 라디오와 TV 보급 실태

박정희 정권의 가혹한 언론 통제로 언론 본연의 기능이 위축되기는 했지만 이 시기 텔레비전 시대가 본격적으로 도래하고 전국적으로 다수의 방송사들이 개국하였으며 또한 급속한 경제 성장의 영향으로 라디오와 텔레비전의 보급은 꾸준히 상승을 거듭하여 1970년대 말로 오면 텔레비전도 거의 모든 가구에 보급되는 수준에까지 이르렀다. 다음의 표는 박정희 정권기 부산 지역의 라디오와 TV 보급의 추이를 정리한 것이다.

먼저 라디오를 보면 5·16 직후 4만여 대에서 출발하여 박정희 정권 말기로 오면 60만 대를 넘어 거의 100%에 가까운 보급률을 기록하였다. 특히 1960년대 후반과 1970년대 중반에 비약적인 성장을 기록하였다.

텔레비전은 KBS-TV 초기 3만여 대로 출발하였으나 1979년에 오면 거의 600만 대에 육박하여 200배 정도의 폭발적인 성장을 보였다. 1970년대 후반에 오면 텔레비전의 가구당 보급도 거의 100%에 육박하여 보편화되었다고 평가할 수 있겠다. 1973년 100만 대를 넘어서더니 2년 뒤인 1975년 200만 대를 넘었고, 1978년에는 500만 대를 넘어섰다. 1970년대 초반과 후반에 비약적으로 성장하였다.

〈표4-38〉 박정희 정권기 부산의 라디오·TV 보급 추이

연도	라디오		TV		
	대수	가구당 보급률	전국	부산	가구당 보급률
1960	32,624	15.5	–	32	–
1961	41,058	19.5	–	138	–
1962	40,900	21.2	3만대(추정)	855	0.37
1963	65,392	27.0	34,774	2,118	0.9
1964	71,143	28.3	32,402	2,961	1.1
1965	83,682	32.6	31,710	4,501	1.7
1966	96,868	36.0	43,684	6,040	2.2
1967	–	–	–	–	–
1968	–	–	118,262	–	–
1969	211,702	63.3	223,695	25,476	7.6
1970	235,250	63.2	379,564	43,460	11.6
1971	235,250	61.1	–	43,490	11.3
1972	263,834	66.9	905,363	53,211	13.5
1973	244,365	60.2	1,282,122	92,262	22.7
1974	246,636	53.5	1,618,617	210,008	45.6
1975	348,774	69.2	2,061,072	234,489	46.5
1976	406,324	77.7	2,809,131	237,425	45.4
1977	505,860	–	3,804,535	345,470	61.9
1978	474,470	85.7	5,135,496	541,008	96.9
1979	624,201	98.8	5,967,952	585,792	92.8
1980	655,400	95.0	6,267,584	732,000	106.1

* 자료 : 『부산통계연보(각연도판)』. 전국TV보급대수는 KBS방송박물관 홈페이지(http://office.kbs.co.kr/museum/ 2011. 9. 16.)

부산의 텔레비전 보급도 5·16 직후에는 138대 수준이었으나 지속적인 성장세를 유지하여 1979년도에 가면 60만 대에 육박하는 수준에 이르렀으며 가구당 보급률도 100%에 육박하는 수준을 보였다. 1980년도 보급률이 100%를 넘는 것은 주지하다시피 이 해에 칼라TV방송이 시작되면서 칼라TV와 흑백TV를 함께 소유하는 복수 소유 가구가 생겨났기 때문이다.

1960년대 중반에 TV보급이 급증한 것은 전술한 대로 일본 TV과 동경올림픽 그리고 1964년 말 부산에서 TBC-TV가 개국한 때문이었다. MBC-TV가 개국한 1969년에 보급이 급성장한 것을 알 수 있다.

특히 부산은 전술한 바와 같이 일본 TV 붐이 불면서 그 보급 면에서 다른 지역보다 앞서 나갔다. 1977년의 전국 가구당 TV보급률이 55.5%였는데(「동아일보」 1978. 3. 4. 7면), 그해 부산의 보급률은 앞의 표에서 보듯이 61.9%였다. 다음의 표는 1976년 9월 1일 당시 텔레비전의 지역별 보급 현황을 정리한 것이다. 부산은 보급 대수로는 서울과 경기에 이어 3위를 기록하고 있으며 가구 보급률로는 58.1%로 서울에 이어 2위이다. 경기도에 비해 보급 대수는 적지만 보급률은 훨씬 더 높았다. 전국 보급률 37.5%보다는 20%를 약간 넘게 상회하는 보급률이다.

<표4-39> 지역별 TV 보급 현황(1976. 9. 1. 현재)

지역	등록대수	백분율	가구 보급률
서울	933,324	36.8	66.2
부산	292,922	11.5	58.1
경기	321,395	12.7	39.3
강원	92,930	3.7	25.7
충북	63,967	2.5	22.8
충남	136,324	5.4	25.5
경북	268,255	10.6	29.0
경남	183,598	7.2	29.2
전북	93,860	3.7	21.1
전남	130,229	5.1	17.8
제주	20,693	0.8	22.4
계	2,535,190	100.0	37.5

* 자료 : 한국방송공사(1977a, 336쪽)

(7) 박정희 정권기 부산 지역 방송의 편성 현황

다음으로는 박정희 정권기 부산 지역에 방송된 프로그램의 편성 현황을 살펴보고자 한다. 이 시기의 편성 현황을 총체적으로 분석한다는 것은 지면 관계상 어렵고 박정희 정권기의 몇몇 시점을 선정하여 편성 현황을 살펴봄으로써 개괄적 흐름만을 정리해 보려고 한다. 다음의 표는 군사정부 시절인 1962년 7월 지역신문에 소개된 프로그램 안내이다.[25] 부산에서 청취 가능했던 세 라디오

---

25) 부산의 두 신문이 방송 프로그램을 안내하는 기사에서도 자매사 관계가 잘 드러난다. 「부산일보」는 부산문화방송과 자매 관계가 된 이후 프로그램 안내에서 KBS보다 부산문화방송을 더 앞에 배치하고 있으며 「국제신보」는 후에 부산문화TV와 자매사 관계가 되고 난 이후에는

방송국의 하루 프로그램이 소개되고 있다.

　KBS는 아침 5시에 뉴스로 시작해서 밤 12시까지 19시간을 방송하였다. 국영방송으로서 농어촌을 대상으로 하는 프로그램이 아침과 저녁 시간에 편성되어 있다는 점이 특징이다. 부산문화방송은 뉴스 시간을 통해 「부산일보」 뉴스를 전하는 '부일뉴스' 프로그램이 눈에 띈다. 기독교방송은 종교 프로그램 외에

<표4-40> 1962년 7월 14일의 부산 지역 라디오 방송 프로그램

부산방송국(HLKB)		부산문화방송(HLKU)		부산기독교방송(HLKP)	
시간	프로그램	시간	프로그램	시간	프로그램
오전 4 30	방송순서 예고	오전 5 30	희망의 서곡	오전 5 30	새벽멜로디
5 00	뉴스	6 00	일어납시다	6 00	영어회화
5 20	전원의 음악	6 35	명랑포스트	6 10	영어성경
5 50	농어촌의 아침	6 50	부일뉴스	7 00	연속낭독
6 20	아침소설	7 10	하모니로즐겁게	7 30	음악과 얘기
6 40	아침의 속삭임	7 40	주부수첩	8 00	우리가곡
7 05	KB뉴스	8 25	은막의 주제곡	11 30	가벼운 멜로디
7 10	KB안내	9 00	라틴뮤직쌀롱	12 00	금주음악회고
7 20	노래하는 새싹	9 40	가정시간	오후 12 35	인생안내
7 30	오늘도 명랑하게	10 00	인생극장	1 00	대중가요
8 10	발걸음도 가볍게	10 30	MBC뮤직홀	5 00	이것이인생이다
9 25	사회의 창문	11 00	가요대전	5 30	석양의 멜로디
10 20	멜로디와 함께	11 55	부일뉴스	5 50	물가시세
11 00	학교방송	12 00	노래 꽃동산	6 00	희망을 싣고
11 50	기상통보	오후 5 00	노래의 날개	6 25	믿음의 리봉
12 00	뉴스	5 15	너와나의레코드	6 30	꼬마예술가
오후 12 10	즐거운 한나절	5 55	부일뉴스	7 00	가요서비스
1 10	라디오극장	6 00	힛트죠키	7 20	다이알 Y를
1 35	먼나라 얘기	6 25	KU게시판		돌려라
2 00	만능 스테이지	6 30	노래는 없어도	8 00	CBS콘서트
4 00	물가 시세	6 50	MBC프레스	8 30	라디오방담
4 25	오후의 음악	7 30	희망열차	9 00	대중가요
5 30	어린이 시간	8 00	MBC파티(공)	9 30	소망의 시간
6 05	국군의 시간	8 30	럭키아워	10 15	명상
7 15	새나라 농촌	9 00	라디오부릿지	10 30	시사영어
7 45	라디오스켓취	9 30	연속방송극		
8 00	퀴즈열차	9 50	종합뉴스		
9 00	뉴스해설	10 00	아리랑대학(공)		
9 40	야담	10 25	오늘마지막뉴스		
10 50	연속소설	10 30	주말연속		
11 20	이밤도 안녕히	11 00	크라식궁전		

* 자료 : 1962년 7월 14일 「부산일보」와 「국제신보」의 프로그램 안내를 종합

　TV프로그램에서는 MBC를 먼저 소개하고 라디오 프로그램에서는 KBS를 앞에 배치하고 있다.

음악 프로그램들이 많았던 것이 특징적이다.

당시 라디오방송의 청취율을 알 수 있는 체계적 자료는 남아 있지 않다. 하지만 단편적으로 남아 있는 자료를 통해 1960년대 중반의 부산 지역 라디오 청취율을 알 수 있다. 「경향신문」 1966년 9월 3일자 5면의 '낙서함' 코너는 당시 방송문화연구실이 행한 라디오 청취율 조사 결과를 전하고 있다. 이에 의하면 대도시에서 KBS의 청취율이 더 낮아지고 있다는 것이다. 부산 지역의 경우 문화방송이 67.4%로 가장 높았으며 KBS는 26.7%를 차지하였다. 이 기사는 청취율이라는 용어를 사용하고 있지만 아마도 점유율 개념을 말하는 것 같다. 두 방송의 점유율을 합한 나머지 5.9%는 기독교부산방송국의 몫으로 볼 수 있겠다. 참고로 같은 조사에서 서울 지역의 결과를 보면 문화방송보다도 동양방송과 동아방송의 청취율이 높은 것으로 나타났다. 동양방송이 34.8%로 가장 높았으며 그 다음이 동아방송으로 26%였고 문화방송은 17.2%, KBS는 15.5%로 나타났다. 지방에는 방송이 되지 않던 두 민간 상업방송이 가장 인기가 높았음을 알 수 있다.

다음의 표는 부산의 MBC-TV가 1970년 1월 24일 개국함으로써 부산에서도 세 TV 방송이 시청가능하게 되었던 직후인 1970년 2월의 프로그램 편성표이다. 라디오 프로그램은 1960년대 초반의 그것과 별 차이가 없다. TV의 경우 당시 KBS는 서울의 방송을 그대로 중계하는 상황이었고, 두 민간방송은 평일은 저녁 방송만을 하고 주말에만 종일 방송을 실시하였다. TBC-TV의 프로그램 중 보난자, FBI와 같은 외화 프로그램들이 당시 인기를 끌던 프로그램들이었다.

〈표4-41〉 1970년 2월경의 부산 지역 방송 프로그램

	부산방송국(HLKB)		부산문화방송(HLKU)		부산기독교방송(HLKP)	
	시간	프로그램	시간	프로그램	시간	프로그램
라 디 오	28일오후		28일오후		28일오후	
	5 35	착하고아름답게	6 00	6시발가요열차	5 00	하오의초대
	6 15	국군의시간	6 30	젊은이의양지	6 00	희망을싣고
	7 00	뉴스릴레이	7 00	청춘만세	7 00	가요서비스
	7 40	라디오극장	7 35	잘좀지냅시다	7 40	낭만의오솔길
	8 00	KB향연	8 00	연속극	8 10	즐거운주말쇼
	9 30	새농민의시간	9 30	북한7,300일	9 40	연속방송극
	10 45	이얘기저얘기	10 00	연속극	10 00	명곡을찾아서
	11 35	한밤의속삭임	10 30	재일교포	10 45	그대곁에드리는노래
			11 15	한밤의음악편지		

시간	프로그램	시간	프로그램	시간	프로그램
1일 오후		1일오후		1일오후	
2 05	하오의휴게실	2 00	KU쇼보트	1 20	정다운노래
3 00	일요희망음악	3 00	선데이팝송	2 00	KP10대가요
4 00	주간경제해설	4 00	가요베스트텐	3 00	노래의선물
6 15	공개방송	5 30	아마튜어스테이지	4 00	여러분의응접실
7 20	내고장의명소	6 25	주부잔치	5 00	일요희망음악회
7 40	라디오극장	7 15	가요대전	6 25	인생여정
8 00	재치문답	7 40	MBC기자실	7 00	가요서비스
9 10	KBS연속극	8 00	연속극	7 25	일요수필
9 30	토론그룹의주제	8 20	MBC그랜드쇼	9 35	정든외국가요
10 10	그리운옛노래	9 00	연속극	9 40	연속극
		9 30	현지르뽀그후그곳		
		10 00	자유무대		

KBS(채널5)		MBC(채널12)		TBC(채널9)	
시간	프로그램	시간	프로그램	시간	프로그램
28일오후		28일오후		28일오후	
5 25	우리는즐겁다	5 30	어린이마을	5 25	오늘의요리
5 55	톰존스쇼	6 25	유령의집	5 50	롯데어린이만세
7 00	명랑초대석	7 00	토요연속극	6 40	디즈니랜드
8 00	TV스포츠	7 55	OB그랜드쇼	7 50	자유전선
9 35	오늘의얘기	9 00	일일연속극	8 40	컴퓨터복싱
10 15	KBS극장	9 30	행운의고스톱	10 25	주말초대석
		10 20	주말영화		
1일오후		1일오후		1일오후	
5 00	어린이극장	2 50	주말의명화(재)	3 10	보난자(재)
5 50	만화퍼레이드	5 10	텔리가이드	4 45	명랑백화점(재)
6 15	이런일저런일	5 30	젊음의리듬	6 00	여성살롱
7 00	즐거운일요일	6 15	일요연속극(11)	6 30	딱따구리
8 00	일요연속극	7 00	웃으면복이와요	7 00	FBI
8 50	문화의 고장	8 00	암살(12)	8 00	유호극장
9 15	생활백과	8 45	MBC리포트	9 00	코메디고고고
10 00	명화극장	9 00	세기의목격자	9 40	TBC뉴스
		10 20	MBC극장	10 00	일요극장

(위 라디오·TV 표의 왼쪽 구분란: 상단 라디오, 하단 TV)

* 자료 : 「부산일보」 1970. 2. 28. 8면

    다음의 표는 유신시대에 돌입한 이후인 1974년 10월의 프로그램 안내이다. 여기서 특징적인 것은 위의 1970년도 당시와 비교해서 TV프로그램이 위로 올라가고 라디오 프로그램은 아래로 밀려났다는 사실이다. 이는 1970년대 들어서 TV보급이 점차 확대되고 TV방송도 정착이 되면서 TV시대가 막을 올리고 있다는 사실을 보여 준다. 그만큼 라디오는 상대적으로 위축되기 시작했다는 말이 된다. 이 시기는 오일 쇼크로 인해 TV의 낮방송이 폐지되고 저녁 시간대 방송만이 운영되었다.

이 시기에는 연속 드라마가 인기를 끌던 시절이었다. TBC-TV가 1969년 말부터 시작한 일일연속극 '별일업소'와 1970년 3월부터 방영한 '아씨'가 선풍적 인기를 끌면서 붐을 이루었다. 그러나 1973년 8월 정부가 일일드라마 축소를 지시함으로써 주춤하던 시기였다(한국방송공사, 1977a, 827쪽). 아래의 표에서는 TBC의 '윤지경'과 MBC의 '수선화'가 인기리에 방영되던 일일연속극이었다. 앞의 1970년 2월의 편성표에도 나와 있던 보난자가 1974년에도 방영되고 있었다는 사실은 이 프로그램이 장수하면서 인기를 누렸음을 말해 준다.

〈표4-42〉 1974년 10월경의 부산 지역 방송 프로그램

TV(25일 저녁)				
시간	KBS-TV	TBC-TV	MBC-TV	AFKN-TV
6	00 새소식 05 만화동산 10 누가누가잘하나 45 자녀교실	00 노래의꽃다발 10 동물의세계 30 이브닝쇼 55 사랑의가족	00 MBC닥터 10 주택복권추첨 40 만화동산 50 해외소식	00 News Weather 　　Sports 45 News Beat 　　Korea
7	00 오늘의뉴스 20 골목안사람들 40 가족끼리웃으며 　　노래하며	10 골든쇼 50 여보정선달	00 종합뉴스 20 5분무대 25 금주의인기가요	00 Truth or 　　Consequences 30 Bob Newhart
8	30 에루야 55 새마을수첩	10 가요관광 20 뉴스 25 맏딸 50 살짜기웃어예	05 황녀 30 가요산책 40 수선화	00 Jazz Show 55 At Ease
9	00 KBS종합뉴스 30 저축의날기념식 　　녹화방송	20 윤지경 45 둥글뱅글	05 부부만세 20 복녀 45 너의노래 나의노래	00 The Avengers
10	00 주간정세 30 서울음악제	00 뉴스일기해설 25 가정의학 40 보난자	00 뉴스데스크 30 벤케이시	00 News Weather 　　Sports 20 Tonight Show
11	00 KBS마감뉴스 10 춘하추동	(계속)	(계속)	30 Ghost Story

라디오(〈 〉안은 25일 저녁/26일 아침)				
시간	KBS(890KHz)	MBC(1,160KHz)	CBS(1,400KHz)	FM(88.9MHz)
〈4〉	00 뉴스 05 로터리봉사실 30 젊은이의광장	00 뉴스 05 노래실은고향소식	00 영1400 1부 30 뉴스 35 영1400 2부	00 하오의휴게실
〈5〉	00 뉴스 10 노래의오솔길 30 어린이시간	00 뉴스 10 푸른신호등 30 무지개마을	00 하오의초대 30 뉴스 35 하오의초대	00 FM응접실 30 희망음악회
〈6〉	00 뉴스	00 뉴스·일기예보	00 6시에만납시다	(계속)

	05 새마을소식 15 국군의시간	10 주택복권추첨 59 MBC캠페인	30 뉴스 50 그시절그노래	
<7>	00 오늘의뉴스 20 가요산책 40 라디오극장	00 뉴스와광장 25 오늘의취재수첩 35 외국가요전집	00 세븐틴 1부 30 뉴스 35 세븐틴 2부	00 가요산책 20 젊은이를위한 　　팝라운지
<8>	00 뉴스 10 명인명창	00 뉴스 10 오색의화원 40 신라천년	00 가요퍼레이드 25 오늘을사는지혜	00 음악의향기 30 뮤직살롱
<9>	00 뉴스 15 KBS연속극 35 라디오응접실	00 뉴스 10 욕망 40 세월따라노래따라	00 밀물썰물 20 풍류세월 40 CBS연속극	00 스테레오 명곡 　　순례
<10>	00 뉴스 25 나의애창곡 40 역사의향기	05 전설따라삼천리 25 라디오살롱 30 방송통신고교	00 명곡을찾아서 30 종합뉴스 40 여기한길이있다	00 밤의디스크쇼
<11>	00 뉴스 15 방송통신대학강좌	00 뉴스 10 법창야화	00 밤하늘의멜로디 20 늘함께하소서	00 한밤의콘서트 30 이밤도안녕히
7	00 뉴스 35 라디오게시판 50 즐거운우리집	00 뉴스 15 여러분 잠간만 40 해바라기가족	00 뉴스 05 홈드라마 15 장군명군	00 아침의리듬
8	00 뉴스와화제 30 오늘도명랑하게	00 뉴스의광장 30 뉴스의뒤안길 40 푸른신호등	00 명랑하이웨이 30 뉴스레이다	00 노래의메아리 20 모닝팝스
9	00 뉴스 50 KBS희망음악	00 뉴스 05 오늘도즐겁게 40 연속극	00 아침의음악편지 30 뉴스 35 아침의음악편지	00 가정음악실
10	05 가정시간 40 라디오극장	00 뉴스 40 법창야화	35 CBS안내 40 라디오상담실	00 할리웃스토리 20 경음악의화원

* 자료 :「부산일보」 1974. 10. 25. 8면

제5장 전두환 정권기의 부산 언론

제1절 전두환 정권기의 한국 언론과 부산 사회

1. 전두환 정권의 언론 정책

널리 알려진 바와 같이 전두환은 박정희 독재정권이 끝나고 민주화를 열망하는 우리 사회의 욕구를 무력을 동원하여 억압하고 집권하였다. 그 과정에서 언론에 대해서도 유례를 찾아보기 힘들 만큼 폭압적인 탄압 조치를 자행하였다. 제5공화국의 이러한 언론정책은 제3·4공화국이 펼쳤던 강압적 언론정책의 연장이자 체계적인 확대라고 할 수 있다.

1) 언론인 대량 해직

1979년 12월의 12·12쿠데타를 통해 집권의 계기를 마련한 신군부는 1980년 3월경부터 언론대책반에서 준비한 이른바 'K공작'을 토대로 언론에 대한 정비에 바로 착수하였다. 제5공화국에서 국가의 언론 장악은 언론인 강제 해직으로부터 시작되었다. 이는 잠재적인 저항 세력의 제거를 목적으로 한 것이었다.

언론인 강제 해직은 1980년에 두 차례에 걸쳐 단행되었다. 그해 7~8월에 각 언론사별로 진행된 언론인 강제 해직이 있으며 그해 12월 언론사 통폐합에 뒤따른 대량 해직이 또 있었다. 1차 언론인 강제 해직은 1980년 7월 29일과 31일 두 차례에 걸쳐 신문협회와 방송협회, 통신협회 등 3개 단체가 '언론자율정화 및 언론인의 자질향상에 관한 결의문'을 발표한 후 8월 2일부터 전국 언론사에서 단행되었다.

당시 이 결의는 외형상 '자율 결의'라는 형식을 취했지만 신군부의 강압과 언론사주의 굴복에 의해 가능했던 강제 해직이었다. 3개 언론단체의 결의문 내용도 문공부가 써 준 그대로였다. 결의문이 채택되기 이전인 7월 중순경부터 각 언론사주에게는 7월 말까지 기자 전원의 사표를 받도록 지시가 내려와 있었다(주동황 외, 1997, 167-168쪽).

당시 문공부를 통해 전달된 언론인 해직 기준은 부패언론인, 정치성향이 강한 언론인, 시국관이 오도된 언론인, 언론검열 거부운동에 앞장 선 언론인 등이었다. 이 중 두 번째와 세 번째 것은 그 기준이 모호해서 매우 자의적으로 적용될 소지를 원천적으로 안고 있었다. 즉 '정치성향이 강하다'거나 '시국관이 오도'되었다는 것은 객관적인 기준이란 것이 존재하지 않는 것이다. 마지막 조항은 권력자의 보복적 의도하에서 설정된 것이라고 할 수 있다(김해식, 1994, 155쪽).

3개 언론단체들이 자율정화 결의문을 발표한 지 5일이 지난 8월 2일부터 각 언론사별로 해직이 단행돼 불과 며칠 사이에 전국 37개 언론사에서 717명이 강제로 해직되었다. 그런데 이 해직기자들 중에는 보안사가 각 언론사에 해직 대상자로 지목하여 통보한 명단에 따라 해직 처리된 경우 외에도 각 언론사 내부의 자체 결정에 따라 해직된 경우가 상당수 있었다. 1988년 11월 국회 언론 청문회에서 폭로된 '언론인 정화결과'라는 당시 문공부가 작성했던 문건에 따르면 보안사가 지목한 해직 대상자는 336명이고 이 중 38명이 언론사의 보류 요청에 의해 구제되어 지목 대상자 가운데 실제 해직된 언론인은 298명이었다. 따라서 나머지 400명이 넘는 해직자는 언론사가 자체적으로 해직시킨 것으로 볼 수 있다. 이들은 언론사주의 눈 밖에 난 자이거나 언론사 내부의 파벌 싸움의 희생자이거나 봉급이 고액인 고령자들인 것으로 드러났다. 결국 언론인 강제해직은 보안사에 의한 해직뿐만 아니라 언론사주의 끼워넣기식 자체 해고가 곁들여진 것으로 결국 신군부 세력과 언론사주의 이해관계가 맞아떨어지면서 단행되었던 것이다.

2차 언론인 대량해직은 그해 12월의 언론통폐합에 따른 것이었다. 방송사 통폐합으로 모두 1천여 명이 민간방송에서 KBS로 옮겼는데, 이 과정에서 직장을 잃게 된 언론인들과 지방지의 1도 1사제 도입, 지방주재기자 폐지 등으로 대거 해직된 언론인들이 여기에 포함된다. 이 언론사 통폐합 과정에서 해직된 언론인은 모두 305명에 이르는 것으로 알려지고 있다.

이처럼 1980년의 언론인 강제 해직은 신군부가 정권 장악을 위해 언론 내부의 저항세력을 약화시키고 언론통제를 손쉽게 수행하기 위한 언론장악 전략의 일환이었고, 여기에 언론사주의 '끼워넣기식 대량해직'이 곁들여진 언론사상 유례없는 참극이었다(주동황 외, 1997, 169-170쪽).

2) 언론통폐합

언론인 대량 해직으로 언론계 내의 현재적 및 잠재적 저항세력을 제거한 신군부세력은 뒤이어 통제구조를 간편화하기 위해 대대적인 언론통폐합에 착수하였다. 이 언론통폐합의 기본적인 목적은 언론의 체질을 '저항체질'에서 '순응체질'로 바꾸기 위한 것이었다. 이 같은 사실은 지난 1988년 언론청문회에서 이철 의원이 폭로한 <건전언론육성 종합방안보고>라는 문건을 통해서 확인된다. 1980년 10월경 보안사의 언론대책반이 작성한 것으로 알려진(김기철, 1993, 276쪽) 이 문서는 당시 언론실태에 대해서 '저항의식이 체질화되어 있으며 국가관 및 사명감이 희박하고, 전후세대인 30대 이하가 65%를 차지하고 있다'고 분석하고 있다. 이어서 계엄령하의 보도 검열과 '협조유도작용'으로 '타율적 협조' 체제를 유지하고는 있으나 30%의 저항세력이 잠재하고 있어 계엄령이 해제되고 정치활동이 재개되면 저항세력이 표면화할 것으로 예상되므로 이에 대한 대처방안으로 언론통폐합이 필요하다는 것을 역설하고 있다.

이 자료는 언론의 '타율적 협조'를 '자율적 협조'로 바꾸고 다시 '자발적 협조'로 전환시키는 것을 언론정책의 궁극적 목표로 삼아야 한다는 점을 강조하면서 대외적으로 한국 언론이 후퇴하고 있다는 인상을 극소화하는 범위에서 국익증진을 최우선으로 하는 방향으로 통폐합을 추진하도록 규정하고 있다(김해식, 1994, 156-157쪽).

통폐합에 앞서 전두환 정권은 1980년 7월 31일 일간지를 제외한 정기간행물을 무더기로 등록 취소하였다. 당시 문공부는 부조리, 외설, 사회불안을 조성하는 간행물을 '사회정화'한다는 명분으로 172종을 등록 취소하였다. 당시 간행물 전체의 12%에 달하는 양이다. 이 가운데는 「기자협회보」, 「월간 중앙」, 「창작과 비평」, 「뿌리깊은나무」, 「씨올의소리」 등 당시 상당한 영향력을 갖고 있던 정론성 잡지들이 대거 포함되어 있어 문공부의 저의가 사이비 정기간행물의 정화를 구실로 저항적인 논조의 정기간행물을 제거하고자 한 것이었음을 알 수 있다.

언론통폐합을 주도했던 것은 보안사 언론대책반과 국보위 문공분과위원회였다. 1980년도 봄부터 양측에서 만든 통폐합 계획을 토대로 하여 보안사는 11월 12일 통폐합 안을 전격적으로 시행하고 나섰다. 당시 언론통폐합도 신문협회와 방송협회의 자율 결의의 형식으로 이루어졌다. 11월 14일 신문협회와 방송협회는 '건전언론 육성과 창달을 위한 결의문'을 발표해 전국의 신문사, 방송사, 통신사의 대대적인 통폐합을 통한 언론구조개편을 실시한다는 계획을 결의했다. 그 내용은 '우리 언론이 지난날의 잔재와 불합리한 요소를 제거하고 공익을 우선시키는 근대적인 공론기관으로서의 체제를 갖추도록 자기 혁신을 단행한다'는 요지였다.

외형상 자율 결의의 형식을 취했지만 이는 철저히 전두환 정권의 강압과 협박에 의해 이루어진 것이었다. 양 협회의 결의문 발표 이틀 전인 11월 12일에 언론통폐합 대상 언론사 대표들은 보안사에 끌려가 강압적인 분위기 밑에서 이미 포기 각서에 반강제적으로 서명한 상태였던 것이다. 결의문 자체도 이수정 청와대 정무비서관이 직접 작성해 당일 양 협회에 전달한 것으로 밝혀졌다. 결의문 발표 바로 다음 날인 11월 15일 통폐합 대상 신문, 방송 통신사들은 일제히 양 협회의 결의문을 사고(社告)로 내보내고 그 즉시 회사별로 구체적인 통합 내용을 지상 또는 방송을 발표했다. 언론사 통폐합은 12월 15일까지 모든 실무 작업을 마무리지었다(주동황 외, 1997, 174-176쪽). 매체별 통폐합의 결과는 다음의 표와 같다.

〈표4-43〉 1980년의 중앙지 통폐합 현황

	신문사	개편 내용
일간지	경향신문	MBC와 분리, 신아일보 흡수
	동아일보	종전대로 석간
	서울신문	석간에서 조간으로
	신아일보	경향신문에 통합

	조선일보	종전대로 조간
	중앙일보	종전대로 석간
	한국일보	서울경제를 흡수
경제지	매일경제	종전대로 석간
	서울경제	한국일보에 통합
	내외경제	코리아헤럴드에 통합
	현대경제	종전대로 조간, 한국경제신문으로 개제
기타	일간스포츠	변동 없음
	코리아타임즈	변동 없음
	코리아헤럴드	내외경제 흡수

* 자료 : 김해식, 1994, 157쪽

〈표4-44〉 1980년의 지방지 통폐합 현황

신문사	개편 내용
부산일보 국제신문	1도 1지의 원칙에 따라 양사 합의에 의해 주식 51 대 49의 비율로 1개사로 통합(위쪽에 있는 신문사가 아래쪽의 신문사를 통합)
매일신문 영남일보	대구매일신문으로 개제
경남매일 경남일보	경남신문으로 개제
전남일보 전남매일	광주일보로 개제

* 자료 : 김해식, 1994, 158쪽

〈표4-45〉 1980년의 방송사 통폐합 현황

방송국	개편 내용
KBS	TBC-TV, TBC 라디오를 흡수 DBS, 전일방송, 서해방송, 대구FM을 흡수 MBC의 주식 65% 인수
DBS	KBS에 흡수
TBC	KBS에 흡수
MBC	21개 지방사(부산문화, 부산문화TV, 춘천, 원주, 강릉, 삼척, 청주, 충주, 대전, 대구, 포항, 안동, 울산, 마산, 마산TV, 진주, 전주, 광주, 목포, 여수, 남양)의 주식 51%를 소유주로부터 인수, 지방망을 계열화
CBS	보도 기능 없애고 복음방송만 전담케

* 자료 : 김해식, 1994, 158쪽

언론통폐합으로 전국의 신문 숫자가 대폭 축소되는 바람에 살아남은 신문들의 시장 점유율은 크게 늘어나게 되었다. 뿐만 아니라 조간과 석간의 비율이 균형적으로 조정되어 중앙지나 경제지는 각각 신문시장을 양분하면서 일종의 과점 체제를, 그리고 1도 1사로 통폐합된 지방지는 지역신문 시장에 대한 독점 체제를 누리게 되었다. 새로운 신문의 시장 진입도 전혀 없었으며 조석간 발행의 변동도 없었고 신문 카르텔이 존속했기 때문에 살아남은 신문기업들은 안정된 시장 구조 속에서 괄목할 만한 성장을 이룰 수 있었다.

통신사의 경우는 기존의 동양통신과 합동통신을 합병하여 연합통신을 새로이 발족시키고 3개 특수통신들 즉 시사통신, 경제통신, 실업통신도 여기에 흡수시켰다. 연합통신은 전국의 일간지와 방송들이 지분 참여하는 회원제 통신사였으나 실제로 전두환 정권의 통제하에 들어간 KBS와 MBC가 전체 지분의 74.5%를 차지, 사실상 정부 장악 하의 통신이나 다름없었다.

연합통신의 출범과 함께 지방뉴스의 취재는 연합통신과 양대 방송사에게만 허용되었다. 일간 신문의 지방 주재기자 제도가 폐지되고 지방부도 사라졌다. 그 과정에서 300여 명의 지방주재기자들이 대거 해고되는 사태도 벌어졌다. 외신의 국내 공급도 연합통신을 거쳐 각 언론사에 제공되었기 때문에 전두환 정권은 연합통신을 통해 국내외 정보의 흐름을 통제할 수 있도록 만들었다(주동황 외, 1997, 180-181쪽). 이처럼 5공화국 정권은 언론 통폐합을 단행함으로써 자신들의 통치에 유리한 언론 구조를 만들어 놓았던 것이다.

3) 언론통제 기구의 정비

전두환 정권은 언론인 해직과 통폐합을 통해 언론의 체질을 순응형으로 만드는 작업 외에도 앞으로 발생할지도 모르는 저항의 가능성을 차단하기 위한 제도적 안전판으로서 언론기본법을 제정하였다. 이 법은 1980년 12월 26일 국보위 입법회의 문공분과위원회를 통과하여 1981년 1월 5일부터 발효되었다.

이 법은 그 제정 의도가 언론을 통제하려는 데 있었던 만큼 여러 가지 독소 조항을 포함하고 있었다. 대표적인 것이 바로 24조이다. 문공부 장관이 신문

통신의 등록을 취소하거나 발행을 정지할 수 있도록 규정한 것이다. 이는 사법적 판단 없이 행정부의 자의적 해석만으로도 언론의 생존권 자체를 박탈할 수 있게 한 것이다. 언론기본법은 또한 '상당한 사유가 있을 때' 법관의 영장을 받아 정기간행물과 방송의 표현물을 압수할 수 있게 하였다. 압수의 근거가 포괄적이고 모호하여 통제권자가 권력을 남용할 소지가 있었다(김민환, 1996, 502쪽).

이처럼 제도적 차원에서 통제 시스템을 갖추어 놓은 후 전두환 정권은 언론의 일상적인 보도 활동에 대해서도 일일이 보도지침을 통해 간섭하고 통제하였다. 보도지침이란 문화공보부 내의 홍보조정실이 각 언론사에 매일 보낸 지침으로서 구체적인 기사의 보도 여부뿐만 아니라 크기나 위치 등 세부적인 사항에 대해서까지 통제하는 내용을 담고 있다. 이 홍보조정실은 청와대와 안기부의 지휘하에 있었다. 당시 언론들은 대부분 이 보도 지침의 지시를 그대로 따랐던 것으로 밝혀지고 있다. 보도 지침의 내용과 실제 지면의 내용을 비교한 결과 중앙 6개지의 보도 지침 이행률은 평균 77.8%로 매우 높은 것으로 나타났다(김해식, 1994, 162-663쪽).

4) 언론사와 언론인에 대한 경제적 혜택

전두환 정권이 시행한 강제 해직과 통폐합 등의 폭압적인 조치에도 불구하고 살아남은 언론사 및 언론인들에게는 각종 경제적 특혜가 제공되었다. 가장 큰 혜택은 앞에서도 언급하였지만 언론 통폐합을 통해 독과점 체제를 구축해 주었다는 점이다. 뿐만 아니라 신생 언론사의 시장 진입도 봉쇄해 놓아서 중앙 일간지들은 신문 카르텔 체제를 유지하면서 독과점을 기반으로 안정 속에서 눈부신 기업적 성장을 거듭할 수 있었다.

새로운 신문의 창간은 봉쇄한 반면 기존 언론사들의 다각경영을 지원하였다. 신문사들의 잡지 발행을 대폭 허용하여 대부분 신문사들이 여러 종류의 잡지를 창간하였다. 이 시기 신문사들이 창간한 잡지는 조선일보가 4종(「가정조선」, 「월간조선」, 「월간산」, 「월간낚시」)으로 가장 많았으며 「경향신문」(「레이디경향」, 「소년경향」, 「사상과정책」)과 「동아일보」(「음악동아」, 「월간멋」, 「과학동아」), 「중앙일보」(「영레이디」, 「이코노미스트」, 「음악세계」)가 각기 3종씩을, 「한국일보」(「월드테니스」, 「스포츠레저」)와 「서울신문」(「TV가이드」, 「예술과 비평」)이 2종씩을 발행하였다. 그 밖에도 중소기업의 고유 업종인 상업인쇄, 각종 문화사업, 스포츠사업, 부동산 임대 등에까지 진출을 허용하였다. 당시 다각경영을 통한 언론사의 수입이 평균 20%에 육박할 정도였다고 한다.

다음은 세제상의 혜택이다. 신문사의 윤전기 도입을 위해 1981년 말에는 관세법 부칙을 개정하여 1982년 1년간 20%의 관세를 4%로 대폭 인하하는 조치를 취했다. 이 기간 중 전국 12개 신문사가 30여 대의 윤전기를 도입함으로써 도합 수십억 원의 감세 혜택을 볼 수 있었다. 뿐만 아니라 언론사가 부동산을 매매하는 경우 세금을 면제해 주기도 하였다.

이러한 특혜 조치를 바탕으로 해서 신문기업들은 괄목할 만한 성장을 기록하였다. 1960년대 박정희 정권하에서 성장 위주의 경제 정책 토대 위에서 정권이 제공하는 특혜를 바탕으로 기업화의 기반을 닦아 온 신문기업들은 제5공화국 시기를 통해서는 여러 개의 계열기업까지 거느리면서 대기업에 버금가는 수준으로까지 성장하였다. 5공화국이 끝나는 1987년까지 4대 신문기업의 매출액을 보면 1980년에 비해 3.26배로 증가했다.

기자들에 대해서도 여러 가지 혜택이 주어졌다. 우선 급료가 다른 업종에 비해 훨씬 높은 수준으로 상승하였으며, 취재 수단에 대한 면세, 방송광고공사의 공익자금에 의한 해외연수와 여행, 언론인 금고의 주택자금 및 생활안정자금의 저리 융자, 자녀 학자금 지원 등이 대표적이다(주동황 외, 1997, 186-188쪽).

여기서 공익자금이란 제5공화국에서 새로이 만들어낸 제도이다. 한국방송광고공사라는 기관을 새로 만들어 방송광고 영업을 독점 대행하면서 그 대행 수수료를 가지고 조성한 것이 바로 이 공익자금이다. 이 공익자금이 문화예술의 진흥을 위한 자금으로도 쓰였지만 그 상당 부분이 언론인들에게 후생복지, 재교육 등의 혜택을 제공하는 데에도 사용되었다. 이는 사적 기업의 형태로 존재하는 언론기업에 대해서까지 공적 자금을 통해 종업원 후생복지를 제공하였다는 점에서 문제의 소지가 있는 것이며 수혜 대상이 되는 언론인뿐만 아니라 언론기업에 대해서도 커다란 특혜가 되는 것이다.

언론인들에 대해서는 세제상의 혜택도 주어졌다. 1982년 1월 1일부터 시행된 소득세법 시행령 8조 12항에 의거하여 기자들의 봉급 가운데 20%를 실비 변상적인 성격의 급여 즉 취재 수당으로 보고 비과세토록 한 것이다. 이로써 기자들은 세금 면에서 약 3분의 1을 덜 내게 된 셈이다. 한국기자협회는 1984년 서울지역 기자들로 주택조합을 구성하여 문공부와 건설부의 도움으로 토지개발공사 땅을 불하받아 800가구의 기자아파트를 건립하기도 했다(주동황 외, 1997, 188-189쪽).

5) 언론통제에 대한 언론의 대응

정치권력의 통제와 회유에 대해 언론은 아무런 저항도 없이 순응하면서 체제 내화되어 갔다. 침묵을 넘어서서 정권 홍보에 적극적으로 앞장서면서 '정권의 시녀'니 '권력의 나팔수'니 하는 불명예스러운 명칭까지 얻게 되었다.

신군부의 등장 과정에서 신문과 방송은 앞다투어 전두환을 미화하고 영웅시하는 이른바 '용비어천가'를 소리 높여 외치더니, 5·18 광주민중항쟁의 왜곡, 편파 보도 등으로 전두환의 집권에 결정적인 기여를 하였다. 5공화국 출범 이후 언론들의 행태는 바로 '땡전뉴스'와 '또한뉴스'라는 말이 잘 집약해 준다. 이 말은 당시 텔레비전 방송의 뉴스를 빗대어 나온 말이다. 저녁의 메인 뉴스인 9시 뉴스에서 시보가 땡하고 울리고 나면 바로 첫 마디는 매일같이 '전두환 대통령은'으로 시작한다고 해서 '땡전 뉴스'라는 말이 나온 것이며 이 첫 뉴스가 끝나고 나면 대부분 '또한 이순자 여사는'으로 이어진다고 해서 '또한 뉴스'라는 말이 나왔다(강준만, 2000, 530쪽). 정치 권력의 이미지 메이킹과 관리를 위해 언론의 일반적인 관행과 뉴스 가치가 전적으로 무시되면서까지 그야말로 총동원된 측면을 잘 나타내 주고 있다.

언론이 이처럼 왜곡되고 굴절된 모습을 보여 주자 이에 대한 수용자들의 불만과 불신은 높아만 갔다. 박정희 정권기부터 시작된 언론에 대한 불신은 더욱 깊어졌다. 5공화국기의 언론의 모습에 대해 현장의 언론인들은 '국민과 정부, 어느 쪽으로부터도 호응받지 못하는 불신 언론'이라고 자평하고 있었다(「기자협회보」, 1985. 12. 17.). 국민들로부터는 언론의 제 역할을 다하지 못한다고 외면받으면서 정부로부터도 기대에 못 미친다고 외면당하고 있다는 것이다. 수용자들의 불신 때문에 취재원으로부터 외면당하는 것은 물론 시위 현장 등에서는 경찰로부터 폭행당하고 학생들로부터도 거부당하는 등 심각한 애로 사항을 느낄 정도였다.

대학가와 노동계의 시위에서는 제도 언론은 규탄의 대상을 넘어 총체적으로 거부당하면서 이들은 자체적으로 대항언론을 모색하기 시작했다. 영등포산업선교회는 「노동자신문」을 창간하면서 "모든 언론이 압살당한 채 제구실을 다하지 못하고 있고, 우리 노동자들은 그나마도 접할 기회가 거의 없는 것이 이 땅의 언론과 노동자의 현실입니다"라고 선언하고 있다. 서울대생들도 「전진」이라는 매체를 창간하면서 "이 땅에 언론이 존재하는가? 정부는 국민을 '일방언론'하고 국민은 정부에 '무언론'하며 대학언론은 국민대중의 언론에 대한 불신, 무관심 속에 자기 표현의 길을 찾아 안간힘을 쓰고 있는 실정이다. 언론이 부재하는, 부재하게끔 강제된 오늘의 현실을 보라!"고 절규하고 있다(민중문화운동협의회, 1989, 70-73쪽). 이처럼 수용자들에 의해 언론의 존재가 부정되다시피 할 정도로 불만이 팽배했던 것이 제5공화국의 언론 상황이었다.

2. 전두환 정권기의 부산 사회

1) 인구 현황

1980년대 들어 부산의 인구는 꾸준한 증가세를 유지하였다. 하지만 증가율을 그 이전 시대보다는 둔화되었다. 다음의 표는 5공화국기 시도별 인구 추이와 부산의 인구 변동을 정리한 것이다. 1970년대 말부터 300만을 넘어선 이후 그 300만대를 유지하고 있다. 시도별로 보았을 때는 1980년 서울과 경북, 경기, 전남, 경남에 이어 6위에서 1985년에는 서울과 경기, 전남, 경남에 이어 5위로 상승하였다. 이는 1981년 7월 대구가 인천과 함께 직할시로 승격(이만렬, 1985,

365쪽)함으로써 경북의 인구가 대폭 감소하였기 때문이다.

전국 인구에서 차지하는 비중은 1980년 8.4%에서 1985년 8.7%로 약간 증가하였다. 부산 인구의 전년 대비 증가율은 아래 표에서 보는 바와 같이 1980년의 4.1%에서 점차 감소하여 1985년 0.6%까지 내려갔으나 이후 다시 회복세를 보이고 있다.

이러한 인구 증가세의 둔화는 박정희 정권의 집권 기간 내내 추진해 온 산아제한 정책의 산물로 볼 수 있으며 시도별 인구 비중의 변화는 산업화와 이에 따른 이농, 도시화로 말미암은 결과로 볼 수 있다.

〈표4-46〉 5공화국기 시도별 인구 추이

시도별	1980	1985
전국	37,406,815	40,419,652
서울	8,350,616	9,625,755
부산	3,156,931	3,512,113
대구	–	2,028,370
인천	–	1,384,916
경기	4,930,335	4,792,617
강원	1,790,226	1,724,146
충북	1,423,381	1,390,326
충남	2,954,662	2,999,837
전북	2,286,720	2,201,265
전남	3,778,777	3,747,506
경북	4,952,012	3,010,001
경남	3,320,546	3,514,500
제주	462,609	488,300

* 자료 : 국가통계포털(http://www.kosis.kr)

〈표4-47〉 5공화국기 부산의 인구 변천

연도	인구(명)	증가율(%)
1980	3,159,766	4.1
1981	3,149,643	2.8
1980	3,343,783	2.9
1983	3,395,171	1.5
1984	3,495,289	2.9
1985	3,514,798	0.6
1986	3,578,844	1.8
1987	3,654,097	2.1

* 자료: 부산직할시사편찬위원회(1989, 1257쪽)

2) 경제적 상황

경제적인 측면에서도 1980년대 부산은 비슷한 추이를 보여 주었다. 먼저 전두환 정권의 경제정책은 박정희 정권이 추진하던 경제개발 계획을 그대로 이어가면서 다소 방향 전환을 시도하였다. 1982년부터 시작된 제5차 경제사회개발계획은 성장 일변도의 정책에서 안정과 능률, 균형을 기본 이념으로 설정하여 성장이 빠지고 사회개발이라는 개념을 새로 도입하였다. 이러한 정책 변화는 1970년대 중반부터 시작된 오일 쇼크로 세계 경제가 침체를 벗어나지 못하고 있던 상황에서 나온 것이었다. 이에 따라 한국 경제도 1980년대 초반 일시적 정체를 겪기도 했지만 이내 회복하여 지속적인 성장세를 유지할 수 있었다.

이러한 기조 속에서 부산의 경제는 상대적으로 위축되는 상황을 맞이하였다. 1960년대에는 입지 조건의 유리함으로 급성장을 거듭하였지만 1970년대 후반부터는 지방 공단들이 여러 곳에 조성되고 부산 소재 공장들이 시외로 이전하는 등으로 인해 부산의 경제가 위축되었던 것이다(부산상공회의소 부산경제연구원, 1989, 974-976쪽).

다음의 표는 1980년 이후 경제 각 주요 부문별로 부산 경제가 전국 경제에서 차지하는 비중을 정리한 것이다. 인구 면에서는 전술한 대로 8.3%에서 8.7%로 늘었을 뿐 제조업 뿐만 아니라 수출 실적 등 다른 모든 부문에서 부산의 위상은 상대적으로 위축되어 갔음을 잘 집약해 주고 있다.

<표4-48> 부산 경제의 전국 비중

	1980	1985	1990	1995
인구	8.3	8.7	8.7	8.7
제조업체 수	11.8	11.8	10.3	10.2
제조업 취업자	15.5	15.1	12.2	8.4
제조업 부가가치	11.1	9.3	7.7	5.1
수출실적	18.2	15.4	12.0	5.2
예금은행 예금	8.8	8.8	8.4	7.7
예금은행 대출금	8.6	8.1	8.4	7.6
어음교환액	15.6	13.8	3.0	3.7
시민총생산	9.4	9.3	7.8	6.8

주 : 1965년의 제조업 관련 지표는 1966년도 수치임
　　시민 총생산의 1990, 1995년 수치는 지역 총생산으로 계산한 것임
　　시민 총생산 1995년 수치는 1994년 것임
* 자료 : 부산시, 『부산경제지표』 1989 ; 부산상의, 『부산지역경제지표』 각년도에서 작성, 김석준(1997, 3쪽)에서 재인용

이러한 부산의 상대적 위축은 전술한 바와 같이 일부 지방으로 분산되어 간 결과이기도 하지만 가장 큰 원인은 중앙집중의 과도화로 인한 결과이다. 급속한 산업화로 중앙집중이 심화되면서 특히 1970년 경부고속도로 개통 이후 교통과 통신이 발달하며 균형 발전이 이루어지는 것이 아니라 모든 것이 서울로 집중되는 현상이 가속화되었던 것이다.

제2절 1980년도의 부산 언론

1. 계엄사의 검열에 대한 언론인들의 저항

1980년 봄의 계엄령 상황에서 언론에 대해서 사전 검열을 비롯한 직접적인 통제가 이루어졌다. 이에 대해 서울의 언론인들과 함께 부산의 언론인들도 저항의 움직임을 보였다. 「국제신문」의 편집국 기자들은 1980년 5월 5일 총회를 열고 봉급 50% 인상을 비롯하여 호봉제 부활, 직책수당 상향 조정, 외근부서 직책수당 부활, 휴가비 100% 지급, 퇴직금 누진제 실시 등 처우 및 근로 조건 개선에 관한 6개 항목과 편집권 간섭 배제, 본인의 동의 없는 타국(他局) 전출 금지, 정년 연한 5년 연장 등 모두 9개항의 요구사항을 결의하였다. 이에 따라 편집국 기자 75명 전원은 1980년 5월 6일부터 9일까지 연 4일간 급여 인상과 편집권에 대한 사내외의 부당한 간섭 배제 등 요구 조건을 내걸고 철야 농성과 함께 신문 제작 시간 2시간 지연 등의 투쟁을 벌였다(한국기자협회 · 80년해직 언론인협의회 공편, 1997, 159-160쪽).

이때의 투쟁으로 「국제신문」은 회사로부터 편집권 독립과 호봉제를 쟁취하였다. 또한 5 · 18 민주화운동 이후에는 편집국 내에서 조갑제 기자에 대한 구명 운동이 펼쳐졌다. 조갑제 기자는 회사의 허가 없이 광주로 가서 개인적 차원에서 취재를 함으로써 사규를 어겼다는 이유로 인사위원회에 회부되어 징계를 당할 처지였다. 이에 동료 기자들이 구명을 위해 나섰지만 조갑제 기자가 자진 사퇴함으로써 일단락되었다(국제신문사, 1997, 334쪽).

2. 언론인 강제 해직

　1980년 5월의 강제 해직과 11월의 통폐합으로 수많은 언론인들이 강제로 직장을 떠나 옷을 벗어야 했다. 당시에 해직자의 구체적 명단은 자료에 따라 조금씩 차이를 보이는 등 혼란스럽다. 이는 보안사에서 내려온 이른바 '정화대상 명단'도 2회에 걸쳐 있었고 실제 해직된 명단은 이 보안사 명단과도 차이가 있으며 또 그 이후 통폐합 과정에서 옷을 벗어야 했던 사람들도 있기 때문이다. 다음의 표는 당시 부산에서 해직된 언론인 명단이다. 여기서 보안사 1, 2차 명단은 당시 보안사가 작성하여 각 언론사에 내려 보낸 명단을 말하며 최종 해직 명단은, 두 신문사의 경우는 80년해직언론인협의회가 1984년 조사한 결과이고 부산문화방송의 경우는 사사에 나와 있는 자료(2009, 83쪽)이다.

<표4-49> 1980년 부산 언론사의 언론인 강제 해직 명단[26]

매체	보안사 1차 명단	보안사 2차 명단	최종 해직 명단
국제	김건호(영덕주재기자) 김연호(안동주재기자) 김영훈(편집부차장) 김정주(사회1부기자) 김택환(편집부국장) 김현구(체육부기자) 김휘(함양주재기자) 박건일(대구주재기자) 박기만(울산주재기자) 박숙자(교정부기자) 박형규(사회2부장) 변상홍(편집부기자) 서해동(대구주재기자) 안기태(화백) 양희주(서울정치부기자) 이삼주(서울주재기자) 이창우(진해주재기자)	성백기(김천주재기자) 이용진(산청주재기자) 장기연(삼천포주재기자) 조규운(충무주재기자) 조성환(진주주재기자) 차영조(포항주재기자) 계 6명 **통폐합 관련 해직**** 이상윤 박몽계 전인수 조성환 차영조 성백기 조규운 이용진	김달호 김연호 김영훈 김정주 김택환 김형구 김휘 박건일 박기만 박숙자 박형규 변상홍 서해동 성백기 안기태 양희주 이삼주

	이철호(논설위원) 장양수(사회부차장) 장영기(편집부기자) 정묘길(대구주재기자) 정순태(정치부기자) 정원영(문화부기자) 조갑제(편집부기자) 조돈만(사회차장) 조수은(편집부장) 조용현(편집부기자) 조희태(울산주재기자) 최식림(전무) 한영규(김해주재기자) 황준철(공무국장)	장기연 김은학 이기락 조용하 황영하 노중석	이용진 이창우 이철호 장기연 장영기 정대수 정순태 정요길 정원영 조갑제 조규운 조돈만 조성환 조수은 조용하 조희태 차영조 황영구
계	31명	14명	35명
부산27)	길주(주간부기자) 김성훈(외신부장) 김수성(논설위원) 김수평(포항주재기자) 김원규(조사부장) 김형석(편집부차장) 김홍현(서울지사기자) 문호(서울지사기자) 박두석(논설주간) 박성만(고성주재기자) 박영진(발송과장) 변영주(김천주재기자) 변재용(서울주재기자) 윤상길(서울지사기자) 윤석관(편집부차장) 이수언(서울주재기자) 이정덕(사회부기자) 정재철(함양주재기자) 최득수(서울지사기자) 최주식(편집국장)	박재호(양산주재기자) 윤철규(거제주재기자) 이장환(진주주재기자) 이홍도(충무주재기자) 조현모(남해주재기자)	길주(서울주간부기자) 김성훈(외신부장 직대) 김수성(논설위원) 김수평(제2사회부기자) 김형석(편집부차장) 김홍현(서울주간부기자) 남치호(서울경제부장) 문호(서울주간부기자) 박두석(논설주간) 박재호(양산주재기자) 변영주(제2사회부기자) 변재용(서울경제부차장) 윤상길(서울주간부기자) 윤석관(사회부차장) 윤철규(거제주재기자) 이수언(서울정치부기자) 이장환(진주주재기자) 이정덕(사회부기자) 이홍도(충무주재기자) 정재철(제2사회부기자)

	최희수(합천주재기자) 하병식(사회부기자)		조현모(남해주재기자) 최득수(서울주간부기자) 최주식(기획연구실장, 이사) 최희수(제2사회부기자)
계	22명	5명	24명
부산 MBC	김건석(TV보도부차장) 김형호(보도부장) 서용석(기획실) 이상익(보도부기자) 이영희(TV기획실장) 함규빈(TV편성부차장) 홍선량(아나운서부장)		김진석(TV보도차장) 김형호(TV보도부장) 서용석(TV사원) 이상익(보도부 기자) 이영희(TV기획심의실장) 전광조(보도부 차장대우) 함규빈(TV편성차장) 홍선량(TV아나운서부장)
계	7명		8명

* 자료 : 한국기자협회·80년해직언론인협의회 공편(1997, 180-191쪽). 각 항목별 명단의 비교를 위해 가나다순으로 재정리함
** 이 명단은 국제신문사(1997, 332쪽)

당시 보안사가 내세운 언론인 해직의 목표는 '반체제 문제 언론인 제거'와 '언론계 부조리, 부정 척결', '국익 우선의 언론풍토 조성'의 세 가지였다. 또 구체적인 '정화' 대상 사유는 다섯 가지로 제시하였다. '반체제, 용공, 불순한 자 또는 이들과 직간접 동조한 자', '편집 제작 검열 거부 주동 및 동조자', '부조리, 부정, 부패한 자', '특정 정치·경제인과 유착되어 국민을 오도한 자', '기타 사회의 지탄을 받은 자'로 되어 있다(한국기자협회·80년해직언론인협의회 공편, 1997, 528쪽). 그러나 각 개인별로 구체적 사유는 제시되지 않아서 무슨 명목으로 해직되는지도 모른 채로 해직되어야 했던 것이다.

다만 1980년 7월 13일 날짜로 기록되어 있는 '사이비 언론기자 정화대책'이라

---

26) 당시 보안사 언론대책반이 작성한 이 1, 2차 명단은 성명이나 직책, 소속사 등이 잘못 기재된 것들도 많이 있었다고 한다. 1, 2차 명단은 보안사 문건에 나와 있는 대로이며 최종 명단은 80년해직언론인협의회가 파악한 명단을 바탕으로 사사 등을 참고하여 직책을 확인한 것이다.
27) 「부산일보」의 해직자 명단에 대해 『부산일보50년사』(642쪽)는 1차 24명, 2차 5명 등 총 29명이 해임된 것으로 기록하고 있다.

는 문건을 보면 각 사별 '비행 기자'의 명단과 사유가 기록되어 있다. 이 자료에
나와 있는 부산 지역 언론사 관련 현황은 아래의 표와 같다.

<표4-50> 부산 지역 해직 언론인 중 사유가 밝혀진 현황

항목	구분	국제신문	부산일보
인원	계	7	3
사유	권력남용, 청탁압력	3	1
	제작거부 등 집단행동	2	-
	악성 유언비어 유포	-	1
	금품갈취	2	1
지역 분포	부산	2	-
	서울	-	1
	경남	5	2

* 자료 :한국기자협회 · 80년해직언론인협의회 공편(1997, 16-18쪽에서 발췌)

이 자료에 기록된 부산 지역 언론인은 「국제신문」이 7명, 「부산일보」가 3명
등 모두 10명이다. 이들에 대해서는 간략하게나마 구체적인 사유까지 제시되어
있다. 이 중 「국제신문」에서 두 번째 사유 즉 '제작거부 등 집단행동'을 빌미로
해직된 사람은 김영훈과 조갑제 두 사람이었다. 김영훈은 당시 편집부 차장이면
서 기자협회 부산지부장을 맡고 있었다. 1980년 5월 9일의 결의문 채택과 5월
20일의 제작 거부를 선동했다는 것이었다. 조갑제도 마찬가지로 5월 9일과 20일
의 사내 움직임을 주도하고 선동했다는 이유였다.

「부산일보」의 경우는 당시 서울 지사 정치부 기자였던 이수언이 '악성 유언비
어 유포'라는 사유로 해직되었다. 당시 이수언은 기협 부회장을 맡고 있었다는
것이 사유가 된 것으로 본다. 그해 5월 17일 계엄을 전국 확대하면서 각계에
체포령이 내려진 가운데 기협 간부들도 대부분 구속되었으며 이수언도 당시
구속 상태였다. 이 자료를 보면 당시 부산에서 두 신문사 외에도 3명이 더 이
'비행 기자' 항목의 적용 대상이 되었던 것으로 나온다. 이 3명은 「신아일보」와
「영남일보」의 주재기자, 그리고 부산KBS의 기자가 각 1명씩 포함되었다. 이
3명은 모두 개인적 비행과 관련된 사유들이었다(한국기자협회 · 80년해직언론

인협의회 공편, 1997, 608-610쪽).

3. 언론사 통폐합

1) 통폐합 직전의 두 신문사 상황

1980년도 보안사가 언론통폐합 계획안을 세우며 전두환의 재가를 받았던 안에는 지방 언론사의 통폐합에 대해서는 구체적인 안은 없었던 것으로 알려지고 있다. 단지 '1도1사의 원칙'만 정해져 있었다는 것이다. 통폐합 방침이 언론대책반에 전달된 후 세부 계획안 입안 과정에서 제2의 도시인 부산이나 곧 직할시 승격을 앞두고 있던 대구의 경우 2개를 남겨 두는 방안도 검토되었다고 한다. 그러나 이러한 논의는 반영되지 않고 일률적으로 1도 1사의 원칙이 적용되었다(김기철, 1993, 234-244쪽).

당시 부산의 두 신문 「국제신문」과 「부산일보」를 비교하면 여러 가지 면에서 「국제신문」이 앞서던 상황이었던 것으로 알려지고 있다. 럭키그룹의 소유로 경영 상태도 안정을 유지하고 있었고, 5·16장학재단 소유의 「부산일보」와는 논조 면에서도 차이를 보이고 있었다. 당시는 유신정권의 언론 통제가 워낙 철저하게 이루어지고 언론들도 자발적 협조로 일관하던 때였기에 신문 논조의 성향이 크게 차이가 나기는 어려운 상황이었지만 1970년대 초반 언론인들의 언론자유수호운동 당시에도 「부산일보」보다는 「국제신문」이 더 적극적이었다. 1980년 봄의 검열 거부 투쟁에서도 「국제신문」 기자들은 결의문을 채택하고 제작 거부를 벌이기도 하였다. 반면 「부산일보」에서는 별다른 움직임을 찾아보기 힘들었다.

이러한 배경에서 당시 보안사의 보고서에는 두 신문의 '성향'을 비교하면서 「국제신문」은 '비판적 성향'으로, '부산일보'는 '자발적 협조' 성향으로 평가하였다. 「국제신문」은 "대정부 비판으로 시류에 영합하고 시시비비를 주장하면서 편파성을 노정"하고 있다고 되어 있는 반면 「부산일보」는 "국민 계도에 앞장서고 지역 발전에도 기여하면서 언론의 국익 증진 사명을 자발적으로 수행"하는 것으로 보고되었다는 것이다. 또한 이 보고서에는 두 신문의 발행 부수를 「국제신문」이 22만 부이며 「부산일보」가 20만 부로 평가되어 있었으며 재산 상황은 「국제신문」이 총 14억 4천만 원, 「부산일보」가 22억 4천만 원으로 기록되어 있었다고 한다(김기철, 1993, 247쪽).

그러나 이 보안사의 보고서는 사업의 추진을 위해서 만든 보고서이기에 결론을 가지고 거기에 맞춰 갔을 수도 있는 것이다. 당시의 발행 부수나 자산 현황 등에 대해서는 공개된 자료가 없어서 논하기 힘들 것이다. 지면의 논조나 기자들 성향 등이 통폐합의 세부 내용을 결정한 중요한 원인이 된 것으로 보아야 할 것이다.

이외에도 당시 통폐합 실무 과정에 참여했던 김기철의 회고에 의하면 5·16 장학회에 대한 배려도 주된 요인 중의 하나였던 것으로 보고 있다. 전술한 대로 「부산일보」와 부산문화방송, 서울의 한국문화방송이 모두 5·16장학회의 소유였다. 그러나 이때의 통폐합 조치 속에는 방송을 공영화한다는 명분으로 문화방송의 주식 65%를 KBS로 넘기게 되어 있었다. 지방의 문화방송들도 주식의 51%를 서울 문화방송이 인수하여 계열사 체제로 전환하게 되어 있었다.

그렇게 되면 5·16장학회로서는 자산의 태반을 잃고 마는 결과가 된다는 것이며 「부산일보」까지 통폐합돼 버리면 그야말로 공중분해를 면할 수 없는 형국이었다는 것이다. 이에 따라 전두환을 중심으로 한 보안사 내부 세력들은 '중앙에서 크게 깨지게 되어 있는 5·16장학회의 명맥을 유지시켜 주는 길은 지방의 「부산일보」만이라도 살려 두자'는 식으로 생각했을 수 있다는 것이다.

당시 신군부 세력은 언론 통폐합 조치 이전에 5·16장학회 이사장으로 있던 언론인 최석채를 박정희 대통령의 동서인 조태호로 교체하는 등 개편을 단행하고 얼마 뒤 명칭도 정수장학회로 바꾸었다. 이러한 과정에 대해 박정희의 딸 박근혜가 전두환을 찾아가 불만을 표시했다는 이야기도 있었다는 것이다(김기철, 1993, 248-249쪽).

전두환이 5·16장학회를 배려하여 「부산일보」를 남겨 두는 방향으로 가닥을 잡았으리라는 말이다. 당시 전두환은 박정희 대통령의 양자로서 상당히 가까운 관계였다는 점을 고려하면 충분히 가능성이 있는 분석이라고 볼 수 있다.

2) 두 신문사 통폐합의 과정

1980년 11월에 들어서는 언론사 통폐합 계획이 12일에 전두환 대통령의 결재를 받고 바로 실행에 돌입하였다. 그날 낮부터 서울의 해당 언론사 사장들 소재 파악에 나서고 바로 보안사로 데려오기 시작했다(이 부분의 내용은 김기철 1993을 참조하였음).

당시 「국제신문」 측은 전술한 대로 객관적 조건에서 불리할 것이 없다고 판단하여 안심하고 있었다고 한다. 안심하면서 특별한 대응을 하지 않았던 이유는 상식적인 선에서 일이 처리되리라는 기대와 함께 당시 문교부장관이던 이규호(李奎浩)가 '국제는 괜찮다'라고 확언을 해 주었기 때문이라는 것이다. 이규호는 당시 「국제신문」의 구자경 회장과 진주고 동기였으며 대통령의 신임을 받고 있었기에 그의 말을 믿고 안심하고 있었다는 것이다.

그러던 중 11월 12일 오후 5시경 서울 지사장이던 이형기 국장으로부터 전화가 와서 「국제신문」이 먹힌다는 소식을 전하였다. 순간 회사는 발칵 뒤집어지면서 당시 정순민(鄭淳珉) 부사장이 서울의 럭키 본사로 전화하는 등 난리가 났다. 당시 「국제신문」은 구자학 사장이 1980년 1월 모기업인 럭키의 사장에 취임하면서(「경향신문」 1980. 1. 23. 2면) 사장은 공석인 채로 부산문화TV 사장이던 정순민(부산문화방송, 2009, 359쪽)이 부사장으로서 대표이사를 맡고 있었다.

그러나 이때는 상황을 어찌 해 보기에는 이미 늦은 상황이었다. 서울 지사장이 전화를 했던 오후 5시쯤 실무 담당자 소집 교육을 하면서 각 지방에는 예하부대에 전통으로 지시하였다. 부산의 언론사를 맡은 보안사 501보안부대가 「국제신문」에 연락을 취한 것은 그날 밤 자정 무렵이었다. 부산 보안부대의 임계두라는 사람이 전화를 해서 정 부사장과 최식림 전무, 총무국 부국장 등 3명이 12시가 넘어 보안대로 가야 했다.

정 부사장 등 일행은 부산 보안부대 허모 중령의 방에서 관련 서류를 보고 서명을 요구받았다. 정 부사장은 안 된다고 버티었으나 허 중령은 정부 방침이니 서명하라는 말만을 되풀이하였다고 한다. 2시간여를 버티다 결국 정 부사장은 각서에 서명하고는 새벽 3시 가까이 되어서야 회사로 돌아왔다.[28]

　각서의 내용은 보안사가 사전에 준비한 것으로서 개략적인 내용은 '새시대를 맞아 정부의 언론정책에 적극 호응하여 해당 언론사를 원만히 인수하고 앞으로 어떠한 형태의 이의제기도 하지 않을 것을 서약한다'는 내용으로 각 언론사 모두 동일하며 세부적인 사항만이 언론사에 따라 다르게 작성되었다. 당시「국제신문」정순민 부사장이 자필로 쓰고 서명해야 했던 각서의 내용은 다음과 같다. 세 번째 줄에 '이의'를 '의의'라고, 맨 마지막 6번항에 '이견'을 '의견'이라고 잘못 적은 부분도 있지만 원문 그대로 옮겨 본다.

각　　　　　　　서

　본인은 새 시대를 맞아 국가의 언론정책에 적극 호응하여 본인이 대표이사 부사장으로 되어 있는 국제신문사를 다음과 같이 조치할 것을 다짐하여 이에 각서하며 이 각서에 의한 조치에 대하여는 앞으로 민·형사소송 및 행정소송 등 여하한 방식에 의해서도 일체의 의의를 제기하지 않겠습니다.

　다　음　사　항

1. 우리나라 언론창달을 위하여 1980. 11. 25일 한 국제신문의 발행을 정지하며 동일한 국제신문사의 등록을 자진 취하한다.
2. 국제신문사는 다음을 부산일보사에 양도 인계한다.
　　○ 윤전기 등 기자재 일체. 단 토지 건물 등 부동산은 제외
　　○ 임원 외의 국제신문사 소속 사원 전원, 단 본인의 의사에 반한 자는

---

28) 이 부분에 대해 『국제신문50년사』의 서술은 다소 다르다. 1980년 11월 14일에 전화를 받고 불려가서 그날 밤에 포기 각서에 서명했다는 것이다. 아래 사진에서 보듯이 정순민 부사장이 쓴 각서에 날짜가 13일인지, 15일인지 분간이 어렵다. 그러나 이 부분은 김기철(1993)의 회고가 맞는 것으로 보인다. 대부분 언론사주들의 포기 각서가 11월 12일자로 되어 있으며 이를 바탕으로 11월 14일에 한국신문협회와 방송협회는 임시 총회를 개최하고 자율적으로 통폐합을 결의하여 이를 바탕으로 시행하는 것으로 절차를 꾸몄던 것이다.

제외

　　○ 기타 흡수 통합에 필요한 사항

3. 재산권 양도 가격은 한국감정원의 감정 가격에 의한다.

4. 소속 사원의 퇴직금 등은 1980. 12. 20. 내에 국제신문 대표이사 부사장인 정순민이 지불한다.

5. 본 흡수 통합을 위한 제반 조치를 조속히 이행하여 1980. 11. 30일 한 흡수 통합사가 필요한 사항을 모두 인수토록하고 잔무 등 절차에 관한 일체 사항은 1980. 12. 20 한 완료한다.

6. 其 밖에 양도를 위한 사항은 본인과 주식회사 부산일보사간의 협의에 의하여 정하고 양자간의 의견이 있을 경우에는 정부의 조정에 따른다.

1980. 11. 13.

주식회사 국제신문

대표이사 부사장

정　　순　　민

〈사진4-35〉「국제신문」 부사장 정순민이 자필로 작성, 서명한 통폐합 각서
* 출처 : 김기철(1993, 311-314쪽)

〈사진4-36〉「국제신문」종간호 1면(1980. 11. 25.)

그야말로 청천벽력과 같은 조치가 아닐 수 없다. 법치를 기본으로 하는 국가에서 법이 보장하는 모든 권리나 절차를 무시하고 군부의 무력을 앞세워 이루어진 탈법적 조치라고밖에 해석할 수 없을 것이다. 10여 일 만에 신문을 폐간하고 1달여 만에 통합을 완료하라는 것이다. 이에 대해 그 다음 날「국제신문」기자들 50여 명이 모여 대책을 논의하기도 했으나 당시의 분위기 속에서 무언가 구체적 대응이 나오기는 어려운 형편이었다.

각서의 내용대로「국제신문」은 1980년 11월 25일자로 종간호를 내야 했다. 1947년 9월 1일「산업신보」라는 제호로 창간된 이후「국제신보」를 거쳐 33년 2개월 25일, 지령 1만 992호 만에 문을 닫아야 했던 것이다. 종간호의 1면은 사진에서 보는 바와 같이 '이 신문이 마지막 국제신문입니다---독자여 안녕'이라는 제목으로 시작하여 폐간된다는 사실과 함께 그동안 아껴 준 독자들에게 감사의 뜻을 전하는 내용을 채워져 있다. 종간호는 1면뿐만 아니라 8면까지 모든 면을「국제신문」33년의 어제와 오늘을 요약한 기사로 채워졌다.

통폐합하기로 결정난 부산의 두 신문사는 11월 16일 양사 대표가 참여하여 통합위원회를 구성하고 세부 사항을 협의하여 11월 27일에 합의 조인서에 양사 사장이 서명하였다. 인수하기로 한 부산일보사 입장에서도 여러 가지 난제가 겹쳤다. 인수 자금 문제는 정부의 지원을 받아 국제신문사 측에 9억 8천만 원을 지불한 것으로 알려지고 있다(김기철, 1993, 246쪽). 인력의 경우는 통폐합 당시 국제신문사의 사원은 편집국 요원 140명을 포함해 모두 514명이었다(「국제신문」1980. 11. 17. 1면). 그중 248명, 광고 외근 21명을 포함하면 총 269명을 부산일보사에서 인계하여 11월 30일에 논설위원과 국장급에서부터 사원에 이르기까지 발령하였다. 이들은 12월 1일부터 새 직장인 부산일보사에 출근하였다. 한편 부산일보사는 이 통합을 계기로 제호를 한자로 바꾸어「釜山日報」라고 개제하였으며 사원 550명의 대가족을 거느린 부산의 독점 신문사(부산일보사, 1996, 646-649쪽)로 자리잡게 되었다. 이러한 바탕 위에서「부산일보」는 1980년대를 통해 부산의 유일한 일간신문으로, 그리고 전국 최대의 지방지로 성장할 수 있었다.

3) 방송사의 통폐합

1980년의 언론사 강제 통폐합에 부산 방송계도 예외가 될 수 없었다. 먼저 서울의 TBC가 KBS에 흡수됨으로써 부산의 동양TV 부산방송국도 문을 닫아야 했다. 1964년 12월 부산에 가장 먼저 TV방송을 실시하여 TV시대를 열었던 TBC가 1980년 11월 30일 마지막 고별 방송을 끝으로 16년간의 부산 방송 시대를 마감했다(부산직할시사편찬위원회, 1991, 588쪽).

별도의 회사로 존재했던 부산의 문화방송 라디오와 TV도 통폐합의 진통을 거쳐야 했다. 전술한 대로 서울의 문화방송은 지방의 문화방송사들 주식의 51%를 일괄 인수하여 계열사 체제로 만들고 서울 문화방송 주식의 65%를 KBS가 인수하여 공영화한다는 통폐합이 추진되었다. 이에 따라 지방에 소재한 각 문화방송도 후속의 변화를 겪어야 했던 것이다.

통폐합 직전 부산문화방송은 주식의 100%를 5·16장학재단이 소유하고 있었고, 부산문화TV는 럭키그룹의 소유로서 연암문화재단과 국제신문사, 럭키그룹 일가가 각기 5만 5,250주를 소유하여 전체의 85%를 차지하였으며 나머지 15%를 서울의 한국문화방송이 소유하고 있었다. 1980년의 통폐합 과정에서 부산문화방송은 주식의 51%를 그해 11월 25일자로 한국문화방송에 양도하였고, 부산문화TV도 전체 주식 19만 5,000주 중 51%에 해당하는 9만 9,450주가 한국문화방송으로 넘어갔다(부산문화방송, 2009, 81-82쪽).

4) 정기간행물 폐간

전술한 대로 전두환 정권은 1980년 7월 31일 일간지를 제외한 정기간행물 172종을 무더기로 등록 취소하였다. 이 조치로 인해 부산의 정기간행물 일부도 강제로 문을 닫아야 했다. 이 명단에 포함된 부산의 정기간행물로는 먼저 부산의 두 신문사가 발행한 주간 신문 「주간국제」와 「주간부산」이 있다. 1978년에 나란히 창간된 두 매체가 폐간된 것이다. 1969년 12월 21일에 창간된 「부산경제신보」도 등록 취소되었다. 취소 당시 대표자는 정충경이었다. 이외에 월간으로 발행되던 「고신대신문」과 동명목재의 사보인 「동명」, 연간 발행의 「고신대학보」도 함께 등록 취소되었다(「동아일보」 1980. 7. 31. 1면). 이 중 동명목재의 사보 「동명」은 부산의 대표적 기업이었으나 1980년 신군부에 의해 강제로 사주의 재산은 헌납되고 기업은 해체되었다(「한겨레」 2008. 10. 23. 사회면). 이로써 그 사보도 자연 폐간된 것으로 보인다.

한편 1980년 11월에는 2차 정기간행물에 대한 강제 폐간 및 정비 조치가 이루어졌다. 7월의 1차 조치의 연장선상에서 이루어진 이 조치는 전체 정간물의 6%에 해당하는 67종이 대상이 되었다. 여기에도 부산의 매체가 포함되었다. 1968년 1월 5일에 창간된 「부산상의뉴스」는 간별 조정 대상이 되었다(「경향신문」 1980. 11. 28. 6면). 아마도 순간으로 창간되어 발행되던 것을 주간으로 조정한 것으로 보인다. 그 밖에 반공연맹부산지부가 발행하던 월간의 「부산연맹보」는 등록 취소되었다(「경향신문」 1980. 11. 28. 6면).

5) 전두환 정권기 정기간행물 현황

다음의 표는 전두환 정권기 국내의 정기간행물 등록 현황의 추이를 정리한 것이다. 1980년과 1981년 사이에 1,476에서 1,215로 261개의 정기간행물이 감소하였다. 이는 전술한 대로 언론사 통폐합의 결과이다. 일간신문이 7개가 줄었으며 통신이 5개, 주간도 24종, 월간이 109종, 기타간이 116종이 감소하였다. 그 이후로는 소폭의 증가만을 기록하였다. 일간신문과 통신은 1987년도까지도 전혀 변화가 없었으며 주간 이상의 간행물 분야에서만 소폭의 증가를 기록하였다. 그러다가 6월항쟁 이후인 1987년 후반기부터 대폭 증가세를 보이기 시작하였다.

<표4-51> 전두환 정권기 정기간행물 등록 현황

시기	일간	통신	주간	월간	기타간	합계
1980.1.1.	36	7	121	768	544	1,476
1981.1.1.	29	2	97	659	428	1,215
1981.7.31.	29	2	120	706	475	1,332
1982.8.31.	29	2	136	780	576	1,523
1983.9.30.	29	2	142	837	610	1,620
1984.10.31.	29	2	142	946	646	1,765
1985.12.31.	30	2	158	1027	694	1,911
1986.6.30.	30	2	169	1068	741	2,009
1987.12.30.	30	2	216	1288	874	2,410
1988.8.30.	60	2	382	1598	1054	3,096

* 자료 : 한국잡지협회(1989, 1299쪽)

제3절 전두환 정권기의 부산 언론

1. 「부산일보」의 발전

1) 통폐합 직후의 「부산일보」

언론통폐합으로 「국제신문」을 흡수한 「부산일보」는 부산의 시장을 독점할 수 있게 되었을 뿐만 아니라 인근 경남 시장에 대해서도 이전보다 훨씬 유리한 조건을 점할 수 있게 되었다. 전술한 바와 같이 당시 언론통폐합에서 경남 지역도 「경남매일」과 「경남일보」가 통합하여 「경남신문」으로 개제하였다. 경남의 지역 신문이 줄어듬으로써 「부산일보」가 경남 지역 시장을 파고들 여지가 더 확대된 것이다. 이를 바탕으로 「부산일보」는 안정된 경영을 유지할 수 있었다.

「국제신문」의 인력을 대거 흡수하여 대규모 회사로 탈바꿈한 「부산일보」는 이에 따라 기구를 확장하는 내부 조직 개편을 해야 했다. 편집국에 독자부와 특집부, 여성부를 신설하였으며 총무국에는 사업부를 폐지하고 관리부를 신설했다. 업무국을 폐지하고 판매국과 출판국을 신설하였다. 이는 업무국의 기능을 확대하면서 출판 분야의 사업에도 뛰어들려는 의도로 볼 수 있다. 출판국에는 출판부와 원색부, 인쇄부를 두었다가 1981년 1월 들어 인쇄부는 바로 폐지하였다. 판매국에는 판매2부와 판촉부를 신설하고 발송과를 발송부로 개편하였다. 기획연구실에 특간부와 기획부를 신설하였으며 사업국을 신설하여 사업부를 관장하도록 하였으며 공무국에 윤전2부를 신설하고 주조과를 주조부로 승격시켰다. 이어 1983년 9월 12일에는 주간국을 신설하고 주간부를 두었으며 편집국의 독자부는 폐지하였다(부산일보사, 1996, 648-649/932쪽). 이러한 기구의 확대 개편은 「국제신문」 출신의 인력을 배치하기 위한 목적과 함께 달라진 시장 환경 속에서 사업과 기능 확대를 위한 기반 조성이었다고 볼 수 있겠다.

2) 통폐합과 경영

그러나 경쟁지가 없는 독점적 지위를 누린다는 것은 경영에 매우 유리한 조건이지만 종업원 수가 갑자기 2배에 가깝게 늘어나는 것은 인건비 부담이 늘어나면서 경영의 부담이 되기도 한다. 「부산일보」의 발행 부수에 대한 자료는 공개되지 않고 있지만 『부산일보50년사』는 1980년대의 부수 증감 추세를 기록하고 있다. 이를 보면 1970년대 후반 10%대의 성장세를 유지하다가 1980년에는 163%로 급격히 증가하였다. 이는 바로 경쟁지 「국제신문」이 폐간된 데에 따른 효과일 것이다. 그러나 통폐합 직후인 1980년대 초반에는 오히려 마이너스 성장을 기록하였다. 1981년 -17%, 1982년 -5%, 1983년 -0.8%를 기록하다가 1984년부터 조금씩 늘어나기 시작하였다는 것이다. 1984년에는 0.7%, 1985년 3%, 1986년 0.8%의 성장을 기록하였다(부산일보사, 1996, 706-707쪽).

한편 1982년 1월 14일에는 부산일보사의 주식을 전부 소유하고 있는 5·16장학회가 그 명칭을 정수장학회로 변경하였다. 정수장학회란 명칭은 잘 알려진 대로 전 대통령 박정희와 영부인 육영수의 이름에서 한 글자씩을 따서 지은 것이다. 또한 종업원이 늘어 공간이 협소해진 부산일보사는 새 사옥도 마련하였다. 1982년 7월에 착공하여 1984년 12월 31일에 준공된 새 사옥은 부산시 동구 수정동 1의 10에 소재하였다(부산일보사, 1996, 655쪽).

3) 출판 사업의 활성화

통폐합 직후 출판국을 신설한 부산일보사는 출판 사업을 더욱 적극적으로 전개하였다. 부산일보사가 단행본 출판을 시도한 것은 이때가 처음은 아니다. 1965년 고전 보급 사업의 일환으로 『경국대전』 중간판을 발행하였으며 1976년 12월에는 『개항백년』을 발행한 바 있다. 통합 직전인 1980년 10월에도 『중앙동』이란 제목의 책을 발행하였다. 출판국 신설을 계기로 1981년부터 『부일연감』을 발행하기 시작하였으며 다양한 종류의 서적을 발행하였다. 다음은 이 시기 부산일보사가 발행한 단행본의 목록이다(부산일보사, 1996, 651쪽).

〈표4-52〉 제5공화국기 부산일보사 발행 서적 목록

제목	발행일	부수
81부일연감	81.4.5.	2,500
82부일연감	82.4.2.	3,000
83부일연감	83.4.1.	3,000
84부일연감	84.3.10.	3,500
부일사진집	81.9.10.	2,000
고향	81.10.15	5,200
임시수도 천일(상)	83.4.5.	10,000
임시수도 천일(하)	84.1.15.	3,500
삼면경	83.5.5.	5,000
어둠을 밝힌 사람들	83.12.15	2,000
코패니즈*	1985	-
부산권의 미래상과 생산기반의 확충*	1986	-

* 이 자료들은 부산대 도서관 홈페이지(http://pulip.pusan.ac.kr)에서 검색한 결과를 추가한 것임

서적의 종수가 많다고 할 수는 없지만 이전 시대보다는 많아졌다. 이 책들은 대부분 기사로 연재된 것을 모은 것들이었다. 『고향』은 부산과 경남 각 지역의 풍물과 변천을 엮은 것으로서 1983년 1월에 재판에 들어갔으며 『임시수도 천일』은 한국전쟁기 부산의 임시 수도를 중심으로 여러 정치 내막과 비사를 엮은 책이었다. 『삼면경』은 여성들의 생활 체험담을 담은 여성면의 고정란 '삼면경'에 실린 내용을 엮은 것이다. 『어둠을 밝힌 사람들』도 내고향 선각자를 발굴하여 2년여에 걸쳐 장기 연재한 내용을 묶어 발행한 것이다.

또한 1984년 5월 30일에는 사보 「부일」을 창간하였다. 사세가 신장되고 사원이 늘어남에 따라 사원 상호 간의 유대를 강화해 줄 홍보 매체의 필요성에서 창간된 이 사보는 격월간으로 발행되었다(부산일보사, 1996, 651-653쪽).

한편 1983년에는 주간국을 신설하고 그해 11월 6일 주간지 「일요건강」을 창간하였다. 타블로이드판 40면 내외의 주간신문 형태로 창간된 「일요건강」은 제호에서 알 수 있는 바와 같이 현대인들의 건강에 관한 정보를 중심으로 레저, 스포츠, 오락, 생활정보 등 다양한 내용을 담았다. 이 「일요건강」은 1986년 11월 9일부터는 제호를 「주간부산」으로 바꾸었다. 지령은 이어받았지만 그 성격은 시사종합 주간지를 지향하는 형태로 바꾸어 발행하였다. 1978년 창간되었다가 1980년 정기간행물 등록이 취소되어 폐간해야 했던 매체를 되살린 것이다. 이 「주간부산」은 1987년 6월항쟁 이후 신문과 잡지의 창복간 붐이 일어 업계가 무한 경쟁 체제로 들어가면서 1989년 9월 10일 지령 300호를 끝으로 휴간하였다(부산일보사, 1996, 350-351쪽).

2. 전두환 정권기 부산의 주간신문과 잡지

다음으로 전두환 정권기 부산의 잡지 현황을 살펴보기로 하자. 아래의 표는 이 시기 부산에서 발행되고 있던 잡지 중에서 각급 학교가 발행한 신문이나 연구 논문집 등을 제외한 목록이다.

〈표4-53〉 전두환 정권기 부산의 잡지 발행 현황

간별	제호	발행인	발행처	등록일	유무가	판형
주간	주간부산	송정제	동구 수정동 1-10	83.9.2.	유	타블로이드
	주간불교	김용대	중구 신창동	82.3.13.	무	배대판
	부산상공	최정환	중구 중앙동 6-36	74.4.26.	무	46배판
월간	월간海技	김홍두	동구 초량동 1212-7	67.1.24.	무	46배판
	道友	許允圭	양정3동 402-13	76.3.17.	유	46배판
	부은조사	황용운	동구 범일동 830-38	77.1.17.	무	46배판
	부산약사회보	배상도	중구 신창동 3-8	77.3.28.	무	타블로이드
	부산의사회지	김성규	중구 광복동2가 2-8	78.1.26.	무	타블로이드
	어린이문예	이태림	중구 중앙동 6가 69	79.5.18.	유	국판
	세원사보	김병춘	북구 학장동 400	81.10.16.	무	타블로이드
	동일사보	김지형	북구 감전동 147-5	82.4.2.	무	46배판
	대우부산보	조동제	해운대구 반여동1430-1	82.6.30.	무	46배판
	해외취급선원노보	이상활	중구 중앙동4가 74-7	82.6.24.	무	46배판
	부산경영자협회보	이재헌	중구 중앙동 3가 18-1	85.12.30.	유	46배판
	부산상인회보	최종필	동구 범일4동 26-4	86.1.31.	무	타블로이드
	사보금성제분	장명식	북구 학장동 574	86.2.6.	무	46배판
	사보 미화당	이광섭	중구 광복동 2가 7	86.3.26.	무	46배판
	월간영호	이이두	진구 부전2동 523-5	87.3.30.	유	46배판
	삼화사보	김영주	진구 범일동 1290	87.4.29.	무	46배판
	녹색건강	박재근	진구 부전동 267-18	87.7.23.	유	46배판
	남성	허태규	진구 양정동 355-1	87.11.18.	무	46배판
	부동산정보	지춘석	중구 영주동 576	87.11.21.	유	46배판
격월간	사보우성	최정환	동래구 우2동 1100	77.1.26.	무	타블로이드
	진양사보	양규모	진구 부암동 123-1	77.1.20.	무	타블로이드
	부은노보	김대화	동구 범일동 830-38	80.4.24.	무	타블로이드
	부산대학동문회보	권오현	중구 중앙동4가 53-17	82.1.18.	무	타블로이드
	사보부일	송정제	동구 수정동1-10	84.5.19.	무	46배판
	홍아	정효택	북구 화명동 1170	85.12.4.	무	46배판
	대양가족	조용현	진구 전포동 170-1	86.8.7.	무	46배판
	동성사보 正心	최병권	사하구 신평동 472	87.6.11.	무	46배판
계간	부산한의회보	김명돈	동구 수정동 358-4	74.1.11.	무	46배판
	우리와 아동	장삼철	서구 보수동 3가 80	75.4.28.	무	46배판
	남양어망	홍순기	영도구 남항동 2가	78.11.28.	무	46배판
	청소년복지회보	김성곤	동구 초량동 146-4	82.7.20.	무	46배판
	부산미술	김대륜	진구 범일동830	85.12.30.	유	46배판
	일신사보	유열	동래구 사직동 93-8	86.8.16.	무	신국판

부산택시조합소식	이관수	중구 초량동 1153-2	86.10.13.	무	타블로이드
아피스 사보	박영근	서구 남부민동1-46	86.12.26.	무	46배판
사보 기린	김정운	해운대구 반여동 1476-34	87.3.26.	무	46배판
The Sermo	박화술	진구 우암동 산38-1	87.5.1.	무	타블로이드
권격도보	정도모	북구 만덕동 829-8	87.8.6.	무	타블로이드
조광사보	양성민	북구 삼락동379-1	87.9.8.	무	국배판
수산연구	김태준	영도구 대평동1-23	87.10.29.	무	46배판

* 자료 : 한국잡지협회(1989, 1069-1184쪽)

먼저 주간의 경우를 보면 3종이 발행되고 있었는데, 이중 「주간부산」과 「주간불교」는 주간 신문의 형태를 취하였으며 1974년부터 발행된 「부산상공」은 부산상공회의소가 발행하던 기관지였다.

월간 이상의 경우를 보면 월간 19종 격월간 8종, 계간 13종 등 총 40종의 발행 사실이 확인되고 있다. 월간 19종 중 6종은 그 이전 시대부터 계속 발행되어 오던 것이며 나머지 13종이 전두환 정권기에 창간된 것이다. 1976년에 창간되어 계속 발행되던 「도우」는 천리교 교단이 발행하던 종교 잡지였다. 창간 당시에는 「천리」라는 제호를 사용하였지만 1978년 5월부터 「도우」로 개제하여 발행하였다(한국잡지협회, 1989, 334쪽).

새로 창간된 잡지들 중에는 월간뿐만 아니라 격월간이나 계간에서도 기업체가 발행하는 사보가 제일 많았다. 이러한 경향은 1970년대 후반부터 나타났는데, 산업화와 함께 기업들이 대형화되고 경쟁이 심화되면서 홍보의 필요성이 커져서 나타난 현상으로 볼 수 있겠다.

위의 목록에는 없지만 1983년 8월 월간지 「바다」가 부산에서 창간되었다. 육당 최남선이 1954년에 쓴 「한국해양사」의 서문을 창간사로 대신한 이 잡지의 발행인 조동주(趙東柱)에 의하면 잡지는 '새로운 해양시대에 발맞추어 바다를 소재로 한 일반 교양지'를 추구한 것이었다고 한다(「매일경제」 1983. 8. 17. 9면). 그러나 이 잡지는 오래 지속되지는 못했다. 2년여를 발행하고는 1985년 1월 31일 폐간되고 말았다(한국잡지협회, 1989, 1191쪽).

1985년 4월에는 「부산미술」이 계간지로 창간되었다. 부산미술협회가 창간한 이 잡지는 부산 미술의 활성화를 도모하고 미술인과 애호가들의 길잡이가 되어 미술의 저변 확대에 기여하려는 목적으로 창간되었다(「경향신문」 1985. 4. 5. 11면). 창간 일자는 확인이 안 되지만 1986년 7월경에는 부산의 사인화랑이 발행하는 미술 관련 회보 「미술통신」이 발행되고 있었다(「매일경제」 1986. 7. 25. 9면).

1986년 상반기에는 여성 관련 잡지가 2종 창간되었다. 월간지 「여성통신」과 무크지 「여성 우리들」이 그것이다(「동아일보」 1986. 8. 12. 7면). 1980년대 중반 비정기적으로 발행되는 잡지 즉 매거진과 북의 합성어 무크지의 유행과 함께 1987년 상반기 부산에서도 「지평」, 「전망」 등의 무크지가 발행되고 있었다(「매일경제」 1987. 4. 16. 9면).

다음의 표는 6공화국 초기라 할 1988년 8월 말 현재 전국 시도별 정기간행물의 발행 현황을 정리한 것이다. 전체 3,096종 중 서울이 2,315종으로서 전체의 74.8%를 차지하고 있다. 부산은 135종으로서 136종의 경기도와 함께 서울의 뒤를 잇고 있다.

〈표4-54〉 제6공화국 초기 시도별 정기간행물 현황(1988. 8월 말 현재)

지역	일간			통신		주간	월간	기타간	계
	일반	특수	기타	일반	특수				
서울	34	11	6	1	1	308	1,296	658	2,315
부산	1					14	52	68	135
대구	3	1				11	44	31	90
광주	3					6	21	24	54
인천	2					9	34	39	84
경기	2					12	39	83	136
강원	1					4	9	18	32
충북	1					8	12	7	28
충남	2					4	17	21	44
전북	1					10	9	27	47
전남	–					3	3	9	15
경북	–					4	18	18	40
경남	1					3	25	43	72
제주	1					–	6	8	15
계	60			2		395	1,585	1,054	3,096

* 자료 : 한국잡지협회(1989, 1305쪽)

3. 전두환 정권기 부산의 방송의 발전 과정

1) 전두환 정권의 방송 정책과 운영

언론사 통폐합과 언론인 강제 해직에 이어 1980년 12월 26일 공포한 언론기본법은 방송계에 커다란 변화를 몰고 왔다. '공영화'를 표방하고 이를 뒷받침하는 장치들이 만들어진 것이다. 먼저 방송위원회가 설치되었다. 방송위원회는 국회의장과 대법원장이 각 3인을 추천하면 이를 바탕으로 대통령이 임명하는 9인의 방송위원으로 구성되어 방송 운영과 편성에 관한 기본 사항을 심의하는 기구였다. 산하에 방송심의위원회를 두어 방송 프로그램에 대한 사후 심의를 맡도록 하였다. 또한 한국방송광고공사를 설립하여 방송 광고 업무를 독점적으로 관장하고 광고 수입금의 일정 부분을 공익 자금으로 조성케 하였다. 이 자금은 언론인 후생 복지 등 공공사업에 사용하기 위한 목적을 지니고 있었다. 그 밖에 각 방송사마다 방송자문위원회를 의무적으로 설치하도록 규정하였다. 이는 방송 내용에 대한 자문 기능을 맡도록 되어 있었다(한국방송개발원, 1995, 185-187쪽).

공영화를 구현한다는 명분으로 언론기본법의 규정에 의해 이러한 기구들이 신설되기는 하였지만 대부분 형식에 그쳤다. 실질적으로 방송의 운영은 정부의 강력한 통제와 방송사들의 자발적인 협조에 의해 이루어졌다. 전술한 '땡전뉴스'와 '또한뉴스'가 이 시기 방송의 핵심적 단면을 집약적으로 보여 준다.

한편 이 시기 방송에서 중요한 변화 중의 하나는 칼라시대가 개막되었다는 점이다. 1980년 12월부터 KBS와 MBC가 칼라 TV방송을 시작하여 시청자들도 점차 흑백 수상기에서 칼라TV수상기로 교체하기 시작하였다.

또한 이 시기부터 KBS는 1969년부터 중단되었던 광고방송을 다시 재개하였다. 이는 통폐합으로 TBC와 지역 라디오를 인수하여 규모가 커짐으로써 늘어난 지출을 충당한다는 명분으로 이루어졌다. 이를 위해 1980년 12월 한국방송공사법의 관련 조항을 개정하여 1981년 3월부터 광고방송을 개시하였다. 이때에는 프로그램 광고 형식이 아니라 광고 시간을 따로 편성해서 운영하는 블록광고제

를 도입하였다. 그러나 이 제도는 광고주들로부터 외면당해 실시 3개월 만에
프로그램 광고와 혼용 체제로 갔다가 1982년 1월부터는 블록광고제는 폐지되고
다시 프로그램 광고 형식으로 운영되었다. 또한 1973년 12월부터 극심한 에너지
파동으로 중단되었던 아침 방송도 부활되어 1981년 5월부터 재개되었다.

이처럼 수신료도 받고 광고도 하는 이중적 수입 구조로 말미암아 KBS의 광고
수입은 이 시기 폭발적으로 성장하였다. 1980년에 529억 원이던 광고 매출액이
1986년에는 2,531억원으로 5배 가까이 성장하였다(한국방송개발원, 1995, 190-
196쪽).

1980년에 컬러TV방송을 시작함으로써 컬러TV 수상기도 새로이 보급되기
시작하였다. 다음의 표는 이 시기 수상기 보급 현황의 추이를 정리한 것이다.
1980년 13만여 대 즉 1.6%의 보급률로 시작하였으나 해마다 급증세를 보였다.
특히 1980년부터 1984년까지는 해마다 100만 대 내외의 증가세를 보였다. 그리
하여 5공화국 후반인 1987년에 가면 54.7%의 보급률을 기록하게 되었다.

<표4-55> 전두환 정권기 TV수상기 보급 현황[29]

연도	등록대수			가구당 보급률		
	흑백	칼라	계	흑백	칼라	계
1980	6,128,835	138,749	6,267,584	81.5	1.6	83.1
1981	5,523,874	1,197,908	6,721,782	70.3	14.7	85.0
1982	4,820,009	2,299,243	7,119,252	62.1	27.3	89.4
1983	4,032,842	3,173,345	7,206,187	4739	37.9	85.8
1984	3,421,685	4,178,730	7,600,415	38.4	45.9	84.3
1985**	–	4,773,993	–	–	52.4	–
1986	–	4,925,413	–	–	51.4	–
1987	–	5,390,075	–	–	54.7	–
1988	–	6,019,131	–	–	59.2	–

* 자료 : 한국방송공사(1997, 733-734쪽)
** 흑백수상기는 1984년 12월부터 시청료가 폐지되어 이후 집계가 되지 않았음

---

29) 이 시기 부산 지역의 보급 실태에 관해서는 현재 자료가 없어 분석할 수 없었다.

2) 부산KBS의 운영

1980년대 들어 컬러방송 시대로 돌입하면서 TV방송 프로그램의 집중화는 더욱 심화되었다. 1982년 KBS-1TV의 경우 각 지방국의 자체 제작 프로그램 비중은 가장 높은 대구가 428분으로 8.0%를 차지하였을 뿐이다. KBS-2TV는 부산이 185분으로 3.5%를 차지하여 가장 높은 것으로 집계되었다. 2TV의 경우는 지방국들은 자체 제작 프로그램이 없는 경우가 대부분이었다는 것이다(「동아일보」 1983. 9. 13.). 이러한 자료는 텔레비전 프로그램의 지방 집중이 매우 심각한 수준임을 말해 준다. 전두환 정권의 출범과 함께 컬러화가 도입되면서 지방 방송국들의 경우는 아직 프로그램을 제작할 만한 시설이나 장비가 제대로 갖추어지지 않은 상태였기 때문이었다.

1983년 부산KBS는 지역의 드라마 '갈매기 처녀'를 제작 방영하였다. 박조열 극본 최상현 연출의 이 드라마는 8월 26일부터 매주 금요일 밤 8시에 방영되었다. 이는 부산의 자갈치 시장을 무대로 엮어지는 향토색 짙은 프로그램으로 이를 위해 부산KBS는 최석구와 오경아, 강상금 등 3명의 탤런트를 채용하기도 하였다(「동아일보」 1983. 8. 11. 10면).

1984년 7월 KBS의 대폭적인 기구 개편과 함께 부산KBS를 부산방송본부로 격상시켜 제2의 키스테이션의 기능을 하게 함으로써 자체 제작 기능을 확대하였다(「경향신문」 1984. 7. 17. 11면). 이에 따라 시내 남천동 68번지에 새로운 청사 신축에 착수하여 1985년 9월 30일에 착공하여 1988년 4월 19일 준공되었다. 이 방송센터는 유사시 중앙방송국 역할을 수행할 수 있는 규모로 신축되었다(한국방송공사, 1997, 831쪽).

1984년 들어 '지금은 지방시대'라는 구호를 내건 KBS는 1TV에서 오전 8시부터 20분간, 오후 6시 50분과 10시 50분부터 10분씩 하루 3번 방송하던 지역 뉴스를 그해 8월부터 2TV로 옮겨 방송하였다. 지방국의 자체 제작 프로그램도 점차 2TV로 옮긴다는 계획이었다. 그러나 2TV의 경우는 지방에 난시청 지역이 많은 상황이라 지역의 불만이 많았다. 당시 부산의 경우도 난시청 지역이 10%를 상회하였다는 것이다. 이러한 상황에서 1TV는 전국방송, 2TV는 지역방송으로 육성한다는 KBS의 방침은 지방민들의 편의를 무시하는 처사라는 불만이 높았다는 것이다(「경향신문」 1984. 9. 18. 12면).

1986년 5월부터 KBS부산방송본부는 지역 발전에 앞장선다는 목표로 지역개발 특집 프로그램을 정규화하였다. 이를 위해 부산방송본부는 지역개발 특별제작반을 편성하여 5월 하순부터 40분짜리 기획 시리즈와 기획 뉴스를 정규화하였다(「경향신문」 1986. 6. 25. 12면).

3) 부산MBC의 운영

1980년의 언론통폐합은 부산의 방송에도 적지 않은 영향을 미쳤다. 서울의 MBC는 지방 가맹사들의 주식 51%를 인수하여 소유 구조에 중대한 변화를 가져왔다. 즉 가맹사 체제에서 계열사 형태로 바뀌게 되었던 것이다. 부산문화방송과 부산문화TV방송도 주식의 51%를 MBC가 인수하여 계열화하였다.

당시 언론통폐합 이후에도 라디오와 TV방송이 별개의 법인으로 존재했던 것은 부산만이 유일했다. 이러한 독립적 관계는 경영이나 프로그램 편성과 운영 등 여러 면에서 지역매체로서 통합적 기능을 발휘하는 데 취약성을 드러냈다. 지역 내 청취자와 시청자들에게도 불편과 혼란을 주는 경우가 많았다.

이러한 문제를 해결하기 위해 대주주인 서울의 문화방송은 1985년 들어 부산의 두 계열사 간 합병 방안을 적극 모색하기 시작하였다. 이에 따라 합병실무위원회가 구성되어 실무 작업 끝에 그해 8월 20일 임시 주주총회를 개최하여 부산문화방송주식회사로 합병을 완료하고 대표이사에 부산문화

〈사진4-37〉 부산문화방송 라디오와 TV의 통합 기념식 장면
* 출처 : 부산문화방송(2009, 화보 · 자료편, 88쪽)

TV방송의 대표를 맡아왔던 안홍식을 선출하였다.

두 회사가 라디오 102명 TV 105명 총 207명의 직원을 그대로 유지하면서 합병함으로써 기구 개편이 필수적이었다. 특히 간부진의 보직 소화를 위해 새로운 부서를 신설하며 기구를 확대 개편하였다. 이를 위해 기획실과 사업국을 신설하고 기술국을 방송기술국과 제작기술국으로 분리 독립시켰다. 그 결과 6국 20개부로 확대 개편되어 조직 규모나 인원 등 모든 면에서 문화방송 계열사 중에 최대를 자랑하게 되었다(부산문화방송, 2009, 88-89쪽).

제6장 부산 언론의 최근 현황과 전망

제1절 제6공화국기의 한국 언론과 부산 사회

1. 6월항쟁 이후 한국 언론의 변화

1) 언론 자유의 확대와 시장 경쟁 체제의 도래

1987년의 6월항쟁은 한국사회 전반에 걸쳐 민주화를 가져오는 중대한 전환점이 되었다. 소위 민주화 시대가 열리게 된 것이다. 이와 함께 언론 분야에서도 커다란 변화들이 야기되었다. 6월항쟁 이후 한국 언론에 나타난 변화는 크게 세 가지로 요약할 수 있다(유재천 외, 1995, 113-138쪽).

첫 번째는 국가 개입이 감소하고 언론의 자유와 자율성이 증대되었다. 1987년 8월에는 신문사의 지방주재기자 제도가 부분적으로 부활되었고, 9월에는 6년 만에 신문 증면이 이루어졌으며 10월에는 기독교방송의 뉴스 방송이 재개되었다. 11월에는 언론 통제의 법적 근거를 이루던 언론기본법이 폐지되었다. 이외에도 프레스카드제가 폐지되었으며 보도지침을 통해 언론의 내용을 통제하던 문공부의 홍보정책실도 폐지되었다. 이러한 조치들을 통해 국가가 언론을 직접 통제할 수 있는 법과 제도가 대부분 폐지되었으며 이는 곧 언론의 자유와 자율성의 증대를 의미하였다.

두 번째는 시장의 개방으로 언론매체가 양적으로 팽창하였으며 이로 인해 경쟁이 심화되었다. 군부 독재 체제하에서 법적, 제도적 장치를 통해 언론 시장의 신규 진입을 차단해 오다가 이것이 풀리면서 새로운 매체의 설립과 과거 강제로 폐간당했던 매체들의 복간 붐이 일었다. 먼저 신문 분야를 보면 서울에서 「한겨레신문」(1988. 8. 15.)과 「국민일보」(1988. 12. 10.), 「세계일보」(1989. 2.

10.)가 창간되었다. 특히 「한겨레신문」은 주지하는 바와 같이 유례를 찾아보기 힘든 국민주 형식으로 창간되어 박정희 정권과 전두환 정권기 강제로 해직되었던 언론인들이 중심이 되어 창간한 신문이다. 창간 이후 이 신문은 한국의 대표적인 진보언론으로 자리매김하고 있다.

부산에서도 뒤에 가서 상술하겠지만 1980년 언론통폐합으로 「부산일보」에 흡수 통합되면서 강제 폐간되었던 「국제신문」이 복간되었으며 새로이 「항도일보」가 창간되었다.

이러한 상황에서 재벌의 신문 참여가 두드러지게 나타났다. 한국화약 그룹이 「경향신문」을 인수하였으며 롯데그룹이 「국제신문」을 대우가 「항도일보」를 인수하였다. 대농그룹은 「내외경제신문」과 「코리아헤럴드」를, 갑을그룹이 「영남신문」을 인수하였고 현대는 「문화일보」를 창간하였다. 또한 종교 세력의 진출도 두드러졌다. 앞서 서술한 「국민일보」와 「세계일보」가 바로 그것이다(주동황 외, 1997, 227쪽).

이처럼 신문의 창복간 붐이 일면서 그동안 서울의 주요 일간지들이 경쟁을 배제하고 상호 공존하며 신문시장을 지배하던 카르텔체제가 붕괴되고 그야말로 증면 경쟁을 필두로 휴일판과 부록판 발행, 지방 동시 인쇄, 조석간 발행 등 무한경쟁의 시대에 돌입하였다(주동황 외, 263쪽).

방송 분야에서도 평화방송(1990. 4. 15.)과 불교방송(1990. 5. 1.), 교통방송(1990. 5. 1.) 등 특수 방송들이 출현하였으며 1991년 11월에는 새로운 민영방송 서울방송(SBS)이 탄생하면서 치열한 경쟁이 전개되었다. 이러한 방송 제도의 변화는 공영을 토대로 하던 제도에서 상업방송을 허용하는 구조개편으로 치열한 경쟁을 유발하게 되었다.

세 번째는 시민사회가 활성화됨에 따라 언론 민주화를 위한 사회적 노력이 증대되었다. 먼저 각 언론사별로 노동조합이 결성되어 언론 민주화를 위한 투쟁을 전개하였다. 1987년 10월 19일 「한국일보」 기자들이 노조를 설립한 것을 시초로 각 언론사로 확산되어 갔다. 1988년 4월에는 15개 언론사 노조가 모여 전국언론사노동조합협의회를 출범시켰으며 이어 11월 26일에는 전국 41개 언론노조가 전국언론노동조합연맹을 발족시켰다. 이 연맹은 이후 산별노조로 확대되어 2000년 11월 24일 전국언론노동조합이 탄생하였으며 2011년 현재 전국 125개 언론사 노동조합이 여기에 참여하고 있다(언론노조 홈페이지 http://medi a.nodong.org/com/com-1.html 2011. 10.19.).

이 언론사 노조는 초기 언론민주화가 사회민주화의 핵심적 관건이 된다는 입장에서 언론 민주화뿐만 아니라 정치적 성격이 강한 민주화 운동을 전개하였 다. 그러나 국가 개입에 의한 정치적 통제가 완화되면서 언론 민주화 운동의 대상 목표도 정부에서 언론 자본 쪽으로 이동하게 되었다. 이에 따라 언론 노조 운동의 지향점도 언론사 내부 민주화를 목표로 하고 있다.

한편 시민들 주도의 언론운동도 활성화되었다. 언론민주화를 지향하는 시민 운동단체들이 생겨나면서 시민언론운동이 조직적이며 상시적으로 전개되는 양 상을 보여 주기 시작했다. 해직언론인들의 모임이던 민주언론운동협의회가 1991년 시민언론운동단체로 전환하면서 1992년부터 지방에도 시민언론 단체들 이 생겨나기 시작하였다. 1992년 10월 19일에는 광주전남민주언론운동협의회 가 출범하였으며 부산에서도 1992년 10월 준비위원회가 결성되었고 1994년 4월 에는 부산민주언론운동협의회가 정식으로 출범하였다. 이 단체들이 중심이 되 어 언론계 현안에 대응하면서 언론 민주화를 위한 시민언론운동이 활발하게 전개되었다.

언론노조와 시민언론운동의 활성화로 한때 언론개혁이 사회적 쟁점으로 부 상되기도 하였다. 이는 무한경쟁 체제 속의 한국 언론이 과도한 경쟁으로 여러 가지 부작용을 낳았으며 정치권력의 영향력 감소와 함께 언론의 권력화가 심화 되면서 이를 개혁해야 한다는 사회적 요구가 높아지면서 나타나게 된 것이다.

2) 6공화국 이후 정기간행물 증가 현황

진술한 대로 6월 항쟁 이후 언론에 대한 정치적 규제가 풀리면서 시장이 대폭 확장되어 각종 언론매체가 줄을 이어 창간되었다. 아래의 표는 6월항쟁 이후 정기간행물의 증감 현황을 정리한 것이다. 정간물 전체 종수는 1987년의 2,421종 에서 2011년 12,822종으로 24년 만에 5.3배로 대폭 증가하였다. 특히 일간신문은

1987년의 30종에서 1년 만에 65종이 되어 2배 이상으로 폭증하였다. 이후에도 꾸준히 증가세를 유지하여 2007년에 281종으로 최대를 기록하였다가 그 이후 다소 감소 추세를 보이고 있다. 1987년에서 20년 만에 최대 9.4배로 증가하였던 것이다. 주간 이상의 정간물들도 대부분 비슷한 증가 양상을 보이고 있다. 1987년에서 1년 사이에 폭증하였고 그 이후에도 일시적인 감소가 없지 않았지만 전반적인 증가세를 유지하였다. 또한 새로운 매체라 할 인터넷 신문도 2000년대 들어서면서 급증하는 양상을 보여 주고 있다. 통계 자료가 이용가능한 2005년 286종에서 해마다 급증세를 기록하면서 최근에는 3,000종에 육박하여 6년 만에 10배가 넘게 증가하였다.

이처럼 정기간행물이 단기간에 폭증하는 양상은 그 이전 군부독재 시대 여러 가지 정치적, 제도적 장치로 억압되어 왔던 사회적 욕구들이 일시에 분출하면서 나타났던 것으로 해석할 수 있겠다.

<표4-56> 6공화국 이후 정기간행물 증감 현황

연도	계	일간신문	통신	기타일간	주간	월간	격월간	계간	년2회	인터넷 신문
1987	2,421	30	2	–	226	1,298	865	–	–	–
1988	3,388	65	2	–	496	1,733	1,092	–	–	–
1989	4,402	70	2	–	819	2,137	1,374	–	–	–
1990	5,183	85	2	–	1,028	2,460	1,608	–	–	–
1991	5,952	98	2	–	1,338	2,672	1,842	–	–	–
1992	6,955	112	2	–	1,847	2,910	2,084	–	–	–
1993	7,869	114	2	–	2,236	3,146	2,371	–	–	–
1994	8,724	126	2	–	2,561	3,376	2,659	–	–	–
1995	9,720	148	2	–	2,865	3,701	3,004	–	–	–
1996	8,222	117	2	238	2,937	3,084	1,844	–	–	–
1997	7,490	105	2	257	2,412	2,863	1,851	–	–	–
1998	6,785	108	2	304	2,342	2,461	1,568	–	–	–
1999	5,930	112	1	323	1,981	2,283	1,230	–	–	–
2000	6,433	119	1	368	2,166	2,468	389	696	226	–
2001	6,882	123	2	409	2,354	2,644	398	710	242	–
2002	7,025	125	2	431	2,437	2,637	390	748	225	–

2003	6,689	134	2	423	2,335	2,434	361	745	255	–
2004	6,812	139	2	426	2,316	2,505	369	794	261	–
2005	7,536	168	2	395	2,426	2,744	410	838	267	286
2006	8,551	193	2	372	2,697	3,028	431	904	298	626
2007	9,479	281	3	360	2,887	3,257	453	986	325	927
2008	9,652	275	3	331	2,788	3,243	435	973	322	1,282
2009	12,961	237	4	419	2,653	5,257	670	1,514	509	1,698
2010	12,081	263	6	413	2,868	3,936	542	1,161	408	2,484
2011**	12,822	243	10	427	2,894	4,127	563	1,222	415	2,921

* 자료 : 문화체육관광 통계 포털 (http://culturestat.mcst.go.kr/StatisticsPortal/McstPortal/statistics/statistics_01_b.jsp?oper=CLK_FIRST&f_code=STBL-1018126&classify=1 2011. 10. 13.)
** 2011년은 8월 말 기준임

3) 다매체다채널 시대의 도래

1993년 김영삼 정권이 들어서면서 언론계 특히 방송계에 더 큰 변화가 이루어졌다. 이 시기 방송계에 생긴 변화는 크게 세 가지를 들 수 있다. 케이블TV시대의 개막과 지역 민방의 출범, 무궁화 1호, 2호 발사와 위성방송 실시가 그것이다. 이러한 변화를 통해 이른바 다매체다채널 시대가 도래하게 된 것이다.

케이블TV는 1995년 3월 1일부터 본 방송을 시작했으며 5월부터 유료 방송을 실시하였다. 개국 초에는 보도, 영화, 스포츠 등 11개 분야 21개 채널로 시작하였으며 12월 1일부터 홈쇼핑, 만화, 문화예술, 바둑, 기독교 채널 등 24개 프로그램 제작사와 48개 종합유선방송국이 본 방송을 시작하였다.

한편, 1994년에는 전국 4대 광역시에 지역민방 설치가 결정되었다. 부산의 부산방송(PSB, 한창기업), 대구의 대구방송(TBC, 청구건설), 광주의 광주방송(KBC, 대주건설), 대전의 대전방송(TJB, 우성사료)이 그것인데, 이듬해인 1995년 5월 14일부터 본 방송을 시작하였다. 또한 1997년에는 제2차 지역민방으로, 울산과 전주, 인천, 청주의 4곳에서 각기 지역민방이 출범하였다.

이 지역민방들은 지역방송의 제도적 변화를 가져왔다는 점과 지역 주민의 다양한 문화적 욕구를 충족하는 계기가 됐다는 점에서 그 의미를 찾을 수 있다. 이 지역민방들은 직할국 체제인 KBS나 계열사 체제인 MBC와 달리 자본과 운영의 독립성을 유지하면서 서울의 SBS와 프로그램 협력 체제만을 유지하는 새로운 모델로 출발하였다. 그러나 현실적으로는 여전히 서울의 SBS가 전국네트워크화한 것에 불과하다는 비판도 만만치 않다(주동황 외, 1997, 283-284쪽).

이 시기 위성방송 시대도 막을 열었다. 1995년 8월 무궁화 위성1호가 발사된 것을 시초로 1996년 1월에는 제2호가, 1999년 9월에는 제3호가 발사됨으로써 본격적인 위성방송 시대가 막을 열었다.

또한 1990년대부터 퍼스널 컴퓨터의 보급이 급증하고 이를 기반으로 인터넷이 새롭고도 편리한 정보 매체로 등장하게 되었다. 국내에서는 1994년 인터넷 상용서비스가 시작된 이래 1998년부터는 초고속인터넷 서비스가 시작되었다. 1999년 인터넷 이용자 수가 1,000만 명을 넘어섰으며 2005년에는 인터넷 가입자 수가 3,300만을 돌파하였다. 2008년에는 초고속인터넷 가입자 수도 1,500만을 넘어섰다. 이렇게 급속한 발전을 이루면서 한국은 2001년부터 2005년까지 4년 연속 OECD국가 중 초고속인터넷 보급률에서 1위를 차지하면서 세계적인 IT강국으로 부상하게 되었다(정보화진흥원 홈페이지, http://www.nia.or.kr/Index.aspx?PortalID=ko&MenuID=090825182652624479&Info=null 2011. 12. 18.).

이렇게 급성장한 인터넷은 기존 매체들의 판도를 뒤흔들고 정보와 콘텐츠의 새로운 플랫폼을 형성하면서 커뮤니케이션 매체의 새로운 강자로 급부상하고 있다.

2. 6월항쟁 이후의 부산 사회

1) 6공화국 이후 부산의 인구 변화

제6공화국 이후 부산 사회의 전반적 상황이 어떻게 변화되었는지를 정리해 보기로 하자. 다음의 표는 이 시기 인구의 시도별 변화 추이를 정리한 것이다. 1963년 직할시로 승격된 이후 꾸준히 인구의 성장세를 유지하던 부산이 1995년의 380만 9,618명을 정점으로 감소 추세로 돌아섰다. 전체 인구에서 차지하는 비중도 1995년 8.5%에서 2010년 7.0%로 감소하였다.

　이와 같은 부산의 인구 감소는 출산율 저하에 따른 결과이기도 하지만 서울 집중의 결과이기도 하다. 아래의 표에서도 잘 드러나듯이 2010년의 경우 서울 인구만 하더라도 전체의 20.2%를 차지하며 인천과 경기도를 포함한 수도권의 인구는 23,836,272명으로 전체의 49.1%나 된다. 다시 말해 전체 인구의 절반 가량이 수도권에 밀집되어 있다는 말이다. 이러한 수도권의 인구 집중은 경제와 정치뿐만 아니라 사회, 문화 등 제반 측면에서 중앙집중화를 수반하여 지방에는 커다란 타격을 안겨 줄 수밖에 없다.

〈표4-57〉 6공화국기 시도별 인구 추이

시도	1985	1990	1995	2000	2005	2010
전국	40,419,652	43,390,374	44,553,710	45,985,289	47,041,434	48,580,293
서울	9,625,755	10,603,250	10,217,177	9,853,972	9,762,546	9,794,304
부산	3,512,113	3,795,892	3,809,618	3,655,437	3,512,547	3,414,950
대구	2,028,370	2,227,979	2,445,288	2,473,990	2,456,016	2,446,418
인천	1,384,916	1,816,328	2,304,176	2,466,338	2,517,680	2,662,509
광주	–	1,138,717	1,257,063	1,350,948	1,413,644	1,475,745
대전	–	1,049,122	1,270,873	1,365,961	1,438,551	1,501,859
울산	–	–	–	1,012,110	1,044,934	1,082,567
경기	4,792,617	6,154,359	7,637,942	8,937,752	10,341,006	11,379,459
강원	1,724,146	1,579,859	1,465,279	1,484,536	1,460,770	1,471,513
충북	1,390,326	1,389,222	1,395,460	1,462,621	1,453,872	1,512,157
충남	2,999,837	2,013,270	1,765,021	1,840,410	1,879,417	2,028,002
전북	2,201,265	2,069,378	1,900,558	1,887,239	1,778,879	1,777,220
전남	3,747,506	2,506,944	2,066,109	1,994,287	1,815,174	1,741,499
경북	3,010,001	2,860,109	2,672,498	2,716,218	2,594,719	2,600,032
경남	3,514,500	3,671,509	3,841,553	2,970,929	3,040,993	3,160,154
제주	488,300	514,436	505,095	512,541	530,686	531,905

* 자료 : 국가통계포털(http://www.kosis.kr)

2) 제6공화국 이후 부산의 경제

산업화가 고도화되면서 중앙집중화가 심화되는 현상은 이미 1970년대 후반부터 부산 경제의 상대적 위축을 가져왔다. 이러한 추세는 최근까지도 지속되고 있다. 다시 말해 부산 경제의 상대적 위상은 갈수록 약화되어 가고 있다는 것이다.

다음의 그래프는 부산의 지역내총생산(GRDP)의 최근 추이를 분석한 것이다. 2001년 36조 900억 원에서 2005년 40조 8,600억 원으로 4조 7,700억 원 증가하였다. 그림에서 알 수 있는 바와 같이 이 기간 중 지속적인 증가세를 유지하였다. 그러나 이러한 증가는 전국 차원과 비교하면 2001년 전국총생산의 5.9%에서 2005년에는 5.6%로 감소하였다.

부산의 2005년 지역내총생산은 총액 기준으로 전국 6위이며 전년대비 증가율 기준으로는 전국 11위다. 부산의 총생산은 1995년부터 2005년까지는 연평균 2.32% 증가 추세를 보여 전국 대비 13위를 기록하였다(김경희, 2007, 6쪽).

이러한 자료들은 부산 경제의 상대적 위상이 점차 더 약화되어 가고 있음을 말해 준다.

〈그림4-1〉 연도별 지역 내 총생산 추이(2000년 가격 기준)

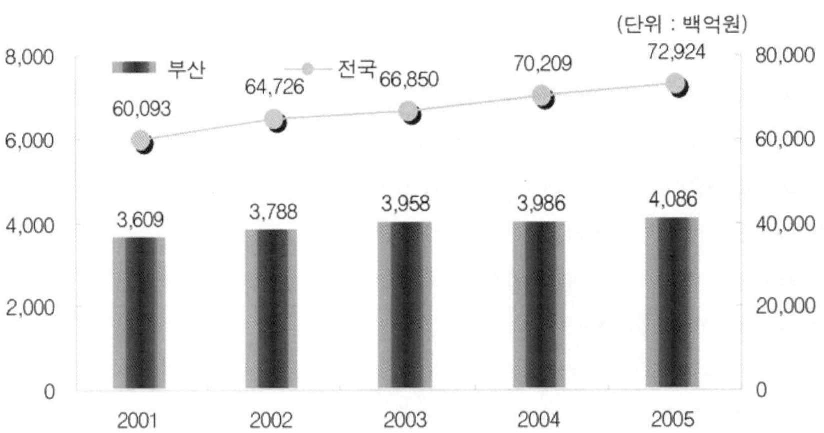

* 출처 : 김경희(2007, 7쪽)

다음의 표는 1993년부터 최근까지 부산의 산업체 현황을 정리한 것이다. 전반적으로 큰 변화없이 정체되어 있음을 알 수 있다. 사업체 수는 완만한 증가세를 보이다가 2002년을 기점으로 완만한 감소세로 돌아섰다. 종사자 수는 전반적으로 증가세이기는 하지만 그 증가율이 매우 낮다. 1993년의 104만 7,659명에서 2009년 118만 2,236명으로 16년 동안 13만 4,577명 증가했을 뿐이다.

<표4-58> 부산의 산업체 현황

연도	사업체 수	종사자 수
1993	226,312	1,047,659
1994	244,467	1,113,956
1995	256,368	1,152,092
1996	253,355	1,137,990
1997	253,641	1,095,718
1998	249,677	1,010,408
1999	256,561	1,045,176
2000	261,480	1,057,136
2001	262,579	1,106,917
2002	268,784	1,145,605
2003	268,339	1,130,189
2004	267,478	1,144,196
2005	263,638	1,114,403
2006	262,926	1,147,243
2007	262,906	1,157,853
2008	258,091	1,165,574
2009	259,973	1,182,236

* 자료 : 부산경제포털(http://becos.kr/ 2011. 10. 20.)

제2절 제6공화국기 부산 언론의 현황

1. 부산 지역 언론매체의 변화

1987년 6월항쟁 이후 한국 언론계에 불어닥친 커다란 변화의 바람은 부산 언론계에도 예외가 아니었다. 창복간 붐이 일었고, 방송구조개편에 따라 지역민방과 종교 및 교통방송들이 생겨나면서 매체들 간의 치열한 경쟁이 전개되었다. 다음의 표는 1987년 이후 부산 지역 매체 수의 증감 현황을 정리한 것이다.

먼저 일간지 부문을 보면 「부산일보」 독점의 시대가 끝나고 창복간 붐이 일어 3종으로 늘었다. 「국제신문」이 복간되고 「항도일보」가 창간된 것이다. 1995년 「부산경제」도 발행되면서 네 개의 신문까지 발행되었으나 「항도일보」의 후신 「부산매일」이 1998년 휴간한 이후로는 다시 「부산일보」와 「국제신문」의 양대 신문 체제가 이어지고 있다.

TV방송 분야에서도 오랫동안 KBS와 MBC 양 방송의 과점 체제가 무너지고 지역민방이 설립되면서 세 방송사가 경쟁하게 되었다. 라디오 방송도 기존의 KBS와 MBC, 그리고 기독교방송뿐만 아니라 1995년 불교방송을 시작으로 종교와 교통, 영어 등 특수방송들이 속속 개국하여 8개 채널에 이르고 있다. 종합유선 방송 부문은 1995년 부산 지역도 방송을 시작하였으나 그 이후 사업자들 간의 인수와 합병이 빈번하게 이루어지면서 부산 지역 사업자의 수도 증가와 감소를 거듭하였다.

반면 기타 정기간행물 즉 잡지와 특수 신문 부문은 6월항쟁 이후 꾸준히 증가세를 보였다. 하지만 이 증가세는 지속되지 못하고 1997년의 75종을 정점으로 다시 감소세로 돌아 2009년에는 17종이 발행되고 있다. 이는 인쇄매체의 전반적 사양화와 함께 중앙을 중심으로 하는 치열한 경쟁으로 지방 시장이 잠식당하면서 지역의 소규모 매체들이 살아남기 어렵다는 것을 잘 보여 준다.

〈표4-59〉 6공화국기 부산의 언론매체 현황

연도	일간지	기타 정간물	TV	라디오	종합유선
1987	1	63	2	3	–
1988	1	57	2	3	–
1989	3	62	2	3	–
1990	3	63	2	3	–
1991	3	62	2	3	–
1992	3	64	2	3	–
1993	3	63	2	3	–
1994	3	64	2	3	–
1995	4	73	3	4	–
1996	3	73	3	4	–
1997	3	75	3	5	12
1998	2	66	3	6	7
1999	2	56	3	6	8
2000	2	34	3	7	8
2001	2	32	3	7	13
2002	2	30	3	7	14
2003	2	28	3	8	15
2004	2	25	3	8	13
2005	2	23	3	8	13
2006	2	20	3	8	11
2007	2	20	3	8	12
2008	2	20	3	8	12
2009	2	17	3	8	10

*자료 : 국가통계포털(http://www.kosis.kr)

2. 신문계의 변화

1) 「국제신문」의 복간과 운영

(1) 「국제신문」의 복간

1980년의 언론통폐합으로 「부산일보」에 흡수되면서 강제 폐간당했던 「국제신문」이 6월항쟁 이후 다시 복간되었다. 「국제신문」의 복간 시도는 1988년 9월 초 문공부에 복간 신청을 접수함으로써 표면화되었다(「동아일보」 1988. 9. 8. 2면). 그러나 실제 복간을 위한 움직임은 5공 치하였던 1986년경부터 시작되었다. 1980년 해직된 언론인들이 중심이 되고 「부산일보」에 재직 중인 일부 인사들이 참가하여 1986년 10월부터 국제상조회 결성을 위한 움직임이 태동하여 1987년 7월 17일 102명의 「국제신문」 출신 사원들이 모인 가운데 창립총회를 열었다. 이 상조회가 중심이 되어 복간에 필요한 자본주의 물색과 법적 절차 등을 추진하였다.

그러던 중 1987년 12월 하순 전 사주였던 럭키금성 측에서 복간 의지를 강력히 표명하면서 상조회 중심의 복간 추진은 중단되었다. 럭키금성은 1988년 3월 중순 주식회사 국제신문의 법인 등기를 마쳤다. 그러나 그 이후의 절차가 제대로 진행되지 못했다. 당시 럭키금성은 「국제신문」의 복간보다도 중앙의 일간지 인수를 추진하고 있었다는 것이다. 이에 다시 상조회가 나서 1988년 6월 2일 복간추진위원회를 구성하고 7월 4일에는 다시 이를 위원장 최식림을 비롯해서 10명으로 구성된 복간준비위원회로 전환하였다. 이 복준위는 부산 시내 양정동에 임시 사옥을 마련하고 럭키금성으로부터 법인 등기를 인수하여 복간 준비가 본 궤도에 오를 수 있었다(국제신문사, 1997, 341-343쪽). 이에 따라 복준위는 1988년 9월 초 문공부에 복간을 신청하고 10월 15일에 등록필증을 교부받게 되었다30)(「경향신문」 1988. 10. 15. 1면).

---

30) 『국제신문50년사』는 등록필증 교부받은 날짜를 9월 15일로 서술(344쪽)하고 있으나 본문에 인용한 「경향신문」뿐만 아니라 「동아일보」 1988년 11월 29일자 7면의 언론통폐합 관련 기사도 10월 15일 교부받은 것으로 보도하고 있다.

복준위는 대기업의 언론 소유가 편집의 독립성을 해칠 가능성이 크다고 보고 지역의 중견 기업을 다수 참여시키기로 방침을 정하였다. 이에 따라 부산의 태광, 부광, 삼도물산 등을 주주로 참여시켰다. 이후 복간을 위한 준비는 착착 진행되어 1988년 11월 25일 폐간 8주년을 맞이해서는 국제부활식을 열었으며 1989년 2월 1일에는 마침내 복간호가 발행될 수 있었다. 강제 폐간된 지 8년 2개월 6일 만에 복간된 「국제신문」은 폐간 전의 지령을 이어받아 지령 제 10,993호로 다시 맥을 이을 수 있게 되었다.

〈사진4-38〉 강제 폐간 8년 2개월 만에 부활된 「국제신문」 복간호 1면(1989. 2. 1.)

(2) 경영의 어려움

복간 직후 「국제신문」은 경영권을 둘러싸고 내부 갈등에 휘말리게 되었다. 다수의 소액 주주들로 구성되다 보니 주도권을 둘러싸고 다툼과 갈등이 생겨나면서 회사 운영 자금에도 압박을 받게 되었던 것이다. 1989년 4월부터 표출되기 시작한 이 갈등은 1990년 4월에는 회사정상화를 위한 사원들의 농성까지 야기하였다. 이러한 내부 갈등은 1990년 5월 3일 롯데그룹이 경영 참여를 공식화함으로써 일단락되고 회사 운영은 정상을 회복할 수 있었다(국제신문사, 1997, 357-371쪽).

8년여의 공백 끝에 복간하였지만 그 8년 동안 경쟁사인 「부산일보」가 지역의 신문 시장을 독점해 온 터라 「국제신문」은 후발 주자로서 힘겨운 경쟁을 펼쳐야 했다. 더구나 제3의 신문 「항도일보」도 생겨나고 중앙지들의 지방신문 공략도 더욱 가속화되는 상황에서 어려움은 가중될 수밖에 없었다.

이러한 상황에서 「국제신문」은 1997년 5월부터 조간으로 전환하였다. 「부산일보」가 석간을 유지하는 가운데 나온 선택이라고 보인다. 하지만 이 조간 전환은 중앙지와의 경쟁에 대한 압박을 더욱 가중시키는 요인이 되었다. 당시 중앙지들도 거의 대부분 조간으로 전환, 발행하고 있었기 때문이다.

1999년 9월부터는 롯데그룹으로부터 분리하고 독자적인 경영 노선을 걷게되었다. 이로써 자본으로부터 독립을 확보한다는 명분은 얻었지만 그 이후 자본의 불안정은 전반적인 신문 산업의 위기, 중앙지의 시장 잠식 등과 겹치면서경영의 어려움은 쉽사리 극복되지 못하고 있다.

2) 「항도일보」의 창간에서 「부산매일」의 폐간까지

(1) 「항도일보」의 창간

〈사진4-39〉 부산 제3의 신문 「항도일보」 창간호 1면(1989. 1. 25.)

6월항쟁 이후 부산에서는 제3의 신문이 태동하였다. 1989년 1월 25일 창간한 「항도일보」가 바로 그것이다. 오랫동안 양대 신문 체제가 지속되다가 5공화국 이후 하나의 일간지 독점 시대를 겪다 보니 다양성에 대한 사회적 욕구가 매우 높아지면서 부산에도 제3의 신문이 필요하다는 움직임이 생겨난 것으로 볼 수 있겠다.

「항도일보」는 1988년 6월 21일 문공부에 등록 신청을 접수하여 (「동아일보」 1988. 6. 25. 3면) 7월 22일 등록증을 교부받았다(「경향신문」 1988. 7. 30. 3면). 1989년 1

월 25일 창간호를 발행한 「항도일보」는 제호부터 부산이 항구도시라는 특성을 살리고자 하였던 만큼 지역매체로서의 특성을 살리려는 편집 방침을 가지고 1면 톱도 항상 지역 뉴스로 뽑는 등 차별화된 편집 방침을 지향하였다.

(2) 경영난에서 폐간까지

그러나 뚜렷한 자본주 없이 출범한 「항도일보」는 후발 주자로서 재정적인 어려움을 겪을 수밖에 없었다. 이러한 상황에서 대우그룹의 자본 참여가 이루어지게 되었다. 또한 1990년 5월 15일부터 「항도일보」는 조간으로 전환하였다(『신문방송연감』 1999-2000, 44쪽). 이는 당시 「항도일보」뿐만 아니라 「부산일보」와 「국제신문」 등 부산의 세 신문이 모두 석간으로 발행되다 보니 경쟁이 너무 치열해서 후발 주자로서 지역 시장을 파고들기가 어려웠기 때문이었던 것으로 보인다. 또한 1990년 11월 1일부터는 제호도 「부산매일신문」으로 바꾸었다(『신문방송연감』 1999-2000, 44쪽). 이에 대해 이 신문의 편집국장을 역임했던 차용범의 진술에 의하면 항구 도시가 부산만이 아니었기에 「항도일보」라는 제호로는 부산의 특성을 살리는 데 한계가 있다고 판단했던 때문이라고 한다. 다시 말해 지역신문으로서의 특성을 보다 강화하려는 시도였다고 볼 수 있겠다. 그 다음해인 1991년 6월 1일에는 제호를 다시 「부산매일」로 변경하였다.

또한 1990년 11월 25일에는 자매지 「부산경제」를 창간하였다(『신문방송연감』 1999-2000, 44쪽). 이는 부산이 시장 규모나 그 경제적 위상에 비해서 경제 전문지가 하나도 없는 현황을 고려했던 선택으로 볼 수 있겠다. 후술하겠지만 「부산일보」도 1988년 한때 경제 전문지의 창간을 고려했던 사실만 보아도 부산에서 경제지의 가능성이 없었던 것은 아니라고 하겠다. 하지만 이것도 그다지 성공적이지는 못했던 것으로 보인다. 「부산매일」은 1996년 10월 11일 「부산경제」를 통합, 발행하기 시작하였다.

이처럼 경영난을 좀처럼 극복하지 못하는 가운데 1998년의 IMF 위기는 이러한 어려움을 더욱 심화시켰다. 이에 「부산매일」은 구조조정을 단행하였음에도 불구하고 경영난은 개선되지 못하고 1998년 9월에 부도를 내고는 그해 11월 18일부터 결국 자진 휴간(『신문방송연감』 1999 -2000, 44쪽)에 들어갈 수밖에

〈사진4-40〉 1998년 9월 「부산매일」의 부도 이후 노조가 독립언론을 주도하면서 게재한 광고(「부산매일」 1998. 9. 29. 1면)

없었다. 형식은 자진 휴간이었지만 이것이 사실상의 폐간이 되고 말았다. 이후 사원들이 중심이 되어 '독립언론'이라는 캐치프레이즈하에 자본으로부터 독립된 언론을 창립하려는 움직임이 시도되기는 하였지만 성공적이지 못했다. 이로써 부산은 세 신문의 시대는 짧게 막을 내리고 다시 두 신문의 경쟁 체제로 들어서게 되었다.

3) 「부산일보」

(1) 노동조합의 전국 최초 파업

1988년 7월 11일 부산일보사 노조는 편집권 독립을 요구하며 파업에 돌입하였다. 6월항쟁 이후 민주화 국면에서 언론사 최초로 벌어진 이 파업은 전국적으로 관심이 집중되면서 쟁점이 되었다. 그해 1월 22일 결성된 부산일보사 노동조합은 회사 측과의 단체 협약에서 96개에 이르는 사항 중 편집국장 추천제 등 3개 항에서 회사 측과 타협을 이루지 못해 쟁의에 돌입하여 파업에까지 이르러 신문 발행까지 중단되는 사태를 빚게 되었던 것이다.

쟁점 사항 외에 윤임술 사장의 퇴진도 요구하며 6일간 지속된 이 파업에 대해 7월 12일 전국 언론사 노조들이 연대하여 지지 성명을 발표하였다. 7월 11일에는 부산일보사의 간부 사원들도 노조의 입장을 지지한다는 성명을 발표하였다(「부산일보 노동조합 쟁의특보」 호외 제2호, 1988. 7. 12.). 이 파업은 쟁점이 되었던 사항 중 유니온숍 제도 즉 종업원의 노조 의무 가입제 요구를 노조 측이 철회하였으며 임금 체계 조정은 수정안을 내고 대신 편집국장 3인 추천제를 회사 측이 수용하고, 윤임술 사장이 퇴진하면서 7월 16일 타결되었다(「부산일보 노동조합 쟁의특보」 호외 제7호, 1988. 7. 17.). 이로써 7월 18일부터는 신문 발행이 정상화되었다.

〈사진4-41〉 「부산일보」 노조가 총파업에 돌입하며 발행한 쟁의 특보 호외 1호(1988. 7. 11.)

　「부산일보」 노조의 이 파업은 박정희 정권 당시부터 소유권이 정수장학회로 넘어가면서 친정부 일변도의 논조를 벗어나지 못했다는 구성원들의 오랜 불만이 밑거름이 되어 민주화 국면에서 편집권 독립이라는 이슈를 제기하며 이루어진 것으로 볼 수 있다. 또한 이 파업은 당시 언론사 노조 최초의 파업이었다는 점 외에도 편집국장 추천제를 성취하였다는 점에서도 그 의의를 높게 평가받고 있다. 이는 노조가 추천하는 3인 중에서 경영진이 편집국장을 임명하도록 하는 제도로서 이후 서울을 비롯한 전국의 다른 언론노조들에게도 직접적인 영향을 주었다. 「부산일보」의 사례가 선례가 되어 다른 언론사 노조들도 편집권 독립을 위한 제도적 장치들을 마련해 갔던 것이다.

　부산일보사 노조의 이 파업이 6월항쟁 이후의 언론민주화 과정에서 중요한 초석이 되었던 것이다.

(2) 「부산일보」의 운영

언론통폐합으로 인해 5공화국기 부산의 시장을 독점하여 성장해 온 「부산일보」로서는 6월항쟁 이후의 민주화 국면은 새로운 도전이었다. 독점 시절과 같은 친정부 일변도의 논조만으로는 독자들에게 어필하기 어려워 치열한 경쟁 속에서 살아남기 어려운 상황이었다. 전술한 파업도 이러한 맥락에서 가능했던 것이며 이를 통해 새로운 경쟁 시장에서 경쟁력을 갖출 중요한 계기를 마련했다고 평가할 수 있다.

언론 자유화의 물결을 맞은 「부산일보」는 먼저 사업 확대를 시도하였다. 바로 경제지의 창간을 준비하였다. 1988년 2월 「경제일보」[31]를 조간으로 창간하기 위해 문공부에 등록 신청을 마쳤다(「동아일보」 1988. 2. 23. 2면). 그러나 이 계획은 무슨 이유때문인지는 불분명하지만 성사되지는 못하고 불발로 그치고 말았다.

전술한 파업으로 경영진도 외부 인사 영입이 아니라 내부의 인물들로 충원되는 방식으로 정착되면서 「부산일보」는 과거의 여당지라는 불명예도 극복할 수 있었다. 또한 경쟁지들도 모두 조간으로 전환하는 가운데 석간을 그대로 유지하면서 부산 지역의 대표적 신문으로 자리매김하고 있다.

3. 방송계의 변화

1) KBS와 MBC의 운영

매체간 치열한 경쟁의 시대를 맞이하여 오랫동안 방송 시장에서 독과점적 지위를 누려 오던 KBS와 MBC도 다매체다채널 시대라는 새로이 변화된 환경에 적응해야 했다. 부산권 내에서도 지역민방도 개국하고 CATV와 위성방송도

---

31) 등록 신청 당시 제호를 「경향신문」 1988년 3월 11일자는 1면의 관련 기사에서 「부산경제신문」으로, 또 「동아일보」 1988년 2월 15일자는 3면에서 「부산경제」로 보도하였다.

막을 열었다.

KBS는 1985년에 착공한 신사옥을 1988년 5월에 완공하여 5월 20일 부산방송본부가 남천동의 신사옥으로 이전하였다. 1993년 4월 21일에는 부산방송본부를 다시 부산방송총국으로 개칭하였다(http://busan.kbs.co.kr/about/about_03.html 2011. 10. 31.). MBC도 1995년 민락동 새 사옥을 완공하여 1996년 3월 21일부터 새 사옥에서 방송을 시작하였다. 2006년부터는 방송권역 광역화의 일환으로 부산과 울산, 마산, 진주 등 4개 방송의 통합 논의가 시작되었다(부산문화방송, 2009, 389-393쪽).

2) 부산방송의 개국과 운영

전술한 바와 같이 1990년대 중반 방송구조개편 사업의 일환으로 4대 광역시에 지역민방이 출범하여 부산에서도 1995년 부산방송(PSB)이 개국하였다. (주)한창을 최대 주주로 한 부산방송이 개국함으로써 부산 지역에서도 지상파TV 방송 3개 채널을 시청할 수 있게 되었다. 2002년 1월 최대 주주가 (주)한창에서 넥센타이어(주)로 바뀐 부산방송은 2005년에는 방송권역 광역화 사업의 일환으로 경남까지 포괄하는 광역 방송으로 탈바꿈하게 되었다. 이에 따라 2006년 5월부터는 회사명도 KNN(Korea New Network)으로 바꾸었다(KNN 홈페이지 연혁 참조 http://about.knn.co.kr/info/info.asp 2011. 10. 25.).

지역민의 문화적 욕구에 부응하고 지역 사회의 발전에 기여한다는 목적으로 출발한 이 부산방송은 서울의 SBS 프로그램에 상당 부분을 의존한다는 한계 속에서도 기존의 KBS와 MBC에 비해서 자체 제작 프로그램의 비율을 높임으로써 지역의 방송 환경을 활성화하는 데에 일정한 기여를 하는 것으로 평가할 수

〈사진4-42〉 부산방송 개국 축하 기념식 장면
* 출처 : KNN 홈페이지 '사진으로 보는 역사
(http://about.knn.co.kr/info/history_photo.asp)

있겠다.

3) CATV의 도입과 운영

1995년 CATV 시대의 도래와 함께 부산에서도 CATV방송이 시작되었다. 부산의 CATV 사업자는 1994년 1월 7개 사업자가 1차적으로 선정되었다. 부산 전체를 7개 권역으로 나누어 각 지역마다 방송사업자를 선정한 것이다. 자세한 내역은 아래의 표와 같다.

<표4-60> 부산지역의 1차 CATV 사업자

구역	방송사명(대표)	최대주주
중구/동구/영도구	한성종합유선방송(홍의연)	한성기업
서구/사하구	서부산종합유선방송(이종원)	청산
부산진구	범진케이블네트워크(변현규)	건설화공
동래구	부산종합유선방송(김대상)	조영수
남구	동남종합유선방송(정철진)	고려산업
강서구/북구	낙동종합유선방송(백봉도)	백봉도
해운대구	해운대종합유선방송(서병수)	김진희

* 자료 : 「매일경제」 1994. 1. 15. 3면

이어 그해 10월에 사업자 추가 선정에서 부산 금정구가 선정되어 부일산업이 최대 주주로 되어 있는 금정종합유선방송을 포함하여 총 8개 종합유선방송국으로 출발하게 되었다.

그러나 출범 이후 부산의 CATV 시장에는 인수, 합병의 회오리가 몰아닥쳤다. 2001년 7월에는 1975년부터 부산에서 유선방송사업을 하던 중앙방송이 종합유선방송 사업자로 전환하여 시장에 뛰어들더니 2005년 9월에는 범진케이블을, 2006년 8월에는 금정방송을 합병하였다. 이후 2007년 5월에는 CJ계열에 인수되었다.

한편 해운대방송은 2003년 1월에 CJ홈쇼핑에 인수되었으며 2006년에는 기장종합유선방송을, 2007년 4월에는 동부산방송을 흡수, 합병하였다. 중구와 동구,

영도 지역의 중부산방송도 2002년 6월 CJ홈쇼핑에 인수되었다. 이렇듯 대다수 종합유선방송 사업자들이 CJ에 인수, 합병되었다. 부산뿐만 아니라 전국적으로 종합유선방송 사업자들을 인수, 통합한 CJ그룹은 2008년 6월 회사명을 CJ헬로비전으로 변경(씨제이헬로비전 홈페이지 www.cjhellovision.com)하고 전국 최대의 사업자로 부상하게 되었다.

4) 특수방송의 출현

6월항쟁 이후 새로이 출범한 종교방송과 교통방송 등 특수방송들이 부산 지역에도 속속 방송에 돌입하였다. 다음의 표는 기존의 방송들을 제외하고 부산 지역에 새로이 등장한 방송사들의 현황을 정리한 것이다. 1995년 2월 불교방송을 시작으로 교통방송과 천주교 계열의 평화방송, 원불교 계열의 원음방송이, 그리고 2009년 2월에는 부산영어방송이 뒤를 이어 방송을 시작하였다. 이 방송들은 모두 FM주파수를 이용한 라디오방송으로서 대부분 부산과 인근 경남 지역을 대상 권역으로 하고 있다.

〈표4-61〉 부산지역의 특수방송 현황

방송명	개국일	호출부호	주파수	소재지
부산불교방송	1995.2.1.	HLDA	FM89.9MHz	동구 범일동 833-13
부산원음방송	2001.8.30.	HLQJ	FM104.9MHz	중구 신창동 1가 38-6
부산평화방송	2000.5.3.	HLDW	FM101.1MHz	중구 대청동 4가 81-1
부산교통방송	1997.12.23.	HLDN	FM94.9MHz	남구 대연3동 580-8
부산영어방송	2009.2.27.	HLSX	FM90.5MHz	해운대구 우2동 1475번지

* 자료 : 「2009한국신문방송연감」. 영어방송에 대한 자료는 위키백과 참조 (http://ko.wikipedia.org/wiki/부산영어방송재단 2011. 10. 29.)

제3절 부산 언론사의 역사적 의의와 전망

1. 부산 언론사의 특성과 역사적 의의

1) 부산의 선도적 역할

지금까지 우리는 약 130년에 걸친 부산 언론의 역사를 살펴보았다. 짧지 않은 과정을 통하여 부산의 언론은 지속적으로 성장을 거듭해 왔음을 알 수 있다. 그 과정에서 부산의 언론 발전은 여러 가지 면에서 국내 다른 지역에 비해 앞서 나가는 선도적 역할을 하였다.

부산은 우선 국내의 다른 어떤 지역보다도 일찌감치 매스 미디어의 시대로 들어선 지역이다. 잘 알려진 대로 1881년 일본 상인들이 발행한 「조선신보」가 부산에서 창간됨으로써 1883년에 창간된 「한성순보」보다 2년 가까이 앞서서 부산 지역에는 근대 신문이 등장하였던 것이다.

지방에서 한국인에 의해 최초로 신문이 창간된 것도 인근의 경남 진주였다. 1927년 라디오 방송이 시작된 이후 지방에 방송국이 처음 설립된 것도 1935년 부산이었다. 최초의 영화사가 설립된 것도 일본인들에 의한 것이기는 했지만 1924년 부산이었다. 국영방송 체제에서 최초로 상업 방송의 시대를 개막한 것도 1959년 부산문화방송이었다. 1987년 이후의 민주화 국면에서 언론사 최초로 파업을 통해 편집국장 추천제를 쟁취하여 편집권 독립에 선구적 역할을 한 것도 1988년의 「부산일보」였다.

무엇보다도 1961년에 경영난으로 휴간해야 할 궁지에 몰린 「국제신보」를 부산 시민들이 나서서 성금을 보내 살려냈던 사건은 매우 중요한 역사적 의의를 지닌다. 그동안 국제신문사가 발행한 사사에서만 언급되었을 뿐 그 외에는 거의 주목받지 못하고 학계에서도 논의가 되지 못했다. 일반적으로 해방 이후 최초의 수용자운동이라면 1964년의 언론윤리위원회법 반대 운동을 꼽는다(채백, 2005, 14쪽). 그러나 「국제신보」의 사례는 언론윤리위원회법 반대 운동보다도 3년 가량 앞서서 벌어졌다. 따라서 「국제신보」 돕기 운동은 해방 이후 최초의 언론 수용자운동으로서 그 역사적 의미가 재평가되어야 하며 또한 앞으로 더욱 심도 있는 연구가 필요하다.

물론 부산이 이렇듯 선도적 역할을 한 데에는 일본의 영향이 적지 않게 작용했던 것이 사실이다. 일본에 의해서 가장 먼저 개항이 되어 국내 최대의 항구로 성장하였으며, 일본인들이 가장 먼저, 그리고 가장 많이 이주하여 거주하면서 이들에 의해 언론 활동이 전개된 측면이 강했다.

그러나 일본의 영향이 있다고 하더라도 그것만으로 구체적인 역사적 발전이 이루어질 수는 없는 법이다. 여러 측면에서 부산의 잠재력이 있었기에 가능했던 것이다. 부산이 잠재력이 없었다면 이는 불가능했다는 말이다. 구체적으로 국내 제2의 도시로서 시장 잠재력이 있으며 동아시아의 관문이 되는 국제적 항구도시 라는 배경이 있었기에 일본의 영향이 언론의 선구적 발전으로 나타날 수 있었던 것이다.

2) 지방 언론 위축의 역사

해방 이후 부산 언론의 역사는 다른 한편으로는 지방 언론이 위축되어 가는 과정을 보여주고 있다. 부산의 언론은 미군정기에 활발한 언론 활동을 시작하여 한때는 부산에서만 일간신문 10종이 발행되기도 하였다. 또한 한국 전쟁기에는 임시 수도와 서울의 주요 언론들이 부산으로 옮겨 오는 상황에서 부산이 전국 언론의 중심지가 되었으며 부산의 신문들이 전국 최대의 언론으로 성장할 수 있었다. 정부 수립 이후 1950년대까지만 하더라도 4종의 일간신문이 발행되면서 활기를 유지할 수 있었다.

그러나 1960년대 들어 박정희 정권이 집권하면서부터 부산을 비롯한 지방의 언론은 쇠락의 길로 접어들고 말았다. 이는 이 시기부터 본격적인 산업화가 급속도로 진행되면서 도시로, 그것도 서울로 모든 것이 쏠리는 중앙집중화 현상 이 낳은 필연적인 결과이기도 하다.

하지만 그것 말고도 제도적으로 지방의 언론을 위축시키는 조치들이 정권에 의해서 이루어졌다. 그 출발은 5·16쿠데타 이후 군사정부 시절인 1962년 7월에 발표한 언론정책 시행기준이다. 이 내용 중에 부산 언론에 영향을 준 것은 우선 시설 기준을 들 수 있다. 이로 말미암아 미군정기 부산에서 가장 먼저 「중보」라는 제호로 창간되었다가 「민주중보」를 거친 「민주신보」가 폐간할 수밖에 없었다.

당시 발표된 이 기준에는 지사와 지국의 취재 활동을 제한하는 조치도 포함되었다. 지사장이나 지국장 혹은 본사의 특파원만이 취재 활동을 할 수 있도록 하였다. 이로써 일제기부터 지방의 지사와 지국도 기자를 고용하여 자체 취재 기능을 해 오던 것이 불가능하게 되었으며 지방의 언론은 위축될 수밖에 없었던 것이다.

또한 1971년도에는 '언론자율정화'라는 명목으로 지방에서 발행하는 신문들은 자도와 인접도에만 배포할 수 있도록 시장을 대폭 축소시켜 버렸다. 이러한 조치들로 지방 언론의 취재와 배포가 제한됨으로써 그 활동의 영역이 축소될 수밖에 없었고 당시의 급속한 산업화와 함께 경부고속도로의 개통과도 맞물리면서 부산의 언론은 더욱 위축될 수밖에 없는 단계로 접어들었다.

5·16 직후 이루어진 「부산일보」와 부산문화방송의 강탈도 부산의 언론을 크게 위축시키는 결과를 가져왔다. 권력에 의한 탈법적인 강탈로 이 매체들은 친여 일변도의 논조를 보이는 매체가 되어 언론 본연의 기능을 기대하기 어려운 상황이 전개되었다. 이 조치는 그 이후 노무현 정부 시절인 2007년 6월 '진실·화해를 위한 과거사정리위원회'가 "부일장학회 헌납사건은 중앙정보부에 의해 강제로 이뤄진 것으로, 정수장학회는 헌납 주식을 국가에 원상회복하고 국가는 재산을 원소유주에게 반환하라"고 권고하는 형식(「한겨레」 2012. 2. 22.)으로 결론을 내렸다. 그럼에도 불구하고 오늘날까지 해결되지 못하고 여전히 사회적 논란의 대상이 되고 있다. 최근에는 2011년 하반기부터 부산일보사 노동조합이 중심이 되어 다시 이 문제를 제기하면서 전체 언론계의 뜨거운 이슈가 되고 있다.

이렇게 지방 언론이 위축되는 가운데 서울의 언론들은 기업적 성장을 거듭하면서 지방의 시장도 점차 잠식해 들어갈 수 있었다. 특히 1987년 6월항쟁 이후의 민주화 국면에서는 언론시장의 경쟁이 치열해지면서 중앙 언론들의 지방 시장 잠식도 더욱 가속화되었다. 지방의 언론들은 지역의 광고 시장도 제한적인 데다가 중앙 언론과도 경쟁해야 하는 이중고의 매우 어려운 국면을 좀처럼 벗어나지 못하고 있는 것이 최근의 상황이다.

이러한 외부적 요인들뿐만 아니라 지역의 내부에서도 침체의 원인을 찾아보는 노력이 필요할 것이다. 전술한 바와 같이 언론 부문에서의 선구적 역할이 정착, 발전되는 데 미흡했던 것에는 지역적 특성도 적지 않게 작용하고 있다고 본다. 즉 부산의 전반적 문화 침체, 특히 출판 문화의 부진이 언론 발전의 걸림돌이 되었다고 볼 수 있다. 언론이란 그 사회 제반 부문의 현황과 특성이 반영되는 공간이다. 특히 출판 문화는 모든 문화의 근본이 되는 매우 중요한 부분을 담당한다. 영상문화도 출판 문화의 바탕이 없이는 발전할 수 없는 법이다. 이러한 맥락에서 언론의 발전이란 사회 제반 부문의 발전과 함께 가는 것이라 할 수 있다.

또한 부산의 언론사들도 서울의 매체들과 차별화하면서 경쟁력을 키우는 데 그다지 성공적이지 못했다고 평가할 수 있겠다. 서울의 매체들에 비해 자본력이나 정보 등 여러 가지면에서 열악한 조건임에는 틀림없지만 지역 매체만이 가질 수 있는 장점을 살리면서 지역 사회의 욕구에 부응할 때 서울의 매체들과 차별화하면서 경쟁력을 가질 수 있는 법이다. 이 면에서 다른 지역의 매체들도 마찬가지지만 부산의 매체들도 성공적이지 못했다는 점 때문에 여러 가지 어려움이 가중되고 있는 것이다.

2. 부산 언론사의 전망과 과제

최근 들어 언론 환경이 급속도로 변화되고 있다. 세계화, 지방화의 구호가 흘러 넘치는 가운데 언론은 그야말로 다매체다채널 시대로 들어서면서 치열한 시장 경쟁의 시대를 펼쳐 가고 있다. 이제는 정치 권력의 직접, 간접의 개입과 통제는 현저하게 줄어들고 대신 시장 속에서 경쟁하고 승부해야 하는 시대인 것이다. 그 시장은 특정의 공간적 테두리 내에만 한정되는 것이 아니라 국경마저 무의미하게 만들 정도로 확대되고 있다.

이러한 경쟁 시대에 부산의 언론이 대처하기 위해서는 보다 능동적이고 적극적인 자세가 요망된다. 과거의 언론이 가졌던 권위주의를 청산하는 것이 시급하다. 변화되는 환경 속에서도 언론인들은 아직도 과거의 체질과 마인드를 제대로 넘어서지 못하고 있는 것으로 보인다. 과거 군부독재하의 언론들은 정치적 통제를 받기는 했지만 다른 한편으로 권력이 베푸는 경제적 혜택을 받으면서 사회적으로도 권위를 행사하며 안정된 운영을 할 수 있었다.

하지만 이제는 전혀 아니다. 상황이 바뀌었다. 권력이 제공하던 혜택도 기대하기 힘들고 사회적 권위도 예전과는 판이하다. 이제는 새로운 매체환경, 달라진 시장 조건 속에서 여러 매체들 간의 치열한 경쟁을 하면서 시민들에게 다가갈 수 있어야 하는 것이다. 이를 위해 과거의 권위주의적 속성을 청산하는 것이 가장 필요하다는 말이다.

무엇보다도 중요한 것은 언론의 신뢰 회복이다. 이는 비단 부산 언론만의 문제가 아니라 한국 언론 전반의 문제이다. 과거 군부독재하에서 탄압받을 때는 국민들은 언론에 성원을 보내고 지지하였다. 하지만 민주화 이후 언론들이 보여준 모습은 국민들의 성원을 받기는커녕 신뢰마저도 잃고 있다. 각종의 조사 결과들을 보면 언론의 신뢰도는 자꾸만 추락하고 있다. 이는 언론의 본질적 기능보다는 정파적 혹은 상업적 이해 관계를 우선시하는 언론사들의 행태에 대다수 수용자들이 등을 돌리고 있는 것이다.

작금의 이러한 상황은 특히 전통적 매체들의 심각한 위기라 하지 않을 수 없다. 특히 신문은 전반적인 인쇄 매체의 사양화와 함께 더욱 심각한 국면을 맞고 있다. 이러한 위기는 본질과 원칙의 회복을 통해서만 극복할 수 있을 것이다. 다매체다채널이라는 달라진 매체 환경 속에서 해당 매체의 특성과 장점을 살리는 방식으로 현대인의 삶에 필요한 기본적인 정보와 해설을 제공하여 사회의 건전한 여론 형성에 기여한다는 본질을 회복해야만이 위기를 넘어설 수 있는 길이 열릴 것이다.

부산은 여러 가지 면에서 성장의 잠재력을 지닌 도시이다. 언론 부문에서도 마찬가지라고 생각한다. 300만이 넘는 인구로 이루어진 지역 시장을 모태로 해서 전국, 나아가서 세계의 시장을 겨냥하는 도약이 필요한 때이다. 이러한 잠재력에 주목하면서 가능성을 계발해 나가는 자세가 필요할 것이다. 변화되는 환경에 적극적이고 능동적으로 대처해 가면서 언론의 미래를 열어 가야 할 것이다.

참고문헌

연속간행물

「한성순보」, 「한성주보」, 「조선신보」, 「대한민보」, 「독립신문」, 「매일신문」, 「시사총보」, 「제국신문」, 「황성신문」, 「대한매일신보」, 「해조신문」, 「공립신보」, 「관보」 「동아일보」, 「조선일보」, 「시대일보」, 「중외일보」, 「조선중앙일보」, 「개벽」, 「매일신보」, 「조선총독부 관보」, 「경향신문」, 「국제신보」, 「국제신문」, 「매일경제」, 「민주중보」, 「부산신문」, 「부산일보」, 「서울신문」, 「자유민보」, 「자유신문」, 「신문편집인협회보」, 「기자협회보」, 「시사저널」, 「동방신문」, 「한겨레」

인터넷 자료

「공훈전자사료관」 http://e-gonghun.mpva.go.kr/
「국가통계포털」 http://www.kosis.kr/
「국립중앙도서관 전자도서관」 http://dlibrary.go.kr
「국회전자도서관」 http://dl.nanet.go.kr/index.do
「근대한일외교자료DB」 부산시민도서관 http://siminlib.koreanhistory.or.kr/
「나라기록포털」 http://contents.archives.go.kr/
「네이버 뉴스라이브러리」 http://newslibrary.naver.com/
「대법원종합법률정보」 http://glaw.scourt.go.kr/jbsonw/jbson.do
「독립운동사정보시스템」 https://search.i815.or.kr/
「두산백과사전」 http://www.encyber.com/index.html
「부산경제포털」 http://becos.kr/
「조선일보 아카이브」 http://srchdb1.chosun.com/pdf/i_archive/
「한국근현대인물자료」 국사편찬위원회 한국사데이터베이스 http://db.history.go.kr/
「한국독립운동사 정보시스템」 https://search.i815.or.kr/

「한국사연표」 국사편찬위원회 한국사데이터베이스 http://db.history.go.kr/

「한국언론연표」 http://gate.dbmedia.co.kr/pusan/korea.asp?url_name=한국언론연표

「한국역대인물종합정보시스템」 한국학중앙연구원 http://people.aks.ac.kr/

「한국역사정보통합시스템」 http://www.koreanhistory.or.kr/

'경상남도중추원의원추천의건'「중추원 조사자료」, 국사편찬위원회 한국사데이터베이
　　　　스 http://db.history.go.kr/url.jsp?ID=ju_031_007_0010_0040 2010. 5. 18.

'김종범 피의자신문조서',「경성지방법원검사국 검찰심문조서」(1924. 6. 30.). 국사편찬
　　　　위원회 한국사데이터베이스 http://db.history.go.kr/url.jsp?ID=ha_st_001_0020
　　　　_0190. 2010. 5. 24.

'노농대회 준비위원회 동정의 건', 京鍾警高秘 제4624호의 1(1925. 4. 23.)「검찰사무에
　　　　관한 기록(2)」. 국사편찬위원회 한국사데이터베이스http://db.history.go.kr/url.j
　　　　sp?ID=ha_d_092_0500 2010. 8. 17.

'노상건 등 판결문', 판결문번호 대정13년형공공제402호 1924. 11. 21.「공훈전자사료관」
　　　　http://e-gonghun.mpva.go.kr/ 2010. 8. 20.

'신간회대표회원 선거상황에 관한 건' 京鍾警高秘 제-14794호1930. 10. 11. ,「사상에
　　　　관한 정보철 제10책」, 국사편찬위원회 한국사데이터베이스 http://db.history.go.
　　　　kr/url.jsp?ID=ha_d_106_0540 2010. 6. 8.

'신문지요람'.「경성지방법원편철자료」(1926. 9.). 국사편찬위원회 한국사데이터베이스
　　　　http://db.history.go.kr/url.jsp?ID=ha_d_001 2010. 8. 5.

'언론집회압박탄핵회의건' 京本高秘 제5028호(1924. 6. 28.),「검찰행정사무에 관한 기록
　　　　(1)」. http://db.history.go.kr/url.jsp?ID=ha_d_089_1420 2010. 5. 24.

'전조선민중운동자대회 금지의 건' 京鍾警高秘 제4494호의 2(1925. 4. 21.)「검찰사무에
　　　　관한 기록(1)」 국사편찬위원회 한국사데이터베이스 http://db.history.go.kr/url.j
　　　　sp?ID=ha_d_091_0190 2010. 6. 3.

'전조선신문배달조합총동맹 창립총회에 관한 건' 京鍾警高秘 제1548호(1926. 2. 12.)「사
　　　　상문제에 관한 조사서류(1)」, 국사편찬위원회 한국사데이터베이스 http://db.his
　　　　tory.go.kr/url.jsp?ID=ha_d_094_0630 2010. 6. 23.

'조선노농대회의건' 京鍾警高秘 제4260호의 5(1924. 4. 15.),「검찰행정사무에 관한 기록
　　　　(1)」. 국사편찬위원회 한국사데이터베이스 http://db.history.go.kr/url.jsp?ID=h
　　　　a_d_089_1880 2010. 5. 24.

'조선사회운동자동맹 발기 준비위원회의 동정에 관한 건' 京鍾警高秘 제4625호(1925.

4. 23.)「검찰사무에 관한 기록(2)」. 국사편찬위원회 한국사데이터베이스http://d
b.history.go.kr/url.jsp?ID=ha_d_092_0490 2010. 8. 17.

'조선청년총동맹의 동정에 관한 건' 京鍾警高秘 제6600호의 2(1925. 6. 19.)「검찰사무에
관한 기록(2)」, 국사편찬위원회 한국사데이터베이스 http://db.history.go.kr/url.
jsp?ID=ha_d_092_1200 2010. 8. 17.

'주식회사 시대일보사 발기인회 상황에 관한 건', 京鍾警高秘 제10144호의 3(1924. 8.
11.),「검찰행정사무에 관한 기록(2)」. http://db.history.go.kr/url.jsp?ID=ha_d_0
90_0040 2010. 6. 26.

'주식회사 중외일보사 창립총회의 건' 京鍾警高秘 제15854호(1928. 11. 24.)「사상문제에
관한 조사서류(5)」, 국사편찬위원회 한국사데이터베이스 http://db.history.go.kr
/url.jsp?ID=ha_d_098_0720 2010. 7. 5.

'주식회사 중외일보의 상황에 관한 건' 京鍾警高秘 제15854호의 1(1928. 12. 5.)「사상문
제에 관한 조사서류(5)」, 국사편찬위원회 한국사데이터베이스 http://db.history.
go.kr/url.jsp?ID=ha_d_098_0730 2010. 7. 6.

'중외일보사 신사장 사임에 관한 건' 京鍾警高秘 제4743호(1929. 4. 13.)「사상문제에
관한 조사서류(7)」, 국사편찬위원회 한국사데이터베이스 http://db.history.go.kr
/url.jsp?ID=ha_d_100_0590 2010. 7. 6.

'청년회통일계획' 密 제33호, 高警 제349호,「조선소요사건관계서류3」(일본 육군성 발행,
1921. 1. 18.) 공훈전자사료관 http://e-gonghun.mpva.go.kr/ 2010. 5. 18.

논문 및 단행본

3·15의거사 편찬위원회(2004). 『3·15의거사』. 마산: 사단법인 3·15의거기념사업
회.

葛生能久(1936). 『東亞先覺志士記傳 下』. 東京: 黑龍會.

강동진(1985). 『일본근대사』. 서울: 한길사.

강만길(1984). 『한국현대사』. 서울: 창작과비평사.

岡滿男(1969). 『近代日本新聞小史』. 京都: ミネルブァ書房.

강준만(2000). 『권력변환: 한격 언론117년사』. 서울: 인물과사상사.

강준만(2007). 『한국대중매체사』. 서울: 인물과사상사.

강촌거사(1936). 은행주뇌(主腦)인물평: 해동은행 문상우씨. 『삼천리』 제8권 6호, 6월

호, 72-75쪽.

경남일보90년사편찬위원회(1999). 『경남일보90년사』. 진주: 신경남일보사.

경성일보사(1941). 『소화17년도 조선연감』. 경성: 경성일보사.

경향신문사(1996). 『경향신문50년사』. 서울: 경향신문사.

계훈모(1979-1987). 『한국언론연표I-III』. 서울: 관훈클럽신영연구기금.

공보부 조사국(1961). 『전국신문보급실태조사보고서』. 서울: 공보부.

공보부 조사국(1963). 『전국신문보급실태』. 서울: 공보부.

관훈클럽신영연구기금편(1983). 『한성순보 한성주보 번역판』. 서울: 관훈클럽.

국사편찬위원회 편(1969). 『고종시대사3』. 서울: 탐구당.

국제신문사(1997). 『국제신문오십년사』. 부산: 국제신문사.

김경희(2007). 『최근 부산경제 진단과 전망: 경제 지표를 중심으로』. 부산: 부산발전연
    구원.

김기철(1993). 『합수부 사람들과 오리발 각서: 80년 신군부의 언론사 통폐합 진상』.
    서울: 중앙일보사.

김남석(1994). 한국신문산업 구조개편에 관한 정치경제학적 연구. 서울대대학원신문학
    과 박사학위논문.

김남석(2008). 1910년대 경남일보의 성격에 관한 고찰. 『동북아연구』 13집, 33-55쪽.

김대상(1981). 『부산경남언론사연구』. 서울: 대왕문화사.

김대상(2004). 『부산언론사의 재조명: 신문언론과 방송언론의 맥락』. 부산: 뉴워드사.

김동철(2005). 부산의 유력자본가 향추원태량(香椎源太郎)의 자본축적과정과 사회활동.
    『역사학보』 제186집, 59-86쪽.

김문종(2006). 일제하 사회주의 잡지의 현실인식에 관한 연구: 1925년부터 1936년까지를
    중심으로. 고려대대학원 박사학위논문.

김민남 외(1993). 『새로쓰는 한국언론사』. 서울: 아침.

김민남 외(2002). 『한국민영방송사의 재평가: 한국 최초의 민간 상업방송 부산MBC』.
    서울: 커뮤니케이션북스.

김민환(1996). 『한국언론사』. 서울: 사회비평사.

김서중(1996). 정기간행물 관계법의 변천과 그 적용에 관한 연구: 광복 이후 제5공화국까
    지의 정치경제적 요인을 중심으로. 서울대대학원 박사학위논문.

김석준(1997). 지역경제 위기론에 대한 사회학적 검토: 부산지역을 중심으로. 『지역사
    회연구』 제5집, 1-24쪽.

김석희·박용숙(1976). 개항초기(1876-1885)의 일본인의 상업활동: 부산항을 중심으로.

『부산대 문리과대학논문집』 제15집(1976.12), 325-359쪽.

김성호(1997). 『한국방송인물지리지』. 서울: 나남.

김승현(2000). 신문사진에 나타난 인본주의적 가치: 4·19혁명 보도사진을 중심으로. 『커뮤니케이션과학』 제17호, 25-50쪽.

김영재(2003). 『대구경북언론사』. 서울: 커뮤니케이션북스.

김영호(2004). 『한국언론의 사회사 상권』. 서울: 지식산업사.

김영희(2009). 『한국사회의 미디어 출현과 수용: 1880-1980』. 서울: 커뮤니케이션북스.

김의환(1975). 인물론: 백산 안희제. 『신문과방송』 제53호, 3월호, 88-95쪽.

김준엽·김창순(1986). 『한국공산주의운동사2』. 서울: 청계연구소.

김지태(1976). 『나의 이력서』. 서울: 한국능률협회.

김진화(1978). 『일제하 대구의 언론연구』. 대구: 영남일보사.

김해식(1994). 『한국언론의 사회학』. 서울: 나남.

김형두(1995). 『신문과 나의 반생』. 서울: 조선문학사.

내무부 치안국(1956). 『미군정법령집』. 서울: 내무부 치안국.

노상래(1992). 조명희연구I. 『어문학』(한국어문학회 발행) 제53호, 187-208쪽.

蛯原八郎(1936). 『海外邦字新聞雜誌史』. 東京: 學而書院.

노정팔(1995). 『한국방송과 50년』. 서울: 나남.

대한신문연감사(1955). 『대한신문연감1956』. 서울: 대한신문연감사.

동아일보사(1978). 『동아일보사사 권2』. 서울: 동아일보사.

동아일보사사편찬위원회(1975). 『동아일보사사 권1』. 서울: 동아일보사.

만담자(1932). 조선의 신문들을 도마에 올려노코: 이 이야기, 저 이야기. 『제일선』 제2권 8호, 9월, 62-66쪽.

문화공보부 편 (1979). 문화공보 30년. 서울: 문화공보부.

문화공보부(1981). 『정기간행물일람표』. 서울: 문화공보부.

민중문화운동협의회(1989). 『80년대 민중·민주운동자료집(II)』. 서울: 학민사.

박경장(1959). 『부산언론계현세』. 서울: 의원구락부사.

박성수(1977). 『역사학개론』. 서울: 삼영사.

박영구 외(2005). 부산경제 통계의 추계와 해석, 1945-2000: 통계 정비와 방법에 국한하여. 『지역사회연구』 제11권 제1호, 137-165쪽.

박영구(2005). 『근대 부산의 제조업 1910-1944: 통계와 발전』. 부산: 부산발전연구원 부산학연구센터.

박용규(1988). 미군정기 한국 언론구조의 형성과정에 관한 연구. 서울대대학원 석사학위논문.

박용규(1994). 일제하 민간지 기자집단의 사회적 특성의 변화 과정에 관한 연구: 직업의 식과 직업적 특성의 변화를 중심으로. 서울대대학원 박사학위논문.

박용규(1996). 일제하 시대·중외·중앙·조선중앙일보에 관한 연구: 창간 배경과과정, 자 본과 운영, 편집진의 구성과 특성을 중심으로. 『언론과정보』 제2호, 109-148쪽.

박용규(1998). 구한말(1881-1910) 지방신문에 관한 연구. 『한국언론정보학보』 11호, 108-140쪽.

박용규(2006). 일제하 지방신문의 현실과 역할. 『한국언론학보』 제50권 6호, 35-59쪽.

박용규(2007). 미군정기 언론인 단체들의 특성과 활동. 『한국언론학보』 51권 6호, 12 월, 135-162쪽.

박원표(1965). 『부산의 고금』. 부산: 현대출판사.

박재용(1993). 한국 초기 민간 상업방송의 발전과정에 관한 연구. 서울대대학원 신문학 과 석사학위논문.

박정규(1987). 한국지방신문의 사적 고찰. 『언론연구』 제1집(계명대), 20-36쪽.

박정규(1997). 한국지방신문의 역사. 김세철 외. 『지역사회와 언론』. 서울: 커뮤니케이 션북스, 60-94쪽.

박창원(2011). 일제 강점기 대구 지방 한글신문의 실태 연구. 『커뮤니케이션이론』. 제7권 1호(여름), 107-150쪽.

박철규(1995). 해방 직후 부산지역의 사회운동. 『항도부산』 제12호, 12월, 155-218쪽.

방송문화연구실(1961). 『KBS연감』. 서울: 한국방송문화협회.

방송위원회(2000). 『방송사사료집』. 서울: 방송위원회.

백미숙(2007). 라디오의 사회문화사. 유선영 외. 『한국의 미디어 사회문화사』. 서울: 한국언론재단, 305-380쪽.

璧上生(1932). 중앙일보·조선일보의 그뒤 소식. 『제일선』 제2권 11호, 12월, 30-33쪽.

부산경남사학회·일제시기 부산지역일본인사회연구팀(2003). 『일제시기 부산지역 일 본인사회 연구』. 공동학술발표회 자료집.

부산광역시(각연도판). 『부산통계연보』. 부산: 부산광역시.

부산대학교 한국민족문화연구소 편(1998). 『부산의 역사와 문화』. 부산: 부산대학교 출판부.

부산문화방송(1979). 『부산문화방송사사』. 부산: 부산문화방송.

부산문화방송(1991). 『부산문화방송30년사』. 부산: 부산문화방송.

부산문화방송(2009). 『부산문화방송50년사』. 부산: 부산문화방송.

부산민주운동사편찬위원회(1998). 『부산민주운동사』. 부산: 부산광역시.

부산상공회의소 부산경제연구원(1989). 『부산경제사』. 부산: 부산상공회의소.

부산시직할시(1978).『부산의 역사』. 부산: 부산직할시.

부산일보사 노동조합(1991). 『부일노보 제1집: 창간호-제50호』. 부산: 부산일보사 노
　　　동조합.

부산일보사(1985). 『부산일보사사』. 부산: 부산일보사.

부산일보사(1996), 『부산일보50년사』. 부산: 부산일보사.

부산직할시사편찬위원회(1989). 『부산시사 제1권』. 부산: 부산직할시.

부산직할시사편찬위원회(1991). 『부산시사 제4권』. 부산: 부산직할시.

브루스 커밍스(1982). 미군정하의 지방정치 연구. 김정원 외. 『한국 현대사의 재조명』.
　　　서울: 돌베개.

사사키 도시나오(2010). 『전자책의 충격』(한석주 역). 서울: 커뮤니케이션북스.

서경학인(1931). 휴간중 중외일보론. 『철필』 제2권 제1호, 2월, 2-10쪽.

서울신문사(2004). 『서울신문100년사』. 서울: 서울신문사.

손정목(1982). 『한국 개항기 도시변화과정연구』. 서울: 일지사.

송건호(1990). 『한국현대언론사』. 서울: 삼민사.

시노하라 쇼조 외(1981). 『JODK 조선방송협회회상기』(김재홍 역, 2006). 서울: 커뮤니
　　　케이션북스.

신문연구소 편(각연도판). 『일본신문연감』. 동경: 신문연구소.

信夫淳平(1901). 『韓半島』. 東京: 東京堂書店.

櫻井義之(1941). 韓國時代の邦字新聞. 『書物同好會會報』 14號 1941. 12월, 10-14쪽.

야마베 겐따로(1982). 『한국근대사』. (까치 편집부 역). 서울: 까치.

『沃坡備忘錄』, 옥파이종일선생기념사업회 편(1984). 『옥파이종일선생논설집 권3』.
　　　서울: 교학사.

유병은(1998). 『방송야사』. 서울: KBS문화사업단.

유선영(2007). 영화의 사회문화사. 유선영 외. 『한국의 미디어 사회문화사』. 서울: 한국
　　　언론재단, 227-303쪽.

유재천 외(1995). 『한국사회변동과 언론』. 서울: 도서출판 소화.

유종원·김송희(2005). 미군정기 지역언론 특성에 관한 연구: 광주지역 신문을 중심으
　　　로. 『언론과학연구』 제5권 2호, 276-307쪽.

이광린(1975). 서재필의 독립신문 간행에 대하여. 『진단학보』 39집, 70-104쪽.

이광린(1969). 『한국개화사연구』. 서울: 일조각.

이광석(1997). 『경남언론 어제오늘』. 마산: 도서출판 경남.

이균영(1993). 『신간회연구』. 서울: 역사비평사.

이동언(1994). 백산 안희제 연구. 『독립운동사연구』 제8호, 313-335쪽, http://www. i815.or.kr//media_data/thesis/1994/199412.html 2010. 5. 14.

이만렬(1985). 『한국사연표』. 서울: 역민사.

이문교(1997). 『제주언론사』. 서울: 나남.

이반송·김정명 편(1986). 『식민지시대 사회운동』(한대희 편역). 서울: 한울림.

李相哲(2009). 『朝鮮における日本人經營新聞の歷史(1881-1945). 東京: 角川學藝出版.

이연(2002). 『朝鮮言論統制史: 日本統治下の言論統制』. 東京: 信山社.

이해창(1977). 『한국신문사연구』. 서울, 성문각.

이현종(1975). 『한국개항장연구』. 서울:일조각.

이희승(1982). 『국어대사전』. 서울: 민중서림.

인천부 편(1933). 『인천부사』. 인천: 인천부.

일본전보통신사(각연도판). 『신문총람』. 동경: 일본전보통신사.

일월서각 편(1986). 『미군정 정보보고서 제13권』. 서울: 일월서각.

자명김지태선생전기간행위원회(2003). 『문항라 저고리는 비에 젖지 않는다: 자명 김지 태 평전』. 서울: 석필출판사.

장신(2007). 한말·일제초 재인천 일본인의 신문발행과 조선신문. 『인천학연구』 제6 집, 289-311쪽.

전응덕(2002). 『이 사람아 목에 힘을 빼게』. 서울: 중앙M&B.

정광수(2006). 시인 조명희의 삶과 작품세계. 『문예운동』 92호, 겨울, 31-77쪽.

정순일(1991). 『한국방송의 어제와 오늘』. 서울 : 나남.

정진석 외(2008). 『한국방송80년, 그 역사적 조명』. 서울: 나남.

정진석 편(1992). 『한국방송관계기사모음 1924-1955』. 서울: 관훈클럽신영연구기금.

정진석(1990). 『한국언론사』. 서울: 나남,

정진석(1992). 한국의 지방언론발달사. 『신부전달출회장 화갑기념논총』. 대구: 매일신 문사, 203-223쪽.

정진석(2005). 『언론조선총독부』. 서울: 커뮤니케이션북스.

정태진 편(1961). 『5·16군사혁명요람 제1집』. 서울: 재정사.

정형(2009). 『일본 일본인 일본문화』. 서울: 다락원.

조선공로자명감간행회(1935). 『조선공로자명감』. 서울: 민중시론사.

조선공론사(1917). 『在朝鮮內地人紳士銘鑑』. 경성: 조선공론사.

조선일보70년사편찬위원회 편(1990). 『조선일보70년사』. 서울: 조선일보사.

조선일보사(2010a). 『조선일보90년사上』. 서울: 조선일보사.

조선일보사(2010b). 『조선일보90년사 화보·인물·자료』. 서울: 조선일보사.

조선총독부(각 연도판). 『조선총독부 통계연보』. 경성: 조선총독부.

조선총독부경무국(1930). 『朝鮮における出版物槪要』. 경성: 조선총독부경무국.

조선총독부경무국(1933). 『朝鮮文繼續發行出版物一覽表』. 경성: 조선총독부경무국.

조선총독부경무국도서과(1930-1940). 『朝鮮出版警察槪要』. 경성: 조선총독부경무국.

조선출판문화협회(1949). 『출판대감』. 서울: 조선출판문화협회.

조선통신사(1946). 『조선연감』(1947년). 서울: 조선통신사.

조선통신사(1947). 『조선연감』(1948년). 서울: 조선통신사.

주경업(2008). 『부산이야기99』. 부산: 부산민학회.

주동황 외(1997). 『한국언론사의 이해』. 서울: 전국언론노동조합연맹.

중앙일보사(1985). 『중앙일보20년사』. 서울: 중앙일보사.

차성환(2011). 부마항쟁과 한국 언론. 『항도부산』 제27호, 47-98쪽.

채백(1991). 조선신보에 관한 일연구. 『신문학보』 제26호, 345-374쪽.

채백(1994). 『독립신문』 독자투고의 현황과 특성에 관한 연구. 『언론과 사회』 제3호, 봄, 35-66쪽.

채백(1995). 통신매체의 도입과 한국 근대의 사회 변화. 박정규 외. 『한국 근대사회의 변화와 언론』. 성남: 한국정신문화연구원, 147-196쪽.

채백(1996). 부산 지역 언론사의 회고와 전망. 부산대학교 언론정보연구소 학술세미나발표논문.

채백(1997a). 개화기의 신문잡지종람소에 관한 연구: 일본 및 서구와의 비교를 중심으로. 『언론과정보』 제3호, 105-132쪽.

채백(1997b). 부산지역 언론의 역사와 현황. 『항도부산』 제14호, 423-476쪽.

채백(2000). 개화기의 신문경영. 김남석 외 편, 『한국 언론산업의 역사와 구조』. 서울: 연암사, 3-44쪽.

채백(2003). 『신문』. 서울: 대원사.

채백(2005). 『한국언론수용자운동사』. 서울: 한나래.

채백(2006). 『독립신문연구』. 서울: 한나래.

채백(2009). 미군정기 『민주중보』의 이념적 성향. 『한국언론정보학보』 48호, 170-190쪽.

채백(2011). 일제기 부산지역 언론인 연구. 『한국언론정보학보』 제56호, 132-155쪽.

채필렬(1933). 十字架上의 동아일보. 『비판』, 제3권 5호, 46-55쪽.

체신부 편(1984). 『한국우정100년사』. 서울: 체신부.

최기영(1991). 『대한제국시기 신문연구』. 서울: 일조각.

최대권(2000). 6·25전쟁의 법적 조명. 『법학』(서울대) 제41권 2호, 1-18쪽. http://s-space.snu.ac.kr/bitstream/10371/8926/1/law_v41n2_001.pdf (2011. 4. 19.).

최민지(1978). 『일제하 민족언론사론』. 서울: 일월서각.

최수일(2005). 『개벽』 유통망의 현황과 담당층. 『대동문화연구』 제49집, 347-417쪽.

春原昭彦(1969). 『日本新聞通史』. 東京:現代ジャーナリズム出版會.

한국기자협회(1994). 『기자협회삼십년사』. 서울: 한국기자협회.

한국기자협회·80년해직언론인협의회 공편(1997). 『80년 5월의 민주언론: 80년 언론인 해직 백서』. 서울: 나남.

한국노동조합총연맹(1979). 『한국노동조합운동사』. 서울: 한국노동조합총연맹.

한국민중사연구회(1986). 『한국민중사II』. 서울: 풀빛.

한국방송70년사편찬위원회(1997). 『한국방송70년사』. 서울: 한국방송협회.

한국방송개발원(1995). 『광복 50년, 한국 방송의 평가와 전망』. 서울: 한국방송개발원.

한국방송공사 편(1977). 『한국방송사』. 서울: 한국방송공사.

한국방송공사(1977a). 『한국방송사』. 서울: 한국방송공사.

한국방송공사(1977b). 『한국방송사 별책』. 서울: 한국방송공사.

한국방송공사(1987). 『한국방송60년사』. 서울: 한국방송공사.

한국방송공사(1997). 『한국방송70년사』. 서울: 한국방송공사.

한국방송문화협회(1961). 『KBS연감』. 서울: 한국방송문화협회.

한국방송사업협회(1965). 『방송연감'65』. 서울: 한국방송사업협회.

한국사회언론연구회 엮음(1996). 『현대사회와 매스 커뮤니케이션』(개정판). 서울: 한울.

한국사회언론연구회(1996). 『현대사회와 매스커뮤니케이션』. 서울: 한울아카데미.

한국신문연구소 편(1975). 『한국신문백년: 사료집』. 서울: 한국신문연구소.

한국신문협회(1982). 『한국신문협회 20년』. 서울: 한국신문협회.

한국언론재단(각연도판). 『한국신문방송연감』. 서울: 한국언론재단.

한국영화인협회(1969). 『한국영화전사』. 서울: 삼애사.

한국잡지협회(1982). 『한국잡지총람1982』. 서울: 한국잡지협회.

한국잡지협회(1989). 『한국잡지총람1989』. 서울: 한국잡지협회.

한국잡지협회(1995). 『한국잡지100년』. 서울: 한국잡지협회.

홍순권(2004). 일제시기 부산지역 일본인사회의 인구와 계층 구조. 『역사와경계』 51

호, 43-73쪽.

홍영철(2008). 부산 최초의 극장 『행좌』의 역사성 검증 보고. 『BFC Report』. v.25, spring, 48-51쪽.

홍영철(2009). 『부산근대영화사: 영화상영자료 1915-1944』. 부산: 산지니.

홍일해(1982). 『한국통신사사』. 서울: 일지사.

Altman, Albert(1984). Korea's First Newspaper: the Japanese 'Chosen Shinpo. in Journal of Asian Studies, Aug, pp.685-696.

산지니에서 펴낸 책들

아시아총서

1. 상하이영화와 상하이인의 정체성 임춘성·곽수경 외 지음
2. 20세기 상하이영화; 역사와 해제 임대근 외 지음
3. 다르마키르티의 철학과 종교 키무라 토시히코 지음, 권서용 옮김
4. 동양의 이상; 일본 미술의 정신 오카쿠라 텐신 지음, 정천구 옮김
5. 근대 동아시아의 종교다원주의와 유토피아 장재진 지음 * 2012 문화체육관광부 최우수학술도서
6. 영화로 만나는 현대중국 곽수경 외 9인 지음
7. 논어; 공자와의 대화 김영호 지음

로컬문화총서

1. 신문화지리지 김은영 외 지음
2. 우리가 만드는 문화도시 문화도시네트워크 지음

고전오디세이

1. 진화와 윤리; 19세기 자유주의 과학인의 멘토 토마스 헉슬리의 윤리 선언 이종민 옮김
2. 맹자독설 정천구 지음

마을만들기

1. 반송사람들; 대도시에서 지역 공동체를 가꾸는 사람들 이야기 고창권 지음
2. 강수돌 교수의 나부터 마을혁명 강수돌 지음 * 2010 환경부 우수환경도서

인문

부채의 운치; 교양으로 읽는 중국 생활 문화·1 저우위치 지음, 박승미 옮김

차의 향기; 교양으로 읽는 중국 생활 문화·2 리우이링 지음, 이은미 옮김

요리의 향연; 교양으로 읽는 중국 생활 문화·3 야오웨이쥔 지음, 김남이 옮김

내가 만난 인도인 김도영 지음

인도인과 인도문화 김도영 지음 * 208 문화체육관광부 우수교양도서

백두산에 묻힌 발해를 찾아서 진재운 지음

습지와 인간 인문과 역사로 습지를 들여다보다 김훤주 지음 * 2008 환경부 우수환경도서

미학, 부산을 거닐다 임성원 지음

차의 책 오카쿠라 텐신 지음, 정천구 옮김

서른에 떠난 세계일주 윤유빈 지음

김석준, 부산을 걷다 김석준 글, 화덕헌 사진

발트3국에 숨겨진 아름다움과 슬픔 이상금 지음

신불산; 빨치산 구연철 생애사 안재성 글, 구연철 구술

나의 아버지 박판수 안재성 글

청중의 발견; 김창욱 음악 비평집 김창욱 지음

대한민국 명찰답사 33 한정갑 지음

인도의 두 어머니, 암소와 갠지스 김경학 · 이광수 지음

인도사에서 종교와 역사 만들기 이광수 지음

무중풍경 중국영화문화 1978~1998 다이진화 지음, 이현복 · 성옥례 옮김 * 2007 영화진흥위원회
　　　　　학술도서, 2009 대한민국학술원 우수도서

무상의 철학; 다르마끼르띠와 찰나멸 타니 타다시 지음, 권서용 옮김

사회생물학, 인간의 본성을 말하다 최재천 외 지음* 2008 문화체육관광부 우수학술도서

힌두교, 사상에서 실천까지 가빈 플러드 지음, 이기연 옮김

바다가 어떻게 문화가 되는가 곡금량 지음, 김태만 · 안승웅 · 최낙민 옮김

표절의 문화와 글쓰기의 윤리 리처드 앨런 포스너 지음, 정해룡 옮김

침묵의 이면에 감추어진 역사 우르와쉬 부딸리아 지음, 이광수 옮김

부산근대영화사 영화상영자료 1915~1944 홍영철 지음, 부산대학교 한국민족문화연구소 엮음

만들어진 점령서사 조정민 지음

인도인의 논리학; 문답법에서 귀납법으로 카츠라 쇼류 지음, 권서용 외 옮김

논어, 그 일상의 정치 정천구 지음

파멸의 묵시록 에롤 E. 해리스 지음, 이현휘 옮김

한 권으로 읽는 중국문화 공봉진 · 이강인 · 조윤경 지음 * 2010 문화체육관광부 우수학술도서

고전시가, 사랑을 노래하다 황병익 지음

한국의 사랑채 윤일이 지음

발트3국의 역사, 문화, 언어 이상금 외 지음

독일발트문학과 에스토니아문학 이상금 지음

불교와 마음; 마음을 공부하는 능엄경 이야기 황정원 지음

에스토니아어 알기와 공부하기 이상금 · 허남영 · 성지혜 지음

지식의 윤리성에 관한 다섯 편의 에세이 윤여일 지음

정치 사회

의술은 국경을 넘어 나카무라 테츠 지음, 아시아평화인권연대 옮김

우리 옆의 약자 이수현 지음
팔루자 리포트; 치열했던 600일, 이라크 팔루자 전투 보고서 빙 웨스트 지음, 이종삼 옮김
들어라 미국이여; 카스트로 연설 모음집 강문구 옮김
한반도 환경 대재앙 샨샤댐 진재운 지음 * 2008 환경부 우수환경도서
만화로 보는 노무현 시대 이창우 글·그림
당신이 판사; 재미있는 배심재판 이야기 안영문 지음 * 2008 한국간행물윤리위원회 청소년도서
절망사회에서 길 찾기 현장 편집부 엮음
르포, 정말의 일본열도 가마타 사토시 지음, 김승일 옮김
도시, 변혁을 꿈꾸다 정달식 지음
촌기자의 곧은 소리 장동범 글, 안기태 그림
아파트키드 득구; 고층아파트 주거 문제 이일균 지음 * 2012 환경부 우수환경도서
현미경으로 들여다본 한국사회 정영인 지음
나는 시의회로 출근한다; 김영희 의정일기 김영희 지음
여성학 이메일수업; 여성학 강의의 실제 김선경 지음
진보와 대화하기 김석준·김외숙·송성준 지음, 이광수 엮음 * 2006 문화관광부 우수학술도서
아메리칸 히로시마 데이비드 J. 디오니시 지음, 정성훈 옮김
이주민과 함께 살아가기 이주노동자와 연대하는 전일본 네트워크 지음, 이혜진·이한숙 옮김
　　　　　　* 2007 한국간행물윤리위원회 청소년도서
단절; 칭화대 쑨리핑 교수가 진단한 90년대 이후 중국 사회 쑨리핑 지음, 김창경 옮김 * 2008
　　　　　대한민국학술원 우수도서, 2007 한국간행물윤리위원회 11월의 책
글로벌 차이나 이종민 지음
이데올로기와 미국 외교 마이클 H. 헌트 지음, 권용립·이현휘 옮김
수전 조지의 Another world 정성훈 옮김
추락하는 제국; 냉전 이후의 미국 외교 워런 코헨 지음, 김기근 옮김
하이재킹 아메리카 수전 조지 지음, 김용규·이효석 옮김

경제 경영

성공의 멘토 제갈선생 7일7강 야오레이 지음, 성옥례·손희주 옮김
부자도시로 가는 길 조진만 지음
20세기 최고 CEO들의 경영철학 산책 1·2 자오원 밍·황청루 지음 최정희 옮김
인도 진출 20인의 도전 Cyber SERI 인도포럼 엮음
극동러시아 리포트 전세표·강승아 지음
와인39 고창범 지음
차의 20000가지 비밀 빅토리아 자크 지음, 안원근·김희숙 옮김

성공하는 글쓰기 전략 나카지마 다카시 지음, 최영봉·손일 옮김
박맹언 교수의 돌 이야기 박맹언 지음
부산을 맛보다 박종호 지음
생명건축, 그 아름다운 원풍경 백승완 지음

문학

이야기를 걷다; 소설 속을 걸어 부산을 보다 조갑상 지음 * 2006 문화예술위원회 우수문학도서
아줌마 가자, 낙남정맥에 도전하다 이수경 지음
걷고 싶은 길; 경남·부산 근교 꼭 걷고 싶은 산책길 이일균 지음
브라보 내 인생; 손문상 화첩 산문집 손문상 글, 그림
동백꽃, 붉고 시린 눈물 최영철 지음 * 2008 문화예술위원회 우수문학도서
유배지에서 쓴 아빠의 편지 박영경 지음
길에게 묻다 동길산 지음
미완의 아름다움 이상금 지음 * 2009 문화체육관광부 우수교양도서
왜 사느냐고 묻거든 박병곤 지음
유쾌한 소통 박태성 지음
지하철을 탄 개미 김곰치 지음 * 2011 한국도서관협회 우수문학도서
불가능한 대화들 염승숙 외 18인 지음 * 2011 문화체육관광부 우수교양도서
진짜 같은 가짜, 가짜 같은 진짜 신옥진 지음
시내버스 타고 길과 사람 100배 즐기기 김훤주 지음
늙은 소년의 아코디언 김열규 지음
나는 나; 가네코 후미코 옥중수기 조정민 옮김
입국자들; 하종오 시집 하종오 지음 * 2009 대한출판문화협회 청소년도서
쯔모; 백제의 후예 손혜주 지음 * 2008 대한출판문화협회 청소년도서
쯔모2; 엄지학교 손혜주 지음 전미경 그림
레고나라; 김윤경 동화집 김윤경 글 박경효 그림
나! 테러리스트; 정경환 희곡집 정경환 지음

소설

1. 길 위에서 정태규 지음 * 2008 향파문학상 수상도서
2. 달콤쌉싸름한 초콜릿, 이야기 옥태권 지음 * 2008 부산작가상 수상도서
3. 빛 김곰치 지음 * 2008 문화예술위원회 우수문학도서
4. 우리 집에 왜 왔나-처용아비 박명호 지음
5. 부산을 쓴다 정태규 외 27인 지음

6. 그는 바다로 갔다 문성수 지음

7. 테하차피의 달 조갑상 지음 * 2010 문화체육관광부 우수교양도서 * 2011 향파문학상 수상도서

8. 물의 시간 정영선 지음

9. 불온한 식탁 나여경 지음 * 2011 한국도서관협회 우수문학도서

10. 1980 노재열 지음

11. 댄싱맘 조명숙 지음 * 2012 향파문학상 수상도서

12. 한산수첩 유익서 지음

13. 삼겹살 정형남 지음

산지니 시선

1. 숲의 정신 이동순 지음

2. 파미르의 밤; 21세기 중국 최고 시인의 절창 칭핑 외 7인 지음, 김태만 편역 * 2012 대한출판문화협회
   청소년도서

산지니 평론선

1. 비평의 자리 만들기 남송우 지음 * 2007 문화예술위원회 우수문학도서

2. 어려운 시들 김남석 지음 * 2008 문화체육관광부 우수교양도서

3. 감성과 윤리 구모룡 지음 * 2009 한국도서관협회 우수문학도서

4. 동화의 숲을 거닐다 황선열 지음 * 2010 문화체육관광부 우수교양도서

5. 공동체의 감각 허정 지음

6. 바로 그 시간 전성욱 지음 * 2010 한국도서관협회 우수문학도서

7. 세이렌들의 귀환 김경연 지음

8. 시의 역설과 비평의 진실 정훈 지음 * 2011 한국도서관협회 우수문학도서

해석과판단 비평집

1. 2000년대 한국문학의 징후들

2. 문학과 문화, 디지털을 만나다

3. 지역이라는 아포리아

4. 일곱 개의 단어로 만든 비평

5. 비평의 윤리, 윤리의 비평